高职高专物业管理专业规划教材

物业管理导论

（第二版）

全国房地产行业培训中心　组织编写
　刘喜英　主　编
　张弘武　刘清甫　主　审

中国建筑工业出版社

图书在版编目（CIP）数据

物业管理导论/刘喜英主编：—2版．—北京：中国建筑工业出版社，2012.12
高职高专物业管理专业规划教材
ISBN 978-7-112-14951-3

Ⅰ.①物… Ⅱ.①刘… Ⅲ.①物业管理 Ⅳ.①F293.33

中国版本图书馆 CIP 数据核字（2012）第 289001 号

《物业管理导论》（第二版）包括物业管理基础知识概述、业主自治、物业服务企业、物业管理招标投标、早期介入与前期物业管理、物业管理常规服务等18章内容。为了便于读者自学和拓展知识面，加深对物业管理专业的理解，《物业管理导论》（第二版）对于房屋租赁经营、客户管理与维护、物业管理保险等相关内容进行了较为详尽的介绍；同时还注意吸纳我国目前物业管理发展研究的一些最新研究成果，注意借鉴其他教材中的一些有价值的观点。

本书可作为高职高专院校物业管理专业课教材，也适合社会各类培训机构及物业服务企业用于培训物业管理从业人员的教材，也可用于物业服务企业在实际工作中的参考书。

* * *

责任编辑：王　跃　吉万旺　张　晶
责任设计：李志立
责任校对：刘梦然　关　健

高职高专物业管理专业规划教材
物业管理导论
（第二版）

全国房地产行业培训中心　组织编写
刘喜英　主　编
张弘武　刘清甫　主　审

*

中国建筑工业出版社出版、发行（北京西郊百万庄）
各地新华书店、建筑书店经销
北京红光制版公司制版
北京富生印刷厂印刷

*

开本：787×1092毫米　1/16　印张：27　字数：670千字
2013年8月第二版　2013年8月第十一次印刷
定价：**49.00**元
ISBN 978-7-112-14951-3
（23025）

版权所有　翻印必究
如有印装质量问题，可寄本社退换
（邮政编码100037）

教材编委会名单

主　任： 路　红

副主任： 王　钊　黄克敬　张弘武

委　员： 佟颖春　刘喜英　张秀萍　饶春平
　　　　　段莉秋　徐姝莹　刘　力　杨亦乔

序

《高职高专物业管理专业规划教材》是天津国土资源和房屋职业学院暨全国房地产行业培训中心骨干教师主编、中国建筑工业出版社出版的我国第一套高职高专物业管理专业规划教材，当时的出版填补了该领域空白。本套教材共有 13 本，有 5 本被列入普通高等教育土建学科专业"十二五"规划教材。

本套教材紧紧围绕高等职业教育改革发展目标，以行业需求为导向，遵循校企合作原则，以培养物业管理优秀高端技能型专门人才为出发点，确定编写大纲及具体内容，并由理论功底扎实，具有实践能力的"双师型"教师和企业实践指导教师共同编写。参加教材编写的人员汇集了学院和企业的优秀专业人才，他们中既有从事多年教学、科研和企业实践的老教授，也有风华正茂的中青年教师和来自实习基地的实践教师。因此，此套教材既能满足理论教学，又能满足实践教学需要，体现了职业教育适应性、实用性的特点，除能满足高等职业教育物业管理专业的学历教育外，还可用于物业管理行业的职业培训。

十余年来，本套教材被各大院校和专业人员广泛使用，为物业管理知识普及和专业教育作出了巨大贡献，并于 2009 年获得普通高等教育天津市级教学成果二等奖。

此次第二版修订，围绕高等职业教育物业管理专业和课程建设需要，以"工作过程"、"项目导向"和"任务驱动"为主线，补充了大量的相关知识，充分体现了优秀高端技能型专门人才培养规律和高职教育特点，保持了教材的实用性和前瞻性。

希望本套教材的出版，能为促进物业管理行业健康发展和职业院校教学质量提高作出贡献，也希望天津国土资源和房屋职业学院的教师们与时俱进、钻研探索，为国家和社会培养更多的合格人才，编写出更多、更好的优秀教材。

天津市国土资源和房屋管理局副局长
天津市历史风貌建筑保护专家咨询委员会主任
路红
2012 年 9 月 10 日

第 二 版 前 言

物业管理在我国经过30年的发展已经成为一个名副其实的朝阳产业，随着我国国民经济的发展和社会物质文明程度的提高，房地产业的快速发展为物业管理行业的发展提供了巨大的空间。以劳动密集型为特征的物业管理行业，是现阶段我国城乡劳动力的重要就业途径之一，据不完全统计，目前我国物业管理从业人数已经超过500万人。同时，物业管理在国民经济发展中的地位也日显重要，据国家统计局数据显示，2010年物业管理行业的产值已突破2000亿元，北京、上海等城市物业管理主营业务收入占当地GDP的比例已经达到2%以上。根据社会发展的趋势和城市管理模式的变化，越来越多的社会财富也要归入物业管理的范畴，物业管理必将成为城镇管理的重要内容。因此加强物业服务管理人才的培养，已经成为一项长期而重要的工作。

2004年在全国房地产行业培训中心的组织和支持下，出版了《物业管理导论》这本教材，该教材被许多高等职业院校和培训机构所采用，对物业管理行业人才的培养具有明显的意义。然而随着时间的推移和科学技术的进步，面对快速发展的物业管理行业，逐渐暴露出教材内容不能适应新形势发展需要的问题，大型机械设备、环保新工艺、智能化、数字化等技术在现代建筑中越来越多地被采用，物业服务管理中的新理念、新知识不断涌现，国家和地方主管部门的一些新法规也不断出台，物业服务管理行业的国际化趋势日趋明显；为此，要求我们必须加快培养能够适应现代物业服务管理需要的国际化专业技术人才，按照上述思路，编者对第一版教材修订，以便更好地适应教学实践的需要。

本书的再版修订，加入了物业管理最新的法规、政策，对于物业管理新技术和新方法的运用也作了介绍。对于没有参加过物业管理工作的在校学生和准备从事物业管理工作的人员，可以提供具体的操作方法、运作程序和处理具体问题的技巧；对于长期从事物业管理工作的人员，可以借鉴书中的内容改进工作。本书围绕物业管理的实际工作展开论述，每章的理论论述之后，附以相应的复习思考题，使读者能够在熟悉了基本原理之后运用所学的知识去思考解决实际工作遇到的问题。物业管理的法制环境将日趋完善，市场机制将逐步健全，科学技术将广泛应用，专业分工将日益细化，服务领域将纵深发展，行业地位将更加重要。

本书由刘喜英主编，其中第8章、第9章由中国寰球工程公司刘希威执笔，第13章、第16章由天津市和平区环境卫生管理局崔辰执笔，第18章由天津市物业管理招投标服务中心杨旭执笔。同时，他们为本书资料的搜集、整理做了大量工作，在此一并表示感谢。

物业服务管理在我国是一个新兴行业，在理论体系的建立、基础理论的完善、相关理念的确立、政策法规的制定以及在具体工作的实践中，存在着相当多的问题，有待于进一步的探讨，此书仅起抛砖引玉的作用，望各位专家、同行及读者批评指正。

2012年12月

第 一 版 前 言

物业管理在我国属于新兴行业，一出现就充满生机和活力，并显示出强大的生命力，人们用"三分建，七分管"来形容这一行业的重要性。

物业管理人才的培养有多种途径，可以由建设部指定的培训机构和各地建设行政主管部门对物业管理企业经理岗位、部门经理岗位和管理员岗位进行培训，也可以由各高等院校开设相关专业进行学历教育。因此，大量内容合理、针对性强、专业水平较高的物业管理教材相继出版发行，对全面提高物业管理从业人员的理论水平和专业技术知识会起到重要作用。

本书的出版，对于物业管理专业的在校学生和准备从事物业管理工作的人员，可以提供具体的操作方法、运作程序和处理具体问题的技巧；对于长期从事物业管理工作的人员，可以借鉴书中的内容改进工作。本书围绕物业管理的实际工作展开论述，每章的理论论述之后，附以相应的复习思考题，使读者能够在熟悉基本原理之后运用所学的知识去解决实际工作中遇到的问题。

本书由天津市房管局职工大学刘喜英主编。天津市天孚物业管理有限公司宋颖怡常务副经理为副主编，天津市物业管理招投标服务中心孙英、杨旭和陈世卓同志为本书资料的搜集、录入做了大量工作，在此一并表示感谢。

物业管理在我国是一个新兴行业，在理论体系的建立上、在相关理念的确立上、在政策法规的制定上以及在具体工作的实践中，存在着相当多的问题，有待于进一步的探讨，加之我们的水平有限，书中难免有不妥之处，敬请广大师生和读者批评指正。

2004 年 8 月

目　　录

1　物业管理基础知识概述 ………………………………………………………… 1
　1.1　物业及物业管理的概念 ………………………………………………………… 1
　1.2　物业管理的主要内容 …………………………………………………………… 6
　1.3　物业管理的主要环节 …………………………………………………………… 10

2　业主自治 ………………………………………………………………………… 14
　2.1　业主与业主大会 ………………………………………………………………… 14
　2.2　业主委员会 ……………………………………………………………………… 18
　2.3　管理规约 ………………………………………………………………………… 22

3　物业服务企业 …………………………………………………………………… 27
　3.1　物业服务企业的成立 …………………………………………………………… 27
　3.2　物业服务企业的制度建设 ……………………………………………………… 35
　3.3　物业服务企业与相关机构、部门的关系 ……………………………………… 39

4　物业管理招标投标 ……………………………………………………………… 45
　4.1　物业管理招标投标概述 ………………………………………………………… 45
　4.2　物业管理招标 …………………………………………………………………… 47
　4.3　物业管理投标 …………………………………………………………………… 53
　4.4　物业管理投标文件的编制 ……………………………………………………… 56
　4.5　物业管理开标、评标和定标 …………………………………………………… 62

5　物业管理合同及签订 …………………………………………………………… 71
　5.1　合同概述 ………………………………………………………………………… 71
　5.2　前期物业服务合同 ……………………………………………………………… 75
　5.3　物业服务合同 …………………………………………………………………… 77
　5.4　物业管理中的其他合同 ………………………………………………………… 81

6　早期介入与前期物业管理 ……………………………………………………… 84
　6.1　物业管理的早期介入 …………………………………………………………… 84
　6.2　物业承接查验 …………………………………………………………………… 87
　6.3　物业管理工作的移交 …………………………………………………………… 96

7　入住服务与装修管理 …………………………………………………………… 100
　7.1　入住服务 ………………………………………………………………………… 100
　7.2　装修管理 ………………………………………………………………………… 107

8 物业管理常规服务 · 115
8.1 物业管理服务的目标与计划 · 115
8.2 房屋管理 · 117
8.3 物业设施设备管理 · 123
8.4 物业环境管理 · 131
8.5 物业管理特约服务 · 141

9 安全管理 · 146
9.1 物业安全管理概述 · 146
9.2 安全管理和车辆管理 · 148
9.3 消防管理 · 151
9.4 智能建筑安全管理 · 158
9.5 突发事件处理 · 165

10 房屋租赁经营 · 176
10.1 房屋租赁经营的内容 · 176
10.2 房屋租赁经营的市场调研 · 179
10.3 房屋租赁合同 · 181
10.4 房屋租赁管理 · 187

11 物业管理中的投诉与纠纷 · 189
11.1 物业管理投诉 · 189
11.2 物业管理中的各种纠纷 · 193
11.3 违约责任 · 196

12 客户管理与维护 · 201
12.1 客户关系管理 · 201
12.2 客户关系维护 · 204
12.3 客户满意度调查 · 209

13 物业管理与保险 · 218
13.1 保险基本知识 · 218
13.2 物业管理保险 · 220
13.3 保险合同 · 224
13.4 保险公司的选择与保险代理 · 231

14 住宅专项维修资金管理 · 234
14.1 住宅专项维修资金概述 · 234
14.2 住宅专项维修资金的筹集和使用 · 236
14.3 住宅专项维修资金管理 · 241

15 档案管理 · 246

15.1 物业管理档案的建立 ············· 246
15.2 物业管理档案的内容 ············· 253
15.3 档案管理的要求 ··············· 259
15.4 档案管理制度 ················ 263

16 财务管理 ··················· 270
16.1 物业服务企业财务管理的内容 ········ 270
16.2 物业服务企业资金的筹集 ·········· 274
16.3 物业服务企业资金的管理 ·········· 277
16.4 物业服务费 ················· 281

17 人力资源管理 ················ 287
17.1 物业服务企业人力资源管理 ········· 287
17.2 物业服务企业人员培养与培训 ······· 297
17.3 物业管理师制度 ··············· 306

18 各种类型物业的管理服务 ·········· 319
18.1 居住物业的管理与服务 ··········· 319
18.2 写字楼物业的管理与服务 ·········· 331
18.3 零售商业物业的管理与服务 ········· 336
18.4 工业园区物业的管理与服务 ········· 341
18.5 其他用途物业的管理与服务 ········· 345

附录 物业管理行政法规及规章 ········· 352
1. 物业管理条例 ················ 353
2. 业主大会和业主委员会指导规则 ······ 361
3. 物业服务企业资质管理办法 ········· 369
4. 前期物业管理招标投标管理暂行办法 ···· 373
5. 物业承接查验办法 ·············· 379
6. 住宅室内装饰装修管理办法 ········· 384
7. 普通住宅小区物业管理服务等级标准（试行） ·· 389
8. 住宅专项维修资金管理办法 ········· 395
9. 物业管理企业财务管理规定 ········· 402
10. 物业服务收费管理办法 ··········· 405
11. 物业服务收费明码标价规定 ········ 408
12. 物业服务定价成本监审办法（试行） ··· 410
13. 物业管理师制度暂行规定 ·········· 413
14. 物业管理师资格考试实施办法 ······· 418
15. 物业管理师资格认定考试办法 ······· 419

参考文献 ····················· 421

1 物业管理基础知识概述

随着我国经济体制改革的深化和住房制度的逐步完善,物业管理作为一种新型房屋管理模式,具有社会化、专业化和市场化的特征。物业管理是现代城市管理的重要组成部分,在房地产开发建设、流通、消费的各个环节具有十分重要的作用。本章作为全书的基础,从阐述物业的基本概念着手,着重论述物业管理的概念、内容、特征及其作用,目的是使读者对物业管理有一个总体的认识。

1.1 物业及物业管理的概念

随着我国经济和社会的发展,物业管理已经成为一个具有广阔前景的行业。从1981年深圳市成立全国第一家物业服务企业开始,至今已历经了30年的发展历程。目前,我国已有物业服务企业超过3万家,物业管理从业人员超过了500万人。物业管理从最初的对新建物业项目的管理,逐步发展到对旧住宅小区项目的管理服务;管理类型也从单一类型物业到具有综合功能的物业;项目接管也从纯市场化的物业项目,扩展到为政府机关、企事业单位的后勤管理提供社会化物业管理服务。目前,物业管理的范围已经覆盖了住宅、写字楼、商业场所、工业园区、学校、医院以及体育场馆等等。

1.1.1 物业的概念

1. 物业的概念

"物业"一词是由英语词汇"property"引译而来的,其含义为:"财产"、"资产"、"拥有物"、"房地产"等,是一个较为广义的概念。而现实中我们所称的"物业"是物业的一种狭义概念,即指各类有价值(经济价值和使用价值)的土地、房屋及其附属市政、公用设施及毗邻场地等,物业可以是未开发的土地,也可以是整个住宅小区或单体建筑,包括住宅小区用房、写字楼、商业场所、旅游宾馆、工业厂房、学校等等。物业的概念可大可小,一座大厦可以称作物业,一个住宅小区也可以称为物业。对物业所包括内容的理解不同,会带来对物业的狭义、广义的理解,或称为微观物业和宏观物业。

物业一词应该包含的内容有:
(1) 已建成并具有使用功能的各类供居住和非居住的房屋;
(2) 与上述房屋相配套的附属设备和市政、公用设施;
(3) 物业管理区域内的场地、庭院、停车场、区域内的非主干交通道路;
(4) 一切与房地产有关的、可被人们使用的建筑物、构筑物以及相关场所;
(5) 与物业有关的文化背景、外在景观、配套服务和与物业有关的各种权利。

2. 物业的特征
(1) 固定性

一个物业项目的建筑物及配套设施是建造在一定的地块上,由于土地具有不可移动性，而建筑物必须固定在土地上，因此就形成了物业空间位置的固定性。这种固定性是指土地的空间方位、位置的不可移动性。所以，物业建设单位在建设过程中要遵循规划的要求，在后续的物业销售、租赁及物业管理服务等一系列经营活动中必须因地制宜，和周围的环境协调一致。

（2）耐久性

物业的建造都要经过较长的时间，建筑物使用期限一般可达几十年甚至上百年。从构成物业基础的土地来看，根据《中华人民共和国城镇国有土地使用权出让和转让暂行条例》的规定，居住用地的土地使用权出让年限为70年。所以，土地和房屋本身是可以长期使用的，具有耐久性。

（3）高值性

物业具有较高的价值和使用价值。一般来说，随着时间的推进，物业所表现出的保值性与增值性较普通商品更为明显。各种建筑物及其配套设施、设备以及相关场地的综合价值是很高的，特别在人口密度大的大中城市，物业的高价值就尤为突出。因此，如何为业主提供优质的物业管理服务，达到物业保值、增值的目的，是摆在物业服务企业面前的重要课题。

（4）权益性

《中华人民共和国物权法》第七十一条规定，业主对其建筑物专有部分享有占有、使用、收益和处分的权利。业主购入物业就是意味着购入一宗不动产，就意味着对该不动产拥有物权。物权是一个权利束，拥有多项权能，如所有人对其物业可以自用、租售和抵押等等，由此形成一个完整的物权体系。

3. 物业的分类

从物业管理的角度出发，按照物业的使用功能，可以将物业分为四类：

（1）居住物业

居住型物业指以供人们居住为主要使用功能的物业，包括住宅小区、酒店式公寓、别墅等等。

（2）经营型物业

经营型物业指以取得经营性收益为主要使用功能的物业，包括写字楼、零售商业物业及综合商业中心、宾馆及健身娱乐场馆等等。

（3）工业园区物业

工业园区物业指以生产经营活动为主要使用功能的物业，包括工业厂房、科研园区、仓储用房等等。

（4）其他类型物业

除上述三种物业类型之外，还有一些具有公益性使用功能的物业，包括医院、学校、机场、博物馆等等。

4. 物业与房地产、物业与不动产等概念的区别和联系

在进行"物业"概念的辨析时，还要分清物业与房地产、物业与不动产等概念的区别和联系。

（1）在所谓领域上的区别与联系

房地产一般是广义上的对房屋开发、建设和销售等方面的统称，是对房屋建筑物进行

描述时最常用的概念；不动产一般在界定法律财产关系时使用，其着眼点是该项财产实物形态的不可移动性；物业一般在描述房地产项目时使用，是针对具体房屋建筑物及其附着物的使用、管理和服务而言的概念。

（2）适用范围的区别与联系

房地产一词通常在经济学范畴使用，用以研究房屋及其连带的土地的生产、流通、消费和随之产生的分配关系；不动产一词通常在法律范畴使用，用以研究该类型财产的权益特性和连带的经济法律关系；物业一词通常在房屋消费领域使用，而且特指在房地产交易、售后服务这一阶段的针对使用功能而言的房地产，一般是指具体的物业项目。

从物业与房地产、物业与不动产等概念的联系来看，房地产是指房屋、房基地以及附属土地，其中包括以土地和房屋作为物质形态的财产和由此形成的所有权、使用权、租赁权和抵押权等财产权益。不动产是指土地以及附着在土地上的人工构筑物和房屋等位置固定、不可移动的财产。物业是指以土地和土地上的建筑物、构筑物形式存在的不动产。

（3）对物业概念的拓展性思考

物业有大小之分，小的物业可以特指某一个楼房甚至其中的一个单元，而大的物业可以是对一切房屋及其设施设备、构筑物和相关场地的涵盖。站在宏观角度对"物业"这一概念给予创新和拓展，有助于对物业管理业务范围作重新的界定：物业可以是经济关系的界定，是对房屋及其他经营场所中所发生的委托方与被委托方、买方和卖方关系的一种界定，是一种特殊商品使用功能的经济化和法制化的延续；站在这一角度，整个国家、整个城市就是一个大物业。这一概念，使物业这一静态物演化为动态物，给不可移动的房地产注入商品流通的特性。这种对物业的超常规理解，使物业这一依附于房地产的概念扩展到社会财富，涵盖了能够为人们提供满足使用功能的所有物业。这一概念的创新，使物业管理行业的业务范围从对单一物业项目进行管理，扩展到对所有的物业资产进行管理，为物业管理行业发展提供了无限的业务空间。

1.1.2 物业管理

物业管理是社会经济和房地产业发展到一定水平的必然产物。由于旧的住房体制强调了房地产的社会福利性，长期实行福利制低租金的住房分配政策，致使国家在住房建设和管理上入不敷出，房屋失养失修严重。改革开放以后，随着房地产业的发展，作为房地产开发、销售的后续环节——物业管理应运而生。

1. 物业管理的概念

2007年8月26日，国务院公布了《国务院关于修改〈物业管理条例〉的决定》，《物业管理条例》（以下简称《条例》）第二条规定："本条例所称物业管理，是指业主通过选聘物业服务企业，由业主和物业服务企业按照物业服务合同约定，对房屋及配套的设施设备和相关场地进行维修、养护、管理，维护物业管理区域内的环境卫生和相关秩序的活动。"根据《条例》对物业管理的界定，我们对物业管理的概念可以进一步理解为：物业管理是指物业服务企业接受业主的委托，依照国家有关法律规范，按照物业服务合同或契约行使管理权，运用现代管理科学和先进维修养护技术，以经济手段对物业实施多功能全方位的统一管理，并为物业所有人和使用人提供高效、周到的服务，使物业发挥最大的使用价值和经济价值。

"物业服务企业"是指从事物业管理经营活动的企业法人。"物业所有人"是指房屋所有权人，即业主；物业管理的管理对象是物业；物业管理的服务对象是人，即物业的所有权人和使用人。物业管理是集管理、经营、服务于一体的有偿劳动，实行的是社会化、专业化、企业化、经营型的管理模式。

传统意义上的物业管理所管理的对象往往局限在建筑实体的管理，也就是说所管理的是房屋建筑的结构主体和配套设施、设备、场地的物业实体，忽视了建筑的文化含量和精神价值以及建筑与人息息相关的心理联系。现代物业管理应包括更为广泛的内涵，在这一层面上不再局限于对建筑实体的管理，而要关注建筑环境、空间与人的和谐，关注文化与价值等附着于建筑物之上的内涵。

2. 物业与物业管理概念的比较

物业与物业管理既有联系又有区别。

（1）联系

首先，物业管理是对现有物业进行管理。如果没有物业，物业管理就失去了实施对象，物业管理也就无从谈起；其次，物业管理可以延长物业的使用寿命，使物业保值、增值，物业借助于管理使其保持良好的使用功能；第三，对于物业建设单位，良好的物业管理是房屋销售的最有利的促销因素，是对房屋销售的有力支持。因此，许多物业建设单位将物业管理看做是销售的后续环节。

（2）区别。

1）本质不同。物业具有实体性，是指各类有价值的土地、房屋及其附属市政、公用设施、毗邻场地等，可以比喻为硬件，是有形资产；而物业管理是为业主和使用人提供服务的，其工作范围相当广泛，工作性质多元化，可以比喻为软件，所提供的是有偿服务。

2）服务对象不同。物业既可以为生活服务，也可以为生产服务；既可以充当生产资料，又可以充当消费资料。当物业是住宅时，就是消费资料，是工业厂房、商厦时就是生产资料。有的物业可以是生产资料，也可以是消费资料；如某幢物业，1~6层是商场，7~32层是居住型公寓。

物业管理的服务对象是人，即物业的所有人和使用人；管理对象是物业。物业管理是针对物业所有人或使用人在使用物业的过程中所产生的种种需求而派生出的管理与服务。

3）效用性不同。物业的效用性，是指物业对人类社会的使用价值，即人们因占有、使用物业而得到某些需求的满足。物业管理是对现有物业进行管理，以期发挥物业的正常功能，保持正常的生活和工作秩序。

4）价值实现方式不同。物业价值是由物业的效用、物业的相对稀缺性和物业的有效需求三者共同决定的。具体讲，物业价值是由物业自身价值和物业管理价值共同构成的。物业自身价值是在其建造过程中所发生的工程建设费用，主要受物业形成时建筑工程成本的影响。物业管理价值是物业服务企业通过完善的管理和优良的服务，不断地完善和增加物业的使用功能，使物业效用最大限度地发挥，从而增加的那部分物业价值。物业管理为物业所提供的增值空间取决于管理的质量和水平，具有人为因素，物业管理所提供的增值是相对的。

3. 物业管理的特征

物业管理服务是一种有别于以往房产管理的新型管理模式，其管理具有社会化、专业化、市场化和规范化的特征。

（1）社会化

物业管理服务的社会化表现在两个方面，一是物业管理本身所涉及的服务不仅包括房屋和设施设备维修，还包括了水、电、保洁、绿化等属于社会服务性质的内容。二是物业服务企业对物业项目进行管理的过程中，业主只需根据物业服务合同按时缴纳物业服务费，就可以获得全面的综合性服务。既方便业主，又便于统一管理，有利于提高整个城市管理的社会化程度。

（2）专业化

物业管理的专业化一般包括：有专业的管理机构、有专业的管理人才以及有专业的管理技能。物业服务企业是具有专业物业管理资质的管理机构，拥有专业的管理服务队伍和相应的管理服务技能和水平，能够为业主实施专业化的物业管理服务。随着生产力水平的不断提高，社会分工日趋细化和专业化，物业服务企业也可以将一些专业管理工作委托给专业服务公司，例如绿化公司、设备管理公司、保洁公司等相应的专业服务公司。这些专业化机构的出现，表明社会分工在进一步加深，社会服务领域在进一步专业化。

（3）市场化

物业管理市场最主要的主体是物业服务企业和业主，业主选聘物业服务企业实施物业管理服务，是一种市场行为。物业服务企业向业主提供合同约定的服务内容，业主向物业服务企业支付相应的服务费。物业服务企业只有向业主提供优质服务，才能在市场竞争中占有一定的份额；业主享受到满意的服务，才会继续委托物业服务企业实施管理。物业管理服务是一种双向选择的市场活动。

（4）规范化

规范化是市场经济发展的必然要求，也是物业服务企业走向现代化、科学化的必然要求。对物业服务企业来讲，规范化不仅指公司的设立必须按照国家有关法规和程序进行，还包括公司的管理运作制度规范、服务程序规范以及人员行为规范等等。在物业服务企业规范化过程中，很重要的一点就是要按照合同约定为业主提供服务，这是实现优质服务的前提条件。

1.1.3 物业管理的地位与作用

1. 促进房地产市场的发展

物业管理是深化房地产经济体制改革，实行房屋商品化的客观需要，具有繁荣和完善房地产市场的作用。

随着房屋商品化的实施，各类住房分幢、分套出售，大厦分层、分单元出售后形成了一个住宅区域内的产权多元化的毗邻关系。使原有的以公房所有制为主的房屋产权格局被住房私有化的房屋产权格局所取代，而且也使传统的按产权、按部门分散管理的方法不能适应新形势的发展需要，由此形成了产权多元化和管理社会化的新格局。这种新格局要求有与之相适应的、新型的房屋管理模式来代替传统的管理模式。所以物业管理是房地产经济体制改革和住房制度改革不可缺少的因素，并且具有深化、促进和完善房地产经济体制改革的意义和作用。就整个房地产市场来说，物业管理无疑拓宽了房地产市场范围，完善了房地产投资，促进了房地产市场向健康有序的方向发展。

2. 有利于提高房地产投资效益

在房地产市场中，就一个房地产项目而言，存在着开发、经营和管理三个环节。按程序来说，物业管理是房地产开发、经营的落脚点。房地产要提高投资效益，要向效益增长型转变，就必须加强物业管理，使房地产开发、经营和管理三个环节全面协调地发展。

良好的物业管理能够使房屋保值增值。一方面，良好的物业管理不仅使物业处于完好状态并发挥使用功能，还可以延长物业的使用寿命，还可以通过公共服务、专项服务和特约服务，改善和提高物业的使用功能，提高物业的档次和功能，进而推动物业的升值；另一方面，优质的物业管理，还能受到物业建设单位、房地产经纪人的青睐，从而推动物业价格上升。

因此，物业管理是房地产开发经营活动的重要保证。只有运用现代化的管理手段，提供优质、周到、完善的物业管理服务，才能保证房地产价值和使用价值的最终实现，进而提高房地产的投资效益。

3. 为社会提供广泛的就业机会

物业管理服务属于服务性行业，也是劳动密集型行业。物业管理服务涉及面广、工作量大，在为业主提供物业管理基本服务的同时，根据业主需求，物业服务企业还要开展多种经营服务和特约服务，需要吸纳大量的从业人员，客观上为社会提供了广泛的就业机会。同时，物业管理行业同房屋装饰装修、家政服务、园林绿化、保洁服务等相关专业服务公司有着密切的关系。这些行业也可以吸纳大量的就业人员。

4. 有助于提高物业建设单位的信誉

随着房地产业的进一步发展，很多具有一定规模和实力的物业建设单位已意识到物业管理的重要性，越来越关注物业管理，并把物业管理作为企业的重要战略决策。因为优质的物业管理，可以提升物业建设单位所开发物业的价值，消除业主和使用权人的后顾之忧，也可树立物业建设单位在公众中的良好形象，促进销售工作的顺利开展。因此，优质的物业管理是物业建设单位最直接、最形象的广告，对于提高物业建设单位的信誉具有十分重要的作用。

5. 提升城市形象，完善城市功能

业主工作、生活环境的改善和居住水平的提高是城市生活水平和消费水平提高的基本前提。现代化城市需要高质量的管理服务，例如：写字楼设施设备的良好运行，有助于工作效率的提高；称心如意的物业使用环境，有助于人际关系的调和等等，物业管理正是顺应了这一要求而产生和发展起来的。

物业管理的目的是为业主创造一个整洁、舒适、安全、优雅的工作和生活环境，物业管理目标应随着社会的不断进步而逐步拓展和提升。高质量的物业管理不仅是单纯的技术性保养和事务性管理，而且还要在此基础上为业主创造一个良好、和谐的工作和生活环境。因此，高质量的物业管理既可以改变城市风貌，改善居住和工作环境，又能提高人们的精神文明素质和现代化城市意识，为提升城市形象，完善城市功能起到积极的推动作用。

1.2 物业管理的主要内容

物业管理属于第三产业，是一种服务性行业，其内容主要包括经营、管理和服务三个方面。物业管理的性质主要是"服务性"的，融经营、管理于服务之中，其经营方针是

"保本微利、服务社会"，不以牟取高额利润为目的。物业管理面对的业主层面较多，各种需求在日常生活中不断产生，从而需要物业服务企业提供新的服务内容和相应的服务方式，所以一个经营管理良好的物业服务企业，其生存和拓展的空间是很大的。

物业经营、管理和服务的内容很多，这里主要分析物业管理的公共服务内容、物业经营管理和物业经营创新管理。

1.2.1 物业管理的公共服务内容

物业管理的公共服务主要有以下 8 项：

（1）房屋共用部位的维护与管理。包括各种用途房屋的日常维护保养、定期检查维修和房屋大修中修等，使房屋建筑处于良好使用状态。

（2）房屋共用设备设施及其运行的维护和管理。主要指对房屋的供水、供电、空调、通信、燃料等设施进行保养、维修等工作，使之保持良好的运行状态。

（3）环境卫生、清洁、绿化管理服务。包括对物业管理区域内的垃圾、废物、污水、雨水进行的清除、排泄等服务，保持物业管理区域内有一个清洁的卫生环境；以及物业管理区域内的绿化维护、保持良好的生态环境。

（4）物业管理区域内公共秩序、消防、交通等协助管理服务。包括物业管理区域内的安全、保卫、警戒以及对排除各种干扰的管理等工作，保持居住区和工作区不被干扰；建立消防制度、消防设施的配置及消防队伍的建立与管理；管理区域内的车辆的行驶和停放，保持消防通道畅通等。

（5）物业装饰装修管理服务。包括房屋装修的申请与批准，以及对装修过程的监督与管理工作。

（6）专项维修资金的代管服务。这是指物业服务企业受业主委员会或物业产权人委托，对房屋共用部位和共用设施设备的维修资金的代管工作。

（7）物业档案资料的管理。包括物业产权资料、承接查验资料以及物业管理服务过程中的资料与档案的管理。

（8）代收代缴收费服务。这一业务的特点是满足业主和使用人的需求所开展的服务。

1.2.2 物业经营管理

物业的经营管理体现在物业服务企业的多种经营服务和特色业务中。物业服务企业开展的多种经营业务，一方面是增加物业服务企业的创收渠道；另一方面也是扩大服务范围和提升服务质量的举措。它主要包括物业投资咨询、物业中介、物业租售代理、住房置换、房屋更新以及设备安装等内容。

物业服务企业的特色服务包括三个方面：

1. 特约服务

特约服务是为满足物业产权人、使用权人的个别需求，受其委托而提供的服务，也包括在物业服务合同中未要求，而业主、使用权人又提出该方面需求的服务。在日常管理服务中，物业服务企业应在可能的情况下尽量满足其需求，提供特约服务。

特约服务内容包括房屋代管、房屋租赁经营、室内清洁、家电维修、居室装修以及代聘保姆等服务项目。

2. 便民服务

便民服务是物业服务企业为改善和提高业主、使用人的工作、生活条件与社区联合举办的服务项目，其特点是物业服务企业事先设立服务项目，并将服务内容、质量与收费标准公布，由业主和使用人根据自己的需要而选择。

便民服务的内容包括：商业网点的商品零售，文体、娱乐设施的提供，教育卫生条件的改善等服务项目。

以上所述管理内容，我们将在本书的第8章详细阐述。

3. 会所服务

会所是物业项目的配套设施，是提供休闲、娱乐、健身和联谊的场所。会所配套服务一方面可以为业主提供更多的服务内容，另一方面也是物业建设单位销售房屋的卖点。

(1) 会所服务的内容

1) 购物场所。包括小型商场、便利店、快餐店等场所提供的服务。

2) 文化娱乐。包括图书阅读、影视观赏、系列插花、系列茶艺等活动的开展，是以提高文化品位和引导消费为主的活动。

3) 休闲联谊。开设咖啡厅、酒吧等，为业主提供商务会谈、朋友聚会的场所，也可以利用节假日为业主家庭聚会提供服务。

4) 体育健身。推行系列健身活动，开设棋牌室、游泳池、健身房和美容美发等，并定期组织健康咨询活动。

(2) 会所的经营方式

目前会所的经营有三种方式：自营、委托经营和联合经营。

1) 自营。物业建设单位将会所委托给物业服务企业经营，通过协议确定经营收入的分成。这种经营方式需要物业服务企业培养会所专业经营人员，开拓服务项目，善于从经营中取得效益。同时还需要企业有先期的投入，例如会所装修、设备购置以及运营费用等。

2) 委托经营。在物业建设单位和物业服务企业缺乏会所经营经验时，可以通过委托经营的方式寻求一家专业的经营机构，将会所的经营委托给专业运营商，再通过协议的方式确定物业建设单位、物业公司和会所运营商三方的利润分成。

3) 联合经营。物业建设单位可以将一部分运营成本较高、专业性较强的项目委托给专业运营机构，可以将另一部分经营比较简单、以服务为主、经营为辅的项目委托给物业服务企业经营，以满足业主的服务需求。

1.2.3 物业经营创新管理

物业服务企业扩展业务经营的渠道很多，如人才、资本、营销、技术、文化以及组织等。但任何企业在扩展业务的同时，都有一个不可忽视的问题，那就是通过创新使企业的经营规模得以扩大。企业的发展不是靠继承，而是靠创新。物业经营创新管理的方式有以下几种：

1. 观念创新

思路决定出路，观念就是财富。观念创新是指形成能够比以前更好地适应环境变化，并更有效地利用资源的新概念或新构想的活动。观念创新主要表现为：

(1) 树立以人为本的观念

这是一种新型的管理观念，它强调企业管理的核心在于如何发掘人的潜力，发挥人的价值，同时也提出了所有的管理都应该围绕着"人"来做文章。物业管理的许多服务方式、服务内容都可以因业主和使用人的需求而改变。

（2）树立以市场为导向的观念

市场经济的法则就在于它永远处于变化之中。因此，要研究市场，读懂市场，用开放、超前的眼光把握市场规律，在满足需求和创造需求的原动力驱动下，科学选择目标市场。具体体现在：物业管理市场开拓、引导业主和使用人的需求；物业管理和服务的创新、赢得潜在的房屋租赁顾客；企业包装创新等等。

（3）树立竞争的观念

竞争是市场经济的一个主要特征。竞争能促使社会资源的合理配置和科学利用，因此应积极参与物业管理市场的竞争，在竞争中提高物业服务企业的自身能力，形成竞争优势。

竞争观念的确定和创新，是竞争获胜的前提条件。具体体现在：树立物业服务企业全方位的竞争观念，采取管理和服务多手段并存的竞争观念，以快速占领业主消费市场的竞争观念。

2. 组织创新

组织创新就是将一种有效的交易机制引入组织内部，不断变革组织的主体、组织条件和组织环境等诸多因素。通过增强组织的素质和能力，不断提高组织效益，使其处于一个健康状态的过程。

从创新过程看，组织创新涉及三个层次的问题，即三个序列的创新活动。

第一序列的创新，主要解决目前存在的问题，例如，对于有些发展缓慢的小型物业服务企业，其目前存在的主要问题是管理规模小、经营收益差以及资质等级低等等。而对于一些急剧扩张的大型物业服务企业，其管理规模大、资质等级高，而管理服务跟不上。

第二序列的创新，探索根治问题的解决办法，如前所述，对于有些发展缓慢的小型物业服务企业，在提高物业管理服务质量的同时，积极拓展市场，接管新项目，扩大管理规模，促使企业资质等级的提升。对于一些急剧扩张的大型物业服务企业则应该在夯实管理基础，在提高服务质量方面做文章，从提升企业品牌、从管理服务中要效益。

第三序列的创新，通过增强组织的素质和能力，使组织处于一种健康的状态。物业服务企业需要有一个科学合理的组织机构，需要有一支高水平的专业管理队伍，才能在管理服务中取得良好的效益。

3. 管理创新

管理创新包括管理制度创新和管理方法创新两类。

管理制度包括物业服务企业内部制度和公众制度两方面，关于制度等方面的内容我们将在第3章详细介绍，这里只是从创新的角度来分析。

制度的创新，包括两个方面：一方面制度要不断创新，避免僵化；随着物业管理项目类型的增加，服务项目创新，需要有新的相应的管理制度、操作流程和服务标准做支撑；另一方面，创新要靠制度来巩固和保持，新制度的出现，是要经过实践的检验而逐步完善的。制度创新的过程是一个持续化完善过程，要反复修正才能逐步符合管理的需要。

管理方法直接涉及企业资源的有效整合。管理方法的创新可以从以下几个方面分析：

（1）管理风格、服务方式的创新；

（2）人力资源管理方法的创新；
（3）对管理、服务和经营等方面管理思路的创新；
（4）新技术、新方法的应用；
（5）企业服务产品组合的创新。

4. 技术创新

（1）技术包括三个组成部分

1）一是技术实现的手段，即用于完成特定任务和目标的管理模式、技术支持以及设备应用的逻辑安排和物理结构；

2）二是关于技术的信息，即如何使用上述技术支持和设备功能的实现来完成特定的任务；

3）三是对技术的诠释，即以某种特有的方式使用技术的理由。西方管理学家一般将技术概括为硬件、软件和智能三个部分。

（2）技术创新具有三个鲜明的特征

1）以市场实现程度和获得商业利益作为检验成功与否的最终标准；

2）强调从新技术的研究开发到首次商业化应用，是一个系统工程；

3）强调企业是创新的主体。

物业服务企业技术创新的基本思路：以市场为导向，以企业为主体，以服务为龙头，以新技术开发应用为手段，以提高企业经济效益、增强市场竞争力和培育新的经济增长点为目标，重视市场机会与技术机会的结合，通过新技术的开发与应用，带动物业服务企业或整个行业生产要素的优化配置。

1.3 物业管理的主要环节

物业从规划设计开始，到物业建成使用后各项管理服务活动的正常运行，要包括若干环节。根据物业管理活动的先后顺序，物业管理基本上由物业管理的策划阶段、前期准备阶段、启动阶段以及日常运作服务 4 个阶段组成。

1.3.1 物业管理的策划阶段

这一阶段的工作主要包括物业管理的早期介入、选聘物业服务企业、制定物业管理方案 3 个环节。

1. 物业管理的早期介入

物业管理的早期介入，是指在物业规划设计和开发建设过程中，物业管理活动就要介入其中，帮助物业建设单位在规划设计、建设配套、工程质量和使用功能等方面把好关，以确保物业的设计和建造质量。从物业管理的角度，对规划设计方案提出意见或建议；在施工管理过程中，主动了解施工进度和隐蔽工程情况，为物业投入使用后提供优质的物业管理服务创造条件。

2. 选聘物业服务企业

根据物业项目的实际情况，物业建设单位应尽早策划物业管理方案。根据实际情况和物业项目的档次，选聘具有相应物业服务企业资质的企业进行管理。新出台的《条例》规定，国家提倡建设单位按照房地产开发与物业管理相分离的原则，通过招投标的方式选聘具有相应资质的物业服务企业。物业服务企业不得超越资质承接物业管理项目。建设单位应与选聘的物业服务企业签订"前期物业服务合同"。

3. 制定物业管理方案

物业服务企业应根据项目的实际情况制定物业管理方案。首先，要根据物业类型、使用功能以及业主需求等条件，确定物业管理服务目标和服务内容；其次，确定相应的管理服务标准；最后，进行物业服务费测算，对年度物业服务费用进行收支分析，以及计划为业主提供的特约服务内容等等。

1.3.2 物业管理的前期准备阶段

物业管理前期准备阶段的工作，要从物业服务企业设置项目部开始，着手设计项目部的机构设置与人员配备培训、物业管理服务制度的制定以及物业租售准备3个环节。

1. 物业服务企业项目部的机构设置与人员配备培训

物业服务企业项目部的机构及岗位设置，要依据所管物业的规模和类型以及业主对物业管理服务的需求档次灵活设置，其岗位设置和人员配备的原则就是使企业的人力、物力和财力等资源得到优化高效的配置，建立一个以最少资源而能达到最高运营管理效率的组织。同时，还要根据项目实际情况，开展聘用人员的培训，各岗位人员的素质应达到一定的水平。注重物业管理人员的岗位资格培训，还要注意对电梯、配电等特殊工种的人员应取得政府主管部门的资格认定方可上岗。

2. 物业管理制度的制定

物业管理制度是物业管理顺利实施的重要保证。制度的制定应依据国家法律、法规、政策的规定和物业管理行政主管部门推荐的示范文本，结合物业项目的实际情况，制定一些必要的适用的制度和管理程序，保证各项物业管理活动都有章可循。

3. 物业租售的准备

物业租售的准备工作应在项目的开发建设过程中就开始考虑。有些物业建设单位自行进行市场营销，有些物业建设单位则委托房地产代理机构进行。物业服务企业接管项目以后，可参与物业的销售和租赁工作，并做好物业租售的市场调研和前期准备工作。

1.3.3 物业管理的启动阶段

物业管理的启动阶段是以物业的承接查验为标志的。该阶段包括物业的承接查验、用户入住、档案资料的建立、首次业主大会的召开及业主委员会的正式成立4个环节。

1. 物业的承接查验

物业的承接查验包括新建物业的承接查验和原有物业的承接查验。

新建物业的承接查验是在项目竣工验收的基础上进行的再检验。物业验收是依据国家住房和城乡建设部及省市有关工程验收的技术规范与质量标准，对已建成的物业进行检查核验。物业接管是物业建设单位向物业服务企业移交物业的过程，物业验收的中心环节是物业的质量和设施设备的再检验。同时做好档案资料的移交工作，以方便日后物业管理与服务。

原有物业的承接查验，指业主将原有物业委托给物业服务企业管理，也包括业主改聘物业服务企业。物业服务企业对原有物业承接查验的完成，意味着新的物业管理工作全面开始。

物业的承接查验是直接关系到物业管理工作能否正常开展的重要环节。在承接查验的过程中，物业服务企业要充分发挥自身的作用，对验收中发现的问题应准确记录在案，明确管理、维修责任，对验收中存在的问题，及时与物业建设单位沟通，以物业建设单位为主予以解决。

2. 用户入住

用户入住也称为"入伙"，是物业管理十分重要的环节。用户入住的服务对象包括业主和使用人。用户入住时，物业服务企业应该营造一个能使用户满意的工作和生活环境；同时，向业主发放《临时管理规约》等材料，业主需要共同遵守的事项，以及将房屋装饰装修中的禁止行为和注意事项告知业主，使业主了解物业管理的有关规定，主动配合物业服务企业日后的管理工作。

物业服务企业还应做好迎接用户入住的一系列工作：如提供包括公共秩序维护、保洁服务、环境整治、车辆停放以及解决施工建设中存在的各种遗留问题在内的各种服务。

3. 档案资料的建立

档案资料包括用户档案资料和物业档案资料。

用户档案资料包括业主和使用人的档案资料。业主和使用人入住以后，应及时为他们建立档案资料，便于日后与业主的沟通联系。

物业档案资料包括物业项目本身的档案和物业管理服务过程中形成的档案资料。物业项目本身的档案是对物业建设开发成果的记录，档案资料要尽可能完整地归集。从规划设计到工程竣工、从地下到楼顶、从主体到配套、从建筑物到环境的全部工程技术资料，尤其是隐蔽工程的技术资料。经整理后按照资料的内容进行科学的分类与归集。物业管理服务过程中形成的档案资料，包括房屋建筑本体的养护记录、房屋设施设备运行情况记录、以及保洁、绿化、公共秩序维护等日常管理服务所形成的档案。

4. 首次业主大会的召开和业主委员会的成立

住房和城乡建设部颁布实施的《业主大会和业主委员会指导规则》第八条规定："物业管理区域内，已交付的专有部分面积超过建筑物总面50%时，建设单位应当按照物业所在地的区、县房地产行政主管部门或者街道办事处、乡镇人民政府的要求，及时报送筹备首次业主大会会议所需的文件资料"。同时，《业主大会和业主委员会指导规则》第九条还规定："符合成立业主大会条件的，区、县房地产行政主管部门或者街道办事处、乡镇人民政府应当在收到业主提出筹备业主大会书面申请后 60 日内，负责组织、指导成立首次业主大会会议筹备组。"第十五条规定："筹备组应当自组成之日起 90 日内完成筹备工作，组织召开首次业主大会会议"，表决通过管理规约、业主大会议事规则，并选举产生业主委员会。到这一阶段为止，物业管理工作从前期准备工作转向常规运作阶段。

1.3.4 物业管理的常规运作阶段

物业管理的常规运作阶段是物业管理最主要的工作内容，包括日常综合服务与管理、客户关系维护与管理 2 个环节。

1. 日常综合服务与管理

日常综合服务与管理，是指业主大会选聘物业服务企业并签订《物业服务合同》后，物业服务企业在实施物业管理活动中所进行的各项管理服务工作，如房屋建筑本体管理、房屋设施设备管理、保洁服务与管理、绿化管理、公共秩序维护、安全管理以及特约服务等等，它是物业服务企业最常规和最基本的服务内容。

2. 客户关系维护与管理

物业管理社会化、专业化和市场化的特征，决定了其具有特定的复杂的内、外部环境条件。物业服务企业客户关系管理与维护是保证物业管理各个环节顺利实施的重要内容。物业服务企业内部客户管理主要是针对物业服务企业内部员工的关系与协调维护，这是保证企业内部政令畅通、指挥协调有序、提高工作效率的重要举措。物业服务企业外部客户管理主要是针对业主、业主大会、业主委员会以及业主之间相互关系的协调；还包括物业服务企业与相关部门及单位相互关系的协调，例如与物业所在地的区、县房地产行政主管部门、街道办事处以及供水、供电、通信、环卫、房管等有关部门的关系协调，涉及的范围相当广泛。

复 习 思 考 题

1. 简述物业的概念及特征。
2. 物业的分类有哪些？
3. 简述物业管理的概念及特征。
4. 简述物业管理的地位与作用。
5. 简述物业管理的公共服务内容。
6. 简述物业经营管理内容。
7. 物业经营的创新管理包括哪些方面？
8. 简述物业管理的主要环节及其内容。

2 业主自治

2.1 业主与业主大会

2.1.1 业主

按照《条例》规定,房屋的所有权人为业主。一般是指拥有物业所有权的开发建设单位和购房人以及与购房人长期共同居住的自然人。

业主是物业管理区域内房屋和相关设施设备的所有权人,是物业的主人,是参与物业管理活动的主体。业主有权直接参与物业管理区域内的物业管理活动。

1. 业主的权利

按照《条例》第六条规定,业主在物业管理活动中,享有下列权利:

(1) 按照物业服务合同的约定,接受物业服务企业提供的服务。
(2) 提议召开业主大会会议,并就物业管理的有关事项提出建议。
(3) 提出制定和修改管理规约、业主大会议事规则的建议。
(4) 参加业主大会会议,行使投票权。
(5) 选举业主委员会成员,并享有被选举权。
(6) 监督业主委员会的工作。
(7) 监督物业服务企业履行物业服务合同。
(8) 对物业共用部位、共用设施设备和相关场地使用情况享有知情权和监督权。
(9) 监督物业共用部位、共用设施设备专项维修资金(以下简称专项维修资金)的管理和使用。
(10) 法律、法规规定的其他权利。

2. 业主的义务

按照《条例》第七条规定,业主在物业管理活动中,履行下列义务:

(1) 遵守管理规约、业主大会议事规则。
(2) 遵守物业管理区域内物业共用部位和共用设施设备的使用、公共秩序和环境卫生的维护等方面的规章制度。
(3) 执行业主大会的决定和业主大会授权业主委员会作出的决定。
(4) 按照国家有关规定交纳专项维修资金。
(5) 按时交纳物业服务费用。
(6) 法律、法规规定的其他义务。

3. 业主共同决定的事项

下列事项由业主共同决定:

(1) 制定和修改业主大会议事规则;
(2) 制定和修改管理规约;

(3) 选举业主委员会或者更换业主委员会成员；
(4) 选聘和解聘物业服务企业；
(5) 筹集和使用专项维修资金；
(6) 改建、重建建筑物及其附属设施；
(7) 有关共有和共同管理权利的其他重大事项。

2.1.2 业主大会

物业管理区域内全体业主组成业主大会。业主大会应当代表和维护物业管理区域内全体业主在物业管理活动中的合法权益。按照住房和城乡建设部《业主大会和业主委员会指导规则》（以下简称《指导规则》）第二条规定，业主大会由物业管理区域内的全体业主组成，代表和维护物业管理区域内全体业主在物业管理活动中的合法权利，履行相应的义务。

业主大会根据物业管理区域的划分成立，一个物业管理区域成立一个业主大会。物业管理区域的划分应当考虑物业的共用设施设备、建筑物规模、社区建设等因素。同一个物业管理区域内的业主，应当在物业所在地的区、县人民政府房地产行政主管部门或者街道办事处、乡镇人民政府的指导下成立业主大会，并选举产生业主委员会。但是，只有一个业主的，或者业主人数较少且经全体业主一致同意，决定不成立业主大会的，由业主共同履行业主大会、业主委员会职责。

1. 业主大会的筹备

(1) 报送筹备资料

物业管理区域内，已交付的专有部分面积超过建筑物总面积50%时，建设单位应当按照物业所在地的区、县房地产行政主管部门或者街道办事处、乡镇人民政府的要求，及时报送下列筹备首次业主大会会议所需的文件资料：

1) 物业管理区域证明；
2) 房屋及建筑物面积清册；
3) 业主名册；
4) 建筑规划总平面图；
5) 交付使用共用设施设备的证明；
6) 物业服务用房配置证明；
7) 其他有关的文件资料。

符合成立业主大会条件的，区、县房地产行政主管部门或者街道办事处、乡镇人民政府应当在收到业主提出筹备业主大会书面申请后60日内，负责组织、指导成立首次业主大会会议筹备组。

(2) 筹备组的组成

首次业主大会会议筹备组由业主代表、建设单位代表、街道办事处、乡镇人民政府代表和居民委员会代表组成。筹备组成员人数应为单数，其中业主代表人数不低于筹备组总人数的一半，筹备组组长由街道办事处、乡镇人民政府代表担任。

筹备组中业主代表的产生，由街道办事处、乡镇人民政府或者居民委员会组织业主推荐。筹备组应当将成员名单以书面形式在物业管理区域内公告。业主对筹备组成员有异议的，由街道办事处、乡镇人民政府协调解决。

建设单位和物业服务企业应当配合协助筹备组开展工作。

(3) 业主大会的筹备工作

筹备组应当做好以下筹备工作:

1) 确认并公示业主身份、业主人数以及所拥有的专有部分面积;
2) 确定首次业主大会会议召开的时间、地点、形式和内容;
3) 草拟管理规约、业主大会议事规则;
4) 依法确定首次业主大会会议表决规则;
5) 制定业主委员会委员候选人产生办法,确定业主委员会委员候选人名单;
6) 制定业主委员会选举办法;
7) 完成召开首次业主大会会议的其他准备工作。

上述内容应当在首次业主大会会议召开 15 日前以书面形式在物业管理区域内公告。业主对公告内容有异议的,筹备组应当记录并作出答复。

2. 业主投票权的确定

(1) 业主的认定

根据物权法和《指导规则》的相关规定,业主的认定有以下几种情形:

1) 依法登记取得建筑物专有部分所有权的人,应当认定为业主。
2) 因继承或者受遗赠取得物权的,自继承或者受遗赠开始发生效力的,应当认定为业主。
3) 因合法建造等事实行为设立物权的,自事实行为成立时发生效力的,应当认定为业主。
4) 基于房屋买卖等民事法律行为,已经合法占有建筑物专有部分,但尚未依法办理所有权登记的人,可以认定为业主。

(2) 投票权的认定

1) 认定专有部分面积和建筑物总面积。业主大会确定业主投票权数,可以按照下列方法认定专有部分面积和建筑物总面积:

①专有部分面积按照不动产登记簿记载的面积计算;尚未进行登记的,暂按测绘机构的实测面积计算;尚未进行实测的,暂按房屋买卖合同记载的面积计算;

②建筑物总面积,按照前项的统计总和计算。

2) 认定业主人数和总人数。业主大会确定业主投票权数,可以按照下列方法认定业主人数和总人数:

①业主人数,按照专有部分的数量计算,一个专有部分按一人计算。但建设单位尚未出售和虽已出售但尚未交付的部分,以及同一买受人拥有一个以上专有部分的,按一人计算;

②总人数,按照前项的统计总和计算。

业主大会应当在业主大会议事规则中约定车位、摊位等特定空间是否计入用于确定业主投票权数的专有部分面积。一个专有部分有两个以上所有权人的,应当推选一人行使表决权,但共有人所代表的业主人数为一人。业主为无民事行为能力人或者限制民事行为能力人的,由其法定监护人行使投票权。

(3) 业主不能参加业主大会的情况

业主因故不能参加业主大会会议的，可以书面委托代理人参加业主大会会议。

未参与表决的业主，其投票权数是否可以计入已表决的多数票，由管理规约或者业主大会议事规则规定。

（4）业主代表

物业管理区域内业主人数较多的，可以幢、单元、楼层为单位，推选一名业主代表参加业主大会会议，推选及表决办法应当在业主大会议事规则中规定。业主可以书面委托的形式，约定由其推选的业主代表在一定期限内代其行使共同管理权，具体委托内容、期限、权限和程序由业主大会议事规则规定。

3. 业主大会的召开

（1）业主大会的召开及成立时间

筹备组应当自组成之日起90日内完成筹备工作，组织召开首次业主大会会议。召开业主大会会议，应当于会议召开15日以前通知全体业主。住宅小区的业主大会会议，应当同时告知相关的居民委员会。业主委员会应当做好业主大会会议记录。

业主大会自首次业主大会会议表决通过管理规约、业主大会议事规则，并选举产生业主委员会之日起成立。

（2）业主大会的召开形式

业主大会会议可以采用集体讨论的形式，也可以采用书面征求意见的形式；但应当有物业管理区域内专有部分占建筑物总面积过半数的业主且占总人数过半数的业主参加。

采用书面征求意见形式的，应当将征求意见书送交每一位业主；无法送达的，应当在物业管理区域内公告。凡需投票表决的，表决意见应由业主本人签名。

（3）业主大会决定的事项

1）制定和修改业主大会议事规则；

2）制定和修改管理规约；

3）选举业主委员会或者更换业主委员会委员；

4）制定物业服务内容、标准以及物业服务收费方案；

5）选聘和解聘物业服务企业；

6）筹集和使用专项维修资金；

7）改建、重建建筑物及其附属设施；

8）改变共有部分的用途；

9）利用共有部分进行经营以及所得收益的分配与使用；

10）法律法规或者管理规约确定应由业主共同决定的事项。

业主大会决定筹集和使用专项维修资金、改建和重建建筑物及其附属设施的事项，应当经专有部分占建筑物总面积2/3以上的业主且占总人数2/3以上的业主同意。有关制定和修改业主大会议事规则、制定和修改管理规约、选举业主委员会或者更换业主委员会成员、选聘和解聘物业服务企业等其他重大事项的，应当经专有部分占建筑物总面积过半数的业主且占总人数过半数的业主同意。

业主大会或者业主委员会的决定，对业主具有约束力。业主大会或者业主委员会作出的决定侵害业主合法权益的，受侵害的业主可以请求人民法院予以撤销。

业主大会会议应当由业主委员会作出书面记录并存档。业主大会的决定应当以书面形式在物业管理区域内及时公告。

在首次业主大会上，建设单位还应当做物业管理前期工作报告，物业服务企业还应当作物业承接验收情况的报告。

4. 业主大会议事规则

业主大会议事规则应当对下列主要事项作出规定：

(1) 业主大会名称及相应的物业管理区域；
(2) 业主委员会的职责；
(3) 业主委员会议事规则；
(4) 业主大会会议召开的形式、时间和议事方式；
(5) 业主投票权数的确定方法；
(6) 业主代表的产生方式；
(7) 业主大会会议的表决程序；
(8) 业主委员会委员的资格、人数和任期等；
(9) 业主委员会换届程序、补选办法等；
(10) 业主大会、业主委员会工作经费的筹集、使用和管理；
(11) 业主大会、业主委员会印章的使用和管理。

业主拒付物业服务费，不缴存专项维修资金以及实施其他损害业主共同权益行为的，业主大会可以在管理规约和业主大会议事规则中对其共同管理权的行使予以限制。

5. 定期会议和临时会议

业主大会会议分为定期会议和临时会议。

业主大会定期会议应当按照业主大会议事规则的规定由业主委员会组织召开。有下列情况之一的，业主委员会应当及时组织召开业主大会临时会议：

(1) 经专有部分占建筑物总面积20%以上且占总人数20%以上业主提议的；
(2) 发生重大事故或者紧急事件需要及时处理的；
(3) 业主大会议事规则或者管理规约规定的其他情况。

2.2 业主委员会

2.2.1 业主委员会与业主委员会委员

1. 业主委员会的组成

业主委员会委员应当由热心公益事业、责任心强、具有一定组织能力的业主担任。业主委员会由业主大会会议选举产生，由5~11人单数组成。

2. 业主委员会委员的条件和任期

业主委员会委员应当是物业管理区域内的业主，并符合下列条件：

(1) 具有完全民事行为能力；
(2) 遵守国家有关法律、法规；
(3) 遵守业主大会议事规则、管理规约，模范履行业主义务；
(4) 热心公益事业，责任心强，公正廉洁；

(5) 具有一定的组织能力；
(6) 具备必要的工作时间。

业主委员会委员实行任期制，每届任期不超过 5 年，可连选连任，业主委员会委员具有同等表决权。业主委员会应当自选举之日起 7 日内召开首次会议，推选业主委员会主任和副主任。

3. 业主委员会委员的资格终止

有下列情况之一的，业主委员会委员资格自行终止：
(1) 因物业转让、灭失等原因不再是业主的；
(2) 丧失民事行为能力的；
(3) 依法被限制人身自由的；
(4) 法律、法规以及管理规约规定的其他情形。

业主委员会委员有下列情况之一的，由业主委员会三分之一以上委员或者持有 20% 以上投票权数的业主提议，业主大会或者业主委员会根据业主大会的授权，可以决定是否终止其委员资格：
(1) 以书面方式提出辞职请求的；
(2) 不履行委员职责的；
(3) 利用委员资格谋取私利的；
(4) 拒不履行业主义务的；
(5) 侵害他人合法权益的；
(6) 因其他原因不宜担任业主委员会委员的。

业主委员会委员资格终止的，应当自终止之日起 3 日内将其保管的档案资料、印章及其他属于全体业主所有的财物移交业主委员会。业主委员会任期内，委员出现空缺时，应当及时补足。业主委员会委员候补办法由业主大会决定或者在业主大会议事规则中规定。业主委员会委员人数不足总数的二分之一时，应当召开业主大会临时会议，重新选举业主委员会。

业主委员会任期届满前 3 个月，应当组织召开业主大会会议，进行换届选举，并报告物业所在地的区、县房地产行政主管部门和街道办事处、乡镇人民政府。业主委员会应当自任期届满之日起 10 日内，将其保管的档案资料、印章及其他属于业主大会所有的财物移交新一届业主委员会。

2.2.2 业主委员会备案

业主委员会应当自选举产生之日起 30 日内，持下列文件向物业所在地的区、县房地产行政主管部门和街道办事处、乡镇人民政府办理备案手续：
(1) 业主大会成立和业主委员会选举的情况；
(2) 管理规约；
(3) 业主大会议事规则；
(4) 业主大会决定的其他重大事项。

业主委员会办理备案手续后，可持备案证明向公安机关申请刻制业主大会印章和业主委员会印章。业主委员会任期内，备案内容发生变更的，业主委员会应当自变更之日起 30 日内将变更内容书面报告备案部门。

2.2.3 业主委员会会议

业主委员会应当按照业主大会议事规则的规定及业主大会的决定召开会议。经三分之一以上业主委员会委员的提议,应当在7日内召开业主委员会会议。

业主委员会会议由主任召集和主持,主任因故不能履行职责,可以委托副主任召集。业主委员会会议应有过半数的委员出席,作出的决定必须经全体委员半数以上同意。同时还规定,业主委员会委员不能委托代理人参加会议。

业主委员会应当于会议召开7日前,在物业管理区域内公告业主委员会会议的内容和议程,听取业主的意见和建议。业主委员会会议应当制作书面记录并存档,业主委员会会议作出的决定,应当有参会委员的签字确认,并自作出决定之日起3日内在物业管理区域内公告。

2.2.4 业主委员会的工作开展

1. 业主委员会的职责

业主委员会履行以下职责:

(1) 执行业主大会的决定和决议;
(2) 召集业主大会会议,报告物业管理实施情况;
(3) 与业主大会选聘的物业服务企业签订物业服务合同;
(4) 及时了解业主、物业使用人的意见和建议,监督和协助物业服务企业履行物业服务合同;
(5) 监督管理规约的实施;
(6) 督促业主交纳物业服务费及其他相关费用;
(7) 组织和监督专项维修资金的筹集和使用;
(8) 调解业主之间因物业使用、维护和管理产生的纠纷;
(9) 业主大会赋予的其他职责。

2. 需要向业主公布的情况和资料

业主委员会应当向业主公布下列情况和资料:

(1) 管理规约、业主大会议事规则;
(2) 业主大会和业主委员会的决定;
(3) 物业服务合同;
(4) 专项维修资金的筹集、使用情况;
(5) 物业共有部分的使用和收益情况;
(6) 占用业主共有的道路或者其他场地用于停放汽车车位的处分情况;
(7) 业主大会和业主委员会工作经费的收支情况;
(8) 其他应当向业主公开的情况和资料。

3. 建立业主委员会工作档案

业主委员会应当建立工作档案,工作档案包括以下主要内容:

(1) 业主大会、业主委员会的会议记录;
(2) 业主大会、业主委员会的决定;
(3) 业主大会议事规则、管理规约和物业服务合同;
(4) 业主委员会选举及备案资料;

（5）专项维修资金筹集及使用账目；

（6）业主及业主代表的名册；

（7）业主的意见和建议。

4. 建立印章管理规定

业主委员会应当建立印章管理规定，并指定专人保管印章。使用业主大会印章，应当根据业主大会议事规则的规定或者业主大会会议的决定；使用业主委员会印章，应当根据业主委员会会议的决定。

5. 业主委员会工作经费

业主大会、业主委员会工作经费由全体业主承担。工作经费可以由业主分摊，也可以从物业共有部分经营所得收益中列支。工作经费的收支情况，应当定期在物业管理区域内公告，接受业主监督。工作经费筹集、管理和使用的具体办法由业主大会决定。

2.2.5 对业主大会和业主委员会的其他规定

住宅小区的业主大会、业主委员会作出的决定，应当告知相关的居民委员会，并认真听取居民委员会的建议。在物业管理区域内，业主大会、业主委员会应当积极配合相关居民委员会依法履行自治管理职责，支持居民委员会开展工作，并接受其指导和监督。业主大会、业主委员会应当配合公安机关，与居民委员会相互协作，共同做好维护物业管理区域内的社会治安等相关工作。

业主大会、业主委员会应当依法履行职责，不得作出与物业管理无关的决定，不得从事与物业管理无关的活动。业主大会、业主委员会作出的决定违反法律、法规的，物业所在地的区、县人民政府房地产行政主管部门或者街道办事处、乡镇人民政府，应当责令限期改正或者撤销其决定，并通告全体业主。

物业管理区域内，可以召开物业管理联席会议。物业管理联席会议由街道办事处、乡镇人民政府负责召集，由区、县房地产行政主管部门、公安派出所、居民委员会、业主委员会和物业服务企业等方面的代表参加，共同协调解决物业管理中遇到的问题。

2.2.6 业主大会、业主委员会与居民委员会的关系

理顺业主大会、业主委员会与居民委员会的关系，推进物业管理与社区建设的协同发展，是实行物业管理的重要目的之一。社区建设是以社区服务为龙头，包括社区组织、社区卫生、社区治安、社区环境以及社区文化等方面的综合性工作。随着社会体制的转型，社区建设与管理越来越受到社会各界的普遍关注，已经成为新形势下城市建设与管理的基础性工作。社区居民委员会的委员，除了居委会主任是由街道办事处直接任命以外，委员多是由居民代表组成，在居民中有一定的群众基础和倡导力，又因其掌握政府的最新精神和政策，所以，业主大会和业主委员会应当与居民委员会相互协作配合，提高居民素质，保持小区环境整洁，积极配合政府创建文明小区，共同做好维护物业管理区域内的社会治安等相关工作，并接受其监督指导。

在物业管理区域内，居民委员会依法履行自治管理职责时，业主应当接受相关居民委员会的管理，参加居民委员会组织的各项活动。

（1）住宅小区的业主大会、业主委员会作出的决定，应当告知相关的居民委员会，并认真听取居民委员会的建议。

为了使居民委员会及时了解和掌握住宅小区内业主大会、业主委员会的工作情况，以

利于协调各方面的关系，住宅小区的业主大会、业主委员会作出的决定，应当告知相关的居民委员会，并认真听取居民委员会的建议。

(2) 业主大会、业主委员会与居民委员会的关系定位。

1) 关系定位。

业主委员会是通过物业服务企业对小区行使管理权和监督权，与居民委员会的根本目标是一致的。从总体上看，居民委员会更加注重精神文明建设领域的事务性工作，而业主委员会更加关注小区物质文明建设的成果。

2) 两者之间不能相互取代。

业主委员会是业主大会的执行机构，代表业主与业主大会选聘物业服务企业并签订物业服务合同，在日常管理过程中，监督和协助物业服务企业履行物业服务合同，其活动经费来源于物业管理服务费按照一定比例的提取部分。在业务上与物业服务企业共同配合，做好小区的物业管理工作，其工作性质是自我维护、自我管理。居民委员会是群众自治性非专业组织，其活动经费来源于政府，在业务上接受街道办事处的指导和监督以及群众的监督，其工作性质是公益性的。业主委员会与居民委员会之间是不能相互取代的。

2.3 管理规约

2.3.1 临时管理规约

1. 临时管理规约概述

为了加强对物业管理区域的管理，维护全体业主和物业使用人的合法权益，维护公共环境和秩序，保障物业的安全与合理使用，根据《中华人民共和国物权法》、国务院《物业管理条例》及有关法律、法规、规章，制定临时管理规约。临时管理规约对开发建设单位、购房人（业主）和物业使用人均有约束力。

(1) 临时管理规约的含义

临时管理规约是建设单位在销售物业之前对有关物业的使用、维护、管理，业主的共同利益，业主应当履行的义务、违反公约应当承担的责任等事项依法作出的约定。

换句话说，临时管理规约是指建设单位依照国家有关物业管理的法律、法规和政策规定，依照原建设部《业主临时公约示范文本》的基本内容，结合所准备销售物业的实际情况，制定的最初的管理规约文本。

(2) 临时管理规约制定的主体

根据国务院《条例》第二十二条的规定，建设单位应当在销售物业之前，制定临时管理规约。同时还规定，建设单位制定的临时管理规约，不得侵害物业买受人的合法权益。由于业主购买物业的时间不同，最初的管理规约不可能由购买物业的业主共同商议制定，这就只能由房屋的第一个业主——建设单位先制定一个临时管理规约，然后再由物业买受人进行承诺。由此可见，由建设单位来制定临时管理规约是比较符合实际的，也是建设单位能够制定管理规约的基本依据。所以，这个"管理规约"只是临时性的，具有过渡性质，因此称为"临时管理规约"。

(3) 临时管理规约制定的时间

建设单位制定临时管理规约的时间为物业销售之前。

这是因为，一旦有业主入住，就会涉及业主之间有关物业使用、维护以及管理等方面权利义务的行使，所以，业主需要提前知晓临时管理规约的内容，以便能从一开始入住就遵守规约的规范。这在客观上也要求临时管理规约应当在物业销售前制定。

2. 临时管理规约的内容

根据《条例》的规定，临时管理规约应当包括对有关物业的使用、维护、管理，业主的共同利益，业主应当履行的义务，违反公约应当承担的责任等事项。具体讲，临时管理规约应当包括以下内容：

（1）业主享有的权利义务；

（2）业主、物业使用人应当按照规定使用物业，例如自觉维护物业的整洁、美观和共用部位、通道的畅通及共用设备、公共设施的完好；业主、物业使用人应当合法使用房屋，保障房屋的整体性、抗震性和结构安全，使用物业不得擅自改变房屋设计用途等；

（3）物业服务企业对物业共用部位、共用设施设备进行维修、养护时，相关业主和使用人必须给予配合的有关规定；

（4）业主或者物业使用人装饰装修房屋应当遵守的规定；

（5）业主和物业使用人应当杜绝发生的行为，例如不得随意堆放杂物、高空抛物，不得私自侵占、毁坏绿地以及改变绿地原有规划设计等；

（6）全体业主同意在物业服务活动中授予物业服务企业的权利，包括物业管理服务费用缴纳的规定；

（7）违反临时管理规约应当承担的责任，例如停止侵害、排除妨碍、赔偿损失等；

（8）违反临时管理规约的责任。例如：业主和物业使用人因物业管理相关事宜发生争议时可以自行协商解决；不能自行协商解决的，可以向街道办事处或者乡镇人民政府、区县物业管理行政主管部门申请调解；也可以依法申请仲裁或者向人民法院提起诉讼。违反临时管理规约或者有关法律法规造成其他业主人身伤害、财产损失的，相关业主应负赔偿责任。物业使用人违反临时管理规约的，业主承担连带责任。

3. 临时管理规约的相关规定

（1）建设单位在销售房屋前，需要就临时管理规约向购房者作出说明。

为了保障业主和知情权和合法利益，《条例》明确规定，"建设单位应当在物业销售前将临时管理规约向物业买受人明示，并予以说明。"

（2）物业买受人在与建设单位签订物业买卖合同时，应当对遵守临时管理规约予以书面承诺。在物业买受人书面确认后，临时管理规约即对物业买受人产生约束力，物业买受人必须遵守执行，否则就是违约。

（3）业主、物业使用人和开发建设单位在使用、经营、出让其所拥有物业时，应当遵守物业管理相关的法律、法规、规章和规范性文件的规定。

（4）业主、物业使用人和开发建设单位应当遵守物业服务企业根据有关法律、法规、规章和规范性文件制定的各项物业管理制度。

（5）业主、物业使用人和开发建设单位应当支持、配合物业服务企业的各项管理服务活动。

2.3.2 管理规约

在业主大会成立后，业主大会应该以临时管理规约为基础进行适当的修改，制定正式的管理规约，这时临时管理规约自然失效。正式的管理规约对全体业主具有约束力，业主应该自觉地遵循管理规约。

1. 管理规约概述

（1）管理规约的含义

管理规约是由全体业主共同制定的，要求全体业主共同遵守。管理规约对业主在物业管理区域内有关物业使用、维护、管理等涉及业主共同利益的事项予以规定，是对全体业主具有普遍约束力的自律性规范；一般以书面形式订立。管理规约是物业管理法律法规和政策的一种有益的补充，是有效调整业主之间权利与义务关系的基础性文件，也是物业管理顺利进行的重要保证。

（2）管理规约的制定主体

管理规约由业主大会制定并修改。业主通过业主大会会议表达自己的意志，决定制定新的管理规约，或者修改临时管理规约。管理规约应当对有关物业的使用维护和管理、业主的共同利益、业主应当履行的义务以及反规约应当承担的责任等事项依法作出约定。

2. 管理规约的特点

（1）业主自治

管理规约是全体业主经过协商讨论后的约定，反映的是全体业主的意志，是业主自治自律的文件，不需要国家强制力和行政机关来保证执行。管理规约的订立和修改都需要经业主大会通过。

（2）按照程序订立

制定和修改管理规约由业主共同决定，应当通过业主大会会议讨论的程序来订立，要求应当有物业管理区域内专有部分占建筑物总面积过半数的业主且占总人数过半数的业主参加。

（3）对全体业主具有约束力

管理规约是经业主认可或者业主大会审议通过生效的，作为物业管理区域内全体业主的最高自治规则，对全体业主具有约束力。另外，业主大会、业主委员会的相关规定不得违反管理规约，否则无效。

需要说明的是：

1）管理规约对物业使用人同样具有约束力；

2）管理规约对物业的继受人（即新业主）自动产生效力。

3. 管理规约的内容

根据住房和城乡建设部《业主大会和业主委员会指导规则》第十八条规定，管理规约应当对下列主要事项作出规定：

（1）物业的使用、维护、管理

当物业的专有部分出现影响他人正常使用的情况时，业主、物业使用人应当及时维修，消除隐患。业主、物业使用人应当合法使用房屋，保障房屋的整体性、抗震性和结构安全，业主、物业使用人使用物业应当遵守法律、法规和规章的规定，在供水、排水、通风、采光、通行、维修、装饰装修、环境卫生、环境保护等方面，按照有利于物业安全使用、外观整洁以及公平合理、不损害公共利益和他人利益的原则，处理相邻关系。

（2）专项维修资金的筹集、管理和使用

业主应当按照国家有关规定交纳专项维修资金。专项维修资金属于业主所有，专项用于物业保修期满后物业共用部位、共用设施设备的维修和更新、改造，不得挪作他用。

（3）物业共用部分的经营与收益分配

利用物业共用部位、共用设施设备从事经营活动的，不得影响房屋安全和正常使用，并应当征得相关业主和业主大会的同意。物业服务企业代表业主收取的相关收益，应当单独列账，主要用于补充专项维修资金、改善共用设施设备，也可以按照业主大会的决定使用，并定期将使用情况向业主公示。

（4）业主共同利益的维护

业主有权提出制定和修改管理规约、业主大会议事规则的建议，参加业主大会会议，行使投票权，选举业主委员会成员，并享有被选举权；对物业共用部位、共用设施设备和相关场地使用情况享有知情权和监督权。

（5）业主共同管理权的行使

明确业主基于物业所有权的物业使用权及作为小区成员的成员权，包括表决权、参与制定规约机会、选举和罢免管理机构人员的权利、请求权及监督权等。但如果业主拒付物业服务费，不缴存专项维修资金以及实施其他损害业主共同权益行为的，业主大会可以依据管理规约和业主大会议事规则对其共同管理权的行使予以限制。

（6）业主应尽的义务

遵守管理规约、业主大会议事规则，遵守物业管理区域内物业共用部位和共用设施设备的使用、公共秩序和环境卫生的维护等方面的规章制度；执行业主大会的决定和业主大会授权业主委员会作出的决定；按照国家有关规定交纳专项维修资金；按时交纳物业服务费用。

（7）违反管理规约应当承担的责任

在违约责任中还要明确解决争议的方法。一般情况下，对业主违反规约的行为，相关业主、使用人、业主委员会或物业服务企业有权加以劝止；不听从劝止的，可以通过业主委员会或者物业服务企业调节和处理；业主不服调解和处理的，可以通过诉讼渠道解决。

2.3.3 临时管理规约与管理规约的关系

临时管理规约与管理规约的相同点是，临时管理规约和管理规约均对物业管理区域内全体业主具有约束力。

临时管理规约与管理规约的不同之处有两点。一是临时管理规约适用于业主大会或业委会成立前的前期物业管理阶段；管理规约适用于业主大会或业委会成立后的物业管理阶段。二是临时管理规约由建设单位制定，物业买受人购买房屋并与建设单位签订物业买卖合同时，应当同时对临时管理规约予以书面承诺；管理规约由业主大会制定，经物业管理区域内专有部分占建筑物总面积过半数的业主且占总人数过半数的业主通过后生效，并应以书面形式予以承诺。

【案例】

某住宅小区有位业主，平时很热心小区事务，在业主中也很有人缘。在一次业主委员会成员选举中，该业主获票较多。物业公司对该业主履行交纳物业服务费的义务进行核查时，发现该业主半年多没有交纳物业服务费，认为该业主不具备当选资格。于是，物业公司对该业主当选业主委员会成员的资格提出质疑。为此，部分业主和物业公司争执不下。

按照国务院《物业管理条例》第七条第五款中规定，业主在物业管理活动中，应按时交纳物业服务费用。原建设部《业主大会和业主委员会指导规则》第二十条规定，"业主拒付物业服务费，不缴存专项维修资金以及实施其他损害业主共同权益行为的，业主大会可以在管理规约和业主大会议事规则中对其共同管理权的行使予以限制。"如果在该住宅小区的管理规约和业主大会议事规则中，规定了"拒付物业服务费的业主不具备担任业主委员会成员资格"的相关内容，则该业主就不具备当选业主委员会成员的资格。

【案例】

某小区业主委员会主任，对物业公司的管理服务不满，串联个别业主委员会成员，更换物业公司。在未经业主大会讨论通过的情况下，擅自利用自己手中掌握的业主委员会印章，与另一家物业公司签订了物业服务合同。不久，新的物业公司便进入小区，强行接管小区物业；原物业公司拒绝移交物业管理工作。于是两家物业公司在小区形成对峙的局面。

根据《物业管理条例》等相关法律法规的规定，选聘、解聘物业管理服务，要经过业主大会讨论通过，由业主委员会代表全体业主与物业公司签订物业服务合同，业主委员会主任个人无权代表全体业主选聘或解聘物业公司。

按照国务院《物业管理条例》和《物权法》的有关规定，选聘或解聘物业公司应当经物业管理区域内专有部分占建筑物总面积过半数的业主且占总人数过半数的业主同意。

复 习 思 考 题

1. 业主的权利和义务包括哪些内容？
2. 业主共同决定的事项有哪些？
3. 简述业主大会成立的程序。
4. 业主大会决定的事项有哪些？
5. 简述业主委员会委员的条件和任期。
6. 业主委员会备案的手续有哪些？
7. 业主委员会的职责是什么？
8. 召开业主委员会会议有哪些规定？
9. 简述临时管理规约的含义及制定的主体。
10. 简述临时管理规约的内容。
11. 简述管理规约的含义及制定的主体。
12. 简述管理规约的内容。

3 物业服务企业

3.1 物业服务企业的成立

物业管理服务是一项服务性和专业性较强、管理范围较广的活动，物业服务企业只有按照一定的法律程序成立，具备独立的企业法人资格，物业管理服务才能发挥应有的作用。物业服务企业成立的第一步就是机构设立，这是保证物业服务企业正常运转、承担和完成各项工作的前提，也是重要的基础性工作。物业服务企业应依法成立并必须经有关部门的资质审批。物业服务企业的机构设置与部门职能的划分，除了要考虑企业的业务量及专业技术复杂程度外，更重要的是要体现人员精干、工作高效的原则。

3.1.1 物业服务企业的成立

物业服务企业是指依法设立、具有独立法人资格，从事物业管理服务活动的企业。物业服务企业是指按合法程序成立并具有相应资质条件的从事物业管理业务的经营实体，是独立核算的企业法人，有经主管部门批准认可的管理章程，能独立承担民事和经济法律责任。

物业服务企业的主要职能是遵照国家有关法律法规，运用现代管理科学和先进的维修养护技术管理物业，妥善处理业主的投诉，有效的维护业主合法权益，为业主和使用人创造一个优美、舒适、安全的居住和工作环境。物业服务企业的成立须按照一定的程序报批，在物业服务企业领取营业执照后，应向当地物业管理主管部门办理资质核准手续。

1. 成立物业服务企业的筹备工作

物业服务企业提供的是物业管理服务，在成立物业服务企业前要针对这种服务的需求和供给进行市场调查，分析物业服务的需求与供给是否达到平衡，以及影响供给与需求的潜在和现实因素如何影响这种服务量。一般来说，当物业管理服务的需求大于供给，且在一段时间内仍能维持现状的话，物业服务企业的成立就是可行的。另外，还要对物业服务企业应具备的条件进行分析，如国家或地方政府对物业服务企业注册资金、专业技术人员数量、注册及经营地点等方面的具体要求。

只有当成立物业服务企业具有现实的必要性、财务上的可行性、法律上的合法性的前提下，才能成立物业服务企业。成立物业服务企业，主要的筹备工作是寻求专业人员、起草公司章程和注册资金的准备。

(1) 寻求专业人员

根据住房和城乡建设部《物业服务企业资质管理办法》规定，新设立的物业服务企业，其资质等级按照最低等级核定。例如，对物业服务企业三级资质所需要的管理人员要求是：物业管理专业人员以及工程、管理、经济等相关专业类的专职管理和技术人员不少于 10 人。其中，具有中级以上职称的人员不少于 5 人，工程、财务等业务负责人具有相应专业中级以上职称。物业管理专业人员还应按照国家有关规定取得职业资格证书。因此，在物业服务企业成立的筹备期间，应具有符合规定的管理人员。

（2）起草公司章程

按照企业注册登记的相关规定，成立企业应向工商行政管理部门报送企业章程。企业章程是企业管理经营活动应当遵守的规则。

（3）准备注册资金

根据住房和城乡建设部《物业服务企业资质管理办法》规定，新设立的物业服务企业，其资质等级按照最低等级核定。例如，对物业服务企业三级资质所需要的注册资本，规定为人民币50万元以上。注册资金应经过会计师事务所出具验资证明。

2. 企业工商注册登记

由于物业服务企业都是以公司的形式出现，因此，设立物业服务企业应按照《公司法》规定的相关条件执行。

（1）有限责任公司的设立条件

根据《公司法》第十九条关于有限责任公司设立的规定，设立物业管理服务有限责任公司，应当具备下列条件：

1）股东符合法定人数；
2）股东出资达到法定资本最低限额；
3）股东共同制定公司章程；
4）有公司名称，建立符合有限责任公司要求的组织机构；
5）有固定的生产经营场所和必要的生产经营条件。

（2）股份有限公司的设立条件

根据《公司法》第七十三条关于股份有限公司的设立规定，设立物业管理服务股份有限公司，应当具备下列条件：

1）发起人符合法定人数；
2）发起人认缴和社会公开募集的股本达到法定资本最低限额；
3）股份发行、筹办事项符合法律规定；
4）发起人制定公司章程，并经创立大会通过；
5）有公司名称，建立符合股份有限公司要求的组织机构；
6）有固定的生产经营场所和必要的生产经营条件。

按《公司法》规定，设立企业须向工商行政管理部门进行注册登记，领取营业执照后方可开业。物业服务企业领取营业执照后，应向企业所在地的人民政府房地产主管部门申请物业服务企业资质。

3. 物业服务企业的资质审批

根据住房和城乡建设部《物业服务企业资质管理办法》规定，国务院建设主管部门负责一级物业服务企业资质证书的颁发和管理。省、自治区人民政府建设主管部门负责二级物业服务企业资质证书的颁发和管理，直辖市人民政府房地产主管部门负责二级和三级物业服务企业资质证书的颁发和管理，并接受国务院建设主管部门的指导和监督。设区的市的人民政府房地产主管部门负责三级物业服务企业资质证书的颁发和管理，并接受省、自治区人民政府建设主管部门的指导和监督。

（1）新设立的物业服务企业资质审批

新设立的物业服务企业应当自领取营业执照之日起 30 日内，持下列文件向工商注册所在地直辖市、设区的市的人民政府房地产主管部门申请资质：

1) 营业执照；
2) 企业章程；
3) 验资证明；
4) 企业法定代表人的身份证明；
5) 物业管理专业人员的职业资格证书和劳动合同，管理和技术人员的职称证书和劳动合同。

新设立的物业服务企业，其资质等级按照最低等级核定，并设一年的暂定期。

（2）物业服务企业资质等级的核定

随着物业服务企业的发展，管理队伍逐步扩大，接管的物业项目和管理面积逐年增加，管理类型趋多样，企业的整体管理水平不断提升。物业企业可以根据自身的发展状况申请核定更高的资质等级。

申请核定资质等级的物业服务企业，应当提交下列材料：

1) 企业资质等级申报表；
2) 营业执照；
3) 企业资质证书正、副本；
4) 物业管理专业人员的职业资格证书和劳动合同，管理和技术人员的职称证书和劳动合同，工程、财务负责人的职称证书和劳动合同；
5) 物业服务合同复印件；
6) 物业管理业绩材料。

资质审批部门应当自受理企业申请之日起 20 个工作日内，对符合相应资质等级条件的企业核发资质证书；一级资质审批前，应当由省、自治区人民政府建设主管部门或者直辖市人民政府房地产主管部门审查，审查期限为 20 个工作日。

4. 物业服务企业的资质条件

（1）物业服务企业资质等级

物业服务企业的资质等级对外可表明物业服务企业的实力和信誉。根据我国现行的规定，严格进行物业服务企业资质的认定和管理，对于规范物业管理市场秩序，提高物业管理服务水平极为重要，也有利于物业服务企业的发展。

根据住房和城乡建设部《物业服务企业资质管理办法》规定，物业服务企业资质等级分为一、二、三级。

各资质等级物业服务企业的条件如下：

1) 一级资质：

①注册资本人民币 500 万元以上；

②物业管理专业人员以及工程、管理、经济等相关专业类的专职管理和技术人员不少于 30 人。其中，具有中级以上职称的人员不少于 20 人，工程、财务等业务负责人具有相应专业中级以上职称；

③物业管理专业人员按照国家有关规定取得职业资格证书；

④管理两种类型以上物业，并且管理各类物业的房屋建筑面积分别占下列相应计算基数的百分比之和不低于100%：

A. 多层住宅200万平方米；

B. 高层住宅100万平方米；

C. 独立式住宅（别墅）15万平方米；

D. 办公楼、工业厂房及其他物业50万平方米。

⑤建立并严格执行服务质量、服务收费等企业管理制度和标准，建立企业信用档案系统，有优良的经营管理业绩。

2）二级资质：

①注册资本人民币300万元以上；

②物业管理专业人员以及工程、管理、经济等相关专业类的专职管理和技术人员不少于20人。其中，具有中级以上职称的人员不少于10人，工程、财务等业务负责人具有相应专业中级以上职称；

③物业管理专业人员按照国家有关规定取得职业资格证书；

④管理两种类型以上物业，并且管理各类物业的房屋建筑面积分别占下列相应计算基数的百分比之和不低于100%：

A. 多层住宅100万平方米；

B. 高层住宅50万平方米；

C. 独立式住宅（别墅）8万平方米；

D. 办公楼、工业厂房及其他物业20万平方米。

⑤建立并严格执行服务质量、服务收费等企业管理制度和标准，建立企业信用档案系统，有良好的经营管理业绩。

3）三级资质：

①注册资本人民币50万元以上；

②物业管理专业人员以及工程、管理、经济等相关专业类的专职管理和技术人员不少于10人。其中，具有中级以上职称的人员不少于5人，工程、财务等业务负责人具有相应专业中级以上职称；

③物业管理专业人员按照国家有关规定取得职业资格证书；

④有委托的物业管理项目；

⑤建立并严格执行服务质量、服务收费等企业管理制度和标准，建立企业信用档案系统。

(2) 有关物业服务企业承接项目的规定

根据住房和城乡建设部《物业服务企业资质管理办法》规定，一级资质物业服务企业可以承接各种物业管理项目。二级资质物业服务企业可以承接30万平方米以下的住宅项目和8万平方米以下的非住宅项目的物业管理业务。三级资质物业服务企业可以承接20万平方米以下住宅项目和5万平方米以下的非住宅项目的物业管理业务。

3.1.2 物业服务企业的类型

1. 按照物业服务企业投资主体分类

(1) 开发建设单位投资设立的物业服务企业

该类物业服务企业主要是接管由上级公司开发的物业项目,其优势在于项目的来源有保证,并且物业服务企业对项目运作的全过程比较了解,便于与开发建设单位协调工作。

(2) 由房地产管理部门(房管局、房管所等)转变职能的物业服务企业

该类物业服务企业主要是管理原来所管辖的公房,这类企业的优点是有丰富的房屋管理经验,员工的专业技能较好;但是也存在着不足,即受传统房屋管理模式的影响,还存在政企不分、行政色彩较浓的情况,距离真正意义上的物业服务企业还有一定差距。

(3) 由大中型企事业单位自行组建的物业服务企业

该类物业服务企业主要是管理单位的自有房屋和所辖房地产,其人员来自对企业自身员工的"分流",运作往往带有较浓的行政性色彩。但是,在我国行政管理体制改革的形势下,对企事业单位所拥有的大量房地产予以现代化的经营运作模式,使之成为拥有者的资源,这是许多单位面临的新课题。

(4) 按照《公司法》的要求,由社会上的法人或个人发起组建的、独立运作的物业服务企业

该类物业服务企业具有较强的竞争力,通过参与市场竞争取得项目,实施物业管理。其运作必须适应市场经济需求,在提供全方位优质服务方面做出成绩,企业才能赢得信誉,获得生存和发展的空间。

2. 按照物业服务企业运作形式分类

(1) 管理型物业服务企业

该类物业服务企业内部除了主要领导和专业管理骨干外,其余各项专业服务如设施设备管理、绿化、保洁等均须通过合同形式,交由社会上的专业公司来承担。这类物业公司规模适中、人员精干、具有较强的活力。

(2) 顾问型物业服务企业

该类物业服务企业由经验丰富的复合型高层次物业管理人才组成,不承担具体的物业管理业务,只以咨询顾问的形式出现,收取顾问费用。这类机构人员少、素质高,可以为物业管理提供高质量的咨询服务。

(3) 派员型的物业服务企业

派员型的物业服务企业由历史悠久、较有名望的物业管理集团派出富有经验的高级管理人员组成物业管理决策层,并设计和移植一整套物业管理运作体系,领导和监督这一体系的运转。在实施管理中对物业的保值、增值负责,并收取物业服务费用。如著名的香港"怡高公司"派员管理北京的京成大厦,20世纪90年代初每年收取的物业管费用高达180万美元,超过300位中方职工工资的总和。同时也将先进的物业管理技术和方式带进内地。

(4) 综合型的物业服务企业

该类物业服务企业既直接接管项目,为业主提供全方位管理和服务,同时也提供顾问与咨询服务。通常这类物业企业职能最全、用人最多、规模相对庞大,能同时接管多个物业项目,是具体实施物业管理运作的企业。

3. 按照委托管理的形式分类

(1) 委托型物业服务企业

物业服务企业受多个产权单位或业主的委托,管理若干个小区或大厦。该种形式物业

的产权（所有权）与管理权是分开的，物业企业不具有产权。因而，物业服务企业在操作上比较灵活，需要不断开拓服务领域和项目；物业服务企业不仅会取得好的经济效益，还会对公司的形象产生积极的影响，并有利于社会效益特别是环境效益的提高。

（2）自管型物业服务企业

即物业服务企业受上级单位（或是开发建设单位）的委托，管理自主开发的物业。该种形式中，物业的产权归开发建设单位或物业公司，也就是说物业的所有权和经营权、管理权是一致的。通过物业公司的经营活动，收取租金、收回投资并获得利润。这种形式实际上是房地产开发的延续，即通过物业公司对物业进行装修、改造、出租、经营和管理，提高物业的档次和适用性，从而获得更多的经济收益。

3.1.3 物业服务企业的组织机构

一个企业要保证其高效、灵活地运转，很重要的是要考虑企业的规模与机构设置，这涉及企业的运转成本和效率问题。

1. 物业服务企业组织机构设置的步骤

（1）确定物业管理目标

物业服务企业根据已经掌握的信息和承揽业务的渠道，判断、预测物业服务企业将获得怎样的管理项目（项目类型、管理面积等），以根据物业管理业务量的多少和繁简程度，确定物业服务企业的类型（管理型、综合型或顾问型）及公司的规模，再进一步明确组织机构的设置及各部门职责的划分。

（2）收集与分析资料

主要是寻找和研究同类型物业服务企业的组织结构形式，结合本企业所要完成的物业管理目标，分析各类组织形式的优缺点。在此基础上考虑本公司组织结构设置的大致轮廓。

（3）拟定和提出组织机构形式

在提出组织机构框架时，还需确定、划分每一部门的职能与业务范围。

（4）确定职责、岗位与权限

首先要确定各部门的职责，然后再对部门内作进一步的分工；其次确定相应的职务（经理、主管等）、岗位及相应的权限。要因岗位设职，以岗设人，并赋予履行岗位职责的相应权限。

（5）设计公司内部协作与沟通的方式

根据业务量与信息量大小，及对沟通频率的要求（即一周一沟通或一天一沟通），规定公司内各部门的协作关系和沟通方式（办公例会、文件传递、电话会议、现场办公）等。

（6）选择与配置人员

根据管理业务的要求选择和配置所需各专业、层次的人员，要本着专业互补，高、中、低层次人员呈金字塔形搭配的原则，组建公司的人员队伍，充实一线作业人员。

（7）评价并决定机构设置方案

根据组织机构设置的原则，对机构设置方案进行审核评价，提出修改意见，经修正后决定公司的机构设置方案。

需要注意的是，在组织机构设置上，还应注意过去管理其他物业项目过程中，成功经验的移植、改造和创新等诸多因素。

2. 物业服务企业组织机构的形式

物业服务企业组织机构的形式通常是管理层级的设置,是指一个物业服务企业设置几个管理层次,以适用于不同物业服务企业的业务需要。物业服务企业组织机构设置通常有直线制、直线职能制、事业部制和矩阵制等四种组织结构形式。

(1) 直线制组织机构

物业服务企业的机构设置可以是直线制组织机构,属于二级制机构设置形式。这是最简单的企业管理组织形式。它的特点是企业按垂直系统直接领导,各级领导者亲自执行全部管理职能组织中的每一个人只对他的直接上级负责或报告工作。这种模式的优点是集指挥和职能于一身,命令统一,指挥及时,组织结构简单明了,职责分明。缺点是缺乏横向联系,要求领导者通晓各种专业知识,具备多方面的管理知识和技能。如图3-1所示。

(2) 直线职能制组织机构

物业服务企业的机构设置可以是直线职能制组织机构,属于三级制机构设置形式。直线职能制组织机构是在直线制组织机构的基础上吸收了职能制的长处,它是在组织内部既有保证组织目标实现的直线部门,也有按专业分工设置的职能部门,这些职能部门有权在自己的业务范围内从事各项专业管理活动。目前,一般大中型物业服务企业大多采用直线职能制组织机构。直线职能制组织机构综合了

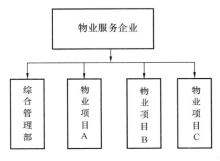

图 3-1　直线制组织机构

直线式和职能式的优点,既保持了直线式集中统一指挥的优点,又具有职能式分工的长处,这对减轻企业领导的工作量、提高决策质量和工作效率起到了非常重要的作用。以物业服务企业通常设置的部门为例,企业经理为决策层,下面按照工作职责设置管理部门,管理协调各个物业项目的日常管理工作。如图3-2所示。

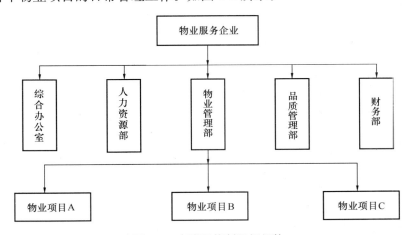

图 3-2　直线职能制组织机构

(3) 事业部制组织机构

物业服务企业的机构设置可以是事业部制组织机构。按照"集中决策,分散经营"的原

则，在集团公司下设几个事业部。各事业部则在总公司制定的政策、目标、计划的指导和控制下，根据物业经营管理的需要设置组织机构。其特点是按管理服务内容以及专业的不同，建立独立的事业部，每个事业部实行独立核算、独立经营，都对公司负有完成利润计划的责任，同时在经营管理上拥有相应的权利。目前，大型物业服务企业比较适合采用此种组织形式。事业部式管理组织机构的优点主要有：各事业部在职责范围内独立经营，提高了管理的灵活性和对市场竞争的适应性，又具有较高的稳定性；有利于组织专业化的经营活动，提高效益。其主要缺点是：机构重叠，管理人员较多，一定程度上增加了费用开支。

以物业集团公司通常设置的部门为例，集团公司为决策层，下面设置专业分公司或者区域分公司，实行独立经营、独立核算。如图3-3所示。

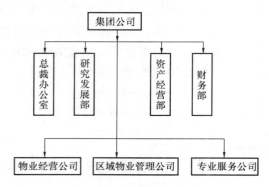

图3-3 事业部制组织机构

（4）矩阵制组织机构

矩阵制组织机构在直线职能制组织系统的基础上，再增加横向的管理系统，由职能部门和物业项目部组成，从而同时实现了事业部制与职能制的组织结构。矩阵制组织机构需要企业负责人进行综合协调管理，有利于企业管理目标的实现；企业拥有多方面的专业人才，能充分发挥专业人员的作用；管理决策的问题比较集中等。它的优点是：有利于加强各职能部门之间的协作配合，企业资源得到了充分利用。缺点是：容易形成多头领导，部门之间职责不清，容易消磨员工的积极性。如图3-4所示。

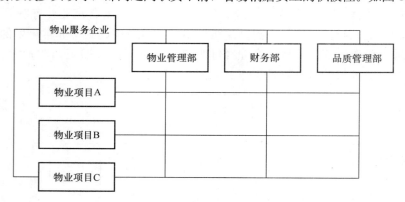

图3-4 矩阵制组织机构

通常对管理层级较多的管理模式称之为竖高型（或纵深行、垂直型）管理组织结构；对管理层级较少的我们称之为扁平型管理组织机构。它们有着各自的适用范围。层级较少有利于提高办事效率，但往往造成管理工作的粗放；而管理层级多，指令从最高决策层传达到作业层所经过的环节过多，造成效率低并容易出现信息失真和衰减，且费用浪费大，使管理工作过于复杂，工作协调比较困难。物业管理应根据自身的实际和业务的需要，考虑管理层级的设置。

3.1.4 物业服务企业的机构设置与职责划分

物业服务企业应该根据所管理物业的类型和业务量的大小来组建职能部门。以某物业服务企业为例，企业各部门的职能划分大致如下：

1. 总经理办公室

总经理办公室的工作非常繁杂，事无巨细，包括：协助总经理处理企业内部的日常事务，整理汇总企业的所有文件，做好档案管理工作。制定企业工作计划，并监督各个部门的实施。做好用户管理工作，协调企业内、外部关系等工作。

2. 物业管理部

主要负责企业所管理的各个物业项目的日常管理和协调工作，包括：对管理项目工作计划的制定和实施的管理，对房屋管理、设施设备管理、保洁服务、绿化服务等各项管理工作如何开展，与专业服务公司签署服务合同，以及管理设备的调配使用等工作。

3. 经营服务部

在高档住宅项目和写字楼项目中，超出物业管理常规服务的内容与日俱增，针对业主的需求，研究开发多种服务项目，在满足业主需求的同时，增加物业服务企业的收入。例如，在北京某高档写字楼项目中，日常物业管理服务内容只占到30%，其余的多种经营服务项目达到70%。

4. 市场部

市场部的主要职责是为物业服务企业拓展市场，承揽物业项目而设置的。例如接受开发建设单位的委托对项目进行前期调查、筛选和评估。参与物业项目投标，不断扩大企业管理面积，协助总经理参与承揽项目的谈判等工作。

5. 品质管理部

主要负责建立规范日常管理活动和业务运作的程序体系，组织与协助各部门制定程序文件、作业规程和工作标准，组织制定针对各种物业类型的物业管理标准，筹备新建管理处管理体系，保证各个管理处作业规范的针对性并推动持续改进。

6. 资产运营部

主要负责企业资产的经营和管理。负责资产市场渠道的建立、维护、营销和管理；有效控制资金成本；负责对项目进行财务及可行性评估，联系相应的行销、代理、策划及与销售有关的展示活动等。负责物业服务企业所管理的物业项目的租金水平的测算；拟订统一的对外经营合同等工作。

7. 财务部

负责公司财务管理工作，对公司会计核算管理、成本控制以及公司经营过程实施财务监督、稽核、审计与检查，协调和指导分公司的财务工作。

8. 人力资源管理部

负责物业服务企业的人力资源管理工作。负责企业人员的招聘、日常管理和解聘工作，根据企业需要组织员工培训；并负责公司各部门和人员工作业绩的考核。

3.2 物业服务企业的制度建设

3.2.1 物业服务企业制度概述

1. 物业管理制度的涵义

企业管理制度是企业为求得最大效益，在生产管理实践活动中指定的各种带有强制性义务，并能保障一定权利的各项规定或条例。企业管理制度一般是指以书面形式表达的、并在一定范围内公示并实施的，要求大家共同遵守的办事程序或行为准则。

物业管理制度是指在物业服务企业中，用来规范物业管理各方主体行为的活动准则。

2. 物业服务企业内外部制度的内容

物业服务企业内外部制度包括企业的行政管理制度、人事管理制度、内部工作流程以及物业项目管理制度等有关的规章制度。

（1）物业服务企业内部制度

物业服务企业内部制度是用于规范物业服务企业内部各部门和管理服务人员，在实施管理服务过程中应遵守的管理制度、工作流程、规范和行为准则。

（2）物业服务企业外部制度

物业服务企业外部制度是用于规范物业管理区域内，业主、物业使用人和物业服务企业在物业管理活动过程中共同遵守、按照一定程序办事的规范和行为准则。

3. 企业管理制度的功能

物业服务企业的管理制度应该实现如下功能：

（1）保障物业服务企业合法有序地运作，最大限度地降低劳资纠纷；

（2）保障物业服务企业的运作有序化、规范化，降低企业经营运作成本；

（3）防止管理的随意性，为企业管理者与员工创造规范有序的工作环境；制定和实施合理的规章制度，能满足职工归属感和公平感的需要；

（4）优秀的规章制度通过合理的权利义务及责任的设置，可以使职工个人的发展与企业的发展融为一体，激励其工作积极性；

（5）是员工劳动合同的重要组成部分，补充细化劳动合同的相关内容。

3.2.2 物业管理制度建立的作用

企业管理制度是实现企业经营目标的有力措施和手段。它作为企业员工的行为规范，能使员工个人的管理活动得以合理进行，同时又成为维护员工共同利益的一种有效手段。因此，企业各项管理制度是企业进行正常经营管理所必需的，它是一种强有力的保证措施。优秀的企业管理制度必然是科学、完整、实用的管理方式的体现。物业管理制度建立的作用主要表现在以下几个方面：

（1）有利于规范物业服务企业人员的行为；

（2）有利于协调物业服务企业内部各部门的工作秩序；

（3）有利于物业服务企业内部制度化、规范化的建设；

（4）有利于规范物业服务企业对业主和物业使用人的服务行为；

（5）有利于协调物业服务企业与社会各组织的关系。

3.2.3 物业管理制度制定的原则

科学合理的管理制度的制定，要遵循许多原则，但必须摆在首位的，就是依法、约束、激励、协同四项原则。

1. 依法守约的原则

物业服务企业开展经营管理活动，应遵循《物权法》、《物业管理条例》、《劳动合同法》等相关法律、法规。同时还要按照合同的约定从事管理服务活动，例如：开发建设单位与物业服务企业签订的《前期物业服务合同》，业主大会与物业服务企业签订的《物业服务合同》等等,要依据《合同法》的有关规定执行。

2. 约束的原则

物业服务企业制定管理制度应具有严肃性,做到按制度做事、按制度管人,促使员工自觉自愿地不去做组织不希望做的事。同时还要具有稳定性,制定管理制度切忌朝令夕改。

3. 激励的原则

物业服务企业制定管理制度应以人为本,做到各项管理制度公开、公平与公正。促使员工自觉自愿地去做组织希望做的事情。

4. 协同的原则

物业服务企业制定管理制度应兼顾协同的原则,要求员工自觉自愿地协同他人去做事。同时还要注意制度制定以后,应根据企业的发展持续改进,在实践中不断进行修订与完善。

3.2.4 物业管理制度的内容

1. 内部管理制度

物业服务企业的内部制度是物业服务企业用于规范内部管理行为的规章制度,规定了物业服务企业管理层级的制度、各职能部门和各类人员的职责范围,包括领导制度、职能制度和岗位制度等。

(1) 领导制度

1)董事会制度;2)总经理制度。

(2) 行政管理制度

1)工作例会制度;2)文件管理制度;3)印章管理制度;4)办公用品采购、领用制度;5)计算机管理制度;6)安全生产制度;7)办公家具配备制度;8)合同管理制度;9)车辆管理制度;10)对外联络制度。

(3) 部门职责和岗位职责

(4) 人力资源管理制度

1)员工守则;2)员工聘用与任免规定;3)职位说明书和工作流程;4)考勤管理制度;5)培训管理制度;6)考核管理制度;7)奖惩规定;8)工资福利待遇规定;9)后勤管理规定;10)员工考核制度。

(5) 财务管理制度

1)会计工作管理方法;2)账务处理程序制度;3)内部牵制和稽核制度;4)原始记录管理制度;5)财务收支审批制度;6)对账制度;7)债权债务清理制度;8)会计档案管理、调阅制度;9)会计电算化操作管理制度;10)固定资产管理制度;11)财务现金管理制度;12)财务备用金管理制度;13)银行存款管理制度;14)发票、凭证使用规定;15)施工保证金、相关押金管理规定。

(6) 物资采购供应制度

1)物资采购计划编制和审批管理规定;2)物资采购管理制度;3)物资验收、入库管理制度;4)物资库房管理规定;5)物资采购报销制度。

(7) 档案管理规定

1)档案的分类、收集和整理规定;2)档案的密级规定;3)档案保管规定;4)档案的借阅及复制规定；5）档案的销毁规定。

（8）房屋共用部位、外檐、道路等维修养护制度

（9）共用设施设备维修养护制度

1）共用设施设备运行、维修保养管理规定；2）机房设备管理标准（电梯、中控、变电、配电、空调、泵房等）；3）电气维修管理规定；4）（二次）供水管理规定；5）排水管理规定；6）停电、停水操作规定；7）电梯安全管理规定；8）中央空调系统操作规程；9）发电机操作指南；10）公共照明控制作业指南；11）消防主机、联动柜操作指南；12）高压环网柜操作指南；13）低压环网柜操作指南；14）门禁、车管系统操作指南；15）可视对讲系统操作指南；16）居家报警系统操作指南；17）电梯对讲及消防紧急广播操作指南；18）工程、设备设施分包监督管理制度。

（10）公共秩序维护管理制度

1）安全管理工作程序（消防安全责任书的签订）；2）交接班制度；3）巡视管理规定；4）出入口管理规定；5）小区（大厦）车辆、停车场管理规定；6）常见可疑情况及处理措施；7）消防管理规定；8）消防安全检查制度；9）消防器材配置规定；10）灭火器使用规程；11）消防水枪、水带操作规程；12）消防演习、演练程序；13）电气线路防火安全规程；14）拾遗物品管理规定；15）业主认领失物工作流程；16）IC卡（出入证）管理办法。

（11）公共区域环境卫生清洁制度

1）环境管理工作程序；2）办公楼层清洁工作标准；3）住宅公寓楼层清洁工作标准；4）大堂清洁工作标准；5）公共卫生间清洁工作标准；6）楼道清洁标准；7）公共场地和公路清洁工作标准；8）业主活动场所清洁工作标准；9）停车场清洁工作标准；10）湖面养护管理工作标准；11）垃圾池（箱）清洁工作标准；12）消杀管理规定；13）保洁设备操作指南；14）常用清洁剂使用方法；15）晶面处理作业指南；16）地毯清洗作业指南；17）地面打蜡和污渍处理作业指南；18）垃圾中转站管理办法；19）清洁工作检查标准；20）保洁分包监督管理规定。

（12）公共区域绿化养护管理制度

1）绿化管理工作执行标准；2）绿化工作检验工作标准；3）绿化改造管理程序；4）绿化设备操作指南；5）绿化分包商监督管理规定。

（13）各类应急预案

1）消防灭火处置预案；2）防汛抢险处置预案；3）紧急停电事故处置预案；4）紧急跑水、漏水事故处置预案；5）电梯故障（困人）紧急处置预案；6）气体燃料泄漏处置预案；7）公共卫生突发事件处置预案；8）地震紧急处置预案。

2. 外部管理制度

物业服务企业外部管理制度是用于规范物业管理区域内，业主、物业使用人和物业服务企业在物业管理活动过程中共同遵守、按照一定程序办事的规范和行为准则。包括以下内容：

（1）《临时管理规约》、《管理规约》

（2）物业承接查验管理规定

1）房屋承接查验标准及检验办法；2）公共设施承接查验标准及检验办法；3）工程

完善和工程遗留问题处理规定；4）小区（大厦）承接查验程序。

（3）综合服务管理制度

1）业主、物业使用人入住管理规定；2）业主、物业使用人装修管理规定；3）业主、物业使用人投诉处理管理规定；4）业主、物业使用人报修管理规定；5）业主、物业使用人服务质量调查管理规定；6）物业服务收费管理制度；7）社区文化工作指南；8）筹备业主大会、选举业主委员会操作指南。

3.3 物业服务企业与相关机构、部门的关系

物业管理作为一种新兴的行业，存在许多亟待探讨、完善的问题。特别是物业管理具有社会化、专业化、市场化的特征，决定了物业管理服务活动必然与社会各个相关部门发生着千丝万缕的联系。在物业管理服务过程中，物业服务企业在为业主提供服务的同时，要正确处理与开发建设单位、政府主管部门、街道办事处以及专业化服务公司等各单位之间的相互关系。

3.3.1 与房地产行政主管部门的关系

《条例》规定，国务院建设行政主管部门负责全国物业管理活动的监督管理工作。县级以上地方人民政府房地产行政主管部门负责本行政区域内物业管理活动的监督管理工作。根据上述规定，物业管理应在房地产行政主管部门的监督指导下开展工作。

1. 物业管理的前期工作

（1）选聘物业服务企业

在前期物业管理阶段，很重要的一个环节是选聘前期物业服务企业。国家提倡建设单位按照房地产开发与物业管理相分离的原则，通过招投标的方式选聘具有相应资质的物业服务企业。住宅物业的建设单位，应当通过招投标的方式选聘具有相应资质的物业服务企业；投标人少于3个或者住宅规模较小的，经物业所在地的区、县人民政府房地产行政主管部门批准，可以采用协议方式选聘具有相应资质的物业服务企业。建设单位应按照《条例》规定选聘具有相应资质的物业服务企业。

（2）物业服务合同备案

物业服务合同是委托方与物业服务企业双方签订的有关物业管理服务的具有法律效力的文件，按照一些地区的有关规定，签订物业服务合同后，物业服务企业应到物业管理主管部门办理备案手续。

（3）房地产权属确认

物业管理主要是因产权多元化而引起的需求。对异产毗连房屋进行管理，首先应该产权关系明确，要先进行房地产权属确认。

2. 有关物业管理的法制建设

（1）贯彻国家有关物业管理的法规和政策

物业管理是一项政策性很强的工作，国家所制定的有关物业管理的法规、规章和政策，应通过各地的房地产行政主管部门贯彻执行。物业服务企业应依法开展管理服务工作。

（2）执行国家和物业管理的地方法规

由于全国各地的物业管理发展程度不均衡，在贯彻执行《条例》的过程中，各地房地产行政主管部门，一般都要根据本地区的实际情况，制定适合本地区实际情况的物业管理地方法规。物业服务企业在贯彻国务院《条例》的同时，还要按照物业管理地方法规从事管理服务工作。

（3）参照物业管理的示范文本制定管理文件

为了规范物业管理工作，对于物业管理中所必需的文件，物业管理主管部门制定出标准文本或示范文本，准确的界定各方面的权利和义务。例如，《物业服务合同》示范文本、《管理规约》示范文本等等，物业服务企业应参照这些示范文本制定管理文件。

3. 接受相关部门的监督指导

物业服务企业作为企业法人应及时、全面、准确地了解物业管理相关法律、法规和政策，严格遵守各项规定，在管理活动上接受行政管理部门的管理。物业服务企业主要在以下两个方面，接受有关部门的监督指导：

（1）经济活动

物业服务企业在经济活动过程中应当接受国家财政、工商、税务等行政部门的监督和管理。

（2）专业活动

物业服务企业在专业管理活动中，应当接受建设、城管、房地产、公安、消防、绿化、市政、环卫等专业管理部门的业务指导和监督。物业管理涉及市政、公用、环卫、绿化及街道等多个部门，物业管理行业发展和管理关系的进一步理顺，需要依靠政府相关部门的大力支持与协调。

房地产行政主管部门作为物业管理的主管部门，负责对辖区内物业管理活动的监督指导。政府主管部门在推动我国物业管理行业的发展、促进物业管理的法制建设、制定行业发展规划、解决行业发展中出现的各种重大问题等方面做了大量的工作，同时对物业管理各方利益进行调和、对各方当事人的行为作出了相应的规范，以确保物业管理健康、有序的发展。

3.3.2　与专业化服务公司的关系

专业化服务公司是指专门提供某类服务的公司，例如：设施设备管理公司、专业电梯维保公司、家政服务公司、绿化公司以及保安公司等。物业服务企业在实施管理过程中，可以自行承担管理服务工作，也可以委托专业化服务公司提供服务。专业化服务公司可以围绕以下几方面开展服务活动：

1. 房屋和设施设备维修服务

一般的维修服务是指对房屋及配套的设施设备和相关场地进行维修、养护、管理。物业建成后，会因各种因素受到损坏：一是自然损坏，房屋受到日晒雨淋、干湿冷热等气候变化的影响，会使构件发生风化剥落，材料质地发生变化，如木质腐烂，铁件锈蚀，石材风化等；二是人为损害，例如不合理的拆改装修、使用不当等；三是设计、施工质量问题，例如材料不合格，建造、安装不符合标准要求，会造成房屋损坏；四是维修保养不及时，影响物业功能的发挥。因此，专业化维修服务可以为物业服务企业提供专业技术支持。

2. 多种经营服务

物业服务企业应开展多种经营服务，方便业主和使用人的需求。物业建筑只解决了人们的居住和工作场所问题，吃、穿、用、行等其他与工作和生活相关的问题也要解决，就必须发挥物业管理的服务功能。物业服务企业可以将专业经营公司引入到物业管理区域，专业服务公司可以为业主提供以下服务内容：第一类是生活服务，如餐饮服务、零售服务、美容美发等；第二类是教育卫生服务，如学校、幼儿园设点接送，医院、药房、图书馆等设点服务；第三类是文化娱乐、体育生活等服务；第四类是小家电维修服务，如小家电和生活用品的维修；第五类是特约服务，针对业主的不同要求为其提供服务。

3. 房地产经纪活动

在物业使用的过程中，会经常发生物业的出租、转让和经营等活动。业主买卖房屋、评估房屋价格、装修房屋、出租房屋等，都需要依靠各种专业公司提供信息和服务。物业服务企业可以与专业房地产经纪公司合作，为业主提供这些服务，既方便了业主，物业服务企业又可获取经营收入。

4. 房屋代理服务

物业服务企业通过房屋代理经营、代理租赁等方式获取企业的代理费收入。物业服务企业接受业主的委托，为业主提供房屋租赁、日常管理和出售代理服务，包括租赁期限和价格咨询、管理咨询以及业主所委托的其他咨询等等。为适应上述的物业经营服务活动，物业服务企业需要专业服务公司的支持，开展房屋代理服务。

3.3.3　与业主委员会的关系

国务院《条例》规定，业主委员会执行业主大会的决定事项，代表业主与业主大会选聘的物业服务企业签订物业服务合同；了解业主、物业使用人的意见和建议，监督和协助物业服务企业履行物业服务合同。物业服务企业与业主委员会的关系主要表现在以下几个方面：

1. 由物业管理委托关系形成的法律契约关系

业主将物业项目委托给物业服务企业进行管理，与物业服务企业产生物业的经营、管理、服务的关系，维系双方关系的是契约、合同。业主属于委托方，由业主委员会代表业主选聘物业服务企业并签订物业服务合同确认双方的关系；物业服务企业属于被委托方，按照合同规定的职责范围行使管理权限，按照委托事项从事物业的整体管理活动，并履行相应的管理职责。

2. 提供服务与接受服务的关系

在物业服务企业与业主签订物业服务合同的前提下，由物业服务企业向业主提供质价相符的服务，等价交换是所有服务行为存在的原则。业主支付物业服务费是接受服务的前提，这也是商品经济社会的基本原则。业主委员会可以代表全体业主监督物业服务企业的服务，提出意见或改进措施，物业服务企业在可能的情况下尽量满足业主的合理要求。

3. 管理与被管理的关系

物业服务合同一旦订立，物业服务企业就有了对物业进行全面管理的权利和责任。在物业服务合同赋予的权限内，物业服务企业可以对违反合同的行为、损害大多数业主的行为、不利于物业安全使用的行为具有管理权限；业主与业主委员会应配合物业服务企业的工作，遵守各项管理制度。

3.3.4 与开发建设单位的关系

开发建设单位是经营城市土地和房地产开发业务的企业。城市用于建设的土地，由地方政府统一审批、统一征用和统一管理，由开发建设单位进行开发和建设。开发建设单位开发房地产商品的目的就是在注重社会效益和环境效益的前提下，通过实施开发过程来获取直接的经济利益。从这种意义上说，开发建设单位与一般工业企业没有差别，所不同的是开发建设单位开发出的最终产品是一般工业企业从事生产活动的基本物质条件。

1. 物业服务企业为开发建设单位提供后续管理服务

如果开发建设单位将建成的物业长期用于出租，则其角色转变为物业所有者或投资者。在这种情况下，开发建设单位还要进行有效的物业管理，以保持物业对租用者的吸引力，延长其经济寿命，进而达到理想的租金回报是物业保值、增值的目的。如果开发建设单位将建成的物业用于出售，其对物业管理的依赖程度也十分明显，良好的物业管理可以聚积人气，可以使建好的楼盘旺销。

按照规定，物业服务企业和开发建设单位应该是两个相对独立的企业法人。有些开发建设单位为了便于房屋建成后销售和管理，聘请物业服务企业早期介入。在房屋建成前，第一个承接小区管理业务的物业服务企业基本上是由房地产开发公司选聘，以后的续聘则由小区业主大会确定。开发建设单位在设计、施工、租售几个环节上应为物业服务企业做好前期准备工作：

（1）在设计阶段，重视早期介入

物业小区的规划、设计要从方便业主和用户、完善使用功能角度出发，为物业管理创造条件。如居民生活网点和服务半径要尽量适合居民需要；停车场、绿地、安全设施要保证需要，以及为物业管理开展各种经营的配套公共建筑都需要统一考虑。在决定规划方案之前，聘请物业服务企业的专业人员介入，从物业管理角度提出一些专业性建议。

（2）在施工阶段，要加强质量检查与跟进

特别是对隐蔽部位和关键部位要加强质量检查与跟进，防止在后续的物业管理中留下隐患。

（3）在开发、租售、入住阶段，要做好相关工作

在房地产项目竣工前，开发建设单位要选聘物业服务企业前期介入，向物业服务企业提供完整技术档案资料，进行物业承接查验。物业服务企业则根据项目情况，修订各项管理制度，做好开展物业管理的各项准备工作。

开发建设单位出售新建商品房时，应当向购房人明示前期物业管理服务合同及其内容。购房人购买新建商品房时，应当对前期物业管理服务合同中相关内容予以书面确认。经购房人确认的前期物业管理服务合同，对购房人具有约束力。在业主入住阶段，开发建设单位认真履行售后服务的各项承诺，在保修期间内，按照规定及时负责修复。

2. 开发建设单位为物业管理服务做好铺垫

在房地产项目建成以前，开发建设单位的经营仅仅是在生产领域和流通领域，物业服务企业尚未正式介入；物业管理是建管结合的纽带，应早期介入后期跟进。开发建设单位应承担先期物业管理策划任务，为物业管理作好铺垫工作，主要内容包括：

（1）明确市场定位，规划布局功能，便于物业管理的实施

开发建设单位在进行规划设计时，不仅要从住宅区的总体布局、使用功能、环境布置

上来考虑，还要安排诸如小区的封闭管理、垃圾点的位置、监控设施的安装、防盗系统的设置、园林绿化设计、物业管理用房的建设等。

（2）确定物业管理模式

开发建设单位针对物业开发的总体思路，按照物业的档次，考虑业主的需求定位，确定物业管理模式。

（3）保证工程质量

开发建设单位在工程施工中监督施工单位保证工程质量，为将来物业管理扫除质量隐患。

（4）确定目标市场

物业价格决定整个物业的出租率或出售率，同时也决定了将来业主或用户的层次。开发建设单位应根据物业档次确定物业价格，确定目标市场定位；物业服务企业据此通过专业的管理为业主提供良好的服务，使业主取得良好的收益并使物业保值、增值。

3.3.5　与政府其他管理部门的关系

1. 物业服务企业与公安、城管、综合治理等执法部门的关系

物业管理各项业务活动必须在遵纪守法的前提下进行，必须接受相关部门的业务指导和监督。物业服务企业的管理不能代替执法部门的工作，物业服务企业只是在物业服务合同赋予的权限范围之内从事管理、服务、协调和经营的行为，在日常的管理工作中要遵守相关的规定。同时，对于需要执法部门完成的工作要积极配合，而不能代替执法部门行使执法权限；根据各个执法部门的职责范围，把应该由公安、消防等其他执法部门负责的事情与物业管理工作的界限加以划分。例如，物业服务企业需要做的是防范工作，如防火、防盗、预防犯罪，而不能去侦查、捕捉犯罪嫌疑人；再例如，物业服务企业可以提供便利条件促进业主之间的和睦，调解邻里纠纷，防范民事纠纷事态扩大或恶化，但是，业主发生纠纷的裁定权不是物业服务企业职责范围内的事情。

2. 物业服务企业与工商、税务部门的关系

物业服务企业是在取得工商营业执照、税务部门登记的前提下具有独立法人资格的企业，严格遵守工商管理规定，依法纳税、依法经营是最根本的要求。物业服务企业要在有关管理部门允许的范围内开展管理服务活动。对于在物业区域范围内设立的经营场所，可以在工商管理部门监督指导自行经营管理，物业服务企业可以接受相关部门委托代理收缴费用，获得佣金；但物业服务企业本身并不具备收税、收费（不包括物业服务费）的权利。

3. 物业服务企业与其他部门的关系

与物业管理有关的，除上述部门外，还有市政、绿化、供水、供电、供气、供热等部门。物业服务企业除负责项目日常管理服务以外，还要与供水、供电、供气、供热部门订立管理服务协议，接受有关部门的业务指导和监督。

复 习 思 考 题

1. 成立物业服务企业应做好哪些筹备工作？
2. 物业服务企业申请核定资质等级的，需要提交哪些材料？

3. 物业服务企业的资质等级分为几级？各资质等级的条件是什么？
4. 物业服务企业的类型有哪些？
5. 物业服务企业组织机构的设置有哪些步骤？
6. 物业服务企业组织机构的形式有哪些？
7. 简述物业管理制度的含义以及建立物业管理制度的作用。
8. 简述制定物业管理制度的原则。
9. 简述物业管理制度的内容。
10. 简述物业服务企业与相关机构、部门的关系。

4 物业管理招标投标

4.1 物业管理招标投标概述

随着物业管理市场的逐渐形成和发展，物业管理市场呈现出了竞争的态势。按照国务院《物业管理条例》规定，国家提倡建设单位按照房地产开发与物业管理相分离的原则，通过招投标的方式选聘具有相应资质的物业服务企业。为了维护业主的权益，分清房地产开发建设单位与物业服务企业的职责，在保障开发建设单位交付合格的物业的基础上，要求物业服务企业要为业主提供服务质量和价格相符的物业服务。因此，物业服务企业只有通过市场竞争，通过物业管理招投标获得物业项目的管理权，才能在物业管理市场中占有一定的份额。物业管理招投标对于促进物业服务企业提高服务质量和效率，推动物业管理市场化进程具有重要意义。

4.1.1 物业管理招投标的意义

1. 物业管理招投标是促进物业管理市场发展的需要

物业管理市场是由提供物业的业主和提供管理服务的物业企业双方构成的。在物业管理中引入市场竞争机制，开发建设单位或业主可以根据自身的需要，从市场上通过招标选择物业服务企业；通过物业管理招标，开发建设单位或业主就可以选择到符合自己要求的物业服务企业。对于市场中众多的物业服务企业来讲，物业管理投标不仅可以使物业服务企业获得物业项目的管理权，也为物业服务企业的发展提供了公平竞争的机会，这在很大程度上促进了物业管理市场的发展。有了物业管理招投标的市场行为，一方面促进了物业服务企业和物业管理行业的健康发展；同时，也为开发建设单位或业主选择物业管理供应方提供了条件。因此，培育和发展健康有序的物业管理市场，是离不开物业管理招投标的。

2. 物业管理招投标是促进物业管理行业良性发展的需要

物业管理市场竞争的最终目的，是提高物业管理水平，促进物业管理行业的健康发展。一个地区的物业管理市场的物业服务供应方少则几百家、多则上千家，物业管理的需求方也是成百上千家；物业管理招投标的过程，是业主与物业服务企业之间双向选择的过程。通过物业管理招投标活动，业主选择到优秀的物业服务企业，物业服务企业也选择到了适合自己的物业项目。市场化的招投标活动要遵循公开、公平和公正的原则，按照招投标运作程序、规则进行招投标活动，招标人择优选聘物业服务企业，投标人通过公平竞争取得物业项目的管理权。在市场竞争中，优胜劣汰，适者生存。一些经营管理水平高、竞争能力强的物业服务企业便会趁势得到较快的发展，赢得较大的市场份额；相反，一些经营管理水平较低、企业信誉较差的物业服务企业，就很难在竞争中取胜，最终会被物业管理市场所淘汰。

3. 物业管理招投标是提高物业服务企业管理水平的需要

物业服务企业为了在激烈的市场竞争中获胜，就必须加强专业能力建设，努力提高管理服务水平，树立良好的信誉。在规范的物业管理市场中，物业服务企业只有通过招投标才能获得物业项目的管理权，客观上就要求物业企业制定完善的、与项目相适宜的管理方案；例如，采用什么管理模式、达到什么管理目标、制定哪些管理服务保证措施等等。物业服务企业在投标过程中，外在的竞争压力转变成内在的发展动力，促使各家物业服务企业都努力提高专业能力，这样就促进了物业服务企业管理水平的提升。

4.1.2 物业管理招投标的特点

1. 属于服务性质的招投标

物业管理服务的提供过程伴随着业主的消费过程，物业企业的服务水平和品质均需要在管理服务过程中体现，也需要业主在消费过程中评判。因此，招标人要求物业服务企业的管理服务方案是具体的、细化的、可操作的，合同条款是具体、明确的。业主招标的目的在于选择中标人，并与之订立合同。因此，招标是订立合同的具体行为，是要约与承诺的特殊表现形式。物业服务企业的投标行为的法律性质是要约行为，投标文件中包含有将来订立物业服务合同的具体条款，只要投标人在投标文件中承诺的内容，都属于物业服务合同的有效内容。

2. 投标报价的保密性是相对的

作为要约的投标行为具有法律约束力。表现在对于一个物业项目而言，物业服务企业的投标是一次性的，同一企业不能就同一项目进行一次以上的投标；物业服务费报价是一次性的，不允许多次报价；各个投标人对自己的报价负责。由于物业管理的特点，物业服务费投标报价的保密性是相对的；因为业主在招标时，会将所要求的服务内容和标准公布出来，投标人根据招标文件规定的服务内容和标准测算物业服务费标准。特别是有的城市和地区还制定了住宅小区的物业服务标准，将不同物业服务等级的服务内容和收费标准做出了明确的规定，就使得物业服务费的测算都有据可依。因此，在物业企业投标报价过程中，对住宅项目物业服务费的投标报价是相对透明的，其保密性也是相对的。

3. 物业管理招投标具有超前性

物业管理要早期介入，物业管理招投标就必须提前进行。由于物业具有价值大和固定性的特点，物业的设计、建造施工和后期管理等各个环节都不容忽视。为维护开发建设单位和业主的利益，为日后物业管理工作打下良好的基础，物业管理必须早期介入，从物业管理角度为开发建设单位或业主提出专业性意见，根据以往的管理经验判定设计方案是否合理，对不完善之处提出整改意见等等。所以，物业管理的早期介入是必需的，在物业企业早期介入之前，开发建设单位或业主就要通过招投标选择物业服务企业，这就决定了物业管理招投标具有超前性的特点。

4. 物业管理招投标具有阶段性

物业的使用寿命少则几十年，多则上百年，物业管理活动要伴随着物业使用寿命的始终。一个物业企业的物业管理活动是有阶段性的，这种阶段性决定了物业管理的招投标活动也是具有阶段性的。首先，招标文件中规定的物业服务合同的期限一般是一至三年，在合同期满后，业主就要通过招投标活动重新选聘物业企业。其次，在新建物业项目交付使用后，通过前期物业管理招投标确定的物业企业在业主大会成立后，要由业主大会再重新招标，选聘物业企业。除此之外，如果中标的物业企业违反了合同规定，中标的物业服务企业也可能被提前解聘，由开发建设单位或业主大会重新选聘新的物业企业。所以，物业管理招投标是具有阶段性的。

4.1.3 物业管理招投标的原则

根据《中华人民共和国招标投标法》的规定，招标投标活动应当遵循公开、公平、公正和诚实信用的原则，这是物业管理招投标市场的最根本要求，也是物业管理招投标应遵循的基本原则。

1. 公开的原则

在物业管理招投标活动中，一是要求招标信息要公开，招标人要按照相关规定发布招标信息；二是招标程序要公开，招标人要将招标程序在招标文件中列出，便于投标人参与招投标活动；三是开标过程要公开，开标应当在招标文件确定的提交投标文件截止时间的同一时间公开进行；四是中标的结果要公开，招标人应当向中标人发出中标通知书，同时将中标结果通知所有未中标的投标人。

2. 公平公正的原则

对于招标人而言，应严格按照公开的招标条件和程序办事，公平地对待每一个投标竞争者。一是公平原则：要求招标人在招标文件中提出的招标条件对所有物业服务企业都是一致的、公平的。招标人不得以不合理条件限制或者排斥潜在投标人，不得对潜在投标人实行歧视待遇，不得对潜在投标人提出与招标物业项目实际要求不符的过高的资格等要求。二是公正原则：要求评标委员会成员应当认真、公正、诚实、廉洁地履行职责。评标委员会在评定投标文件时衡量尺度要一致，准则要统一，不能对个别物业服务企业有所偏好；同时，评标过程和评标结果要邀请公证处进行监督并公证。另外，要求招标人不得向他人透露已获取招标文件的潜在投标人的名称、数量，以及可能影响公平竞争的有关招标投标的其他情况。

对于投标人而言，应当以正当的程序报名、参与投标竞争。投标人不得相互串通投标，不得排挤其他投标人的公平竞争，不得损害招标人或者其他投标人的合法权益。同时，投标人不得与招标人串通投标，损害国家利益、社会公共利益或者他人的合法权益。

3. 诚实信用的原则

要求招标人提供的招标文件及相关材料是真实、可靠的；要求投标人提供的投标报名材料是真实的，企业的管理业绩、资质等级等是真实的，不能够弄虚作假。投标人不得以他人名义投标或者以其他方式弄虚作假，骗取中标。禁止投标人以向招标人或者评标委员会成员行贿等不正当手段谋取中标。

4.2 物业管理招标

4.2.1 物业管理招标的方式

1. 物业管理招标的含义

物业管理招标由招标人依法组织实施，是招标人按照法律法规的规定提出物业招标项目，对物业项目的物业管理服务进行招标的活动。招标人是指依法进行物业管理招标的开发建设单位、业主大会和其他物业所有权人。

物业管理招标主体包括物业建设单位、业主大会或物业所有权人等。前期物业管理招标由物业建设单位依法组织实施，物业建设单位即为招标主体。常规期的物业管理招标由业主大会依法组织实施，业主大会即为招标主体；业主大会决定通过招标投标方式选聘物业服务企业的，应当授权其业主委员会履行招标人职责，具体组织招标活动。对于企事业单位写字楼招标、学校、医院等公用设施招标，招标人可以是物业产权人、物业使用单位或政府采购中心。

2. 物业管理招标的方式

（1）物业管理招标的方式

物业管理招标分为公开招标、邀请招标和协议选聘。

公开招标，是指招标人以招标公告的方式邀请不特定的法人或者其他组织投标。招标人采取公开招标方式的，应当在公共媒介上发布招标公告。

邀请招标，是指招标人以投标邀请书的方式邀请特定的法人或者其他组织投标。招标人采取邀请招标方式的，应当向3个以上物业服务企业发出投标邀请书，投标邀请书也应当包含招标人的名称和地址，招标项目的基本情况以及获取招标文件的办法等事项。

（2）公开招标与邀请招标区别

1）信息发布方式不同。公开招标是招标人在公共媒体上发布招标公告，投标人是不确定的。邀请招标是通过发出投标邀请书的方式发布招标信息，投标人是确定的。

2）信息传递范围不同。公开招标的信息发布范围广，投标人的数量是不确定的；邀请招标信息发布范围窄，投标人的数量是确定的。

3）程序不同，竞争力不同。公开招标和邀请招标的程序不同，在投标人的竞争程度上也是有区别的。

（3）协议选聘

按照原建设部《前期物业管理招标投标管理暂行办法》规定，投标人少于3个或者住宅规模较小的，经物业所在地的区、县人民政府房地产行政主管部门批准，可以采用协议方式选聘具有相应资质的物业服务企业。协议选聘方式是物业管理招投标中根据物业项目的实际情况，确定的一种招标形式。

4.2.2　物业管理招标的类型

1. 按照物业用途划分

按照物业的用途不同，将物业划分为住宅和非住宅两大类。为此，物业管理招标可以分为住宅物业招标和非住宅物业招标两类。住宅物业招标可分为普通商品住房、经济适用住房、廉租住房、高档住宅（酒店式公寓、别墅）等住宅项目的物业管理招标，非住宅物业招标可分为写字楼、商业物业、工业园区、学校、医院以及商业街等物业项目的招标。在写字楼、商业物业、工业园区等项目的招标中，有些项目会将物业管理与房屋出租经营捆绑招标。

2. 按照物业项目服务内容划分

按照物业项目服务内容划分，可以将物业项目分为整体物业项目招标、单项服务内容招标以及分阶段项目的招标。

整体物业项目招标是将物业项目的整体管理服务内容进行统一招标，将一个完整的物业项目委托给一家物业服务企业实施管理。单项服务内容招标是将一个物业项目中某项服务内容单独进行招标，例如可以将电梯维保、机电设施设备管理、绿化、保洁等作为一项单独的服务内容进行招标。分阶段项目的招标是按照物业项目的规划设计、施工建设和管理服务的不同阶段进行招标，一般分为早期介入和前期管理阶段招标、常规期管理阶段招标等等。

3. 按照招标主体的类型划分

按照物业项目的不同招标主体，将物业管理招标分为物业建设单位招标、业主大会招标和其他物业所有权人招标。

在物业项目的早期介入和前期物业管理阶段，由物业建设单位进行招标；在物业项目的常规期管理阶段，由业主大会进行招标；对于企事业单位的写字楼、学校、医院等项目的物业管理招标，则由物业所有权人或者管理使用单位进行招标。

4.2.3 物业管理招标的内容

1. 早期介入和前期物业管理阶段的招标内容

根据物业项目早期介入和前期物业管理阶段的特点，招标人一般会要求投标人从以下几个方面提供管理服务方案：

(1) 早期介入的工作计划、时间和方式；
(2) 对物业项目进行承接查验的工作计划、人员安排以及工作程序等；
(3) 迎接业主入住的工作计划、资料准备以及工作程序等；
(4) 对业主的装饰装修进行管理服务的内容、控制违章装修的措施等；
(5) 结合物业项目特点，制定详细的物业管理服务方案；
(6) 对经营性物业进行市场调研，制定物业出租经营策划；
(7) 计划达到的物业管理服务目标，以及实现管理服务目标的保证措施等；
(8) 物业服务费的收费标准及其收支预算；
(9) 物业管理用房和业主活动场所的使用计划等。

2. 常规期物业管理阶段的招标内容

根据物业项目常规期物业管理阶段的特点，招标人一般会要求投标人从以下几个方面提供管理服务方案：

(1) 结合物业项目的特点确定的管理服务模式；
(2) 根据招标人提出的管理服务内容和标准，制定的管理服务方案；
(3) 管理机构的设置、人员的配备以及专业能力等；
(4) 开展的特约服务和代办服务的内容；
(5) 计划达到的物业管理服务目标，以及实现管理服务目标的保证措施等；
(6) 物业服务费的收费标准及其收支预算；
(7) 其他管理服务的计划等。

上述内容只是列举了一般情况下的招标内容，物业管理招标的内容随着物业项目的不同有所区别，也会由于业主的需求不同，产生较大的差异。物业服务企业应根据招标文件来确定和把握招标内容。

4.2.4 物业管理招标组织

1. 物业管理招标组织方式

按照《前期物业管理招标投标管理暂行办法》规定，招标人可以委托招标代理机构办理招标事宜；有能力组织和实施招标活动的，也可以自行组织实施招标活动。因此，物业管理招标组织方式可以分为两种：一是招标人自行组织招标，二是委托代理机构招标。

（1）招标人自行组织招标

招标人具有编制招标文件和组织评标能力的，可以自行办理招标事宜。依法必须进行招标的项目，招标人自行办理招标事宜的，应当向有关行政监督部门备案。招标人自行组织招标应具备的条件：

1）拥有相适应的专业人员。招标人应具备建筑工程、物业管理、经济、技术及财务等方面的专业人员，对物业管理招标内容进行统筹计划和实施。

2）具有编制招标文件的能力。招标人应组织专业人员，根据物业项目的实际情况和招标人的需求，编制招标文件。

3）具有开标、评标及定标的能力。招标人有能力组织开标和评标，根据评标专家的意见确定中标人。

（2）委托代理机构招标

在招标人不具备自行组织招标条件的情况下，可以委托依法设立的物业管理招标代理机构办理招标事宜。物业管理招标代理机构应当在招标人委托的范围内办理招标事宜，并遵守对招标人的有关规定。

按照《中华人民共和国招标投标法》规定，招标代理机构是依法设立、从事招标代理业务并提供相关服务的社会中介组织。招标代理机构应当具备下列条件：

1）有从事招标代理业务的营业场所和相应资金；

2）有能够编制招标文件和组织评标的相应专业力量；

3）有可以作为评标委员会成员人选的技术、经济等方面的专家库，专家应当从事相关领域工作满八年并具有高级职称或者具有同等专业水平。

2. 招标组织

（1）成立招标小组

招标人在招标之前，应成立招标小组。招标小组主要由招标单位的主管负责人及专业人员组成，具体负责物业项目的招标工作。招标小组应对招标方式、招标内容、定标方法以及物业服务合同签订等事项作出规定。

通过招标投标方式选择物业服务企业的，招标人应当按照以下规定时限完成物业管理招标投标工作：

1）新建现售商品房项目应当在现售前30日完成；

2）预售商品房项目应当在取得《商品房预售许可证》之前完成；

3）非出售的新建物业项目应当在交付使用前90日完成。

（2）招标小组主要工作内容

招标小组主要工作内容包括：

1）制作标底：包括管理服务内容、标准和收费标准；

2）制定评标标准和方法；

3）准备招标公告、招标文件，并发放招标文件；

4）接待来访，负责投标人的资格预审；

5）组织投标人现场勘察和质询；

6）安排决标会；
7）组织开标和评标；
8）招标人定标，公布招标结果；
9）安排公证程序。

4.2.5　物业管理招标的程序

1. 编制招标文件和招标公告（或投标邀请书）

招标人应根据物业项目的实际情况和需求，编制招标文件和招标公告（或投标邀请书）。

2. 招标备案

依法必须进行招标的项目，招标人自行办理招标事宜的，应当向有关行政监督部门备案。招标人应当在发布招标公告或者发出投标邀请书的 10 日前，提交以下材料报物业项目所在地的县级以上地方人民政府房地产行政主管部门备案：

（1）与物业管理有关的物业项目开发建设的政府批件；
（2）招标公告或者投标邀请书；
（3）招标文件；
（4）法律、法规规定的其他材料。

3. 发布招标信息

采取公开招标方式的，应当发布招标公告。招标公告应当载明招标人的名称和地址、招标项目的性质、数量、实施地点和时间以及获取招标文件的办法等事项。采取邀请招标方式的，应当向三个以上具备承担招标项目的能力、资信良好的特定的法人或者其他组织发出投标邀请书。

4. 接受投标报名、发放招标文件

在招标文件规定的投标报名期间，接受投标人报名，并发放招标文件。招标人对已发出的招标文件进行必要的澄清或者修改的，应当在招标文件要求提交投标文件截止时间至少 15 日前，以书面形式通知所有的招标文件收受人。该澄清或者修改的内容为招标文件的组成部分。

5. 组织现场勘察和质询

在招标文件规定的时间，组织投标人进行现场勘察；并组织标前会议，解答投标人的质询。招标人根据物业项目的具体情况，可以组织潜在的投标申请人踏勘物业项目现场，并提供隐蔽工程图纸等详细资料。对投标申请人提出的疑问应当予以澄清并以书面形式发送给所有的招标文件收受人。

6. 组织投标申请人资格预审

公开招标的招标人可以根据招标文件的规定，对投标申请人进行资格预审。实行投标资格预审的物业项目，招标人应当在招标公告或者投标邀请书中载明资格预审的条件和获取资格预审文件的办法。

资格预审文件一般应当包括资格预审申请书格式、申请人须知，以及需要投标申请人提供的企业资格文件、业绩、技术装备、财务状况和拟派出的项目负责人与主要管理人员的简历、业绩等证明材料。经资格预审后，公开招标的招标人应当向资格预审合格的投标申请人发出资格预审合格通知书，告知获取招标文件的时间、地点和方法，并同时向资格不合格的投标申请人告知资格预审结果。在资格预审合格的投标申请人过多时，可以由招标人从中选择不少于5家资格预审合格的投标申请人。

7. 接收投标文件

招标人应当确定投标人编制投标文件所需要的合理时间。公开招标的物业项目，自招标文件发出之日起至投标人提交投标文件截止之日止，最短不得少于20日。招标人收到投标文件后，应当签收保存，不得开启。在招标文件要求提交投标文件的截止时间后送达的投标文件，招标人应当拒收。

8. 组成评标委员会

评标由招标人依法组建的评标委员会负责。依法必须进行招标的项目，其评标委员会由招标人的代表和有关技术、经济等方面的专家组成，成员人数为五人以上单数，其中技术、经济等方面的专家不得少于成员总数的三分之二。

9. 组织开标、评标和决标

对于招标人自行组织招标的物业项目招标，开标、评标和决标均由招标人组织；对于委托代理机构招标的物业项目招标，开标、评标和决标应由招标委托代理机构组织。

10. 确定中标人

招标人确定中标人后，应当向中标人发出中标通知书，并同时将中标结果通知所有未中标的投标人。

11. 公布招标结果

将招标结果按照相应的规定予以公布。

4.2.6 招标公告和招标文件的编写

1. 招标公告的编写

招标公告应当载明以下主要内容：

（1）招标人名称；

（2）招标项目名称、地址、使用性质、建筑面积、竣工交付使用时间等基本情况；

（3）投标资格条件；

（4）投标人报名地点、期限以及获取招标文件的办法；

（5）业主大会选聘物业服务企业的，应当说明物业服务企业变更情况。

2. 招标文件的编写

招标人应当根据招标项目的特点和需求编制招标文件。招标文件应当包括招标项目的技术要求、对投标人资格审查的标准、投标报价要求和评标标准等所有实质性要求和条件以及拟签订合同的主要条款。具体来讲，招标文件应包括以下内容：

（1）招标人基本情况。包括招标人的名称、地址、联系方式等。

（2）招标项目基本情况。包括物业名称、坐落地址、四至范围、物业类型、总占地面积、总建筑面积、房屋幢数、房屋建筑结构、经规划部门批准的规划详图或规划总平面图、物业功能分区、配套设备的技术参数、绿化情况及物业管理用房配置等。

（3）物业管理服务内容及标准。包括对招标项目所要求的物业管理服务内容、服务标准和质量要求，以及物业管理目标等。

（4）对投标人及投标文件的要求。包括对投标人的资格要求、投标费用、报名有效期；投标文件的文字和计量单位、文件格式、装订、投标有效期、投标保证金、投标文件份数及签署；投标文件的密封、递交截止时间、文件的修改和撤销说明等。

（5）招标活动方案。包括投标报名时间、资格审查的规定、现场勘查时间和地点、开标时间及地点等等，主要是详细列出招标过程中的各项工作环节。

（6）评标标准和评标方法。包括根据物业项目实际情况设定的各项评定指标和分值构成，各项因素的综合评价标准，以及评标的原则和方法等。在评标过程中召开现场答辩会的，应当事先在招标文件中说明，并注明所占的评分比重。

（7）定标方法。包括招标人确定的定标办法、中标通知，以及招标过程和评标结果的公证等。

（8）物业服务合同的签订说明。包括物业服务合同的签署、主要条款的约定，以及履约保证金等。履约保证金是要求物业服务企业中标以后，在签订合同时，必须先缴纳履约保证金，以确保合同的履行。

（9）其他事项的说明及法律、法规和规章规定的其他内容。

1) 关于投标文件补充、修改或者撤回的说明。投标人在招标文件要求提交投标文件的截止时间前，可以补充、修改或者撤回已提交的投标文件，并书面通知招标人。补充、修改的内容为投标文件的组成部分。

2) 关于保密要求。投标文件具有保密性质，投标人不得泄密；这是为避免投标的物业服务企业之间互相串通，竞相抬高投标价格而做出的规定。同时，还要声明招标人对投标文件的内容负有保密的义务。

3) 关于投标承诺的要求。投标文件一般包括投标函，用以表明投标人的投标承诺，保证投标后不会中途退标，否则投标保证金将不予退还。同时，还要对投标资料的真实性予以承诺。

4) 招标人应当有进行招标项目的相应资金或者资金来源已经落实，均应在招标文件中如实载明。

4.3 物业管理投标

4.3.1 物业管理投标的条件

1. 物业管理投标的含义

物业管理投标是指符合招标条件的投标人，根据招标文件中确定的各项管理服务要求与标准，编制投标文件，参与投标竞争的行为。投标人是指响应物业管理招标、参与投标竞争的物业服务企业。投标人应当具有相应的物业服务企业资质和招标文件要求的其他条件。

物业管理投标的主体包括物业服务企业或专业服务公司。对于整体物业项目招标而言，物业服务企业是投标主体；对于单项服务内容招标而言，投标主体既可以是物业服务企业，也可以是专业服务公司。

2. 物业管理投标的条件

（1）物业服务企业投标的条件

一般情况下，招标人在招标文件中，都要对投标人的资格做出一些必要的规定。概括起来，物业服务企业在投标时，应具备以下几项条件：

1) 具有独立的企业法人资格。指物业服务企业具有符合国家法律规定的资金数额、企业名称、组织章程、组织机构、住所等法定条件，能够独立承担民事责任，依法经营，具备企业经营的基本条件。

2) 具备相应的物业服务企业资质。为了规范物业管理市场秩序，招标人应按照《物业服务企业资质管理办法》规定，对不同规模的物业项目提出相应的物业服务企业资质等级要求。一级资质物业服务企业可以承接各种物业项目。二级资质物业服务企业可以承接30万平方米以下的住宅项目和8万平方米以下的非住宅项目的物业管理业务。三级资质物业服务企业可以承接20万平方米以下住宅项目和5万平方米以下的非住宅项目的物业管理业务。应当特别注意的是，物业服务企业不得超越资质等级承接物业管理业务。

3) 同类项目的管理经验。为了更好地对物业项目实施管理和服务，招标人一般会要求投标人具备与招标项目同类型的物业管理经验；例如，别墅、写字楼、商业、工业园区、医院等，对这些类型的物业项目在招标过程中，招标人往往希望投标人具备一定的管理经验。

4) 专业人员的要求。物业管理是一项专业性、综合性较强的管理工作，需要具备一定物业管理专业知识和能力的人员进行管理和服务；因此，招标人会要求投标人配备具有物业管理从业资格的人员，同时还要具备工民建、水暖、电等专业的工程技术人员。

(2) 物业项目的条件

按照《前期物业管理招标投标管理暂行办法》规定，住宅及同一物业管理区域内非住宅的建设单位，应当通过招投标的方式选聘具有相应资质的物业服务企业；投标人少于3个或者住宅规模较小的，经物业所在地的区、县人民政府房地产行政主管部门批准，可以采用协议方式选聘具有相应资质的物业服务企业。国家提倡其他物业的建设单位通过招投标的方式，选聘具有相应资质的物业服务企业。根据这一规定，新建住宅项目应当通过招投标的方式选聘具有相应资质的物业服务企业；而对于非住宅项目而言，没有做出必须招标的强制性规定。

目前，对于多大规模的物业项目需要招标、什么类型的物业项目需要进行招标，各地掌握的标准不尽相同。例如，《天津市物业管理招标投标管理办法》规定，开发建设单位出售新建物业前，应当通过招标投标方式选聘具有相应资质等级的物业服务企业进行物业管理。同一物业管理区域内住宅物业建筑面积在三万平方米以下、非住宅物业建筑面积在一万平方米以下的，经物业所在地的区、县房地产管理局批准，可以采用协议方式选聘具有相应资质等级的物业服务企业。

4.3.2 物业管理投标决策

1. 投标项目分析

(1) 投标物业的基本情况

物业服务企业在分析投标物业的基本情况时，应重点了解物业的使用用途、建筑面积、总体设计规划以及配套设施设备情况等等。对于新建物业项目，要了解项目的位置、建设周期、分期建设和施工进度的情况等等；对于已经投入使用的物业项目，应重点了解物业使用过程中的具体情况，包括房屋建筑本体的完好程度、设施设备的使用和维修改造情况、物业服务费的收费标准和收费率等等。物业服务企业可以通过招标文件、现场勘查和质询等多种途径了解投标物业的基本情况，为投标做好充分的准备。

(2) 物业管理服务需求

物业服务企业在投标之前,应充分了解投标物业项目的物业管理服务内容,不同类型的物业业主对于物业管理服务的期望和需求;包括物业管理服务内容、服务标准、质量要求等,在常规物业服务内容以外是否需要特约服务等等。例如,对于写字楼物业管理来讲,是否需要物业服务企业提供会议服务、餐饮服务以及文件收发等服务内容;对于商业物业管理而言,是否需要提供招商服务、广告服务等等。尤其是用于出售的新建商品房项目,物业服务企业还要了解物业项目的定位,根据商品房售价分析判断业主的生活特点和经济承受能力,为制定管理服务方案和物业服务费测算提供依据。

(3)物业招标背景

物业服务企业对于物业招标背景的分析,主要是了解招标人的详细情况。对于新建物业项目,要充分了解开发建设单位和物业产权人情况,包括招标人的企业资质或单位性质、商业信誉、房屋建筑工程质量以及履行合同的能力等等,据以分析招标人及招标物业项目的实力。对于重新选聘物业企业的招标项目,应了解业主或业主大会的需求,物业项目的现状、原物业企业的管理服务情况以及解除合同的原因等等,旨在对招标人和招标项目有着较为全面的了解,便于物业企业对招标项目进行综合分析判断。

2. 投标可行性分析

物业服务企业在对投标项目进行全盘分析的基础上,还要对投标可行性进行分析研究,有利于企业把握投标的时机,降低企业的管理经营风险。一是要对投标企业的自身状况进行分析,主要包括:企业的发展目标与投标物业是否项符合、投标物业的类型和坐落位置是否适合企业接管、预期的收益是否符合企业的财务管理目标等等。二是要对企业的投标风险进行分析,主要包括:投标的成本、潜在竞争对手的分析、中标的可能性以及未中标可能带来的损失等等。

物业服务企业只有在充分把握企业自身的特点和优势的基础上,对投标物业项目进行综合分析判断,才能做出正确的投标决策。

4.3.3 物业管理投标程序

1. 获取招标信息

物业服务企业为了加大接管物业项目的力度,应时常关注招标信息,从不同的渠道获取招标信息。公开招标的物业项目一般在公共媒体上发布招标信息;而邀请招标的信息,一般由招标人通过投标邀请书的方式发出。

2. 投标报名并取得招标文件

投标人报名时一般需提供的文件有:营业执照复印件、资质等级证书复印件、授权委托书以及物业企业管理项目类型、专业人员资格证明等材料。报名后,向招标人领取招标文件。

3. 参加现场勘察和质询

投标人应当按照招标文件规定的时间和地点参加现场勘查,对招标文件有疑问需要澄清的,应当以书面形式向招标人提出。

4. 编制投标文件

投标人应当按照招标文件的内容和要求编制投标文件,投标文件应当对招标文件提出的实质性要求和条件作出响应。

5. 递送投标文件

投标人应当在招标文件要求提交投标文件的截止时间前，将投标文件密封送达投标地点。在招标文件要求提交投标文件的截止时间后送达的投标文件，为无效的投标文件。投标人在招标文件要求提交投标文件的截止时间前，可以补充、修改或者撤回已提交的投标文件，并书面通知招标人。补充、修改的内容为投标文件的组成部分。在招标文件要求提交投标文件的截止时间后送达的补充或者修改的内容无效。

6. 参加开标和答辩

投标人应当按照招标文件确定的时间参加开标，开标地点应当为招标文件中预先确定的地点。开标后，评标委员会进行评标。评标过程中，评标委员会可以用书面形式要求投标人对投标文件中含义不明确的内容作必要的澄清或者说明。投标人应当采用书面形式进行澄清或者说明，其澄清或者说明不得超出投标文件的范围或者改变投标文件的实质性内容。在评标过程中召开现场答辩会的，应当事先在招标文件中说明，并注明所占的评分比重。

7. 取得中标通知书

评标结束后，招标人应当根据评标结果确定中标人。招标人应当在投标有效期截止时限 30 日前确定中标人，投标有效期应当在招标文件中载明。中标人应当在投标有效期内取得中标通知书。

8. 签约并执行合同

招标人和中标人应当自中标通知书发出之日起 30 日内，按照招标文件和中标人的投标文件订立书面合同；招标人和中标人不得再行订立背离合同实质性内容的其他协议。

4.4 物业管理投标文件的编制

4.4.1 编写投标文件的基本要求

编写投标文件应把握好以下几点：

1. 使用国家统一的行业标准和规范

投标人在编制投标文件时，应根据物业管理的特点和要求，使用物业管理行业统一的行业标准和规范；在测算物业服务费过程中，应使用统一的计量单位；以便评标委员会对投标文件按照统一的评标标准进行评定。同时，也避免在定标和签订物业服务合同过程中出现疑义。

2. 使用准确的表述方式

对于物业管理服务的内容、标准、质量目标以及管理服务措施等内容，应尽量采用专业术语，避免出现概念模糊的现象；在文字叙述上，应使用准确的表述方式，充分阐述投标人的管理设想和服务方案。在管理服务程序方面，无论是使用文字表示还是图表的方式，都应清晰地描述各项工作程序。

3. 确保资料的真实性

投标人在编写投标文件过程中，应遵循诚实信用的原则，确保企业的信息资料真实、可靠，对企业资质等级、管理业绩、获奖项目、专业人员的资格等情况，应如实提供。

4. 注意文件保密

投标人在编写和递送投标文件过程中，应注意做好保密工作，防止投标文件的内容泄漏。这样要求的目的,一是保证了投标人的商业机密不被泄漏,二是保证了招投标过程的公平和公正。

4.4.2 编写投标文件应注意的事项

1. 根据物业项目的实际情况编写

投标文件的编写要注意围绕物业项目的实际情况编写物业管理方案,对招标文件做到实质性的响应。特别是对物业项目中包含水体、有特殊管理要求的设施设备等服务内容的项目,要详尽地阐述管理服务方案,有针对性地制定管理服务措施,从整体上满足招标文件的要求。

2. 围绕业主的服务需求编写

在编制投标文件过程中,要对业主的服务需求做通盘的考虑,将物业管理中的常规性服务内容与业主的需求融为一体,从机构设置、人员配备以及管理措施上统筹兼顾,制定出对招标文件有实质性响应的投标文件。

3. 物业服务费报价合理

投标人应根据招标文件的要求,按照物业管理的服务内容和标准,测算物业服务费;同时,还要对招投标市场进行综合分析,在考虑业主经济承受能力的基础上,制定合理的物业服务费报价,以提高投标的竞争力。

4. 各项承诺和目标必须是能够履行的

投标人在编制投标文件过程中,会涉及对管理服务目标、企业能够提供的增值服务内容以及管理保障措施等方面的承诺,凡是投标人在投标文件中承诺的事项,必须是投标人能够切实履行的。要注意避免出现不切合实际的承诺和夸大不实的言辞。

4.4.3 投标文件的内容

按照《前期物业管理招标投标管理暂行办法》规定,投标文件应当包括的内容有:投标函、投标报价、物业管理方案和招标文件要求提供的其他材料。在实际工作中,习惯上将投标文件分为投标函、技术部分、商务部分和资信部分。

1. 投标函

投标函是投标人给招标人递送的投标函件,主要包括投标人对招标文件的内容理解、物业服务费报价、物业管理目标及其他履约承诺等。

2. 技术部分

投标文件的技术部分主要是对投标项目物业管理方案的描述,主要包括物业管理服务内容和标准、人员配备、主要工作环节运行程序以及物业服务企业的管理制度等等。

(1) 对投标项目的调研和管理服务设想

在对投标项目进行充分调研的基础上,根据投标项目的特点和业主的需求,提出实施物业管理的重点、难点与管理服务措施。该部分内容是物业管理方案的主导部分,是表现物业服务企业经营管理水平和服务特色的重要内容。一般包括:

1) 投标项目介绍和调研分析的内容;
2) 业主或用户服务需求分析;
3) 对投标项目的物业管理服务定位;
4) 实施物业管理服务的重点、难点及其措施。

(2) 确立投标项目的管理服务目标

物业管理服务的目标，是物业服务企业在对物业项目实施管理服务的过程中，为满足业主的物业管理服务需求，所计划达到的目标。物业服务企业为实现管理服务目标，需要制定相应的管理服务工作计划，以保证各项服务目标的实现。管理服务目标可以根据物业服务企业的实际情况设定，可以是业主满意率达到什么水平，也可以是物业项目获得国家级或省市级物业管理荣誉称号的承诺等等。

(3) 投标项目管理机构的设置、人员配备与管理

项目管理机构设置的形式和部门工作职责的划分是保障物业服务目标实现的关键，人员的合理配备和专业人员素质要求是保障物业服务水平的重要因素。主要包括的内容有：

1) 项目管理机构的设置形式和部门职责划分；

2) 人员配备情况。包括投标项目所设置的管理服务岗位和人员配备，物业项目负责人和主要管理人员的物业管理从业资格、技术职称证书及管理经验等等；

3) 为实现管理服务目标所制定的人员培训计划；

4) 对人员的管理措施与考核方法。

(4) 管理服务指标与保障措施

物业服务企业在对投标项目进行管理服务过程中，所计划达到的管理服务指标，以及为达到该指标所制定的管理服务保障措施。一般情况下，管理服务指标包括房屋完好率、各类公共设施设备完好率、保洁率、绿化完好率、维修及时率、维修合格率以及业主投诉处理率、业主满意率等等。

(5) 物业管理服务工作流程

在物业管理过程中，对主要工作环节所涉及的管理服务运行程序与工作流程进行表述，是投标人物业管理服务计划是否科学合理的直接体现。物业管理服务主要工作流程包括：承接查验工作程序、业主入住程序、装饰装修管理服务程序、业主投诉处理程序、保洁流程以及绿化养护流程等等。

(6) 早期介入（前期物业管理）服务内容

该部分内容包括：投标人对投标项目的早期介入工作计划内容，以及早期介入的时间安排和人员准备等。对前期物业管理阶段所实施的管理服务内容进行介绍，包括对投标项目承接查验的组织方案、业主入住及装饰装修管理程序和措施，以及对各项服务内容制定的物业管理工作计划；对于有房屋出租经营的项目，还要对经营性物业进行市场调研和经营策划，拟定租金标准和主要租赁条款；同时还要包括物业管理用房的使用、业主活动的组织开展等内容。

(7) 物业管理常规服务内容

物业管理常规服务内容主要包括：房屋共用部位及共用设施设备管理内容和服务标准、环境管理内容和标准、公共秩序维护内容和标准、为满足业主需求开展的专项服务内容与标准，以及相关的档案管理等服务内容。

(8) 办公用品和物资装备的配置

对投标项目进行管理的前期准备工作，很重要的一部分内容是投入物业项目的物资准备，包括前期办公用品和固定资产的购置，这是保证物业管理服务工作正常开展的必要的物质准备。如果招标文件说明该部分费用由招标人提供，物业服务企业则需要提供物资配备的详细清单，便于招标人了解资金使用情况。如果招标文件说明该部分费用由物业服务

企业提供，投标人应详细列出所需要的物资清单、价格以及固定资产的折旧年限和方法等等。

(9) 专项服务说明

在物业管理方案中，如果投标人将保洁、电梯维保等专项服务委托给专业公司承担的，应当进行说明。同时，还要对专业公司的服务质量进行管理和监督的内容进行表述。

(10) 突发事件的应急预案

投标人在制定物业管理方案时，应对管理服务中可能出现的突发事件制订应急预案，以便在日后的管理服务工作中有章可循。

(11) 物业管理制度的制定

投标人要对投标项目制定相应的管理服务制度，对管理服务过程中涉及的主要的内部制度和外部制度进行介绍。物业管理制度可以保障物业管理服务工作有序地、规范地运作，是规范和约束管理人员的行为准则，科学、完善的物业管理制度是实现物业管理目标的保障。

3. 商务部分

投标文件的商务部分主要是对投标项目物业服务费的报价和测算，主要包括物业服务费、特约服务费、专项服务费等收费标准，物业服务费收费形式以及相应的项目财务收支分析。主要内容包括：

(1) 物业服务费测算依据

物业服务费测算依据主要包括三个方面：一是根据国家法律法规和相关政策规定等；二是按照招标文件要求测算；三是根据投标项目的实际情况测算。

(2) 物业服务费测算原则

物业服务费测算的原则主要体现在以下几个方面：

1) 严格进行成本控制的原则；

2) 业主、使用人认可的原则；

3) 区别对待的原则。物业管理服务内容、标准和人员配备会因为物业项目的不同而存在一定的差异，在物业服务费测算过程中应有所区别；

4) 合理、公开以及费用与服务水平相适应的原则。

(3) 物业服务费的价格形式

按照《物业服务收费管理办法》规定，物业服务费的价格形式包括市场调节价和政府指导价。目前，绝大多数物业项目的物业服务费均按照市场价格据实测算。

(4) 物业服务费的计费方式

按照《物业服务收费管理办法》规定，物业服务费的计费方式有包干制和酬金制两种方式。投标文件的计算方式要按照招标文件的规定执行。

(5) 物业服务费的构成

实行物业服务费用包干制的，物业服务费用的构成包括物业服务成本、法定税费和物业服务企业的利润。实行物业服务费用酬金制的，预收的物业服务资金包括物业服务支出和物业服务企业的酬金。

物业服务成本或者物业服务支出构成一般包括以下部分：

1) 管理服务人员的工资、社会保险和按规定提取的福利费等；

2）物业共用部位、共用设施设备的日常运行、维护费用；

3）物业服务企业清洁卫生费用；

4）物业服务企业绿化养护费用；

5）物业服务企业秩序维护费用；

6）办公费用；

7）物业服务企业固定资产折旧；

8）物业共用部位、共用设施设备及公众责任保险费用；

9）经业主同意的其他费用。

（6）物业服务费收费标准和测算内容

1）管理服务人员的工资、社会保险和按规定提取的福利费的计算。

管理服务人员的工资包括基本工资、社会保险、工会经费、教育经费、加班费和服装费等；

社会保险包括基本养老保险、基本医疗保险、工伤保险、失业保险、生育保险，还包括住房公积金等。

社会保险和住房公积金按照国家相关规定计算和提取；工会经费按工资总额的2%计算，教育经费按工资总额的1.5%计算。

2）物业共用部位、共用设施设备的日常运行维护费用的计算。

物业共用部位、共用设施设备的日常运行维护费用包括的项目有：

①公共照明系统的电费和维修费；

②给水排水系统的日常运行、维修及保养费用；

③配供电系统日常运行、维修及保养费用；

④消防系统（包括消防蓄水池泵、喷淋泵、消火栓泵以及其他设施等）设备维修费、检测费；

⑤电梯系统日常运行、维修及保养费用；

⑥空调系统及通风系统日常运行、维修及保养费用；

⑦安全防范监控系统日常运行、维修及保养费用；

⑧智能化系统日常运行、维修及保养费用；

⑨避雷系统维护及检测费用；

⑩公共建筑、道路维修费可根据历史资料或经验数据测算。

3）物业服务企业清洁卫生费用。

物业服务企业清洁卫生费用包括的项目有：

①垃圾清运费；

②清洁机械、工具、材料用品消耗费；

③卫生防疫消杀费；

④化粪池清理费；

⑤劳保用品费；

⑥其他费用。

4）物业服务企业绿化养护费用。

物业服务企业绿化养护费用包括的项目有：

①绿化工具费；
②绿化机具维修、损耗费；
③保养、修剪、施肥、除草、喷药等材料费；
④绿化用水电费；
⑤园林景观再造费；
⑥劳保用品费；
⑦节假日绿化租摆费用等。

有些物业项目有景观水系，水系维护费用包括补水费用、水上设施维护费、湖底清淤费、药品投放费、水泵等设施运行费及养护费用等等。水系维护也可以发包给专业公司进行管理，发包费即水系维护的费用。

5）物业服务企业秩序维护费用。

物业服务企业秩序维护费用包括的项目有：
①保安器材装备费。包括对讲机、电池、手电筒、110报警联网等；
②保安器材日常运行电费、维护维修费；
③保安用房及保安人员住房租金；
④保安人员人身保险费；
⑤治安联防费；
⑥频管费等。

6）办公费用。

办公费用一般包括：
①交通、通信费用、办公水电费；
②书报费、文具及办公用品等低值易耗品费；
③节日装饰费、公共关系费；
④社区文化费等其他费用。

7）物业服务企业固定资产折旧费。

物业服务企业固定资产折旧费是用于投标项目管理服务中的、属于固定资产的设备、工器具等，按照固定资产原值的平均折旧年限计算的折旧费。

8）物业共用部位、共用设施设备及公众责任保险费用。

按照保险物业的总面积，根据物业共用部位、共用设施设备的价值估算投保总金额，按照保险费率计算的公众责任保险费用。

9）经业主同意的其他费用。

该项费用包括节假日用于装饰小区或大厦的费用，筹备、召开业主大会、修订管理规约等工作的费用。

10）业主大会活动经费。

业主大会活动经费可以根据投标人的经验值进行估算，也可以按照每年物业服务费收费总额的一定比例提取。

11）法定税费。

物业管理的法定税费主要是两税一费，即：
①营业税。营业税是按公司经营总收入的5%征收；

②城市维护建设税。通常按营业税的7%测算；

③教育费附加。按营业税的3%测算。

12）利润。

物业管理的利润是物业服务费收入减去营业税及附加，再减去物业服务成本后的净额。在计算物业管理服务利润时，利润率的提取应控制在合理的范围内。

（7）物业服务费年度收支情况分析

根据物业项目的实际情况测算出物业服务费的标准后，要对一个会计年度的物业服务费的收支做出分析，本着收支合理、略有盈余的原则，分析年度收支情况。尤其对住宅项目进行物业服务费收支分析时，要将物业服务费的收缴率考虑在内，还要考虑物业服务合同期内物价上涨等因素。

（8）财务管理制度

为保证物业服务费的应收尽收，将物业服务费切实用到为业主服务上，还需要有一系列的财务管理制度予以保障。例如财务收支审批制度、现金管理制度、物业服务费收缴规定、物业服务费支出规定、物业服务费的公布制度等等。

4. 资信部分

投标文件的资信部分主要是对投标人的描述，主要是介绍投标物业服务企业的情况，如公司成立的时间和注册资金，该物业服务企业曾经管理过和正在管理的物业项目的名称、类型和规模，公司所拥有的物业管理经验和经营业绩，公司的专业技术优势等等；还要介绍公司主要负责人的专业背景和物业管理经验，公司员工数量和专业人员的优势等等。同时，还要提供一些相关的证件，包括物业服务企业营业执照副本复印件、资质等级证书副本复印件、管理业绩、项目主要管理人员资格证书等等。

4.5 物业管理开标、评标和定标

4.5.1 开标

1. 开标的有关规定

根据《前期物业管理招标投标管理暂行办法》规定，开标应当在招标文件确定的提交投标文件截止时间的同一时间公开进行，开标地点应当为招标文件中预先确定的地点。开标由招标人主持，邀请所有投标人参加。

招标人在招标文件要求提交投标文件的截止时间前收到的所有投标文件，开标时都应当当众予以拆封。开标过程应当记录，并由招标人存档备查。

2. 开标的程序

（1）检查投标文件的密封情况

由投标人或者其推选的代表检查投标文件的密封情况，也可以由招标人委托的公证机构进行检查并公证。

（2）开标并查验投标文件

投标人经过检查投标文件的密封情况并确认无误后，由工作人员当众拆封，宣布投标人名称、投标价格和投标文件的其他主要内容。然后，由工作人员对投标文件进行逐一查验，确认各个投标文件是否符合招标文件的要求；如果出现废标的情况，则通知废标者退出投标竞争。

(3) 记录并存档

由招标人对开标过程予以记录，并形成档案。招标人应详细记录投标人的名称、开标过程、查验投标文件的情况，是否出现废标的情况，以及参加竞标的投标人名称及数量等等。

4.5.2 评标

1. 评标委员会的组成

评标由招标人依法组建的评标委员会负责。评标委员会由招标人代表和物业管理方面的专家组成，成员数量为5人以上单数，其中招标人代表以外的物业管理方面的专家不得少于成员总数的三分之二。

评标委员会的专家成员，应当由招标人从房地产行政主管部门建立的专家名册中采取随机抽取的方式确定。与投标人有利害关系的评标专家不得进入相关项目的评标委员会。评标委员会成员应当认真、公正、诚实、廉洁地履行职责。评标委员会成员不得与任何投标人或者与招标结果有利害关系的人进行私下接触，不得收受投标人、中介人、其他利害关系人的财物或者其他好处。评标委员会成员和与评标活动有关的工作人员不得透露对投标文件的评审和比较、中标候选人的推荐情况以及与评标有关的其他情况。

2. 投标文件的评审

评标委员会应当按照招标文件的评标要求，根据标书评分、现场答辩等情况进行综合评标。除了现场答辩部分外，评标应当在保密的情况下进行。

评标委员会可以用书面形式要求投标人对投标文件中含义不明确的内容做必要的澄清或者说明。投标人应当采用书面形式进行澄清或者说明，但其澄清或者说明不得超出投标文件的范围或者改变投标文件的实质性内容。

评标委员会应当按照招标文件确定的评标标准和方法，对投标文件进行评审和比较，并对评标结果签字确认。评标委员会经评审，认为所有投标文件均不符合招标文件要求的，可以否决所有投标。依法必须进行招标的物业项目的所有投标都被否决的，招标人应当重新招标。

评标委员会完成评标后，应当向招标人提交书面评标报告。阐明评标委员会对各投标文件的评审和比较意见，并按照招标文件规定的评标标准和评标方法，推荐不超过3名有排序的合格的中标候选人。

在物业管理招投标中，为保证招投标的公平和公正，应切实实行专家评审制度，物业管理评标专家对评标结果负有最终责任。

4.5.3 定标

招标人应当按照中标候选人的排序确定中标人。当确定中标的中标候选人放弃中标或者因不可抗力提出不能履行合同的，招标人可以依序确定其他中标候选人为中标人。招标人应当在投标有效期截止时限30日前确定中标人。投标有效期应当在招标文件中载明。

招标人应当向中标人发出中标通知书，同时将中标结果通知所有未中标的投标人，并应当返还其投标文件。

招标人应当自确定中标人之日起15日内，向物业项目所在地的县级以上地方人民政府房地产行政主管部门备案。备案资料应当包括开标评标过程、确定中标人的方式及理由、评标委员会的评标报告、中标人的投标文件等资料。委托代理招标的，还应当附招标代理委托合同。

4.5.4 签订物业服务合同

招标人和中标人应当自中标通知书发出之日起30日内，按照招标文件和中标人的投标文件订立书面合同；招标人和中标人不得再行订立背离合同实质性内容的其他协议。招标人无正当理由而不与中标人签订合同，给中标人造成损失的，招标人应当给与赔偿。

物业服务企业凭中标通知书与开发建设单位或业主签订合同。合同签订后，物业服务企业要保存好招标文件、投标文件、总平面图以及招投标过程中的来往函件，以供查对。在日后的物业管理活动中，物业服务企业要经常对照物业项目中的物业设施设备、指标参数等与原标书、图纸是否相符，以检查自身的管理服务内容的实施情况；同时，还要熟悉每一合同条款，凡是在投标文件中已有承诺的，一定要严格按照投标文件的承诺落实。

【案例】 招标公告

招 标 公 告

兹有××（招标人）的××项目，经××（物业项目所在的县级以上地方人民政府房地产行政主管部门）备案，现通过公开招标方式选聘前期物业服务企业。该项目为住宅类型项目，坐落在××，规划建筑面积15万平方米，预计××年××月××日竣工。

前期物业服务合同期限为中标人与招标人签订合同后，至首次业主大会成立，业主大会与物业服务企业签订新的物业服务合同生效之日终止。

投标人必须是具有国家三级以上物业管理资质的物业服务企业，拟派驻项目经理需持有物业管理从业人员资格证书。参加投标的物业服务企业须携带营业执照、资质等级证书、法人授权委托书、投标人报名登记表等证明材料，于公告见网（报）之日起××日内到××报名并领取招标文件。

招标人：（盖章）
法定代表人：（签字或盖章）
联系人： 电话：
地址： 邮编：

【案例】 投标邀请书

投 标 邀 请 书

_____物业服务企业

兹有××（招标人）的××项目，经××（物业项目所在的县级以上地方人民政府房地产行政主管部门）备案，拟通过邀请招标的方式选聘物业服务企业。现诚邀贵公司参与竞标。如有意向可携带营业执照、资质等级证书、法人授权委托书、投标人报名登记表、公司情况简介等资料，于××年××月××日之前到××报名登记，并领取招标文件。

该项目为写字楼项目，坐落在××，规划建筑面积10万平方米，预计××年××月××日竣工。

物业服务合同期限为二年。

招标人：（盖章）
法定代表人：（签字或盖章）
联系人：　　　　　电话：
地址：　　　　　　邮编：

【案例】 招标文件

"××××"项目物业管理招标文件

1. 目的

本次物业管理招标的目的是通过招标方式选聘一家物业服务企业，为××开发的××项目提供物业管理服务。

2. 招标人情况

名称：

地址：

联系人：

联系电话：

3. 招标项目基本情况

见附件一。

4. 物业管理服务内容和标准

（1）房屋本体的维修、养护管理内容及标准

包括但不限于：

1）房屋外檐；

2）屋面；

3）地面；

4）门窗。

（2）设施设备管理服务内容及标准

包括但不限于：

1）供配电系统。

①高低压系统及设备；

②备用电源系统；

③动力设备；

④公共照明设施。

2）电梯系统。

①垂直升降：客运电梯、货运电梯；

②自动扶梯。

3）空调系统。

4）通风系统。

5）给水排水系统。

①给水系统（冷水、热水、中水、直饮水等）；

②排水系统。

6）消防系统。

①火灾自动报警系统；

②消防控制室及设备系统；

③灭火器配置；

④其他消防设施设备。

7）智能化系统。

①楼宇自动化（安防、通信、网络、巡更等）；

②停车管理系统；

③家居智能系统；

④卫星电视系统。

8）公共卫生间设备。

9）避雷系统。

10）其他。

(3) 公共秩序维护内容、标准

(4) 公共环境保洁维护内容、标准

(5) 绿化养护、租摆和室内景观维护内容、标准

(6) 其他配套服务项目

包括会议、接待、迎宾、信件收发、客房、会馆、餐厅等。

(7) 其他管理服务内容

(8) 突出项目特点的管理服务设想及方案

5. 物业管理服务费测算

(1) 物业管理服务费测算依据及要求

1）依据市场价格据实测算；

2）物业管理服务费与设施设备运行保养费用分别测算。

(2) 物业管理服务费的测算

1）物业管理服务费测算一律以人民币为计价单位；

2）物业管理服务费报价以人民币每月每平方米为计量单位。

6. 要求达到的管理目标

招标人可以对中标人提出阶段性管理服务目标。

7. 对投标人及投标文件的要求

(1) 对投标人的要求

1) 具有独立法人资格的物业服务企业，并取得中华人民共和国物业服务企业资质证书；
2) 要求物业服务资质等级为国家××级以上；
3) 对拟派驻项目经理的要求。

（2）对投标文件的要求

1) 投标文件以标准 A4 白色打印纸打印完成，以宋体字打印；投标文件中的字体、图表一律使用黑色打印。

2) 投标人应提交 1 份投标函，5 份投标文件。

投标函，包括物业服务费、管理目标及其他履约承诺等；

技术部分，包括管理服务的内容和标准、人员配备、主要工作环节运行程序及检查方法、物业服务企业的内部管理制度；

商务部分，包括物业管理服务费、特约服务费、其他委托代理服务费等收费标准报价，物业管理服务费收费形式以及相应的项目财务收支测算；

资信部分，包括营业执照副本复印件、资质等级证书副本复印件、管理业绩、项目主要管理人员资格证书等情况。

3) 投标文件编制后要包装整齐，用封条密封，并加盖投标人的公章和法人代表印鉴。按照规定时限递交招标人。

4) 如有下列情况之一，投标文件无效，即废标。

①投标文件未按照规定使用 A4 白色打印纸打印的；
②投标文件未按规定字体打印的，字迹模糊不清、难以辨认的；
③投标文件中字体、图表未使用黑色打印的；
④投标文件未按照规定装订、密封，未加盖公章及法人印鉴的；
⑤投标文件技术标、商务标中透露投标人信息的，这些信息包括：企业名称、工作人员姓名、地址、电话、网址、邮箱、目前在管项目名称、与本次招标项目名称不一致的其他项目名称、企业英文名称及缩写、企业名称拼音及缩写；
⑥投标文件技术标、商务标中有照片展示的；
⑦资信标中投标人名称与投标报名或资格预审资料不一致的。

5) 决标会后各投标人的投标文件，不得以任何理由要求更改。

8. 投标程序

（1）投标报名时间和地点

报名时间：

报名地点：

投标人报名时领取招标文件等有关资料。

（2）投标人如对该物业项目有疑问，请于____年____月____日时派代表到指定地点进行该项目现场勘察。每个投标人到现场勘察人员不得超过 3 人，勘察时听从招标人指挥，按照指定路线考察，注意安全。

（3）招标人对投标申请人提出的疑问应当予以澄清，并以书面形式发送给所有的招标文件收受人。

（4）投标文件递交截止时间为____年____月____日时，投标人应当在此时间之前将投标文件递送招标人。

(5) 评标时间和地点
时间：
地点：
9. 评标方法和评标标准
（1）评标方法
评标方法采用综合评估法。
（2）评标标准
评标标准按照综合评分表规定的内容，采取百分制的方法评审。评标总分由两部分构成：
1）投标文件评定分数占投标总分的70%。
综合评分表由招标人依据招标文件和项目实际情况制定。
2）现场答辩分数占投标总分的30%。
召开现场答辩会时，投标人拟定的项目经理应当参加答辩。
10. 定标办法（选其一）
（1）招标人授权评标委员会按照排序依次确定中标人。
（2）招标人参考评标委员会推荐的中标候选人确定中标人。
招标人可以组织人员对投标人在管项目进行考察，并作为确定中标人的参考依据之一。
11. 物业服务合同的签订
按照招标文件和中标人的投标文件订立物业服务合同。
12. 澄清与修改
（1）招标人对该招标文件进行必要的澄清或者修改的，在现场勘察后5日内，以书面形式通知所有的招标文件收受人。该澄清或者修改的内容为招标文件的组成部分。
（2）投标人在招标文件要求提交投标文件的截止时间前，可以补充、修改已提交的投标文件，并书面通知招标人。补充、修改的内容为投标文件的组成部分。在招标文件要求提交投标文件的截止时间后送达的补充或者修改的内容无效。
13. 其他事项的说明
（1）保密
投标人无论中标与否，均有义务对招标人的情况进行保密。同时，招标人对投标人的投标文件保密。
（2）公平竞争
1）本招标文件发出后，除非特殊原因，投标人的任何电话、来访均不予接待。同时，抵制投标人采取非正常手段获得有关本次招标活动的一切信息资料，一经发现立即取消投标资格。
2）投标人中标后不得以任何形式、理由转让物业项目管理权，如经发现，招标人有权取消中标单位资格或解除委托合同，由此引起的一切法律、经济责任全部由中标人承担。
（3）招标人提供（或不提供）该项目的物业管理开办费。
14. 附件为招标文件组成内容，具有同样法律效力

附件一：招标项目基本情况

1. 项目基本情况
（1）物业名称；
（2）坐落地址；
（3）四至范围；
（4）物业类型；
（5）总占地面积；
（6）总规划建筑面积（地上、地下）；
（7）房屋幢数、层数；
（8）其他。

2. 房屋基本情况
（1）房屋建筑结构；
（2）外檐材质情况；
（3）地面材质情况；
（4）内墙面材质情况；
（5）顶棚材质情况；
（6）门窗数量及材质情况；
（7）避雷系统；
（8）楼顶广告；
（9）其他。

3. 物业功能区分

4. 设施设备情况
（1）供配电系统情况
1）高低压系统及设备情况；
2）备用电源系统情况；
3）动力设备情况；
4）公共照明设施情况（含景观照明、航标灯等）。
（2）电梯系统
包括客运、货运电梯、自动扶梯的数量、品牌、功率，一梯几户等情况。
（3）空调系统等情况（制冷、供暖）
（4）通风系统情况（送、排风）
（5）给水排水系统
1）给水系统（冷水、热水、中水、直饮水等）；
2）排水系统（化粪池数量、污水井数量、雨水井数量、积水坑等情况）。
（6）消防系统
1）火灾自动报警系统；
2）消防控制室及设备系统；
3）喷淋系统及消火栓；
4）灭火器配置；

5) 其他消防设施设备。

(7) 智能化系统

1) 楼宇自动化（安防、通信、网络等）；

2) 停车管理系统；

3) 家居智能系统；

4) 卫星电视系统。

(8) 公共卫生间设备

(9) 楼内外标识系统

(10) 外围设施（旗杆、景观设施等）

(11) 垃圾中转站数量

(12) 信报箱数量

(13) 其他

5. 绿地面积、绿化率等情况

6. 其他情况

(1) 道路面积等情况；

(2) 物业管理用房位置及面积；

(3) 共用设施设备用房分布及面积；

(4) 会议室数量；

(5) 规划机动车停车位数量；

(6) 规划非机动车存车棚（位）数量；

(7) 其他需要说明的情况。

7. 其他

复习思考题

1. 简述物业管理招投标的意义。
2. 物业管理招投标的特点有哪些？
3. 物业管理招投标应遵循哪些原则？
4. 物业管理招标的方式包括哪些？
5. 简述物业管理招标的内容。
6. 简述物业管理招标的程序。
7. 招标文件包括哪些内容？
8. 物业管理投标的条件包括哪些？
9. 怎样进行物业管理投标决策？
10. 简述物业管理投标程序。
11. 编写投标文件应符合哪些要求？
12. 投标文件的内容包括哪些？

5 物业管理合同及签订

5.1 合同概述

5.1.1 合同的概念与特征

1. 合同的概念

合同是指平等主体的自然人、法人、其他组织之间设立、变更、终止民事权利义务关系的协议。依法成立的合同，受法律保护。广义合同指所有法律部门中确定权利、义务关系的协议；狭义合同一般是指民事合同。对于合同的概念，可以从三个方面去理解：

(1) 合同是一种由当事人实施的法律行为；

(2) 合同是一种基于协商一致而达成的协议；

(3) 合同是一种存在于合同当事人之间的权利义务关系。

《合同法》规定，合同当事人的法律地位平等，一方不得将自己的意志强加给另一方。同时还规定，当事人依法享有自愿订立合同的权利，任何单位和个人不得非法干预。

2. 合同的特征

根据合同的概念，可以从以下三个方面来把握合同的特征：

(1) 合同主体具有平等的法律地位

合同是建立在平等主体之间的债权债务关系。在合同法意义上，合同主体包括自然人、法人及其他组织，合同关系是平等主体之间的法律关系。

(2) 合同是当事人意思表示一致的民事行为

合同是双方或多方意思表示一致的产物，是通过当事人的意思表示一致建立起来的交易关系。合同必须包括以下要素：第一，合同的成立必须要有两个以上的当事人。第二，各方当事人须互相作出意思表示。第三，各个意思表示达成一致。当合同主体的意思表示一致，则合同成立，否则合同不成立。

(3) 合同以设立、变更或终止民事权利义务关系为目的的内容

合同以设立、变更、终止民事权利义务关系为目的，当事人订立合同即产生一定民事权利义务关系，从而具体地享有民事权利、承担民事义务。所谓变更民事权利义务关系，是指当事人通过订立合同使原有的合同关系在内容上发生变化。所谓终止民事权利义务关系，是指当事人通过订立合同，旨在消灭原合同关系。合同法上的合同所涉及的权利、义务都是民事性质的，民事合同的内容实际就是民事财产关系中的债权债务关系。

5.1.2 合同的形式

合同形式，是指当事人合意的外在表现形式，是合同内容的载体。我国《合同法》第十条规定，当事人订立合同，有书面形式，口头形式和其他形式。法律、行政法规规定采用书面形式的，应该采用书面形式。当事人约定采用书面形式的，应当采用书面形式。

1. 书面合同

书面合同是指合同书、信件和数据电文等可以有形地表现所载内容的形式。在签订书面合同时，当事人应注意，除书面合同之外，与书面合同有关的电报、电传、传真、电子数据交换和电子邮件等，也是合同的组成部分，应同书面合同一起妥善保管。书面合同便于当事人履行、管理和监督，是合同当事人采用的主要形式。

2. 口头合同

口头合同是指当事人双方以对话方式订立合同的一种意思表示，以对话方式就合同主要条款协商一致所达成的协议。口头合同简便易行，在日常生活中经常被采用。口头合同适用于合同标的数额较小、经济关系比较简单的事项。当事人在使用口头合同时，应注意只能是及时履行的经济合同，才能使用口头形式，否则不宜采用这种形式。

3. 其他形式的合同

其他形式的合同主要为合同的推定形式，推定形式是指当事人未用语言、文字表达其意思表示，仅用行为向对方发出要约，对方接受该要约，做出一定或指定的行为作为承诺，合同成立。例如，自动售货机售货，顾客将货币投入售货机内，买卖合同即成立。再如，驾驶员将车辆驶入停车场停放后，交付场地占用费后，机动车停放合同即成立。

5.1.3 合同的内容

1. 合同的基本内容

合同的内容由当事人约定，一般包括以下条款：

（1）当事人的名称或者姓名和住所；

（2）标的；

（3）数量；

（4）质量；

（5）价款或报酬；

（6）履行期限、地点、方式；

（7）违约责任；

（8）解决争议的方法。

《合同法》第十二条第二款规定："当事人可以参照各类合同的示范文本订立合同。"合同的示范文本即示范合同，示范合同是事先拟定的，对于订约当事人并无拘束力，当事人订约时仅是参照，可以就相关的条款进行协商。

2. 格式条款

（1）格式条款的概念

格式条款是当事人为了重复使用而预先拟定，并在订立合同时未与对方协商的条款。格式条款在订立时，订立方与相对人是没有经过协商的，格式条款也是不存在协商余地的。例如：保险合同就是格式合同。

为保障相对人的合法权益，防止格式条款提供方利用自己的优势地位损害相对人的利益，《合同法》从维护公平角度出发，对格式条款作出了限制：第一，提供格式条款一方有提示、说明的义务。采用格式条款订立合同的，提供格式条款的一方应当遵循公平原则确定当事人之间的权利和义务，并采取合理的方式提请对方注意免除或者限制其责任的条款，按照对方的要求，对该条款予以说明。第二，对格式条款的理解发生争议的，应当按照通常理解予以解释。对格式条款有两种以上解释的,应当作出不利于提供格式条款一方的解释。格式条款和非格式条款不一致的,应当采用非格式条款。

(2) 无效格式条款

按照《合同法》规定,无效格式条款包括:

1) 提供格式条款一方免除其责任、加重对方责任、排除对方主要权利的,该条款无效。

2) 一方以欺诈、胁迫的手段订立合同,损害国家利益;恶意串通,损害国家、集体或者第三人利益;以合法形式掩盖非法目的;损害社会公共利益;违反法律、行政法规的强制性规定。

3) 造成对方人身伤害的;因故意或者重大过失造成对方财产损失的。

公平合理地使用格式条款,才能实现对格式合同兴利抑弊的目的,保护相对人的利益,提高合同的履行率,保证交易安全,保护双方当事人的合法利益。

5.1.4　签订合同的程序

按照《合同法》规定,当事人订立合同,采取要约、承诺方式。

1. 合同的要约

(1) 要约的概念

要约是希望和他人订立合同的意思表示,该意思表示应当符合下列规定:

1) 内容具体确定;

2) 表明经受要约人承诺,要约人即受该意思表示约束。

发出要约的当事人称要约人,而要约所指向的对方当事人则称为受要约人。

(2) 要约的构成要件

一个有效的要约必须具备以下三个条件:

1) 要约必须是特定人所为的意思表示。一项要约,可以由任何一方当事人提出,当事人可以是自然人,也可以是法人。但是,要约人必须是特定的,即人们能够确定发出要约的当事人是谁。一般情况下,受要约人也是特定的,即要约是向特定人发出的。

2) 要约内容必须明确、具体、肯定。要约是订立合同的意思表示,这里要求意思表示的内容要明确并具体,内容表达上不能含糊不清。要约的内容应包括合同的主要条款,以使受要约人确切知道要约的内容,决定是否接受要约。

3) 要约必须表明经受要约人承诺。发出要约的重要目的是缔结合同。要约人发出要约,是为了与对方订立合同,要约人应在其意思表示中将这一意愿予以明确表达。同时,要约的内容应包含一份合同成立所需要具备的基本条件,在此情况下,如果受要约人表示接受此要约,则双方达成了订立合同的合意,合同即告成立。因此,一项有效的要约,是在受要约人表示承诺的情况下,要约人也要受该要约的约束。

(3) 要约邀请

要约邀请是希望他人向自己发出要约的意思表示。要约邀请是当事人订立合同的预备行为,在发出要约邀请时,当事人仍处于订约的准备阶段。按照《合同法》第十五条规定:"寄送的价目表、拍卖公告、招标公告、招股说明书、商业广告等为要约邀请。""商业广告的内容符合要约规定的,视为要约。"

要约邀请则是当事人希望对方当事人向自己发出订立合同的意思表示,要约邀请是向不特定人发出。要约邀请中要约邀请方没有提出合同订立的主要具体条款，即要约邀请的发出，在法律上没有意义，不能产生合同成立与否的法律后果。因此，要约邀请对要约邀请人和相对人都没有法律约束力。

(4) 要约的法律意义

要约到达受要约人时生效。一个有效的要约产生以下法律后果：

1) 要约生效后，受要约人承诺的，合同即告成立；受要约人不为承诺的，合同不能成立，受要约人不负任何责任。

2) 要约人发出的要约，在要约中规定了要约答复的期限，称要约的有效期。要约人在要约的有效期内受要约的约束。即受要约人接受要约，要约人有与之签订合同的义务；要约人在要约有效期内不得随意撤销或变更要约。

2. 合同的承诺

(1) 承诺的概念

承诺是受要约人同意要约的意思表示。承诺一经作出，并送达要约人，合同即告成立。要约人有义务接受受要约人的承诺，不得拒绝。

(2) 承诺的构成要件

一个有效的承诺必须具备以下条件才能具有法律效力：

1) 承诺必须由受要约人本人或其法定代理人或其委托代理人作出。要约如果是向特定人发出的，则承诺必须由该特定人或其授权的代理人作出，如果要约是向一定范围的人作出的，承诺可以由该范围内的任何人作出。

2) 承诺不附带任何条件，承诺的内容必须和要约的内容一致。承诺对要约的内容作出实质性变更的，为新要约。

3) 承诺应当在要约确定的期限内到达要约人。承诺必须在合理期限内向要约人作出。如果要约规定了承诺期限，则应该在规定的承诺期限内作出。如果要约没有确定承诺期限的，承诺应当依照下列规定到达：一是要约以对话方式作出的，应当即时作出承诺，但当事人另有约定的除外；二是要约以非对话方式作出的，承诺应当在合理期限内到达。

(3) 承诺的法律意义

合同法规定，承诺生效时合同成立。承诺通知到达要约人时生效。承诺不需要通知的，根据交易习惯或者要约的要求作出承诺的行为时生效。合同法规定，受要约人超过承诺期限发出承诺的，除要约人及时通知受要约人该承诺有效的以外，为新要约。受要约人在承诺期限内发出承诺，按照通常情形能够及时到达要约人，但因其他原因承诺到达要约人时超过承诺期限的，除要约人及时通知受要约人因承诺超过期限不接受该承诺的以外，该承诺有效。合同成立。

3. 合同的成立

(1) 合同成立的时间

根据《合同法》相关规定，当事人采用合同书形式订立合同的，自双方当事人签字或者盖章时合同成立。当事人采用信件、数据电文等形式订立合同的，可以在合同成立之前要求签订确认书。签订确认书时合同成立。

(2) 合同成立的地点

根据《合同法》相关规定，承诺生效的地点为合同成立的地点。采用数据电文形式订立合同的，收件人的主营业地为合同成立的地点；没有主营业地的，其经常居住地为合同成立的地点。当事人另有约定的，按照其约定。当事人采用合同书形式订立合同的，双方当事人签字或者盖章的地点为合同成立的地点。

5.1.5 订立合同应遵循的原则

在市场经济社会里，合同无所不在。作为一个物业服务企业，无论是开展物业管理活动还是进行物业的经营管理，都离不开各类物业管理合同的订立和履行。物业服务企业订立的各类合同是否合法有效，关系到企业的生存和发展。因此，了解订立合同应遵循哪些基本原则是十分必要的。订立合同应遵循以下几项原则：

1. 遵循立法本意，维护社会稳定原则

《合同法》的第一条规定："为了保护合同当事人的合法权益，维护社会经济秩序，促进社会主义现代化建设，制定本法。"从法律规定我们可看出，《合同法》制定的根本目的就是为了保护当事人的合法权益，维护社会经济秩序，最终促进社会主义现代化建设。法律是发展和进步的保障，而稳定是一切社会发展和进步的前提，两者相辅相成，共同推动经济社会进一步向前发展。

2. 保护当事人合法权益原则

我国的法律、行政法规在立法上除了规定制定法规的目的是维护社会经济秩序外，还着重强调了要保护当事人的合法权益，这在《合同法》里都有所体现。

3. 主体地位平等、订立合同自愿的原则

订立合同的当事人法律地位是平等的。当事人可以是自然人，也可以是法人，一方不得将自己的意志强加给对方。签订合同时，关于产品或服务的价格、数量、履行期限等，都依自己的自愿与他人签订合同，任何单位和个人均不得非法干预。

4. 权利义务公平对等原则

无论是什么合同，都会在合同中约定合同当事人的权利和义务，即权利和义务应遵循公平对等原则。如果合同显失公平，将受法律的制约。

5. 诚实信用和维护社会公德原则

合同的内容是当事人意思表示的体现，意思表示是建立在诚信基础上的。合同当事人只有遵循诚实信用和维护社会公德的原则，才能使合同顺利履行，达到合同的目的。如果违反了法律、法规的强制性规定，不仅不能达到合同的目的，还会受到法律的制裁。

5.2 前期物业服务合同

5.2.1 前期物业服务合同的涵义及特征

1. 前期物业服务合同的涵义

前期物业服务合同是建设单位与物业服务企业就前期物业管理阶段双方的权利义务所达成的协议，是物业服务企业被授权开展物业管理服务的依据。

《条例》规定，在业主、业主大会选聘物业服务企业之前，建设单位选聘物业服务企业的，应当与该物业服务企业签订书面的前期物业服务合同。

2. 前期物业服务合同的签订主体

前期物业服务合同的双方当事人是建设单位与物业服务企业。前期物业服务合同对物业管理的专业化、规范化具有十分重要的作用。

国家提倡建设单位按照房地产开发与物业管理相分离的原则,通过招投标的方式选聘具有相应资质的物业服务企业。建设单位在选聘物业服务企业时,应充分考虑和维护未来业主的合法权益,代表未来业主选聘物业服务企业。

3. 前期物业服务合同的期限

《条例》规定,前期物业服务合同可以约定期限;但是,期限未满、业主委员会与物业服务企业签订的物业服务合同生效的,前期物业服务合同终止。

4. 前期物业服务合同的特征

(1) 具有过渡性

前期物业服务合同是就前期物业管理阶段所签署的合同,是从物业承接查验开始至业主大会选聘物业服务企业为止的物业管理阶段。在实际管理活动中,这一阶段的时间长短是不确定的。因此,前期物业服务合同的期限也是不确定的,具有向常规物业管理阶段过度的特征。

(2) 涉及多方主体

前期物业服务合同的签订主体是建设单位与物业服务企业,合同对于物业服务企业和建设单位发生效力。《条例》第25条规定,建设单位与物业买受人签订的买卖合同应当包含前期物业服务合同约定的内容。从这一规定来看,前期物业服务合同对业主也是具有法律约束力的。因此,前期物业服务合同的当事人不仅涉及建设单位和物业服务企业,也涉及了业主。

5.2.2 前期物业服务合同的主要内容

前期物业服务合同的内容即为合同的主要条款,是合同当事人权利义务的具体约定。主要包括以下9个方面的内容:

1. 合同当事人

合同当事人即建设单位和物业服务企业。建设单位选聘的物业服务企业,应具备独立的法人资格和物业服务企业资质证书,同时还要具备与接管物业项目相符合的资质等级。

2. 物业基本情况

物业基本情况包括物业名称、坐落地址、物业类型、建筑面积、房屋幢数、房屋建筑结构、配套设施设备名称数量、绿化情况及物业管理用房配置等。

3. 服务内容与质量

服务内容与质量是物业服务企业对物业管理区域所实施的管理服务内容的具体约定,主要包括:管理服务的基本要求、房屋管理、共用设施设备维修养护、协助维护公共秩序、保洁服务、绿化养护管理、车辆停放管理、物业档案管理,以及特约服务等内容。

4. 服务费用

服务费用是指物业服务企业按照服务内容与质量向业主所收取的物业服务费。包括:收费项目、收费标准、计费方式及计费起始时间等内容;特约服务收费的约定等等。

5. 物业的经营与管理

物业的经营与管理是物业服务企业利用共用部位、共用设施设备经营管理的约定。包括:经营的项目、收费标准、管理方式、收益的分配与使用等等。

6. 承接查验与使用维护

承接查验与使用维护主要是建设单位与物业服务企业对于物业承接查验与使用维护的约定，以及责任义务的约定。

7. 专项维修基金

专项维修基金主要包括专项维修基金的管理、使用和续筹等事项的约定。

8. 违约责任

违约责任主要包括合同当事人违约责任的归责、处理、免责条款的约定等等。

9. 其他事项

主要包括物业管理用房的使用、合同期限、合同生效条件、合同争议处理和解决方式等等。

5.2.3 签订前期物业服务合同应注意的事项

1. 物业承接查验内容和责任的问题

物业承接查验是物业服务企业和建设单位共同对物业共用部位、共用设施设备进行检查和验收的活动，对于承接查验的内容和责任要在前期物业服务合同中予以约定。在实际工作中，常常出现一些实际结果与设计要求不一致之处，物业服务企业要把握好原则，对涉及物业结构安全、设备设施系统的正常运转和外部环境应作为承接查验的重点。对于业主专有部分的承接查验则无需在合同中约定。

2. 物业服务费用的问题

物业服务费用应由接受服务的业主或使用人缴纳。物业服务企业应明确物业服务费的计费方式，尤其是对于采取酬金制计费方式的物业服务项目，要约定好提取物业服务酬金的基数。同时还要注意，实行市场调节价的物业服务收费，也应该在合同中予以约定，避免产生纠纷。

3. 空置房服务费约定问题

《条例》规定，已竣工但尚未出售或者尚未交给物业买受人的物业，物业服务费用由建设单位交纳。物业服务企业也可以根据实际情况，对空置房服务费的缴纳时间、缴纳比例作出约定。

4. 前期物业服务合同的风险规避问题

前期物业服务合同的顺利履行，与物业质量、公建配套建设、业主入住情况等因素密切相关。为避免合同纠纷的发生，物业服务企业可以就导致前期物业服务合同无法全面履行的因素进行约定。当管理服务过程中出现了所约定的问题时，以提前解除合同或寻求补偿的方式规避风险。

5.3 物业服务合同

5.3.1 物业服务合同的涵义

1. 物业服务合同的涵义

物业服务合同是业主大会与物业服务企业就物业管理服务以及相关的物业管理活动所达成的权利义务关系的协议。在业主大会选聘物业服务企业以后，由业主委员会代表全体业主与物业企业签订。

《条例》规定，一个物业管理区域由一个物业服务企业实施物业管理。物业服务企业应当按照物业服务合同的约定，提供相应的服务。物业服务企业未能履行物业服务合同的约定，导致业主人身、财产受到损害的，应当依法承担相应的法律责任。

物业服务企业在提供服务时，应按照合同的约定和业主大会的授权，对物业及其设施设备和相关场地进行管理服务，对物业管理区域内人们的行为进行约束。同时，物业管理经济活动产生的基础，是业主对物业服务的需求，物业服务企业按照业主的需求提供相应的服务，而形成这一物业服务供给与需求的依据就是物业服务合同。

2. 物业服务合同的签订主体

物业服务合同是由业主委员会代表全体业主与物业服务企业签订的，合同的当事人是全体业主与物业服务企业。

《条例》对物业服务合同的签订主体作出了规定，一是要求业主大会成立、业主委员会选举要符合法定程序；二是物业服务企业应具备相应的物业管理资质证书。同时，物业服务合同的签订强调政府主管部门的监督指导作用，物业服务合同签订后应当及时向行政主管部门备案。

5.3.2 物业服务合同与前期物业服务合同的区别

1. 订立合同的当事人不同

前期物业服务合同的当事人是建设单位与物业服务企业，物业服务合同的当事人是业主大会（或业主）与物业服务企业。

2. 合同期限不同

前期物业服务合同是可以约定合同期限的。在约定期限以内，如果期限未满、业主委员会与物业服务企业签订的物业服务合同生效的，前期物业服务合同将会终止。因此，前期物业服务合同的期限是不固定的，合同期限取决于业主大会的成立、选聘新的物业服务企业的时间。物业服务合同的期限是由双方当事人约定的，期限是固定的。

5.3.3 物业服务合同的主要内容

《条例》第三十五条第一款规定：物业服务合同应当对物业管理事项、服务质量、服务费用、双方的权利义务、专项维修资金的管理与使用、物业管理用房、合同期限、违约责任等内容进行约定。

物业服务合同是当事人意思表示一致的产物，其内容应当由当事人根据物业管理项目的实际情况和业主的需求予以约定。《条例》规定属于指引性规范，旨在引导合同当事人在订立物业服务合同时约定一些必要的内容，以利于合同的签订和履行。据此，物业服务合同应当具备以下主要内容：

1. 物业管理服务事项

物业管理服务事项，是指物业服务企业应当为业主提供的服务的具体内容，主要包括以下一些事项：

（1）物业共用部位的维护与管理；

（2）物业共用设备设施及其运行的维护与管理；

（3）环境卫生、绿化管理服务；

（4）物业管理区域内公共秩序、消防、交通等协助管理事项的服务；

（5）物业装饰装修管理服务；

（6）专项维修资金的代管服务；

（7）物业档案资料的管理。

除此之外，物业服务合同还可以约定特约服务的内容、利用物业共用部位和共用设施设备进行经营管理等事项。

2. 服务质量

服务质量是对物业服务企业提供服务产品的质量要求。在约定了服务事项的基础上，对服务质量和服务标准做进一步的明确，一方面有利于物业服务企业制定管理服务目标，另一方面也有利于业主对于物业服务企业的服务质量进行考核。在实际工作中，可以参照中国物业管理协会印发的《普通住宅小区物业管理服务等级标准》的内容进行约定。

3. 服务费用

服务费用是业主获取了物业服务产品所支付的报酬。为保证物业服务合同的顺利履行，当事人需在合同中约定物业服务费用的收费项目、收费标准、计费方式，以及收费办法等内容。

4. 双方的权利义务

物业服务合同是双务合同，是需要业主和物业服务企业双方互负对等义务的合同。例如，物业服务企业提供了合同约定的服务，业主就应支付相应的物业服务费用。明确界定双方当事人的权利义务，有利于合同的顺利履行。

5. 专项维修资金的管理与使用

住宅专项维修资金是专项用于住宅共用部位、共用设施设备保修期满后的维修和更新、改造的资金，业主交存的住宅专项维修资金属于业主所有。物业服务企业根据维修和更新、改造项目提出使用建议，业主大会依法通过使用方案后，由物业服务企业组织实施。物业服务企业应掌握住宅专项维修资金的管理和使用规定，为业主提供满意的服务。

6. 物业管理用房

物业管理用房属于全体业主，是物业服务企业开展物业管理活动的必要条件。合同应对物业管理用房的装修、使用和管理作出约定。

7. 合同期限

合同的期限，是指合同签订的服务期限。当事人需要对合同的期限进行约定，包括合同成立时间，约定的生效时间等等。

8. 违约责任

违约责任，是指物业服务合同当事人一方或者双方不履行合同或者不完全履行合同，依照法律的规定或者按照当事人的约定应当承担的法律责任。《条例》第三十六条规定，物业服务企业应当按照物业服务合同的约定，提供相应的服务。物业服务企业未能履行物业服务合同的约定，导致业主人身、财产安全受到损害的，应当依法承担相应的法律责任。

5.3.4　物业服务合同的签订

1. 物业服务合同的成立与生效

物业服务合同的拟定应以政府颁布的示范文本为基础，双方在平等自愿的基础上，遵循公平、合法与诚实信用的原则，经充分的协商讨论，达成一致意见后方可签订。

物业服务合同应采用书面形式，双方当事人就合同的主要条款达成一致，并在合同上签字或盖章，合同即告成立。一般情况下，物业服务合同成立时即生效，但是如果合同是附生效条件的合同,则在条件成就时合同生效。

2. 签订物业服务合同应注意的事项

(1) 涉及管理服务的条款应详细具体

签订物业服务合同时,应明确物业服务企业提供的服务范围、服务内容和标准,以及物业服务费标准。一是对物业管理区域内进行服务的范围要界定清楚,例如,一个物业管理区域内有住宅、商业和写字楼三种不同的业态,要明确物业服务企业负责管理的范围有哪些。二是服务内容和标准要逐项罗列,越详细越好。这样,既有利于物业企业按照标准提供所承诺的服务,又有利于业主对服务质量进行监督,避免纠纷的产生。三是明确各项管理服务费收取标准,服务内容的多少和服务标准的高低,与物业服务费密切相关,物业企业应根据不同的服务内容,制定不同的收费标准。如基础服务费、机电设施运行费、湖体养护费、车辆场地占用费等等。

(2) 签订合同应尽量使用专业术语,避免产生歧义

物业管理活动具有很强的综合性,涉及房屋管理、设施设备运行养护、园林绿化等多个专业领域,在合同中表述服务内容和标准时,尽量使用专业术语和国家相关的技术规范,这样,既可以提高物业企业管理的科学性和严谨性,也可以避免在概念的理解上产生歧义。

(3) 合同中不应有无偿服务的承诺

一个规范、合理的物业服务合同是实事求是的、切实可行的。物业企业应为业主提供服务产品与服务价格相符的服务,只有这样,才能够保证物业企业的正常运转。在合同中,应避免承诺某些无偿服务的条款,这一承诺,对于物业企业和业主双方都是不利的。否则,最终导致的结果不是降低服务标准,就是将该成本费用转嫁给全体业主。

(4) 要明确违约责任和免责条款的约定

违约责任和免责条款是物业服务合同中的重要内容之一。一是要明确违约责任的约定,特别是损失的计算以及赔偿标准要实事求是,同时还要具有可操作性。二是对于免责条款的约定要具体,例如,在物业管理区域内发生哪些问题或事件,不属于物业企业应担负的责任等等。

(5) 明确争议解决方式的问题

在物业管理活动中,物业企业与业主不可避免地会产生各种各样的问题、矛盾与纠纷。这些问题、矛盾与纠纷既可能发生在物业服务企业与业主之间,也可能发生在业主相互之间。在物业服务合同中,需要对一些违约、违规以及违法的纠纷或行为,根据不同的性质采取不同的解决方式等问题予以明确。

5.3.5 物业服务合同的终止

一般情况下,物业服务合同的终止包括以下几种情形:

(1) 合同期限届满,自然终止合同的;
(2) 合同期限未满,双方协商一致解除合同的;
(3) 因不可抗力使物业服务合同不能继续履行,合同终止的;
(4) 物业服务企业被宣告破产的,合同不能继续履行而导致的合同终止;
(5) 法律法规规定的其他情形的。

5.4 物业管理中的其他合同

5.4.1 物业管理中其他合同的分类

物业管理中所涉及的合同包括很多种类,按照合同签订的主体不同,可以划分为以下几种类型:

1. 物业开发建设过程中涉及物业管理活动的合同

该类合同主要包括开发建设单位与物业服务企业就承接查验签订的协议,以及售房合同中涉及物业管理的条款等等。

2. 物业服务企业与业主或使用人签订的合同

物业服务企业在为业主服务过程中,有些服务事项需要通过合同的形式,对服务内容和双方的权利义务予以约定,这些合同包括:装饰装修管理服务协议、停车位使用协议、特约服务协议等等。

3. 物业服务企业与相关单位所签订合同

按照《条例》第45条规定,在物业管理区域内,供水、供电、供气、通信、有线电视等单位应当向最终用户收取有关费用。物业服务企业应该按照规定,与有关单位签订协议,如供水合同、供电合同等等,明确服务内容和双方的权利义务。

4. 在多种经营过程中签订的合同

物业服务企业利用共用部位和共用设施设备进行经营的,要与业主大会签订相关协议,明确经营的项目和收益的分配与使用。

5.4.2 专业服务外包合同

随着房地产业的快速发展,房屋建筑和设施设备的现代化程度和科技含量越来越高,对设施设备的专业化管理提出了更高的要求;各种建筑石材的使用和保养也需要专业的保洁公司;因此,与物业管理活动相关的各种专业公司应运而生。在物业管理活动中,物业服务企业将部分专项服务实行服务外包,是物业管理社会化和专业化的直接体现。物业服务企业可以根据实际情况,将某些服务项目对外委托承包给有资质的专业化公司,并与之签订专项服务外包合同,这些合同包括:电梯维修保养委托合同、保洁外包合同、绿化外包合同等等。

《条例》规定,物业服务企业可以将物业管理区域内的专项服务业务委托给专业性服务企业,但不得将该区域内的全部物业管理一并委托给他人。物业服务企业通过与专业公司签订的委托协议或合同,按照业主的需求去实施专业化管理并为业主提供优质的服务。

根据物业管理服务类型,可以将外包合同分为三类:

(1)物业及其设施设备管理类外包合同:包括对房屋建筑的维修、机电设备维修养护的外包合同。

(2)专项服务类外包合同:包括公共秩序维护、保洁、园林绿化等服务内容的外包合同。

(3)特约服务类外包合同:包括为业主提供的各类特约服务和便民服务所签订的外包合同。

5.4.3 签订专业外包合同的注意事项

1. 合同主体和效力

合同的主体应具备独立的法人资格,合同的内容应合法。在合同条款中,应注意不能出现违法违规的条款。例如,物业服务合同中免除物业服务企业责任、加重业主委员会或者业主责任、排除业主委员会或者业主主要权利的条款,都是无效条款。

2. 谨慎选择外包单位

物业服务企业将专项服务实行外包管理,选择外包单位尤为关键。可以选取多家公司进行比较,从专业公司的资质信誉、品牌状况、服务质量、技术水平、履约能力以及价格等多方面进行综合评估,从中选择满足物业企业要求的合格的专业公司。

3. 合同履行和管理

在专业公司履行合同过程中,物业服务企业要做好相应的管理工作。主要包括以下两项工作:

(1) 专业外包合同的管理

外包合同一般由专人进行管理,对合同生效的时间、合同内容以及合同期限等要逐一进行登记管理,便于物业服务企业了解各个专业合同的总体情况。

(2) 服务过程中的检查与监督

在专业公司提供服务的过程中,物业企业要做好服务记录,对服务内容和质量随时进行跟踪检查,发现问题及时纠正,做好合同履行的监督管理工作,以保证物业服务品质。

【案例】

家住某公寓李先生提出,在购房时开发商明确表示物业服务费为每月每平方米1.8元,且写进了购房合同。但李先生在办理入住手续时,物业服务费却上涨到每月每平方米2元。李先生向物业公司提出质疑,物业公司回应说:"现在开发商已经出售完房屋撤出了,开发商说的不算数;现在的收费标准是依据服务内容确定的,就要按照新的收费标准执行"。

《条例》规定,在业主、业主大会选聘物业服务企业之前,建设单位选聘物业服务企业的,应当签订书面的前期物业服务合同。物业服务费标准应在前期物业服务合同中明确,并在售楼处进行公示。购房人在购房时对前期物业服务合同予以确认,业主应当根据前期物业服务合同的约定交纳物业服务费用。因此,业主应按照每月每平方米1.8元的收费标准缴纳物业服务费。

物业公司不能单方面提高物业费收费标准。如因物业成本提高等因素需要提高物业服务费收费标准的,应当经过小区专有部分占建筑物总面积过半数的业主且总人数过半数的业主同意后,方可上调物业费;并在物业服务合同中进行约定。

【案例】

某高档公寓业主刘某外出,经过公寓大堂时,物业公司的保洁人员正在用湿布拖地,刘某经过时不慎滑倒摔伤。刘某认为物业公司在保洁时没有安全防范措施,应该对其滑倒摔伤负有赔偿责任;物业管理公司认为刘某自己走路不小心而摔倒,责任应该由自己承担,不同意赔偿。

在该案例中，物业公司应承担一定责任。因为物业公司负有对公寓的共用部位进行管理、维护的义务；物业公司在保洁过程中，应注意清洁用品的选用，尽量避免容易导致地面湿滑的保洁方式。同时，物业公司在保洁过程中，应设立警示牌或者围挡提示业主注意，以尽量避免此类事故的发生。

复 习 思 考 题

1. 简述合同的概念和特征。
2. 合同的形式包括哪些？
3. 简述签订合同的程序。
4. 订立合同应遵循的原则是什么？
5. 简述前期物业服务合同的含义及其特征。
6. 前期物业服务合同的主要内容包括哪些？
7. 简述物业服务合同的含义及签订的主体。
8. 物业服务合同与前期物业服务合同的区别有哪些？
9. 签订物业服务合同应注意哪些事项？
10. 物业管理中的其他合同包括哪些？

6　早期介入与前期物业管理

6.1　物业管理的早期介入

6.1.1　物业管理早期介入的概念

物业管理的早期介入，是指开发建设单位邀请拟从事所开发项目物业管理的有关人员，参与该物业的可行性研究、物业规划、设计、施工等阶段的讨论并提出建议，从物业管理和运作的角度为开发建设单位提出规划、设计、设备选用、施工监管、工程竣工、验收接管、房屋销售、房屋租赁等多方面的建设性意见，并制定出物业管理方案，为以后的物业管理打下良好的基础。物业管理早期介入是前期物业管理的前奏，对物业的前期管理及后期的管理服务工作起着重要的作用。

物业服务企业早期介入的咨询服务对象，主要是房地产开发建设单位或投资商，其费用应由开发建设单位或投资商承担。物业管理与房地产开发紧密联系在一起，它不仅可以涵盖房地产开发项目的全程，还可以延续到物业寿命的终结。早期介入是从房地产项目的可行性研究阶段到物业竣工验收阶段的物业管理，它包括房地产项目的可行性研究阶段、规划设计阶段、建设阶段和竣工验收阶段。

6.1.2　物业管理早期介入的意义

物业管理早期介入是物业管理工作由被动适应到主动参与的重要举措，其重要意义在于：

1. 有利于优化设计，提高工程质量

物业服务企业的早期介入，从业主和使用人的角度对物业进行审视，比较容易发现物业在使用中有可能出现的问题，及时提出解决方案，从而防止隐患的发生。物业服务企业在项目设计、施工时，从物业管理角度就房屋设计、建筑材料使用、供电供水设施，污水处理、道路、绿化以及服务配套等方面提出建设性意见，使物业的设计更加优化、完善。

由于物业服务企业在物业管理及使用方面有丰富的实践经验，在物业的建设过程中，为有助于工程质量的提高，物业服务企业通过参与工程建设，加强工程质量的监督，避免在今后工作中再来解决"先天不足"的问题。

2. 有利于物业使用功能更加完善

随着社会和经济发展，人们对物业的要求越来越高，这使得房地产开发建设单位在开发过程中，除了执行国家的有关技术标准外，还应认识到物业的使用功能、物业布局的合理、建筑的造型、建材的选用、室内外的环境、生活的便利、安全和舒适等。由于物业服务企业在实际管理中接触不同类型、不同规模、不同管理模式的物业并直接与业主和物业使用人联系，能够直接了解客户的需要。因此，物业管理早期介入会促使物业的使用功能更加完善。

3. 为物业的顺利接管奠定基础

开发建设单位在完成了一个项目的开发后，就要集中精力去开发新的项目，他们不再有兴趣解决原来物业的使用问题（除保修期外）。该物业在此后的几十年、上百年的使用过程中，只有业主和物业服务企业来应付各种可能出现的问题。如果物业服务企业对该物业的内部结构、管线布置、甚至所用建材的性能知之甚少或不了解，那么就很难管理好物业。所以，物业服务企业的早期介入有助于掌握物业的整体情况，从而为今后的管理工作做好充分的准备。物业管理的各个环节在物业尚未竣工就运作起来，可以保证物业管理各个环节的工作做到无缝链接，保证物业的安全使用和正常运行，为物业的顺利接管和正常运行奠定基础。

4. 为前期物业管理作充分准备

早期介入可以全面了解所管理的物业，对土建结构、隐蔽工程、设备安装进行全程跟踪，确保施工质量，以便在物业移交之前安排好机构设置、人员聘用以及上岗培训等工作，同时熟悉设施设备、水电、燃气、通信、治安、绿化等工作内容和环节，有利于理顺物业服务企业与各个职能部门的关系，便于物业管理工作的开展。

因此，物业管理早期介入是开发建设单位为优化建设项目，做好物业服务基础工作的有效措施。在早期介入工作期间，物业服务企业在参与物业规划、设计和建设的同时，应针对物业的特点，制定物业管理方案和各项管理制度，印制各类证件，进行管理机构的组建，以利于物业移交后物业服务企业的各项工作开展有序。同时，通过早期介入的磨合，物业企业与环卫、水电、通信、治安、绿化等部门之间的关系也基本理顺，为今后的管理服务建立畅通的工作渠道。通过早期介入工作的开展，使业主顺利入住，有利于赢得业主的信赖，树立良好的企业形象。

6.1.3 物业管理早期介入的内容

物业管理早期介入的内容主要包括物业项目的早期介入和环境绿化的早期介入两部分。

1. 物业项目的早期介入

物业服务企业从其专业角度出发，在早期介入期间，对物业管理使用中可能暴露出的各种工程质量问题有清楚地了解。诸如卫生间、厨房等处的漏水问题及其成因；水电管线如何排列才利于安全和便于管理；什么样的墙体会渗水；供暖管道哪些部分容易灼伤人；各种建筑材料的选用等等。为避免这些问题的出现，在物业项目的早期介入的各个阶段，物业企业都有相应的工作重点。

（1）投资立项阶段

这一阶段的工作主要由开发建设单位承担，主要工作有：

1）根据物业项目定位，确定物业管理总体思路；

2）根据物业项目定位确定物业管理模式；

3）根据目标客户群定位确定物业管理基本服务内容、质量标准和物业服务费的收费标准。

（2）规划设计阶段

开发建设单位在完成法定的规划手续后，应通过招标的方式确定前期物业服务企业，确定并签署《前期物业管理服务合同》。物业服务企业在这一阶段的具体工作主要有：审阅设计图纸，提出有关物业结构布局和功能方面的改良建议；提出设备配置和容量以及服务方面的改良意见；指出设计中遗漏的工程项目。同时，还要就物业环境设计、物业管理用房、社区活动场所等公共配套设施的设置和要求等提出意见。

(3) 施工建设阶段

物业服务企业在这一阶段的主要工作有：

1) 就施工中发现的问题与建设单位和施工单位共同磋商，及时提出并落实整改方案；

2) 对内外装修方式、布局、用料等从物业管理的角度提出意见；

3) 熟悉并记录基础及隐蔽工程、管线的铺设走向，从而为以后的物业管理打下良好的基础。

(4) 物业销售阶段

物业服务企业在这一阶段的主要工作有：

1) 完成物业管理整体策划和管理方案制订工作，安排各项工作时间实施进度表；

2) 采取各种方式宣传并展示物业管理内容和服务标准；

3) 协助建设单位在物业销售前将临时管理规约向物业买受人明示，并予以说明。让业主对遵守临时管理规约予以书面承诺；

4) 印发有关资料和管理制度，以加深业主对物业管理的了解。

(5) 竣工验收阶段

这一阶段介入内容主要是参与竣工验收。无论是单项工程、分期建设工程，还是全面工程竣工后，物业企业都要参与竣工验收。物业服务企业在参与竣工验收时，主要是为了掌握验收的详尽情况，收集存在的工程质量及其他方面存在的遗留问题，为物业的承接查验作准备。

2. 环境绿化的早期介入

绿化对于物业管理区域来说，绝不是几块草坪、几株绿树所能代表的，绿化是对物业管理区域整体环境、外部氛围和业主的生存空间的全方位的绿化设计。植物本身不仅有美化环境的作用，还具有调节气候、吸尘以及降噪的功能，可以减少大气污染对人的危害程度。因此，加大环境绿化力度，合理设计绿化种类，对于美化环境、提高局部空间的空气质量具有重要的作用。

将绿化工作摆在开发工作的重要位置，这是许多物业服务企业在多年的业务实践中得出的成功经验。在每一个项目开发建设初期，绿化先行，使每一个购房者到项目地点选房时，先看到一个正在施工的绿地、园林小品等景观，而不是堆满砖瓦灰砂石的大工地，使购房者能够感受到投资置业在一个优美的环境中，看得到物业潜在价值的提升。

(1) 环境绿化早期介入的意义

1) 环境绿化的早期介入是"以人为本"设计理念的具体体现。先进的设计理念应体现在物业管理区域的整体设计之中，物业从总体规划到单体设计、环境营造都应体现出"以人为本"的思想，以满足人们基本的居住需求和环境舒适的需要。注重绿化和自然条件的有机结合，合理利用大气的自净能力，适当种植绿色植物，充分发挥植物净化空气的作用。在项目的规划设计中强调以人为本，强调自然和建设之间的和谐统一，就能够营造出具有舒适感、认同感、清新自然的绿色物业环境。

2) 环境绿化的早期介入是营造优美环境的首要环节。随着经济的快速发展和物质文化生活水平的不断提高，人们对工作、生活、学习的环境要求越来越高。在房地产开发的过程中,将绿化摆在先行的地位,是对业主消费心理变化的准确把握。同时,在物业开发的过程中充分考虑绿化因素,把绿化指标作为开发建设的硬指标纳入规划和建设的范畴,也符合国家的总体要求。根据国家"十一五"城市园林绿化的要求,全国城市规划建成区绿地率应达到30%以上。住房和城乡建设部有关规划内容显示:"十二五"期间,力争到2015年,全国城市建成区绿化覆盖率达到39%、绿地率达到35%。

(2) 环境绿化的早期介入的步骤

1) 规划设计阶段。物业服务企业在这一阶段的具体工作主要有:审阅绿化设计图纸,提出有关绿化结构布局和配置方面的改良建议;提出哪些植物适于本地区气候生存等改良意见;指出设计中忽略的项目。提出植物绿化的配置方式,从绿化的布局上、空间上的合理安排,协调统一上提出合理化建议;从不同植物种类的种植配置上提出建议,例如乔灌木、藤本植物和草坪的种植设计;从植物与景物的配置上提出建议,例如水体与植物的配置、建筑小品与植物的配置,物业管理区域道路与植物的配置等等。

2) 绿化施工阶段。将绿化管理作为未来物业管理的重要内容加以管理规划:包括在施工阶段的临时绿化管理和交付使用后的长期绿化管理。绿化是一个长期积累的过程,尤其是一些观赏价值较高的植物,生长期较长,绿化要分期分批地推进。物业管理早期介入的目的就是推进合理施工,在业主入住之时形成绿化景观,入住以后成为业主满意的增值点。同时,绿化是一项长期的工作,费时费资,物业企业还要在日常管理中制订出详尽的绿化管理服务计划和各项管理制度,才能将绿化的最终成果逐渐显现出来。

6.1.4 业主参与工程质量监督的尝试

对工程质量最关心的群体是物业的业主,业主对工程质量最有发言权。如果将业主的热情和关注吸引到提高工程质量方面来,一则可以使业主消除对工程质量的疑虑增加对开发商的信任感,二则通过业主的监督起到促进工程质量提高的作用。

国内有些建设单位在工程质量监理方面大胆创新,推出让期房的购买者选举质量监理代表参与工程监理的措施。为消除业主对房屋质量的担心,这些建设单位在工程施工时设立业主代表质量监督站,请业主选举监督员代表常驻监督站。在监理的过程中,监督员一方面监督施工质量和进度,另一方面监督工程监理部门的监理工作,同时又借业主质量监督员之口向其他业主传达了工程质量信息,收到了较好的效果。

6.2 物业承接查验

6.2.1 物业承接查验的涵义及原则

1. 物业承接查验的涵义

按照住房和城乡建设部建房〔2010〕165号《物业承接查验办法》第二条规定,物业承接查验是指承接新建物业前,物业服务企业和建设单位按照国家有关规定和前期物业服务合同的约定,共同对物业共用部位、共用设施设备进行检查和验收的活动。从承接查验的涵义来看,承接查验的对象是新建物业,承接查验涉及的主体是物业服务企业和建设单位。

从广义上讲,物业服务企业的承接查验是指接管产权单位、建设单位或个人托管的新建房屋或原有房屋的物业,以主体结构安全和设施设备满足使用功能为主要内容的再检验。它是物业管理过程中必不可少的一个重要环节。按照承接查验的标的物的不同,包括新建物业承接查验和原有物业的承接查验。

2. 物业承接查验的原则

物业的承接查验是一个比较复杂的过程,它不仅涉及建筑工程技术,而且牵涉许多法律法规问题,常常出现一些实际结果与设计要求不一致之处。为了处理好承接查验中发现的问题,需掌握以下基本原则:

物业承接查验应当遵循诚实信用、客观公正、权责分明以及保护业主共有财产的原则。除此之外,还应当注意以下两点:

(1) 依法接管,用制度来保证承接查验的规范性

物业服务企业的承接查验要严格依照《物业承接查验办法》执行,应对在验收中发现的各种问题做详细的记录,该返工的要返工,属无法返工的问题应与开发建设单位协商解决。返工没有达到规定要求的,不予签字,直到达到接管要求为止。但是,对于大规模的物业,难免出现一些不尽如人意之处,承接查验人员就要针对不同问题分别采取不同的相应解决办法。不能把承接查验双方置于对立状态,而应共同协商,力争合理、圆满地解决承接查验过程中发现的问题。

(2) 细致入微与整体把握相结合的原则

工程质量问题对物业产生不良影响的时间是相当久远的,有时给后期物业管理带来很大的困难。因此,物业服务企业在进行物业验收时必须细致入微,否则将严重损害业主的利益。大的方面如建筑结构的安全性,给水排水管道是否通畅,供电线路的正确与否以及各种设备的运行是否正常等等;细致之处如所用材料的性能好坏,供电线容的大小是否恰当等等;对电梯、空调等大型设备的检测和验收必须是在其负载运行一段时间以后进行。整体上的把握是从更高层次上去验收,是站在物业整体的角度对物业的内在和外在的综合条件进行评价和检验,物业的场地情况、市政公用设施、公共配套设施等综合性项目将标示该物业的档次和发展潜力。对物业管理区域而言,营造一个安全舒适、优美安静的环境是小区建设和管理的重要目标。因此,物业结构安全、装修合格、设备设施系统的正常运转和外部环境符合要求应是承接查验的重点。

6.2.2 物业承接查验的条件和依据

住房和城乡建设部建房 [2010] 165 号《物业承接查验办法》规定,建设单位应当按照国家有关规定和物业买卖合同的约定,移交权属明确、资料完整、质量合格、功能完备、配套齐全的物业。建设单位应当在物业交付使用 15 日前,与选聘的物业服务企业完成物业共用部位、共用设施设备的承接查验工作。

1. 物业承接查验的条件

实施承接查验的物业,应当具备以下条件:

(1) 建设工程竣工验收合格,取得规划、消防、环保等主管部门出具的认可或者准许使用文件,并经建设行政主管部门备案;

(2) 供水、排水、供电、供气、供热、通信、公共照明、有线电视等市政公用设施设备按规划设计要求建成,供水、供电、供气、供热已安装独立计量表具;

(3) 教育、邮政、医疗卫生、文化体育、环卫、社区服务等公共服务设施已按规划设计要求建成;

(4) 道路、绿地和物业服务用房等公共配套设施按规划设计要求建成，并满足使用功能要求；

(5) 电梯、二次供水、高压供电、消防设施、压力容器、电子监控系统等共用设施设备取得使用合格证书；

(6) 物业使用、维护和管理的相关技术资料完整齐全；

(7) 法律、法规规定的其他条件。

2. 物业承接查验的依据

实施物业承接查验，主要依据下列文件：

(1) 物业买卖合同；

(2) 临时管理规约；

(3) 前期物业服务合同；

(4) 物业规划设计方案；

(5) 建设单位移交的图纸资料；

(6) 建设工程质量法规、政策、标准和规范。

6.2.3 物业承接查验的工作内容

为尽快发挥投资效益，建设单位应按承接查验应具备的条件和应提交的资料提前做好房屋交验准备，房屋竣工后，及时与物业企业做好承接查验工作。

1. 物业承接查验的程序

按照《物业承接查验办法》第十三条规定，物业承接查验按照下列程序进行：

(1) 确定物业承接查验方案；

(2) 移交有关图纸资料；

(3) 查验共用部位、共用设施设备；

(4) 解决查验发现的问题；

(5) 确认现场查验结果；

(6) 签订物业承接查验协议；

(7) 办理物业交接手续。

2. 物业承接查验的内容

物业承接查验的内容包括以下四个方面：

(1) 物业资料

根据《物业承接查验办法》的规定，现场查验20日前，建设单位应当向物业服务企业移交下列资料：

1) 竣工总平面图，单体建筑、结构、设备竣工图，配套设施、地下管网工程竣工图等竣工验收资料；

2) 共用设施设备清单及其安装、使用和维护保养等技术资料；

3) 供水、供电、供气、供热、通信、有线电视等准许使用文件；

4) 物业质量保修文件和物业使用说明文件；

5) 承接查验所必需的其他资料。

(2) 物业共用部位和共用设施设备

物业共用部位、共用设施设备包括：

1) 共用部位：一般包括建筑物的基础、承重墙体、柱、梁、楼板、屋顶以及外墙、门厅、楼梯间、走廊、楼道、扶手、护栏、电梯井道、架空层及设备间等；

2) 共用设备：一般包括电梯、水泵、水箱、避雷设施、消防设备、楼道灯、电视天线、发电机、变配电设备、给水排水管线、电线、供暖及空调设备等；

3) 共用设施：一般包括道路、绿地、人造景观、围墙、大门、信报箱、宣传栏、路灯、排水沟、渠、池、污水井、化粪池、垃圾容器、污水处理设施、机动车（非机动车）停车设施、休闲娱乐设施、消防设施、安防监控设施、人防设施、垃圾转运设施以及物业服务用房等。

(3) 绿化工程

物业管理区域的绿化工程包括园林植物和园林建筑。物业管理区域的园林植物一般有草坪、绿篱、花坛、树木等，园林建筑主要是园林小品、花架、人造喷泉等等。在物业管理区域内，这些都属于绿化工程的承接查验内容。

(4) 其他公建配套设施

其他公建配套设施主要包括：物业管理区域的围墙、大门、道路、中心广场、标识，业主活动场所，以及垃圾转运站等等。

3. 物业承接查验的方法

(1) 新建物业项目的承接查验

新建物业项目的承接查验是建设单位向物业服务企业移交物业的过程，是物业竣工验收合格后，物业企业对物业项目进行承接查验。

1) 对物业共用部位、共用设施设备进行查验。在物业竣工验收以后，物业服务企业应当对物业共用部位、共用设施设备进行现场检查和验收。

2) 现场查验的方法。现场查验应当综合运用核对、观察、使用、检测和试验等方法，重点查验物业共用部位、共用设施设备的配置标准、外观质量和使用功能。现场查验应当形成书面记录。查验记录应当包括查验时间、项目名称、查验范围、查验方法、存在问题、修复情况以及查验结论等内容，查验记录应当由建设单位和物业服务企业参加查验的人员签字确认。

(2) 原有物业项目的承接查验

原有物业项目的承接查验的方法：

1) 移交方书面提请物业企业承接查验；

2) 物业企业按承接查验条件和应提交的资料逐项进行审核，对具备条件的，应在15天内签发验收通知，并约定验收时间；

3) 物业企业会同移交方对原有房屋的质量与使用功能进行检验；

4) 对检验中发现的危损问题，按危险和损坏问题的解决方法处理；

5) 交接双方共同核查房屋质量、室内装修、设施设备、附着物等等，核实房屋使用状况；

6) 经查验符合要求的物业，物业企业应签署验收合格文件，办理接管手续。

4. 承接查验双方的责任

承接查验时，建设单位和物业服务企业均应严格按照标准执行。

(1) 建设单位的责任

物业交接后，建设单位未能按照物业承接查验协议的约定，及时解决物业共用部位、共用设施设备存在的问题，导致业主人身、财产安全受到损害的，应当依法承担相应的法律责任。物业交接后，发现隐蔽工程质量问题，影响房屋结构安全和正常使用的，建设单位应当负责修复；给业主造成经济损失的，建设单位应当依法承担赔偿责任。

建设单位应当按照国家规定的保修期限和保修范围，承担物业共用部位、共用设施设备的保修责任。建设单位可以委托物业服务企业提供物业共用部位、共用设施设备的保修服务，服务内容和费用由双方约定。

（2）物业服务企业的责任

自物业交接之日起，物业服务企业应当全面履行前期物业服务合同约定的、法律法规规定的以及行业规范确定的维修、养护和管理义务，承担因管理服务不当致使物业共用部位、共用设施设备毁损或者灭失的责任。

房屋承接查验后，如发生隐蔽性的重大质量事故，应由物业企业会同建设单位组织设计、施工单位，共同分析研究，查明原因，如属设计、施工、材料的原因应由建设单位负责处理，如属使用不当、管理不善的原因，则应由物业企业负责处理。

5. 承接查验质量问题的处理

物业服务企业不仅要验收工程的现状，还应考虑物业使用一段时间以后的状况，要判断工程能否达到合理的使用寿命，当然是一个难度较大的问题。可选择的方法之一是建设单位对其施工质量向保险公司投保，保单及索赔由物业服务企业办理。对于影响房屋结构安全和设备使用安全的质量问题，可以按照以下方法处理：

（1）现场查验中，物业服务企业应当将物业共用部位、共用设施设备的数量和质量不符合约定或者规定的情形，书面通知建设单位，建设单位应当及时解决并组织物业服务企业复验。

（2）建设单位应当委派专业人员参与现场查验，与物业服务企业共同确认现场查验的结果，签订物业承接查验协议。

（3）物业承接查验协议应当对物业承接查验基本情况、存在问题、解决方法及其时限、双方权利义务、违约责任等事项作出明确约定。

（4）物业承接查验协议作为前期物业服务合同的补充协议，与前期物业服务合同具有同等法律效力。

6.2.4 物业承接查验备案

物业服务企业应当自物业交接后 30 日内，持下列文件向物业所在地的区、县（市）房地产行政主管部门办理备案手续：

（1）前期物业服务合同；

（2）临时管理规约；

（3）物业承接查验协议；

（4）建设单位移交资料清单；

（5）查验记录；

（6）交接记录；

（7）其他承接查验有关的文件。

建设单位和物业服务企业应当将物业承接查验备案情况书面告知业主。物业承接查验可以邀请业主代表以及物业所在地房地产行政主管部门参加,可以聘请相关专业机构协助进行,物业承接查验的过程和结果可以公证。

6.2.5 绿化工程承接查验

绿化管理是物业管理的重要内容,是物业项目环境和档次的直接体现。物业服务企业日常绿化管理内容包括:绿化管理模式的确定、绿化管理费测算以及绿化管理的发包等项工作。物业绿化承接查验是依据国家园林管理部门对绿化工程的质量验收标准和相应的技术规范,在物业绿化竣工验收后,对绿化所进行的承接查验工作。

1. 新建物业绿化的承接查验

物业绿化的承接查验是在绿化工程竣工验收后对绿化工程的再检验,是物业管理承接查验的一项重要工作内容。当新建物业绿化按设计要求完成施工并交付使用时,建设单位就要向物业企业办理移交手续。

(1) 物业绿化工程承接查验的依据

物业绿化工程承接查验的依据是:

1) 国家和地方园林管理部门颁发的施工规范、质量规范和验收规范;

2) 物业项目批准的绿化设计文件、施工图纸及说明书和设计变更通知书;

3) 绿化施工合同和有关的协议书;

4) 绿化施工过程备忘录等。

(2) 绿化工程承接查验的要求

根据相关规定,绿化工程竣工验收合格后,需经过一年养护且养护合格后方可进行竣工验收;物业企业在接管绿化工作时,往往绿化工程还没有进行竣工验收,还处于建设单位负责的绿化养护阶段。物业企业在这一阶段,要配合绿化养护工作,收集有完整的技术档案和施工管理资料,发现问题及时记录、整理,并提供给建设单位,为绿化承接查验做好准备。

(3) 绿化工程承接查验的程序

1) 人员和时间的确定。物业企业及建设单位各自组织专业人员按约定的时间、地点进行物业绿化工程承接查验。包括检验验收绿化工程的质量、测量绿化面积、核对园林植物的数量及名称。同时,还要审阅设计、施工、监理单位提供的工程档案资料和有关技术资料;对承接查验数据进行记录,对绿化工程施工、材料设备、绿化效果、观感效果、安全和使用以及各管理环节做出总体评价。

2) 承接查验情况汇总。对物业绿化工程承接查验情况进行汇总讨论,对于在承接查验时发现的问题要求建设单位在规定时间内进行整改或约定补偿办法。

3) 再验收检查。由物业企业对初次验收时发现的问题进行再验收,直至问题解决为止。

4) 工程资料移交及归档。对于验收合格的物业绿化工程签订资料移交协议书,物业企业对移交的绿化工程的资料进行核对、接管,物业企业在接到绿化工程资料后及时归档。

2. 原有物业项目绿化的承接查验

原有物业项目绿化承接查验一般与物业项目的承接查验同时进行。验收应由业主及物业企业的相关人员共同进行。具体的验收内容及验收步骤一般包括以下几点。

（1）与业主签订《物业服务合同》后进行承接查验

（2）物业企业自行查验

在业主正式移交物业项目之前，物业企业应组织绿化专业人员对接管的物业绿化进行查验。自行查验重点是：绿化面积、植物种类及生长状况、园林建筑与小品的完损程度、园林绿化设备的数量与完好状况等等。

（3）现场验收

现场验收包括三个方面的工作：一是绿化面积与植物的测量和清点验收，对照原有物业绿化资料，对物业绿化面积重新进行测量，并对园林植物重新进行清点。二是绿化设备清点，对所有绿化设备进行清点，并制作设备清单。三是清点原有资料，包括绿化产权资料、规划设计图、园林绿化以及园林建筑及小品的维护记录等等。

（4）协商存在问题的解决方法

对于原有物业绿化存在的问题双方进行协商，在对物业绿化承接查验后签署《物业绿化承接查验协议》。

（5）资料归档

将绿化承接查验所有资料及时整理，并按类别归档。

6.2.6　承接查验应注意的事项

在物业承接查验时，物业服务企业应该注意以下事项：

（1）物业服务企业应该选派素质好、业务精通，对工作负责的专业技术人员参加验收工作；

（2）物业服务企业必须站在业主立场上对物业进行验收，以维护业主的合法权益，同时也有利于今后物业的维修养护；

（3）对承接查验上存在的问题应明确记录在案，督促有关部门整改；

（4）落实物业的保修事宜；

（5）接管移交的手续应有书面文本；接管的资料中，应有该物业的整套图纸资料，以便今后的维修和养护工作有章可循。

6.2.7　物业承接查验的标准

1. 新建房屋的承接查验标准

（1）主体结构

1）地基基础的沉降不得超过建筑地基基础设计规范的允许变形值；不得引起上部结构的开裂或相邻房屋的损坏；

2）钢筋混凝土构件产生变形、裂缝，不得超过钢筋混凝土结构设计规范的规定值；

3）木结构应结点牢固，支撑系统可靠、无蚁害，其构件的选材必须符合结构工程施工及验收规范规定；

4）砖石结构必须有足够的强度和刚度，不允许有明显裂缝；

5）凡应抗震设防的房屋必须符合建筑抗震设计规范的有关规定。

（2）外墙不得渗水

（3）屋面及楼地面

1）各类屋面必须符合《屋面工程质量验收规范》的规定，排水畅通，无积水，不渗漏；

2) 平屋面应有隔热保温措施,三层以上房屋在公用部位设置屋面检修孔;

3) 阳台和三层以上房屋的屋面应有组织排水,出水口、檐沟、落水管应安装牢固,接口严密,不渗漏;

4) 面层与基层必须粘结牢固,不空鼓。整体面层平整,不允许有裂缝、脱皮和起砂等缺陷;块料面层应表面平正,接缝均匀顺直、无缺棱掉角;

5) 卫生间、阳台、盥洗间地面及相邻地面的相对标高应符合设计要求,不应有积水,不允许倒泛水和渗漏。

(4) 装修

1) 钢木门窗应安装平正牢固,无翘曲变形、开关灵活,零配件装配齐全,位置准确,钢门窗缝隙严密,木门窗缝隙适度;

2) 进户门不得使用胶合板制作,门锁应安装牢固,底层外窗、楼层公共走道窗、进户门上的亮子均应装设铁栅栏;

3) 木装修工程应表面光洁、线条顺直、对缝严密,不露钉帽,与基层必须钉牢;

4) 门窗玻璃应安装平整,油灰饱满,粘贴牢固;

5) 抹灰应表面平整,不应有空鼓、裂缝和气泡等缺陷;

6) 饰面砖应表面洁净,粘贴牢固,阴阳角与线脚顺直,无缺棱掉角;

7) 油漆、刷浆应色泽一致,表面不应有脱皮、漏刷现象。

(5) 供配电系统

1) 检查高低压配电柜有无正式供电,是否满足设计功能,是否按国家及地区有关规程施工,有无事故及安全隐患(如电缆沟有无盖板,有无悬挂安全标示牌,安全有效距离是否合格,高压侧有无隔离设施等);接地网有无可靠接地;设备房有无做好"三防"措施(如有无防鼠板,电缆沟、门窗、墙洞有无封网);

2) 低压电气线路应平整、牢固、顺直,过墙应有导管,导线连接必须紧密,铝导线连接不得采用铰接或绑接。应按套安装电能表或预留表位,并有电气接地装置。照明器具等低压电器安装支架牢固,部件齐全,接触良好,位置正确;

3) 避雷装置的所有连接点必须牢固可靠,接地电阻值必须符合《电气装置安装工程施工及验收规范》GB 50254—96、GB 50255—96、GB 50256—96、GB 50257—96 的要求。

(6) 中央空调系统

1) 检查中央空调主机能否正常运行,负荷能否在可调节范围内运行,检查冷却泵、冷冻泵、冷却塔能否正常运行,控制柜内电气线路是否符合规范;

2) 检查冷冻管系、冷却管系和阀门,保温是否完好,有无漏水现象;防腐是否符合要求,膨胀水箱能否正常补水;

3) 检查制冷或制热情况能否满足设计要求;

4) 检查柜式风机、盘管内机、新风机、吊顶风机能否正常使用。噪声是否在有效范围内,风管出风是否均匀,风机进风口、出风口有无封闭现象。

(7) 电梯系统

1) 电梯应能准确运行、选层、平层、停层;

2) 曳引机的噪声和振动声不得超过《电气装置安装工程施工及验收规范》GB 50254—96、

GB 50255—96、GB 50256—96、GB 50257—96 的规定值；

3）制动器、限速器及其他安全设备应动作灵敏可靠。

(8) 消防系统

1）检查消防控制系统烟感、温感、水流等信号能否作出相应反应，消火栓泵、喷淋泵、排烟风机、排烟阀加压风机等能否自动及手动启动，消防广播系统能否正常播音；

2）检查消防管路有无漏水，阀应保持常开状态（防火水阀除外），消火栓内配件是否缺少，检查喷淋头是否满足要求，消火栓、喷淋头有无水流，水压是否满足要求；

3）检查气体灭火系统能否正常运行，气体压力是否在正常范围内，气体有无及时补充更换；

4）检查各工作生活点手提灭火器、防毒面具等是否配备整齐，防火门是否合格，有无保持常开状态，消防设施有无故障妨碍正常使用等。

(9) 给水排水系统

1）管道应安装牢固，控制部件启闭灵活、无滴漏；

2）高位水箱进水管与水箱检查口的设置应便于检修；

3）卫生间、厨房内的排污管应分设；

4）卫生器具质量良好，接口不得渗漏，安装应平正牢固、部件齐全、制动灵活；

5）水泵安装应平稳，运行时无较大振动。

(10) 供暖系统

1）采暖工程的验收时间，必须在采暖期以前两个月进行；

2）锅炉、箱罐等压力容器应安装平正、配件齐全、不得有变形、裂纹、磨损、腐蚀等缺陷；安装完毕后，必须有专业部门的检验合格签证；

3）炉排必须进行12小时以上试运转，炉排之间、炉排与炉膛之间不得互相摩擦，且无杂声，不跑偏，不受卡，运转自如；

4）各种仪器、仪表应齐全精确，安全装置必须灵敏、可靠，控制阀门应开关灵活；

5）炉门、灰门、煤斗闸板、烟、风挡板要安装平正、启闭灵活，闭和严密，风室隔墙不得透风透气；

6）管道的管径、坡度及检查必须符合《建筑给水排水及采暖工程施工质量验收规范》GB 50242—2002 的要求，管沟大小及管道排列应便于维修，管架、支架、吊架应牢固；

7）设备、管道不应有跑、冒、滴、漏现象，保温、防腐措施必须符合《建筑给水排水及采暖工程施工质量验收规范》GB 50242—2002 的规定。

8）锅炉辅机应运转正常、无杂声。消烟除尘、消声减振设备应齐全，水质、烟尘排放浓度应符合环保要求；经过 48 小时连续试运行，锅炉和附属设备的热工、机械性能及采暖区室温必须符合设计要求。

(11) 附属工程及其他

1）室外排水系统的标高、窨井（检查井）设置、管道坡度、管径均必须符合室外排水设计规范要求。管道应顺直且排水通畅，井盖应搁置稳妥并设置井圈；

2）化粪池应按排污量合理设置，池内无垃圾杂物，进出水口高差不得小于 5cm。立管与粪池间的连接管道应有足够坡度，并不应超过两个弯；

3）明沟、散水、落水沟内不得有断裂、积水现象；

4）房屋入口处必须做室外道路，并与主干道相通。路面不应有积水、空鼓和断裂现象；

5）房屋应按单元设置信报箱，其规格、位置须符合有关规定；

6）挂物钩、晒衣架应安装牢固。烟道、通风道、垃圾道应畅通，无阻塞物；

7）单体工程必须做到工完料净场地清，临时设施及过渡用房拆除清理完毕。室外地面平整，室内外高差符合设计要求；

8）群体建筑应检验相应的市政、公建配套工程和服务设施，达到应有的质量和使用功能要求。

2. 原有房屋的承接查验标准

（1）质量与使用功能的检验

1）以国家有关规定为检验依据，例如，以房屋完损等级鉴定标准为依据对房屋进行检验；

2）从外观检查建筑整体的变异状态；

3）检查房屋使用情况（包括建筑年代、用途变迁、拆改填建、装修和设备情况）。评估房屋现有价值、建立资料档案。

（2）危险和损坏问题的处理

1）属于有危险的房屋，应由移交人负责排险解危后，才能接管；

2）属于有损坏的房屋，由移交人和物业企业协商解决，既可约定期限由移交人负责维修，也可采用其他补偿形式；

3）属法院判决没收并通知接管的房屋，按法院判决办理。

6.3 物业管理工作的移交

物业管理工作的移交是在物业项目承接查验完成后，由业主或产权单位将物业移交给物业服务企业的过程。物业管理工作的移交是物业管理操作中一个重要环节，不仅涉及物业管理各方主体的权益，还直接影响到物业管理活动能否正常开展。因此，做好物业管理移交工作，不仅有利于物业企业全面了解物业项目情况，也有利于今后物业管理工作的顺利实施。物业管理移交工作分为两种情况：包括新建物业项目管理工作的移交和原有物业项目管理工作的移交。

6.3.1 新建物业项目管理工作的移交

1. 移交主体

在新建物业的移交过程中，涉及的移交主体是建设单位和物业服务企业。移交方为物业的开发建设单位，承接方为物业服务企业，移交双方应签订前期物业服务合同。建设单位应按照国家法律、法规的相关规定，及时完整地移交物业资料并做好相关工作，物业服务企业也应当按照规定做好承接工作。

2. 移交内容

（1）物业资料移交

物业资料移交是物业承接查验的重要组成部分，也是实施物业管理的重要档案，物业资料应妥善保管，常用资料可使用复印件。在现场查验20日前，建设单位应当向物业服务企业移交资料。物业企业应当对建设单位移交的资料进行清点和核查，并签订书面移交文件，明确文件名称和数量。物业资料移交的范围，与本章6.2.3中物业承接查验的资料相同。

未能全部移资料的，建设单位应当列出未移交资料的详细清单并书面承诺补交的具体时限。物业服务企业应当对建设单位移交的资料进行清点和核查，重点核查共用设施设备出厂、安装、试验和运行的合格证明文件。

（2）移交对象

移交对象包括新建物业共用部位和共用设备设施，以及物业服务用房等。

6.3.2 原有物业项目管理工作的移交

前期物业服务合同或物业服务合同终止，业主或产权单位选聘的物业服务企业发生变化，在相关单位之间会发生物业管理工作的移交。

1. 移交主体

原有物业项目管理工作的移交工作分为两种情况：一是业主大会或产权单位选聘新的物业服务企业并订立物业服务合同后，由业主大会或产权单位将物业移交给物业服务企业；二是原有的物业服务企业退出，由物业服务企业将物业移交给业主大会或产权单位。上述两种情况的移交主体涉及业主大会或产权单位和物业服务企业。

2. 移交内容

（1）物业资料移交

1）物业资料。与新建物业项目物业资料相同。

2）业主资料。业主资料主要是业主入住期间留存的资料，包括入住通知书、入住登记表、身份证复印件等等。

3）物业管理服务资料。包括以下内容：

①房屋管理和装修资料。包括房屋巡视记录和维修记录、装修申请表及验收表、违章记录等。

②设施设备管理资料。包括各类设备运行记录和维保记录、事故报告和处理资料、水质化验报告等原始记录。

③保洁、绿化、公共秩序维护、车辆管理等各类管理服务记录。

④财务资料。包括固定资产清单、债权债务移交清单、水电抄表记录及费用代收代缴明细表、物业服务费收缴明细表、维修资金使用审批资料及记录；其他需移交的各类凭证表格清单。

⑤合同协议书等其他需要移交的资料。包括物业管理服务过程中签订的合同、协议原件，低值易耗品使用结余情况等。

（2）移交对象

物业共用部位及共用设施设备管理工作的移交与查验，与新建物业项目移交的对象相同。

对于物业管理用房的移交，包括业主活动室、员工宿舍、食堂以及仓库等，要核对物业管理用房面积是否符合标准，使用用途是否符合要求。

停车场、经营场所等需要经营许可证的，移交单位应协助办理名称变更手续。

（3）人、财、物移交

1) 人员留用。在进行物业管理移交时，会遇到人员是否留用的问题。如果留用原物业企业在本项目任职的人员，要做好人员选聘工作。在留用人员与原物业企业解除劳动合同后，新接管的物业企业才能聘用留用人员。

2) 财务账目。移交双方应厘清财务账目，资产盘点等相关移交工作。主要内容包括物业服务费收缴、维修资金使用、业主各类押金、停车费收缴、代收代缴的水电费、应付款项、债权债务等等。

3) 固定资产等管理设备。主要包括电脑和各类管理软件、办公家具、交通工具、通信器材、设备维修工具、公共秩序维护、保洁及绿化养护工具以及备品备件等等。

6.3.3 物业管理工作移交应注意的事项

（1）对于新建物业而言，如承接的物业项目还在保修期内，物业服务企业应与建设单位、移交单位共同签订移交协议，明确负责保修的单位、保修项目、承接查验遗留问题的处理等事项，并在必要时提供原施工或采购合同中关于保修的相关条款文本。对物业及其设施设备接管验收中发现的不合格等问题，接管验收小组应当将问题逐项记录，请交接人签字确认。对物业及其设施设备遗留问题，一般问题接管验收小组应当要求交接人在两周内解决；重大问题接管验收小组应当要求交接人在一个月内解决。

（2）对资料移交中发现的资料不全、不真实、不合格等问题，承接查验小组应当将问题逐项记录，并请交接人签字确认。对资料遗留的问题，接管验收小组应当积极同交接人联系补齐。

（3）接管原有物业项目，应对物业及共用配套设施设备的使用现状做出评价，真实客观地反映房屋的完好程度。房屋及其共用配套设施设备的接管、各项费用和资产的清点核查是物业管理工作移交中的重点和难点，物业企业应尽量分析全面，考虑周全，以便于今后管理工作的顺利开展。

（4）在物业管理移交工作中，对房屋及其共用配套设施设备存在的问题不易全部发现，难免存在遗漏，在签订移交协议时应注意做出相关安排，便于在后续工作中能妥善解决发现的问题。对于长期解决不了，势必会影响物业管理的问题，物业企业应当以备忘的形式将问题登记后交给交接人进行备录。

6.3.4 移交手续的办理

按照《物业承接查验办法》规定，建设单位应当在物业承接查验协议签订后10日内办理物业交接手续，向物业服务企业移交物业服务用房以及其他物业共用部位、共用设施设备。物业承接查验协议生效后，当事人一方不履行协议约定的交接义务，导致前期物业服务合同无法履行的，应当承担违约责任。分期开发建设的物业项目，可以根据开发进度，对符合交付使用条件的物业分期承接查验。建设单位与物业服务企业应当在承接最后一期物业时，办理物业项目整体交接手续。

交接工作应当形成书面记录。交接记录应当包括移交资料明细、物业共用部位、共用设施设备明细、交接时间、交接方式等内容。交接记录应当由建设单位和物业服务企业共同签章确认。物业服务企业应当将承接查验有关的文件、资料和记录建立档案并妥善保管。

业主大会或产权单位与物业服务企业终止物业服务合同、退出物业管理项目之际，由物业服务企业应向业主大会或产权单位移交物业。按照《物业承接查验办法》规定，物业承接查验档案属于全体业主所有。前期物业服务合同终止，业主大会选聘新的物业服务企业的，原物业服务企业应当在前期物业服务合同终止之日起 10 日内，向业主委员会移交物业承接查验档案。

【案例】
　　某物业服务企业在住宅小区承接查验中发现：开发建设单位将小区的物业管理用房的一部分改造成为保安宿舍，业主会所被出租为幼儿园用房；物业管理用房没有达到规定的使用面积，也没有为业主预留会所。物业服务企业为此向开发建设单位提出建议，希望将上述问题予以纠正，物业企业方可对小区进行承接查验。
　　在本案例中，开发建设单位将小区的物业管理用房的一部分改造成为保安宿舍，业主会所被出租为幼儿园用房；物业管理用房没有达到规定的使用面积，也没有为业主预留会所；是不符合住房和城乡建设部《物业承接查验办法》的规定的。
　　物业承接查验，是指承接新建物业前，物业服务企业和建设单位按照国家有关规定和前期物业服务合同的约定，共同对物业共用部位、共用设施设备进行检查和验收的活动。物业服务企业通过参与建设工程的设计、施工、分户验收和竣工验收等活动，向建设单位提供有关物业管理的建议，为实施物业承接查验创造有利条件。根据住房和城乡建设部《物业承接查验办法》的规定，建设单位与物业买受人签订的物业买卖合同，应当约定其所交付物业的共用部位、共用设施设备的配置和建设标准。建设单位应当按照国家有关规定和物业买卖合同的约定，移交权属明确、资料完整、质量合格、功能完备、配套齐全的物业。道路、绿地和物业服务用房等公共配套设施按规划设计要求建成，并满足使用功能要求。
　　物业服务企业实施物业承接查验，主要依据的文件之一是物业规划设计方案，物业服务企业在对物业共用部位、共用设施设备进行承接查验过程中，应当对业主会所和物业服务用房进行现场检查和验收等。在现场查验中，物业服务企业应当对物业管理用房、业主会所的用途和面积等不符合约定的情形，书面通知建设单位，建设单位应当及时解决并组织物业服务企业复验。这将有利于开发建设单位与物业服务企业各司其职，维护了业主的权益，同时也有利于小区的物业管理工作。

复 习 思 考 题

1. 简述物业管理早期介入的概念和意义。
2. 简述物业管理早期介入的内容。
3. 简述物业承接查验的含义及原则。
4. 物业承接查验的条件和依据是什么？
5. 物业承接查验的程序是什么？
6. 物业承接查验的内容包括哪些？
7. 简述物业承接查验的方法。
8. 物业承接查验应注意的事项包括哪些？
9. 简述新建物业项目管理工作移交的主体和移交的内容。
10. 简述原有物业项目管理工作移交的主体和移交的内容。
11. 物业管理工作移交应注意的事项包括哪些？

7 入住服务与装修管理

7.1 入住服务

7.1.1 入住服务概述

1. 入住服务涵义

入住是业主接受物业、物业正式投入使用的开始，入住工作涉及建设单位交房、业主收房和物业企业提供服务三个方面。概况讲，入住服务是开发建设单位将已经具备使用条件的物业交付给业主并办理相关手续，同时物业服务企业为业主办理物业管理事务手续的过程。对业主而言，入住包括物业验收和有关物业管理事务的办理。

物业验收简而言之就是业主或使用人领取钥匙、接房入住的过程，入住是物业服务企业与服务对象的首次接触，它标志着物业管理工作将以业主为中心而逐步展开。有关物业管理事务是指物业服务企业在所建楼宇具备了入住条件以后，向业主寄发入住手续文件，业主按要求进行入住、验楼、付款、签约、搬迁、办理装修事项等一系列活动。

在入住服务中，物业服务企业要对物业是否具备入住条件做出正确判断，不具备入住条件的坚决不能办理入住手续。同时，还要分清责任，入住是建设单位向业主交付物业，物业服务企业只是协助建设单位办理手续。

2. 入住服务操作方式

在实际工作中，入住手续究竟应由谁来办理，现行法律、法规尚无硬性规定。目前，入住服务一般有以下几种操作方式：一是建设单位自行组织。这种方式是建设单位牵头办理房屋移交和验房手续，物业企业负责办理物业管理事项，缴纳相应费用。二是建设单位委托物业企业全权办理入住工作，物业企业将房屋移交、验房，办理物业管理事项和缴纳费用等事项实行"一条龙"服务，方便业主的同时，也提高了工作效率。三是建设单位与物业企业联合办公，各司其职，方便业主，共同办理入住手续。上述三种入住操作方式都离不开物业企业的参与，因为物业企业直接参与了物业工程验收，在对物业全面承接查验的基础上，对物业项目情况掌握的比较详尽，在入住开始就与业主有了直接接触，有利于日后物业企业与业主的沟通与联系，为物业管理服务的顺利开展打下良好的基础。

3. 入住服务特点

入住是物业企业与业主的首次接触，入住服务的好坏，都会在业主心中留下先入为主的烙印。物业企业应充分认识到入住服务的重要性和复杂性，了解入住服务特点，才能有的放矢的做好管理工作。

（1）入住服务复杂性强

对于出售的物业项目来说，业主数量多、来源广，且业主构成复杂。物业企业在入住阶段需要提供的服务内容多、涉及的管理部门和专业部门多、遇到的突发事件多，需要协调和解决的矛盾纠纷也多。物业企业要熟悉项目情况，为业主提供良好的服务，做好和相关单位的沟通协调工作，便于物业管理工作的开展。入住开始时，业主对物业项目和物业企业都会感到陌生，物业企业也是初次接触新业主，要让业主感到物业服务专业规范、耐心周到，给业主留下良好印象至关重要。

(2) 入住服务政策性强

入住服务涉及房地产相关法律法规、物业管理法规政策以及装修管理等国家规范性文件较多，要求物业企业认真学习相关法律、法规和政策，提高依法管理能力，制订、完善各项管理制度和运作规程，加强专业化管理服务。

(3) 入住服务系统性强

入住服务系统性强、工作量大，物业企业在入住准备时要制订详细的工作方案，现场服务流程清晰，交通疏导安全有序，遇到突发事件能够迅速解决，体现优质高效的服务。

7.1.2 入住服务的准备工作

1. 与建设单位做好沟通协调

物业企业与建设单位确定沟通的事项，包括入住操作模式、入住资料的准备、入住的准确时间等等；物业企业应提前做好各项入住准备工作，包括入住现场布置及路线设计、验房方式和钥匙管理、房屋出现问题的报修流程以及保洁拓荒等等。

2. 办公用品及物资准备

物业企业在入住之前应做好入住服务所需各类物品的准备，包括：各岗位员工服装、办公家具和设备、办公用品；工程维修、秩序维护、环境保洁和绿化养护所需的工具及耗材；以及各类标识牌的准备，包括物业管理用房、入住现场、公共区域、交通指引等各类标识。

3. 文件资料准备

入住文件资料是指在办理入住手续时，业主所要知晓、参考、签订的有关文件，主要内容包括入住通知书、验房须知、房屋验收单、缴款通知书、业主登记表、业主手册以及物业装饰装修管理服务协议等资料。这些文件都由物业服务企业负责拟定，并以开发建设单位和物业服务企业的名义，在业主办理入住过程中发给他们。在实际操作中，有些物业服务企业还准备了验房情况一览表、楼宇交接书等。

(1) 建设单位准备的资料

建设单位准备的资料主要包括：

1) 住宅质量保证书及住宅使用说明书。

2) 入住通知。入住通知书是指物业服务企业在物业承接查验后，建设单位向业主发放，约定入住时间、地点等事项的文件。在制订入住通知书时应注意下面几个问题：一是楼宇的入住不是一家或几家业主，而是几百家甚至上千家。如果集中在同一时间办理，必然要给办理入住手续带来许多困难。所以，应在通知书上注明各楼宇或各层办理的时间，分期分批办理。二是如业主因故不能按期前来办理，可在规定办理时间以后，留有机动时间予以补办。三是考虑到少部分业主仍不能如期在机动时间前来办理，则应在通知书上注明处理的办法。

3) 验房须知。验房须知是指建设单位告知业主验收房屋的基础知识和注意事项，以及在办理入住手续时应该携带的各种证件、合同、费用的文件。

4) 房屋验收单。为方便业主对房屋进行验收，建设单位会提供房屋验收单，记录业主对房屋的验收情况。

5）钥匙交接单。由建设单位将房屋钥匙交给业主，双方签字确认的单据。

（2）物业服务企业准备的资料

物业服务企业准备的资料主要包括：

1）业主登记表。业主登记表是登记业主姓名、地址、联系电话、房屋面积等基本情况的表格，是物业企业建立业主档案的基础资料。

2）业主手册。业主手册是介绍物业项目、物业企业的告知性文件，包括有关小区的物业项目介绍、各项管理制度、物业服务电话、服务时间以及特约服务等内容的文件。

3）房屋装饰装修服务指南。在入住时发放给业主的，告知业主有关物业装饰装修程序、应遵守的规定、禁止行为和注意事项的文件。

4）消防安全责任书。物业企业发放的，由业主签署认可并承担消防安全责任的文件。

7.1.3 入住服务流程

入住服务流程包括以下 6 个环节：

1. 业主办理入住手续

业主办理入住手续所需文件包括：

（1）入住通知书；

（2）业主身份证复印件。

物业企业应存留业主身份证复印件。如果业主不能到场，委托代理人办理入住事项的，代理人应出示身份证及复印件，同时还要有业主的委托书。

2. 向业主发放文件资料

向业主发放文件资料包括：

（1）业主手册；

（2）房屋装饰装修服务指南；

（3）防火责任书；

（4）入住特别提示；

（5）装修期间电梯使用管理规定。

3. 业主阅读、咨询并签订相关文件

这些工作包括的内容是：

（1）业主填写《基本情况登记表》；

（2）业主阅读、了解房屋装饰装修指南的内容，如果业主需要装修房屋的，物业企业与业主签订房屋装饰装修管理协议；

（3）物业企业与业主签订防火责任书。

4. 现场验房

业主现场验房，主要验证内容包括房屋土建部分及门窗、配套设施、强弱电系统、安防系统、给水排水系统、供暖设施、室内空气调节系统、五金配件等等，并记录水、电、煤气表底数。对于精装修房屋，还要验收室内家具、卫生洁具、厨房设备和灶具等等。业主验收房屋合格后，应签字确认；验房存在问题时，应当场做好记录，报建设单位返修。

5. 交纳费用

业主应交纳的费用包括两项：物业服务费和装饰装修管理服务的有关费用。

6. 业主收楼

在完成上述环节后，业主签字领取房屋钥匙、质量保证书、住宅使用说明书、表卡、物品等入住资料，签署《房屋交接清单》。

入住服务流程见图 7-1。

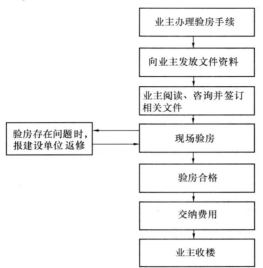

图 7-1　入住服务流程

7.1.4　入住服务现场管理

入住是前期物业管理阶段最重要的一个环节。入住期间，业主频繁出入、交通流量大，容易发生现场秩序混乱现象，甚至发生违章、损坏公共设施等行为。物业企业在入住管理中，应有相应的入住工作流程和组织方案，有应对突发事件的措施，才能顺利完成入住服务工作。对于入住服务现场管理，还应做好以下几项工作。

1. 现场布置

入住现场布置是入住服务非常重要的一环，现场整洁、办事流程清晰、服务周到，会给业主留下良好的第一印象。集中入住期间，现场人数较多、耗费时间较长，物业企业可以设置现场休息等候区，方便业主休息。现场布置包括的内容有：

（1）设置指示牌

在停车场、入住办理路线、入住现场等处设置指示牌，方便业主办理手续。

（2）设置问讯接待处

由专人负责入住接待及引导，每个工作人员佩戴胸卡或吊牌，方便业主识别。

（3）公示办理流程图

在入住现场放置展板，内容包括：业主入住指引、业主入住办理流程图等提示。

（4）设置公示栏

在入住现场设置公示栏，公示《前期物业服务合同》、《临时管理规约》等文本。

2. 交通管理

物业企业应重视入住现场的交通管理工作。交通管理内容包括：

（1）设置入住专用停车区，由专人负责引导车辆；服务人员应着装整齐、动作规范。

（2）交通导向标识清晰、准确。
（3）根据需要配置验房电瓶车等交通工具。

3. 突发事件处理

在入住现场难免会遇到一些突发事件，物业企业在制定各类突发事件处理预案的基础上，还应做好以下几项工作：

（1）成立应急事件处理组，加强入住现场的秩序维护，尽量减少业主在入住现场等候的时间。

（2）遇业主因等待时间过长而产生过激举动或业主拒绝办理入住时，由应急组负责及时化解客户不满情绪，并维护现场秩序。

（3）遇业主故意搅闹现场，要求各岗位做到提前预警，及时协调解决。

4. 加强公共秩序维护，提高服务质量

物业服务企业应在入住现场安排较多的工作人员和公共秩序维护人员，提高办理入住的工作效率。物业企业在对业主提供入住服务的过程中，应全面展示管理服务水平，为业主提供高质量的管理服务。

7.1.5 入住服务应注意的问题

入住服务工作量大，事务性工作比较繁琐，物业企业应做好相关问题的处理。

1. 充分做好入住准备工作

在入住准备阶段，首先，要保证人力资源充足，资料准备充足，避免资料不够发放。其次，分批办理入住手续时，避免因集中办理产生的混乱现象，要合理安排办理入住手续的业主数量。

2. 入住期间应注意问题

在入住服务期间，物业企业应合理安排业主入住的办理时间，并适当延长服务时间，尽量不让业主再次往返。对于因故未能按时办理入住手续的业主，可按《入住通知》中规定的办法另行办理。

办理入住手续的工作现场应张贴入住公告及入住流程图，方便业主了解入住程序，有助于入住进程的加快；同时还要指定专人负责引导业主，以便入住工作有秩序进行。特别是要注意入住现场公共秩序维护管理，以及车辆引导、停放的管理。

7.1.6 业主对物业的验收

1. 业主验房

在业主办理入住手续后，由建设单位和物业企业共同派出专业人员，带领业主验房。业主在验房时，着重查验物业自用部分及相关共用部分的工程质量，设备设施开通运转的实际情况，以及合同载明的房型、布局、装修标准设施配备是否与实际相符等。如属工程质量或其他保修范围内的问题，物业服务企业要及时通知有关方面予以解决。一般情况下，物业可能存在的质量问题大致有以下几个方面：

（1）给水排水系列。包括水管、水龙头、水表是否完好，排水管道是否有建筑垃圾堵塞，马桶、地漏等排水是否畅通、有无泛水现象等。

（2）门窗系列。包括框架是否平整、牢固、安全，门窗是否密封、贴合，门锁有无质量问题，玻璃是否防水密封等。

（3）供电系列。包括电灯、电线、开关是否有质量问题，可视对讲是否正常工作等。

（4）墙面、屋顶、地板系列。这些部位是否平整，是否有起砂、空鼓、剥落、裂缝、渗水等情况，瓷砖、墙砖、地砖贴面的平整度、间隙、虚实等。

（5）公共设施及其他。包括防盗门、防盗窗花、电话电线、天线、信箱等。

2. 填写《业主入住验房确认单》

业主验房后，按照《业主入住验房确认单》的内容逐项签字确认，并记录水表、电表数字（表 7-1）。

业主入住验房确认单　　　　　　　　　　　　表 7-1

业主姓名：____　　　　　　　　　　　　　门牌：____楼____门____室

序号	项目	数量	入住验收情况
1	**房屋部分**		
	墙、地面		
	顶棚、吊顶		
	地板		
	门、锁		
	窗、玻璃		
2	**强、弱电系统**		
	室内闸箱		
	安防对讲系统		
	电话线路		
	有线电视信号		
	数码宽带		
	插座、开关		
	电灯、电线		
3	**给水排水系统**		
	给水管、水龙头		
	水表		
	排水管		
4	**卫生洁具**		
	手盆		
	淋浴器、浴缸		
	便器		
	地漏		

续表

序号	项目	数量	入住验收情况
5	**厨房设备**		
	橱柜		
	洗菜盆		
	煤气表、阀		
6	**供暖设施**		
	散热器		
	室内供热管线		
7	**室内空气调节系统**		
	控制器		
	进风口		
	回风口		
8	**室内家具**		
9	**五金配件**		
10	**电表底数**		
11	**煤气底数**		
12	**水表底数**		
13	**备注**		

说明：本表一式两份，业主在验房后将填写好的表格送交物业服务企业，逾期视为对房间质量无异议。

业主签名：

年　月　日

3. 发放业主手册

物业企业向业主发放业主手册，对业主使用物业应该遵守的规定以书面形式传达到业主。该部分内容主要包括：

（1）物业项目介绍；

（2）项目管理机构各个部门的职责；

(3) 业主大会成立和业主委员会组建；
(4) 如何投诉和提出建议；
(5) 缴纳物业服务费的有关规定；
(6) 房屋装修管理规定和流程；
(7) 物业用途的限制规定；
(8) 物业管理常用电话号码；
(9) 有关物业管理区域内各项公共服务管理制度。

物业企业在入住服务后期，要做好相关后续工作。一是入住验房问题，包括房屋不合格部位的返修、遗留问题处置；二是业主需求整理分析，包括车位需求、特殊装修事项、特约保洁拓荒等需求；三是业主入住资料核对、整理与归档，及时建立和完善业主档案；四是业主投诉问题的处理，按照投诉解决时限及时处理。

7.2 装 修 管 理

7.2.1 物业装饰装修管理概述

在物业竣工验收后，业主或使用人对房屋原装修进行修改或全部重新进行的装修，称为室内装饰装修。室内装饰装修是物业管理中的一项经常而重要的管理工作，在这一环节最容易出现破坏房屋结构及侵犯他人利益的行为，物业服务企业要加强对业主房屋装饰装修的管理，维护全体业主的合法权益。

室内装饰装修与物业的安全使用、物业的设施设备维护等各方面都有着密切的关系。物业服务企业应根据《中华人民共和国物权法》、《物业管理条例》、住房和城乡建设部《建筑装饰装修管理规定》和《住宅室内装饰装修管理办法》等相关法律、法规的规定，以及相关的房屋安全使用管理规定，制订室内装饰装修指南和装修责任书，其目的是加强装修管理力度，杜绝违规装修、杜绝对房屋共用部位和共用设施设备的破坏，从而保证房屋的安全使用。

7.2.2 物业装饰装修管理流程

物业装饰装修管理包括装修资料的准备、登记申报、审核、办理开工手续、装修过程的监督管理和验收等诸多环节。物业企业制订科学规范的工作程序，不仅便于业主了解装饰装修管理程序，也有利于物业企业工作制度化、规范化的开展。物业装饰装修管理流程如下：

1. 资料的准备

物业装饰装修所需要的资料由业主或使用人和装修公司分别提供。由业主或使用人提供的资料包括：物业所有权证明、业主或使用人身份证原件及复印件、装饰装修设计方案、原有房屋设施设备改动设计和相关审批等资料。由装修公司提供的资料包括：装修施工单位资质、施工人员基本情况和数量，以及政策法规规定的相关内容。

2. 填写申报登记表

在装修施工前，业主或使用人须认真阅读《物业装饰装修管理服务协议》，填写装饰装修登记表，并提交物业企业登记备案。装饰装修登记表（表7-2）的填写应确保准确无误。

装饰装修登记表　　　　　　　　　　　　　　　表 7-2

_____楼_____门_____室

产权人姓名		建筑面积（m²）		户型		家庭电话		移动电话		申请装修时间
装修单位	公司名称									
	负责人				联系电话			施工人数		
开竣工时间				年　月　日至				年　月　日		
装修范围和实施内容										
装修区域	实施内容					拆改、变更情况				
屋　顶										
墙　面										
地　面										
阳　台										
厨卫设施										
给水排水、煤气、暖气等管道										
空　调										
门　窗										
其他装修覆盖区域										
附后：装修拆改示意图					装修申请人：（签字）					
审核意见：										
										审核人：	
										年　月　日	

3. 签订《物业装饰装修管理服务协议》

业主或使用人和装饰装修企业应当与物业服务企业签订装饰装修管理服务协议。装饰装修管理服务协议一般包括装饰装修工程的内容和期限、允许施工的时间、废弃物清运和处置及相关费用等。协议应当包括下列内容：

住宅室内装饰装修管理服务协议应当包括下列内容：

（1）装饰装修工程的实施内容；

（2）装饰装修工程的实施期限；

（3）允许施工的时间；

（4）废弃物的清运与处置；

（5）住宅外立面设施及防盗窗的安装要求；

（6）禁止行为和注意事项；

（7）管理服务费用；

（8）违约责任；

(9) 其他需要约定的事项。

4. 物业装饰装修登记

物业企业在进行装饰装修登记时，应以书面形式将装饰装修工程的禁止行为和注意事项告知业主或使用人以及委托的装饰装修企业，并且督促业主或使用人在装饰装修开工前主动告知邻里。

对于不涉及拆改行为的装饰装修方案，物业服务企业应在规定的时间内完成登记工作；对于超出物业管理审核范围的装饰装修内容，物业服务企业应报主管部门核准。

有下列行为之一的将不予登记：

(1) 未经原设计单位或者具有相应资质等级的设计单位提出设计方案，擅自变动建筑主体和承重结构的；

(2) 将没有防水要求的房间或者阳台改为卫生间、厨房间的；

(3) 扩大承重墙上原有的门窗尺寸，拆除连接阳台的砖、混凝土墙体的；

(4) 损坏房屋原有节能设施，降低节能效果的；

(5) 未经城市规划行政主管部门批准搭建建筑物、构筑物的；

(6) 未经城市规划行政主管部门批准改变住宅外立面，在非承重墙上开门、窗的；

(7) 未经供暖管理单位批准拆改供暖管道和设施的；

(8) 未经燃气管理单位批准拆改燃气管道和设施的；

(9) 其他影响建筑结构和使用安全的行为。

5. 办理开工手续

装饰装修施工单位应到物业服务企业办理开工手续，物业企业为其发放开工证、人员出入证等；装饰装修施工单位应按照要求在施工现场备齐灭火器等消防器材；业主按有关规定向物业服务企业缴纳装饰装修管理服务费。

6. 施工过程巡查

在业主装修期间，物业企业应加强装修现场巡查，巡查的重点应放在业主和装修单位是否严格按照装饰装修登记内容进行施工，发现业主或装修单位有违规装修的行为应及时劝阻和制止。对于已造成违规装修事实或拒不改正的，应及时报告有关部门依法处理。

7. 隐蔽工程验收

对于装修中有隐蔽工程的，物业企业要做到必要的提醒，避免以后发生邻里纠纷。对有防水要求的部位，物业企业要提醒装修单位做避水试验，对埋入墙内的冷、热水管还要做打压试验。

8. 验收

在装修管理过程中，物业服务企业要随时进行监督检查；对隐蔽工程在隐蔽前进行验收，在装修结束时进行竣工验收，确认整个装修行为符合有关规定。装修验收主要包括两个环节的工作：

(1) 现场验收

物业服务企业应当按照装饰装修管理服务协议进行现场查验，对违反法律、法规和装饰装修管理服务协议的，应当要求装修人和装饰装修企业纠正，并将检查记录存档。同时物业服务企业还要依据装修施工图和竣工图进行现场验收，并结合日常的装修巡查记录和装修变更记录，进行符合性装修验收。验收合格后物业企业签署书面意见。

(2) 退还装修保证金

由管理人员确认装修工程无违规装修现象，在经过三个月的使用检验后，确认没有遗留装修隐患，办理退还装修保证金手续。

7.2.3 装修过程的监督管理

1. 装修图纸的审批

装修图纸的审批工作应由物业服务企业的工程部负责。工程部对业主和客户提交的装修图纸进行审核，并提出修改意见，要求施工单位根据所提出的意见进行设计方案的修改，直至符合物业管理的要求。《条例》第五十三条规定："业主需要装饰装修房屋的，应当事先告知物业服务企业。物业服务企业应当将房屋装饰装修中的禁止行为和注意事项告知业主。"

2. 建立装修保证金制度

业主和客户进行装修的过程中，应交纳装修押金、装修管理费、垃圾清运费等相关费用。装修押金的收取，主要是为了控制装修过程中一些业主或施工单位的违规装修，以押金的方式对装修方进行约束；如果装修过程完全符合规定和要求，物业服务企业就应该把收取押金退还。如果业主或施工单位在装修过程中出现损坏物业设施设备的行为、给他人造成损失等情形时，就可以用这笔押金进行赔付。

3. 实行"二证二书"制度

"二证"是指在室内装修管理过程中，物业企业实行《装修许可证》和《施工人员出入证》制度。实行《装修许可证》制度，便于物业企业及时掌握业主开工情况；实行《施工人员出入证》制度，可以防止无关人员出入物业管理区域。"二书"是指实行《施工承诺书》和《施工消防安全协议书》制度，在于防止违规装修行为的出现。物业企业实行"二证二书"制度，便于对装修的业主或施工单位进行管理，可以有效地防止违规装修行为的发生。

4. 管理人员的日常监管

在业主和客户装修期间，管理人员应做好日常装修过程的巡查和管理工作。常用的方法是每日两次巡查装修现场，发现问题及时处理并记录在案，协同装修人员进行整改，并对整改结果进行跟进。

5. 装修期间消防监控

在装修管理规定中，应明确要求施工单位在动用明火作业之前，必须首先提出动火申请，在得到动火许可证后方可进行施工。管理人员应随时对动火单位进行检查。装饰装修企业应当遵守施工安全操作规程，按照规定采取必要的安全防护和消防措施，不得擅自动用明火和进行焊接作业，保证作业人员和周围住房及财产的安全。

6. 施工人员的管理

对于从事装修施工的人员发放《施工人员出入证》，并建立施工人员档案。严格控制物业管理区域施工人员的进出，便于公共秩序的维护管理。

7. 装修垃圾的处理

业主和客户装修垃圾做到日产日清，在每日规定时间收集并放置到指定地点，由保洁员统一收集清运。

8. 部门协调

为高效率的为业主服务，物业服务企业的物业部、工程部、保洁部、公共秩序维护部等各部门的工作应相互配合、协调有序。

9. 投诉处理

物业企业应及时处理装修期间业主和客户的投诉，将施工期间的扰民问题降低到最低限度。例如，有强烈噪声的作业，有强烈刺激性气味的作业等等，都应立即采取必要的措施，减少不良因素对环境的干扰。

10. 公共区域成品保护

在装饰装修管理过程中，应注意公共区域成品保护，防止公共区域物品遭到破坏。物业企业可以通过日常的监督管理巡查施工的楼层，防止施工人员违规盗用或破坏公共区域的设施设备，防止给物业项目的总体管理带来影响。装修单位在从事室内装饰装修活动时，不得侵占公共空间，不得损害公共部位和设施。

7.2.4 装饰装修管理过程中常见问题及处理

1. 常见问题

在业主或客户装修房屋过程中，物业企业应配备合格的专业人员，加大装饰装修管理力度，将违规装修行为控制在萌芽状态；适当增加巡查频次，做好沟通工作，避免违章行为的出现。在巡查过程中，常见问题有：

（1）改变房屋结构及功能。破坏承重墙、破坏墙体中的钢筋，擅自改变门窗尺寸；拆除连接阳台的墙体、门窗，改变阳台功能；违章封搭阳台、露台、庭院等。

（2）破坏卫生间和厨房的防水层、排污管道没有适当的保护措施。

（3）煤气表，煤气管暗藏装修。

（4）装修材料及施工现场不符合消防要求，动火作业现场缺少适当的消防应急处理措施。

（5）装修材料及垃圾清运损坏楼道及公共设施。

（6）装修垃圾没有按指定时间地点清运和堆放。

（7）护栏、空调安装不符合外观统一规范。

（8）施工人员有不文明行为，施工作业时间没有按照规定执行。

2. 常见问题的处理

物业企业发现违规装修行为，应立即要求业主和装修单位停止违规装修，并视情况采取以下方式进行处理：

（1）在装修施工中有违反规定行为的，物业服务企业有权视情节严重程度给予扣除部分乃至全部押金的处理。

（2）装修施工中损坏公共设施设备，或给他人财产、物品造成损害的，责任人应照价赔偿。

（3）因装修施工造成管道堵塞、漏水、停电、坠落等情况，导致公共设施损坏或他人利益损失的，责任人应负责修复和赔偿。

对于违规情况严重的，物业企业应上报当地上级主管部门处理。

7.2.5 违规装修的预防措施

1. 宣传引导

业主和客户在办理入住手续时，物业企业应注重装饰装修的宣传引导，旨在强化业主和客户合理合法装修的意识，共同维护全体业主的利益。一是履行告知职责应充分，解答问题要详尽，将装修注意事项和禁止行为告知装修人。二是在物业管理区域内公布有关装饰装修管理规定、张贴宣传画，采取多种形式做好宣传引导工作。

2. 加强培训

对物业服务企业的装修管理人员进行有关装修的法律法规、房屋装修专业知识、与客户沟通技巧等方面的培训，使其成为合格的装修管理者。

3. 建立报审制度

物业服务企业应建立装饰装修报审制度，由专业工程师、工程部经理及项目经理组成装饰装修三级审批制度；同时配合业主或客户聘请信誉优良、技术过硬，并持有装修企业资质证书的装饰装修队伍进行施工。

4. 加强巡视检查

装修的巡视检查是装修管理的重要工作环节，物业服务企业应制定严格的装修巡查工作制度，明确巡查的内容，根据物业项目情况规定合理的巡查次数，配备责任心强、熟悉专业的管理人员担任巡查工作，在巡查过程中注意与业主和装修单位的沟通，争取得到业主或客户的理解和支持，才能做好装修管理服务工作。

【案例】

王先生接到某公司办理入住手续的通知后，前来办理入住手续。但是在办理过程中，物业公司要求王先生一次性交纳一年的物业服务费，王先生对此表示不理解，拒绝交付。于是，物业公司拿出王先生在买房时签署确认的前期物业服务合同，向王先生解释这是前期物业服务合同中的约定，请王先生按照合同的约定办事。于是，王先生就当场仔细阅读了前期物业合同，阅读完合同后，王先生更是气愤。王先生明确表示：购房时签署确认的前期物业服务合同是格式合同，没有认真阅读就签字了；现在才知道，原来这合同中还有许多条款含有不公平、不合理的内容。在这种情况下，自己不能按物业公司的要求交纳物业服务费；对前期物业服务合同中的不公平、不合理的内容也要到政府有关部门进行投诉。物业公司则称，如果王先生不交纳物业服务费，则停止为王先生办理入住程序，且不交付王先生所购房屋的钥匙。

分析

业主购买房屋，与房屋的开发建设单位之间形成了一种房屋买卖关系，即房屋买卖法律关系。房屋买卖合同的核心，对于开发建设单位而言，其权利是收取业主的购房款项，义务是向业主交付合格的房屋；对于业主而言，其权利是接受房屋，义务是向开发建设单位交纳购房款项。

从本案例看，业主接到办理入住手续的通知，并在入住手续办理过程中，已进入交纳物业服务费程序，那么，按照入住手续办理的正常程序，说明该业主已完全履行房屋买卖合同中的义务，具备入住资格。所谓入住手续的办理，就是业主领取钥匙，验收房屋入住。本案例中物业公司停止张先生入住程序的办理，且不交付张先生所购房屋钥匙的做法显然是不合法的行为。

按照《条例》规定，物业服务收费应当遵循合理、公开以及费用与服务水平相适应的原则，区别不同物业的性质和特点，由业主和物业服务企业按照国务院价格主管部门会同国务院建设行政主管部门制定的物业服务收费办法，在物业服务合同中约定。既然前期物业管理服务合同中对交纳物业服务费的方式有约定，而且张先生也签了字，就应该按照约定来执行，拒交物业服务费的做法也是不对的。

【案例】

某大厦入住前，物业管理处的工作人员多次到现场考察，综合考虑各种因素，并听取有关方面意见，做出了"业主阳台允许用白铝材、白玻璃、统一规格平开窗封闭"的规定。可是业主入住时，这一规定就遭到了部分业主的质疑，他们提出许多不同的理由，要求按照自己的思路来封闭阳台。有些业主听了管理处的解释，了解管理处的初衷是为了保持大厦外观的统一，也就愉快地接受了。可仍有部分业主固执己见，甚至成群结伙到管理处来横加指责，闹得沸沸扬扬。

分析

在物业管理实践中，外立面管理普遍成为住宅小区建筑物外观管理的难点。外立面包括外墙、窗户、阳台及附属设备，如空调机、广告灯箱、防盗网和晾衣架等。其实，良好的外立面管理可以收到美化居住环境，提高物业的经济价值，改善城市的市容面貌的效果。本案例正是因为个别业主的不能从物业整体统一的角度认识装修管理，而带来的矛盾纠纷。

对于在装修过程中所出现的这类不符合规定的问题，第一，物业公司在业主办理入住手续时，就要宣传相关的政策法规，让业主了解相关的规定；第二，与业主签订装修管理服务协议，将装修的禁止行为书面告知业主；第三，可以预收适当的装修保证金，以此来规范约束业主的装修行为；第四，物业公司还要加强对业主装修过程中的监督管理，及时发现问题，防患于未然。如发现违章拆改，要责令其整改，并要求恢复原状；业主如果不服从管理，物业公司应上报主管部门依法治理。

【案例】

一天傍晚，某小区来了几位陌生人。他们手提工具，旁若无人似地径直朝大堂闸门闯去。值班人员立即走出值班室，上前问询："先生您好，请问上楼找哪位？"其中一位说是去10楼1001室装修。保安员要求他们出示装修出入证，对方敷衍说装修已经搞完，只是来收尾的。值班人员坚持让其出示装修出入证或其他有效证件，并提示按照《房屋装修管理规定》，晚6时后应停止装修，请予合作和谅解。这几人见值班人员不放行，便口出不逊，说是楼上业主请他们来的，若不放行就强行冲上去。值班负责人赶来劝说、制止，他们不理不睬，怒气冲冲地围过来欲行无礼。

分析

物业公司对进入小区装修的队伍加强对其人员的管理，以确保业主安全，是物业管理服务中一个重要课题。物业公司对装修人员出入小区的严格管理，这样做是对的。如放松对装修人员出入小区的管理，业主们就会认为物业公司的管理松懈，管理服务意识差。

物业公司要制订严格的装修管理制度，并严格执行，严格管理，坚决杜绝一切安全隐患的出现。在对装修人员的具体管理中，一定要注意方式方法，要依法管理。

物业公司在业主办理入住手续时，在办理程序中要对业主的装修提出具体要求，宣传要及时到位，争取得到业主的支持理解，为后面的装修管理和打下良好的基础，减少许多不必要的纠纷出现。

复 习 思 考 题

1. 简述入住服务的涵义和操作方式。
2. 入住服务的准备工作有哪些?
3. 简述入住服务的流程。
4. 入住服务的现场管理包括哪些内容?
5. 入住服务应注意哪些问题?
6. 简述物业装饰装修管理流程。
7. 怎样做好装修过程的监督管理?
8. 预防违规装修的措施有哪些?

8 物业管理常规服务

8.1 物业管理服务的目标与计划

8.1.1 制定物业管理服务目标与计划的意义

物业管理服务的目标,是物业服务企业在对物业项目实施管理服务的过程中,从业主的角度出发,满足业主的物业管理服务需求,在对房屋及其设施设备进行管理维护的基础上,对物业管理区域内的保洁、绿化及公共秩序维护等内容进行综合管理,实现物业的保值和增值。物业服务企业为实现管理服务目标,需要制定相应的管理服务工作计划,以保证各项服务目标的实现。因此,制定物业管理服务目标与计划具有十分重要的现实意义。

1. 有利于物业服务企业的可持续发展

物业服务企业在追求自我生存和持续发展的过程中,既要考虑当前的经营目标,又要考虑未来发展的需要。企业生存和发展的核心问题是要保证一定的经济效益,物业管理服务目标与计划的制定,可以促使企业制定相应的发展战略,以适应不断变化的经营环境,增强企业可持续发展的能力。可持续发展的核心是创新,关键是培育核心竞争力。

2. 有利于物业服务企业品牌战略的实施

品牌战略是企业将品牌作为核心竞争力,以获取差别利润与价值的企业经营战略。随着我国物业管理行业的快速发展,越来越多的物业服务企业把品牌战略的实施作为物业服务目标和计划的重要组成部分,通过品牌战略的实施提高业主对物业服务产品的认知度、忠诚度,达到树立良好品牌形象的目的。质量是实施品牌战略的关键和核心,严格的质量管理是开拓、保持和发展品牌的前提条件;市场是品牌战略的根本,必须树立市场导向观念,紧紧抓住市场变化,最大限度地满足客户需求。

3. 实现物业资产保值增值

资产保值增值是两个既有联系又有区别的概念,保值是基础,增值是目标。在物业管理服务中,业主的主要目标是其所拥有的物业实现最大限度的保值增值,物业管理服务目标和计划的制定和实施,可以有效地保证业主目标的实现。

4. 为业主、使用人和社会公众提供安全舒适的生活或工作环境

物业管理的目的是为业主提供优质、便捷和经济的综合服务,为业主和使用人提供创造整洁、文明、安全和舒适的生活和工作环境,实现社会效益、经济效益和环境效益的统一和同步增长。

8.1.2 物业管理服务目标的制定

1. 制定物业管理服务目标应考虑的因素

(1) 企业内部因素

1) 企业资质和管理规模。物业服务企业的资质条件,主要是为界定、查验和衡量企业具备或拥有的资金数量、专业人员、所管理物业的规模等方面的状况,是企业实力和规模的

标志。在制定物业管理服务目标时，要结合企业的实际情况制定符合企业发展状况的目标。

2）人员储备和专业素质。市场竞争归根结底是人才的竞争，人才储备和人员队伍的专业素质情况是物业服务企业发展的关键因素，也是衡量物业服务企业优秀与否的标准。科技进步及人们生活方式的改变，使物业服务趋向科学化及复杂化；其专业化、市场化的特征也越来越显著。因此，在制定物业管理服务目标时要充分考虑企业的人员储备情况和队伍的专业素质情况，并制定人才培养的长远目标和计划，建立与企业长远发展相适应的专业化人才队伍。

3）企业发展规划。企业发展规划是企业发展战略的具体化，是企业发展原则、灵魂与纲领的具体体现，是战略实现的根本保证。

（2）企业外部因素

1）政策因素。企业生存及发展的前提条件就是要考虑国家的法律法规和方针政策，企业经营活动的一切行为必须符合国家法律法规的要求。

2）市场因素。企业经营的首要目的是实现自身经济效益的最大化，要实现最优的经济效益非常重要的就是要考虑市场因素，包括行业在经济发展中的地位以及企业的目标市场和直接市场等，企业的直接市场是与企业关系最密切、影响最大的环境因素。

3）项目所在地周边环境。项目所在地的周边环境，是制定物业服务目标时必须考虑的重要因素，包括项目所处的地段和位置及该地段在城市规划中区域的功能定位，项目周边的道路交通、商业、医疗卫生、文化教育等公共设施的配套情况等，以及周边的人口、居民的收入或购买力、居民的文化教育水平等都直接或间接地影响着物业服务目标的制定和实现。

2. 物业管理服务目标的内容

（1）质量目标

在物业项目服务的不同阶段，要制定不同的质量目标。在进行前期服务阶段，质量目标的重点是保证项目的物理功能完备，如房屋结构功能、建筑功能和机电设备功能等。在常规服务阶段，质量目标的重点是保证物业的使用功能以及服务软件目标的实现，如服务的完备性、及时性和用户的满意度等。影响服务质量的因素很多，主要包括设计、材料、设备采购和安装等因素，以及管理过程中设施设备的维修、保养和操作等因素。

（2）安全目标

安全是物业管理的首要任务，物业服务企业要对业主负责，维护业主及使用人的根本利益。物业服务的安全目标包括物业项目环境的安全、设施设备人的安全等；因此在制定安全目标时，要围绕防火、防盗及其他意外损失制定物业使用环境的安全目标。

（3）经营效益目标

对物业服务企业而言，经济效益是一切经营活动的根本出发点，提高企业的经济效益，有利于增强企业的市场竞争力，在激烈的市场竞争中取胜，获得发展。因此，经济效益目标是物业服务目标体系中的重要指标之一。

8.1.3 物业管理服务计划的制定

1. 制定物业管理服务计划的原则

（1）法律规范原则

法律规范原则是指物业服务企业要根据国家政策法规，到工商行政管理部门登记注册,依法经营。同时,物业服务企业通过规范程序承接物业服务项目,签订物业服务合同,符合合同法的相关规定。物业管理按照专业化管理的要求,接受业主、业主大会和政府主管部门的监督。

(2) 满足业主目标的原则

物业服务企业在管理服务的过程中,要摆正自己的位置,为业主及使用人提供优质、全方位的服务,创造良好的社会效益、经济效益和环境效益。物业服务企业在满足业主服务需要的同时,还要根据业主及使用人的实际需要,按照经济合理的原则,采取契约服务的方式满足业主及使用人的个性化需求。

(3) 满足自身生存和发展的原则

物业管理是一项专业化程度高、涉及范围广的综合性服务工作,制定物业服务计划的一项主要任务就是激励物业服务企业加强内部管理、提高服务水平、增强自身实力,提升物业服务企业的市场竞争力,满足持续发展的需要。

2. 物业管理服务计划的内容

物业服务企业所接管的物业项目不同,所制定的物业管理服务计划也不尽相同。一般来讲,物业管理服务计划的内容包括:针对物业项目所采取的管理模式、项目组织机构设置方案、人员配备计划、管理服务内容、物业租赁经营计划、办公用品和设备配置计划以及财务收支计划等等。

3. 编制物业管理服务计划的程序

(1) 成立由经济、财务、工程技术人员参加的计划编制小组,根据本公司的发展战略,确定要编写的计划范围及目标。

(2) 组织市场调研,在市场调研与分析的基础上,确定要编写的计划内容。

(3) 依据物业服务目标及计划内容,确定物业管理方案,编制管理服务实施计划。

(4) 组织专业人士对计划的可行性进行评估。

(5) 根据评估意见,完善物业管理服务计划。

8.2 房 屋 管 理

房屋管理是物业管理中最主要的内容之一。为了保证房屋正常使用,延长房屋使用年限,防止和消除房屋及附属设备发生损毁,物业服务企业要做好房屋的日常管理及维修服务工作;根据业主需要,制定房屋使用和管理规定、建立房屋巡检制度、编制房屋养护计划等等。

8.2.1 房屋管理的意义和原则

1. 房屋管理的意义

(1) 延长房屋使用寿命,实现保值增值

房屋在使用过程中,受自然、使用及建筑材料等因素的影响,发生老化、损毁等影响建筑物正常使用的情况是必然的,为保证房屋使用功能的正常发挥,通过加强管理,对房屋进行必要的维修保养,从而保证房屋在设计寿命周期内正常发挥使用功能,实现房屋的保值和增值。

(2) 实现房屋价值转移过程中业主利益的最大化

良好的物业管理可以使物业管理区域内的房屋及其设施设备、道路及绿化等得到专业的养护和管理，为业主提供舒适的生活和工作环境的同时，也有利于业主房屋的出售和出租。房屋的购买者和承租者往往对良好的物业及其优质的物业管理更感兴趣，良好的物业在市场交易中也会使业主获得较大的收益。

2. 房屋管理的原则

（1）安全性原则

安全性原则是房屋管理及维修的首要原则，是指通过修缮，保证建筑物主体结构牢固，符合国家强制性规范的安全性要求，保证安全使用。

（2）实事求是原则

根据不同的建筑物，分析其结构形式、等级标准，从实际出发，因地制宜制定维修计划和方案，满足业主在功能和质量上的需求。

（3）经济合理原则

房屋维修管理的基本原则就是经济合理。在房屋维修过程中，要严格按照国家规定与标准维修，合理使用人力、物力和财力，尽量做到少花钱，多修房。

8.2.2 房屋管理的内容

房屋管理包括房屋的使用管理、维修养护、安全管理、计划管理、技术管理、质量管理、施工管理以及档案资料管理等内容。

1. 使用管理

房屋的使用管理，主要是指物业服务企业指导业主和使用人在充分了解房屋及其设施设备使用方法的基础上，正确使用房屋及其设施设备。

（1）严禁产生不合理的荷载。防止房屋上部结构使用荷载超设计或分布不合理，制止房屋基础附近的地表因堆放而形成较大的堆积荷载。

（2）防止地基浸水。加强地基周围排水设施的管理，保证设施畅通和正常使用；加强地基基础附近的给水排水管、暖气管道等用水设施，以及房屋排水设施的管理与维修。

2. 维修养护

维修养护的内容主要包括对房屋进行的定期检查和维修养护等。

3. 安全管理

房屋的安全管理，是指物业服务企业采用一定的技术手段，定期对房屋进行检查，随时掌握房屋健康状况，及时发现房屋的危损情况，科学地管理房屋和修缮房屋，延长房屋的使用寿命。

4. 计划管理

物业服务企业根据物业管理区域内房屋的实际情况以及各类房屋的建筑、设备、设施的保养、维修、更新周期等技术要求，制定切实可行的房屋维修计划，确保物业的正常使用，维护业主和使用人的利益。包括：房屋建筑物及设施设备的小修、中修、大修以及更新改造计划，维修资金预算及使用计划等。

5. 技术管理

（1）根据《国家相关规定》，定期请政府房屋管理部门和房屋鉴定专业机构对房屋进行查勘、鉴定，掌握房屋完损情况，按房屋的用途和完损情况，拟定维修方案。

（2）审核维修工程施工方案和工程预决算，与设计单位、监理单位和施工单位等签订相关合同。

(3) 配合施工单位，做好施工的协调与衔接，监督施工单位按规定要求施工，确保工程质量；竣工后，进行工程验收。

(4) 自行组织维修工程的施工管理，进行工料消耗、工程质量的检查鉴定；建立健全房屋的技术档案，并进行科学管理等。

6. 质量管理

物业服务企业根据《城市房屋修缮规定》、《建设工程质量管理条例》及《房屋修缮工程质量检验评定标准》等，配合相关主管部门对维修工程实施质量监督、检查、验收与评定，保证维修工程的施工质量。

7. 施工管理

物业服务企业通过对维修工程的计划管理、组织管理、现场管理、质量与安全管理、机械设备与材料管理和成本管理等，实现对维修工程的安全、质量、工期与投资等控制目标。

8. 档案资料管理

将房屋管理过程中有关房屋使用、维护、安全、施工等各种资料及时整理、定期归档，做好房屋档案资料的管理工作。房屋档案资料主要包括以下几个方面：

(1) 房屋新建工程、维修工程竣工验收时的竣工图及有关房屋原始资料。

(2) 现有的有关房屋及附属设备的技术资料。

(3) 房屋维修的技术档案资料。

8.2.3 房屋维修管理

房屋维修有广义和狭义之分。狭义的房屋维修仅指对房屋的养护和修缮；广义的房屋维修则包括对房屋的养护、修缮和改建。房屋竣工使用后，由于自然、使用、生物、地理和灾害等因素的影响而造成不断损坏，为了全面或部分地恢复房屋失去的使用功能，防止、减少和控制其破损的程度，就必须要对房屋进行维护、修缮和改建。

房屋维修管理是指物业服务企业按照一定的管理程序和制度，对其所接管的房屋进行日常维护、修缮和技术管理。为了保证房屋正常地发挥其使用功能，延长其使用寿命，必须经常进行维修养护。物业管理的好坏，很大程度上取决于房屋维修管理的成果，对物业服务企业信誉有着直接的影响。

1. 房屋维修的特点

(1) 生产和流通的双重性

由于物业服务企业的房屋维修是有偿的，因此，其维修本质上是一种物质生产活动。物业服务企业的房屋维修过程是生产和流通的统一，其维修管理活动既在生产领域，又在流通领域。这是因为一方面有偿服务的维修总是和流通融合在一起的，业主和物业服务企业双向选择的过程也往往是价值实现过程，两者几乎难以划分；另一方面房屋维修又往往和处于流通过程中的房屋租赁经营相联系。所以物业服务企业的房屋维修具有生产和流通的双重性。

(2) 经营和服务的双重性

物业管理是一种经营型的管理。房屋维修管理是物业管理的主要内容，是其重要的经营活动之一。房屋维修过程是严格按市场经济和价值规律要求运行的，房屋维修所取得的收入或利润也是在经营管理中得到的，因此，它具有经营性，是经营性维修管理。同时，物业服务企业房屋维修的对象是已经投入使用的房屋，它的功能恢复与改善与房屋使用者的切身利益及安全保障密切相关，是人类自身再生产的重要条件，所以它又具有直接为社会大众的生产和生活服务的性质。

（3）广泛性和分散性

随着时间的推移和使用过程的损耗，房屋的各个部分，如结构、外墙、粉刷、零部件等都会有不同程度的损坏，物业服务企业需要根据损坏的程度进行小修、中修或大修，对于存量房屋基本上都存在这一情况；因此，房屋维修具有广泛性。另一方面由于损坏的部分往往只占房屋的很少部分，分散在房屋的各个部位，维修规模小，维修工作是分散的、零星的，因此，其维修也具有分散性。

（4）技术性

房屋维修具有技术性，是指房屋维修活动与一般建筑施工生产不同，它本身具有特殊的技术规定。房屋维修技术不仅包括建筑工程专业及相关专业的技术，还包括独特的设计和施工操作技术。房屋维修工程质量的优劣是由维修技术水平高低决定的，因此，房屋维修管理的技术性管理是非常重要的。同时培训维修技术人员，配备一支素质优良的专业维修队伍，并制定严格的技术操作规定和质量考评标准是房屋维修管理的重要的、不可缺少的内容。

（5）限制性

由于房屋维修是在原有房屋基础上进行的，因此受到原有条件的限制。例如受到原有房屋资料、条件、环境的限制，维修设计与施工都只能在一定范围内进行，难以超越客观环境进行工作。此外，还受到原有的建筑设计、建筑艺术风格的限制，尤其是具有历史、文化保留价值的房屋。

2. 房屋维修管理的原则

根据房屋维修的特点，物业企业在进行房屋维修管理过程中，应遵循以下原则：

（1）"经济合理、安全实用"的原则

房屋维修管理要坚持"经济合理、安全实用"的原则。经济合理，就是要加强维修工程成本管理、维修资金和维修定额管理，合理使用人力、物力、财力，尽量做到少花钱多修房；要求制定合理的房屋维修计划和方案。安全实用，就是要通过房屋维修管理，使业主居住安全；要从实际出发，因地制宜、因房制宜地进行维修，满足业主在房屋使用功能和质量上的需求，充分发挥房屋效能。

（2）"区别对待"原则

根据房屋建筑的年限，可把房屋大致分为新建房屋和旧房屋两大类。对于新建房屋，维修管理工作主要是做好房屋的日常养护，保持原貌和使用功能。对于旧房屋应依据房屋建造的历史年代、结构、住宅使用标准、环境以及所在地区的特点等综合条件，综合城市总体规划要求，分别采取不同的维修改造方案。

（3）"服务"原则

房屋维修管理必须维护业主的合法权益，切实做到为业主服务；建立和健全科学的房屋维修管理服务制度。房屋维修管理人员要真正树立为业主服务的思想，改善服务态度，提高服务质量，认真解决业主的房屋修缮问题。这是房屋维修管理的基本原则。

3. 房屋维修管理的内容

由于每一幢房屋几乎都有独特的形式和结构,有单独的设计图纸,因此,房屋维修必须根据不同结构、不同设计、不同情况的房屋,分别制订不同的维修方案,组织不同的维修施工,这就给房屋维修带来了复杂性。此外,房屋维修的广泛性和分散性,还要求对零星、分散广泛的房屋进行组织管理,这也使房屋维修管理呈现复杂性。

房屋维修过程本身存在着各阶段、各步骤、各项工作之间具有一定的工作程序。无论什么样的房屋维修一般都必须经过房屋现场勘察,对其质量和安全进行检测、研究后才能确定维修方案,签订维修合同,组织施工。因此,房屋维修必须严格按维修施工程序进行。同时,房屋维修管理技术要求高;无论是在房屋安全质量检查管理,还是在组织维修施工管理时,都要求管理人员具有较强的房屋建筑工程专业和相关专业的知识,从而能够对房屋维修方案做出正确合理的决策,以便对房屋维修工程质量、工程的成本和进度进行有效控制管理。

房屋维修的管理主要有四项内容:

(1) 对房屋的使用情况进行巡查。通过对房屋的定期、不定期的巡查,及时发现房屋使用中存在的问题和房屋目前的使用状况,对需要修理的房屋和部位做到情况清楚,分清修理的轻重缓急,准确判断修理工作的重点。

(2) 对房屋维修过程的管理。包括对房屋维修计划的编制、维修费用的预算、施工队伍的选择、施工过程管理、质量管理等等。

(3) 依据国家、建设部和房地产主管部门的相应标准,考核各项维修工作的完成情况和质量状况。

(4) 根据房屋使用情况,定期请国家相关部门对房屋的完损等级进行评定。

4. 房屋维修工程分类

房屋维修工程可分为小修工程、中修工程、大修工程、翻修工程和综合维修工程五类。

(1) 小修工程

1) 小修工程的概念。小修工程亦称零星工程或养护工程,是指物业服务企业为确保房屋正常使用,保持房屋原来的完损等级而对房屋使用中的正常的微小损坏进行及时修复的预防性养护工程。这种工程用工少、费用少,综合平均费用占房屋现实总造价的1%以下,并具有很强的服务性,要求经常持续地进行。小修工程的主要特点是项目简单、零星分散、量大面广,且时间紧迫。经常进行房屋的养护工作,可以维护房屋的使用功能,既保证用户正常使用,又能使发生的损坏及时得到修复,不致造成较大的损失。

2) 小修工程的范围。小修工程的范围主要包括以下维修内容:房屋补漏、修补屋面、泛水、屋脊等。钢、木门窗的整修、拆换五金、配玻璃、换窗纱、油漆等。修补楼地面面层、抽换个别楞木等。修补内外墙、抹灰、窗台、腰线等。拆砌挖补局部墙体、个别拱券、拆换个别过梁等。抽换个别檩条,接换个别木梁、屋架、木栓,修补木楼梯等。水、卫、电、暖气等设备的故障排除及零部件的修换等。排水管道的疏通,修补明沟、散水、落水管等。房屋检查发现的危险构件的临时加固、维修等。

(2) 中修工程

1) 中修工程概念。中修工程是指房屋少量的主体构件已损坏或不符合建筑结构的要求，需要牵动或拆换进行局部维修以保持房屋原来的规模和结构的工程。这类工程工地比较集中，项目较小而工程量比较大，有周期性，适用于一般损坏房屋，其一次维修费用是该房屋同类结构新建造价的20%以下。经过中修后的房屋70%以上要符合基本完好或完好标准房的要求。因此，及时地开展中修工程是保持房屋基本完好的有力保证。

2）中修工程的范围。中修工程范围主要包括少量结构构件形成危险点的房屋维修。一般损坏房屋的维修，如整幢房屋的门窗整修、油漆保养、设备管线的维修和零配件的更换等，楼地面、楼梯的维修、抹灰修补。整幢房屋的公用生活设备的局部更换、改善或改装、新装工程以及单项目的维修如排水道重做，整幢房屋门窗的油漆，整幢房屋围墙的拆砌等等。

（3）大修工程

1）大修工程概念。大修工程是指无倒塌或只有局部倒塌危险的房屋，其主体结构和公用生活设备（水电设备等）的大部分已严重损坏，虽不需全面拆除但必须对它们进行牵动、拆换、改装和新装，以保证其基本完好或完好的工程。这类工程具有工程地点集中、项目齐全的特点。其费用是该房屋同类结构新建造价的25%以上。房屋大修工程一般都与房屋的抗震加固、局部改善房屋居住使用条件相结合进行。经大修后的房屋，一般都要求达到基本完好或完好的标准。

2）大修工程范围。大修工程范围一般包括以下维修内容：修复严重损坏的房屋主体结构的维修工程；对整幢房屋的公用生活设备进行管线更换、改善或新装的工程；对房屋进行局部改建的工程；对房屋主体结构进行专项抗震加固的工程。

（4）翻修工程

1）翻修工程的概念。翻修工程是指原来的房屋需要全部拆除，另行设计，重新建造或利用少数主体构件在原地或移动后进行更新改造的工程。这类工程具有投资大、工期长的特点。由于翻修工程可尽量利用原房屋构件和旧料，因此其费用应低于该房屋同类结构的新建造价。一般翻修后的房屋必须达到完好房屋的标准。

2）翻修工程的适用范围。翻修工程主要适用于下列房屋的维修：房屋主体结构全部或大部分损坏，有倒塌危险；因自然灾害破坏不能再使用的房屋；地处陡峭易滑坡地区的房屋或地势低洼长期积水无法排出地区的房屋；主体结构、围护结构简陋无修缮价值的房屋；国家基本建设规划范围内需要拆迁恢复的房屋。

（5）综合维修工程

1）综合维修工程概念。综合维修工程是指成片多幢或面积较大的单幢楼房，大部分严重损坏而进行有计划的成片维修和为改变房屋面貌而进行的维修工程，也就是大修、中修、小修一次性应修尽修工程。这类维修工程应根据各地情况、条件，考虑一些特殊要求，在维修中一次解决。综合维修工程的费用应是该片房屋同类结构新建造价的20%以上，其竣工面积和数量在统计时可不单独列出，可计入大修工程项目中。经过综合维修后的房屋应达到基本完好或完好的标准。

2）综合维修工程的适用范围。以下这些房屋都需要进行综合性维修：该片（幢）大部分严重损坏，或一般性损坏需要进行有计划维修的房屋；需改变片（幢）面貌的房屋。

8.3 物业设施设备管理

随着经济社会的发展，人们对房屋建筑功能的要求越来越高，要求在房屋建筑物内部及小区内装设日臻完善的设备。于是智能化住宅小区及各种用途的智能化房屋建筑逐步发展起来，如闭路电视、自动报警、中央空调、消防联动系统、自动收费系统等，给人们的生产、生活和学习提供了良好的环境，创造了更加舒适、方便的生活和工作条件；同时，这也给物业设施设备管理和维修带来了更新更高的要求。

8.3.1 物业设施设备管理的内容

1. 物业设施设备管理的意义

物业设施设备是房屋的有机组成部分，它与房屋的使用功能协调一致，才能保证充分发挥物业的整体功能和作用。因此，物业设施设备管理是物业管理不可缺少的重要内容。

物业设施设备管理就是指按照一定的管理程序和技术要求，对房屋设备的日常运行和维修进行管理，是保障房屋功能正常发挥的有力保证，也是物业管理工作的重要内容。

（1）是保障业主生活和工作正常进行的必要条件

没有良好的设备运行和维修管理，就不能提供安全、舒适、健康的生活和工作环境，就不能使人们安居乐业。所以，做好物业设施设备管理是保障业主生活和工作正常进行必要条件。

（2）是延长设施设备使用寿命，保障设施设备安全运行的保证

加强设施设备的日常运行管理，可以避免因设施设备使用不当引起的损坏，并保证了设备的安全运行；加强设备的维修管理就可以提高设备性能，排除运行故障，避免事故发生，从而延长了设备的使用寿命，提高了设备的使用效益，也为实现物业保值增值打下良好的基础。

2. 物业设施设备管理内容

物业设施设备管理是物业服务企业根据物业管理总体目标，对物业中的设施设备通过保养、维修等手段，保障物业设施设备可靠、安全、经济地运行，延长设备的使用寿命，并保证创造最大的经济效益的技术管理和经济管理活动。

（1）早期介入和承接查验

早期介入是从规划、设计、设备选型、采购、安装调试到竣工验收的前期管理工作，物业服务企业主要是提供技术支持和方案建议，避免日后使用过程中可能产生的不足或缺陷。承接查验是物业服务企业接管新的物业项目时所进行的验收。承接查验是在竣工验收合格的基础上，依据国家有关规定和物业买卖合同的约定，对物业共有部位、共用设施设备的配置标准、外观质量和使用功能的再检验。

（2）设施设备的运行管理

主要是按照设计要求并根据物业服务项目的需要，对所有运行设施设备进行管理的过程。为保证日常运行工作平稳有序，物业服务企业应建立运行管理制度、制定岗位操作规程，建立安全责任制并落实岗位责任制，还要制定岗位操作人员培训计划，保证操作人员正确的操作设备。在设施设备的运行管理中，重点是落实日常检查，每天执行例行维护作业，在设施设备运行的过程中及时发现不正常情况并予以排除。同时，还要落实定期检

查,根据设施设备的技术指标情况,按规定的周期对设备性能和精度进行全面检查和测量,发现和记录设备异常、损坏及磨损情况,确定修理的部位、更换的零件、修理的种类,并安排计划修理。最后,要落实重点检查,对一些特种设备、专用设备或重点设施设备,借助检测仪器等技术手段进行重点检查,尽早发现设备隐患,减少故障出现。

设备操作人员必须经过专业技术培训、考核合格,具备上岗条件获得操作资格证书后方可上岗操作,操作过程中必须严格执行设备安全操作规程。操作人员负责设备日常的维护保养工作,维护保养要达到清洁、整齐、安全的标准,设备润滑要做到"五定",即定人、定点、定时间、定任务和定质量,各种设备操作记录要做到齐全、正确。

(3) 设施设备的保养与维修

设施设备的保养与维修一般由物业服务企业工程主管部门负责,对设施设备所进行的常规性检查、养护和维修等,包括日常维护保养、一级保养和二级保养。物业设施设备的维修是通过修复或更换零件、排除故障、恢复设备原有功能所进行的技术活动。工程维修人员要根据设备运行状况编制设备的检修、大修工作计划,做好各项修理工作的实施、验收和记录等,保证物业设施设备处于完好状态。

1) 设施设备的保养。设施设备的保养主要包括日常维护保养、一级保养和二级保养。日常维护保养工作主要包括定期检查、清洁润滑、及时发现并排除小故障、做好维护及记录等工作。一级保养是由设备操作人员、维修人员按计划进行的保养维修工作,主要包括对设备局部进行的解体、清洗、调整,以及按照设备磨损规律进行的定期保养等。二级保养是设备维修人员对设备进行的全面清洗、部分解体检查和局部修理、更换或修复磨损零件,保证设备达到完好状态的保养。

2) 设施设备的维修。设施设备维修的主要内容包括零修、中修、大修和设备更新与技术改造。零修是对设备进行日常的保养和检修,以及为排除运行故障而进行的局部修理。中修是对设备进行正常、定期的全面检修,部分解体修理和更换少量的零部件,保证设备能够恢复、达到应有的标准与技术要求,使设备正常运转,更换率一般为10%~20%。大修是对设备定期进行全面检修、全部解体,更换主要部件或修理不合格的零部件,使设备基本恢复原有性能,更换率一般不超过30%。设备更新与技术改造是设备使用达到一定年限,针对其技术性能落后、效率低、能耗大或污染日趋严重等情况,通过更新设备,提高和改善设备的技术性能。

(4) 确定设备管理的经济技术指标

按照行业标准,结合各种设备的技术和运行要求,确定物业设施设备的主要经济技术指标。这些指标主要包括:设备完好率、设备利用率、设备故障停机率、大修计划完成率、设备重大事故率以及设备闲置率等多项指标。

(5) 备品配件管理

为保证设备维修工作按时、按质完成,把突发性故障造成的停机损失减少到最低程度,合理的控制设备计划修理的时间和费用,根据设施设备的数量及技术要求,保证适当的备品配件库存量是备品备件管理的关键。设备备品备件的种类主要包括:

1) 常用备件。设备维修工作中使用频率高、需要数量大的零配件。

2) 易损备件。设备运行中工作频繁、容易磨损或损耗的零部件。

3) 事故备件。为防止设备关键部位发生故障造成停机而准备的替换零配件。

4）修理备件。按规定需要定期更换的零配件或成套配件。

备品备件的管理主要包括制订计划、组织采购；制定定额、保持合理库存；摸索备品备件需求的规律，提高备件管理的科学性；借助现代信息化手段规范管理，提高工作及资金使用效率。

（6）专业承包商管理

按照国家有关规定，将一些特种设备委托给有专业维修及施工资质的承包商进行，包括运行操作、维护保养和修理等。物业服务企业按照专业化分工的原则，为降低服务成本、提高管理效率和服务质量，将专业服务项目委托给专业公司提供服务。物业服务企业要对专业承包商管理进行选择、合同签署、监督合同履行等活动进行管理。

（7）技术档案资料管理。

技术档案资料管理是设施设备管理的基础，从设施设备承接查验到日常的运行、维修保养等，对每一台设备都需要建立登记卡、技术档案、工作档案和维修档案等。对设施设备比较复杂、数量较大、技术要求高的单位，可以借助设施设备管理信息化平台，提高设施设备管理的工作效率和水平。

8.3.2 物业设施设备的构成

物业设施设备主要包括建筑电气设备、给水排水设施设备、空调设施设备、燃气设施设备、电梯以及专业设备。

1. 建筑电气设备

建筑电气设备主要包括供配电系统、照明设备、动力设备、建筑防雷与接地等设备。

（1）供配电系统

1）供配电系统的组成。常规的建筑供配电系统由总降压变电所、高压配电线路、分变电所、低压配电系统和用电设备组成。

2）供电系统的主要设备。供电系统的设备主要由高压配电设备、低压配电设备、配电柜与配电盘、电力变压器等设备组成。

3）供电方式与供电线路。民用建筑的供电方式一般分为树干式、放射式和混合式三种。树干式配电是指各用电设备共用一条供电线路，多用于用电设备的布置比较均匀、用量不大、无特殊要求的场合。放射式配电是指各用电设备至电源都有单独的线路，其优点是各个负荷独立受电，故障范围仅限于本回路；缺点是所需开关和线路较多，建设费用较高；因此放射式配电多用于比较重要的负荷的建筑中。混合式配电是将放射式和树干式相混合的供电方式，兼有以上两者的特点，多用于多层及高层建筑。供电线路的敷设，根据用电设备的容量、电压及使用条件确定，无论是室内线路或室外线路，均有明敷设和暗敷设两种方式。

（2）照明设备

电气照明是建筑供电系统不可缺少的组成部分，照明设备有照明装置和电器两部分组成。照明装置主要是指各类灯具，电器包括照明开关、线路及配电盘等。

1）照明的种类。按照用途将照明分为工作照明、事故照明、值班照明、警卫照明、障碍照明和泛光照明。为保证工作及生活正常进行所采用的照明称为工作照明，有一般照明、局部照明和混合照明三种。照明熄灭后供工作人员暂时继续作业和疏散人员使用的照明称为事故照明，也称应急照明；一般分为疏散照明、安全照明和备用照明三种。非生产时间内供值班人员使用的照明称为值班照明。警卫地区周界的照明称为警卫照明。在高层建筑上或基建施工、开挖路段时，作为障碍标志用的照明称为障碍照明；航空障碍灯是在顶部高出其地面 45m 以上的高层建筑物上必须设置的航标灯，作为航空障碍的标志。使室外目标或场地比周围环境明亮，在夜晚投光照射建筑物外部的照明方式称为泛光照明。

2) 常用的电光源及灯具。根据工作原理，电光源分为热辐射光源和气体光源两种。热辐射光源是利用电流的热效应，将具有耐高温、低挥发性的灯丝加热到白炽程度产生可见光的光源，如卤钨灯、白炽灯。气体放电光源是电流通过气体时，激发气体电离产生放电而发出可见光的光源，如荧光灯、钠灯、汞灯、氙灯等。目前在日常生活中使用较多的灯具有白炽灯、卤钨灯、荧光灯、高压水银灯、新型电光源等。

(3) 动力设备

民用建筑的动力设备主要指电动机，它能将电能转换成机械能，拖动给水排水泵、空调装置、鼓风机、引风机和电梯等机械设备运转。

电动机的种类很多，根据使用电源不同，分为直流电动机和交流电动机；根据工作原理不同，分为同步电动机和异步电动机；按转子结构不同，分为鼠笼式电动机和绕线式电动机。异步电动机也称感应电动机，结构简单、运行可靠、价格便宜、维护方便，可直接使用交流电源。异步电动机有单相与三相，单相异步电动机一般是 1kW 以下的小型电动机，其性能较三相异步电动机差，大部分生产装置及动力设备使用的是三相异步电动机。

(4) 建筑防雷与接地

1) 雷电的作用形式。雷电就是由雷云之间或雷云对大地的放电现象，根据雷电现象形成和活动的形式与过程，雷电的作用形式基本上可以分为直击雷、感应雷和雷电波入侵三种。

雷云直接对建筑物或地面上的其他物体放电的现象称为直击雷。感应雷是间接雷击，是雷电对设备、线路或其他物业的静电感应或电磁感应所引起的过电压，即雷电的第二次作用。雷电入侵波是感应雷的另一种表现，是由于直击雷或感应雷在电力线路的附近、地面或杆塔顶点，从而在导线上感应产生的冲击电压波，它沿着导线以光速向两侧流动，故又称为过电压行波。

2) 建筑的防雷等级。防雷建筑物划分为三类。第一类防雷建筑物主要包括：具有特殊用途的建筑物；存放爆炸物品或经常有瓦斯、蒸汽、尘埃与空气的混合物，容易因电火花发生爆炸，致使建筑物巨大损坏或人员伤亡；国家级重点保护文物的建筑物和构筑物；超高层建筑物。第二类防雷建筑物主要包括：重要的或人员密集的大型建筑物；储存大量易燃物品或在正常情况下能形成爆炸性混合物，但大爆炸不致造成巨大破坏和人身伤亡的；省级重点保护文物的建筑物和构筑物；19 层以上的住宅和高度超过 50m 的其他民用和一般工业建筑。第三类防雷建筑物主要包括：不属于第一类和第二类的范围，但需要做防雷保护的建筑物；历史上雷害事故严重地区的建筑物或雷害事故较多地区的较重要建筑物；高度超过 15m 的烟囱、水塔等孤立的建筑物或构筑物。

3) 建筑的防雷措施。建筑的防雷措施主要有以下几种形式：

①防直击雷的措施。主要是引导雷云与避雷装置之间放电，使雷电迅速流散到大地中去，从而保护建筑物免受雷击。防雷装置由接闪器、引下线和接地装置三部分组成。

②防雷电感应的措施。在建筑物屋面沿周边装设避雷带，每隔 20m 引出接地线一根；

建筑物内所有金属物如设备外壳、管道、构架等均应接地，混凝土内的钢筋应绑扎或焊成闭合回路；将突出屋面的金属物接地；对净距离小于100mm的平行敷设的长金属管道，每隔20～30m用金属线跨接，避免因感应过电压而产生火花。

③防雷电波侵入的措施。防雷电波侵入的措施主要是架空线和变配电所。

架空线。对6～10kV的架空线，采用230～50m的电缆段埋地引入，在架空线终端杆装避雷器，避雷器的接地线应与电缆金属外壳相连后直接接地，并连入公共地网。对没有电缆引入的6～10kV架空线，在终端杆处装避雷器，在避雷器附近除了装设集中接地线外，还应连入公共地网。对于低压进出线，应尽量用电缆线，至少应有5Cm的电缆段经埋地引入，在进户端将电缆金属外壳架相连后直接接地，并连入公共地网。

变配电所。在电源进线处主变压器高压侧装设避雷器。要求避雷器与主变压器尽量靠近安装，相互间最大电器距离符合相关规定，同时，避雷器的接地端与变压器的低压侧中性点及金属外壳均应可靠接地。3～10kV高压配电装置及车间变配电所的变压器，要求在每路近线终端盒各段母线上都装有避雷器。避雷器的接地端与电缆头的外壳相连后须可靠接地。

2. 给水排水设施设备

(1) 给水系统的分类和组成

1) 给水系统的分类。按供水用途可分为生活给水系统、生产给水系统和消防给水系统三类。生活给水系统主要用于民用建筑内部饮用、烹调、洗浴、洗涤和冲洗等的日常生活用水，根据建筑规模和建筑高度，除水量、水压应满足要求外，水质必须满足国家规定的生活饮用水水质标准。生产给水系统主要是工业企业在产品制造过程中所需用水，包括生产设备的冷却、产品和原料洗涤以及锅炉用水等，其水质、水压和水量及安全方面的要求因产品结构、生产工艺不同而差异较大。消防给水系统主要为扑救火灾而设置的给水系统，必须满足建筑设计和防火规范对水量和水压的要求。

上述三种给水系统根据生产、生活和消防用水对水质、水压和水量的要求，结合实际情况，可以采用两种或三种合并的供水系统。

2) 给水系统的组成。给水系统主要有引入管、水表节点、管道系统、给水附件、配水装置、用水设备、升压和储水设备等组成。

(2) 排水系统的分类和组成

1) 排水系统分类。排水系统可分为生活排水系统、生产排水系统和雨水排水系统三类。生活排水系统主要是住宅、公共建筑及工程生活间的污（废）水，按照排水污染程度不同可分为生活污水排水系统（如粪便污水，此类污水多含有有机及细菌，污染较重）和生活废水排水系统（如洗涤污水，污染较轻，可回收利用）。生产排水系统主要是工业企业生产过程中产生的生产污水和生产废水，因工业生产的工艺、性质不同，产生的废水所含杂质、污染物的性质也有很大的区别，根据工业废水的处理和回收利用情况，生产排水系统又分为生产污水排水系统和生产废水排水系统。雨水排水系统主要是收集、排除雨水和冰雪融化水。

以上系统可单独设置，也可将性质相近的污（废）水合流排放。一般情况下，雨水收集系统应单独设置，设有中水系统时，生活污水和生活废水分流排放，其中生活废水可作为中水系统的水源。

2）排水系统的组成。无论是生活排水系统或是生产排水系统，其组成主要包括卫生器具或生产设备受水器、排水管道、通气管、提升设备、清通设备及污水处理相关的构筑物等。

3. 空调设施设备

（1）空调系统的组成

空调系统是采用技术手段把特定空间内部的环境控制在一定状态下，以满足人体舒适或生产工艺的需要，所控制的内容包括空气的温度、湿度、流速、压力、洁净度和噪声等。空调的基本原理是将室内的空气经过空气处理设备冷却、除湿、加热、加湿和净化等处理后送入室内，达到消除室内余热、余湿或为室内加热、加湿的目的，同时通过向室内送入一定量处理过的室外空气保证室内空气的洁净度。空调系统一般由空气处理、输送、室内分配及调节控制四个基本部分组成。

（2）空调系统的分类

1）按空气处理设备的设置情况分为集中式空调系统、半集中式空调系统、分散式空调系统三种。集中式空调系统是将所有空气处理设备冷却器、加热器、过滤器、加湿器和风机等集中设置在一个空调机房内，处理后的空气输送分配到各使用房间，操作上可以严格的控制室内温度，并能对室外空气进行过滤处理，常用于大空间的公共建筑。半集中式空调系统在设置集中空调机房的同时，还需要分散设置空调机房，各使用区域的控制可根据负荷情况自行调节，风机盘管式系统是常见的半集中式空调系统，常用于办公楼、星级酒店等场所。分散式空调系统又称为局部空调系统，其特点是将冷（热）源、空气处理设备和空气输送装置都集中设置在一个空调机内，组成一个紧凑的、可单独使用的空调系统。

2）按负担室内负荷所用的介质将空调系统分为全水系统、空气—水系统和制冷剂系统三种。全水系统是指空调房间的热、湿负荷全部由水作为冷热介质来负担的空气调节系统；由空气和水共同负担空调房间的热湿负荷的空调系统成为空调—水系统；制冷剂系统是将制冷系统的蒸发器直接置于空调房间吸收余热和余湿的空调系统。

3）根据集中式空调系统处理的空气来源将空调系统分为封闭式系统、直流式系统和混合式系统三种。封闭式系统所处理的空气全部来自空调房间，没有室外新风补充，房间和空气处理设备之间的冷、热量消耗最少，但卫生效果差，室内空气质量难以保证。直流式系统空气全部来自室外，室外空气经处理后送入室内，然后全部排至室外，该系统适用于不允许采用回风的场所，如放射性实验室及散发有毒有害物质的车间等。混合式系统是综合考虑满足卫生要求和经济合理要求而采用的混合一部分回风的空调系统。

4）其他分类方法。根据系统的风量是否固定分为定风量系统和变风量系统；根据风道内空气流速高低分为低速（8～12m/s）空调系统和高速（20～30m/s）空调系统；根据用途不同分为工艺性空调和舒适性空调；根据控制精度分为一般空调系统和高精度空调系统；根据运行时间不同，分为全年性空调系统和季节性空调系统。

4. 燃气设施设备

（1）燃气的种类

按照燃气来源和生产方法的不同，主要分为天然气、人工煤气、油制气、液化石油气等。

1) 天然气。从自然界直接开采得到的不需要加工即可使用的气体燃料，一般分为气田气、油田伴生气、凝析气田气、煤层气和矿井气五种。

2) 人工煤气。以煤为主要原料制取的可燃气体，按其生产方式不同可分为干馏煤气、高炉煤气、发生炉煤气、水煤气和高压气化气。

3) 油制气。以石油为原料，通过高温及催化剂作用下裂解而获得的燃气，主要成分为烷烃等碳氢化合物。

4) 液化石油气。石油炼制过程中的副产品，主要来源于炼油化工厂，其主要成分为丙烷、丁烷和丁烯。

(2) 燃气用户类型

1) 城市居民用户。城市居民用气主要用于炊事、生活热水、分户采暖，其特点是用气时段相对集中，城市管网比较复杂。

2) 公共建筑用户。主要用于职工食堂、餐饮、宾馆、学校、医院、机关等的炊事、生活热水和集中采暖。

3) 工业用户。将燃气用于生产工艺的热加工或清洁能源，一般用气量比较集中且用量大，如城市集中供暖的热电联供卷烟厂和玻璃厂等等。

(3) 燃气设施设备

1) 燃气输配系统。燃气输配系统是一个复杂的系统工程，主要构成有：低压、中压、次高压、高压等不同压力等级的燃气管网；中低压调压站、高中压调压站；燃气储配站（包括气柜、压缩机站、计量站、调压间）；调度监控系统。

2) 常用的民用燃气用具。常用的民用燃气具包括单眼灶、双眼灶、嵌入式灶、燃气自动饭煲、便携式丁烷气体灶、家用燃气热水器等。北方地区新建的民用住宅，采用分户采暖供热方式的常选用小型燃气热水器。

3) 公共建筑的燃气设备。公共建筑常用的燃气设备主要有以下几类，一是用于餐饮的燃气灶具包括多眼中餐灶、大锅灶、蒸箱、烤箱和西餐灶等；二是用于生活热水的设备主要有燃气热水器、小型锅炉等；三是用于空调系统的设备，主要是燃气空调机组、燃气发电机组。

4) 工业项目的燃气系统。使用天然气作为能源的工业项目，主要是为了降低污染物排放，减轻生产过程对环境的污染。目前，工业生产使用天然气的用户主要有发电厂、钢铁厂和卷烟厂等。

不同种类的燃气不能在同一燃具上相互通用，因此选择燃气用具时应注意使用的气源种类。

5. 电梯

(1) 电梯的分类

电梯属于特种设备，通常采用以下几种分类方式：

1) 按使用性质分类。电梯根据用途分为客梯、货梯、客货电梯、消防电梯、观光电梯以及其他专用电梯。

2) 按运行方式分类。根据运行方式不同，电梯分为直升电梯和自动扶梯。直升电梯靠曳引机并通过钢丝绳传动上下垂直运行。自动扶梯是靠齿轮传动的开放式传输电梯。

3) 按运行速度分类。按行驶速度分为高速电梯、中速电梯和低速电梯。速度大于

2m/s 的电梯为高速电梯;速度为 1~2m/s 的电梯为中速电梯;速度在 1m/s 以内的电梯为低速电梯。

4) 按拖动方式分类。按拖动方式分为交流电梯、直流电梯、液压电梯、齿轮齿条式电梯和螺旋式电梯。采用交流电动机拖动的电梯为交流电梯。采用直流电动机拖动的电梯为直流电梯。靠液压驱动的电梯为液压电梯。依靠齿轮与固定在构架上的齿条之间的啮合来驱动轿厢上下运行的电梯为齿轮齿条式电梯。通过螺杆旋转带动安装在轿厢上的螺母使轿厢升降的电梯为螺旋式电梯。

5) 按控制方式分类。根据控制方式不同,电梯可分为手柄操纵控制电梯、按钮控制电梯、信号控制电梯、集选控制电梯、并联控制电梯、集群控制电梯和智能控制电梯。手柄操纵控制电梯由司机操纵轿厢内的手动开关,一般为载货电梯。按钮控制电梯通过操纵层门外侧按钮或轿厢内按钮发出指令,使电梯停靠、运行。信号控制电梯是将层门外上下呼叫信号、轿厢内选层信号和其他各种专用信号加以综合分析判断,由电梯司机操纵轿厢运行的电梯,自动控制程度较高。集选控制电梯可将层门外上下呼叫信号、轿厢内选层信号和其他各种专用信号加以综合分析判断后,自动决定轿厢运行。并联控制电梯是将若干台电梯集中排列,共同接收层门外呼叫信号,按编程设计的顺序自动调度、确定运行状态的电梯。集群控制电梯是多台电梯进行集中排列,集中调度和控制的电梯,利用负载自动计量装置及计算机管理系统,根据不同时段客流量选择运行电梯。智能控制电梯应用先进的计算机技术,以心理性等候时间最短为原则,提高分配的准确性。

(2) 电梯的组成

电梯一般由机房、轿厢、井道和层站组成。

1) 机房。机房是电梯的重要组成部分,是安装曳引机、电气控制柜、限速器的房间。

2) 轿厢。轿厢是用来运送乘客或货物的组件。

3) 井道。井道是为轿厢和对重装置运行而设置的空间,由顶板、井道壁和底坑组成。

4) 层站。层站是指各楼层用于出入轿厢的平台,包括楼层显示器、自动厅门钥匙开关、手动钥匙开关、厅门呼梯钮等。

6. 专用设备

随着房屋设计标准的提高,房屋专业设备的智能化程度越来越高,种类也越来越齐全。在高档房屋建筑中,一般配有备用电源和直饮水系统;少数的高档写字楼则装配厨余垃圾处理系统和中央吸尘、碎纸系统等专用设备。

(1) 备用电源

民用建筑中常用的备用电源有备用发电机组、UPS 不间断电源等。备用电源的作用是,当市政供电系统出现问题或出现紧急状况造成电力供应中断时,由备用电源提供不间断的电力供应,保证应急照明、消防紧急用电等临时用电。

(2) 直饮水系统

运用生化与物化技术,对市政管网的生活水进行深度处理,除去水中有机物、细菌、病毒等对人体有害的物质,保留对人体有益的微量元素和矿物质,同时采用符合卫生要求的管材设置独立循环供水管路,将净化后的水送入使用终端,供用户直接饮用。

(3) 厨余垃圾系统

厨余垃圾是指生活饮食中的来源生料及成品或残留物,包括剩菜、剩饭、菜叶、果皮、蛋壳、茶渣等。厨余垃圾的排放和处理目前国家还没有强制性标准；目前国内使用较为常见的厨余垃圾处理设备包括油水分离设备、垃圾粉碎设备、垃圾脱水设备等，经上述设备处理后的污水检测达标后排放至市政污水系统，油脂送入化工企业作为原料使用，脱水后的厨余垃圾体积能够缩小5倍以上，可进入市政垃圾处理系统进行处理。

(4) 中央吸尘、碎纸系统

中央真空碎纸吸尘是一种全新的室内清洁方式，是一个由吸尘主机、吸尘管网、吸尘插座、吸尘软管及刷头等组成的一体化的吸尘系统，用户只需将吸尘软管插入吸尘插座或碎纸机碎纸开始即可开启动系统；灰尘、碎纸、虫螨病菌等都将通过埋于墙内的集尘管道，送到远离办公空间的吸尘主机中。其特点是隐蔽式中央管网系统可以避免二次污染，除尘效率高，对大于0.3微米的颗粒过滤效率高达97%，比传统吸尘器更便捷可靠。

8.4 物业环境管理

8.4.1 物业环境管理

物业环境一般是指某个物业管理区域内的环境，是与业主和使用人的生活、工作密切相关的各种外部因素的总和。

1. 物业环境的分类

根据物业的用途，一般将物业环境分为生活居住、生产、商业和办公环境四类。

(1) 生活居住环境

生活居住环境分为内部环境和外部环境两部分。内部环境主要是指住宅的内部环境因素，包括建筑类型、隔热与保温、光照、通风、室内空气质量、装修材料、装修风格、设施设备配置等因素。外部环境是指物业所在区域与居民生活密切相关的各类公共建筑、文化教育、公共设施、交通、医疗、绿化等设施设备的情况，包括建筑密度、市政公共设施、周边环境等因素。

(2) 生产环境

为从事产品生产的工业企业提供的配套设施、环境及条件称为生产环境，包括交通运输、供水、供电、通信等基础设施。

(3) 商业环境

商业环境是指用于商业目的的商场、酒店、餐馆、商业写字楼、娱乐场所等所在区域的环境条件，包括城市规划中的区域功能定位、公共交通、市政配套设施等周边环境。

(4) 办公环境

办公环境是指以行政办公为目的的政府、事业单位的办公楼，以及各类企业办公所用的写字楼、办公楼等办公设施的环境情况，包括室内环境和室外环境。

2. 物业环境管理的内容

(1) 物业环境保护

物业环境保护是指物业服务企业按照国家环境保护的法律法规，采取各种行之有效的措施，防治物业管理区域内大气、污水、固体废弃物、噪声等污染源可能对物业环境造成的污染，保证废气、废水达标排放，减少噪声对环境的影响，减少垃圾的产生并妥善处理已产生的垃圾。

(2) 环境绿化

物业环境绿化是指按照环境设计的要求,借助外来植物、增加人文景观,从功能、装饰和分隔空间的角度改善区域环境的种植栽培活动。

(3) 环境卫生

物业环境卫生是一项经常性的管理服务工作,目的是为业主和使用人提供洁净、宜人的工作生活环境。其服务内容包括对物业管理区域清扫环境卫生、收集和清运生活垃圾、清除公共设施和楼宇污渍、维护保养卫生设施、灭杀公共场所的"四害"等害虫,以及对公共场所设施进行消毒管理等。

(4) 物业区域内临时建筑的管理

物业服务企业在服务过程中,对物业管理区域内的临时建筑负有管理、协调的责任,从维护业主权益的角度有义务做好防止和清除物业区域内的违章搭建工作。

(5) 人文环境管理

物业服务企业在服务过程中,以构建和睦共处、互帮互助的生活环境,互利互惠、温馨文明的商业环境,健康、有序、舒适的办公环境,安全、协作的生产环境为目的,采取多种形式开展的人文环境管理活动。

3. 物业服务中常见的污染及防治

(1) 物业服务中常见的污染主要有大气污染、水污染、噪声污染和生活垃圾污染等

1) 大气污染。大气污染是指物业区域内由自然灾害或人为活动造成的对大气的污染,其来源物主要有两个方面:一是生活污染源,主要有用于生活热水供应的锅炉污染物排放,餐饮部门未经油烟净化处理的油烟无序排放,装修过程中使用达不到环保标准的装饰材料释放的有毒、有害的气体等。二是工业污染,即工矿企业在生产过程中燃料燃烧排放的粉尘、烟雾等无机或有机化学物质。

2) 水污染。各类物业在生产服务过程中产生的水污染主要有工业废水、医疗废水和生活废水等,工业废水及医疗废水中可能含有酚、氰化物、砷、汞、铅等有毒物质,必须经过单独处理达到排放标准后才能排放,居住小区水污染主要是生活废水污染。

3) 噪声污染。物业管理区域噪声污染主要有设施设备运行过程中产生的噪声,营业性文化娱乐场所及集体或家庭的自娱自乐活动产生的噪声,餐饮、休闲活动场所的动力运行、设备运行等产生的噪声等等。建筑施工中,各种动力机械进行挖掘、打洞、搅拌、运输材料和构件产生的噪声对居住、办公产生的干扰最为严重。

4) 生活垃圾污染。生活垃圾主要是厨房垃圾、废塑料、废纸张、碎玻璃以及金属制品等等。

(2) 物业污染防治

1) 室内大气污染防治。室内大气污染是物业服务过程中常见的污染源,其防治措施主要有三种:一是严格控制污染源,在装修过程中,选用环保型装修材料,尽量减少使用化学物质较多的材料,装修后要经过一段时间释放有害气体后才可入住。二是在日常使用中,减少化学合成产品的使用,减少使用空气清新剂、杀虫剂等物品。三是加强室内通风换气,增加新鲜空气量;有条件的可以使用空气净化装置、活性炭吸附材料等改善室内空气质量;适当种植一些如红豆杉、绿萝、吊兰等绿色植物。

2) 水污染的防治。一是要加强宣传教育,提倡节约用水,从源头上减少污(废)水

的排放量。二是采用新工艺、新技术,实现废水达标排放。三是提高循环利用率,提高中水回收再利用的比例。

3) 噪声污染的防治。一是限制车辆进入物业区域,禁止车辆在物业区域内特别是居住区内鸣笛。二是加强管理和宣传,减少和控制生活噪声对居民小区或办公区域的影响。

4) 生活垃圾管理。一是根据物业范围的功能、用途及垃圾产生的数量,合理布设垃圾收集设施的数量和规模,包括垃圾桶、垃圾袋和垃圾箱等,并及时对生活垃圾进行收集和清运。二是加强装修建筑垃圾的管理,必须做到单独收集、及时清运。

4. 物业环境管理的目标

随着国民经济的发展和人民物质生活水平的提高,伴随着工业化和城市化进程的加快,人们对环境质量的要求越来越高,安全、健康、绿色、环保已成为人们追求的环境目标之一;为此,加强物业服务全过程的环境管理与控制,提高物业管理的环境管理水平,实现环境的保护和改善是物业服务企业义不容辞的责任。物业环境管理的目标就是要根据实际情况,瞄准国际水准,按照 ISO 14000 系列标准的要求,采取切实有效的措施,实现物业服务的高效与环保。

8.4.2 保洁服务

物业服务企业的保洁工作,是指经过专门培训的服务人员,使用专用的清洁设备、工具和试剂,按照科学的方法、规范的操作,定时、定点、定人进行垃圾的分类收集、处理和清运,对各种保洁对象进行有针对性的清洗和护理,保持其应有洁净度的一项专业化的服务工作。保洁服务的目标是维护物业管理区域内公共部位的清洁卫生,保持环境清洁,提高环境效益。

1. 保洁服务的主要内容

(1) 室外公共场所保洁

室外公共场所主要有道路、花坛、绿地、停车场地、建筑小品以及公共健身器材等。室外公共场所保洁的重点是做好地面清扫、绿地维护、建筑小品维护和保洁等工作。

(2) 室内公共场所保洁

常规物业服务的室内保洁是指室内公共空间和公共区域,主要是围绕办公楼、宾馆、商场、居民住宅楼等楼宇内进行的保洁,包括楼内大堂、楼道、大厅等部位的卫生清扫、地面保洁、地毯清洗、门、窗、玻璃、立柱等的擦拭、清洁、消毒,公共卫生间的清扫、保洁、消毒等等。特定区域的日常保洁服务应根据所管理物业的类型不同,在服务合同中另行约定。

(3) 楼宇外墙保洁和保养

楼宇外墙保洁和保养主要是指楼宇的外墙保洁和墙面的保养,以及雨篷等楼宇的附属设施维护。高层外墙清洗具有危险性和复杂性,技术要求高,一般委托给专业清洗公司负责。

(4) 物业项目接管后的开荒保洁

一般情况下,建筑施工装修竣工后,施工单位会对现场进行常规清理,但无法满足直接投入使用的要求。物业服务企业接管物业项目以后,要对施工中遗留的各种垃圾、污垢等进行专业保洁,才能具备使用条件。

(5) 专项保洁

主要包括石材翻新、结晶和养护，地板、家具打蜡抛光保养，以及不锈钢清洗保养、地毯清洗护理、饮水机清洗、空调清洗、油烟机及油烟道清洗等等。

（6）公共场所卫生防疫管理

主要包括公共场所传染病控制和杀虫、灭鼠。公共场所包括旅店、文化娱乐场所、公共浴池、图书馆、博物馆以及医院候诊室等。就目前物业管理范围而言，重点涉及的是住宅小区、宾馆、商场以及办公楼等公共场所的消毒问题。公共场所有许多病媒昆虫、动物，它们容易在人群居住地区传播疾病，尤其是苍蝇、老鼠、蚊子、蟑螂等，因此物业服务的重要内容之一就是要做好公共场所的卫生防疫工作。

2. 物业服务保洁标准

在开展物业服务过程中，物业服务企业都要建立各种可量化的标准指导和检查日常服务工作。一般情况下，物业企业要根据物业项目的类型和业主的需求，制定各项服务内容和标准，与业主在物业服务合同中予以约定。目前，从我国物业管理的发展现状来看，国家或地方制定的物业服务标准仅有住宅小区的物业服务标准，例如中国物业管理协会制定了普通住宅小区物业管理服务等级标准，北京市制定了住宅物业服务的标准等等。以北京市住宅小区物业服务二类标准为例，物业服务保洁标准的主要内容如下：

（1）环境卫生

1）生活垃圾的收集、清运。

①按有关规定和标准实行垃圾分类。

②配置密闭式垃圾收集容器，有分类标志。

③每月至少清洗 1 次垃圾收集容器。蝇、蚊滋生季节每 3 日喷洒 1 次杀虫药。

④每日清运 1 次生活垃圾到指定的垃圾消纳场所，不得乱堆乱倒。

⑤垃圾清运车外观整洁。

2）物业共用部分清洁。

①楼内。大堂、一层候梯厅应每日清扫 1 次、每周清拖 2 次大堂、一层候梯厅地面。每月擦拭 2 次信报箱、大堂玻璃。楼道、楼梯应每周清扫 2 次、每月清拖 1 次楼道、楼梯地面。每月擦拭 1 次楼梯扶手、栏杆、窗台、防火门、消火栓、指示牌等共用设施。

②电梯轿箱。每日擦拭 1 次电梯轿厢门、面板。每日清拖 1 次轿厢地面。

③天台、屋面。雨季前、雨季期间各清扫 1 次天台、屋面。每季度巡查 1 次天台、内天井，有杂物及时清扫。

④楼外道路及设施。每日清扫 1 次楼外道路。每季度清洁 1 次楼外公共照明及共用设施；每半年清洁 1 次雨篷、门头等。

⑤水景。根据水质情况进行消毒净化处理。使用期间每周清洁 1 次水面；每年清洁 2 次水池池底。

⑥有害生物预防和控制。配合相关部门进行有害生物预防和控制。投放药物应预先告知，投药位置有明显标志。

⑦雨雪天气清洁。雨后对小区内主路、干路积水进行清扫。降雪时，及时清扫积雪，铲除结冰。每日检查 1 次清洁质量，做好记录。

（2）保洁服务工具及设备

1）普通保洁工具。

①抹布。保洁过程中最常用的工具，一般要选用柔软并有一定吸水性的棉制毛巾。
②扫帚。用于清扫地面较大碎片和杂物的手工工具，分为大扫帚和小扫帚。大扫帚又叫长柄扫帚，主要用于清扫室外地面；小扫帚又叫单手扫帚，主要用于清扫室内地面。
③簸箕。用于收集、撮起集中的垃圾，然后将之倒入垃圾容器内的手工工具。可分为单手操作式、三柱式和提合式。
④拖布。用布条或棉纱安装在手柄上制成的用于室内地面清洗作业的手工工具。
⑤尘拖。尘拖又叫尘推、干式拖布、除尘拖布，是清除室内地面尘土、沙砾的手工工具。
⑥玻璃保洁器。是用来清洁各种高度的门窗玻璃及玻璃隔断的手工工具。
2) 电动保洁设备。
①吸尘器。用于地面、墙面和其他平整部位吸灰尘、污物的专用设备，是保洁工作中最常用的设备之一。
②吸水机。吸水机是清除积水的专用设备，主要用于吸取地面积水，对于吸取地毯水分加快干燥也非常有效，是大厦服务中不可缺少的保洁工具之一。
③地毯清洗机。用于协助清洗地毯，主要由吸力泵、污水箱、净水箱、强力喷射水泵、电动机等零部件组成，采用真空抽吸原理工作，常用的有干泡地毯清洗机和喷气抽吸式地毯清洗机两种。
④抛光机。抛光机是专用做地面抛光的机器，启动时电动机带动底盘作高速旋转，使底盘对地面进行高速软摩擦，达到抛光的目的。
⑤洗地机。洗地机又叫刷地机，由机身、水箱及地刷和针盘组成，主要用于硬性地面清洗或地面抛光，是大楼保洁不可缺少的保洁设备之一，有单盘式和多盘式两种。
⑥高压冲洗机。高压冲洗机用于外墙和其他需要高压水冲洗的专用设备。由高压泵、电动机、高压管及射水枪组成，利用电动机加压喷射出高压水流，启动时能产生强烈的冲击水流，达到清除灰尘、泥浆和其他污垢杂质的作用。
⑦扫地车。扫地车是用做大面积地面保洁的设备，适合厂房、仓库、车场和户外空旷地方的地面保洁。
⑧吹干机。吹干机又称吹风机，利用电动机转动加速空气流动使被吹物体尽快干燥，主要用于地毯保洁后吹干或地面打蜡后吹干。

8.4.3 绿化养护服务

1. 绿化对环境的影响

广义的绿化泛指所有增加植物、改善环境的种植栽培园林工程等行为。狭义的绿化，是指按照环境设计的要求，借助外来植物、增加人为景观和评判标准的种植栽培活动，可细分为园林、公园、景观和小区等。绿化对环境的影响主要体现在以下几个方面：

（1）补充空气中的氧。植物在进行光合作用时，吸收空气中的二氧化碳，放出氧气，空气中60％的氧气是由森林、绿地制造的。

（2）吸收大气中的有害气体。许多植物具有较强的吸收过滤大气中有害气体的作用，地球上的植物每年为人类处理掉近千亿吨的二氧化碳。如铁树、美洲槭能吸收空气中苯、醛、酮、醇、醚等。

（3）防尘。植物叶面和茎的表面，能拦截、过滤、吸附或粘着悬浮于大气中的颗粒物。吸滞颗粒物的植物经雨雪水冲洗后,可以恢复其吸尘能力。

(4) 防风。绿化是防风的有效措施之一,森林的防风作用更明显。

(5) 减噪。树木与植物能起到隔声墙与消声器的作用。

(6) 灭菌。多种植树木和花草可以减少借助于空气传播的疾病。

(7) 净化水质。树木有吸收水中溶解物质的作用。有色、有味、混浊和含细菌的污水流过森林后,水的色度降低,异味减弱或消失,透明度升高,细菌的含量明显减少。

2. 绿化的特点

(1) 园林绿化的特点

1) 园林绿化是提高人们生活质量、改善生活和居住环境的公共事业。

2) 园林绿化受相关法律的保护,如《环境保护法》、《城市规划法》、《建筑法》、《城市绿化规划建设指标的规定》以及《城市绿化条例》等。

3) 随着人们对环境质量要求的提高,许多新技术、新材料在绿化工程中的应用日益增加,对绿化管理带来新的挑战。

(2) 建筑物内部空间绿化的特点

1) 增加室内的自然气息,装饰美化室内空间。植物是大自然生态环境的主体,通过绿化将室内的生活、学习和工作的空间变成"绿色空间",是环境改善最有效的手段之一。

2) 净化室内空气,改善室内空气品质。植物经过光合作用吸收二氧化碳、释放氧气,从而增加室内空气中氧的含量;通过植物的叶子吸热和水分蒸发调节室内气温;吸收有害气体、杀灭细菌,从而能净化空气,减少空气中的含菌量。

3) 突出空间的分隔作用。以绿化分隔空间的范围是十分广泛的,如某些大的厅堂需要分隔成小空间的,可用绿化进行分隔;某些有分隔作用的围栏,可以利用绿化加以阻隔;绿化在室内的连续布置,特别在空间的转折、过渡之处,放置富有装饰效果的植物或花卉,更能够起到强化空间、突出重点的作用。

3. 绿化养护的主要对象

(1) 室外绿化工程。根据物业项目的不同,住宅小区、医院、学校、公共建筑以及工业项目等,根据物业项目类型的特点,按照规划设计配套的绿化工程。

(2) 室内绿化。为改善室内环境,在物业公共空间、办公区域、休闲会所等摆放的花卉盆景等。

4. 绿化养护的主要方法

(1) 土壤管理

土壤质地一般分为沙土、壤土和黏土。沙土通气性、透水性强,但保水、保肥性能弱;黏土保水、保肥性能好,但通气透水性弱;壤土兼有二者优点。土壤管理的重点是根据当地气候特点并结合土壤质地,做好水、肥管理。

花卉盆土,一般要求疏松、肥沃、富含有机质和钙质的壤土。花卉盆土也可根据各地的具体情况就地取材,选用来源广泛、成本低、不带病虫、无污染的培养材料,常用的材料有腐叶土、泥炭土、田园土、砂石类和骨粉等。

(2) 施肥管理

当土壤里不能提供绿植生长发育所需的营养时,进行人为的营养元素补充的行为。

1) 施肥对土壤的作用。施用有机肥料或无机肥料的目的都是为了增加土壤养分。无机肥料大多易于溶解，施用后除部分为土壤吸收保蓄外，可以被植物立即吸收。有机肥料，除少量养分可供植物直接吸收外，大多数需经微生物分解，分解过程中还会产生二氧化碳、各种有机酸和无机酸，二氧化碳除被植物吸收外，溶解在土壤水分中形成的碳酸和其他各种有机酸、无机酸可以促进土壤中难溶性矿质养分的溶解，增加土壤中有效养分的含量。

2）常用的化肥及使用方法。

氮肥。常见的肥料有尿素、硫酸铵和硝酸铵等，它们是供给速效氮的主要肥源，是植物合成蛋白质的主要元素之一。使用时可配制成浓度低于0.1%的溶液，过多则会造成植物脱水死亡。

磷肥。过磷酸钙及磷矿粉是磷的来源之一，有助于花芽分化、能强化植物的根系，并能增加植物的抗寒性。它们的肥效较缓慢，在盆栽培花卉里较少使用，花卉栽培中磷的获得往往是施用复合磷肥。过磷酸钙做追肥时先加水50～100倍，浸泡一昼夜后取上面澄清液浇灌。

钾肥。钾是构成植物的灰分的主要元素，钾可增强植物的抗逆性和抗病力，是植物不可缺少的元素之一。常用的钾肥有氯化钾和硫酸钾，使用时可配制成浓度低于0.1%的溶液追施。

复合肥。复合肥的种类较多，是指成分中含有氮、磷、钾三要素或其中的两种元素的化学肥料。常见的磷酸二氢钾、俄罗斯复合肥、二铵等，在追施时可配成浓度为0.1%～0.2%的水溶液。一些花卉专用肥，如观叶花卉专用肥、木本花卉专用肥、草本花卉专用肥、酸性土花卉专用肥、仙人掌类专用肥及盆景专用肥等，在花卉市场有售，按说明使用即可。

微量元素。微量元素在植物发育过程中需用量较少，一般情况下土壤中含有的微量元素足够花卉植物的生长的需要，但有些植物在生长过程中因缺乏微量元素而表现失绿、斑叶等现象，应根据具体情况补充微量元素。

3）施肥应注意的事项。一是有条件的话多施有机肥，提高土壤缓冲能力；二是根据土壤养分水平和植物对营养元素的需求情况，合理施用化肥；三是均匀施肥，同等数量的化肥，局部施用会造成土壤溶液浓度急剧升高，伤害植物根系，全层施肥，可使肥料均匀分布，使植物免受伤害。

（3）水分管理

不同种类的绿植习性不同，对水的需求和管理差异很大，蕨类植物、兰科植物、秋海棠类等喜湿花卉要多浇水；景天科、仙人掌科、龙舌兰科等喜干旱的花卉要少浇水；球根类花卉浇水不能过多。南方雨水相对较多，在绿植的养护管理上，既要注意少雨季节的浇水，又要注意雨季的排水。北方地区关注的重点是浇水。

1）室外绿植。根据规划设计有组织进行的室外区域绿化，一般都设置有系统的浇水和排水设施，可根据绿植品种的不同选择浇水的次数和浇水量。春季时一般花卉每隔2～3天浇1次水，以后随着气温的升高，逐渐增至每天浇1次水，至7月高温阶段每天浇2次水。浇水时间宜于上午10点至下午4点之间。

2）盆花。根据花盆的大小和质地确定浇水量，一般情况下，容积较小的花盆，盆土干燥快，浇水次数要适当增加；质地疏松、渗水性能好的泥盆，通过盆壁蒸发丧失的水分比花卉消耗的水分还多，应多浇水；质地细密，渗水、透气性能差的陶盆、釉盆、紫砂盆应少浇水；不透水不透气的塑料盆，更应少浇水。

（4）养护管理

绿植花卉的养护管理主要是通过修剪整形和保护等措施实现的。修剪整形是通过人工方式保持绿植的形状整齐，提高观赏价值；保护主要是根据绿植的品种、生长年限、南北方气候等情况，采取各种预防措施避免和降低绿枝生长过程中受到的意外损伤、人为伤害、病虫灾害等。

1）短截。剪掉枝条先端的 1/3～3/4 叫短截，目的是终止枝条无止境的延伸。同时促使剪口下的腋芽萌发，从而长出更多的侧枝，增加着花部位，使株形丰满圆浑。为了使树冠的外围延伸扩大，各级枝条层次分明，剪口应位于 1 枚朝外侧生长的腋芽上方。

2）除叶。除掉黄叶、病虫害的叶片和遮花盖果的叶，保持植物美观。

3）摘心。将枝条的顶芽剪掉，去除顶端优势，促进腋芽生长，形成多分枝的丰满株丛，使植株多开花，如四季海棠、一串红等。

4）疏剪。植株内部枝条过密时，从基部疏掉一部分交叉枝、内向枝、病虫枝、徒长枝和衰老枝条，防止树形紊乱，保持层次分明、通风、透光和开花。

5）抹芽。抹去花卉的腋芽、嫩枝，可节省养分、促使主干健壮。

6）疏花、疏果。为避免幼果自然脱落，进行疏花处理，可以保证留下的果实质量。

7）草坪。对草坪的修整主要是使用剪草机将生长过高的草坪修剪至适宜的高度，提高观赏性的同时保证草坪的健康生长。

（5）病虫害防治

按照以预防为主的原则，消灭病原物或抑制其发生与蔓延，提高植物的抗病能力，抑制病害的发生和发展，特别是避免造成公害和人畜中毒。病虫害防治的主要方法和措施：

1）化学防治。利用农药及化学药剂消灭病原物，防治绿化植物病虫害的方法。

2）物理防治。物理防治是利用简单工具采用诱杀、阻杀、人工捕杀、热力、辐射等防治病虫害的方法。

3）生物防治。根据自然条件和病虫害发生的情况，利用害虫的天敌或利用微生物、激素等方法防治绿化病虫害的方法。

5. 环境绿化的配置与设计

（1）室外绿化的配置

室外绿化植物不仅在视觉上有高低、远近、粗细以及层次的变化，还要考虑各种植物的生长、形态和观赏特点以及符合其生态要求等因素进行合理的种植。从功能上要满足人们对生活和环境的要求，功能分区合理；以生态性为重点，突出绿色植物的重要作用；以安全、舒适和美观为原则，满足不同年龄段人员的休息、娱乐、活动和交流的需要。

1）地面绿化。结合地形、地貌、水体、植物、活动场地、小品建筑进行总体地面植物的配置。

2）屋顶绿化。根据不同生态条件、植物的习性及具体的屋顶环境条件对植物的影响，种植耐旱、移栽生命力强、抗风力强、外形较低矮的植物。

3）停车场绿化。分为边界绿化、车位间绿化和地面绿化及铺装等。

（2）室内绿化的配置

1）室内绿化植物选择。室内绿化植物的选择主要应考虑以下几个方面的因素：一是适宜性；根据室内光照条件和温度、湿度条件，选择季节性不太明显、在室内容易成活的植物。二是观赏性；根据环境设计的要求，选择适合大众审美观点的形态优美、观赏性强、装饰性强的植物。三是协调性；植物配置还要考虑植物的形态、质感、色彩和品格是否与房间的性质、用途、空间体量相协调。

2）室内绿化的主要形式。盆栽、盆景和插花是室内绿化的主要形式。盆栽是室内绿化最为普遍的装饰品，不受空间地形的限制，摆设灵活，养护管理方便。盆景是把植物、山石等材料，经过精心设计和艺术加工布置在陶盆等容器内而形成的自然风景的缩影。插花是以切取植物的可观赏的枝、叶、花、果等材料，利用植物的自然美态，经过巧妙布置，插入容器中，构成可观赏的艺术品。

(3) 室内绿化的设计

1）门厅的绿化设计。门厅绿化是室内绿化的重要环节，在整体景观上要注重珍、奇、高、大，在植物的选择上要选择经过一定艺术加工、富有寓意的植物盆景；为突出主景，可配置一些色彩夺目的小观叶植物或鲜花作为配景，门厅的边沿及转角处可布置一些观赏价值较高的花卉。适用于门厅、大堂前厅布置的主要花木有散尾葵、棕竹、绿萝、巴西铁、袖珍椰子、发财树、龟背竹以及八角金盘等等。

2）走廊的绿化设计。走廊的绿化和景观应带有休闲色彩，使人漫步于此有轻松愉快的感觉。可以采用形态多变的攀援或悬垂性植物，营造轻松、愉快的环境氛围。

3）楼梯的绿化设计。楼梯是连接上下的垂直交通路线，其转角平台处是装饰的理想地方，靠转角处可摆放形态优美、苗条的植物加以遮挡，或悬挂一些悬垂性植物进行绿化。

4）会议厅室的绿化设计。根据会议厅室的用途不同、举办会议的主题不同，在绿化设计上也会有很大的不同。例如，布置严肃性的会场，一般采用对称均衡的形式布置，显示出庄严和稳重的气氛；选用常绿植物为主调，适当点缀少量色泽鲜艳的盆花，使整个会场布局协调，气氛庄重。布置节日庆典会场，应根据节日的季节和庆典的规模，选择色、香、形俱全的植物；以组合手法，布置花带、花丛及高大的植物造型并配以插花等，使会场气氛轻松、愉快、温馨、祥和。

5）办公室的绿化设计。办公室的绿化设计应体现清静、高雅、舒适、大方的特点，可以用少量的中小型观叶、观花植物进行点缀，力求简洁明快，转角或转折点可以点缀中型花木。适用于办公室绿化的植物有散尾葵、龟背竹、观叶秋海棠、兰花以及文竹等。

8.4.4 物业环境管理的机构设置和制度建设

1. 物业环境管理机构设置方式

物业管理区域的环境管理是物业服务的重要内容之一，由于环境管理涉及的服务内容具有综合性、专业性相结合的特点，因此物业环境管理模式是物业环境管理机构设置的关键。

(1) 自行管理方式

物业服务企业对在管物业的环境管理工作需设立环境管理运行部门（如绿化保洁部或管家部），具体负责日常的保洁、绿化等服务工作。在绿化保洁部中，设部门经理（主管）、技术员、仓库保管员和保洁员等岗位，具体的机构要根据所服务的物业的类型、布局、清洁对象和规模大小来决定。

(2) 组合式

物业管理区域的环境绿化管理工作一部分由物业服务企业自主承担、一部分委托给专业服务公司负责的管理模式称为组合式。由于物业服务企业所服务的项目规模以及对绿化保洁工作的要求差异较大，为实现物业服务的专业化管理、集约化经营，物业服务企业根据服务项目的实际情况、企业的技术人员情况等采用组合管理的模式建立绿化保洁部门是目前较为常见的一种管理模式。

(3) 委托外包的方式

为提高服务工作效率，精简机构，减少日常管理服务的工作量，对于在管物业的环境管理工作，可以通过招投标选择专业公司来承担的方式。随着物业服务专业化分工的深入和市场化程度的提高，越来越多的物业服务企业采用外包服务的形式。对于选择专业公司完成环境管理工作的物业服务企业，只需配备少量管理人员依据委托合同进行监督管理即可。

2. 物业环境管理的制度建设

(1) 环境管理部门的工作职责

1) 自行管理的服务项目。按照物业服务企业的管理目标和任务，制定环境管理服务计划，并预算费用支出；培训本部门员工专业工具的使用、工作流程和服务标准等，以保证员工能够适应岗位要求；安排落实各项绿化保洁服务工作；做好日常巡查、指导和监督工作；开展环境卫生知识和美化环境的宣传教育工作。

2) 委托外包的服务项目。准备招标文件、合同书等文本；根据招标条件和服务标准选择专业服务公司；对专业公司履行合同情况进行监督，定时、定期进行巡视和检查，监督其员工工作情况；做好与专业公司的合同洽谈及日常管理的协调工作。

(2) 岗位责任制

岗位责任制是指根据各个工作岗位的工作性质和业务特点，明确规定其职责和权限，并按照规定的工作标准进行考核及奖惩而建立起来的制度。建立和健全岗位责任制，首先要明确任务和人员编制，然后按任务定岗位、按岗位定人员，责任落实到人，做到事事有人负责；同时明确规定各工作岗位的职责并严格执行的管理制度。制定岗位责任制要求明确各种岗位的工作内容、数量和质量，应承担的责任等，以保证各项服务工作有秩序进行；包括部门经理（主管）岗位责任制、技术人员岗位责任制、管理人员岗位责任制、操作岗位责任制等。常用的岗位责任制形式为岗位说明书。

(3) 运行管理制度

在机构设置确定以后，就要对所负责的区域或岗位的工作内容、工作标准、岗位规范、工作流程和奖惩措施等做出具体的规定，规定绿化保洁服务的时间、方式、质量标准和工作流程等。

3. 环境管理方案的制订

根据物业的具体情况采用合适可行的环境卫生管理方案是环境管理工作的重要内容。由于物业类型的多样化以及物业项目具体情况的不同，在选择环境管理方案时，应有针对性地考虑实际情况。常规的环境管理方案主要包括以下内容：

(1) 制订详细的环境管理工作计划

根据物业的具体情况制订每日、每周、每月、每季直至每年的工作计划。

(2) 服务管理技术的选择

1) 保洁技术。是指根据各种保洁对象所确定的保洁技术，包括大理石晶面处理技术、大理石打磨抛光技术；不锈钢保养技术；玻璃保洁技术；地面保洁保养技术；地毯护理技术等等。

2）绿化养护技术。绿化养护工作是巩固绿化成果的主要技术手段，"三分栽、七分管"，因此必须根据物业管理区域绿化植物的实际情况，选择相应的绿化养护技术。

（3）控制环境污染的措施

1）对垃圾收集、处理实行全过程封闭管理。

2）最大限度消除电磁波、噪声干扰。

3）对游离粉尘、办公用品及办公设施排放的有害气体，应增添吸收反应回收装置，净化办公场所。

4）及时清理建筑物表面及内部悬挂、堆放的杂物。

（4）制订"四害"防治与垃圾处理的措施

1）"四害"防治。"四害"包括蚊子、臭虫、苍蝇和老鼠，保洁部需定期对"四害"进行灭杀，可采用物理防治法或生物防治法等。

2）垃圾处理。物业服务中的垃圾处理是环境管理的重要工作内容，垃圾处理可采用以下措施加强管理：一方面进行生活垃圾分类袋装化，装修垃圾用袋装并运放到规定地点统一清运；日常生活垃圾统一收集后运至指定地点进行无害化、资源化和减量化处理。另一方面物业公司应向业主和用户宣传生活垃圾分类袋装化的优越性，要求将垃圾装入相应的专用垃圾袋内，丢入指定的容器或者指定的生活垃圾收集点，不得随意乱倒。

8.5　物业管理特约服务

8.5.1　特约服务的含义

特约服务是在物业服务合同中未约定、在专项服务中未设立，而业主、使用人又有该方面需求而做出的个性化服务，是为业主和用户提供的超出物业服务合同范围，需要另行支付服务费用的服务项目，是专项服务的补充和完善。随着社会的进步和发展，人们的生活水平不断提高，对于生活质量的要求越来越高，服务的要求也在不断地增加；当有较多的业主和使用人有某种服务需求时，物业服务企业可以将此项特约服务纳入专项服务。对于物业服务企业而言，特约服务在满足业主个性化服务需求、为业主提供生活工作各种便利的同时，也为物业服务企业开展多种经营、增加服务收入开辟了渠道。

8.5.2　特约服务的分类

特约服务根据物业服务项目类型的不同，主要分为以下几类：

1. 公共建筑的特约服务

随着物业服务市场化、专业化程度的逐步提高，公共建筑委托物业服务企业进行专业化管理已成为未来的服务发展方向，如机场、车站、码头、图书馆、博物馆、体育馆以及音乐厅等社会公共建筑，由于其功能的多样性、特殊性等原因，常规的物业服务合同不可能涵盖所有的服务项目，因此必然伴生各种特约服务内容。

2. 办公楼宇的特约服务

目前国内外的办公楼宇一般分为政府办公楼、企业（集团）总部办公楼以及商业写字楼等。对政府办公楼和企业总部办公楼项目，传统的管理模式一般由政府或企业成立的后勤服务部门负责管理，但随着办公楼宇智能化水平的提高，以及对办公楼宇消防安全、防恐安全和商业安全要求的逐步提高，市场化运作、集约化经营、专业化管理的新型物业服务模式已成为各种办公楼宇的选择，因此各种特约服务项目也应运而生。

3. 住宅小区的特约服务

商品住宅小区已经成为城市社区的重要组成部分，由于不同的住宅小区以及小区内居住人口结构的差异，同一小区内不同家庭的收入水平、消费观念和消费需求等也存在着较大的差异，因此常规的物业服务已经无法满足住宅小区业主和使用人的个性化需求，因此特约服务逐步成为住宅小区的又一服务项目。

8.5.3　特约服务的主要内容

业主或使用人的个性化需求是开展特约服务的基础，物业服务企业提供的特约服务项目，包括衣、食、住、行、娱乐以及购物等各个方面。物业服务企业要想方设法将业主的日常消费引进到物业管理中来，因地制宜地开展一些服务项目。特约服务的主要内容包括：

1. 清洁服务

针对不同的服务项目，清洁服务的内容会有较大差异。一般情况下清洁服务的主要内容包括开荒保洁、地面清洁、地毯清洗、地板打蜡、家具养护、空调清洗、高空玻璃清洗和厨房设备清洗等。

2. 绿化服务

绿化服务内容包括绿植租摆、植物移栽、鲜花服务和植物委托养护等。

3. 商务服务

商务服务内容包括打字复印、代收发传真、代订车票机票、会议服务、车辆出租、礼品预定、鲜花预订和生活用品购置等。

4. 生活服务

主要服务内容包括餐饮服务、订车服务、采购搬运、空置房维护、送水服务、洗衣服务和修补衣物服务等。

5. 维修服务

主要服务内容包括空调安装维修、强弱电维修、灯具安装维修、供电线路改造维修和给水排水管网配件的安装与维修等。

6. 会所服务

住宅小区会所的服务项目有游泳池、健身房、棋牌室、浴室、美容美发、乒乓球、羽毛球、网球、篮球和台球等。

8.5.4　特约服务的方式及发展趋势

1. 特约服务方式

（1）契约式服务

物业企业与特约服务需求方签订服务合同，约定服务内容、服务方式、服务标准和收费标准等。

（2）会员式服务

物业企业可以为特约服务需求方办理会员卡，会员在指定的服务项目内实行计次或计时收费。

（3）委托服务

物业企业可以根据业主需求开办中介服务、房屋管理服务等委托服务项目。

2. 现代物业特约服务的发展趋势

（1）传统物业服务体系面临的问题

物业服务企业是通过向业主及使用人提供专业服务、满足业主的需求来获取利润的，目前我国物业服务企业提供的服务产品主要有两种形式，一是基本服务，如房屋、设备的维修养护，环境和安全的管理等等。二是增值服务，如餐饮服务、商务服务和家政服务等。上述两类服务的共同特点是其服务结果是有形的、具有某种功能的。如基本服务为业主创造的价值在于房屋的保值、增值，设备的正常运行，业主安全感的获得，优美环境的创造；增值服务为业主创造的价值在于为业主提供方便，给业主提供信息，节约业主的时间等。物业服务企业利润来源的主要途径是通过提供基本服务向业主收取物业服务费，通过提供增值服务向业主收取特约服务费。随着我国物业管理行业的快速发展，传统物业管理的经营管理面临着越来越大的局限性。

1）经营思路狭窄，获利途径少，利润空间小。对于业主来讲，物业服务费是一项投入持续期限较长、消费额较高的费用，受我国目前经济发展程度和业主收入水平的影响，国家对于普通住宅物业服务费的收取一般实行政府指导价，限定利润空间，因此物业服务企业不可能从基本服务中获取高额的利润。

2）虽然目前我国绝大多数的物业服务企业都利用增值服务项目来弥补利润的不足，但由于自身资源、能力及人员素质的限制，服务层次低、服务项目少等，增值服务利润空间也还没有被物业服务企业充分挖掘。

3）当物业服务企业的收费不能弥补开支时，就会把获取利润的注意力转向提高收费标准或者降低服务标准上，以减少成本支出；从而出现纠纷多、投诉率高等问题，不利于物业管理行业的发展。

（2）现代物业特约服务的发展趋势

现代物业服务中，物业服务企业不仅是服务的供应者，还应成为服务的组织者和服务的集成商；服务的对象不仅包括服务区域内的业主，还应包括开发建设单位、购房者以及服务供应商。物业服务企业可利用的资源，不仅包括本企业的专业技术、设备和管理人员，还应把信息和知识作为重要的资源，为业主创造良好社区环境和文化氛围，使业主的物业有更大升值空间。未来物业服务企业特约服务的核心理念是要以全面提升客户价值为核心，实现自身业务的增值。

1）资源组织多元化、社会化。特约服务的资源组织主要包括四个方面：一是企业自身的资源，如物业企业的专业技术、设备、管理人员；二是物业企业积累的物业区域业主需求的信息资源；三是物业企业积累的关于物业管理方面的知识和经验；四是整合社会的相关资源。

2）拓展利润来源渠道。物业企业利用自身资源，为小区业主提供基本服务的基础上充分开展增值服务，收取物业服务费和特约服务费。一是物业服务企业通过创建信息服务平台，把小区业主的需求信息"出售"给社会服务供应商，获取信息服务费；物业服务企业利用掌握的物业管理方面知识和经验向购房者和开发建设单位提供咨询服务，获取咨询服务费，或在与开发建设单位共同打造房产品牌中，接受开发建设单位的补助。二是物业服务企业通过创建社区文化平台，向小区业主提供"情感"服务，虽然不能直接从这项服务中获得收入，但它能间接地创造利润；因为社区文化能够营造融洽、和睦的社区氛围，加强业主群体之间、物业服务企业与业主群体之间的交流和沟通，为业主之间的互动创造增值机会。这样，一方面有利于开展日常管理工作，业主也愿意把更多的增值服务委托给物业服务企业；另外一方面有利于物业服务企业收集和积累关于业主群体的需求信息，因此，"情感"服务实际上起着"潜在"利润的作用。

3）服务对象的多元化。在现代物业服务企业盈利模式中，物业服务企业所扮演的"角色"既是服务的供应者又是服务的组织者，是现代服务集成商。服务的对象是多元的，不仅是小区业主群体，而且包括购房者、开发建设单位和社会服务供应商。

【案例】

某网站 2009 年 8 月 4 日报道：通州某星城小区部分业主入住 4 年来，每逢下雨都会因为外墙渗水导致房屋内地板等被浸泡，他们多次向物业反映，但维修人员只是在阳台外侧缝隙处补涂防水胶，并未从根本上解决问题，遇到下雨还会出现渗水，物业没有进一步维修。业主找到小区物业后，小区物业坚称应由开发建设单位进行维修，而开发建设单位则表示并不知道渗水情况，需由物业方面解决。

商品房买卖合同中，买卖双方会对房屋的保修期有约定，或按照《建筑工程质量管理条例》的规定执行。《建筑工程质量管理条例》第四十条规定："在正常使用条件下，建设工程的最低保修期限为：①基础设施工程、房屋建筑的地基基础工程和主体结构工程，为设计文件规定的该工程的合理使用年限；②屋面防水工程，有防水要求的卫生间、房间和外墙面的防漏，为五年；③供热与供冷系统，为两个采暖期、供冷期；④电气管线、排水管道、设备安装和装修工程为两年。其他项目的保修期限由发包方与承包方约定。建设工程的保修期，自竣工验收合格之日起计算。"因此，所购房屋外墙面渗漏如果在保修期内，则由开发建设单位负责维修；如果开发建设单位不予维修，也可以请人维修，所花费用由开发建设单位承担。如果超过了保修期，可以按照《物业管理条例》、《住宅专项维修资金管理办法》使用专项维修资金进行维修。一般物业服务合同的委托管理事项都规定物业公司要对房屋建筑本体共用部位的维修、养护和管理负责，而外墙属于共用部位。如果不能向开发建设单位或施工单位追究责任，则有关的维修及保养责任应由物业企业负责。外墙是共用部位，应该按照《住宅专项维修资金管理办法》的规定由物业服务企业提出使用方案，使用方案应当包括拟维修的项目、费用预算、列支范围、发生危及房屋安全的情况等等，由业主大会依法通过使用方案后，物业服务企业组织实施。

【案例】

2003 年 2 月，马先生购买了一套商品房，同年 7 月份入住，2004 年 8 月，发现自家卫生间和邻居相隔的墙体出现渗水。小区物业公司对渗水部位进行检查后发现，是因为邻居家埋设在墙体内的水管接头密封不严而导致渗漏，当时房子在两年保修期内，开发建设单位进行了修理。2005 年 6 月，经过修理的同一部位又开始渗水，而且比之前那次更加严重，马先生再次找到邻居让其解决漏水问题。邻居答复说，漏水问题已多次找过开发建设单位和小区物业公司，但开发建设单位以房屋已过保修期为由拒绝修理，而小区物业公司则认为水管属于业主自家使用的,不属于物业公司的维修范围,只能由业主自己修理。马先生百般无奈之下,只好将邻居和物业公司同时告上法庭,要求他们修理漏水部位的水管和损坏的墙体,并赔偿由漏水造成的损失。

该案例渗水的墙体是两户业主专有部位的分界墙,属于共用部位;但由于渗水原因是墙内埋设的属于隔壁住户专用的自来水管接口不严所致,而埋设在墙体中的水管是专供马先生隔壁住户独家使用的水管,属于专有设施。因该部分水管漏水,导致两户分界墙渗漏和马先生家财产受损,因此该墙体的维修责任和维修费用均应当由隔壁邻居自行承担,物业公司没有维修义务,更不能动用住宅专项维修资金。

【案例】

某写字楼建筑面积8万平方米,已投入使用10年。A物业公司为该写字楼目前的物业管理者。2010年3月份,该写字楼内绝大部分人员集体发病,出现头痛、呕吐、发热、腹泻等不适症状,甚至部分人员出现浑身疼痛、眩晕、高烧等症状。经有关专家分析,确定集体发病的原因是因为写字楼内空气受到污染,多种有害物质严重超标。起因是A物业公司为写字楼内部墙壁新粉刷的涂料为伪劣产品,造成写字楼内有毒有害气体含量严重超标,加之中央空调系统长期未清洗,使得格兰氏阴性杆菌、嗜肺等团菌在楼区传播。入住写字楼的单位得知原因后将怨气发向物业公司,认为其未能尽到管理职责,对事件负有直接责任,物业公司也感到委屈,好心办了坏事。

该案例中,A物业公司出于美化环境的善意粉刷内墙壁,购进有害物质严重超标的伪劣涂料是事件发生的直接原因,虽然没有主观故意,但仍需对该事件负责。物业公司对写字楼的办公环境质量负有直接的管理责任,因A物业公司未能尽到职责,致使写字楼内人员集体发病,健康安全受到严重危害,是一起典型的因空气污染致病事件,物业公司应当承担相应的责任。

作为物业服务企业,A物业公司应面对事件、吸取教训,完善物业管理制度,杜绝发生类似事故。同时,A物业公司应及时处理善后工作,真诚道歉、主动承担责任,承担事故造成的经济损失;并对责任人进行严肃处理。事后,A物业公司应及时将处理结果反馈给客户,争取达成和解。

复 习 思 考 题

1. 怎样理解现阶段物业管理服务的目标和原则?
2. 简述物业管理的主要内容。
3. 房屋维修管理的特点有哪些?
4. 房屋维修管理的主要考核指标有哪些?
5. 物业设施设备管理的主要内容和方法有哪些?
6. 简述物业环境管理的主要内容和目标。
7. 写字楼常用的保洁设备有哪些?
8. 绿化养护的主要方法有哪些?
9. 简述物业管理特约服务的主要内容。

9 安 全 管 理

9.1 物业安全管理概述

安全管理是为维护物业正常的使用、维持业主正常工作和生活秩序而进行的一项专门性的管理与服务工作，包括物业项目的安全管理、消防管理以及对各种突发事件的预防与处理；同时还可以延伸为排除各种干扰，保持物业区域的安全稳定等管理活动。

9.1.1 物业安全管理的含义

物业安全管理是指物业服务企业综合使用人防、技防等措施和手段，保证业主和物业使用人的人身、财产安全，维持正常生活和工作秩序的一种管理行为，也是物业服务工作最基础的工作之一。物业安全的含义包括：

（1）物业区域内的人身和财物不受侵害，生活秩序、工作秩序和公共场所秩序保持良好的状态。

（2）从硬件设施和软件服务的角度，能够保证物业区域内风险因素达到最低限度，并能够控制风险的状态。

（3）物业安全是物业区域内各方面安全因素的综合反映。影响物业安全的因素很多，主要有人为侵害（如火灾、偷窃、斗殴等）和自然侵害（如大风、冰雪灾害等）两大类；物业安全管理，就是要保证和维持业主及物业使用人有一个安全舒适的工作和生活环境。

9.1.2 物业安全管理的内容

1. 安全管理

安全管理包括以下三个方面的工作内容：

（1）协助公安机关做好物业区域内的治安维护管理

按照《治安管理条例》的相关规定，对妨碍公共安全、侵害人身权利、侵害他人财产，尚不构成刑事处罚的行为和事件，进行强行管理的过程。

（2）负责公共秩序维护管理

控制和管理物业区域内妨碍他人正常生活的行为，维护物业的公共环境和秩序，如对乱摆卖、乱张贴、拾荒者进行管理，控制物业管理区域内的噪声、污染、搭建违章建筑等。

（3）物业公共设施安全管理

物业公共设施安全管理，是指严格执行设备设施的运行操作规程，及时进行维修和保养，保证设备设施正常运行并始终处于良好状态，消除安全隐患，避免设备运行事故的发生。

2. 车辆交通管理

在物业管理区域内，车辆交通管理包括交通管理和车辆管理两方面的内容。

（1）交通管理

主要任务是保证物业管理区域内交通安全、畅通，维护区内交通、环境和车辆停放秩序，目的是保证车辆和行人的安全。

（2）车辆管理

主要任务是对物业区域内停车场设备设施的管理、使用和维护，做好机动车辆、非机动车辆的停放和管理，做好防盗、防损和停放有序等管理工作。

3. 消防管理

（1）按照"预防为主、防消结合"的原则，加强消防安全知识宣传，提高物业区域全体人员消防检查的质量，提高消除火灾隐患的能力、组织扑救初起火灾的能力和组织人员疏散逃生的能力，预防和控制火灾的发生。

（2）负责物业管理区域内消防设备设施、消防器材的管理、保养和维修等。

4. 自然灾害防范管理

自然灾害防范管理是根据气候的变化和自然灾害的情况，按照预防与应急并重、常态与非常态结合的原则，尽可能地采取防御措施，减少损失的管理活动。

9.1.3 物业安全管理的职责及管理目标

物业服务企业做好安全管理工作的首要问题，是建立健全安全管理组织机构，采取人防、技防相结合的管理手段，建立统一领导、综合协调、分类管理、分级负责的安全管理体制，形成预防与应急准备、监测与预警、应急处置与救援等为一体的工作机制，尽量消除安全事故隐患，最大限度地减轻重大突发事件的影响。同时，对于万一出现的安全事故，根据具体情况，统一指挥、统一组织，力争将损失降到最低点。

1. 物业安全管理的职责

物业区域内出现安全问题时，物业服务企业应清楚地了解自身的管理职责，在实际工作中必须分清物业管理安全防范的责任范围。《物业管理条例》第四十六条规定："对物业管理区域内违反有关治安、环保、物业装饰装修和使用等方面法律、法规规定的行为，物业服务企业应当制止，并及时向有关行政管理部门报告。"《条例》第四十七条规定："物业服务企业应当协助做好物业管理区域内的安全防范工作。发生安全事故时，物业服务企业在采取应急措施的同时，应当及时向有关行政管理部门报告，协助做好求助工作。"这两条规定明确指出，物业服务企业安全管理服务应定位在安全防范管理，即安全事故发生后，应及时报告、制止和救援，协助相关人员做好求助工作。

2. 物业安全管理的目标

物业服务企业在管理项目过程中，应制定安全管理目标；不同类型的物业项目，其安全管理目标是略有区别的。一般情况下，安全管理目标包括：

（1）达到国家和物业项目所在地主管部门物业安全管理的基本要求。

（2）满足业主或物业使用人对安全的目标需求，即物业服务合同所载明的要求。

（3）安全管理目标应与项目物业管理总体目标相适应，目标应具体，方便考核和检验，并便于制定相应的管理措施。

（4）所制定的目标应切合实际，并以现有的条件通过努力能够实现；同时，制定目标时应考虑成本因素。

（5）安全管理目标应细化为可实施的、可检验的具体目标。

9.1.4 物业安全管理的机构设置

安全管理的机构设置与所管物业的类型、规模有关,物业管辖的面积越大,类型配套设施越多,机构设置也越复杂,物业服务企业通常设置安保部负责物业的安全管理工作,再根据物业项目的复杂程度分别设置消防管理组、车场管理组和安全巡查组等等。

9.2 安全管理和车辆管理

物业的安全管理主要包括三个方面的内容:物业项目的安全管理、车辆管理和消防管理,本节重点介绍安全管理和车辆管理的内容。

9.2.1 安全管理方式

在实际工作中,物业服务企业往往根据物业项目的不同情况,采取不同的安全管理方式。通常采取的管理方式为封闭式管理和开放式管理两种方式。

1. 封闭式管理

适用于政府机关、企业总部、写字楼及业主和使用人有特别要求的物业项目,其特点是整个物业为封闭体系,出入口有保安人员值守,业主及使用人有通行证件,外来人员须征得业主或使用人同意并办理访客登记手续方可入内。

2. 开放式管理

一些住宅小区、商业楼宇、医院、学校等物业项目采用开放型管理方式,业主及使用人无需办理专用通行证件,外来人员可以自由进出的一种管理方式。

9.2.2 物业安全管理的内容

物业安全管理的内容包括:物业安全管理的一般性内容、门卫安全管理和巡逻安全管理三个方面。

1. 物业安全管理的一般性内容

物业服务企业在安全管理工作中,应首先做好下列事项的管理工作:

(1) 制定和完善各项安全管理制度。
(2) 负责维护物业管理区域内部安全秩序,预防和控制安全事故。
(3) 实行24小时或特定时间保安员巡查值班制度。
(4) 完善物业管理区域内安全防范设施。
(5) 组织对公共秩序维护人员开展各项培训。
(6) 加强与业主及物业使用人的沟通交流,做好群防群治工作。
(7) 加强与物业所在地公安机关的联系,建立良好的工作协作关系。

2. 门卫安全管理

门卫安全管理是安全管理中的重要内容,主要工作包括:

(1) 为业主、使用人及客人提供引导服务及有关物业服务的简单咨询。
(2) 做好物业管理区域有关人员、物品出入的检查、登记与控制。
(3) 疏通车辆和人员进出,维持出入口周围交通秩序。
(4) 严格控制闲杂人员进入辖区,做好施工人员进出管理。
(5) 认真履行值班登记制度,记录值班中所发生、处理的各种情况。
(6) 认真做好特别时段(小区深夜时间、写字楼非办公时间等)人员出入登记工作。

(7) 及时汇报、通报值岗时发现涉及安全、维修保养、保洁和绿化等方面需及时处理的事宜。

3. 巡逻安全管理

巡逻安全管理是门卫安全管理的补充和加强，是物业项目安全管理中不容忽视的一项工作。

(1) 巡逻的范围

一般情况下，巡逻范围限定为物业的公共区域，如车场、楼宇的公共走廊、电梯厅、消防梯通道、天台、设备用房和洗手间等。

(2) 巡逻方式

1) 定时、不定时巡逻。定时巡逻是根据物业项目特点和物业服务合同的约定，按照巡逻路线、时间和频次进行的巡逻；不定时巡逻是对定时巡逻的补充，在于加强对非安全因素的预警和控制。

2) 昼间巡逻和夜间巡逻。昼间巡逻主要任务是检查辖区内的安全秩序情况，防范、消除各种不安全因素，制止违法犯罪活动，为业主、使用人提供必要的帮助等。夜间巡逻除上述任务外，还要对定时运行设备、物业区域、隐蔽和易发事故地段做重点检查巡视，进行必要的开关、提醒、登记和报告。

(3) 电子巡更

在物业安全管理工作中，在上述"人防"的基础上，还要运用现代科技手段，加强"技防"，用以强化物业安全管理的措施。目前，大多数新建住宅区或写字楼都安装电子巡更系统，配备电子巡更器，以监督检查保安员的巡逻工作。

9.2.3 安全管理标识的设置

安全管理的重点在于防患于未然，物业企业应在物业管理区域内易发生人身安全隐患的地方设立明显的警示标识，提示业主和使用人注意安全。一般情况下，应在配电室、天台、燃气房、停车场、施工现场等点位设置安全管理标识。

(1) 天台、围墙等地应设置"危险请勿攀爬"警示牌。

(2) 配电室等地应设置"闲人免进"、"禁止烟火"等警示牌。

(3) 清洁现场应放置"小心地滑"警示牌。

(4) 外墙清洗等高空作业处，应摆放"正在施工"、"高空作业"等警示牌。

(5) 存放有毒物品或危险物品的场所要设置"危险"、"小心有毒"等相应的警示牌。

(6) 停车场内设立各种指示灯、警示语、防撞防滑标识，在人行道、车行道、进出口设置明显标识，以及标高、限速等标识。

9.2.4 车辆管理的内容及任务

在物业项目管理中，车辆管理是一项常规性的工作。物业企业必须建立起严格的管理制度，对车辆进行有效的管理。在车辆停放管理方面，物业企业要与车主签订车辆停放管理合同，明确双方的责任。对物业管理区域内的车辆要统一管理，对外来车辆也要有相应的规定。

1. 车辆管理的内容

(1) 负责物业管理区域内的机动车和非机动车的管理。

(2) 负责制定物业管理区域内车辆的进出、停放和行驶的管理制度，明确责任人的岗位职责及作业流程。

（3）负责物业区域内交通设施的管理、使用、维护和保养，保证通行条件及停车条件。

（4）与车主签订车辆停放管理合同，明确双方的责任。

2. 车辆管理的任务

（1）车辆出入管理

加强车辆进出物业区域的管理，保障业主及物业使用人的权益是车辆出入管理的主要目的。因此，对车辆出入的管理，要借助相应的技术措施，制定明确的管理制度，由车场管理人员负责检查、验证等将车辆出入的管理措施落到实处。

（2）停车管理

停车管理的主要任务是维护良好的停车秩序，保证车辆安全，防止偷盗、损毁、火灾等事故的发生。

1）划分停车车位。停车场内要结合场地实际情况，按照停车场设计规范施画停车线，要求车主必须按类使用车位。对固定车辆、外来车辆和临时停放的车辆要根据物业管理的要求，制定不同的管理办法。

2）设置行驶标志。停车场进出口标志、区域内的交通组织流向、人员的分流疏散标示方向等，要按照交通标示设置的规范进行设置，要求明确、实用。

3）停车场管理。对固定车辆要按照固定车位凭车证停放。对临时车辆必须做好登记；实行计时收费的停车场，要办理收费审批手续。车辆管理人员要做好现场的引导、行驶、停放与疏散。

4）防范工作。车场管理人员要加强巡逻和监控，控制偷盗、损毁事件发生。

9.2.5　车辆管理的岗位设置及管理要点

1. 车辆管理岗位设置

一般情况下，物业服务企业的车辆管理应设置的岗位包括：门卫值班岗、车场巡查岗以及车辆管理岗等相关岗位，以保证对车辆的通行、进出和停放进行全面的管理。

2. 车辆管理制度

物业管理中的停车场管理制度主要包括：车辆管理人员岗位责任制、出入口门卫管理规定、机动车停放管理规定、非机动车停放管理规定、停车场巡查规定以及交接班规定等。

3. 日常管理要点

停车场管理是日常物业管理服务的一个重要内容，保证车辆有序进入、安全停放、减少事故、减少纠纷、杜绝车辆丢失以及车辆在停车场发生火灾、碰撞事故等，是物业服务停车场管理工作的重点。停车场日常管理的要点包括：

（1）制定完善的停车场管理制度，并遵照执行。

（2）按照消防规范配置足够的消防设施及消防器材，对易燃易爆物品等涉及安全的一切事项严格把关，杜绝隐患。

（3）对于临时停车位、固定停车位制定不同的管理方案。

（4）配置显著的出入口指示、限高标志、禁鸣标识、限速标志、车场管理须知以及收费标准等。

(5) 设置专职管理人员对停车场实施巡查管理，对车场出入口附近的路面实施人车分流，确保人员进出的安全。

(6) 巡查中若发现停放车辆有异常情况（自燃等）要立刻采取措施实施补救，车辆之间发生交通事故，以不妨碍车辆通行为原则尽快处理，并做好事件报告工作。

9.3 消防管理

9.3.1 消防管理原则

1. 消防管理的含义

任何火灾事故的直接原因概括起来主要是由人的不安全行为或物的不安全状态所造成，这些直接原因背后的本质原因是管理问题；防止火灾事故发生，归根结底要从消防管理做起。消防管理是遵循火灾发生的客观规律，依照消防法规和消防工作方针，合理地使用人力、物力、财力和信息等资源，为达到预定目标而进行的各种消防活动。

2. 消防管理的方针原则

（1）预防为主，防消结合

预防为主、防消结合是物业消防管理的基本方针；预防为主，就是在指导思想和具体行动上，都要把火灾的预防工作放在首位，贯彻落实各项防火行政措施、技术措施和组织措施，切实有效地防止火灾的发生。

（2）谁主管，谁负责

谁主管、谁负责是消防管理的一项基本原则，就是谁主管哪项工作，谁就对哪项工作中的消防安全负责。这一原则使得消防工作责任明晰，是做好物业消防工作的基础。通常是法定代表人或主要负责人对本单位的消防安全工作全面负责，是当然的消防安全责任人；分管其他工作的领导和各业务部门，要对分管业务范围内的消防安全工作负责。

（3）依法管理

依法管理就是单位的领导和主管或职能部门依照国家立法机关和行政机关制定颁发的法律、法规、规章，对消防安全事务进行管理。消防法规具有引导、教育、评价、调整人们行为的规范作用，而且具有制裁、惩罚违法行为的强制作用。

（4）发动群众

消防工作是一项具有广泛群众性的工作，只有发动群众，强化广大群众的消防意识，才能使消防工作深入到各个工作环节之中。

（5）科学管理

运用管理科学的理论，规范管理系统的机构设置、管理程序、方法、途径、制度和工作方法等，从而有效地实施管理，提高管理效率。消防安全管理必须遵循火灾发生、发展的规律，必须运用管理科学的理论和方法提高工作效率和管理水平，还要逐步采用现代化的技术手段和管理手段，以取得最佳的管理效果。

9.3.2 消防基本知识

1. 火灾的历程

了解火灾的历程，对于火灾预防以及初期火灾的扑救有着十分重要的作用。火灾的历程一般分为三个阶段，即着火过程、火灾旺盛阶段和衰减熄灭阶段。

(1) 着火过程

引发着火过程的原因多种多样，如明火引起着火，高温物体表面摩擦或冲击产生的火花，静电放电或电气设施产生的电火花，闪电或雷击等等。

(2) 火灾旺盛阶段

从着火到形成火灾，通常需 5~15 分钟，有时会更快或更慢，升温也不同步，即使火场温度迅速升高，对建筑物尚无明显威胁，若能迅速扑救，可使火灾消灭在萌发阶段。随着可燃物种类、数量、供氧情况不同，火灾以不同方式持续，对建筑物造成不同程度的损害。

1) 闪燃。可燃液体表面蒸气与空气混合物发生的一闪即灭的短暂燃烧称为闪燃。这种燃烧一般不会持久，如不引起其他燃烧，对建筑物基本无害，但是，闪燃是燃爆危险的警告。

2) 爆燃。由炸药或燃爆性气体混合物引起的在瞬间完成的快速燃烧称为爆燃。爆燃对建筑物造成损伤的主要因素是冲击波，轻度破坏时能使玻璃破碎、门窗损坏，严重破坏时可致房屋倒塌。

3) 持续燃烧。可燃物在供氧的情况下充分燃烧，对建筑物的损害主要是高温灼伤、烟气损害等。持续燃烧常常是火灾的旺盛阶段，其旺盛程度和持续时间与可燃物的种类、数量、堆放方式、供氧情况等有关，也是对建筑物损坏最严重的阶段。

4) 阴燃。供氧不充足、燃烧物堆叠紧密或一些自熄性可燃物发生的火灾，一般呈阴燃或闷烧状态。由于伴随阴燃会产生大量浓烈的烟气，有时还会产生毒气，因而扑救困难。

(3) 衰减熄灭阶段

火灾在持续一段时间之后，因可燃物烧光、供氧缺乏或各种消防扑救方式的应用，使火势逐渐减弱或熄灭、温度慢慢下降，表明火灾进入衰减熄灭阶段。火灾的衰减熄灭阶段，由于消防水的骤然冷却及结构应力应变等影响，建筑物随时可能坍塌并可能造成重大损失和伤亡。

2. 火灾扑救的基本方法

(1) 窒息灭火法

根据可燃物燃烧需要足够的空气（氧气）这一条件，采取措施阻止空气流入燃烧区，或采用不燃物、惰性气体冲淡空气中的氧气含量，使燃烧物缺乏氧气的助燃而熄灭。

(2) 冷却灭火法

根据可燃物发生燃烧必须达到一定温度的这一条件，将水或灭火剂直接喷洒在燃烧物上，使燃烧物的温度降低到燃点以下，从而终止燃烧。

(3) 隔离灭火法

根据发生燃烧必须具备可燃物这一条件，将与燃烧物邻近的可燃物隔离开，阻止燃烧进一步扩散。

(4) 抑制灭火法

将灭火剂喷在燃烧物上，使其参与燃烧反应，使燃烧中产生的游离基消失，形成稳定分子或低活性游离基，从而使燃烧终止。

3. 常用的消防设施、设备和器材

（1）灭火器

灭火器是一种可由人力移动的轻便灭火器具，它由筒体、筒盖、瓶胆、喷嘴等部件组成。按充装灭火剂的类型分为：

1）水型灭火器。充装的灭火剂主要是水和少量的添加剂。清水灭火器、强化液灭火器都属于水型灭火器。

2）空气泡沫灭火器。充装的灭火剂为空气泡沫液。空气泡沫灭火器又可分为蛋白泡沫灭火器、氟蛋白泡沫灭火器、水成膜泡沫灭火器和抗溶泡沫灭火器等。

3）干粉灭火器。充装的灭火剂为干粉。干粉灭火器可分为碳酸氢钠干粉灭火器、钾盐干粉灭火器、氨基干粉灭火器和磷酸铵盐干粉灭火器等。

4）卤代烷灭火器。充装的灭火剂为卤代烷灭火剂。

5）二氧化碳灭火器。充装的灭火剂为加压液化的二氧化碳。

（2）火灾自动报警系统装置

火灾自动报警系统的作用是尽早地探测到火灾的发生并发出警报，以便采取措施，预防和减少火灾的发生和造成的损失。火灾自动报警设备由火灾探测器、区域报警器和自动报警器组成。当火灾发生时，探测器将火灾信号（烟雾、高温、光辐射）转换成电信号，传递给区域报警器，再由区域报警器将信号转输到集中报警器。常用的火灾探测器按监测的火灾特性不同，火灾探测器常分为如下几种：①感烟式火灾探测器。②感温式火灾探测器。③感光式火灾探测器。④可燃气体火灾探测器。

（3）自动喷淋灭火系统

自动喷淋灭火系统是按适当间距和高度装置一定数量喷淋头的供水灭火系统，主要由喷头、阀门、报警控制装置和管道等组成。自动喷水灭火设备可分为喷雾水冷却设备、喷雾水灭火设备和喷洒水灭火设备（俗称自动喷水灭火设备）。

1）喷洒水灭火设备（俗称自动喷水灭火设备）。喷洒水灭火设备分为自动喷水灭火设备和洒水灭火设备，自动喷洒水灭火设备主要用于扑救一般固体物质火灾和对设备进行冷却，不适于扑救易燃、可燃液体火灾和气体火灾。

2）自动喷雾水冷却设备和灭火设备。自动喷雾水冷却设备和灭火设备主要由自动喷水头、供水管道、报警阀、水泵和水源等组成。自动喷雾水灭火设备可以有效地扑救固体物质火灾，对于汽车库、汽车修理间、油浸电力变压器、配电室等，都有良好的灭火效果。自动喷雾水灭火设备还可以保护高层建筑的屋顶钢构件。由于喷雾水的粒径小，能在燃烧区内迅速汽化，具有良好的冷却和窒息作用，因而能迅速扑灭各种物质（除遇水燃烧、爆炸物质）的火灾。由于喷雾水的电气绝缘性强，因而能较好地扑救电气设备的火灾。

3）水幕设备。水幕设备是能喷出幕帘状水流的管网设备。水幕设备的保护对象一般是门、窗以及舞台的垂幕等，一些大的立面、屋顶或成套设备也可采用。水幕设备由水幕头、支管、控制阀等组成。由消防水泵或压力供水设施送出的压力水，通过供水管网输送到水幕头喷出。这种设备操作简单，可采用自动阀门喷水，也可以由自动喷淋头控制阀自动开启。

（4）消火栓系统

消火栓系统主要由供水泵、管网、消火栓、水带、水龙头、喷水栓、报警按钮及报警电话等组成。消火栓是消防供水的重要设备,它分为室内消火栓和室外消火栓两种。室内消火栓是建筑物内的一种固定灭火供水设备,室内消火栓和消火栓箱通常设于楼梯间、走廊和室内的墙壁上;室外消火栓与城镇自来水管网相连接,它既可供消防车取水,又可连接水带、水枪,直接出水灭火。室外消火栓有地上消火栓和地下消火栓两种,地上消火栓适用于气候温暖地区,而地下消火栓则适用于气候寒冷地区。

(5) 防排烟系统

现代化的高层楼宇中,在安全通道附近都安装排烟装置。

(6) 加压送风系统

发生火灾时,为防止烟雾、毒气进入疏散通道及消防电梯厅,除安装防火门外,还在每一层的疏散楼梯及消防电梯前安装百叶式加压送风系统,以供应充足的新鲜空气,确保人员疏散和消防电梯的正常运行。

(7) 安全通道与消防电梯

当发生火灾时,人员可通过安全通道(即防火楼梯)进行紧急疏散直达室外或其他安全处(如避难层、平台等)。消防电梯是供消防灭火、抢救伤员、运输消防器材的专用电梯。

9.3.3 消防管理组织

1. 消防组织机构的建立

(1) 物业公司总经理为公司消防安全第一责任人,负责消防组织机构的建立和消防工作的组织及安排,负责有关消防法规的贯彻和消防规章制度的建立,研究解决消防设备的重大问题,定期组织消防安全检查及消防演习等工作。

(2) 项目负责人(项目部经理或分公司经理)为二级消防机构的责任人,具体负责项目消防责任制的制定和日常消防工作的监督、指导。

(3) 各运行部门负责人(部门经理或主管)为三级消防机构的责任人,负责消防的监督、检查和日常管理工作。

(4) 消防控制中心。消防控制中心是消防设施设备运行管理和操作控制的中心,也是火灾扑救时的指挥中心。消防控制设备一般由火灾报警控制器、灭火系统的控制设备、联动装置的控制设备、火灾报警发布设备四部分组成。

2. 消防队伍的建设

(1) 消防队伍的职责

1) 负责消防监控中心的日常值班。消防监控中心接受火灾报警,发出火灾信号和安全疏散指令,控制和操作物业管理区域内消防设备,中心应实行24小时值班制。

2) 普及防火知识教育,落实防火岗位责任制。负责开展防火宣传,动员和组织物业管理区域内人员学习掌握防火知识,制定各部门、各岗位及重要部位的防火责任制,并负责检查和落实。

3) 进行消防安全检查。负责每天巡视物业管理区域内的每个角落,及时发现和消除火险隐患。

(2) 消防队伍的训练和演习

坚持灭火扑救的平时训练,通过训练发现存在的不足,找到适合的消防办法,摸索防火、灭火的措施和技术。

(3) 义务消防队的建立和培训

建立义务消防队伍，是消防组织网络中重要的一环。全体公共秩序维护员都是义务消防员。定期对这支队伍进行业务培训，使其掌握消防技能，对消防体系的建立有着重要的意义。

9.3.4 消防管理制度建设

物业服务企业应按照消防法规，结合所管物业特点，建立健全各项消防安全制度和保障消防安全的操作规程，并根据实际情况的变化随时修订以满足物业安全管理的需要。消防管理制度建设的注意内容包括：

1. 消防安全制度
(1)《消防安全全会制度》；
(2)《消防安全教育、培训制度》；
(3)《防火巡查、检查和火灾隐患整改制度》；
(4)《消防（控制室）值班制度》；
(5)《安全疏散设施管理制度》；
(6)《消防设施、器材维护管理制度》；
(7)《易燃易爆化学危险物品安全管理制度》；
(8)《燃气、电气设备和用火、用电安全管理制度》；
(9)《灭火和应急疏散预案演练制度》；
(10)《消防安全工作考评和奖惩制度》。

2. 消防安全操作规程
(1) 消防主机操作规程；
(2) 自动喷淋系统操作规程；
(3) 消防排烟系统操作规程；
(4) 电气线路、设备安装操作规程；
(5) 易燃易爆化学危险物品操作规程。

9.3.5 物业服务中常见火灾的扑救

1. 居民住宅火灾扑救
(1) 燃气和液化石油气器具火灾

燃气和液化石油气器具起火时，应先用浸湿的麻袋、棉被等覆盖起火的器具，使火窒熄，然后关闭阀门断绝气源，再用水扑灭燃烧物或起火部位的明火，灭火后打开门窗通风。

(2) 厨房油锅起火

立即关掉燃气总阀，切断气源，然后用灭火器对准锅边儿或墙壁喷射灭火剂，使其反射过来灭火，或用大锅盖盖住油锅，或蒙上浸湿的毛，或倒入大量青菜使油温降低把火扑灭。切忌将起火的油倒入其他器皿中或倒在地上，也不能向锅里倒水，否则冷水遇到高温油，会出现炸锅，使油火到处飞溅，导致火势加大，人员伤亡。

(3) 家用电器火灾

家用电器起火时，应迅速拔下电源插头切断电源，防止灭火时触电伤亡，用棉被、毛毯等不透气的物品将电器包裹起来，隔绝空气；用灭火器灭火时，灭火剂不能直接射向荧光屏等部位，防止热胀冷缩引起爆炸。

(4) 固定家具着火

固定家具起火，应迅速将旁边的可燃、易燃物品移开，如果家中备有灭火器，立即拿起灭火器，向着火家具喷射。如果没有灭火器，可用水桶、水盆等盛水扑救，尽量把火消灭在萌芽状态。

(5) 窗帘织物着火

窗帘织物着火初期火势较小时，可在火焰的上方弧形泼水，如果用水已来不及灭火，可将窗帘撕下用脚踩灭。

(6) 酒精溶液或其他易燃化学物品着火

可用沙土扑灭，或者用浸湿的麻袋、棉被等覆盖灭火，如果有抗熔性泡沫灭火器，首选抗熔性泡沫灭火器来扑救。

2. 人员密集场所火灾扑救

公共建筑如商场、医院、学校、餐厅等人员密集场所发生火灾时如不能及时扑救，极易造成人员伤亡和财产损失。

(1) 人员密集场所起火时，首先要切断供电电源、打开所有出入口、尽快疏散人员，按照应急预案启动全部灭火设备灭火。

(2) 利用消防广播引导和稳定人们的情绪，循序撤出被困人员，防止拥挤造成踏、压伤亡事故。

(3) 医院、学校化验室等有化学、塑料类物质燃烧时，要注意防毒气和烟雾中毒；在有条件撤离未燃物质的同时用浸湿的织物覆盖窒熄，或用二氧化碳干粉灭火器扑救，并用沙土围堵地面流淌的液体。灭火后打开门窗排除可燃气体。

(4) 电器设备、电路起火，要切断电源，用干粉灭火器或水扑救。

(5) 当火势威胁到在场人员时，要尽快疏散或抢救，并将他们安顿到安全地带。

(6) 幼儿园、托儿所起火，迅速抢救出孩子，并关闭着火房间。大班的孩子由教师引导疏散，小班的孩子应由教师用被褥裹身，抱、背、抬出燃烧地点。火大来不及疏散，要将孩子转移到安全房间，等待消防队来抢救，千万不可乱动。

3. 高层建筑火灾扑救

高层建筑具有楼高层多、人员密度大、出口相对较小等特点，扑救高层建筑火灾，抢救和疏散人员是一项重要而艰巨的任务。

(1) 利用建筑物内已有的设施进行安全疏散是争取疏散时间、提高疏散效率的重要方法。能够用于疏散的设施有消防电梯、消防楼梯、普通楼梯、封闭楼梯、疏散阳台以及疏散通廊等。

(2) 不同部位、不同条件采取不同的人员疏散方法：

1) 当高层建筑发生火灾，楼内住有不同民族、不同国籍、使用不同语言的人员时，应用相应的语言广播，明确告诉大家着火的具体部位以及安全疏散的路线、方法等。

2) 当某一楼层着火且燃烧范围不大时，应先通知着火楼层及其上一层和下一层的人员疏散；若火势已经开始发展，则应及时用广播通知着火层以上各楼层；避免一有火警就通知全楼，以防造成人员惊慌混乱、对撞拥挤，影响疏散。

3) 当某一防火分区着火时，首先要将人员疏散到相邻的安全区域内，再按照防火分区的灭火预案组织扑救。

4)建筑物内设有避难层的,人员可向避难层疏散,特别是老人、幼童等应优先疏散到避难层。

9.3.6 消防设施设备的日常管理

1. 消防设备管理的内容

建筑物消防设备管理的主要内容包括报警控制器、消防泵(消防泵、喷淋泵及稳压泵)、水泵接合器、消火栓、火灾探测器、消火卷帘、联动控制设备、防火门、紧急广播、防排烟系统、气体灭火系统、消防电源等设施设备的运行、管理、使用和检查维护等。

2. 消防设备的操作要点

消防设备操作规程一般包括消防各系统的遥控、连锁、自动控制等各类设备的操作要求,操作人员必须熟练掌握。

(1) 烟感系统

当发生火灾报警时,确认楼层后,首先通知消防公共秩序维护人员到报警层查看核实,同时与该楼层相关人员取得联系。若为火险,立即按灭火处置方案处理;若为误报,查明误报原因后,先将区域报警复位,再将消防控制中心的集中报警器复位。

(2) 防火卷帘门系统

当发生火警时,根据失火方位及火势大小,采取隔离法降落相应的防火卷帘门。消防人员可根据现场情况遥控降落,也可击碎就地报警按钮手动降落。

(3) 排烟系统

发生火灾时,消防控制中心值班人员可遥控打开该层及其上下层的排烟阀,将现场火灾产生的有毒有害气体强行排出。

(4) 加压送风系统

根据火灾的不同方位,迅速打开相应的加压风机,启动信号灯亮,若失控,可派人到风机房进行手动操作。

(5) 消火栓系统

消火栓系统是救火的主要设备之一,进行该系统操作时,应时刻监视该系统的消火栓报警信号。当灭火人员击碎就地报警按钮后,消防中心得到该消火栓的报警信号,这时相应的消火栓泵自动启动,启泵信号灯亮。若不能自动启泵,应立即转入手动位置启动;仍不能启动时,速与水泵房人员联系,或派人到水泵房强行启动。

(6) 自动灭火系统

当某层发生火灾时,失火部位的喷淋头爆破喷水,该层的水流指示器动作,消防中心得到该层的报警信号。值班员观察水位信号,水位降到下限,喷淋泵自动启动,相应的启泵信号灯亮。若不能自动启泵,立即转入手动位置启动;仍不能启动时,速派人到水泵房强行启动。

3. 消防设备的管理要点

消防系统是一个复杂的系统,针对每一个独立系统都要制定相应的管理办法。以火灾自动报警系统为例,其管理要点为:

(1) 运行管理

火灾自动报警系统的管理、操作和维护需要由专人负责,无关人员不得随意触动。操作维护人员由经过专门培训、参加消防监督机构组织的考试合格的人员担任,值班人员需熟练掌握系统工作原理及操作规程,掌握建筑物防火分区、火灾自动报警系统编码等;火灾自动报警系统要保持连续正常运行;根据建筑物的具体情况制定出具体的定期检查试验程序,对系统进行定期的检查试验。

(2) 检查与试验

检查与试验分为日常检查、定期检查和法定检查等。日常检查是指值班人员每日需启用自动检查或手动检查方法对集中报警控制器和区域报警控制器的功能是否正常进行检查。定期检查和法定检查一般包括季度检查和年度检查。季度检查试验是每季度要对火灾自动报警系统的功能进行试验和检查;年度检查试验是指按照地方消防主管部门的要求,每年对火灾自动报警系统的功能作出的全面检查试验。年度和季度检查的主要内容包括:按说明书的要求,用加烟(或加温)等试验器分期、分批试验探测器的动作是否正常;检验火灾警报装置的声、光显示是否正常;有联动控制功能的系统其自动或手动检查消防控制设备的控制显示功能是否正常;检查备品备件、专用工具及加烟、加温试验器等是否齐备,是否处于安全无损状态;巡视检查探测器、手动报警按钮和指示装置的位置是否准确,有无缺漏、脱落和丢失等。

9.4 智能建筑安全管理

9.4.1 智能建筑概述

智能建筑是以计算机和网络技术为核心的现代科技与传统建筑技术相结合的产物,它体现了建筑艺术与信息技术的结合,逐步成为当今世界建筑特别是公共建筑的主流。

1. 智能建筑的分类

(1) 智能大厦

智能大厦是指将单栋或多栋楼宇建成综合智能化大厦,其基本框架是将楼宇控制系统、办公系统、中央计算机管理系统等子系统结合成一个完整的整体,实现智能大厦作为现代化办公、生活场所的功能。

(2) 智能广场

成片开发的住宅或公建,组成一个位置相对集中的建筑群体的智能建筑,称为智能广场。智能广场除具备智能大楼的所有功能外,还具有系统更大、结构更复杂的特点,一般应具有智能建筑集成管理系统 IBMS,能对智能广场中所有楼宇进行全面和综合的管理。

(3) 智能化住宅

智能化住宅分为家庭电子化、住宅自动化和住宅智能化三个层次。智能化住宅是指通过家庭总线把家庭内的各种与信息相关的通信设备、家用电器和家庭保安装置都集成到网络之中,实现集中或异地监视控制,管理家庭事务,保持家庭设施与住宅环境的协调,营造具有多功能的信息化居住空间。

(4) 智能化小区

智能化小区是对有一定智能程度的住宅小区的统称。智能化小区是具有居家生活信息化、小区物业管理智能化、IC 卡通用化的小区。智能小区建筑物除满足基本生活功能外,还要考虑安全、健康、节能、便利、舒适五大要素。

2. 智能建筑的基本要求

建造智能建筑的目的，是为业主和使用人提供舒适的工作环境，使他们能够高度共享信息资源，满足工作上高效、便捷的需要。智能建筑是以适应管理工作的发展需要为前提的，可以降低管理成本，实现短期投资、长期受益。同时，智能建筑的设计具有可扩展性和可变性的功能，以适应环境的变化和工作性质的多样化。智能建筑的基本要求是：

（1）舒适性

在智能建筑中生活和工作，从心理到生理上都要感到舒适，其服务功能包括室内环境、温湿度、商务服务、康体娱乐、智能卡、停车场管理等。

（2）高效性

提高办公、通信等工作效率以及建筑物所属设备系统使用管理方面的效率，节省人力、时间、空间、资源、能耗以及所需的费用。

（3）方便性

具有高效便捷服务功能，包括办公自动化、通信、计算机网络、商业服务以及餐饮服务等。

（4）适应性

对组织机构的变化、办公方法和程序的变更以及设备更新等具有较高的适应性。

（5）安全性

在保证生命财产、建筑物安全的同时，防止和控制发生信息的泄漏和被干扰，特别要防止信息、数据被破坏、删除和篡改以及系统非法或不正确使用。主要内容包括防盗报警、出入口控制、闭路电视监视、周界防范、火灾报警、消防、应急照明和应急呼叫等。

3. 智能建筑的组成

（1）智能建筑综合管理系统的子系统

智能建筑综合管理系统的子系统包括：

1）中央计算机管理系统（CCMS）

2）办公自动化系统（OAS）

3）楼宇自控系统（BAS）

4）保安管理系统（SMS）

5）智能卡系统（SCS）

6）火灾自动报警系统（FAS）

7）卫星及有线电视系统（CATV）

8）停车场管理系统（CMS）

9）综合布线系统（PDS）

10）局域网络系统（LANS）

（2）智能建筑的基本组成

1）结构。按照房屋建筑结构进行综合规划、设计、布线而组成的智能建筑结构。

2）系统。按照楼宇智能化需求而组成的智能建筑网络系统。

3）服务。为满足业主（用户）需求所设定的服务内容、服务方式和智能化服务程度。

4）管理。物业服务企业对智能建筑网络所进行的管理、运行与维护。

上述四个部分构成智能建筑的基本组成，既相互关联、又相互依存，组成了完整的智能建筑体系。

9.4.2 智能建筑安全防范系统

随着科技的飞速发展，各种犯罪手段对保安系统提出了许多新课题，信息时代的到来使保安系统的内容有了新的意义，最初保安的内容是保护人身和财产安全，进入信息社会的今天，计算机系统已经运用到各行各业，大量涉及国家、企业利益的资料和数据都采用计算机储存和处理，通过计算机获取技术资料和情报的不法活动也越来越多。在具有信息自动化和办公自动化的智能大厦内，人员的层次多，成分复杂，不仅要对外部人员进行防范，而且要对内部人员加强管理，因此，现代化大楼需要多层次、立体化的保安系统。安防系统的组成如下：

1. 出入口控制系统

出入口控制系统又叫门禁管理系统，它采用微电子技术、测控技术、机电一体化技术及计算机网络技术和通信技术，为建筑物的出入通道提供高效的智能化管理，对建筑物、建筑物中某一区域或建筑物特定房间的进出人员进行识别和控制，为防止非法人员的侵入提供了重要保证。

（1）出入口控制系统的结构

出入口控制系统是按照人的活动范围，在相关的出入口、入户门、电梯门等处安装识别设备，由识别设备接收信息，经解码控制器判断后方能进入的控制系统。主要包括三个层次的设备，一是直接与人员打交道的设备，包括读卡机、电子门锁、出口按钮、报警传感器、门传感器和报警喇叭等；二是智能控制器，控制器接收底层设备发来的有关信息，与存储的信息相比对作出判断，再发出处理的信息；三是计算机，通过程序设定，接收控制器发来的信息，完成信息的分析与处理，并向控制器发送控制命令。

（2）出入口控制系统的功能

出入口控制系统的功能包括设备注册、出入记录查询、报表生成、实时监控、异常报警、联动、网络管理监控等。

2. 防盗报警系统

（1）防盗报警系统的构成

防盗报警系统主要由四个部分组成：各种类型的探测器、信号传输通道、现场区域报警控制器和报警控制中心。

（2）探测器

建立防盗报警系统首先要根据具体环境恰当地选择探测器。探测器的分类方式很多，按照接触与否，可分为接触式探测器和非接触式探测器；按照探测范围，可分为点控制型、线控制型、面控制型、空间控制型探测器。

（3）报警控制器

报警控制器设置在控制中心，是防盗报警系统的主控部分，它的主要作用是向报警探测器供电，接收报警探测器送出的报警电信号，并对此电信号进行进一步的处理。报警控制器具有以下几个功能：布防与撤防、布防后的延时、防破坏、计算机联网功能。

（4）报警控制中心

防盗报警系统的控制中心由微机、打印机、UPS电源及系统软件等部分组成，控制中心的系统软件由两部分组成，一部分是网络通信部分，由主机定时产生询问信号，对总线上的每一个区域控制器的报警及输出联动情况直接进行访问；另一部分为数据库管理，其中包括注册或注销（增加或减少）控制器和探测器、定时对控制器和探测器进行自检，对探测区域进行布防和撤防，而且可以设定自动处理程序。

3. 闭路电视监控系统

(1) 闭路电视监控系统的组成与分类

闭路电视监控系统通常由前端摄像部分、传输分配部分、控制部分、图像处理与显示等组成。闭路电视监控系统按其工作方式可分成模拟闭路电视监控系统、数字式闭路电视监控系统和网络型闭路电视监控系统三大类。

(2) 闭路电视监控系统的主要设备

1) 摄像机。摄像机是闭路电视监控系统的主要设备，是整个系统的眼睛，它将反映画面色彩和灰度等信号通过电缆传到显示器中，显示器便可再现监视画面。摄像机的种类很多，不同的系统可以根据不同的使用目的选择不同的摄像机、镜头、滤色片等。

2) 镜头。镜头是安装在摄像机前端的成像设置，其作用是将观察目标的光像聚焦于摄像管的靶面或CCD传感器件上。摄像机镜头按照其功能可分为常用镜头和特殊镜头两大类。

3) 防护罩。防护罩可分为室内防护罩和室外防护罩两种。室内防护罩的主要作用是防尘；室外防护罩的功能主要有防晒、防雨、防尘、防冻、防凝露等。

4) 云台。云台用于安装和固定摄像机，主要有固定云台和电动云台两大类。

5) 图像监视器。图像监视器主要用于显示摄像机所摄的图像，在屏幕上提供高分辨率、高对比度的画面。

6) 录像机。录像机是闭路电视监控系统中的记录和重放装置，与家用录像机的主要区别是记录时间的长短不同，它要求可以记录的时间非常长，最长可以录制长达960小时的录像。

7) 视频切换器。在闭路电视监控系统中，为了用少量的监视器看到多个摄像机摄取的图像，就需要用视频切换器按一定的时序把摄像机的视频信号分配给特定的监视器。

8) 多画面分割器。在大型物业的闭路电视监控系统中摄像机的数量多达数百台。为了实现全景监视，即让所有的摄像机信号都能显示在监视器屏幕上，就需要用多画面分割器。多画面分割器是实现全景监视的一种设备，这种设备能够把多路视频信号合成为一路输出，输入一台监视器，这样就可在一个监视器屏幕上同时显示多个画面。分割方式通常有2画面、4画面及16画面。

9) 控制台。控制台是通过各种遥控电路来控制摄像机的姿态，接收摄像机的信号、警报探头的信号，并将这些信号以图像与声音的方式显示在保安中心，作为值班人员的参考。

9.4.3 智能建筑防火系统

随着科学技术的飞速发展，微电子技术、检测技术、自动控制技术和计算机技术在消防领域得到广泛的应用，火灾探测技术、自动报警技术、消防设备联动控制技术、火灾监控系统等也有了长足的发展。防火系统从过去的简单、被动的消防体系，演变为今天自动探测、自动报警的智能消防系统。

1. 智能防火系统的特点

(1) 能够准确地发现楼内的火灾

通过各类烟感传感器和温感传感器将火灾信息传送到火灾报警控制器，由其及早地发现和判断采取正确、适当的措施。

(2) 能够迅速地发出报警信号

由火灾报警控制器发出火灾报警并正确地显示报警的准确位置，指出发生火灾的地点及状况，保证以最快速度采取正确适当的措施。

(3) 系统的高可靠性

在楼宇中不同楼层的不同地点采用中继器建立分级型系统结构，保证即使某一处探测器或探测线路出现问题，系统仍然可以维持正常的功能，同时系统通过其自测功能，尽早提供故障排除方法。

(4) 系统的综合性

防火系统除了火灾自动报警以外，还应该包括火灾广播通信与人群疏散、消防排烟与联动控制、自动灭火等功能。

2. 智能防火系统的组成

智能防火系统由火灾自动报警与消防设备联动控制两个部分组成。

(1) 火灾自动报警

火灾自动报警，由火灾探测器、区域报警控制器和集中报警控制器，以及联动模块和控制设备等组成。

1) 基本型火灾报警。基本型火灾报警分为区域报警系统、集中报警系统和控制中心报警系统三种模式。区域报警系统由火灾探测器、手动报警器、区域控制器或通用控制器、火灾警报装置等构成，适用于小型建筑等对象单独使用，报警区域内最多不超过 3 台区域控制器。集中报警系统由火灾探测器、区域控制器或通用控制器和集中控制器等组成，适用于高层的宾馆、写字楼等。控制中心报警系统由设置在消防控制室的消防设备、集中控制器、区域控制器和火灾探测器等组成，或由消防控制设备、环状布置的多台通用控制器和火灾探测器等组成；适用于大型建筑群、高层及超高层建筑、商场、宾馆、公寓综合楼等，是智能型建筑中消防系统的主要类型，也是楼宇自动化系统的重要组成部分。

2) 线型自动报警。线型自动报警又分多线制系统式和总线制系统式。

(2) 消防设备联动控制

1) 自动控制。由火灾探测器探测火灾发生，继而自动控制相应设备的控制方法。

2) 联动控制。指消防系统中某些设备或设备动作后其相关设备也动作的控制方法。

3) 手动控制。包括就地手控或在消防室手动控制的方式。

(3) 消防设备供电系统

1) 消防设备供电。建筑物中火灾自动报警与消防设备的联动控制系统的工作特点是连续、不间断，为保证消防系统供电电源的可靠性，应设主供电电源和备用供电电源，消防自动监控系统的主供电电源应是专用电源，以保证设备可靠运行，在火灾发生时发挥其消防设备的功能。

2) 备用电源自动投入。当主供电源发生故障时，备用电源自动投入，确保消防联动设备正常工作。

3) 消防设备的联动。根据《火灾自动报警系统设计规范》，高层建筑的控制中心报警系统应具有室内消火栓系统、自动喷水灭火系统、防排烟系统、卤代烷灭火系统、防火卷帘和警铃等联动控制功能。

9.4.4 安全管理基本方法

1. 事故调查

（1）事故调查的目的

事故调查的主要目的是查处事故产生的真实原因，为避免同类事故的发生总结经验教训，建立一个预防事故再发生的预防方案。涉及违反国家法律的事故，其主要目的是搜集证据，为索赔或追诉法律责任提供依据。

（2）事故调查常用的工具和设备

进行事故调查时，常用的工具和设备有：

1）记录表或检查项目清单，笔记本、记录笔、手电筒等；

2）录音机或录音笔；

3）摄像机或照相机；

4）皮尺或电子测量仪；

5）其他必需的检测或化验设备。

（3）事故调查的关键问题

1）对于事故调查的事件，参加调查的人员不要带着成见参加调查。

2）对证据的收集和采纳要全面、完整。

3）目击证人证词的价值与时间成反比，随着时间推移，目击人描述时推论的成分会增加。

4）事故调查最初的主要问题应集中在时间、地点、人员及事故的后果方面。

5）事故调查的后续主要问题应是事故是怎样发生的？发生的原因？造成伤亡及损失的直接原因及相关原因？

6）事故调查的详细程度主要取决于事故后果的严重性和调查报告的用途。

（4）事故调查报告的主要内容

事故调查报告一般应包括以下内容：

1）对于所发生事故的总结；

2）事故发生前的状况简述；

3）事故调查中收集到的情况及证据；

4）目击人讲述的情况；

5）人员伤亡及财产损失情况；

6）事故调查组结论；

7）建议；

8）相关支持材料（照片、图、表）；

9）调查人员签名。

2. 安全检查

（1）安全检查的任务

安全检查的主要任务是查找潜在的不安全因素，通过科学、正确的管理方法和操作方法，消除或控制险情的发生。

(2) 检查的类型

安全检查是预防事故、发现隐患、指导整改的实用方法，日常工作中常见的检查类型有：

1) 法定检查：根据安全生产法要求进行的检查；
2) 外部检查：由执法、咨询单位开展；
3) 行政检查：上级管理部门组织的安全检查；
4) 例行检查：由主管按照操作规程要求进行的例行检查；
5) 投产检查：对新建或更新的设备进行的检查；
6) 连续检查：由岗位操作人员按照操作规程进行的日常检查。

(3) 检查的技术

1) 必要的知识和经验。检查人员，必须对技术标准及法规有足够的了解，遵守现场的规则，正确地穿戴及使用个体防护用具，做到以身作则。
2) 制定并使用检查表。检查表的记录要点和记录结果，要与检查的内容一致。
3) 查阅和应用存档资料。
4) 善于提问、发现和跟踪。
5) 随时纠正。检查中凡遇到违规操作、设施设备存在安全隐患的情况，要随时纠正而不要等到有书面报告后处理。
6) 尽可能做到定量测试。凡是能够用数据反映的、可以量化处理的，尽可能做定量测试，数据是最有说服力的依据。
7) 风险评估。对风险评估的核查是安全中的重要内容。

3. 安全管理

(1) 安全管理的关键因素

1) 安全管理制度。包括安全管理的法律法规、操作规程以及管理制度等。
2) 安全管理组织。物业企业应设置安全管理组织系统，自上而下逐级建立安全管理责任制。
3) 计划与执行。制定物业企业安全管理计划，以及计划执行的落实情况。
4) 实施情况检查。物业企业对安全管理工作实施情况进行定期检查和分析。
5) 实施结果评估审核。依据安全管理工作检查结果，物业企业进行安全工作评审，总结经验，发现不足及时改进。

(2) 安全管理组织

安全管理组织包括以下几个方面：

1) 安全管理人员能够实施有效的管理；
2) 业主能够进行合作配合；
3) 保证及时提供和发布危害、风险及预防措施的信息，做到有效沟通；
4) 保证各类操作人员的基本资质，所有特种作业项目必须持有效证件上岗操作。

(3) 安全管理计划及执行

安全管理计划及执行的工作内容包括：

1) 明确安全管理任务和目标；
2) 建立安全管理标准，管理和控制风险；

3）充分考虑安全管理风险因素，并加以控制。

（4）安全管理防范重点

1）采用一切方法消除危害和风险；

2）追溯风险源头，有效地落实控制措施；

3）严格按照设备类型选择操作人员；

4）不断进行技术创新，改善安全环境；

5）强化全员教育和安全意识，保证安全上岗、安全操作；

6）确保人人都纳入安全管理工作范畴，将安全管理活动贯彻到日常经营活动中。

9.5 突发事件处理

9.5.1 紧急疏散

在物业管理工作中尽可能杜绝事故隐患，避免事故发生。一旦没有做好安全防范工作导致发生意外事故，而又无法制止和控制险情，就应立即组织疏散。

1. 意外事故的发生

在物业管理服务过程中，物业服务企业及其所管物业的人力、物力、资源及信息等基本要素，由于遭受某种无法预测的灾难性事件，面对即将造成人、财、物重大损害的紧急情况，需要立即进行救助的都属于意外事故的范围。

（1）可能发生的意外事故

在物业管理过程中，有可能发生的意外事故有：

1）火灾。

2）爆炸。

3）电路发生意外事故。

4）汽油、其他液体燃料或有毒液体泄漏。

5）有毒、有害气体泄漏。

6）地震、洪水、台风等自然灾害。

7）建筑物结构意外事故。

意外事故除了毁坏财产、影响建筑物和设施设备之外，更严重的问题是威胁人的生命，因此，作为物业服务企业，应考虑在事故出现时如何组织疏散，避免人员伤亡。

（2）危及人员生命的原因

1）毒热气体熏倒。在化学药品失火的现场上，人员伤亡的重要原因，是因毒热气体把人熏倒，然后被火烧伤或中毒身亡。商业楼宇中各商户的经营范围较宽，不能排除一些商品容易燃烧，而且在燃烧中释放有毒气体的可能性。因此发生事故时要尽快组织疏散，即使普通的火灾也会在可燃物燃烧时释放大量一氧化碳，当浓度过大时，可使人中毒身亡。

2）缺氧。火灾中由于烈火燃烧需要氧气助燃，造成急剧缺氧，很容易使人窒息。在火灾现场伤亡人员中，大部分是因缺氧所致。

3）电击。现代建筑物中到处都是电器设备，使用不当或电器损坏都容易触电伤人。另外，发生意外事故也容易破坏电器设备，使灾情扩大造成疏散困难。

4）灼伤。火灾时烈火烧灼造成严重烧伤。

2. 意外事故所具有的特性

了解意外事故的特性，对于物业企业规范管理服务工作、加强应变能力、减少损失、顺利进行紧急疏散有着重要的现实的意义。意外事故具有以下几点特性：

（1）意外性

意外事故的发生是不能或者难以预测的，当意外事故出现时，是一种打破既有的管理服务体系运作的一种意外事件。物业服务企业要事先有所准备，当意外事故发生时，能够临危不惧、秩序井然地处理事故。

（2）危害性

对于一些灾害类的意外事故具有巨大的危险性及危害性，事故的出现有可能使物业管理区域内的建筑物、设备设施、人的身体、财产等遭受严重的损害，排除危险、防患于未然、转移风险应该是物业服务企业的首要工作。

（3）多样性

意外事故往往呈现出多样性和变换性，要求物业服务企业的应变措施具有随机应变性和可操作性。

（4）紧迫性

由于意外事故的出现具有突发性、紧迫性的特点，一旦不能及时采取措施，就有可能导致事件恶化，引起混乱，使业主的财产及生命受到威胁，因此要求物业服务企业迅速实施救援加以应对。

3. 进行紧急疏散的程序

对于写字楼、商业楼宇和高层住宅更应做好紧急疏散的准备工作。高层住宅疏散线路长，住户分散不便于组织。写字楼和商业楼宇功能繁多，办公、住宿、经商、餐饮、娱乐、健身应有尽有，发生事故的可能性比较大。另外，大多写字楼和商业楼宇是许多单位共用，组织疏散困难。物业服务企业应根据这些情况，分析可能发生的事故及其所带来的危害，制定切实可行的紧急疏散的程序。

（1）做好紧急疏散的准备工作

现代建筑在设计建造时对安全问题十分重视，规划管理部门也有一些具体规定，对建设单位提出要求，为紧急情况下人员疏散提供条件。

紧急疏散不仅是楼宇发生事故时的组织和管理问题，而是在楼宇设计建造时就应考虑的问题。楼宇设计建造时应注意的问题有：

1）通道。通道有紧急通道和消防通道。紧急通道是楼宇内紧急情况下撤离的途径，一般情况下，高层住宅、写字楼和商业楼宇里都有紧急出口、安全楼梯等。消防通道是指可以使消防车辆进出的道路，这种道路宽度要大于消防间距。

2）防火卷帘。防火卷帘是建筑物内的分割装置，可将开间较大的商场或展厅等用防火卷帘划分成若干区域。在事故发生时可切断火源和有毒气体，阻止灾情扩大，保证其他区域迅速撤离。

3）消防电梯。在较大的写字楼和商业楼宇应配有消防电梯，里面装有消防设备，平时备而不用，一旦发生火灾可以协助灭火，并可将灾区人员迅速疏散。

4）室外疏散楼梯。室外疏散楼梯是一种设在建筑物外侧的楼梯，楼宇发生事故时一般不容易立即受到烟火威胁。它是一种辅助性的防烟楼梯，是一种疏散设施也是消防人员灭火的通道。

5) 疏散天桥。疏散天桥是在距离较近的两个建筑物之间架设轻便天桥，一个建筑发生事故时，人员可从另一个建筑物撤离事故现场。

6) 在楼宇的窗口可安装固定铁环，以备绑扎自救绳，身体素质较好的人可利用绳索向下疏散。

7) 屋顶广场。有些大型建筑物出现事故的机会较多而且人员比较集中，屋顶应设疏散广场。把屋顶广场作为疏散缓冲地带，等待救援。

(2) 紧急疏散的组织工作

疏散组织工作相当重要，事故现场疏散秩序的好坏直接影响疏散的效果。物业企业平时应培训紧急疏散的指挥者，按物业区域或楼层编队进行疏散演练，遇到紧急情况可以迅速撤离。

(3) 紧急疏散程序

1) 人员疏散为主。发生事故时，首先应保证人的生命安全。如果事故可以迅速制止，应尽快采取措施排除险情，这是保证人员安全的积极办法。但如果发现不能制止事故扩大，则应尽快组织人员疏散。

2) 转移危险品。为了避免更大灾害，事故发生时在可能的条件下尽量将危险品转移。

3) 抢救贵重财产。在人员安全有保证的前提下，可将贵重财产运送到安全地带。

9.5.2 突发事件处理

在物业管理过程中，不可避免地会发生一些意外情况，例如电梯困人、液化气泄漏等等，这些事件不仅有很大的危害性，同时也会影响到业主的正常工作和生活。因此，对于此类突发事件，物业企业需要根据物业项目的实际情况，制定一系列的应急处理预案，及时处理事故，尽快消除事故带来的不良影响。

1. 处理突发事件的原则

(1) 全体管理人员应熟悉各种报警急救电话，遇突发事件，按《突发事件处理预案》处理。

(2) 遇突发事件，接报人员必须3分钟内赶到现场，沉着、冷静，视情况报警或及时上报。

(3) 处理各种突发事件时，积极主动，不得推诿、回避、临阵脱逃。

(4) 反应迅速，及时对业主和危难者提供应急帮助。

(5) 保护现场，维护周边秩序，直至相关部门到达；积极配合相关部门做好现场保护和调查工作。

(6) 主管人员对突发事件全过程进行详细记录，上报领导，并向全体员工通报总结。

2. 突发事件处理预案

在各种类型物业的管理服务过程中，根据物业的使用用途不同、服务内容不同，物业企业应根据实际情况制定突发事件的处理预案，以防不测。以下仅介绍一些典型事件的应急处理预案。

(1) 电梯故障应急预案

电梯困人事件主要由配电系统故障和电梯自身故障引起，设备维修人员负责被困人员的具体解救工作。

1) 电梯自身故障。

①监控中心接到电梯困人的求救信号后，应立即通知委保单位专业维修人员和工程部主管，同时与被困人员保持联系，安慰被困人员不要慌张、保持冷静，不要攀爬安全窗。

②委保单位专业维修人员应在尽快赶到电梯机房，切断电梯电源，查看楼层标记，确定电梯所在楼层位置。

③设备维修人员立即到电梯所在楼层，使用电梯专用钥匙打开厅门，解救被困人员，并向被困人员致歉。

④电梯维修过程中，委保单位专业维护人员应到电梯底层的电梯口地面，放置"电梯维修"的警示牌，并阻止无关人员靠近电梯。

⑤电梯维保单位人员到场处理故障，修复电梯故障后，拿开警示牌恢复运行。

2) 配电系统故障。

①监控中心接到电梯困人的求救信号后，应立即通知工程部主管及设备维修人员，同时通知委保单位专业维修人员到场；与被困人员保持联系，安慰被困人员不要慌张，保持冷静，不要攀爬安全窗。

②确认是由于配电系统故障引起电梯困人时，应立即切换备用电源，为电梯供电，将电梯运行到就近楼层，平层后自动开门放出被困人员。

③切换到备用电源仍不能放出被困人员时，应按电梯故障解救被困人员的程序放出被困人员。

3) 电梯困人应变措施。

①如有乘客被困在电梯内，须立即把闭路电视镜头移至困人点位，详细询问被困者有关情形并及时通知管理人员到该电梯门外并保持联络。

②由工程部立即通知所属专业维保公司到达现场修理电梯；同时安排人员解救被困者。被困者救出后，须与他们联络及询问。

③必须记录该事件发生的时间及详细情形，记录维修人员、消防警员、救护人员到达和离去时间，消防车、警车及救护车号码等。

④必须记录被困者的救出时间或伤者离开时间及查询伤者运往何处医院。

4) 扶梯发生故障应变措施。

①扶梯自身发生故障，立即关闭电源，防止扶梯倒转。

②组织人员帮助梯上乘客根据就近位置情况下梯。

③立即通知所属专业维保公司修理电梯。

④在故障扶梯前安放"故障停梯"指示牌，避免顾客误乘，造成危险。

(2) 停电应急预案

1) 接到局部区域或个别单元电力中断时，工程部会同相关人员到达现场检查该区域电气设备是否正常，并对停电事故做出判断，迅速制定出相应抢修措施，以保证设备尽快恢复运行及照明用电的正常使用。

2) 事故处理必须加装临时电源时，必须经工程部经理批准后，由工程部专业人员负责安装。当供电恢复正常后，临时电源应及时由电工拆除。

3) 合理调配工作人员岗位，做到关键要害部位有人值守，直至供电恢复正常为止。

检查设备停运情况，随时做好记录。如出现电梯困人，立即解救。

4）如果是整个大厦电力突然中断，立即了解情况，对配电室等部位进行察看、检修。若大厦内部供电有问题则应对配电室高压设备以及变压器设备进行检修、抢修，同时工程部值班人员应与安保部等相关部门联系，检查电梯是否归位，是否有人被困在电梯内。电气设备控制器手把是否在正常位置，认真做好检查和救护工作。

5）值班人员应随时与供电局调度室取得联系，确认故障解除后，方可送电。送电后，应对配电室进行全面细致的检查，保证每路负荷都正常送电，并与各专业组取得联系，了解各机房设备送电后的运行情况。

6）工作完成后，值班人员应按时间顺序，详细记录出事故经过，上报部门经理并保存记录。

（3）燃气泄漏应急预案

1）接到通知后，管理人员须急速赶赴现场采取措施，关闭燃气截门。

2）燃气泄漏发生在室外，应立即疏散周围人员，建立警戒线，防止围观，并严禁烟火、使用电气设备（含手机和对讲机）。

3）室内若有燃气泄漏，要保持冷静，谨慎行事。切记现场不可按门铃、启闭照明灯、开关换气扇、打报警电话、使用对讲机以及关闭电闸；也不要脱换衣服，以防静电火花引爆泄漏的气体。

4）工程人员进入室内，应采取一定的防范措施，戴上防毒面具；没有防毒面具，则用湿毛巾捂住口鼻，尽可能憋住呼吸；进入室内后，应立即切断燃气总阀。及时疏散现场范围内的非相关人员，协助救援、抢修的消防人员和维修人员维持现场秩序。

5）发现有中毒、受伤者，应立即小心、妥善地将受伤人员抬离现场，送往安全区域，并通知医务人员前来救护或将受伤人员送往医院抢救。

6）工程人员应详细记录燃气泄漏的时间、地点、故障情况和修复过程。若有人员伤亡，应详细记录伤亡人员的姓名、性别、年龄、时间和抢救医院。

（4）防汛应急预案

1）接到有关部门播报的汛情预警信息（红色、橙色、黄色）后，应及时向业主及全体管理人员发布此信息，并及时将信息传递给公司各部门。

2）工程部组织人员对大厦的雨水及排水系统进行彻底检查，存在问题及时处理，确保雨水及排水系统通畅。

3）安保部经理按照防汛工作组指示及时与各部门联系，并组织人力在大厦各出入口、坡道雨水沟处层层设防，码放防洪沙袋，大厦外用苫布遮盖好，防止雨水倒灌进入大厦内，及时排除险情。

4）根据汛情需要将防汛物资发放至每一位防汛抢险队员，24 小时对汛情最严重的地点进行监控。

5）安防中控室随时对各抢险现场进行监控，发现紧急情况及时报告。

6）各部门对客户单元漏雨情况进行检查，并及时通知相关部门进行补漏、抢修，减少财产损失。

7）地下车场进行临时关闭，并组织人员参加抢险。

8）如出现排水不畅，工程部须组织人员架设排污泵抽水。

(5) 治安事件应急预案

接到报警时要问清对方的姓名、部门、事发地点、犯罪嫌疑人的人数等情况，后再根据案件发生的时间段进行相应处理。

1) 安防中心接到报警后，立即电话通知安保部经理、巡查员和安检主管赶往现场，同时向相关方报警。

2) 安防中心值机员通过监控屏幕，对事件发生及相关区域做好跟踪录像，并随时报告。

3) 相关人员接到报警后，根据提供的事发地点、嫌疑人的人数，带领人员赶赴现场控制局面，同时报告经理与各部门负责人。

4) 安保人员控制各出入口，防止嫌疑人逃脱，并划定警戒线，禁止无关人员进入。

5) 如嫌疑人情绪不稳定，行为过激，待政府相关部门工作人员到达后进行处理。

6) 安保工作人员协助公安机关对报警人、当事人、知情者做好现场询问，调查了解当时情况并采集相关证据（现场拍照），做好记录并存档。

7) 政府相关部门到达现场后，协助做好相关工作。

8) 疏导、劝离现场围观人员，做好客户的解释工作。

(6) 水浸应急预案

1) 员工接到报警或发现小区范围内出现水浸事故，应立即将进水地点、楼层、水源、水势情况报告当值领导和当班保安领班，并在支援人员到达以前尽量控制现场水势，防止水浸范围扩大。

2) 相关人员接报后，立即派员就近采用防水设施保护好受浸楼层各电梯槽口，并将电梯升上最高层，切断电源，以免电梯受损；若电梯轿厢控制面板已经进水，则应立即切断电源，切忌升降电梯，以防故障扩大。

3) 立即查明水浸原因，采取措施（包括关闭水泵、关闭水阀、封堵水管、堵塞漏洞、疏通排水管道、打开末端放水等），切断水源，并关闭受浸区域之电闸，防止人员触电。若水源来自供水总管或部门无力解决时，应立即通知自来水公司前来抢修。

4) 在水蔓延的通道上摆设拦水沙包或采取其他有效措施，防止水蔓延到设备房、配电室、业主室内或其他楼层。

5) 组织力量采用各种手段，包括采用扫帚、吸水机吸水，排净积水，清理现场，尽快恢复整洁。

6) 水源中断后，应立即派人尽快修复受损设施；保安部应设法维持小区内秩序，并耐心做好住户的安慰解释工作，尽力解决水浸给住户带来的实际困难。

7) 如在水浸事故后，有任何公共设施的正常使用受到影响或由此引发停电停水，应通知相关业主或在小区各主要出入口设置告示；如有任何区域存在危险性，应在该范围内设置警告标志。

8) 召开会议，分析事故发生原因，总结经验教训，并采取措施，防止出现类似事故。

9) 详细记录水浸事故发生经过和采取的措施，以及受损情况。

(7) 火灾应急预案

1) 火灾报警。

在大厦管辖区域内发现火情，应立即按下火警报警按钮，使用对讲机或立即拨打大厦消防中心报警电话报警,准确报告失火地点。同时在保证个人安全的情况下,正确使用附近的灭火器材,为随后赶到的专职灭火队争取时间。

2) 火灾确定。

在接到火灾报警电话或发现火情后,灭火行动组、巡视消防救援组人员应携带好设备,迅速赶到火灾发生地点。

如果确认火灾发生,要将着火位置、燃烧物质、火势程度及是否有人员被困等情况上报消防中控室。消防中控室再将情况上报消防应急指挥部,同时要采取果断的处理措施,尽量控制火情的蔓延和人员、财产损失。

如果到达报警现场后没有发现火情,确认属于误报时,应立刻用对讲机通知消防控制中心,并查明误报原因,对消防系统进行复位,并做好值班记录。

对讲机联络为联络的首选方式,固定分机、手机为备用联络方式。

3) 火灾扑救。

火灾确定后,由消防应急指挥部总指挥长下达消防应急预案启动的命令,应急预案正式启动。

4) 分级响应。

根据火灾的发展态势,按照分级响应的原则,由消防应急指挥部负责应急预案的启动、统一调度协调和工作。

Ⅰ级响应:如果火势在灭火组可以扑灭的程度之内,不需要申请"119"消防支援的,由消防应急指挥部做出决定并进行通告。灭火组成员应该按照相关的规定,对火情进行及时、正确的扑救工作。同时和消防中控室保持联系,随时报告事故现场情况。

Ⅱ级响应:如果火势由灭火组无法扑灭、控制,消防应急指挥部要及时向"119"报警、申请援助。

5) 扑火指挥。

火灾扑救过程中,扑救火灾由消防应急指挥部统一领导和指挥,参加扑火的所有小组必须服从应急指挥部的领导,各负其责,协调工作,建立扑火、清理和看守火场的责任制,力争将人员和灾害损失减少到最低限度。

6) 扑火安全。

现场处理人员要根据需要佩戴相应的专业防护装备,采取安全防护措施。

现场总指挥长必须认真分析地理环境和火场态势,在扑火队伍行进和扑火作战时注意各种变化,确保扑火人员的安全。

7) 群众的安全防护。

消防应急指挥部负责群众安全防护工作的决策选择和指令发布,明确安全撤离路线,落实责任人。疏导引领组和秩序维护组要做好相关的工作,内容如下:

①应急指挥部要根据事故发生特点,及时果断地下达撤离命令,有组织、有秩序地及时疏散员工,确保群众生命安全。

②应急指挥部决定紧急状态下群众疏散、转移和安置的方式、范围、路线和程序,疏散引导组负责大楼的疏散引导工作。

③应急指挥部要在必要的时候启用应急避难场所。

④秩序维护组负责维护事发现场的治安秩序,确保群众有组织和有序的安全撤离。

⑤应急通信：设立大厦火灾报警专线，建立火灾应急通信网，保障在紧急状态下扑救火灾时的通信畅通。对讲机联络为联络的首选方式，固定分机、手机为备用联络方式。必要时，经请示公司领导，启动大厦内部通信网络。

8) 应急工作结束。

火灾得到有效控制后，根据实际情况，应急指挥部适时决定应急工作终止，由总指挥宣布紧急预案结束的命令，恢复正常防火工作秩序。

9) 后期处理。

①火灾评估：根据受损面积和受损资源，评估受损实际情况。

②善后处理：及时做好解除警戒、现场清理、应急恢复、善后安抚工作。

③工作总结：灭火工作结束后，要及时进行全面工作总结，重点分析火灾发生的原因和应吸取的经验教训，提出改进和预防措施，及时上报有关部门。

【案例】 食品批发市场火灾案例

1997年9月19日，柳州市某食品批发市场发生一场特大火灾。当时凌晨2时40分许，正在市场前大门值班的保安员韦某发现市场内一楼入口处的38号摊位门面内西南面隔墙中间离地面高约2.3米处，有蓝色电弧闪光，并听到电打火声，感觉情况有异，立即跑到离现场约20米远的值班室，向工商所值班的副所长报告。约3分钟后，韦某跑回现场，只见门面内已起火，考虑仅自己一人救不了火，于是又跑上市场二楼找值班的另外两名保安员。在呼叫和敲门均无人及时答应的情况下，韦某回到一楼起火处，在值班的副所长的指挥下，韦某用一干粉灭火器将门面玻璃砸烂，冲进门面后打开灭火器进行扑火，但是灭火器喷不出药粉，而后闻讯赶来的保安员欧某、梁某先后递给韦某一个灭火器和一条接在市场内消火栓上的消防水带，韦某喷完灭火器后，又用消防水带进行灭火，但由于水带上没有水枪，喷出的水不足一米远，起不到应有的灭火效果，再加上当时正刮着较大的西北风，火热越来越大，与38号摊拉相邻的39号、42号、43号等三家门面相继起火。约2时50分，值班的副所长才用手机拨打"119"电话报警。2时51分，柳州市公安消防支队接到报警电话，立即调动鱼峰消防中队前往扑救。鱼峰消防中队第一次出动两辆消防车于2时55分赶到事故现场。这时大火已从38号门面烧至中央天井处，着火面积已扩大到700平方米左右。由于各门面之间以网眼约为4厘米×3厘米的铁栅网相隔，卷闸门封闭，所形成的过火暗道大大降低了消防水枪的扑火效率。加上市场中央的天井起着抽风作用以及当时的西北风助燃，火苗通过中央天井，从市场一楼先后蹿烧二楼和三楼，然后向四周蔓延，火警迅速扩张，灭火工作十分艰难。虽然在4时55分控制了火热，6时30分将火扑灭，但火灾过火面积已达13 900平方米，占市场建筑总面积的94%，市场大楼内一、二、三层楼绝大部分商品、设备化为灰烬。直接经济损失1900万元。

分析

火灾的主要原因：

1. 该市场改变经营功能，未按照规范进行设计变更。该市场原设计为家禽农贸产品批发市场，建设过程中决定把农贸市场改变为糖烟酒批发市场，但未按照设计规范进行设计变更，竣工验收时也未请消防部门参加，就投入经营，因电路容量与实际经营不适应，导致私拉乱接现象严重，埋下了火灾事故的隐患。

2. 管理者有章不循，不执行夜间停电规定。市场建成使用后，明确规定：夜间铺面内停止供电。1997年4月，柳州市工商局将该市场管理处改名工商所，并调整领导班子。工商所接管市场后，辞去老电工X某，新聘Y某为市场电工，由于新老班子和新老电工工作交接不清，新电工到位以后，夜间从未执行过停电制度，最终导致电线短路引发火灾。

3. 管理不严，未按消防法规规定管理消防设施设备。由于受经济利益驱使，原管理单位违反消防法规，把市场唯一的消火栓和水泵连接器、供水总闸等设施圈占在门面内，接任管理人员不了解部门内消防设施具体位置，且晚上被业主锁在门面内，导致在火灾扑救整个过程中消防车不能就近取水，只能到街道上的市政消火栓加水，严重影响了灭火效果。

4. 消防安全教育不够，对初起火灾采取的措施有误。最初发现火灾的人员消防知识缺乏，措施不果断，错失灭火良机。一是值班保安员在2点40分左右发现38号门面内有电弧光及响声时，如果立即拉闸停电，有可能避免这次火灾，但因其缺乏必要的消防知识，不能判断后果的严重性，没有直接采取措施，而是向值班所长报告，待报告完，门面内已经起火，错失控制火灾的良机；二是值班副所长来到现场发现起火，本应立即拨打"119"电话呼救，但他却只顾指挥在场人员自行扑救，直到2点50分，他感到现场力量已不能控制火势时才拨打"119"，错过了扑灭火灾中非常宝贵的时间；三是火灾过后，消防部门在火灾现场勘查时，在起火部位发现一具未拔掉插销的干粉灭火器，说明当时在场的人员未能正确使用灭火器，表明平时对员工的消防安全教育培训不够。

【案例】 小区停车收费案例

新华网A频道2009年4月18日报道，因为4元钱的停车费，住在Z市时尚小区的何先生与小区物业公司较起了真。物业公司认为，小区内的停车位收费已经得到了大多数业主的同意，物业公司也履行了管理责任，收费合情合理；何先生认为，没有业主大会的同意，收费是不合理、不合法的。双方各执己见，何先生拒交停车费，门卫不让他的私家车出门，事情一直闹到公安民警到现场干预。

分析

涉及小区物业服务收费问题，在收费标准的确定上应该严格依据有关法律法规，如需要增加或变更相关收费项目及标准需要取得业主大会或业主委员会的同意后方可进行。根据2007年10月1日起执行的《物业管理条例》第十一条第七款的规定，"有关共有或共同管理权利的其他重大事项"应由业主共同决定；第十二条第七款规定的共同决定"应当经专有部分占建筑物总面积过半数的业主且占总人数过半的业主同意"；同时第十二条规定，"业主大会会议可以采用集体讨论的形式，也可以采用书面征求意见的形式；但是，应当有物业管理区域内专有部分占建筑物总面积过半数的业主且占总人数过半数的业主参加。"

本案例中的绝大多数业主声称："小区并没有召开业主大会，自己也没有为此发表过意见；往往是收费公示都已经贴出来了，才明白自己不知道什么时候'被别人代表'了"。另外，《Z市物业管理条例》第五十条规定："在全体业主共有车道或其他场地停放机动车辆，是否需要交纳车位占用费，由业主大会决定"。因此，物业公司的"自我授权"收取停车费的做法属于典型的程序违规。

【案例】 物业安保人员行为要依法进行

1. A先生因事到"安华家园"二栋15楼访客，出门时被一个保安拦着要强行搜包。保安说"因为你不是业主，所以要搜包。"A先生大怒"我告诉你，这样做是违法的，你没有权利搜任何人的包。"而保安理直气壮地说"我天天都是这样搜的，我的编号是1501，你可以去告我啊。"

2. M女士从家里拿了几件女儿的换洗衣物准备前往女儿就读的幼儿园，走到小区门口却被保安拦住，要求其打开装着衣物的包裹检查。M女士解释自己是小区业主，但保安毫不理会，依然不肯放行，引来不少人围观，有些人还劝说陈女士打开包裹证明自己"清白"。

分析

为保证项目管理的安全性，不管是住宅小区或是写字楼等项目越来越多的实行了封闭式管理，规定了严格的进出入管理制度，如登记备案、出入证管理等。上述案例中保安人员对来访人员以不是业主为由强行搜包，对业主带出的行李强行检查，其行为本身侵犯了来访人和业主的合法权益。因为保安人员不是执法人员，无执法权，无权检查私人携带的物品。如果物业服务企业的保安人员有充分的理由怀疑某人携带会危及小区正常秩序或者安全的物品，应当在采取必要的措施后及时通知相关部门进行处理；而不应该由保安人员在没有法律授权的情况下强行检查私人携带物品，侵犯他人权利。因此，以相关法律法规为基础对物业进行规范化管理，对物业服务企业而言非常重要。

【案例】 某医院特大火灾事故

2005年12月，辽源市某医院电工值班人员张某发现医院突然断电，张某在未查明断电原因的情况下强行送电，之后离开配电室。几分钟后，张某听到配电室有"噼啪"声响，且已冒烟，他没有立即在现场采取扑救措施，跑到医院外墙去拉闸断电。张某再返回配电室时，火势已蔓延，酿成火灾。在这场事故中，过火面积达5000余平方米，造成30多名患者死亡，180余名患者受伤，直接损失达800多万元。

分析

1. 事故主要原因为医院配电室内供电电缆短路，引起可燃物着火所致。

2. 消防设施存在安全隐患。①医院消防设施的供电方式与供电线路配置敷设不合理，导致医院断电后消防设施无法启动。②配电室置于医院外墙，不利于管理和紧急情况的应对。③医院消防通道不通。一是导致人员被困，不能及时疏散；二是消防人员无法及时抵达现场，无法及时解救，人员伤亡很大。

3. 消防管理存在的问题。①医院安全工作主体责任不清，安全意识不强，工作不到位。②忽视对消防设施的日常检查和定期检查，对存在的安全隐患没有及时排除。③消防制度不严谨，出现了电工1人单独值班的情况。当出现火灾苗头的时候，不能及时扑救，顾此失彼。④缺乏应对火灾的紧急预案。错过初起火灾扑救的最佳时机，未能及时报警，医院救助不力。

复习思考题

1. 物业安全管理的主要内容有哪些?
2. 简述物业安全管理的职责及目标。
3. 车辆管理的内容和任务有哪些?
4. 消防安全管理的基本原则是什么?
5. 火灾扑救的基本方法有哪几种?
6. 简述消防设备管理的内容。
7. 简述智能建筑安防系统的组成。
8. 自动喷水灭火系统由哪几部分组成?
9. 紧急疏散的程序有哪些?
10. 简述处理突发事件的程序。

10 房屋租赁经营

10.1 房屋租赁经营的内容

随着房地产市场的发展，房屋租赁活动日益增多，房屋租赁经营逐渐成为物业服务企业重要的业务活动。本章将重点介绍房屋租赁经营管理的模式、租赁经营的市场调研及其内容、租赁合同及租赁管理的相关内容。

10.1.1 房屋租赁概述

1. 房屋租赁的概念

一般情况下，房屋租赁是指公民、法人或其他组织作为出租人将其拥有所有权的房屋，出租给承租人使用，由承租人向出租人支付租金的行为。房屋租赁是对房屋使用权分期出售的形式，是房地产市场中的一种主要交易形式，也是物业经营管理活动中的重要工作内容。

房屋租赁的概念应把握两点，一是房屋出租人必须是房屋所有权人。这个所有权人可以是自然人，也可以是法人；二是出租人将房屋出租给承租人使用，承租人在约定的租赁期内，按照租用用途居住或从事经营活动，按期缴纳房屋租金。

2. 房屋租赁的特点

（1）房屋租赁不转移房屋的所有权

房屋租赁只是房屋所有人让渡房屋的使用权，不转移房屋的所有权。因此，承租人在房屋租赁期内，只拥有房屋的占有权和使用权。一旦房屋租赁期满，承租人应将房屋归还房屋所有人。

（2）租赁主体应符合法律法规的相关规定

房屋租赁作为一种民事法律行为，对租赁主体都有相应的法律要求。按照规定，公民、法人或其他组织对享有所有权的房屋和国家授权管理和经营的房屋可以依法出租。例如，房屋租赁应签订房屋租赁合同。对于合同主体，要求租赁双方必须是具有民事行为能力的法人或自然人。同时，出租人必须是房屋所有权人，或者房屋所有权人可以依法委托他人或法定代管人代为出租房屋；对于承租人来讲，要遵守法律法规对房屋限制承租的要求。例如我国规定，国家机关、团体、部队及其他企事业法人不得租用或变相租用城市私房等等。

（3）房屋租赁关系不因房屋所有权的转移而终止

按照《城市房屋租赁管理办法》第十一条规定，租赁期限内，房屋出租人转让房屋所有权的，房屋受让人应当继续履行原租赁合同规定。出租人在租赁期限死亡的，其继承人应当继续履行原租赁合同。因此，在房屋租赁的有效期内，即使出租房屋的所有权发生转移，原租赁关系依然有效，新的房屋所有权人应承担原房屋所有权人在租赁合同中确定的权利义务关系。

(4) 房屋租赁关系是一种要式合同关系

房屋租赁关系是一种经济合同关系，它体现合同双方的经济活动。由于房屋是一种特殊的商品，其租赁合同就要采用法定要式合同。根据《城市房屋租赁管理办法》规定，租赁合同必须采取书面形式，而且必须登记备案。

10.1.2 房屋租赁的分类

1. 按照物业所有权的权属划分

按照物业所有权的权属划分，房屋租赁分为公有房屋租赁和私有房屋租赁。公有房屋租赁由国家授权给相关部门具体管理房屋租赁工作，公有房屋租赁又分为直管公房租赁和自管公房租赁。

在实际工作中，直管公房一般由各级人民政府房地产行政主管部门管理，房地产行政主管部门作为直管公房所有权人的代表，依法行使占有、使用、收益和处分的权利。自管公房由国家授权的单位即国有企事业单位自行管理的房屋，这些单位在满足自用的基础上，可以将房屋进行租赁经营。

私有房屋租赁是指私有房屋的所有权人，将自有房屋出租的行为，也是一种物业经营活动。

2. 按照物业使用用途划分

按照物业使用用途划分，可以将房屋分为住宅房屋租赁和非住宅房屋租赁。非住宅房屋租赁又可分为办公用房租赁、商业用房租赁和工业用房租赁等等。

3. 按照房屋租赁期限划分

按照房屋租赁期限划分，可以分为定期租赁和不定期租赁。定期租赁是物业经营中最常见的情形，租期可以是一个星期或是一个月，也可以是一年或是更多的年限。根据《中华人民共和国合同法》第二百一十四条规定，租赁期限不得超过二十年。不定期租赁也称为意愿租赁，即在房屋租赁时不确定租期，租期的长短依赖于双方的意愿。在房屋租赁经营过程中，一般不提倡采取这种租赁方式。

同时，还可以按照房屋租赁期限的长短，将租赁划分为短期租赁、中期租赁和长期租赁。一般情况下，短期租赁是指租期在2年以内的租赁；中期租赁的租期一般为3~4年；长期租赁通常指租期为5年或5年以上的租赁。

4. 按照房屋租赁费用构成划分

在物业使用过程中，所发生的费用一般包括房屋租金、能源使用费和物业服务费三部分。

(1) 净租

指房屋租赁费用只包括房屋租金一项。在此基础上，承租人还要根据自身能源消耗情况，缴纳能源使用费；还要缴纳为保证物业正常使用所支出的物业服务费。

(2) 毛租

指房屋租赁费包括房屋租金、能源使用费和物业服务费三部分。在毛租费用中，将能源使用费和物业服务费分摊到房屋面积中，与房屋租金捆绑到一起，向承租人收取的费用。承租人在使用物业的过程中，不需要再另行缴纳任何费用。

(3) 百分比租金

百分比租金也称为经营性租金，常用于商业物业。在百分比租金约定下，承租人除向出租人定期支付固定租金外,还要将其营业额中超出预定数额的部分,按一定的百分比缴纳给出租人,作为出租人的百分比租金收入。

10.1.3 房屋租赁的管理模式

1. 自营出租模式

自营出租模式是业主直接负责房屋租赁活动,业主只将房屋的物业管理服务工作委托物业服务企业负责。在自营出租模式下,业主负责房屋租赁的所有活动,承担全部市场风险,也获取全部租金收入。物业服务企业只负责物业管理和服务,获取物业服务费收入。

2. 出租代理模式

出租代理模式是业主全权委托物业服务企业负责房屋租赁活动以及租赁中的物业管理和服务。在出租代理模式下,物业企业租赁经营的优劣与业主的收益直接相关,虽然业主不负责房屋租赁,但要承担一定的市场风险。在房屋租赁活动中,物业服务企业只获得租赁房屋的代理佣金,代理佣金一般以租金收入的一定比例收取。在物业企业为出租房屋提供物业管理服务过程中,还要获得物业服务费收入。

3. 承包转租模式

承包转租模式是物业服务企业接受业主委托将出租物业包租下来,然后自行转租的模式。在承包转租模式下,业主只收取包租的租金,不负责物业的租赁,不承担市场风险。对于物业服务企业来讲,既要承担物业的租赁经营,又要负责物业的管理服务工作。一旦房屋租赁市场不景气,房屋空置率过大,物业企业的风险会比较大。

10.1.4 房屋租赁经营的内容

房屋租赁经营的内容涉及房屋租赁市场的调研、租约条款的确定、租金测算、合同签订、物业交接等诸多环节的内容。物业企业要运用现代经营理念,跟踪和研究战略租户,即对物业收入起决定性影响的租户,在租金减让、售价折扣、增加附加值服务等方面创新更多的招法。在这种情况下,非住宅物业的建设单位及物业服务企业必须及时调整经营策略,最大限度地提高物业出租率,减少空置房屋及由此而造成的资金占压和经济损失。

房屋租赁经营的内容一般包括以下几项内容:

(1) 房屋租赁市场的调研;
(2) 房屋租赁信息的分析与发布;
(3) 房屋租赁条件的确定;
(4) 房屋租赁合同的审核;
(5) 租赁房屋的交接;
(6) 租赁房屋的管理与维护;
(7) 租金、能源使用费和物业服务费的收取;
(8) 房屋退租交接。

在物业经营活动中,业主为了吸引更多的租户,通常会采取各种各样的租赁策略开展经营活动。例如:某业主在商业物业出租时,对于重点租户即租用面积较大(整层或多层)者在租金水平上给予较大的优惠或折让;同时,对一次租赁时间较长又能在前期支付较大比例预付款的,也在租金上给予一定程度的折让;使得该业主在开业初期,达到了90%以上出租率。另外,对于超过一定使用年限的物业,可以投入一定的资金对物业内外设施及环境等进行改造,完善使用功能,使原来智能化程度较低的办公楼宇,通过改造后实现楼宇自动化，增加办公楼宇对租户的吸引力。同时，物业服务企业还要重视对楼宇的管理和维护，在提高管理及服务水平方面做文章，增强楼宇的竞争优势，创新非住宅项目物业管理的特色，将企业文化、经营理念融合到管理与服务之中，提升物业的品牌和知晓度，有助于提升潜在租户对物业的关注程度。

10.2　房屋租赁经营的市场调研

为保证房屋租赁经营的顺利进行，首先应掌握房地产市场情况，做好市场调研工作，获取租赁市场信息，然后再根据房屋租赁市场情况、物业使用状况、公司经营现状以及租赁经验等制定房屋租赁方案，保证房屋租赁经营顺应市场变化情况，取得理想的经营收益。

10.2.1　房屋租赁经营市场调研的内容

为了掌握房屋租赁市场情况，有针对性地开展市场调研工作，获取租售市场信息，为物业服务企业制定房屋租赁计划提供依据，房屋租赁市场调研工作应包括以下内容：

1. 提出目标和质量要求

为保证市场调研工作达到调研计划所制定的预期目的，市场调研必须保证深入、有效地了解调研对象的情况，保证调研信息的真实性。同时要注意调研结果的实效性，保证调研成果必须对房屋租赁经营具有参考价值。

2. 组织市场调研的步骤

（1）指定责任部门

一般由物业服务企业的市场部或经营部负责组织实施。

（2）明确调研目的

获取房屋租赁市场信息，为物业服务企业进行房屋租赁经营提供决策支持。

（3）确定调研时间

根据业主制定的房屋租赁开始时间，确定房屋租赁市场的调研时间，一般提前一年左右。如果有过去租赁经营的经验，有潜在的租户群体，可以缩短调研时间。

（4）确定调研对象

调研对象涉及房地产市场、租户以及物业建设单位和物业服务企业等许多方面，根据具体情况确定调研对象，例如房屋交易市场、房屋租赁市场、目标租户群体、物业服务企业自身管理服务水平、物业建设单位或业主的收益目标、拟租赁房屋的状况等等。

（5）选择调查方法

调研人员通过走访、发放调查表、信息发布会、资料查询等方式获取调研对象的真实可靠的信息资料。

（6）确定调研内容

根据不同的调研对象，确定一些必需的调研内容，例如房地产租售市场调研包括：房屋租赁市场、房屋交易一级市场和二级市场的调研活动。其中又可以进一步调查某类物业的价格走势、空置率、客源组成、物业状况等等。

（7）得出调研结论

负责市场调研的责任部门对市场调研成果进行讨论，得出调研结论作为经营决策的依据,同时根据目标市场决定租赁策略的调整。同时,调研人员通过分析租赁市场和调研对象实际情况,可以对调研内容、调查方法进行适宜的调整改进,提出对房屋租赁经营工作的改进措施。

3. 编制市场调研报告

调研小组在完成市场调研工作后,将调查表、市场分析、会议讨论结果等原始资料,进行整理、录入、汇总、统计和分析,将市场情况以及调研心得进行分析总结,编制成市场调研报告。

10.2.2 房屋租赁信息的发布与处理

为了出租物业能够迅速有效地寻找目标租户,并识别和确认租户对物业的有效租赁需求,要做好经营性物业出租信息的发布和租户租赁需求信息的收集、记录、反馈及跟踪活动。

1. 物业出租信息的发布

物业出租信息发布的目的是迅速地为拟租赁房屋寻找合适的目标租户,根据拟租赁房屋的特点制定出租信息的发布计划。

(1) 出租信息的发布计划

发布计划主要内容包括:出租信息内容、信息发布方式、发布时间以及发布范围等等。

(2) 出租信息发布的内容

出租信息基本内容包括:有关物业的位置、名称、物业类型、周边环境、面积、租金价格等等,以及相关联系人、联系方式等等。不同类型的物业项目发布信息的内容有一定的差异,一般应根据物业的实际情况决定信息发布的具体内容。

(3) 出租信息发布方式

物业出租信息发布方式有多种,主要包括四种:租赁信息单、楼体广告、媒体广告及互联网信息发布。以租赁信息单方式发布的,信息单的制定必须按照统一的格式,以给租户一个清晰的公司形象。以楼体广告方式发布的,广告的内容、式样经过审核批准后,交由专业广告公司制作。以媒体广告方式发布的,要研究决定广告选用的媒体、广告内容、形式、创意等。以互联网信息方式发布的,应发布于具有影响力的互联网站,并定期查看互联网的反馈信息。

2. 房屋租赁需求信息的处理

房屋租赁需求信息的收集主要通过信息收集和接待咨询两种途径。

(1) 信息收集

在物业管理过程中,可以通过报刊媒体、各个物业项目管理处等多种渠道获取潜在目标租户的需求意向,然后主动与有意向的租户联系洽谈,向租户介绍物业情况,并了解租户的需求。

(2) 接待咨询

租户在咨询物业情况时,业务员向租户介绍物业情况及租赁条件,了解租户的需求,并通过综合分析,判断其是否为有效需求。对于有效需求,要记录租户需求的基本内容,包括:物业类型、面积、价格、其他相关要求、联系人、联系方式等等。

在租赁需求信息的处理过程中还必须确定信息反馈员,由信息反馈员负责对租户进行跟踪服务。原则上信息的受理者即为信息反馈员，根据实际情况可安排专人负责。信息反馈员负责安排租户到现场察看物业状况，跟进业务并为租户提供服务，进一步了解租户的需求，并进行分析、判断，确认租户的有效需求。当房屋租赁情况发生变化时，信息反馈员应及时告知租户。

在对房屋租赁需求信息进行处理的过程中，还要针对租户需求的物业类型、面积、价格、成交或未成交原因等进行数据统计。分析租户需求的变化趋势、满足租户需求的可能性等，形成分析报告作为租赁经营决策的参考。同时，对房屋出租信息的发布必须遵循诚信原则，保证信息真实性、有效性。对所发布的信息根据实际情况及时进行更新，做好与租户的沟通，真实地了解租赁租户的需求。

10.2.3 房屋租赁条件的确定

在房屋租赁调研的基础上，结合物业建设单位和物业服务企业自身状况，对房屋租赁条件进行讨论。根据房屋租赁市场情况、物业使用状况、公司经营现状、租赁历史经验等制定房屋租赁条件。

房屋租赁条件作为房屋租赁的合同的主要条款，租赁业务都必须遵循该条件。租赁条件包括：租约条款、租金价格、租赁期、优惠及折扣等等。

租赁条件的制定主要依据是市场租金价格，并参考物业服务企业的经营现状。物业租金的确定可以参考市场指导租金，在具体实施过程中，为了吸引租户，对于大型租户及特殊情况要给予一定的优惠。在租、售策略上对重点租户、大型租户在租金水平或销售价位上可给予较大的优惠或折让，千万不要用单一的租金标准或销售价位将"大户"拒之门外。此外，对一次租用时间较长又能在前期支付较大比例预付款的也可在租金上给予折让。

在房屋租赁期内，还要考虑租户装修所占用的时间，对新承租物业的租户可以给予一定的装修期限。对于大型租户及特殊情况确实需要给予延长装修期优惠的，可作适当调整。另外，对于其他的方面的优惠、价格折扣等影响公司租赁经营收入的关键因素要进行严格控制，以保证业主和物业服务企业的经营收益。

10.3 房屋租赁合同

10.3.1 房屋租赁合同的内容

房屋租赁合同是指房屋出租人将房屋提供给承租人使用，承租人定期给付约定租金，并于合同终止时将房屋完好地归还出租人的协议。房屋租赁是一种民事法律关系，在房屋租赁活动中，租赁双方的权利义务关系主要通过房屋租赁合同予以约定。

1. **房屋租赁合同的主要条款**

根据《城市房屋租赁管理办法》第九条规定，房屋租赁当事人应当签订书面租赁合同，租赁合同应当具备以下条款。

(1) 当事人姓名或者名称及住所；
(2) 房屋的坐落面积、装修及设施状况；
(3) 租赁用途；
(4) 租赁期限；

(5) 租金及交付方式；
(6) 房屋修缮责任；
(7) 转租的约定；
(8) 变更和解除合同条件；
(9) 违约责任；
(10) 当事人约定的其他条款。

2. 房屋租赁合同变更或解除的条件

有下列情形之一的，房屋租赁当事人可以变更或者解除租赁合同：
(1) 符合法律规定或者合同约定可以变更或解除合同条款的；
(2) 因不可抗力致使租赁合同不能继续履行的；
(3) 当事人协商一致的。

因变更或者解除租赁合同使一方当事人遭受损失的，除依法可以免除责任的以外，应当由责任方负责赔偿。

3. 房屋租赁双方的权利与义务

房屋租赁当事人按照租赁合同的约定享有权利，并承担相应的义务。

(1) 出租人的权利与义务

1) 出租人的权利

一是拥有按期收取租金的权利；二是拥有监督承租人合理使用房屋的权利，承租人不得不经过出租方同意擅自对房屋结构进行改造和装修，出现上述情况，出租人有权要求承租人将房屋恢复原状或予以赔偿；三是拥有依法或依照租赁合同收回房屋的权利。

2) 出租人的义务

一是具有保障承租人合法使用房屋的义务；二是具有对房屋进行维修和保养，保障承租人安全使用房屋的义务；三是参与协调由房屋原因引发的纠纷。按照相关规定，出租人应当依照租赁合同约定的期限将房屋交付承租人，不能按期交付的，应当支付违约金；给承租人造成损失的，应当承担赔偿责任。出租人在租赁期限内，确需提前收回房屋时，应当事先征得承租人同意，给承租人造成损失的应当予以赔偿。

(2) 承租人的权利与义务

1) 承租人的权利

拥有合法使用房屋的权利。一是在规定的期限内，出租人不得以任何理由提前终止房屋租赁合同。二是拥有要求保障使用安全的权利，承租人有权要求出租人对房屋的自然损坏及设备破损等情况进行及时的修复，保障房屋使用的安全。三是对所承租的房屋，拥有优先购买和续租的权利。

2) 承租人的义务

一是按期交纳租金，不得以任何借口拖欠或少交租金；违约的，应当支付违约金。二是承租人应当爱护并合理使用所承租的房屋及附属设施。不得擅自拆改、扩建或增添；确需变动的，必须征得出租人的同意，并签订书面合同。三是遵守房屋租赁合同，不得私自改变房屋用途或转借转租他人。四是因承租人过错造成房屋损坏的、由承租人负责修复或者赔偿。

10.3.2 房屋租赁合同的签订与终止

1. 房屋租赁合同的签订

物业服务企业将房屋租赁合同审核结果通知租户，双方就租赁意向达成一致的，进行草拟合同工作，合同的签订必须符合《合同法》的有关规定，杜绝违约行为的发生。合同的审核、签订过程中有关重要的工作事项必须以书面形式进行记录。与合同相关的各种资料，包括：与租户的往来信函、租户申请报告、租户身份证明、租户营业执照等都必须进行妥善保管。

在房屋租赁关系建立过程中，应注意以下几点：

（1）凡未经产权人、使用权人认可而私下签订的房屋租赁合同不受国家法律保护。

（2）房屋租赁合同要按统一格式和规定填写，不得擅自变更，需要说明的问题及房屋配套设施等情况需在租赁合同附记栏内注明。

（3）房屋租赁合同通常一式两份，由双方各执一份。

2. 房屋租赁合同登记备案

《城市房屋租赁管理办法》规定，房屋租赁实行登记备案制度。签订、变更、终止房屋租赁合同的，当事人应当向房屋所在地直辖市、市、县人民政府房地产管理部门登记备案。房屋租赁当事人应当在租赁合同签订后 30 日内，持下列文件到市、县人民政府房地产管理部门办理登记备案手续。

申请房屋租赁登记备案应当提交下列文件：

（1）书面租赁合同；

（2）房屋所有权证书；

（3）当事人的合法证件；

（4）城市人民政府规定其他文件。

出租共有房屋，还须提交其他共有人同意出租的证明。出租委托代管房屋，还须提交代管人授权出租的证明。房屋租赁申请经市、县人民政府房地产管理部门审查合格后，颁发《房屋租赁证》。

房屋租赁合同采用登记备案制度是为了防止非法出租房屋，防止国家税费的流失，也是为了保护产权人的权益不受侵害。登记备案的过程中，要对房屋租赁合同就以下几方面给与审查：一是房屋租赁主体是否合格，出租、承租行为是否合法；二是所出租的房屋是否合法；三是房屋租赁合同的内容是否合法有效；四是合同当事人是否按规定交纳税费等等。

3. 房屋租赁合同的终止

房屋租赁合同的终止有两种情况：一是合同期满自行终止；二是人为终止。租赁合同自行终止，是指房屋租赁期限届满，租赁合同终止。承租人需要继续租用的，应当在租赁期限届满前 3 个月提出，并经出租人同意，重新签订租赁合同。人为终止的原因主要是双方当事人有违约行为。

按照相关规定，承租人有下列行为之一的，出租人有权终止合同，收回房屋。因此而造成损失的，由承租人赔偿：

（1）将承租的房屋擅自转租的；

（2）将承租的房屋擅自转让、转借他人或擅自调换使用的；

（3）将承租的房屋擅自拆改结构或改变用途的；

(4) 拖欠租金累计6个月以上的；
(5) 公有住宅用房无正当理由闲置6个月以上的；
(6) 利用承租房屋进行违法活动的；
(7) 故意破坏承租房屋的；
(8) 法律、法规规定其他可以收回的。

4. 房屋租赁合同纠纷的解决

房屋租赁合同纠纷的解决方式有以下几种：

(1) 协商

即双方当事人之间就房屋租赁合同本身或执行中出现的纠纷进行协商，协商一致时对原合同进行修订或签订补充合同。

(2) 调解

由双方共同认定的第三方，站在公正的立场对双方经协商无法解决的纠纷来进行调解。

(3) 仲裁

由仲裁机构经调查取证后，所做出的有约束力的裁决。通常仲裁结果为最终裁决，具有强制性，如一方不执行则强制其执行。

(4) 诉讼

当事人一方对仲裁程序及公正性等有疑义时向法院提出诉讼，由人民法院做最后的裁定。

10.3.3 签订房屋租赁合同需要审核的内容

房屋租赁合同审核是在确保遵循平等互利原则的基础上，与租户确立符合法律、法规要求的房屋租赁合同关系。房屋租赁合同的审核包括租赁合同内容所涉及的方面，例如对租户需求的满足、对房屋状况的描述以及对租户的资信审核等等。

1. 对房屋状况的审核

主要由物业企业的工程部、安全部、物业管理部对合同所涉及的技术问题进行联合审核。审核重点是对供电、供水、消防、燃气、房屋结构、附属设施、智能化系统、物业管理服务等各方面进行技术审核，判断是否能满足租户提出的要求。

需要对房屋进行改造的，物业企业应相关部门根据租户的要求，制定房屋改造计划并进行费用预算，讨论房屋改造计划的必要性和成本问题，决定是否进行改造以满足租户的需求。

2. 对租户需求的审核

对租户需求的审核包括：拟租赁房屋的坐落地点、面积、朝向、物业类型、物业用途等等；了解租户可接受的租金价格；了解租户要求的租赁期限及其他相关条件等等。

在对租户的需求进行审核的过程中，注意判断租户的需求是否符合公司制定的房屋租赁条件；判断公司是否有条件、有能力满足租户的需求；同时还需要估算公司所需要付出的成本。

3. 对租户的审核

对租户进行审核的内容主要是租户的基本情况，请租户其出示具体的证明材料，包括：身份证明、营业执照等。对于房屋租赁相关费用数额较大的租户，必须对租户的经营资质和经营能力等进行审核。对于大型商业项目，要求租户必须提交项目经营管理策划书等等，其目的是要求租户具备相应的房屋租赁经营的经济实力与经营策略。

4. 对房屋租赁合同的审核

对于公寓、住宅、较小规模的写字楼等常规物业的租赁合同，不需要进行专门的审核，可以按照标准合同执行。该类合同属于规范化合同文本，内容条款是相对固定的。对于房屋租赁条件不能满足标准合同内容，有着特殊要求的写字楼、工业厂房、商业物业等项目，需要进行严格的合同评审。

10.3.4 房屋租赁租金的有关知识

1. 房屋租赁租金的意义

房屋租金是房屋价值的货币表现，是房屋产权权益的经济实现，是房屋使用权分期出售的价值。它既要考虑建造房屋时的各种劳动消耗的补偿，又要考虑房屋使用过程中各种维修保养费用和管理费用，此外还需考虑市场的承受能力、房屋所处的地段及房屋的重置价格等等。因此，应通过房屋租金的确定和调整，体现和实现所有者权益，并能够保证房屋的简单再生产和进行更新改造。具体讲，租金的意义在于：

（1）调节房屋的供求关系

房屋租金是房屋的零售价格，房屋的供求状况可以通过租金进行调节；特别是租金的调整与房屋售价的变动与房地产市场供求关系是相互关联的。

（2）保证物业经营活动的正常进行

物业使用过程中必然要发生各种费用。房屋租金不仅要补偿房屋建造过程中的劳动消耗，还应足以维持房屋的维修保养、折旧和局部更新各项费用；同时，物业服务企业在房屋出租经营和管理过程中也要实现合理盈利。

（3）租金的调整是我国住房体制改革的重要内容

随着房地产市场发展，我国已经逐渐形成与房地产价值相配套的房屋租、售比价体系。如果没有合理的市场租金，就无法平衡买房和租房两者之间的经济利益，也就无法启动房地产市场和实现住房制度改革的最终目标。

2. 房屋租赁租金的分类

（1）市场租金、商品租金和成本租金

市场租金又称为协议租金，是由市场供求关系决定的租金；商品租金是指按照物业价值为基础确定的租金，包括折旧费、维修费、管理费、投资利息、房产税、保险费、地租和利润八项因素构成的租金；成本租金是指由出租房屋的经营成本确定的租金，由折旧费、维修费、管理费、投资利息和房产税五项因素构成的租金。

（2）住宅租金和非住宅租金

住宅租金指民用住宅的租金，由于它用于非经营性质，因此租金水平相对较低。住宅租金还可以进一步分为：普通住宅租金和高档住宅租金；福利性租金、成本租金和商品租金。非住宅租金包括办公用房租金、商业铺面租金等等。根据物业区位的不同和功能、用途的不同，非住宅租金通常高于住宅租金。

（3）定额租金和定率租金

定额租金是按照房屋经营成本和其他因素确定的租金，一般按照每平方米确定租金标准；定率租金又称为百分比租金，一般零售商业物业通常采用这种租金方式。

（4）公房租金与私房租金

公房租金指居民租住的房管部门或企事业单位住房所付的租金；私房租金指承租人承租私产房屋所付出的租金。租金可依据物业的地段、档次、朝向及室内设施等来确定，租金标准可按每月每平方米计算，也可按每月每套计算。

在实际工作中，房屋租赁费用除包括真正的房租构成因素以外，还包括物业服务费、水费、电费、供暖费、燃气费等等；如果房屋中配置了家具和一些电器设备，还要包括家具和设备使用的费用。

3. 房屋租赁租金的构成

物业租金是房屋的出租价格，是房产价格的特殊形式，也是对房屋使用权分期出售的形式。从理论上讲，物业租金的构成包括三个部分：即建造或重置房屋的全部投资和相应的投资利息；房屋经营的各项费用及相应利润；以及国家土地部门收取的土地使用税费或地租。具体讲，主要有以下8个方面：

（1）折旧费

折旧费指房屋投入使用后，为补偿各种有形、无形的损耗而在物业的耐用年限内通过租金的形式加以回收的房屋最初的投资价值。

（2）维修费

维修费是为保证房屋在耐用年限内能正常使用而必须支付的费用。它包括经常性的维修（跑冒滴漏等）和定期保养维修。维修费的计提可按事先确定的每平方米的年维修费定额，再根据面积计算出全年的维修费用。

（3）管理费

管理费是从事物业经营和管理的企业，对所出租房屋进行必要的管理所需要的费用，是房屋出租过程中一种正常的支出。

（4）投资利息

投资利息指房屋建造时，物业建设单位为投资于该物业而向银行贷款的利息。利息是房屋成本的构成部分，应该在租金中得到补偿。

（5）税金

税金包括房产税、土地税和印花税。房产税是以房屋为课税对象，按房屋的出售价格或租金水平，向房屋所有权者征收的税种，是随出租而转嫁的价内税，通常是按租金的一定比例计提。

（6）保险费

为达到财产保险的目的，房屋出租者需要缴纳保险费，是参加财产保险所支付的费用。对于财产保险而言，承租人也是受益者。

（7）地租

我国目前是物业建设单位为取得土地的使用权而向土地的所有者交纳的土地使用费，应该通过房屋的出租而得到回收。

（8）利润

房屋出租是一种经营活动，对于物业企业，应分享到经营过程中转移过来的剩余价值，房屋租赁经营应获取一定的利润回报。

10.4 房屋租赁管理

10.4.1 房屋租赁管理的内容

房屋租赁管理对于物业企业来讲，主要包括住宅出租、写字楼出租、商业物业出租等在内的收益性房屋租赁的管理，包括租赁方案的制订、租赁房屋的交接、租赁房屋的日常管理与服务以及租赁房屋退租的交接管理等等。在房屋租赁管理过程中，对于租户的管理和调整、潜在租户的寻求等工作，应贯穿房屋租赁管理的始终。

10.4.2 制定租赁方案的一般程序

物业服务企业在确定进行房屋租赁活动后，应组织相关人员对拟租赁房屋进行深入的分析研究，在充分掌握市场需求状况的前提下，制定切实可行的房屋租赁方案。制定房屋租赁方案的一般程序为：

（1）组织经营、管理、工程技术和财务人员参与房屋租赁方案的制订；

（2）对拟租赁房屋基本情况进行分析，收集汇总相关信息及资料，掌握租赁房屋的档次、规模以及可用于出租物业的位置和面积等情况；

（3）根据房屋租赁市场状况，定位租赁目标市场和租户群体；

（4）确定房屋租赁方式；

（5）确定租金收取方案，编制物业经营预算；

（6）拟定租约条款，要考虑租金调整和租户调整问题；

（7）根据租赁房屋情况，进行租户的选择；

（8）安排租户现场考察租赁房屋及其设施设备情况；

（9）与租户进行租约谈判；

（10）与租户签约，并对租户进行管理。

10.4.3 租赁房屋的交接

房屋租赁合同正式签署以后，物业服务企业的相关部门应为租户开具《租赁房屋交接单》，办理租赁房屋的交接手续，并告知租户相关的管理规定。物业服务企业应严格按照房屋租赁合同的规定履行应尽的义务，保证提供与租赁合同相符的房屋，带领租户做好租赁房屋的验收工作，保障承租人安全合法使用房屋，为租户提供高质量的管理和服务。

10.4.4 房屋租赁的日常管理与服务

1. 房屋租金的收取

物业服务企业根据房屋租赁合同规定，按照约定的房屋租金标准、收租时间和收租方式收取租金。如果在房屋租金以外，承租人还需要交纳物业服务费的，物业企业可向承租人一并收取。

2. 日常管理与服务

物业企业首先应做好与租户的沟通工作，充分了解租户的需求，根据需要开展主动性服务，为租户提供优质的管理和服务，提高租户的满意度。为此，许多物业服务企业通过利用先进的管理手段实施主动式管理，使物业管理行业出现了新的生机。所谓主动式管理，是指以满足租户对物业管理服务的需求为目标，通过利用先进的技术和管理手段以提高物业管理服务水平和效率为出发点，为租户提供周到、规范的服务。在房屋租赁的日常管理与服务过程中，要做好以下几点工作：

(1) 良好的物业管理有助于房屋租赁

物业管理与房屋租赁经营密切相关，物业企业要以优质的管理服务促进房屋租赁，在管理服务的同时达到经营创收的目的。

(2) 树立并保持物业品质

在房地产市场发展到一定阶段后，消费者购买物业注重的是品质和形象，物业企业应做好日常管理和服务工作，维护物业的品质，有责任确保物业形象得以建立和保持，以吸引潜在租户。

(3) 科学管理，创新经营管理模式

物业管理的目标是以良好的服务提供最佳的物业使用环境。因此，物业企业应主动创新管理模式，制定科学的管理流程，实行规范化管理，及时收集和整理租户信息资料，以对服务过程进行有效的管理和控制。

(4) 建立物业管理信息系统

通过物业管理的办公自动化，应用现代化管理工具来协助物业管理人员分析、处理和传递信息资料。一方面可以提高工作效率，降低物业管理成本；另一方面可以向租户提供高水准的优质服务。

10.4.5 租赁房屋退租的交接

对于房屋租赁合同到期或提前解除租赁合同的租户，要及时办理物业退房手续，为租户提供快捷、方便的服务。尤其要注意不能因为租户退房而降低最后一个环节的服务质量。在物业退房工作中，应做好以下几项工作：

(1) 及时告知需退租的租户有关退房的管理规定。

(2) 为租户办理房屋退房验收手续时，注意检验租户在使用物业过程中有否违反合同约定的事项。

(3) 如果合同约定租户自行拆除租赁房屋的装修，应做好拆除过程的监督管理工作。

(4) 核算租户退房的截止费用，并办理合同的注销手续。

(5) 结算租户的各项费用。

复 习 思 考 题

1. 简述房屋租赁的概念和特点。
2. 房屋租赁的分类有哪些？
3. 房屋租赁经营包括哪些内容？
4. 房屋租赁经营的市场调研包括哪些内容？
5. 怎样确定房屋租赁条件？
6. 简述房屋租赁合同的概念和内容。
7. 签订房屋租赁合同需要审核哪些内容？
8. 房屋租赁租金的分类有哪些？
9. 简述制定房屋租赁方案的一般程序。
10. 房屋租赁的日常管理与服务包括哪些内容？

11 物业管理中的投诉与纠纷

11.1 物业管理投诉

11.1.1 建立物业管理投诉受理制度

在物业管理活动中,经常会遇到业主或使用人的投诉,物业服务企业正确的接待和处理投诉,建立投诉受理制度,对于提高业主满意度、改进管理和服务,有着十分重要的意义。业主投诉是业主或使用人主观上认为物业管理活动中存在着差错,这种差错损害了业主的利益,或者给业主带来了不便或妨碍,由此向物业服务人员提出意见或向有关部门进行反映。

1. 业主投诉的原因

投诉是业主的权利。对于提供产品和服务的企业来说,即便是最好的企业也不能避免客户的投诉。物业服务企业必须以一种积极的心态来对待业主的投诉,物业企业改善服务的主要依据来源于投诉,妥善地处理投诉、不断建立健全服务体系,有利于物业企业的长久发展。业主投诉的原因是多种多样的,有物业服务企业在管理服务过程中的客观原因,也有主观方面的原因。

(1) 客观方面的原因

客观方面的原因主要来自于开发建设单位遗留的一些问题,例如房屋质量保修不及时、不到位,开发建设单位在售房时的承诺不兑现等等。由于业主入住后,每天为他们提供服务的是物业服务企业,业主或使用人会将对开发建设单位的不满向物业服务企业提出。

(2) 主观方面的原因

主观方面的原因主要源自物业服务企业提供的服务不到位、工作不负责任等原因。例如,物业服务企业在服务过程中,没有严格履行物业服务合同中约定的服务内容和标准,管理服务不到位等等。还有一些投诉是因为服务人员工作粗心大意、责任心差,或者管理经验不足,导致工作失误,给业主或使用人带来不便甚至损失,导致发生的投诉。

2. 投诉处理制度的建立

物业管理投诉是指业主、使用权人和业主委员会在物业管理过程中,对物业服务企业或其他物业管理部门违反物业管理有关法律、法规、物业服务合同等行为,向物业所在地行政主管部门、物业管理协会、消费者协会或物业服务企业进行口头或书面的反映。

物业管理投诉受理制度是物业管理行政主管部门,接受业主、使用人和业主委员会对物业服务企业违反物业管理法律法规、物业服务合同等行为,进行投诉受理及处理的程序。建立物业管理投诉受理制度,对于提高物业服务水平,改进物业服务企业的管理服务工作,促进物业管理行业的发展具有十分重要的作用。

11.1.2 物业管理投诉的种类

物业管理投诉所涉及的管理服务内容繁杂、投诉形式多样，做好物业管理投诉的种类的划分是做好投诉工作的前提。业主投诉的问题多种多样，针对不同的分组标志，可以对投诉进行不同的分类。

1. 根据投诉管理性质进行分类

（1）根据投诉的受理性质不同分为有效投诉和无效投诉。有效投诉是指投诉内容属于物业服务企业所签订的物业服务合同规定的、提供的服务内容和标准范围之内的，或法律法规规定的物业服务企业应当提供的服务范围。反之为无效投诉。

（2）根据投诉方式的不同，分为来人投诉、来函投诉、来电投诉和其他投诉四种。

（3）根据投诉的性质不同，分为咨询性投诉、普通投诉和紧急投诉。

（4）根据投诉主体不同，分为公司外部业主或使用人的投诉，以及公司内部员工投诉。

2. 根据投诉所涉及的管理服务内容分类

（1）业主或使用人对造成其损害或妨碍关系人的投诉

如个别业主的违章装修、私搭乱盖的行为，会影响到其他业主正常的工作生活，会给物业的共用部位和共用设施设备带来损害。有些违反物业管理条例的行为，也会影响到其他业主或使用人的利益。诸如这些行为，一般会由相关利益关系的业主或使用人对此行为进行投诉。

（2）业主或使用权人对物业服务企业的投诉

例如，物业服务企业不履行物业服务合同中约定的有关条款，致使所提供的物业管理服务内容和标准不到位，或者物业服务企业乱收费、账目不公开等行为而导致的投诉。

（3）业主或使用人对房地产开发建设单位的投诉

例如，房地产开发建设单位建造的房屋存在的质量问题或配套不到位、质量保修不及时等等问题，损害业主或使用人的利益而产生的投诉。

（4）业主或使用权人对有关专业部门的投诉

按照规定，专业配套部门因维修、养护等需要，临时占用、挖掘道路、场地的，应当及时恢复原状。例如，专业部门因施工铺设地下管道，未及时恢复原状，影响业主通行等情况，所导致的投诉。还有些物业管理区域内时常出现停水、停电的情况，给业主生活带来不便，都会引发投诉。

（5）业主或使用人对业主委员会的投诉

例如，业主委员会不按照国家相关管理规则从事活动，不履行职责致使业主或使用权人的利益受到损害，而对其进行的投诉。

（6）业主或使用人对物业管理主管部门的投诉

例如，物业所在地房地产行政主管部门或有关工作人员干扰组建业主委员会或变相指定物业服务企业等行为，对于业主正常的投诉或咨询不予接待等等问题，所造成的投诉。

（7）物业服务企业对有关专业服务部门的投诉

按照规定，物业管理区域内，供水、供电、供气、供热、通信、有线电视等单位，应当依法承担物业管理区域内相关管线和设施设备维修、养护的责任。上述专业部门如果服务养护的责任履行的有问题，就会直接影响到业主的生活，个别业主还会将不满发泄到物业服务企业身上。由此引发的管理问题和矛盾，物业服务企业应向有关专业服务部门提出的投诉。

（8）物业服务企业、业主大会对个别业主、使用人的投诉

如业主、使用人在房屋装修时，损坏房屋承重结构或破坏小区整体环境，或者占用公共绿地的行为，都会影响全体业主的利益。业主委员会或物业服务企业经劝阻无效，可以对其违规行为进行投诉。

（9）其他方面的投诉

如物业项目所在地的政府主管部门，对物业管理区域内违反市容、环卫、环保、市政设施、绿化等城市管理法律、法规规定的行为，以及违法建筑、摆摊堆物、违章占道等行为执法不利、不能履行其职责的，要对其进行投诉。

对投诉进行分类的目的，就是要针对不同的性质的投诉，采取直接有效的方法，及时有效、妥善地处理好各类投诉，为业主或使用人提供满意的服务。

11.1.3 投诉处理的程序

在日常管理过程中，投诉处理不仅要及时高效，还要在处理投诉的过程中，让业主感到满意，这样才有利于加强物业服务企业与业主间的沟通，使投诉得到圆满解决。为此，建立物业管理投诉处理的程序，对于快速、有效地处理投诉，提高服务质量，有着非常重要的作用。一般情况下，投诉处理的可以按照以下程序进行：

1. 专注倾听，认真记录

在物业管理服务中，"倾听"是与业主沟通中最常见、也最需要提倡的一种方法。耐心的倾听，不仅让投诉者感觉被尊重，也有助于了解情况、解决问题。接待人员在聆听的同时应认真记录，为投诉处理做好准备。

接待住户投诉时，接待人员首先代表被投诉部门向业主表示歉意，并立即在《业主接待记录》中作好详细记录。接待时应注意几点：一是请投诉者入座，耐心倾听投诉，并如实记录；二是注意力要集中，适时地与投诉者进行交流，不应只是埋头记录。

2. 判定种类，初步分析

及时判定投诉种类是投诉处理的重要环节。当接待人员接到投诉时，首先要判断投诉性质；如果是有效投诉，接着就要分清是属于咨询性投诉、普通投诉还是紧急投诉；再根据投诉内容解决问题。

3. 确定责任人（部门），提出解决方案

对于咨询性投诉，接待人员应该立刻给予投诉者答复。确实不能及时答复的，可以要求投诉者留下联系方式，待明确答案后立即回复业主。对于普通投诉，要先判定属于那个部门的工作，然后通知相关部门处理；要求必须在公司规定的时限内完成。对于紧急投诉，接待人员要首先判定本管理处相关部门能否及时解决，并报告相关领导。对于可以及时解决的问题，应立即通知相关部门予以处理；本管理处没有足够能力处理的，应立即联系相关单位，请求支援，共同把问题解决好。

4. 有效处理投诉，反馈业主

对于针对物业企业自身的投诉，一般要求被投诉部门两日内对投诉事件进行处理。接待人员收到被投诉部门的投诉处理意见后，及时将处理结果反馈给投诉的业主。反馈方式可采用电话通知或入户回访。对于物业外部的投诉，一般是采取督促解决的方式。例如，

属于开发建设单位售后服务的问题，做好事项登记，当天返给开发建设单位，在规定的时间内，督促其落实。

5. 回访

回访是物业服务企业与业主建立信任、弥补失误和加强沟通的重要环节，也是检查企业自身工作质量，与业主增进了解的最好机会。一般情况下，项目经理负责重大投诉、重点客户的回访工作，日常回访由管理人员负责。投诉事件的回访，应在投诉处理完毕后的三天内进行，回访率应达到100%。回访可采取电话、入户、走访等形式。

管理人员在回访中对业主提出的问题，能当场解决的，必须立即解决，不能当场解决的，要向业主明确答复时间。同时回访人员应做好回访记录，并将回访情况及时准确的反馈物业企业，在与业主约定的时间内协调解决。

6. 总结经验，吸取教训

接待人员要负责跟踪投诉的处理情况。投诉处理完后，相关部门要将处理结果反馈给管理人员，再由管理人员通知投诉者处理结果，并调查和登记投诉者对处理结果是否满意。投诉者的满意才是工作完成的判定标准。

11.1.4 投诉处理应注意的问题

1. 正确对待投诉

物业服务企业在接到投诉后，首先要详细了解情况，然后做出快速判断，及时处理，以积极正面的态度回应业主，告诉他们此事会怎样处理。在投诉处理中，多注意投诉处理的技巧。对于业主的投诉，无论大事小情，都要给予足够的重视。这就需要物业服务企业的管理人员在处理业主投诉的时候，要提高认识、端正服务态度，想业主之所想，急业主之所急，认真对待投诉，妥善处理。

2. 熟悉本企业的服务内容和标准

接待人员要熟悉物业项目的基本概况，各项公共设施设备的设置及养护情况；明确本企业所提供的服务内容和标准，了解各个部门的职责、业务范围及其联系方式；在处理突发事件时，了解相关单位的联系方式；以便及时解决业主的问题。

3. 熟悉物业管理相关法律法规

接待人员要注意学习并掌握国务院《条例》的相关内容，了解物业管理相关法律、法规的一些规定，对于依法处理问题是至关重要的。同时，还要了解本项目的详细情况，以便接待投诉时，能做到"胸中有数"。

4. 及时处理投诉，不拖延

处理投诉要把握好时间尺度，对于处理投诉是至关重要的。特别是在处理紧急投诉时，接待人员能否快速做出反映就显得更加重要。若做事拖拉，甚至故意拖延时间，可能会错失解决问题的最佳时机，会使业主产生误会，甚至造成损失。

5. 给投诉接待人员处理问题的权利

如果接待人员没有处理投诉问题的权力，就会事事请示领导，出现办事拖拉的现象，不利于投诉的快速解决。要给予接待人员处理投诉的一定权限，让他们在职权范围内处理问题，有利于问题快速、高效的解决。

6. 接待人员要保持沉着冷静

在处理投诉时保持沉着冷静的心态，是接待人员必备的心理素质。特别是在处理紧急投诉时，接待人员更要保持冷静，按照紧急处理程序，一步步地处理。同时，要注意对方的情绪，尽可能安抚情绪激动的投诉者，使投诉者渐渐冷静下来，共同把问题解决好。

11.2 物业管理中的各种纠纷

物业服务企业所管理和服务的对象是物业及物业的业主，而且是融管理和服务为一体。在物业管理活动中物业服务企业与业主之间出现一些矛盾是必然的，也会不可避免地发生一些纠纷。另外，异产毗连房屋的产权人之间、使用权人之间及产权人与使用权人之间在物业的使用、维修、管理过程中也会发生一些分歧，进而产生纠纷。发生这些纠纷的主要原因是由于物业管理服务的内容较多、涉及物业管理各方主体之间的利益，再加上相应的物业管理法律、法规尚不健全，物业管理行为尚不规范，因而在物业管理中出现一些纠纷在所难免。

11.2.1 物业管理中常见的各种纠纷

1. 前期物业管理纠纷

在前期物业管理阶段，开发建设单位与物业服务企业签订《前期物业服务合同》后，物业服务企业开始进行物业项目的承接查验，开发建设单位对房屋承担物业保修期限和保修范围之内的责任。在这一阶段，物业服务企业与开发建设单位如果合同签署的不够详细，会引发一些纠纷；例如，房屋质量维修期限和方式、承接查验资料移交是否完善等等。

2. 物业使用中的纠纷

国务院《条例》规定，物业服务企业对物业管理区域内违反有关治安、环保、物业装饰装修和使用等方面法律、法规规定的行为，物业服务企业应当制止，并及时向有关行政管理部门报告。在物业管理过程中，业主或使用人是否遵守法律、法规的相关规定，合理、安全地使用物业；业主或使用权人是否按照管理规定装饰装修房屋；业主或使用人是否有法律法规所规定物业使用中的禁止行为；例如：损坏房屋的承重结构、破坏房屋的外貌、占用损坏房屋共用部位、共用设施设备，或者移装共用设施设备等等。物业服务企业有权对违反条例的行为进行管理和约束，由此会引发个别业主的不满，导致一些纠纷的出现。

3. 房屋维修养护造成的纠纷

（1）共用部位、共用设施设备维修不及时

物业共用部位、共用设施设备应由物业服务企业负责维修和养护。当故障发生后，如物业服务企业未能及时维修，又没有适当的理由解释，必然会引起业主和使用人不满而发生纠纷。特别是当维修不及时引起了不良后果时，还会出现追究责任及索赔等问题。

（2）房屋损坏危及他人利益

在异产毗邻房屋中，因个别房屋或设施设备损坏，危及到相邻业主的物业，如果维修不及时就会造成纠纷。例如：楼上卫生间地面损坏致使污水渗漏到楼下，因未能及时维修影响他人正常生活；个别业主装修破坏承重结构，会对物业安全使用造成危害；这些现象的出现，都会发生一些纠纷。

（3）维修扰民问题

房屋维修施工与开发建设单位的施工不同,房屋维修施工是在物业使用过程中进行的。在施工中,因为机器振动的噪声、电焊的弧光以及施工人员喧闹声等等,可能会影响业主或使用人的工作和生活,引发一些纠纷。

4. 物业管理服务时所发生的纠纷

国务院《条例》规定,物业服务企业应当按照物业服务合同的约定,提供相应的服务。物业服务企业未能履行物业服务合同的约定,导致业主人身、财产安全受到损害的,应当依法承担相应的法律责任。在实际管理工作中,物业服务企业与业主经常会出现一些纠纷,例如:物业服务企业是否履行或完全履行合同的纠纷;物业服务企业对物业服务费的收取和使用是否合理、规范等等。

5. 物业服务企业与专业服务部门之间的纠纷

国务院《条例》规定,供水、供电、供气、供热、通信、有线电视等单位,应当依法承担物业管理区域内相关管线和设施设备维修、养护的责任。物业服务企业在为业主提供服务的过程中,要与上述专业部门搞好沟通和协调,否则,就会在供水、供电、供热、通信等设施管理上出现纠纷。

6. 物业租赁纠纷

有些物业服务企业的服务范围比较广,在为业主提供常规服务的同时,还会为业主提供房屋租赁服务,例如:为业主寻求租户,制定租赁合同,管理租户,代收租金等等,物业服务企业对房屋承租人不履行租赁合同约定的行为、未经允许擅自转租房屋等行为,都要进行约束性的管理,在管理过程中有时会出现纠纷。

7. 邻里纠纷

这里所说的邻里纠纷主要是指房屋使用过程中的邻里纠纷,而不涉及其他关系处理不当引起的纠纷。

(1) 共用部位的使用问题

住宅共用部位,是指根据法律、法规和房屋买卖合同,由单幢住宅内业主或者单幢住宅内业主及与之结构相连的非住宅业主共有的部位,一般包括:住宅的基础、承重墙体、柱、梁、楼板、屋顶以及户外的墙面、门厅、楼梯间、走廊通道等。在异产毗连房屋管理过程中,都存在着共用部位的使用纠纷。共用部位是多个产权人的共有财产,无法分割界定归属。任何一个产权人过多占用,都会引起其他产权人异议而造成纠纷。

(2) 损害他人利益

在物业使用过程中,侵占共用部位或妨碍他人正常生活等行为,也容易引起纠纷。如:装修共用墙体时可能会发出一些噪声,影响他人休息;在消防通道堆放物品,影响公共安全等等。

8. 物业服务企业与业主或使用人之间的纠纷

(1) 管理服务不规范

1) 管理和服务未能达到标准。物业服务企业未能按照物业服务合同约定的内容和标准提供相应的服务,或者没有按照约定使用物业管理用房,这些问题都会引起业主或使用人的不满。

2) 管理者账目不清。业主或使用人在交纳物业服务费得到相应服务的同时,他们对费用的使用情况也十分关注。若物业服务企业账目不清时,支出混乱,就会受到业主或使用人的指责，产生一些纠纷。

(2) 业主或使用人不遵章守约

1) 无故拖欠或拒交各种收费。业主或使用人缴纳物业服务费是应尽的义务，但有时个别业主往往拖欠不交；有些业主停放机动车而不缴纳场地占用费等，使物业服务企业与业主间发生纠纷。

2) 私搭乱建。住宅小区私搭乱建是物业管理中的经常会出现的问题，必须严格控制。如不能及时进行处理，不仅对小区的整体管理带来危害，也会引起其他业主的不满。这类情况是物业管理纠纷中最常见的。

3) 改变物业结构、外观和用途。业主对物业的所有权是相对而言的，业主不能随意改变物业的结构、外观和用途，尤其是对异产毗连房屋更是如此。但有些产权人为了自己使用方便，擅自改变物业的结构、外观和用途，会对物业使用造成严重的后果。物业管理人员在制止和处理这些问题的过程中，也会与业主产生一些纠纷。

4) 业主或使用人在其他方面违反管理规定。对任何类型的物业进行管理都要有一些规章制度，如：房屋管理、卫生清洁、安全消防管理等等；在办公大厦的管理中，对吸烟者的管理等等；都需要一些管理制度进行规范。物业服务企业为了维护全体业主或使用人的利益，在实施管理服务的过程中，也会与个别违反规定而又不服从管理的人员之间产生一些纠纷。

11.2.2 解决纠纷的方式

物业管理纠纷处理方式，概括起来有以下几种：当事人各方协商和解、当事人请求第三人或政府主管部门行政调解、当事人之间约定仲裁以及司法诉讼。上述几种纠纷解决的方式各有特点，当事人可以自己决定。当事人各方协商和解是双方对话解决纠纷的方式，而后面三种则是借助第三方解决纠纷的方式。

1. 当事人和解

当事人和解是解决纠纷的最好办法，当事人可以面对面的阐述各自的观点，沟通方便快捷，解决纠纷的效率比较高。同时，可以促使纠纷各方都能尽可能对和解的结果达到满意，是当事人获得共赢的解决方式。

2. 各方当事人请求第三人或政府主管部门行政调解

物业管理民事纠纷的调解，包括民事调解和行政调解两种。

(1) 民事调解

民事调解由争议双方当事人共同选定一个机构或个人，由第三方依据双方的意见和授权提出解决意见，寻求各方满意的方案，经双方同意并执行，由此化解纠纷；是较好的纠纷解决方式。但此种方式的调解不具有法律效力。调解结束后，当事人一方如不执行，则前功尽弃。

(2) 行政调解

运用政府的公信力，寻求政府的中间人地位和政府的社会权威解决纠纷，对于大多数难以解决纠纷，一般采取这一解决途径。物业管理纠纷的行政调解则是借助主管政府的职能进行调解处理，但这种处理如一方不遵守执行，则要借助其他手段解决。

3. 物业管理民事纠纷的仲裁

仲裁是尊重双方当事人的意思实施的。当事人出现了纠纷，愿意把纠纷提交给谁来仲裁，当事人有选择权。同时，当事人须在合同纠纷解决的方式中明确约定，或事后达成补充的仲裁协议。这种合同中的仲裁条款和事后达成的仲裁协议，体现了双方当事人的意愿和选择权。另外，仲裁无级别、地域、专属的限制，当事人有充分的选择权。

物业管理纠纷绝大多数是基于合同的纠纷或物业权益纠纷，属于民事性质的纠纷，是可以通过仲裁途径解决的。依据我国《仲裁法》的规定："平等主体的公民、法人或其他组织之间发生的合同纠纷和其他财产权益纠纷，可以仲裁。"一般情况下，仲裁委员会聘请专业法律人士和行业法律人士组成仲裁庭，仲裁裁决具有判决书一样的法律效力，可以申请强制执行，是上升到司法层面的解决方式。

仲裁物业管理纠纷的依据是当事人签订的协议。仲裁协议有两种方式：一种是在订立合同时就约定一个条款，说明一旦有争议就提交仲裁；另一种方式是当事人出现纠纷后临时达成仲裁解决的书面协议。

4. 物业管理纠纷的诉讼

当事人通过诉讼方式解决民事、行政纠纷也是较常见的方式。物业管理纠纷的诉讼是采取司法途径解决纠纷，向人民法院提起民事诉讼或行政诉讼等，此方法是纠纷的最终解决办法。以国家机器保证判决的有效性和执行性。

无论仲裁还是司法诉讼，均应贯彻合法公正的原则，即以事实为根据，以法律为准绳。由于物业管理法规规章不健全，实践中应注重民法、房地产法、合同法等一般法律与物业管理专门法规及地方法规规章的衔接；同时，在诉讼或仲裁活动中，对业主、业主大会、业主委员会的代表地位和诉权、请求权行使要有明确的了解和认可，处理好单个业主的意见与业主大会意志的关系，确认业主委员会在物业管理纠纷中的代表地位，以便及时处理纠纷，理顺关系，建立良好的物业管理权利义务关系。

11.3 违 约 责 任

物业管理违约责任主要是针对各类物业服务合同而言的。物业服务合同是物业管理活动得以实现的一个基本的法律文件，是约定业主、业主大会与物业服务企业合同当事人的基本权利义务的文件，要求合同当事人依法共同遵守并履行的。如果合同的当事人中有一方违反合同规定，另一方就可以按照法律的规定追究其违约责任。随着物业管理不断发展，正确认识物业服务合同的违约责任的，对于依法行使和维护业主、业主大会以及物业服务企业的合法权益有着重要的现实意义。

11.3.1 违约责任概述

1. 违约责任的含义

违约责任是指合同当事人因违反合同约定，未履行或没有完全履行合同所约定的义务，按照法律和合同的规定应该承担的法律责任。民法通则第一百一十一条规定："当事人一方不履行合同义务或者履行合同义务不符合约定条件的，另一方有权要求履行或者采取补救措施，并有权要求赔偿损失。"合同法第一百零七条规定："当事人一方不履行合同义务或者履行合同义务不符合约定的，应当承担继续履行、采取补救措施或者赔偿损失等违约责任。"物业服务合同是经济合同的一种，物业服务企业和业主大会任何一方如果未履行或不完全履行合同，都应承担责任。例如，物业服务企业未能达到合同规定的服务内容和标准；业主大会未能按合同规定提供必要的条件；尤其是首次选聘物业服务企业后，开发建设单位未能按规定提供物业管理用房等，都是未能履行合同的行为。

2. 违约责任的特征

(1) 违约责任的产生是合同当事人违反合同约定的结果

违约即当事人违反合同约定的义务。例如，物业服务合同中约定，物业服务企业有义务按照约定提供服务，业主有义务要按月交纳物业服务费；如果物业服务企业提供的服务不到位，擅自降低服务标准，物业服务企业就应承担违约责任，如果业主接受了服务，却不按约定交纳物业服务费，业主就应承担违约责任。

(2) 违约责任发生在合同当事人之间

违约责任的发生是以合同所约定的义务为前提，而合同义务是否履行，只能发生在合同当事人之间。物业服务合同的主体是业主、业主大会和物业服务企业。物业服务合同的违约行为，也是出现在合同主体的各方。

11.3.2　承担违约责任的条件

从违约责任的含义可以知道，所谓违约，是指因当事人的过错而造成的不履行或不完全履行合同的行为。也就是说，无论是业主、业主大会、还是物业服务企业，必须是因不履行合同而产生违约行为，才应当承担违约责任。因此，产生违约责任的条件有两类，不履行合同的行为和当事人有过错。

1. 不履行合同的行为

不履行合同的行为是指合同当事人完全未履行合同义务，或者义务履行不符合约定的条件，这是合同当事人承担违约责任的客观条件。当合同依法成立之后，发生了当事人不履行或不完全履行合同的行为，才能考虑认定违约。例如，物业服务企业虽然为业主提供了服务，但是，服务内容少于合同约定的内容，或者服务的标准低于合同的约定；物业服务企业就是未完全履行合同义务，就应承担相应的违约责任。

在合同履行过程中，违约行为是多种多样的，常见的违约行为有以下三种：

(1) 拒绝履行

拒绝履行是指合同依法成立后，合同当事人无正当理由拒不履行合同的行为。拒绝履行是严重的违约行为。

(2) 不完全履行

不完全履行是指合同依法成立后，合同当事人未按照约定的内容、标准和质量要求履行合同的行为。

(3) 延迟履行

延迟履行是指超过合同规定的时间期限，而延迟履行合同的行为。

2. 当事人有过错

当事人有过错是承担违约责任的主要条件。当违约行为发生时，当事人主观上确有过错，才能确定违约责任。当事人的过错，有两种情况：故意和过失。违约责任是以过错责任为原则的，但违约责任中，也实行过错推定原则。也就是说，只要当事人一方有违约行为，就推定其有过错，违约方须证明自己在违约上没有过错。

(1) 故意

故意是指当事人明知自己的某种行为可能发生不良后果，而希望或放任这种结果发生。例如：物业服务企业在共用设施设备养护时，发现了小区内安全防范设施有故障，且知道可能会发生事故，但仍未及时修复，结果在安全防范设施未能正常运转的情况下，小区发生了失盗事件。

(2) 过失

当事人应当预见自己的某种行为可能给合同履行造成不良后果，由于疏忽大意而未能预见；或虽预见到不良后果，但认为这种后果可以避免而未采取应有的措施，以至造成合同的不履行或不完全履行。在物业管理过程中，这种行为发生的可能性较大。如：在房屋或设施养护时发现了某些事故隐患，预计可能发生事故，但在某种侥幸心理的支配下而未及时修复，以致造成事故发生或设备不能正常运行。

11.3.3 承担违约责任的方式

无论是过失还是故意的行为，结果是未履行合同或未完全履行合同义务，有关当事人都要承担违约责任，按合同法规定，当事人一方不履行合同义务或者履行合同义务不符合规定的，应当承担继续履行、采取补救措施或者赔偿损失等违约责任。一般情况下，当事人可以约定一方违约时应当向对方支付一定数额的违约金或赔偿金。

1. 继续履行合同

继续履行合同是合同当事人不履行或不完全履行合同的一种补救方法。在合同当事人一方违约后，请求强制履行合同是法律赋予另一方当事人的一项权利。例如，在物业服务合同履行过程中，发生了违约行为，一方请违约方继续履行未履行的合同义务，以实现物业服务合同的完全履行。从而保障合同当事人的合法权益。

2. 采取补救措施

采取补救措施是指合同当事人一方违约，另一方有权要求违约方采取补救措施予以补正。例如，物业服务企业在收取机动车场地占用费后，未按物业服务合同的规定，对小区路面和道闸进行维修养护，业主大会可以要求物业服务企业采取补救措施，对小区路面和道闸进行养护、修理或更换等等。合同当事人采取的补救措施，如果是在合同期内完成的，就不需要承担违约责任。

3. 违约金

违约金是指违约方按照法律规定和合同的约定，应该向另一方支付的金额。这是违约方承担违约责任的法定方式之一，是目前普遍采用的方法。违约金是对违约方的一种经济制裁，具有惩罚性和补偿性，但主要体现惩罚性。只要当事人有违约行为给对方造成损失，无论主观上是否有过错，都要支付违约金。违约金的设立，主要是为了用经济制裁的手段督促合同双方严格信守合同条款和履行合同义务。在物业管理过程中，物业服务企业不履行合同行为表现地较为明显，业主反映也比较强烈。例如：开发建设单位未按规定支付房屋空置费，会给物业服务企业带来损失，造成物业服务企业资金周转困难而直接影响物业管理整体工作。物业服务企业就有权按照合同约定要求违约的开发建设单位支付房屋空置费，同时还要支付违约金。

4. 赔偿金

赔偿金是违约方的违约行为给对方造成损害事实时，单纯处罚违约金仍不足以补偿其经济损失，则应由违约方支付给对方一定数额的损失补偿费。这是承担违约责任的法定方式。它既可以与其他责任形式并用，又可以单独适用。但用这种方式让违约方承担违约责任，必须具备四个条件：
（1）当事人有违约行为；
（2）当事人主观上有过错；
（3）当事人的违约行为给对方造成损害事实；
（4）当事人的违约行为与对方的损害事实之间有因果关系。

在物业服务合同中有赔偿损失范围的约定，从其约定。在物业服务合同中对赔偿数额的约定，可以是对具体赔偿数额的约定，也可以是对损失计算方法的约定。只要合同中有关于赔偿的约定，当事人就有权按照约定请求违约方支付赔偿金。

11.3.4　违约责任的免除

违约责任是以国家强制力保证实施的民事权利，违约方只能无条件地接受，没有讨价还价的余地。当事人只要违反合同就要承担责任，没有价钱可讲。要求免责，唯一的一个途径是证明自己有免责事由。如果证明了有免责事由就给予免责，证明不了，就追究责任。

通常物业管理违约责任的免责条件有以下两个方面。

1. 不可抗力

不可抗力是指当事人无法预见、无法控制、无法避免的自然灾害和社会动乱等。由于不可抗力造成合同不能履行或不能完全履行的，可以不承担违约责任。如：地震、台风等自然灾害造成的物业损坏，不能追究物业服务企业的责任。但对台风而言，物业服务企业预见到台风可能会导致高空坠物，却不采取有效的提示和防护措施，这种不作为也是要承担违约责任的。

2. 合同约定的免责条款

免责条款是合同条款之一，制定免责条款的目的是免除合同当事人的责任。在合同履行过程中，当免责条款中约定的免责事由出现时，当事人可依其约定不承担责任或者减轻责任。但是应当注意的是，免责条款必须具有合法性、对合同当事人是公平合理的，否则合同约定的免责条款就属于无效条款，违约方仍然要承担相应的违约责任。

【案例】

一天，某住宅小区物业管理人员接到业主投诉，孩子在小区内的儿童乐园沙土池中玩耍，被沙子迷眼了。业主认为小区的沙土池对孩子有伤害，应该取消；同时认为物业服务不到位，给孩子带来了伤害，应该赔礼道歉。

处理方法：

1. 物业管理人员接到投诉时，应认真聆听并做好记录，询问事件发生的时间、地点和原因。对待业主的投诉，无论其大小，都要认真接待。

2. 物业管理人员要学习《物业管理条例》及相关规定，了解《物业服务合同》的相关内容。了解清楚沙土池是否为前期开发建设的配套设施；如果该沙土池属于前期开发建设的配套设施，按照《条例》和《业主大会规程》的规定，沙土池能否取消需要由业主大会做出决定；应当有物业管理区域内专有部分占建筑物总面积过半数的业主且占总人数过半数的业主，经过书面表决的形式予以决定。

3. 到投诉的业主家中做好解释和沟通工作，让业主了解到小区的公共设施属于小区全体业主所有,是否取消沙土池需要由业主大会来决定,请业主予以理解。同时,向业主赔礼道歉,取得业主的谅解。

4. 物业服务企业应该加强管理,在沙土池旁边树立一个温馨提示牌,提示玩耍的儿童需要有家长陪伴,并注意安全。

【案例】

近年来,群众健身活动掀起热潮,某物业企业管理的住宅小区也活跃着一支中老年健身队。健身队丰富了中老年业主的业余生活;然而,健身活动中播放的音乐,却不时扰民,引发业主投诉。

处理方法:

1. 认真接待。物业管理人员接到投诉时,应认真聆听并做好记录,确认健身队活动的地点,对音乐播放的时间了解清楚。物业管理人员要认真对待投诉事件,尽快研究解决问题的办法。

2. 寻找场地。物业企业对于小区健康有益的文化活动应该予以支持,但是应该以不影响业主的休息为前提。管理人员可以在小区里为健身队找一块比较偏僻的空地,尽量远离业主集中的区域。

3. 及时沟通。管理人员还要与健身队加强沟通,晨练时尽可能地把音乐的音量调到最低限度,以免影响其他业主的休息。另外,在特殊情况和特殊时段,请健身队予以配合。例如,在孩子高考期间,管理人员应该与健身队联系,请其配合停止播放音乐。

4. 调整时间。管理人员可以与业主委员会、居委会多方协调,将小区健身队的晨练时间避开人们的休息时间;队员们在健身中还应该相互提醒,不要大声聊天影响别人休息。管理人员在平时工作中应加强予业主的沟通,了解业主的需求和意见,尽量避免不必要的投诉。

复 习 思 考 题

1. 物业管理投诉主要表现在哪些方面?
2. 简述投诉处理的程序。
3. 投诉处理应注意哪些问题?
4. 物业管理中常见的纠纷有哪些?
5. 简述解决纠纷的方式。
6. 什么是违约责任?违约责任有哪些特征?
7. 承担违约责任的条件是什么?
8. 承担违约责任的方式有哪些?

12 客户管理与维护

12.1 客户关系管理

12.1.1 客户关系管理

客户关系管理是一种旨在改善企业和客户之间关系的管理机制。客户关系管理是指企业通过培养最终客户、专业公司和合作伙伴，使他们对企业及其产品具有更积极的偏爱和喜好，留住他们并以此提升企业业绩的一种营销策略。物业企业实施客户关系管理是改善和提高服务质量的客观要求。一个物业企业所提供服务的质量高低并不完全由企业本身来决定，而同业主的感受有很大的关系；即使是物业企业认为自己提供了高标准的服务，也不可能完全被业主所喜爱和接受。因此，服务质量取决于客户对服务的预期质量与其实际感受的服务质量的对比，即客户的满意程度。

1. 客户关系管理的意义

物业服务企业属于服务性行业，企业提供的管理和服务，具有很多不同于有形商品的特征，其客户是业主或使用人。物业服务企业提供服务的过程就是业主消费的过程，服务质量的测定依赖于业主的评价。同时，物业服务企业在其经营、管理和服务的过程中，不可避免与业主或使用人发生各种各样的联系。因此，实施客户关系管理对物业服务企业有着十分重要的意义。

(1) 企业服务质量依赖业主的反馈

物业服务产品的无形性使得物业服务企业必须依靠业主的反馈才能更加全面地认识自身的服务。实施客户关系管理能够有计划、有目的的搜集业主意见，多渠道的了解客户的反映，通过客户的信息帮助企业了解自身的优势和不足，能够使企业清楚地认识本公司的管理状况，从而为公司的经营管理提供客观的依据。

(2) 物业服务的满意度与业主的感受相关

物业企业管理服务的产生过程和业主消费过程是同时进行的，也就是说，服务人员提供服务的时候，也正是客户消费服务的时刻，二者在时间上是同步的。物业企业的服务不可能像有形的商品一样储存起来，服务质量的高低也不便于事后予以监测，物业服务的满意度与业主的即时感受密切相关。因此，物业企业的服务质量就需要通过业主的感受来评价。

2. 客户关系管理的主要内容

客户关系管理的主要内容包括业主管理、对业主和使用人的服务管理、服务跟踪管理、潜在客户管理、电话服务以及时间管理等。

(1) 业主管理

业主管理主要内容有：业主的基本信息管理、与此业主相关的服务内容、客服人员的选择和分派等等。

(2) 对业主和使用人的服务管理

对业主和使用人的服务管理的主要内容包括：服务内容的安排、服务时间的调整和重新分配，服务建议和服务合同的约定，存在问题及其解决方法等相关内容。

(3) 服务跟踪管理

服务跟踪管理主要内容包括：根据业主需求提供各项服务的情况、服务需要的时间、历史服务状况评价、对管理服务制定策略上的支持等信息。

(4) 潜在客户管理

潜在客户管理主要内容包括：即将接管项目的记录、服务机会的分配；潜在客户的联系与跟踪管理等等。

(5) 电话服务

电话服务主要内容包括：记录企业与业主的业务沟通、记录电话内容并安排回电、电话内容统计和报告等等。

(6) 时间管理

时间管理主要内容有：安排工作备忘录和任务表、合理进行企业、部门和个人的时间分配，有助于提高工作效率。

3. 客户关系管理的基础工作

客户关系管理是一个复杂的系统工程，需要一定的条件来维持，包括硬件与软件的支持、员工的支持、客户（业主）的参与以及企业的管理等等。物业企业须依靠各类管理系统和软件，通过多种渠道与客户进行沟通。主要体现在以下几方面：

(1) 管理信息系统的运用

这是客户关系管理运行的主要平台，主要是将各类网络管理软件与单机软件相结合，利用客户关系管理系统来完成客户信息的收集、存储与处理，为物业企业的管理决策提供依据。

(2) 面对面的交流渠道

没有什么比面对面的交流更能增进双方的了解，物业服务企业绝对不应忽视这一点。例如设立客服接待中心、投诉接待处等等，及时了解业主的需求。

(3) 员工的支持

无论是物业服务企业的管理人员还是操作人员，在业主或使用人看来都是服务产品的一部分。物业企业应当重视雇员的挑选和培训，激励员工做好服务工作。在客户关系管理中，公司应当要求员工做到以下方面：

1) 员工要具备"服务至上"的意识，员工要具备强烈的责任感和良好的职业道德；
2) 员工要具有从事专业岗位的必备知识和相应能力，员工要具备较宽的知识面；
3) 员工之间共享企业和客户的信息；
4) 员工在物业企业与业主或使用人之间起到桥梁作用，要做到及时沟通、相互理解。

(4) 业主的参与

业主的参与过程就是服务的评价过程，是业主维护自身权益的过程，也是企业提高服务质量的过程。业主和使用人应当尽量多地提出合理化意见和建议，使自己能够获得更优质的服务，也使物业服务企业更好地了解客户需求。同时，业主委员会也要发挥积极的作用，支持和配合物业企业的工作，加强与物业企业的交流，共同创造良好的生活环境和工作环境。

12.1.2 客户资料管理

物业服务企业对客户资料进行管理的目的，是为了长期提供让客户满意的服务，挖掘客户的潜在需求，这就需要物业服务企业长期地、持续地掌握客户的情况和需求意向，只有这样，才能够有针对性的做好服务工作。具体来讲，客户资料管理的目的有以下两个方面：一是开发市场的需要；物业服务企业需要不断的承接新的管理项目，不断引导业主的新需求，客观上就需要全面的客户资料，据以分析客户需求，开拓新的市场。二是维系客户关系的需要；在物业管理过程中，物业服务企业要通过公共关系维护，与客户建立长期稳定的关系，防止客户流失。

1. 客户资料管理的基本内容

（1）收集客户资料

在物业管理服务中，物业服务企业应注重客户资料的收集。例如，开发建设单位的营销管理文件、营销组织管理、网络建设、市场调查与分析文件、购房客户信息、多种经营管理文件资料等等，这些资料都有助于物业服务企业制定经营计划，寻求市场机会。

（2）将客户资料分类建档

物业企业取得客户资料后，需要加以整理分类。例如，按照专业服务公司的服务范围分类、按照履行合同的信誉度分类等等。将整理分类后的资料输入电脑建档，方便调阅和查询。

（3）充分利用客户资料

对于已经掌握的资料，物业企业应当在实际工作中充分利用客户资料。例如，在进行专业服务公司选择时，应了解专业服务公司提供的服务内容、履行合同的情况以及服务质量等等，以便能够正确的选择专业公司。

2. 客户资料包括的范围

（1）个人客户资料

1）业主方面的资料。包括业主姓名、工作单位、联系电话、房屋地址、建筑面积、缴纳服务费情况、个性化的服务需求、维修资金缴纳和使用情况、业主满意度调查等文件资料。

2）时间方面的资料。签订服务购买合同的时间、装修时间、签订物业服务合同的时间、合同期限等有关合同的时间资料，还有业主在小区的居住时间、接受个性化服务的时间等等。

（2）法人客户资料

物业管理活动与许多专业服务公司有密切的联系，法人资料包括：公司名称、所在地、资本额、业务主管、专业服务内容、服务的对象等等。物业服务企业可以据以分析专业服务公司的市场规模与占有率、服务水准与专业化程度，以便在经营活动中作出正确的分析判断。

3. 收集客户资料的方法

（1）个人客户资料收集方法

1）走访。对于业主个人的资料，物业企业可以通过业主入住期间填写的一些资料加以收集，也可以对业主进行定期访问。定期性的访问，不但可以收集基本资料，也能了解客户的需求与希望，尤其是对一些老客户定期进行电话访谈，以便为业主提供更适合需要的服务。

2) 组织业主活动。在物业管理过程中，为了加强与业主的联络，物业企业可以结合小区入住、安全管理、环境保护等内容开展一些活动。例如，采取征询意见会、举办消防宣传活动、电话访谈等方式，加强物业管理的宣传，强化业主的自律行为，共同管理好小区。物业服务企业也可以发行专刊，介绍企业的服务和管理特色，通过读者问卷调查，收集相关资料。

3) 其他活动。在物业管理活动中，物业服务企业与业主委员会之间沟通协调有关事项的会议记录、参加社区联席会议记录等文件材料，是了解业主需求的重要渠道。物业服务企业可以根据大多数业主的爱好，组织爱好、兴趣相同者成立交流会，借机收集资料。但是个人资料会经常变动，必须注意及时更新。

(2) 法人客户资料收集方法

一般情况下，许多物业企业已经具有相当完整的法人客户资料了。其中特别值得注意的是，必须收集重要合作伙伴的详细资料。例如，物业租赁合同及其他商务合同及其补充资料，有关企业的资信调查和形象宣传资料；有关物业管理合同的相关文件，包括前期物业服务合同、物业服务合同及特约服务等文件资料；一些采购合同文件，包括物资材料的采购、保存和供应合同资料等等。法人客户资料的收集方法可以是多种多样的，可以采取定期走访的方式，也可以利用物业查勘、维修的机会了解客户需求。物业服务企业应充分运用这些资料，在开展企业经营战略分析研究中加以参考和运用。

4. 客户资料的整理和运用

(1) 客户资料的整理与分类

资料收集后，首先应按照不同的工作需求做进一步的整理分类，然后再针对不同的资料类别，确定其用途。资料整理分析的重点工作包括以下几个方面：

1) 资料的综合应用。在资料运用过程中，应避免片面的使用某一项资料，要将各种相互关联的资料进行综合分析，才可以较为全面的了解客户情况。

2) 资料的修正与补充。客户资料会时常发生一些变化，在利用现有客户资料的基础上，要不断对资料进行修正与补充，才能够掌握全面的客户资料。

(2) 客户资料的分析与运用

为了能系统化地推动客户资料管理工作，必须做好客户资料的分析与运用，才能充分发挥客户资料的作用。物业服务企业应建立资料管理系统，对于企业制定发展战略、确定管理目标、开拓新的目标市场都具有十分重要的意义。

12.2 客户关系维护

由于物业管理具有社会化、专业化、市场化的特征，在物业管理活动中，物业企业会与社会各个相关部门发生联系，因此，做好客户关系维护工作就显得尤为重要。物业企业客户关系维护包括：与业主关系维护、与专业部门和相关单位关系维护、与行政部门关系维护、与媒体关系维护，以及与企业内部员工的关系维护等等。

12.2.1 业主的关系维护

1. 与开发建设单位的关系维护

与开发建设单位的关系维护的目的是为前期物业服务奠定基础。前期物业管理阶段涉及房屋维保期的服务，房屋维保的范围不仅是物业企业管理的共用部位和共用设施设备，还包括业主的自用部位；做好与开发建设单位的关系维护工作，可以更好地为业主服务。与开发建设单位的关系维护范围及主要内容包括：

（1）与设计部门的关系维护

设计部门是物业企业对项目进行早期介入中接触的首个部门，主要是对以下问题进行沟通：

1）物业企业根据项目立项要求、客户群体的定位，结合在管项目管理经验及业主需求调查，为设计部门提供详细的客户需求信息，为项目的准确定位提供依据。

2）根据物业企业管理经验，结合项目立项要求，就配套设施设备的位置、数量、选形、房屋使用功能、绿化配套工程、物业管理用房等提供可行性方案，保证项目的硬件设施配置合理。

（2）与建设部门的关系维护

建设单位与施工单位是保证物业工程质量、按期交付房屋的重要部门，物业企业与建设部门的关系维护的主要内容包括：

1）物业企业与建设单位、施工单位就施工中发现的问题共同商榷，及时提出意见并落实整改方案。

2）配合设备安装，了解设备性能及维修养护要求；针对材料选用及施工工艺，从使用功能和维护管理角度提出意见。

3）有助于对隐蔽工程等施工情况的了解，熟悉并记录基础及隐蔽工程、管线的铺设情况，特别注意那些在设计资料或常规竣工资料中未反映的内容。

（3）与配套部门的关系维护

房屋配套设备设施一直是业主最为关心的问题。在项目的建设过程中，各项配套设备设施的到位时间、实用性、管理维护成本等都是物业企业和业主最为关心的问题，也是影响项目物业管理方案顺利实施的重要问题。因此，密切关注配套部门施工进度与质量，根据管理经验和业主需求分析，为配套部门提供相关建议。

（4）与销售部门的关系维护

物业销售部门与售后服务部门是物业企业接触最频繁的部门。在物业开始销售时，物业企业即开始为开发建设单位和准业主提供服务，并成为销售部门一个对外宣传的重点。物业企业与销售部门关系维护的主要内容包括：

1）根据项目开发设计理念及硬件配套设施，结合销售热点及业主需求定位，制定具有特色的物业管理方案，以提高房屋的附加值。

2）做好人员培训，就物业服务收费标准、管理方式等问题，与销售部门确定统一口径，为业主提供规范的咨询解答。避免因销售期的虚假承诺，造成后期的业主投诉。

3）在售楼处设立物业服务咨询中心，展示前期物业服务合同、临时业主公约，与销售部门配合收集、整理业主资料，使业主自购房开始就可享受到优质的物业管理服务。

（5）与售后部门的关系维护

售后部门是房屋开发过程的最后一个环节。售后部门主要负责房屋质量问题、配套设备设施的维保问题等内容，负责物业企业和业主提出的房屋质量返修工作。物业企业与售后部门的关系维护的主要内容包括：

1）对业主报修的房屋质量问题，配套设备设施在维保期内的，应及时通知售后部门予以解决，避免因此类问题造成业主对物业企业产生连带的不满。

2）对于维保期内设备设施运行情况应做好日常的巡查、监控，对产生的故障、使用功能缺陷等应协调售后部门维修或更换，避免在正常的管理服务上造成硬件缺陷。

3）监控各施工单位的在维保期的服务情况，如出现服务不到位，应及时联系售后部门进行解决。

2. 与业主及业主大会的关系维护

物业管理必须有业主的参与，物业企业维护好与业主及业主大会的关系至关重要。物业服务企业与业主关系定位，双方是合同关系、服务关系、权利与义务是相对应的。业主大会、业主委员会作为全体业主的代表，在物业管理中，一方面代表业主对物业企业的管理与服务进行监督；另一方面物业企业应正确处理与业主大会之间的关系，使其能最大限度地为物业管理工作提供帮助。在物业管理活动中，物业企业通常接触最多的就是业主，与业主及业主大会的关系维护的重点在于做好与业主的沟通工作，在日常服务过程中最常见的沟通工作包括：接待业主、投诉处理和回访工作。以下就这三个方面的工作加以阐述。

（1）接待业主

物业企业认真接待每一位业主是做好沟通工作的基础，日常接待工作的结果，将直接影响到业主对整个物业管理服务的满意度，所以，接待人员应具备合理调配各部门资源的能力，尽可能地调动企业现有资源，将业主反映的问题及时解决。同时，接待人员要保持认真负责的工作态度，做到有问必答。对于不能解决的问题，应及时向业主解释并尽可能为业主提供其他可行的解决方法。

1）接待人员依据接待问题的种类、接待量、处理方式等，进行分类汇总，以便于统一处理与归类。

2）把握好时间。对各类问题处理时间应严格控制，例如：报修类问题30分钟内维修人员必须到场查看；业主投诉类问题的答复时间一般不超过24小时，对于较重大问题投诉不应超过72小时。

（2）认真做好投诉处理

当接到业主投诉时，接待人员应首先代表被投诉部门向业主表示歉意，并立即对投诉时间，投诉者姓名、单元门牌，投诉内容作好详细记录，并根据投诉内容，告知业主答复的时间。

有关物业管理投诉处理，详见本书11.1内容。

（3）做好回访工作

回访工作是物业管理工作中的重要环节，在回访之前应根据项目管理情况确定回访主题。通过回访，了解业主对管理服务的意见，挖掘客户群体中有影响的业主，通过他们来帮助物业企业解决一些问题。在回访中，要避免回访内容单一，回访频繁也会过多干扰业主的生活。

一般情况下，可以采取电话、入户、走访的形式回访，也可以采取发放调查表的形式，每年向业主发放一次调查表，调查各项目的服务品质。企业经理负责重大投诉、重点客户的回访工作，日常回访由管理人员负责。回访人员在回访中对业主提出的问题，能现场解决的，应当立即解决，不能当场解决的，要给业主提供明确答复时间。同时回访人员要做好回访记录，并将回访记录及时准确的反馈给企业相关部门，作为改进服务措施、提高服务水平的依据。

除国务院《条例》规定的管理服务内容外，物业企业应对项目内新增的服务项目、管理措施等方面的问题，应与业主大会进行协商，取得业主大会的支持，才能在管理服务中加以推广应用。

12.2.2　与委托方关系维护

根据《条例》规定："物业服务企业可以根据业主的委托，提供物业服务合同约定以外的服务项目，服务报酬由双方约定。"做好委托服务不仅是物业服务企业的创收点，也是物业服务项目的延伸。与委托方关系维护的重点是根据业主需求开展有偿服务，约定服务内容和报酬，认真履行委托协议内容，达到服务标准。

12.2.3　与分供方关系维护

物业企业的分供方主要包括劳务采购和物资采购。为确保物业企业提供给业主的服务符合要求，应对物资采购过程进行控制，并对采购结果进行验证，确保采购物品符合要求。对劳务采购供应方，物业企业要提出所需人员的数量、专业能力和技术资格等要求，并对劳务人员进行服务专业知识和能力测试，以保证上岗人员符合质量要求。与分供方关系维护的重点是认真选择分供方，监督供应过程和采购质量，发现问题及时纠正，同时要做好定期考评工作。

12.2.4　与行政主管部门关系维护

物业企业的管理服务工作离不开政府主管部门的监督指导，政府房地产行政主管部门负责本行政区域内物业管理活动的监督管理工作，政府主管部门的主要工作有：

（1）政府制定物业管理法规和相关政策；
（2）政府对物业服务企业实行资质管理，对人员实行资格管理；
（3）政府制定行业管理发展规划、物业管理市场规则和管理服务标准；
（4）政府协调各专业主管部门对物业管理工作的指导；
（5）组织物业管理从业人员的资格培训和行业统计工作。

物业企业与行政主管部门的关系维护工作的重点，主要是加强政策法规的学习，按照相关规定承接物业项目，按照相关标准规范管理和服务行为。

12.2.5　与专业主管部门关系维护

在物业管理项目内，与房屋建筑相关的各类专业配套设施，是影响业主居住环境的重要因素。物业企业及时将业主的需求，提供给开发建设单位配套部与专业部门，以保证各类配套设施及时到位，满足业主的正常生活需要。与专业主管部门关系维护的主要内容有：

（1）物业管理区域内，供水、供电、供气、供热、通信、有线电视等单位应当向最终用户收取有关费用。根据项目实际运作情况，可接受专业管理部门的委托，代收相关费用，并向其收取相关手续费。

（2）供水、供电、供气、供热、通信、有线电视等单位，应当依法承担物业管理区域内相关管线和设施设备维修、养护的责任。专业配套部门因维修、养护等需要，临时占用、挖掘道路、场地的,应当及时恢复原状。

物业企业要与专业管理部门加强交流,出现问题主动报批,接受专业主管部门管理。同时,注意了解各专业配套部门的办事流程、管理规定及紧急事件的处理办法等,为业主提供正确的解释与指导。

12.2.6 与街道居委会关系维护

根据国务院《条例》规定:业主大会、业主委员会应当配合公安机关,与居民委员会相互协作,共同做好维护物业管理区域内的社会治安等相关工作。在物业管理区域内,业主大会、业主委员会应当积极配合相关居民委员会依法履行自治管理职责,支持居民委员会开展工作,并接受其指导和监督。同时还规定,住宅小区的业主大会、业主委员会作出的决定,应当告知相关的居民委员会,并认真听取居民委员会的建议。

物业企业与业主大会、业主委员会、居民委员会是三位一体的关系,物业企业应积极配合业主大会、业主委员会、居民委员会的工作,主动参与他们的工作,共建和谐文明的物业小区。

12.2.7 与媒体关系维护

媒体包括报社、广播电台、电视台等新闻传播机构,也包括各大官方网站和其他网站;媒体的宣传报道作用非常强大,具有传播广泛、传播力强的特点,对物业企业影响很大。物业服务企业作为一个公共关系组织,应与媒体保持良好的沟通关系,通过新闻媒体实现与广大公众的沟通、密切企业与社会公众之间的联系。

物业企业与媒体关系维护的重点是与媒体单位密切沟通,加大企业宣传力度,争取新闻界对本企业的了解、理解和支持,以便形成对本企业有利的舆论氛围。遇到不良的突发事件,应如实反映情况,争取媒体单位的理解,避免出现负面报道。

12.2.8 与企业内部员工关系维护

物业企业应注重企业内部员工关系维护,旨在培养员工对企业认同感和归属感,将员工个人的发展与企业的发展联系到一起,引导和激励员工发挥工作积极性。

1. 与项目管理人员的关系维护

项目管理人员是与业主直接接触的一线人员,这些员工日常工作量大,需要面临的管理问题比较多。物业企业做好与项目管理人员的关系维护,关心他们的工作和生活,培养他们的工作热情,为他们营造良好的工作氛围,是物业企业需要经常考虑的问题。同时,还要注重提高员工的工作技能,加强管理,制定切实可行的考核办法,激励员工更好地为业主服务。

2. 与公司各部门的关系维护

物业企业作为一个开展经营活动的经济主体,是由许多职能部门组成的。企业经理在保障监督各个物业项目管理服务活动的基础上,要支持保障企业各个职能部门工作。例如,财务部门对公司的财务预算和结算工作,需要各个物业项目予以配合;人力资源部门对于人员的调配使用,也需要各个物业项目予以支持;品质监督部门对物业项目的巡查,各个物业项目应积极予以响应。因此,做好公司各部门的关系维护工作,是保证企业正常、高效运转的重要措施。

12.3 客户满意度调查

12.3.1 客户满意度调查

客户满意度可以概括为：客户接受产品和服务的实际感受与其期望值比较的程度。具体讲，是物业服务企业的服务对象对企业提供服务的满意程度，是对物业企业的服务是否符合质量标准要求的量化值的体现。客户满意的程度，一方面反映了企业提供的服务满足客户需求的结果；另一方面也与客户的自身感受相关。

衡量客户满意度对企业来讲有着十分重要的现实意义。一是有利于企业改进服务质量，提升企业形象。物业企业测评提供服务的质量与水平，可以有针对性的查找不足，据此改进服务提升品质，赢得客户的赞誉，有利于提升企业形象。二是有利于发现客户的潜在要求。通过客户满意度调查，可以了解客户的需求和期望，对于企业开发新的服务项目、把握商业机会有着非常重要的作用。三是有利于制定企业经营发展战略。根据客户满意度调查结果，便于物业企业制定今后的工作目标，研究是否应该转变经营方向、经营战略是否需要转移等等。

物业企业只有不断提升服务品质，提高客户的满意度，才能提高客户的忠诚度，达到巩固和提升企业市场份额的目的。

12.3.2 客户满意度调查的要求

为了保证满意度调查顺利实施，使客户能够理解配合物业企业的工作，客户满意度调查需要符合以下几点要求：

1. 设计标准化调查表

调查表是最普遍采用的资料收集方法。调查表中通常包含很多服务内容或项目陈述，需要被调查者根据预设的表格选择相应答案。调查表的设计，要求能够反映客户满意状况的普遍水平，设计的项目必须是有价值的信息。

2. 问题简洁，易于操作

设计问题的关键是使被调查对象觉得容易理解和易于回答，做到问题简单明了，每个问题只限于一个主题。然后，设计足够多的问题，以获得企业希望从客户那里得到的所有信息，据以了解客户对企业服务满意状况的真实水平。

3. 培训合格的调查员

调查员是直接面对客户征询意见的群体，培训合格的调查员是保证调查成功的关键。需要调查员了解客户的心理状态，掌握提问的程序、方式和语气等等，保正每个调查员都能够成功地完成每一份调查表的资料填写。调查开始和结束之时，调查员要对客户表示感谢。值得注意的是，调查表要如实填写，避免弄虚作假。

4. 尊重客户

客户在接受物业企业服务的过程中，有寻求尊重的客观心理需要。客户与员工对企业管理活动的参与程度和在很大程度上影响着企业的客户满意度，企业的一切管理服务活动都应体现在对客户的有形或无形的尊重，才能最终赢得客户。

12.3.3 客户满意度调查步骤和方法

1. 客户满意度调查步骤

(1) 确定调查对象与范围

与物业企业相关联的客户有很多,既有企业的外部客户,又有企业的内部客户。物业企业最主要的客户,就是业主和使用人。物业企业开展客户满意度调查的主要对象,应该是本企业所服务的业主和使用人。调查的范围应该以企业所提供的管理服务范围为准,只有这样,业主和使用人才能客观的评判企业的服务,企业也能够较为准确地了解业主和使用人对物业服务的真实感受。

(2) 确定调查方法

客户满意度测量常用的调查方法主要有问卷调查、入户访谈、电话测评以及专题座谈等。每种方法都有所优劣,获取的成效也有所不同。因此采用单一某种方法进行满意度测量,很难获得全面、准确的满意度数值。所以应根据服务的特征和客户结构,选取不同的组合方式进行满意度调查,使客户满意度能更全面、客观地反映客户的感受。

(3) 设计问卷

客户满意度调查表要请专业人员或专业公司设计。物业企业应精心挑选调查项目,问卷设计的是否合理、贴近实际,是调查能否取得成功的关键。问卷一般有单一表和一览表两种形式。一览表是把许多项目的调查结果汇集在一个表格中,用于物业企业将各个项目的调查结果进行汇总分析;单一表适用于一个物业项目,将涉及客户满意度的各项指标集中于一个表格内,便于客户填写。

(4) 实施调查

客户满意度调查是有组织、有计划地搜集资料客户意见的活动,要求准确、完整和及时。调查的方式有普查、重点调查和抽样调查等方式,客户满意度调查一般采取普查的形式。收集资料的过程中除了要注意资料的真实性和可靠性外,还要明确调查地点、调查时间以及调查完成的时间等等问题。

(5) 调查问卷的回收和复核

在发放调查表的同时,要明确告知客户调查表的回收时间,尽可能提高调查表的回收率。收回的调查表要做好复核工作,检查调查项目是否有填写遗漏,填写是否符合要求等等。

(6) 问卷的整理和统计分析

1) 问卷的整理。对客户调查表进行整理时,要注意去伪存真、去粗取精、科学分类和浓缩简化。例如,对物业企业服务人员工作态度的分类、对公共秩序维护的评价分类、对特约服务项目是否满足需求的分类等等,都能够从不同的侧面反映物业企业的服务状况。

2) 统计分析。对问卷进行统计分析是客户满意度调查的最关键的一步。如果缺少这一步或这一步做得不好,都会降低调查的作用。可以确切地说,没有统计分析,客户满意度调查工作就没有成效、没有发展。所以分析者必须做好统计分析,积极地为物业企业提升服务质量提供第一手资料,这也是客户满意度调查的最终目的。

统计分析方法,按不同的分类标志,可划分为不同的类别,统计分析可分为描述统计和推断统计。客户满意度调查分析适用于描述统计,描述统计是将研究中所得的数据加以整理、归类、简化或绘制成图表,以此描述和归纳数据的特征及变量之间的关系的一种最基本的统计方法。在对客户调查表进行分析过程中,要坚持实事求是的原则,切忌弄虚做假。如实反映工作成绩与存在的问题，不能夸大或掩盖事实，更不能报喜不报忧；要从客观实际出发，具体情况具体分析。分清调查项目的主次，抓住问题的主要环节，据以得出符合物业管理客观实际的结论。

2. 客户满意度调查方法

为了提高调查工作效率，物业企业一般采取多种调查方式，向客户展开服务质量调查。最常采用的调查方式有问卷调查、入户访谈、电话测评和专题座谈等形式。

（1）问卷调查

问卷调查有多种形式，普遍采用的是现场发放问卷调查和网上问卷调查的方法。现场发放问卷调查通常在组织业主活动或节日庆典来临之际，向客户发放问卷。为了调动客户的参与程度，可以配合慰问信、感谢信或小礼品等等，以感谢客户的配合与参与。网上问卷调查是目前互联网发展最快的调查方式，具有节省费用、快速的特点。一般是在本企业网站开展调查，调查的问题只对网民客户有效。

（2）入户访问

入户访问是问卷调查的补充形式。在对某个项目做客户满意度调查时，对于未到活动现场的业主，调查人员可以采取入户访问形式进行调查。在进行入户访问之前，应事先征得业主同意并与业主约定时间，避免调查人员造访。

（3）电话测评

对于问卷调查和入户访问均未接触到的业主，可以采取电话测评的方式进行调查。电话测评的优点是可以直接倾听业主反映的问题，速度快、效果好。缺点是有可能干扰业主的工作或生活，造成业主反感。因此调查项目应尽可能简洁，调查时间尽量缩短。

（4）专题座谈

物业企业还可以不定期举办客户座谈会，向业主和使用人征询意见，同时向业主发放问卷，现场回收。这种方式效率较高，利用小礼品作奖励，问卷回收比例也比较高。

除上述几种调查方式以外，物业企业还可以利用物业管理服务过程中，在与业主和使用人的接触中，了解业主的意见和建议。例如，日常业主投诉记录、要求增加特约服务的建议等等，都是调查分析的组成部分。

12.3.4 客户满意度调查内容

1. 基本项目

调查表的基本项目一般包括：客户基本情况、居住地址、联系电话等等。

2. 对服务时间的要求

客户对服务时间有什么要求，可以在调查表中反映出来。例如，客户对公共秩序维护所期望的时间、对节假日等特殊时段需要哪些服务等等。

3. 服务内容和标准

客户对物业管理服务内容和标准的调查包括：房屋和公共设施设备维护、绿化养护、清洁卫生、公共秩序维护、消防管理、车辆停放和交通管理、突发事件处理、装修管理服务、施工人员管理、入户特约维修服务、社区活动和宣传等等。

4. 组织业主活动内容

物业企业组织业主活动的内容和时间是否符合客户的期望。例如，对目前开展业主活动是否满意，还需要增加哪些活动等等。

5. 沟通与接待

物业企业与客户的沟通是否让客户满意。如沟通渠道是否畅通、主动服务是否到位、服务人员态度与仪态等。

6. 客户是否会再次选聘本公司服务

客户是否向他人推荐本企业的服务，从中可分析客户忠诚度。

7. 客户对物业企业总体满意度的评价

8. 问题与建议

物业企业在设计问题时应注意策略，不能让客户感觉不舒服，还要注意提出的问题不能太多，应根据物业服务质量有侧重点地提出。调查表结构与问题应尽量简洁、明了，让客户容易回答。

12.3.5 客户满意度报告

物业企业将收集到的有关客户服务、质量和满意度的基础资料，形成统计分析数据，并完成一份客户满意度报告是一项比较复杂的工作。最常用的方法是根据收集汇总的资料，计算客户满意度指数，这个指数通常是把所有调查项目的得分进行汇总，然后把所有这些积分加总平均，把这个平均数作为指数。客户满意度是一个变动的指标，他与客户自身的主观感受相关；能够使一个客户满意的服务，未必会使另外一个客户满意。只有对不同的客户群体的满意度因素进行深入分析，加强与客户的沟通，才有可能实现比较高的客户满意度。

客户满意度调查反映了客户对物业企业方方面面的看法，同时还折射出企业内有关部门的工作绩效。客户满意度调查可以评价物业企业管理体系的合理性，能够为企业质量管理体系改进提供科学依据。

物业企业保持客户的长期满意度有助于客户关系的建立，有利于保持稳定的客户，开发培养新的客户，并提高企业的市场占有率，最终提高企业的生存和发展能力。

12.3.6 提高客户满意度的方法

提高客户满意度是物业企业一项长期的工作。一般情况下，客户满意度指标是呈现波动状态的，企业应建立一种完善服务的机制，保证客户满意度处于较高的水平；即使在服务中出现一些题，也能够很快解决。物业企业应结合自身实际情况，研究制定一些提高客户满意度的方法来提高客户满意度指标。提高客户满意度应着重做好以下几个方面的工作：

1. 将客户满意度调查工作制度化

物业企业的生存和发展有赖于市场份额的占有，建立和培养稳定的、忠诚的客户是企业得以持续经营的前提。客户满意度调查是企业的长项工作，体现在企业一切经营管理活动中，要将客户满意度调查工作制度化，在组织机构、制度建立、工作程序上予以保证，才能将这项工作持续进行下去。客户满意度调查工作不是评测一次之后就结束了，要将评测的结果运用到改善服务之中，并最终促进企业的管理服务质量的提升。

2. 树立以客户为中心的理念

物业管理服务的对象是业主和使用人，他们是物业企业开展经营活动的资源，是企业生存的关键。树立以客户为中心的理念，就是随时发现、响应客户的要求，主动改进服务，力求贴近客户的要求。完善客户接待、投诉处理、回访等各个环节的工作，保持与客户沟通渠道的畅通。

3. 建立客户数据库

客户数据库是进行客户服务、客户回访、客户调查的基础工具。物业企业要从项目承接查验开始、到业主入住、提供前期物业服务阶段，利用各种方式建立数据库。客户数据库建立后，还要不断充实完善，做好补充修正工作，以保持数据库资料的真实和完整。

4. 定期开展客户满意度调查

由于物业服务的特殊性，物业服务需要业主接受服务有了切身感受后，持续作出评价；物业企业一般在6～12个月开展一次客户满意度调查。物业企业可以把全面调查与重点调查结合进行，对于全面测评物业企业管理服务质量的调查，可以开展全面调查；对于某个时期某项重点工作的调查，可以采取重点调查的方式；将两者的调查结果结合分析，可以较为全面地分析客户满意度状况，采取针对性措施。

客户满意度既体现客户对物业企业管理服务行为的评价，也体现出客户的忠诚度。客户满意度指标受企业内外部诸多因素的影响，物业企业在进行调查分析时，要注意结合企业内外部客观实际情况进行分析，以便得出科学的调查结论。

【案例1】

物业服务业主满意度调查表

尊敬的业主朋友：

感谢您一直以来对我们工作的理解和支持，为了能够给您提供更优质的服务，我公司将进行一次物业管理服务满意度的问卷调查，征询您对所在小区物业管理工作的宝贵意见。请您于　年　月　日前将调查表填妥并交到物业服务中心。您的宝贵意见将有助于提高我们的物业服务水平，谢谢您的支持与合作！

1. 服务内容测评

业主姓名：		住址：　号楼　栋　室　　联系电话：			
序号	服务内容	调查内容	满意度		
			满意	基本满意	不满意
1	维修	房屋外檐、散水、雨水管等部位完好程度			
2		公共楼梯间门窗、地面、墙面的维修养护工作			
3		业主装修的告知、监督、管理工作			
4		电梯、二次供水、监控等共用设备的运行、养护、维修情况			
5		大门、围墙、道路、公共照明、娱乐健身器材、景观小品、各类管井等设施的完好情况			
6		入户维修服务态度良好，仪容仪表整洁，行为规范			
7		发生停水、停电、停梯时进行提前告知情况			

续表

业主姓名：		住址： 号楼 栋 室 联系电话：			
序号	服务内容	调查内容	满意度		
			满意	基本满意	不满意
8	秩序维护	门岗执勤服务工作			
9		巡逻执勤服务工作			
10		机动车的出入、行驶、停放秩序管理服务			
11		消防安全教育、消防器材、消防通道管理			
12		火警、治安、突发事件处理			
13	环境	小区内道路、室外标识、宣传栏、信报箱、景观小品、湖水等设施卫生情况			
14		楼内共用楼道地面、墙面、楼梯扶手、门窗、电梯轿厢、共用照明的卫生情况			
15		垃圾桶、果皮箱、垃圾周转站			
16		花卉、灌木、乔木生长情况			
17		绿地养护			
18		园林建筑附属设施完好情况			
19		浇灌、施肥、修剪、打药、防寒工作			
20	客服中心	受理业主投诉处理及时率和回访率			
21		配合业主大会的工作			
22		收费价格公开化			
23		服务中心员工的服务态度，仪容仪表、行为规范			
24		服务中心员工的办事效率，工作质量			
调查人签名： 业主签名： 日期：					

2. 服务感受和建议

（1）您对我公司组织的业主活动内容是否满意，还需要增加哪些活动？

（2）在我公司物业服务合同届满后，您是否会再次选聘本公司服务？

（3）您是否向他人推荐本公司的服务？

(4) 您对我公司物业管理服务有什么意见或建议?

××××物业管理有限公司

【案例2】

物业服务企业业主满意度调查分析

某物业服务企业接管了某物业小区,在实施了一年的管理服务以后,开展了客户满意度调查工作。进行了为期三个月的客户满意度调查,调查以问卷方式为主,问卷共发放740份,有效回收份数577份,问卷回收率为78%。调查结果通报如下:

1. 总体满意率:87.60%
2. 单项满意率在90%以上的项目,见下表:

序号	调查项目	满意率(%)
1	员工的服务态度、仪容仪表	97.30
2	行为规范、办事效率	95.20
3	楼内共用楼道地面、墙面、楼梯扶手、门窗、电梯轿箱的卫生情况	96.50
4	园区环境清洁	93.10
5	门岗执勤服务	92.60
6	绿地养护	91.40
7	园林建筑附属设施完好情况	90.70

3. 单项满意率在90%以下的项目,见下表:

序号	调查项目	满意率(%)
8	公共楼梯间的维修养护工作	86.40
9	业主装修的告知、管理服务工作	88.24
10	装修监督管理	84.30
11	施工人员管理	80.26
12	电梯运行	89.91
13	入户维修服务	88.43
14	巡逻执勤服务工作	86.42
15	机动车的出入、行驶、停放等秩序管理服务	79.41

续表

序号	调查项目	满意率（%）
16	消防管理	84.23
17	突发事件处理	80.29
18	垃圾桶、果皮箱、垃圾周转站	86.52
19	花卉、灌木、乔木生长情况	87.13
20	受理业主投诉处理及时率	88.01
21	回访率	84.05
22	配合业主大会的工作	88.75
23	收费价格公开化	89.02
24	社区宣传与业主活动	74.23

4. 调查结果分析

（1）根据上述统计结果，业主满意度在90分以上的项目有7项，占调查项目总述的29.17%，业主满意度在90分以下的项目有17项，占调查项目总述的70.83%；特别是机动车的出入、行驶、停放等秩序管理服务和社区宣传与业主活动2项，满意度在80分以下。

（2）在今年的满意度调查中，业主对公司的物业管理服务提出了中肯的建议和意见，主要焦点问题是：

1）加强车辆停放秩序管理。

2）自行车停放不能满足需要。

3）加强小区宠物管理。

4）突发事件解决问题。

5）加强社区宣传。

（3）业主对物业公司的员工的服务态度给予了充分的肯定和表扬。

5. 总结

物业公司组织本次调查旨在掌握业主对物业管理工作的客观评价，发现自身的不足，了解客户需求，从而不断改进我们的工作，打造舒适、和谐的小区。物业公司将根据管理中出现的问题和薄弱环节，进一步加强管理的制度化、规范化和程序化，在提高服务水平和质量上下工夫，加强与业主的沟通，不断完善我们的管理与服务工作。

复 习 思 考 题

1. 客户关系管理的含义和意义是什么？
2. 物业服务企业客户关系管理的主要内容有哪些？
3. 客户资料管理的基本内容有哪些？
4. 物业服务企业客户关系维护包括哪些方面？
5. 简述物业服务企业与业主关系维护的内容。

6. 客户满意度调查的要求是什么？
7. 简述客户满意度调查的步骤和方法。
8. 客户满意度调查的内容有哪些？
9. 提高客户满意度的方法有哪些？

13　物业管理与保险

随着物业管理的发展，物业服务企业在提供基本服务内容的基础上，越来越多地为业主提供特约服务和增值服务，在满足业主需求的同时，也相应地提高了物业企业的收益能力。在物业管理经营实践过程中，物业企业的经营活动越广泛，与业主和使用人在涉及权益关系方面的纠纷就越发不可避免。例如：因使用不善造成物业的损坏，高空坠物砸伤业主车辆，小区内业主财产被盗等等。由于物业管理种种风险的存在，这些风险通常会给物业服务企业和业主带来较大的经济损失。因此，提高物业服务企业和业主的风险管理和防范能力，对可能遭受的风险进行投保，实现风险转移就成为十分重要的课题，物业和物业管理保险也成为物业管理活动中的重要内容。

13.1　保险基本知识

13.1.1　保险的概念

保险是指投保人根据合同约定，向保险人支付保险费，保险人对于合同约定的可能发生的事故因其发生所造成的财产损失承担赔偿保险金责任，或者当被保险人死亡、伤残、疾病或者达到合同约定的年龄、期限时承担给付保险金责任的商业保险行为。

保险是以契约形式确立双方经济关系，以缴纳保险费建立起来的保险基金，对保险合同规定范围内的灾害事故所造成的损失，进行经济补偿或给付的一种经济形式。

13.1.2　保险的特点

根据我们对保险概念的理解，保险具有以下四个特点：
(1) 保险是一种合同法律关系，保险合同中所约定的事故或事件是具有偶然性的；
(2) 事故的发生是被保险人无法阻止和控制的；
(3) 保险人在保险事故发生后应承担给付金补偿的责任；
(4) 保险应通过保险合同的形式经营。

13.1.3　保险的类型

按照我国保险法分类，将保险分为财产保险和人身保险两大类。除此之外，保险的分类还有许多种类，这里只介绍其中的一部分：

1. 自愿保险和法定保险

自愿保险是保险人和投保人在自愿原则基础上通过签订保险合同而建立保险关系的一种保险。法定保险是以国家的有关法律为依据而建立保险关系的一种保险。

2. 财产保险和人身保险

财产保险是以各种物质财产为保险标的的保险，保险人对物质财产或者物质财产利益的损失负赔偿责任。人身保险是以人的生命和身体为保险标的的保险。

3. 财产损失保险、信用保证保险和责任保险财产损失保险是以物质财产及有关利益为保险标的的保险。信用保证保险是以被保证人履行合同为保险标的的一种保险。责任保险是以被保险人对第三者依法应负的赔偿责任为保险标的的保险。

4. 单一风险保险和综合风险保险

单一风险保险是在保险合同中只规定对某一种风险造成的损失承担保险责任的保险。综合风险保险是指保险合同中规定对数种风险造成的损失承担保险责任的保险。

5. 团体保险和个人保险

团体保险是以集体名义为其团体内成员所提供的保险。个人保险是以个人名义向保险人投保的家庭财产保险和人身保险。

13.1.4 保险的职能

一般来讲，保险具有经济补偿、资金融通和社会管理三项职能，这三项职能相互关联形成一个有机的整体。

1. 经济补偿功能

经济补偿功能是保险的基本功能，也是保险区别于其他行业的最鲜明的特征。经济补偿功能具体体现为财产保险的补偿功能和人身保险的给付功能。

财产保险的补偿功能是在特定灾害事故发生时，在保险的有效期和保险合同约定的责任范围以及保险金额内，按其实际损失金额给予补偿。这种补偿既包括对被保险人因自然灾害或意外事故造成的经济损失的补偿，也包括对被保险人依法应对第三者承担的经济赔偿责任的经济补偿。人身保险的给付功能是指人身保险的保险数额是由投保人根据被保险人对人身保险的需要程度和投保人的缴费能力，在法律允许的情况下，与被保险人双方协商后确定的。

2. 资金融通的功能

资金融通功能是在经济补偿功能的基础上发展起来的，资金融通的功能是指将形成的保险资金中的闲置的部分重新投入到社会再生产过程中。保险人为了使保险经营稳定，必须保证保险资金的增值与保值，这就要求保险人对保险资金进行有效的经营、管理和运用。

3. 社会管理的功能

社会管理功能是随着经济的发展，保险业发展到一定程度，保险深入到社会生活各个层面之后产生的一项重要功能，它只有在经济补偿功能和资金融通功能实现以后才能发挥作用。社会管理功能主要体现在社会保障管理、社会风险管理和社会关系管理等方面。例如，保险公司大力宣传培养投保人的风险防范意识；帮助投保人识别和控制风险，指导其加强风险管理，减少当事人可能出现的事故，为维护良好的社会关系起到十分重要的作用。

13.1.5 保险的作用

随着经济社会的发展，保险在人们的工作和生活中发挥着越来越重要的作用，主要体现在以下四个方面：

(1) 有利于企业加强危险管理，一旦企业发生风险损失，有助于企业及时恢复经营、稳定收入；

(2) 有利于企业加强经济核算，保障企业再生产的正常进行；

(3) 保险的经济补偿功能的实现，有利于安定人们生活；

(4) 有利于提高企业和个人信用。保险合同中约定的保险人和投保人的义务条款,均要求双方严格履行,这些约定条款,对于提高企业和个人信用有着的十分重要的意义。例如,在签订保险合同之前保险人的说明义务、发生风险损失时承担危险的义务、投保人订立保险合同时的如实告知义务等等。

13.2 物业管理保险

13.2.1 物业管理与保险的关系

保险是因为自然灾害和意外事故的存在而产生的。在物业管理过程中,物业及其设施设备难免会受到自然灾害的影响或意外事故的破坏;在物业中生活和工作的人员也难免发生不测。因此,物业企业应充分利用保险,降低管理风险、减少损失,在意外事故发生后能尽快恢复生产和生活。

1. 物业保险概述

物业保险是整个社会保险中不可缺少的一个重要组成部分。在物业管理过程中,物业企业投保后,由于自然灾害和意外事故等造成的保险责任范围内的损失,由保险人提供经济补偿或资金付给;对于企业降低管理风险,推动物业管理的发展具有十分重要的作用。

物业企业投保的主要目的是分散意外损失,有利于物业管理工作顺利进行。物业及其设施设备具有价值大的特征,一旦物业遭受风险发生损失,物业企业和业主都将难以承受。如果物业企业投保后,一旦事故发生,物业企业就可以将此意外经济损失分散、转移到保险人身上,以减轻物业企业和业主遭受经济损失冲击的程度。同时,物业企业在投保以后,还可以在意外事故发生之后,将有关的索赔处理工作交由保险公司负责,转而可专心处理意外事故的善后工作,及时保证对业主的服务。

2. 保险在物业管理中的作用

保险在物业管理中的作用主要体现在以下几个方面:

(1) 可以减少损失抵御意外不幸

物业是价值大、使用期限长的财产,即使在一些发达的国家,平均每人一生中只能拥有一幢物业。在房屋及其设施设备遭受自然灾害和意外事故而发生损失以后,如果物业已投保则可以很快得到经济补偿,帮助受灾者迅速地恢复正常的生产和生活,能够最大限度地减少损失。

(2) 有利于保证财产安全

保险人和被保险人的根本利益是一致的,对于保护财产安全有着共同的愿望。保险人因业务需要掌握大量的资料,有防范事故发生的经验,可以指导被保险人消除不安全因素,提高财产安全系数。

(3) 社会互助风险分担

被保险人在投保过程中,所蒙受的损失可转移给保险公司,而保险公司则将风险分散到未得到保金回报的被保险人。这样可以使受损失的被保险人得到社会化的帮助,大家共同承担风险,最大限度地减少了损失,使社会更加安定。

(4) 有利于物业管理

物业服务企业负责管理业主的物业,一旦物业蒙受灾难,物业服务企业根本无力赔偿。情况严重时可以导致物业服务企业破产，导致物业管理工作无法继续进行。投保后，一方面保险公司可以为企业提供咨询建议，使意外事故发生机会减少；另一方面偶有意外危害也可及时得到补偿，有利于物业管理工作的持续进行。

3. 物业管理中的自然灾害和意外事故

在物业管理过程中，由于自然灾害和设备故障导致业主和使用人遭受损失的现象多有发生；物业企业在提供服务的过程中，工作人员也会因为一些原因遭遇到危险。

（1）自然灾害的影响

1）对物业和其他财产的破坏。风、雨、雪、电、冰雹对物业都有不同程度的破坏，最严重的自然灾害是水、火和地震等。这些自然灾害可以造成人员伤亡和财产损失，甚至物业的灭失。

2）对人员的伤害。在物业中工作和生活的人员，既有可能受到自然灾害的直接伤害，也有可能受到间接伤害。这里所说的间接伤害，是指物业遭受损害后导致的人员伤害。如：房屋倒塌伤及人员，建筑构件坠落伤及人员等等。

（2）设备故障

物业设施设备在使用、维修和保养过程中都有发生意外事故的可能。这些意外事故都会造成不同程度的财产损失和人员伤害。

（3）管理人员工作中遭遇的意外事故

物业管理人员在日常工作中也有遭遇意外事故的可能，在物业管理服务过程中由于设备故障或其他原因，伤害到自身或他人。如：修缮房屋时，从高空坠落摔伤自己；在地面保洁过程中，业主或使用人滑倒摔伤等等。

4. 物业管理中的保险服务

物业管理要做到全方位服务，只要是业主需要，物业服务企业有可能提供的服务都要提供。在物业中生活和工作的人员，大多数有投保的需要。物业服务企业也可以作为一种特约服务，代理客户到保险公司投保，既方便客户也可以收取投保佣金，增加物业企业的盈利能力。

保险是利国利民的好事，物业服务企业也可以主动宣传，上门服务做好代客投保事宜。另外，大批客户主动投保在一定程度上可以减少保险公司成本，保险公司也可以在收取保险费上给予一定的优惠，则更能吸引投保客户。值得注意的是，我国保险法规定，保险代理需向有关部门注册。因此，物业服务企业在代客投保服务之前，要先办理保险代理资质审批手续。

13.2.2　与物业管理相关的险种

物业管理保险主要划分为：房屋财产保险、物业责任保险、物业人身保险及物业管理其他保险。

1. 房屋财产保险

房屋财产保险是物业管理中最为重要的保险。物业服务企业购买的财产保险主要是火险，可以使物业因火灾而受到的损失得到及时补偿。

（1）火灾保险

火灾保险是财产保险的一种，它是对因火灾及保险单中列明的各种自然灾害和意外事故所引起的财产损失给予经济保障的保险。传统的火灾保险仅承保三种危险：火灾、闪电、爆炸，其余保险如地震、洪水、空中飞行物坠落等均视为火灾保险的附加险。

火灾保险的承保范围是按照保险合同约定的火灾保险对因火灾、闪电、爆炸所造成的保险标的物的损失负赔偿责任。火灾保险对下列财产的损失不予承保：寄托或寄售的货物；金银珠宝、古玩、古画、艺术珍品、电脑资料等；票据、现金、邮票等有价证券以及图册、文件、枪支弹药、爆炸物品等。

（2）与物业管理相关的财产保险

1）房屋财产保险。在实际工作中，住宅、写字楼以及商业场所等各种用途的房屋都需要这个险种。物业服务企业可以代理业主为物业投保，也可以对所管理物业的共用部位和共用设施设备投保。需要说明的是，土地不能投保。

2）普通财产保险。普通财产保险是以存放一固定地点的多种财产为保险对象的一种保险，普通财产保险可以分为企业财产保险和家庭财产保险两种。

①企业财产保险。与物业管理有关的企业财产保险有两种情况，一种是物业服务企业自有财产保险，另一种是为所管物业中的各个企业代办保险。

②家庭财产保险。家庭财产保险主要是承担城乡居民因其所有的财产受灾而造成的损失，而向保险公司投保的险种。家庭财产保险主要与业主及使用人有关，物业服务企业可为产权人及使用人代办保险。

3）运输工具保险。运输工具保险主要承保多种运输工具在停放和使用中的意外损失。与物业管理关系最密切的运输工具是车辆，物业企业除了为自身的车辆投保以外，在物业管理项目中，物业服务企业一般都对车辆的停放负有责任。为降低管理风险，有条件的物业服务企业可以为车辆停放服务选择合适的保险。

2. 物业管理责任保险

《物业管理责任保险条款》是在2000年9月8日由中国保险监督管理委员会核准备案后推出的险种，凡是在工商行政管理部门登记注册，取得合法资格的物业管理者，均可作为被保险人。

物业管理责任保险，又称普通责任险。主要承保各种团体及个人在固定场所从事生产、经营等活动，以及日常生活中由于意外事故而造成他人人身伤害或财产损失、依法应由投保人所承担的各种经济赔偿责任。它是一种无形财产保险，它承保的是投保人的损害赔偿责任，是没有实际标的的。

物业管理责任保险是专门为物业管理行业推荐的险种，其目的在于转移物业企业在经营过程中的风险。目前，与物业管理相关的保险大致有以下几种：

（1）物业管理基本责任保险

物业管理基本责任保险适用于所有物业管理项目，主要保障物业服务企业接管的物业项目，因物业服务企业在管理上的疏忽或过失而发生意外事故造成的损失或费用，依法应由物业服务企业承担的经济赔偿责任，由保险公司负责赔偿。基本责任保险保障的只是物业管理项目中最普通的公共区域内的人身伤害，以及最普通的财产损失。

（2）物业管理附加责任保险

物业管理基本责任保险的责任免除中不予承保的项目，均可由附加责任保险提供保障。例如在对电梯、游泳池、锅炉、广告牌等进行管理过程中所发生的管理风险进行保险。

（3）附加停车场机动车辆盗窃、抢劫责任险

附加停车场机动车辆盗窃、抢劫责任险扩展承保停放在被保险人管理物业范围内的停车场中的机动车辆，因被保险人管理上的疏忽或者过失造成全车被抢劫、恶意破坏以及划伤等意外事故，经县级以上公安刑侦部门立案证实，满三个月未查明下落，依法应由被保险人承担的经济赔偿责任，保险人在附加险赔偿限额内负责赔偿。

在停车场管理中，物业服务企业可以通过采取一些有效的管理手段，来降低可能发生的风险。如果物业服务企业把防范工作做到位，管理工作严谨规范，即使发生了车辆损毁事故，也能够积极应对。

（4）公共设施设备财产损失风险

由物业服务企业进行管理或使用的公共设施设备，由于意外事故发生损失或损害，物业服务企业需要承担赔偿责任。例如建筑物、电梯、智能系统等由于自然灾害所造成的损坏，仅仅依靠物业维修基金是不够的，也需要通过保险来降低管理风险和减少损失。

（5）商业经营场所、公共场所以及工业物业项目的意外事故风险

对于商业经营场所、公共场所、工业物业项目都存在着公共责任风险、财产损失风险等。

物业服务企业面对经营风险，一方面要树立风险意识，防范和化解潜在的风险；另一方面在物业服务企业履行自身义务的同时，如果管理工作存在漏洞和失职，发生了意外事故，可以通过物业管理责任保险，最大限度地避免因管理失职而导致承担责任，从而把经营风险降到最低。

3. 物业人身保险

人身保险是以人的生命和身体为保险标的的保险。无论是物业服务企业的工作人员，还是业主和使用人都有投保可能。

（1）人身保险的特点

人身保险具有如下特点：

1）人身保险是一种定额保险。人的寿命和身体的价值无法通过保险标的的价值确定保险金额；因此，人身保险的保险金额由投保人根据被保险人对人身保险的需要和投保人的缴费能力，在法律允许范围与条件下，与保险人协商确定，属于定额保险的范畴。

2）人身保险的保险利益是以人与人的关系来确定的，人身保险合同主要是采取限制家庭成员关系范围，并结合被保险人同意的方式对人身保险合同保险利益加以明确。

3）人身保险的长期性。人身保险的保险期间都比较长，特别是人寿保险，其保险期间通常在五年以上，有的险种长达几十年甚至终生。

（2）人寿保险

人寿保险是人身保险的一种。与其他保险不同的是，人寿保险转嫁的是被保险人的生存或死亡的风险。人寿保险通常有以下几种分类方式：

1）按照保险事故划分，可分为生存保险、死亡保险和两全保险；

2）按照有无利益划分，可分为分红保险和不分红保险；

3）按照参加保险的人数划分，可分为单独人寿保险、联合人寿保险和团体人寿保险。

（3）健康保险

健康保险是指被保险人在患病时发生医疗费用支出，或因疾病、伤害所致不能工作、残疾或死亡时，由保险人负责给付保险金的一种保险。健康保险的险种包括医疗保险、生

育保险和疾病保险等等，物业服务企业可以按照国家相关规定，为本企业员工投保。

（4）意外伤害保险

意外伤害保险是被保险人在保险有效期内，因遭受非本意的、外来的、突然发生的意外事故，致使身体受到伤害而残废或死亡时，保险人按照保险合同的规定给付保险金的一种人身保险。

伤害是指由于各种外因所致的伤害，而不是由于疾病所致伤害。一般是指由于器械对器官的作用而引起解剖学上的器官不完整或机能的破坏，才能算做伤害。所谓意外伤害应该具备非本意的、外来的和突然的这三个基本条件。为了准确地界定是否为意外伤害，通常保险公司采取了列举的办法，把意外伤害事件的种类统定为：爆炸、倒塌、烫伤、碰撞、雷击、触电、扭伤、中暑、窒息、淹溺、坠跌、急性中毒、被人兽袭击、车船飞机失事以及操作机器时发生的工伤事件等。

在物业管理活动中，房屋倒塌、构建坠落和人员工伤发生的可能性较大，因此，物业服务企业可以为员工投保，也可以为业主和使用人代办保险。

最常见的意外伤害保险有两类：

1）个人意外伤害保险。常见的个人意外伤害保险包括：航空人身意外伤害保险、机动车驾驶学员人身意外伤害保险、驾乘人员人身意外伤害保险、游客意外伤害保险、铁路和公路旅客意外伤害保险等等。

2）团体意外伤害保险。团体意外伤害保险包括团体人身意外伤害保险、学生团体平安保险等险种。

4. 物业管理其他保险

物业管理中的其他保险是指除了上述险种以外的其他各种保险，主要包括以下几种：

1）物业产权保险；

2）物业质量责任保险；

3）房屋综合保险；

4）房地产分期付款保险等等。

物业服务企业可根据管理项目的实际情况，选择一些物业管理保险的险种。

13.3 保 险 合 同

13.3.1 保险合同

对于业主、使用人和物业服务企业来讲，在日常生活中都涉及投保问题，尤其要了解保险业务运作中的主要内容；特别是应该掌握有关保险合同的签订、保险责任以及怎样选择保险单等方面的内容。

1. 保险合同概述

保险合同是经济合同的一种。保险合同是指投保人与保险人约定保险权利义务的协议，是制约投保人交付保险费，以换取另一方在发生灾害事故或约定事件时按照协议履行赔偿或给付的有法律效力的文件。签订保险合同，应当遵循公平互利，协商一致，自愿订立的原则，不得损害社会公共利益。

（1）保险合同的成立

在保险事务中，要约是指投保人填写的投保单，承诺是指保险人经审查后同意的结果；保险合同的成立需经过要约和承诺两个阶段。

(2) 保险合同的生效

保险合同成立后，如果合同中有约定生效时间的，按照约定时间合同发生效力；如果合同中没有约定的，按照法律规定，自合同成立时生效。

保险合同既然是经济合同的一种，它应该有经济合同所具有的特点。即：合同是双方的法律行为；经济合同是有偿的协议，经济合同必须合法，经济合同当事人必须有行为能力。除此之外，保险合同还有它自己的特点。保险合同是保障合同，这是相对于普通的交换性合同而言的，保险合同的保障性是签订合同的基本目的。保险合同是最大的诚信合同，任何合同都应以诚信为基础，但保险合同要求当事人的诚信程度甚于其他合同。

2. 保险合同的法律性质

保险合同的法律性质在于：

(1) 保险合同是双务合同

在保险合同中，投保人和保险人都享有权利并承担相应的义务。投保人的权利是在发生保险事故时请求保险人支付保险金，义务是按约定支付保险费；保险人的权利是按约定收取保险费，义务则是在发生保险事故时支付保险金。

(2) 保险合同是有偿合同

投保人支付保险费的目的是在发生保险事故时，约定保险人承担保险责任，应视为有偿合同。如果在保险期间没有发生保险事故，保险人没有承担保险责任，但保险人为被保险人提供了合同保障，从这一点看，也应视为有偿合同。

(3) 保险合同是要式合同

保险合同是以书面形式成立的，属于要式合同；如财产保险合同、意外伤害保险单等等，合同双方当事人意思表示一致，则可以签订合同。

(4) 保险合同是射幸合同

保险人是否履行保险金义务的给付，取决于保险合同成立后保险事故是否发生；而保险事故是否发生，何时发生都是不确定的。因此，只有在保险合同约定的事故发生以后，保险人才能履行保险金给付义务；所以，保险合同是射幸合同。

3. 保险合同的主体

保险合同的主体可分为当事人和关系人两大类。当事人是与保险合同直接发生关系的人，包括保险人、被保险人和投保人。关系人是指与合同发生间接关系的人，如受益人、保险代理人、保险经纪人。

(1) 保险当事人

1) 保险人。保险人是指与投保人订立保险合同，并承担赔偿或者给付保险金责任的保险公司。在保险合同成立时，保险人有收取保险费的请求权利，在保险事故发生时，负有按合同规定补偿损失和给付保险金的义务。

2) 投保人。投保人是指与保险人订立保险合同，并按照保险合同负有支付保险费义务的人。投保必须有行为能力，保险合同才能生效。

3) 被保险人。是指受保险合同保障的人，享有保险金请求权，有权按保险合同的规定向保险人取得赔款或给付的人。

(2) 保险合同的关系人

1) 受益人。是指人身保险合同中由被保险人或者投保人指定的享有保险金请求权的人。

2) 保险代理人。是根据保险人的委托,向保险人收取代理手续费,并在保险人授权的范围内代为办理保险业务的单位或者个人。保险代理人是为保险人招揽和代理保险业务而赚取佣金的人。

3) 保险经纪人。保险经纪人是被保险人的代理人。保险经纪人是基于投保人的利益,为投保人与保险人订立保险合同提供中介服务,并依法收取佣金的单位。保险经纪人的法律地位与保险代理人截然不同;保险经纪人的权利,在被保险人授权的范围内行使,经纪人的行为不能约束保险人,可以约束被保险人。因经纪人的疏忽或过失而使被保险人遭受损失的,经纪人负有赔偿责任。

物业服务企业一般情况下是保险经纪人,他为被保险人代理。当然也不排除保险公司聘请物业服务企业为其代理的可能。

4. 保险合同的内容

保险合同是由投保人与被保险人共同签订的,确认双方各自权利和义务的法律文书。一般来说,保险合同应该包括以下主要条款:

(1) 保险人名称和住所;

(2) 投保人、被投保人名称和住所,以及人身保险的受益人的名称和住所;

(3) 保险标的;

(4) 保险责任和责任免除;

(5) 保险期间和保险责任开始时间;

(6) 保险价值;

(7) 保险金额;

(8) 保险费以及支付办法;

(9) 保险金赔偿或者给付办法;

(10) 违约责任和争议处理;

(11) 订立合同的年、月、日。

5. 保险合同的变更

保险合同变更是指保险合同没有履行或没有完全履行之前,当事人根据情况变化,按照法律规定的条件和程序,对原保险合同的某些条款进行修改或补充。

(1) 合同变更的条件

保险合同的变更应同时具备两个条件:

1) 在合同有效期间内;

2) 投保人和保险人双方经协商一致同意。

(2) 合同变更方法

保险合同变更的方法有两种:

1) 原保险单批准。保险人在原保险单或者其他保险凭证上批注或附贴批注单;

2) 订立变更协议。由投保人和保险人订立变更的协议。

13.3.2 保险责任

保险责任因保险险种不同而异,保险险种有很多,不做逐一列举。这里仅介绍财产保险的保险责任和物业管理责任保险的保险责任。

1. 财产保险的保险责任

（1）财产保险的保险责任

由于下列原因造成保险财产损失，保险公司负赔偿责任：

1）火灾、爆炸；

2）雷击、暴风、龙卷风、暴雨、洪水、破坏性地震、地面突然塌陷、崖崩、突发性滑坡、雪灾、雹灾、冰凌、泥石流；

3）空中运行物体坠落；

4）被保险人自有的供电、供水、供气设备因第2）条所列灾害或事故遭受损害，引起停电、停水、停气以致造成或保险财产的直接损失；

5）在发生以上所列灾害或事故时，为了抢救财产或防止灾害蔓延，采取合理的、必要的措施而造成保险财产的损失；

6）发生保险事故时，为了减少保险财产损失，被保险人对保险财产采取施救、保护、整理措施而支出的合理费用，由保险公司负责赔偿。

（2）财产保险的除外责任

除外责任是保险合同中所规定的保险人不应承担的损失赔偿责任和不属于承保范围的风险和情况。

由于下列原因造成保险财产的损失，保险人不负责赔偿：

1）战争、军事行动或暴乱；

2）核子辐射或污染；

3）被保险人的故意行为和违法行为；

4）保险财产遭受以上所列灾害或事故引起停工、停业的损失以及各种间接损失；

5）保险财产本身缺陷、保管不当导致的损坏，保险财产的变质、霉烂、受潮、虫咬、自然磨损以及罩棚由于暴风、暴雨造成的损失；

6）其他不属于保险责任范围内的损失和费用。

2. 物业管理责任保险的保险责任

物业管理责任保险承保的是被保险人在保险期限内，在保险地点发生的，依法应由被保险人承担的，由于被保险人的侵权行为造成的对第三者的民事赔偿责任。保险人承担的物业管理责任保险赔偿责任，包括被保险人应付给受害方的赔偿金和有关费用。

（1）物业管理责任保险的保险责任

物业管理责任保险的本质是为被保险人的个人或法人可能对其他人所负的法律责任提供保险保障。因被保险人管理上的疏忽或过失而发生意外事故造成下列损失或费用，依法应由被保险人承担的经济赔偿责任，保险人负责赔偿：

1）第三者人身伤亡或财产损失；

2）事先经保险人书面同意的诉讼费用；

3）保险责任事故后，被保险人为缩小或减少对第三者人身伤亡或财产损失的赔偿责任所支付必要的、合理的费用。

（2）物业管理责任保险的除外责任

下列原因造成的损失、费用和责任，保险人不负责赔偿：

1) 被保险人及其代表的故意行为；
2) 为被保险人服务的雇员受到的伤害；
3) 由于振动、移动或减弱支撑引起的任何土地、财产或房屋的损害责任；
4) 被保险人所有或以其名义使用的各种机动车辆、飞机、船舶等引起的损害事故等；
5) 公众场所的归被保险人占有或以其名义使用的电梯、起重机或其他升降机导致的损害事故；
6) 被保险人或其代表及雇员的人身伤亡，以及上述人员所有的，或虽非其所有但由其保管或控制的非物业的财产损失；
7) 罚款、违约金、罚金或惩罚性赔款；
8) 保险单明细表或有关条款中规定的应由被保险人自行负担的免赔额；
9) 因保险责任事故引起的停产、减产等间接损失；
10) 精神损害。

3. 保险赔偿

如果发生了事故损失，被保险人有权根据保险单请求损失赔偿。通常情况下包括正常赔偿和拒绝赔偿两种情况：

（1）正常赔偿

1) 通知保险人。投保人、被保险人或者保险受益人知道保险事故发生后，应及时通知保险人。
2) 请求赔偿。保险事故发生后，依照保险合同请求赔偿或给付保险金时，投保人、被保险人或者受益人应当向保险人提供所能提供的与确认保险事故的性质、原因、损失程度等有关证明和资料。保险人按合同规定认为资料不足时，有权要求补充。
3) 核定与赔偿。保险人接到请求后应及时核定，属于保险责任的，在与被保险人或受益人达成有关赔偿协议十日内，履行赔偿或者给付保险金义务。

如合同另有约定，按合同规定执行。

（2）拒绝赔偿

如有下列情况发生，保险人有权拒绝赔偿。

1) 投保人未履行如实告知的义务。

①投保人有意不履行如实忠告义务。保险人有权解除合同，对解除前发生保险事故，不承担赔偿或者给付保险金的责任，且不退还保险费；

②投保人过失未履行告知义务。保险人对解除合同前发生的保险事故，不承担赔偿或者给付保险金的责任，但可以退还保险费；

③谎报险情。被保险人或受益人在未发生保险事故情况下，谎报发生保险事故，向保险人提出赔偿或者给付保险金请求的，保险人有权解除保险合同，且不退还保险金；

④故意制造保险事故。保险人有权解除保险合同不承担赔偿或者给付保险金的责任；

⑤证据不实。保险事故发生后，投保人或者受益人以伪造、编造的有关证明、资料或者其他证据，编造虚假的事故原因或夸大损失程度的，保险人对虚假的部分不承担赔偿或者给付保险金的责任。

2) 法律责任。

投保人、被保险人或者受益人有下列行为之一，进行保险欺诈活动，构成犯罪的，依法追究刑事责任：

①投保人故意虚构保险标的，骗取保险金的；

②未发生保险事故而谎称发生保险事故，骗取保险金的；

③故意造成财产损失的保险事故，骗取保险金的；

④故意造成被保险人死亡、伤残或者疾病等人身保险事故，骗取保险金的；

⑤伪造、编造与保险事故有关的证明、资料和其他证据，或者指使、唆使、收买他人提供虚假的事故原因或夸大损失程度，骗取保险金的。

有上述行为之一，情节轻微，不构成犯罪的，依照国家有关规定给予行政处罚。

13.3.3 保险单

保险单是一种标准化的合同，是投保人与被保险人之间签订的正式合同。

1. 保险单的选择

（1）根据投保的目的选择

保险公司根据有关法律的规定，针对不同险种的要求制作了各种保险单。物业企业首先应根据自己投保的目的来选择险种，再比较各公司对某险种设定的条件和赔偿办法，选择适宜自己投保的保险单。

（2）根据保险费和保险金选择

根据投保人需要支付的保险费和事故后可能得到的保险金进行测算，选择适宜的保险单。

2. 保险单的主要内容

保险单的内容不尽相同，但大多包括以下几个方面的内容：

（1）声明事项

声明事项包含两个方面的内容，一方面是投保人在申请时所提供的重要资料；另一方面是保险人声明与所提供保障范围有关的情况。一般包括：

1）被保险人名称；

2）保险标的的种类和存放处所；

3）保险金；

4）保险期限；

5）保险费的确定和支付。

（2）保险责任

保险责任是具体规定保险人承担的意外事故造成的损失的保障责任，包括损失赔偿，责任赔偿及保险金给付等。

（3）除外责任

除外责任属保险人不负责赔偿的部分，如：道德危害，保险标的物固有瑕疵，自然损坏和特殊危险等，保险人对除外责任所引起的损失，不予赔偿。

（4）附注条件

附注条件是签约双方所应履行的义务。如：损失发生后被保险的责任，保险单变更、转让、经销、索赔期限、索赔手段以及争议处理等。

例如：财产保险投保单（见表13-1）

财产保险投保单　　　　　　　　　　　　　　　　表 13-1

被保险人			
保险财产地址			
主要原材料和主要辅料			
安全设施情况		建筑类型及周围情况	
自动报警或灭火装置		建筑结构	
消防水门、灭火器		周围相邻公路、河流、其他建筑	
保安值勤		邻近有无易燃、易爆等危险单位？	
以往损失情况		距消防队最近距离	
保险期限			
财产名称	投保金额	投保金额确定方式	如加保盗窃险，请在下列各栏注明每次事故免赔额为：
房屋建筑　　栋			
装置及家具			损失金额的%或
生产或营业用机器设备			损失金额的%或
库存原材料			损失金额的%或
库存产品及半成品			损失金额的%或
其他物品			损失金额的%或
总保险金额 （大写）			
费率 （大写）		保险费	
备注： 如选择部分财产投保应列出明细单。		承保审核人意见：	

投保人签名盖章：　　　　　　电话：
地址：　　　　　　　　　　　投保日期：

13.4 保险公司的选择与保险代理

13.4.1 保险公司的选择

随着我国金融业的发展，各种保险公司跻身保险市场，其中既有国有保险公司，又有股份制保险公司和外资保险公司，因此如何选择保险公司就成为一个重要的问题。一般来说，选择的标准有以下几点：

1. 保险公司的实力

保险公司的实力是第一位要考虑的。因为对投保人来说，重要的是一旦发生事故损失，保险人能否得到足额的补偿是问题的关键。首先是公司的资产结构要好；在保险业，公司能否上市是评价一家保险公司整体资产是否优良的标志之一。再有就是公司的偿付能力要强；保险公司的偿付能力对投保人来说至关重要。2003年3月起施行的《保险公司偿付能力额度及监管指标规定》对保险公司的偿付能力额度作出了明确的规定，保险公司应根据保险监督管理委员会的规定，对偿付能力额度进行披露。投保人可以根据保险公司的偿付能力作出评判。

2. 管理效率与服务质量

保险公司管理效率的高与低，决定着该公司的生存和发展。管理效率可从公司市场竞争能力、市场号召能力和公司应变能力等方面来衡量。服务质量好也是关键。保险与其他商品不同，保险不是一次性消费，在保险合同生效期间，投保人经常就多方面的事情需要保险公司提供服务，如保险缴费、生存金领取、地址变更、理赔等等。投保人在出现事故后能够方便快捷的理赔，保险公司的服务质量是关键。

3. 保险成本

保险成本一般是指投保人支付的保险费。如果在前两个标准类似的情况下，则保险成本就成了选择保险公司的关键。很显然，保险费越低越节约费用支出。在计算比较保险成本时，由于保险合同的有效期限不同，因此必须考虑货币的时间价值因素。

13.4.2 保险代理

1. 保险代理的产生

伴随着保险业的发展，保险代理人和保险经纪人的作用越来越明显，他们不仅进行保险营销，而且参与保险合同的订立，担负损失评估和理赔、索赔工作，他们的行为对保险合同当事人的权利义务有着极为重要的影响。

（1）保险代理人

保险代理人是根据保险人的委托，向保险人收取代理手续费，并在保险人授权的范围内代为办理保险业务的单位或者个人。

保险代理人是代表保险人利益的保险中介，一般情况下，保险代理人与他所代表的保险公司具有固定和长期的代理关系。保险代理人有权为保险人与被保险人订立保险合同，并出具保单或者续保，收取保费，有时还可以为保险人评估承保损失，处理索赔。

（2）保险经纪人

保险经纪人是基于投保人的利益，为投保人与保险人订立保险合同提供中介服务，并依法收取佣金的单位。

保险经纪人根据投保人的要求，向他们提出如何购买保险的建议，寻找适合于他们的险种，并在保险市场上以最合理的价格为他们购买。同时，保险经纪人还代表投保人与保险人达成合同。当发生投保损失时，保险经纪人还要代替投保人向保险人提出索赔，并负责处理相关事宜。

需要特别注意的是，保险代理人、保险经纪人在办理保险业务时，不得利用行政权力、职务或者职业便利以及其他不正当手段强迫、引诱或者限制投保人订立保险合同。

物业服务企业可以根据实际情况，加强保险知识的学习，可以成为保险代理人或者保险经纪人，在进行保险业务代理过程中，以保险代理收入补充物业服务费。这里需要说明的是，从事保险代理业务需要具有一定的资格条件。

2. 保险代理的资格条件

根据《中华人民共和国保险法》规定，从事保险代理或者经纪业务的单位，应具备下列资格条件：

（1）取得金融监督管理部门颁发的经营保险代理业务许可证或者经纪业务许可证；
（2）向工商行政管理机关办理登记，领取营业执照；
（3）缴存保证金或者投保职业责任保险；
（4）有自己的经营场所，设立专门账簿记载保险代理业务或者经纪业务的收支情况；
（5）接受金融监督管理部门的监督。

3. 保险代理关系

（1）保险代理关系的建立

保险代理关系建立的意向可以是书面的，也可以是口头的。保险代理关系的建立可以通过书面代理合同，有时也可以是非书面合同的方式。一般情况下，书面保险代理合同并没有统一的格式和内容，要根据物业企业自身的情况与保险公司订立保险代理合同。

《中华人民共和国保险法》规定：保险代理人根据保险人的授权代为办理保险业务的行为，由保险人承担责任。

在日常管理方面，保险公司应当设立本公司保险代理人登记簿。

此外，《中华人民共和国保险法》还规定：经营人寿保险代理业务的保险代理人，不得同时接受两个以上保险人的委托。

（2）保险代理关系的终止

终止保险代理关系可以通过书面通知或口头通知的方式，保险代理关系终止以后，保险代理人的行为则不能对保险人产生具有法律效力的约束力。保险代理关系可以通过以下方式终止：

1）规定的代理期限结束，代理关系终止；
2）代理人有欺诈、违法行为，或者违反代理合同，代理关系终止；
3）委托人或代理人死亡或者丧失行为能力，代理关系终止；
4）当代理授权无法履行时，代理关系终止。

一般情况下，通常会在合同中具体规定保险代理关系的终止条件，通过协议的方式终止；也可以依法终止保险代理关系。

复 习 思 考 题

1. 简述保险的概念和特点。
2. 保险有哪些职能?
3. 保险在物业管理中有哪些作用?
4. 与物业管理相关的险种有哪些?
5. 什么是保险合同?保险合同的主体有哪些?
6. 简述财产保险的保险责任。
7. 保险公司的选择标准有哪些?
8. 保险代理的资格条件是什么?

14 住宅专项维修资金管理

14.1 住宅专项维修资金概述

14.1.1 住宅专项维修资金发展状况

随着房地产业的迅猛发展，住房制度改革的进一步深入，人民生活水平的不断提高，房屋产权多元化格局早已形成，居民个人拥有房屋所有权的比例越来越高。由过去国家或单位承担的房屋维修、更新改造和管理的责任，逐步过渡到由房屋所有权人个人承担。1992年6月3日，原建设部颁布了《公有住宅售后维修养护管理暂行办法》（建设部第19号令），该暂行办法自1992年7月1日起施行。

伴随着住房商品化的推进，拥有物业产权的业主越来越多，房屋共用部位、共用设施设备的维修养护问题随之而来。由于这些共用部位、共用设施设备由多个相关业主区分所有，在发生维修或更新改造事项时容易出现维修费用归集上的困难，从而影响到对损害部位的维修和更新改造。因此，建立一笔经常性的保障资金，保障住房共用部位、共用设施设备及时得到维修和更新改造，关系到房屋的正常使用和业主的共同利益。在1998年12月16日，原建设部、财政部发布了《住宅共用部位共用设施设备维修基金管理办法》（建住房〔1998〕213号），该管理办法自1999年1月1日起实行。该办法对于住宅区域共用部位、共用设施设备的维修养护起到了非常重要的作用。住宅共用部位、共用设施设备是否完好、运行是否正常，关系到异产毗连房屋和整个物业小区的正常使用和居住安全。

随着《物权法》、《物业管理条例》等法律、法规的颁布实施，2007年12月4日，原建设部会同财政部发布了《住宅专项维修资金管理办法》，并于2008年2月1日起施行。该办法对加强住宅专项维修资金的管理，保障住宅共用部位、共用设施设备的维修和正常使用，维护住宅专项维修资金所有者的合法权益，都起着重要的作用。随着我国住房制度改革的进行和国家法制化建设的发展，已基本形成了以《物权法》、《物业管理条例》和《住宅专项维修资金管理办法》为指导的住宅共用部位、公用设施维修的管理体系。

14.1.2 建立住宅专项维修资金的意义

1. 住宅专项维修资金的定义

住宅是用于人们居住的房屋。随着经济社会的发展，房地产市场也呈现出多元化格局；住宅不仅指商品住宅，也包括经济适用住房和无销售价格的拆迁定向实物安置房屋等。住宅专项维修资金是指专项用于住宅共用部位、共用设施设备保修期满后的维修和更新、改造的资金。

住宅共用部位，是指根据法律、法规和房屋买卖合同，由单幢住宅内业主或者单幢住宅内业主及与之结构相连的非住宅业主共有的部位，一般包括：住宅的基础、承重墙体、柱、梁、楼板、屋顶以及户外的墙面、门厅、楼梯间、走廊通道等。

住宅共用设施设备，是指根据法律、法规和房屋买卖合同，由住宅业主或者住宅业主及有关非住宅业主共有的附属设施设备，一般包括电梯、天线、照明、消防设施、绿地、道路、路灯、沟渠、池、井、非经营性车场车库、公益性文体设施和共用设施设备使用的房屋等。

住宅专项维修资金属全体业主所有，是"取之于民、用之于民"的一项住房保障资金。设立住宅专项维修资金的目的是为了保障住宅共用部位和共用设施设备的维修、更新及改造，延长房屋的使用寿命，是保证住宅小区设施设备正常使用的重要条件。

2. 住宅专项维修资金的性质

（1）住宅专项维修资金属业主所有

《住宅共用部位共用设施设备维修基金管理办法》明确规定，业主交存的住宅专项维修资金属业主所有，专项用于物业保修期满后物业公共部位、共同设施设备的维修和更新、改造，不得挪作他用。

（2）住宅专项维修资金的使用由业主决策和监督

国务院《条例》规定，由业主共同决定的事项包括筹集和使用专项维修资金，改建、重建建筑物及其附属设施。因此，住宅专项维修资金的是否使用、什么情况下使用，都要由业主决策；在物业企业具体操作住宅专项维修资金的使用过程中，业主有权对于维修资金的使用情况和维修情况进行监督。

（3）住宅专项维修资金的使用由物业服务企业去操作

业主大会与物业服务企业订立的物业服务合同中，对双方的权利义务、专项维修资金的管理与使用等内容进行了约定。物业服务企业的重要职责之一是对物业管理区域内住宅共用部位、共用设施设备进行管理，履行对物业的维修养护责任。住宅专项维修资金是使用在住宅共用部位、共用设施设备保修期满后的维修和更新、改造的资金，应由物业企业根据维修和更新改造项目，提出使用建议；由相关业主讨论通过后，物业企业去具体操作住宅专项维修资金的使用。

3. 建立住宅专项维修资金的意义

（1）是贯彻落实法律法规的需要

住宅专项维修资金是一项法定的制度。2003年国务院《物业管理条例》以行政法规的形式确立了维修资金制度，对维修资金的归集、管理、使用做了原则性的规定。2007年全国人大通过的《物权法》，把维修资金制度的建立提升到了法律的高度。按照国务院《条例》相关规定，业主在物业管理活动中，履行的义务之一，就是按照国家有关规定交纳专项维修资金；同时《条例》还规定，住宅物业、住宅小区内的非住宅物业或者与单幢住宅楼结构相连的非住宅物业的业主，应当按照国家有关规定交纳专项维修资金。根据这一规定，2007年12月4日，原建设部会同财政部发布了《住宅专项维修资金管理办法》，对住宅专项维修资金的交存、管理、使用，以及各个主体的相关责任做出了详尽的规定。因此，建立住宅专项维修资金，是贯彻落实法律法规的需要。

（2）是维护物业正常使用功能的需要

住宅专项维修资金是住房得以正常使用的基础，关系到业主的切身利益。加强维修资金的规范管理，建立完善的监督管理体制，真正形成维修资金专户存储、专款专用、所有权人决策、政府监管的运行机制，是保证住宅专项维修资金发挥作用的重要前提。根据各地使用情况看，使用住宅专项维修资金的住宅小区呈现逐步上升的趋势，使用的频次、数额都有所提高。由此可见,利用住宅专项维修资金对公共部位、共用设施设备进行了维修改造,得到了业主的支持和认可。住宅专项维修资金的合理使用,对维护物业正常使用功能发挥了重要的作用。

(3) 是实现物业保值增值的需要

住宅专项维修资金是房屋的养老金,是在政府倡导下,建立的带储蓄性质的专用资金,专项用于住宅保修期满后共用设施设备、共用部位维修、更新、改造的资金,其本质是对住房共用部位使用损耗的合理补偿。物业服务企业根据住宅小区实际情况,科学合理地提出住宅共用部位、共用设施设备修缮养护的建议,按照程序使用住宅专项维修资金,对于充分发挥房屋正常的使用功能,延长房屋使用寿命有着十分重要的作用,是实现物业保值增值的需要。

14.2 住宅专项维修资金的筹集和使用

14.2.1 住宅专项维修资金的筹集

1. 住宅专项维修资金的筹集

建立住宅专项维修资金的首要环节就是资金的筹集。在物业管理过程中,住宅专项维修资金的筹集通常来源于以下几个方面:

(1) 按照法规规定交存的资金

根据住房和城乡建设部、财政部《住宅专项维修资金管理办法》规定,商品住宅的业主、非住宅的业主按照所拥有物业的建筑面积交存住宅专项维修资金;出售公有住房的,业主按照所拥有物业的建筑面积交存住宅专项维修资金,售房单位从售房款中一次性提取住宅专项维修资金。

首期住宅专项维修资金交存、归集以后,随着物业共用部位、共用设施设备的使用与损耗,住宅专项维修资金将会不断被使用。当业主分户账面住宅专项维修资金余额不足首期交存额30%的,应当及时续交。成立业主大会的,续交方案由业主大会决定。

(2) 业主所得收益

物业管理区域内,有些物业共用部位、共用设施设备是可以用来经营的。物业服务企业在管理过程中,可以根据实际情况,利用物业共用部位、共用设施设备进行经营;但应当在征得相关业主和业主大会的同意后,按照规定办理有关手续。利用物业共用部位、共用设施设备进行经营的,业主所得收益应当转入住宅专项维修资金滚存使用,但业主大会另有决定的除外。

(3) 物业服务费结余的费用

在实行酬金制的物业项目中,预收的物业服务支出属于代管性质,为所交纳的业主所有,物业服务企业用于物业服务合同约定的支出后,结余的费用由业主享有。这部分结余的资金,可以经过业主大会决定后,按照一定的比例纳入住宅专项维修资金。

2. 住宅专项维修资金的交存主体

住宅专项维修资金的交存主体主要包括以下三类:

(1) 住宅的业主,但一个业主所有且与其他物业不具有共用部位、共用设施设备的除外。

（2）住宅小区内的非住宅或者住宅小区外与单幢住宅结构相连的非住宅的业主。

（3）涉及公有住房出售的，售房单位应当按照规定交存住宅专项维修资金。

业主交存的住宅专项维修资金属于业主所有。从公有住房售房款中提取的住宅专项维修资金属于公有住房售房单位所有。

3. 住宅专项维修资金的交存金额

商品住宅的业主、非住宅的业主按照所拥有物业的建筑面积交存住宅专项维修资金，每平方米建筑面积交存首期住宅专项维修资金的数额为当地住宅建筑安装工程每平方米造价的5%~8%。直辖市、市、县人民政府建设（房地产）主管部门应当根据本地区情况，合理确定、公布每平方米建筑面积交存首期住宅专项维修资金的数额，并适时调整。

出售公有住房的，业主按照所拥有物业的建筑面积交存住宅专项维修资金，每平方米建筑面积交存首期住宅专项维修资金的数额为当地房改成本价的2%。售房单位按照多层住宅不低于售房款的20%、高层住宅不低于售房款的30%，从售房款中一次性提取住宅专项维修资金。

4. 住宅专项维修资金的交存方式

（1）商品住宅的业主应当在办理房屋入住手续前，将首期住宅专项维修资金存入住宅专项维修资金专户。

（2）已售公有住房的业主应当在办理房屋入住手续前，将首期住宅专项维修资金存入公有住房住宅专项维修资金专户或者交由售房单位存入公有住房住宅专项维修资金专户。公有住房售房单位应当在收到售房款之日起30日内，将提取的住宅专项维修资金存入公有住房住宅专项维修资金专户。

未规定交存首期住宅专项维修资金的，开发建设单位或者公有住房售房单位不得将房屋交付购买人。

5. 住宅专项维修资金续交责任

对于商品住宅的业主而言，业主分户账面住宅专项维修资金余额不足首期交存额30%的，应当及时续交。成立业主大会的，续交方案由业主大会决定。未成立业主大会的，续交的具体管理办法由直辖市、市、县人民政府建设（房地产）主管部门会同同级财政部门制定。

但是，对于已售公有住房专项维修资金的续交责任，还没有明确的规定。因此，在公有住房专项维修资金的续交问题上，应首先解决全部维修资金所有权向购房人转移的问题，在此基础上，可以明确续交责任由购房人承担。作为住房制度改革的后续问题，已售公有住房专项维修资金的管理和使用不仅关系到购房人的切身利益，也影响着已售公有住房的正常使用和维护管理。如何有针对性地根据房改的发展而不断完善专项维修资金的管理，还是一个亟待解决的问题。

14.2.2 住宅专项维修资金的使用

1. 住宅专项维修资金的使用范围

住宅专项维修资金应当专项用于住宅共用部位、共用设施设备保修期满后的维修和更新、改造，不得挪作他用。

住宅共用部位一般包括：住宅的基础、承重墙体、柱、梁、楼板、屋顶以及户外的墙面、门厅、楼梯间、走廊通道等。还包括整幢房屋业主共同使用的内天井、水泵间、电梯

间、电梯机房、水泵房、保安岗亭等等。

住宅共用设施设备一般包括：电梯、天线、照明、消防设施、绿地、道路、路灯、沟渠、池、井、非经营性车场车库、公益性文体设施和共用设施设备使用的房屋等。还包括整幢房屋业主共同使用的给水排水管道、落水管、水箱、蓄水池、加压水泵和避雷装置、楼道内照明线路设备、消防设备、物业管理区域内业主共同使用的邮政信箱、安全监控设备等等。

2. 住宅专项维修资金的使用原则

住宅专项维修资金的使用，应当遵循方便快捷、公开透明、受益人和负担人相一致的原则。

3. 住宅专项维修资金的分摊

住宅共用部位、共用设施设备的维修和更新、改造费用，按照下列规定分摊：

(1) 商品住宅之间或者商品住宅与非住宅之间共用部位、共用设施设备的维修和更新、改造费用，由相关业主按照各自拥有物业建筑面积的比例分摊。

(2) 售后公有住房之间共用部位、共用设施设备的维修和更新、改造费用，由相关业主和公有住房售房单位按照所交存住宅专项维修资金的比例分摊；其中，应由业主承担的，再由相关业主按照各自拥有物业建筑面积的比例分摊。

(3) 售后公有住房与商品住宅或者非住宅之间共用部位、共用设施设备的维修和更新、改造费用，先按照建筑面积比例分摊到各相关物业。其中，售后公有住房应分摊的费用，再由相关业主和公有住房售房单位按照所交存住宅专项维修资金的比例分摊。

(4) 住宅共用部位、共用设施设备维修和更新、改造，涉及尚未售出的商品住宅、非住宅或者公有住房的，开发建设单位或者公有住房单位应当按照尚未售出商品住宅或者公有住房的建筑面积，分摊维修和更新、改造费用。

4. 住宅专项维修资金的使用程序

住宅专项维修资金属于业主所有，住宅专项维修资金的使用要由相关业主讨论通过。在新建住宅小区入住后，各个项目业主大会成立的时间不尽相同；住宅专项维修资金的使用程序，在业主大会成立前后也是有差异的。因此，按照业主大会成立时间的前后，住宅专项维修资金的使用程序分为两个：

(1) 住宅专项维修资金划转业主大会管理前的使用程序

1) 制订方案。物业服务企业根据维修和更新、改造项目提出使用建议；没有物业服务企业的，由相关业主提出使用建议；在制定《维修和更新、改造方案》的基础上，作出专项维修资金预算方案。

2) 业主确认。住宅专项维修资金列支范围内，专有部分占建筑物总面积 2/3 以上的业主且占总人数 2/3 以上的业主讨论通过使用建议；《维修和更新、改造方案》经业主书面同意，在住宅小区进行公示。

3) 组织实施。物业服务企业或者相关业主组织实施使用方案。

4) 申请列支。物业服务企业或者相关业主持有关材料，向所在地直辖市、市、县人民政府建设（房地产）主管部门申请列支；其中，动用公有住房住宅专项维修资金的，向负责管理公有住房住宅专项维修资金的部门申请列支。

5) 开户划款。直辖市、市、县人民政府建设（房地产）主管部门或者负责管理公有住房住宅专项维修资金的部门审核同意后，向专户管理银行发出划转住宅专项维修资金的通知；专户管理银行将所需住宅专项维修资金划转至维修单位。

6）竣工验收。工程竣工后，物业服务企业组织业主、业主委员会或者居民委员会、施工企业及工程监理单位对工程进行验收，并签署《维修和更新、改造工程验收报告》。

7）决算核减。物业服务企业填写、公示《维修和更新、改造工程决算费用分摊清册》，并办理维修和更新、改造工程决算核减手续。

(2) 住宅专项维修资金划转业主大会管理后的使用程序

1）制订方案。物业服务企业提出使用方案，使用方案应当包括拟维修和更新、改造的项目、费用预算、列支范围、发生危及房屋安全等紧急情况以及其他需临时使用住宅专项维修资金的情况的处置办法等。

2）业主大会通过。业主大会依法通过使用方案。

3）组织实施。物业服务企业组织实施使用方案。

4）申请列支。物业服务企业持有关材料向业主委员会提出列支住宅专项维修资金；其中，动用公有住房住宅专项维修资金的，向负责管理公有住房住宅专项维修资金的部门申请列支。

5）审核备案。业主委员会依据使用方案审核同意，并报直辖市、市、县人民政府建设（房地产）主管部门备案；动用公有住房住宅专项维修资金的，经负责管理公有住房住宅专项维修资金的部门审核同意；直辖市、市、县人民政府建设（房地产）主管部门或者负责管理公有住房住宅专项维修资金的部门发现不符合有关法律、法规、规章和使用方案的，应当责令改正。

6）开户划款。业主委员会、负责管理公有住房住宅专项维修资金的部门向专户管理银行发出划转住宅专项维修资金的通知；专户管理银行将所需住宅专项维修资金划转至维修单位。

7）竣工验收。

8）决算核减。

这里的竣工验收和决算核减两个环节，与住宅专项维修资金划转业主大会管理前，使用程序中的竣工验收和决算核减两个环节相同。

5. 紧急使用住宅专项维修资金的程序

当发生危及房屋安全等紧急情况时，需要立即对住宅共用部位、共用设施设备进行维修和更新、改造的，可以按照紧急使用住宅专项维修资金的程序列支住宅专项维修资金。

(1) 住宅专项维修资金划转业主大会管理前的使用程序

1）申请列支。物业服务企业或者相关业主持有关材料，向所在地直辖市、市、县人民政府建设（房地产）主管部门申请列支；其中，动用公有住房住宅专项维修资金的，向负责管理公有住房住宅专项维修资金的部门申请列支。

2）开户划款。直辖市、市、县人民政府建设（房地产）主管部门或者负责管理公有住房住宅专项维修资金的部门审核同意后，向专户管理银行发出划转住宅专项维修资金的通知；专户管理银行将所需住宅专项维修资金划转至维修单位。

(2) 住宅专项维修资金划转业主大会管理后的使用程序

1）申请列支。物业服务企业持有关材料向业主委员会提出列支住宅专项维修资金；

其中，动用公有住房住宅专项维修资金的，向负责管理公有住房住宅专项维修资金的部门申请列支。

2）审核备案。业主委员会依据使用方案审核同意，并报直辖市、市、县人民政府建设（房地产）主管部门备案；动用公有住房住宅专项维修资金的，经负责管理公有住房住宅专项维修资金的部门审核同意；直辖市、市、县人民政府建设（房地产）主管部门或者负责管理公有住房住宅专项维修资金的部门发现不符合有关法律、法规、规章和使用方案的，应当责令改正。

3）开户划款。业主委员会、负责管理公有住房住宅专项维修资金的部门向专户管理银行发出划转住宅专项维修资金的通知；专户管理银行将所需住宅专项维修资金划转至维修单位。

6. 住宅专项维修资金使用的其他规定

（1）住宅专项维修资金禁止使用的规定

在维修资金使用过程中，物业企业和业主需要格外注意的是，有四项费用是不能从住宅专项维修资金中列支的。《住宅专项维修资金管理办法》第二十五条对此作出了明确的规定。

1）依法应当由建设单位或者施工单位承担的住宅共用部位、共用设施设备维修、更新和改造费用；

2）依法应当由相关单位承担的供水、供电、供气、供热、通信、有线电视等管线和设施设备的维修、养护费用；

3）应当由当事人承担的因人为损坏住宅共用部位、共用设施设备所需的修复费用；

4）根据物业服务合同约定，应当由物业服务企业承担的住宅共用部位、共用设施设备的维修和养护费用。

（2）住宅专项维修资金使用的其他规定

1）关于购买国债的规定。在保证住宅专项维修资金正常使用的前提下，可以按照国家有关规定将住宅专项维修资金用于购买国债。利用住宅专项维修资金购买国债，应当在银行间债券市场或者商业银行柜台市场购买一级市场新发行的国债，并持有到期。

利用业主交存的住宅专项维修资金购买国债的，应当经业主大会同意；未成立业主大会的，应当经专有部分占建筑物总面积2/3以上的业主且占总人数2/3以上业主同意。利用从公有住房售房款中提取的住宅专项维修资金购买国债的，应当根据售房单位的财政隶属关系，报经同级财政部门同意。

禁止利用住宅专项维修资金从事国债回购、委托理财业务或者将购买的国债用于质押、抵押等担保行为。

2）关于滚存使用的规定。应当转入住宅专项维修资金滚存使用的资金包括：住宅专项维修资金的存储利息；利用住宅专项维修资金购买国债的增值收益；利用住宅共用部位、共用设施设备进行经营的，业主所得收益，但业主大会另有决定的除外；住宅共用设施设备报废后回收的残值。

14.2.3 住宅专项维修资金使用中存在的问题

1. 业主确认有难度

根据国务院《条例》第十二条的规定："筹集和使用专项维修资金，应当经专有部分占建筑物总面积2/3以上的业主且占总人数2/3以上的业主同意。"在实际操作中，这一规定成为许多住宅小区业主委员会和物业企业的难题。现在很多住宅小区中，房屋长期空置，业主不在小区居住；有的小区有较多使用人，他们不是业主，没有投票权。当小区的共用部位、共用设施设备需要使用维修资金时，很难把有投票权的人召集起来决定相关事项。

2. 合理使用有难度

有些业主和业主委员会对住宅专项维修资金的认识不是很到位，在涉及使用维修资金时，往往持反对意见。科学合理地使用维修资金的难度加大。为此，政府主管部门和物业企业应该加大宣传力度，让业主认识到合理使用住宅维修资金的必要性。

3. 资金续缴有难度

《住宅专项维修资金管理办法》对首期住宅专项维修资金交存的数额作出了规定，同时也对住宅专项维修资金余额不足时，作出了续交的规定。为住宅共用部位、共用设施设备的维修提供了一定的保障。但是，随着房屋价格的不断攀升，物价指数的不断上升，房屋维修成本也在逐步提高；在房屋使用年限超过10年的住宅小区中，不同程度地出现了维修资金不足的情况。在对维修资金进行续缴时，工作难度比较大。

14.3　住宅专项维修资金管理

14.3.1　住宅专项维修资金的管理

科学、合理地管理好住宅专项维修资金，对保障房屋住用安全、房屋正常使用以及维修资金所有者的合法权益具有十分重要的意义。按照《住宅专项维修资金管理办法》规定，住宅专项维修资金管理实行专户存储、专款专用、所有权人决策、政府监督的原则。同时，该办法还明确规定了住宅专项维修资金的代管及自行管理模式。

1. 住宅专项维修资金的代管模式

业主大会成立前，住宅专项维修资金实行代管模式。按照《住宅专项维修资金管理办法》规定，商品住宅业主、非住宅业主交存的住宅专项维修资金，由物业所在地直辖市、市、县人民政府建设（房地产）主管部门代管。直辖市、市、县人民政府建设（房地产）主管部门应当委托所在地一家商业银行，作为本行政区域内住宅专项维修资金的专户管理银行，并在专户管理银行开立住宅专项维修资金专户。开立住宅专项维修资金专户，应当以物业管理区域为单位设账，按房屋户门号设分户账；未划定物业管理区域的，以幢为单位设账，按房屋户门号设分户账。

业主大会成立前，已售公有住房住宅专项维修资金，由物业所在地直辖市、市、县人民政府财政部门或者建设（房地产）主管部门负责管理。负责管理公有住房住宅专项维修资金的部门应当委托所在地一家商业银行，作为本行政区域内公有住房住宅专项维修资金的专户管理银行，并在专户管理银行开立公有住房住宅专项维修资金专户。开立公有住房住宅专项维修资金专户，应当按照售房单位设账，按幢设分账；其中，业主交存的住宅专项维修资金，按房屋户门号设分户账。

专户管理银行、代收住宅专项维修资金的售房单位应当出具由财政部或者省、自治区、直辖市人民政府财政部门统一监制的住宅专项维修资金专用票据。

2. 住宅专项维修资金的自行管理模式

业主大会成立后，住宅专项维修资金实行自行管理模式。按照《住宅专项维修资金管理办法》规定，划转业主交存的住宅专项维修资金：

（1）业主大会应当委托所在地一家商业银行作为本物业管理区域内住宅专项维修资金的专户管理银行，并在专户管理银行开立住宅专项维修资金专户。开立住宅专项维修资金专户，应当以物业管理区域为单位设账，按房屋户门号设分户账。

（2）业主委员会应当通知所在地直辖市、市、县人民政府建设（房地产）主管部门；涉及已售公有住房的，应当通知负责管理公有住房住宅专项维修资金的部门。

（3）直辖市、市、县人民政府建设（房地产）主管部门或者负责管理公有住房住宅专项维修资金的部门应当在收到通知之日起30日内，通知专户管理银行将该物业管理区域内业主交存的住宅专项维修资金账面余额划转至业主大会开立的住宅专项维修资金账户，并将有关账目等移交业主委员会。

住宅专项维修资金划转后的账目管理单位，由业主大会决定。业主大会应当建立住宅专项维修资金管理制度。业主大会开立的住宅专项维修资金账户，应当接受所在地直辖市、市、县人民政府建设（房地产）主管部门的监督。

14.3.2 住宅专项维修资金的监督管理

《住宅专项维修资金管理办法》规定，国务院建设主管部门会同国务院财政部门负责全国住宅专项维修资金的指导和监督工作。县级以上地方人民政府建设（房地产）主管部门会同同级财政部门负责本行政区域内住宅专项维修资金的指导和监督工作。

1. 房屋转让或灭失时住宅专项维修资金的处理

（1）房屋所有权转让时，业主应当向受让人说明住宅专项维修资金交存和结余情况并出具有效证明，该房屋分户账中结余的住宅专项维修资金随房屋所有权同时过户。受让人应当持住宅专项维修资金过户的协议、房屋权属证书、身份证等到专户管理银行办理分户账更名手续。

（2）房屋灭失的，房屋分户账中结余的住宅专项维修资金返还业主；售房单位交存的住宅专项维修资金账面余额返还售房单位；售房单位不存在的，按照售房单位财务隶属关系，收缴同级国库。

2. 相关管理主体对住宅专项维修资金的监管义务

（1）政府主管部门和业主委员会的义务

直辖市、市、县人民政府建设（房地产）主管部门，负责管理公有住房住宅专项维修资金的部门及业主委员会，应当每年至少一次与专户管理银行核对住宅专项维修资金账目，并向业主、公有住房售房单位公布下列情况：

1）住宅专项维修资金交存、使用、增值收益和结存的总额；

2）发生列支的项目、费用和分摊情况；

3）业主、公有住房售房单位分户账中住宅专项维修资金交存、使用、增值收益和结存的金额；

4）其他有关住宅专项维修资金使用和管理的情况。

业主、公有住房售房单位对公布的情况有异议的，可以要求复核。

（2）专户管理银行的义务

1）专户管理银行应当每年至少一次向直辖市、市、县人民政府建设（房地产）主管部门，负责管理公有住房住宅专项维修资金的部门及业主委员会发送住宅专项维修资金对账单。

2）直辖市、市、县建设（房地产）主管部门，负责管理公有住房住宅专项维修资金的部门及业主委员会对资金账户变化情况有异议的，可以要求专户管理银行进行复核。

3）专户管理银行应当建立住宅专项维修资金查询制度，接受业主、公有住房售房单位对其分户账中住宅专项维修资金使用、增值收益和账面余额的查询。

(3) 审计、财政部门的监督管理

1）住宅专项维修资金的管理和使用，应当依法接受审计部门的审计监督。

2）住宅专项维修资金的财务管理和会计核算应当执行财政部有关规定。财政部门应当加强对住宅专项维修资金收支财务管理和会计核算制度执行情况的监督。

3）住宅专项维修资金专用票据的购领、使用、保存、核销管理，应当按照财政部以及省、自治区、直辖市人民政府财政部门的有关规定执行，并接受财政部门的监督检查。

14.3.3 住宅专项维修资金相关主体的法律责任

1. 公有住房售房单位的法律责任

公有住房售房单位未按规定交存住宅专项维修资金的；或将房屋交付未按规定交存首期住宅专项维修资金的买受人的；以及未按规定分摊维修、更新和改造费用的，由县级以上地方人民政府财政部门会同同级建设（房地产）主管部门责令限期改正。

2. 开发建设单位的法律责任

开发建设单位在业主按照规定交存首期住宅专项维修资金前，将房屋交付买受人的，由县级以上地方人民政府建设（房地产）主管部门责令限期改正；逾期不改正的，处以3万元以下的罚款；开发建设单位未按规定分摊维修、更新和改造费用的，由县级以上地方人民政府建设（房地产）主管部门责令限期改正；逾期不改正的，处以1万元以下的罚款。

3. 挪用住宅专项维修资金的法律责任

挪用住宅专项维修资金的，由县级以上地方人民政府建设（房地产）主管部门追回挪用的住宅专项维修资金，没收违法所得，可以并处挪用金额2倍以下的罚款；构成犯罪的，依法追究直接负责的主管人员和其他直接责任人员的刑事责任。

（1）物业服务企业挪用住宅专项维修资金，情节严重的，除按上述规定予以处罚外，由颁发资质证书的部门吊销资质证书。

（2）直辖市、市、县人民政府建设（房地产）主管部门挪用住宅专项维修资金的，由上一级人民政府建设（房地产）主管部门追回挪用的住宅专项维修资金，对直接负责的主管人员和其他直接责任人员依法给予处分；构成犯罪的，依法追究刑事责任。

（3）直辖市、市、县人民政府财政部门挪用住宅专项维修资金的，由上一级人民政府财政部门追回挪用的住宅专项维修资金，对直接负责的主管人员和其他直接责任人员依法给予处分；构成犯罪的，依法追究刑事责任。

4. 违规使用住宅专项维修资金购买国债的法律责任

（1）直辖市、市、县人民政府建设（房地产）主管部门违反住宅专项维修资金投资规定的，由上一级人民政府建设（房地产）主管部门责令限期改正，对直接负责的主管人员和其他直接责任人员依法给予处分；造成损失的，依法赔偿；构成犯罪的，依法追究刑事责任。

(2) 直辖市、市、县人民政府财政部门违反住宅专项维修资金投资规定的，由上一级人民政府财政部门责令限期改正，对直接负责的主管人员和其他直接责任人员依法给予处分；造成损失的，依法赔偿；构成犯罪的，依法追究刑事责任。

(3) 业主大会违反住宅专项维修资金投资规定的，由直辖市、市、县人民政府建设（房地产）主管部门责令改正。

5. 政府主管部门、财政部门的法律责任

县级以上人民政府建设（房地产）主管部门、财政部门及其工作人员利用职务上的便利，收受他人财物或者其他好处，不依法履行监督管理职责，或者发现违法行为不予查处的，依法给予处分；构成犯罪的，依法追究刑事责任。

住宅专项维修资金管理工作是一项关系到国计民生的重要工作，政府主管部门在认真贯彻落实国家法律、法规的基础上，进一步健全住宅专项维修资金管理规定，加大宣传和监管力度，使住宅专项维修资金管理工作走向规范化、程序化的管理轨道，切实维护好广大业主的合法权益。

【案例】

天津市某住宅小区使用专项维修资金维修屋面

某住宅小区物业服务企业根据业主反映和现场查勘，发现小区 7 号、8 号楼存在屋面漏水的情况，严重影响业主正常生活；经与业主委员会研究，准备申请使用专项维修资金进行维修。经查询：7 号楼维修资金余额 711311.82 元，8 号楼维修资金余额 706894.68 元。经物业企业测算，7 号楼工程预算费用为 26427.6 元，每建筑平方米分摊费用为 3.87 元/平方米；8 号楼工程预算费用为 26427.6 元，每建筑平方米分摊费用为 3.91 元/平方米。

物业企业以按户走访的方式对维修方案进行业主书面确认，7 号楼共有 33 户业主，房屋建筑面积 6830.87 平方米，24 户业主同意使用，占应确认业主户数的 72.73%，其拥有房屋建筑面积 5320.35 平方米，占应确认建筑面积的 77.89%。8 号楼共有 40 户业主，房屋建筑面积 6767.58 平方米，30 户业主同意使用，占应确认业主户数的 75%，其拥有房屋建筑面积 4679.08 平方米，占应确认建筑面积的 69.14%。该维修资金的使用，经过专有部分占建筑物总面积 2/3 以上的业主且占总人数 2/3 以上的业主同意，表决结果在小区明显位置公示了 7 天。

公示期满后，物业企业带相关要件到项目所在区的物业管理办公室办理了使用备案。物业企业和业主委员会以邀请招标方式对维修工程进行招投标，有三家企业投标，标价分别为 52855.2 元、58331 元、57200 元。经对投标单位的企业资信、工程质量、投标标价、施工工期等因素进行评议，标价为 52855.2 元的施工企业中标。物业企业与中标的施工企业签订了工程施工合同。同时与北京某建设监理有限公司签订了工程监理合同。

物业企业到住宅专项维修资金的专户管理银行开立了使用专户，天津市房屋维修资金管理中心拨付工程预算金额 50% 的首期款 26427.6 元。

维修工程按照合同内容开工，工程竣工后，物业企业组织业主委员会、施工企业及监理单位对工程进行验收，并共同签署维修工程验收报告。

工程验收合格后，物业企业填写《维修和更新、改造工程决算费用分摊清册》并在小区里公示 7 天，公示期满后到天津市维修资金管理中心办理维修工程决算费用拨款手续和个人账户资金的核减手续。天津市房屋维修资金管理中心拨付 26427.6 元工程尾款，并将业主决算分摊费用从个人资金账户中核减。

复 习 思 考 题

1. 简述住宅专项维修资金的定义及其性质。
2. 住宅专项维修资金的筹集来源有哪些？
3. 简述住宅专项维修资金的交存主体及其金额。
4. 简述住宅专项维修资金的续交责任。
5. 住宅专项维修资金的使用范围包括哪些？
6. 住宅专项维修资金的使用原则是什么？
7. 简述住宅专项维修资金的管理原则及其管理内容。
8. 简述住宅专项维修资金相关主体的法律责任。

15 档案管理

15.1 物业管理档案的建立

物业服务企业的经营管理工作离不开档案,物业管理档案的建立,是为了满足物业服务企业日常管理服务活动的需要。在物业管理运作过程中,从物业项目的前期管理、承接查验到日常管理服务工作,都需要档案资料的建立、使用和保管;在为业主和使用人服务过程中,也要建立相应的服务档案,使档案管理真正为物业管理服务。做好档案管理工作,也是提升物业服务企业管理水平的重要内容之一。

15.1.1 物业管理档案

1. 物业管理档案

在表述物业管理档案之前,应首先明确档案的含义。档案是机关、企事业单位在工作和生产中形成的、具有查考利用价值的、按照一定归档制度集中保存起来的文件材料(包括技术图纸、影片、照片、录音带等)。

物业服务企业日常运作中会形成许多普通管理文件,包括行政管理文件、经营管理文件、物业接收文件和业主入住后不断形成并补充的业主、使用人的资料;以及常规物业管理过程中形成的物业维修文件、物业租赁文件和管理服务文件等等。物业管理工作中出现文件并不都是物业档案,对照档案法对档案的规定,物业管理档案是指物业服务企业或者物业项目在物业管理服务过程中形成的具有保存价值的各种文字、图表、声像等不同形式的历史记录。

2. 形成物业管理档案应具备的条件

物业管理档案是物业服务企业作为一个全宗单位,将物业管理服务中的原始记录和过程记录形成文件资料,按照一定的要求,收集、整理、保管和使用的档案。档案是直接的历史记录,它具有原始性和记录性的特点,有着其他资料不可取代的重要作用和价值。

在日常工作中,并不是所有的文件都能够转化为档案,档案的形成应具备三个条件:

(1) 办理完毕的文件才能归入档案;
(2) 对管理工作有参考利用价值的文件;
(3) 按照一定规律集中保存的文件。

建立物业管理档案,在物业服务企业的管理服务中具有十分重要的作用。档案具有凭证价值,是管理服务过程中留下的原始记录,未经过任何人改动的原稿和原本,可靠性较强,是令人信服的证据;在维护物业状况,评断各种纠纷,依据合同进行管理等方面具有凭证作用。同时,物业管理档案还具有重要的参考价值,档案记录了物业服务企业在前期介入、承接查验、用户入住、管理和服务过程中的创造成果和经验教训。对物业服务企业查阅过去的情况,掌握历史材料,研究有关事物的发展规律具有广泛的参考价值。

3. 建立物业管理档案的意义

档案是构成整个社会信息系统的基石,建立档案不仅对某一个单位的工作和生产有意义,对整个社会也具有重要的意义。建立物业管理档案不仅对物业企业当前的经营管理活动具有十分重要的作用,对于物业企业和物业管理行业的发展也具有现实和长远的意义。

(1) 档案可以真实的再现物业企业发展过程

物业企业健全的档案资料,可以真实的再现物业企业和物业项目发展过程,是对历史经验的总结。做好物业企业和物业项目的档案建立和管理工作,不仅是企业管理工作的需要,同时也是物业企业应尽的义务。

(2) 物业档案可以反映物业项目管理的状态

物业企业提供管理服务工作后,几乎每一个环节都离不开档案。无论是企业的经营管理情况,还是物业设施、设备的维修养护,乃至业主及物业使用人的情况,都离不开物业档案。

15.1.2 物业管理资料的收集

1. 物业管理资料的收集原则

(1) 系统、完整的原则

根据物业本体资料和信息资料,大到房屋本体、公共设施,小到一树一木都要有详细的资料收集。

(2) 质量优化的原则

收集的资料要全面、完整,能够包含物业管理服务的全过程。质量优化指在文件、资料的收集过程中,只归档和接收有保存价值的档案,防止鱼目混珠。

(3) 齐全、合理的原则

是指物业管理服务各项内容、各个环节的资料都要收集保管,同时还要有所侧重,将有特点、能说明问题的资料收集起来。

2. 物业管理资料的收集内容

在资料收集、形成档案的过程中,应保证所收集的内容丰富、渠道广泛,根据物业管理服务的程序,一般情况下通过三个阶段进行收集。

(1) 在物业承接查验阶段的资料收集

主要通过物业管理的前期介入,全面、系统地收集工程建设方面的产权资料和工程技术资料等,以及物业项目在承接查验阶段的资料。

(2) 在业主入住阶段的资料收集

在业主入住、房屋内部装修阶段收集业主、客户的资料,收集房屋装修管理的相关资料。

(3) 在日常管理阶段的资料收集

物业服务企业在日常管理过程中建立和收集的有关房屋维修档案、设备运行档案、各项服务记录、投诉接待与回访记录等相关资料。同时还要收集政府部门主管部门和相关部门、社区管理、业主委员会等方面的资料。

15.1.3 物业管理档案的归档整理

1. 物业管理档案的归档

对于分类整理好的信息资料进行分类保存即为归档。归档分为立卷、归档和案卷整理三个主要环节。

(1) 立卷

物业企业日常管理服务过程中形成的单份文件零散杂乱,很容易磨损和遗失。将单份文件整理后加上封皮进行装订,可以避免文件破损和散失,便于管理和保存。立卷工作主要应由企业的办公室负责,主要制定立卷归档制度,编制立卷类目,防止各部门立卷归档文件的重复和遗漏。物业服务企业立卷可以采取按照物业服务特征和工作环节来分类,注意保持文件之间的历史联系,便于随时查找利用。

(2) 归档

文件立卷工作是前期准备工作,归档是将文件整理立卷后按照规定的时间移交给档案室集中保管。凡是在物业管理服务过程中形成的、经过办理完毕的具有重要参考使用价值的文件,都应属归档的范围。归档的时间一般应在次年的上半年向档案室移交;对于一些专业性较强的文件,为便于日常管理,可以适当延长归档时间。

(3) 案卷整理

在档案日常管理工作中,需要对归档的文件进行不断地收集与积累,根据管理需要系统地加以整理和编制目录。具体内容包括:

1) 调整立卷;
2) 拟写案卷标题;
3) 卷内文件的排列、编号;
4) 填写卷内目录与备考表;
5) 填写案卷封皮与装订。

2. 物业服务企业档案整理要求

物业管理档案的整理工作主要是针对物业服务企业在管理中形成的案卷进一步的系统化,实现由凌乱到系统,由无序到有序的转变。

物业服务企业档案整理要求,按照某市物业服务企业档案整理要求介绍如下。

(1) 档案整理标准

按照《科学技术档案案卷构成的一般要求》(GB/T 11822—2000)、《归档文件整理标准》(DB12/T 127—2001)等国家和地方的有关标准,进行规范化的整理,制作检索工具。

(2) 档案整理原则

遵循文件形成规律、保持文件之间的有机联系,区分不同价值,便于保管和利用。

(3) 档案整理方法

1) 编制分类方案。

根据企业档案内容和数量编制档案分类方案。分类方案要遵循涵盖全部档案内容、类目清晰、逻辑严密、科学适用的原则。

①企业管理性文件材料可设一级类目十一个,用阿拉伯数字表示,分别是:党群管理(01),行政管理(02),经营管理(03),物业管理(04),基本建设(05),设备仪器(06),会计文件(07),职工档案(08),特殊载体档案(09),项目管理(10),其他文件(11)。

②在一级类目下根据档案实际情况可下设若干级类目,分别用阿拉伯数字表示,各级类目间用"·"隔开。物业管理项目类按项目先后顺序分别排列,每个项目形成的文件材

料可下设类目 11 个，分别用阿拉伯数字 1~11 表示。例如：

一级类目		二级类目		三级类目	
代号	名称	代号	名称	代号	名称
02	行政管理	01	企业筹备期可行性研究、申请、批准文件材料，企业章程、证照		
		02	企业物业管理资质等级认证文件		
		03	企业领导（包括董事会、股东会、监事会和经理层）和内部机构构成、变更文件材料		
		04	董事会、股东会、监事会产生的文件材料		
		05	企业发生分立、合并、破产、歇业等变更事宜的文件		
		06	各项企业内部管理制度、规定		
		07	综合性行政事务，文秘、机要、保密工作文件材料		
		08	会务工作文件材料		
		09	法律事务、公证工作文件材料		
		10	审计工作文件材料		
		11	人力资源管理文件材料		
		12	行政后勤工作文件材料		
		13	其他应归档的行政管理性文件材料		
10	项目管理	01	小区名称	01	项目管理综合
				02	基本建设工程
				03	设备设施管理
				04	公共秩序维护
				05	环境卫生
				06	绿化管理
				07	社区文化活动
				08	业主档案
				09	客户服务
				10	会计文件
				11	其他

2) 文件材料整理。

除基建、设备、业主、会计、职工个人档案外，其他文件材料均按"件"整理。

①件的确定原则。

A. 企业文件材料原则上每份自然件为一件。

B. 正文（正本）与定稿为一件。

C. 正文（正本）与附件为一件，原件与复印件为一件。
D. 正文与文件处理单为一件。
E. 转发文与被转发文为一件。
F. 报表、名册、图册等每本（册）为一件。

②文件材料归档年度的确定。
A. 计划、总结、合同（协议）、统计等材料归入文件内容针对的年度。
B. 请示与批复等来往文件，归入文件的批复年度。
C. 跨年度形成的文件材料，归入事项的办结年度。
D. 会议文件归入会议的开幕年度。

③文件材料保管期限的划分。
企业文件材料保管期限按照永久、长期（15~50年）、短期（15年以下）划分。

④文件材料的排序。
将文件材料在分类方案最低一级类目下，按年度分为不同的保管期限。排序的要求：
A. 同一级类目下，相同年度、相同保管期限的文件材料按照事件结合时间和重要程度排列。
B. 不同级类目、不同年度、不同保管期限的文件材料不得排列存放在一起。
C. 文件处理单在前，文件在后；正本在前，定稿在后；原件在前，复制件在后；转发文在前，被转文在后；批复在前，请示在后。
D. 会议文件、统计报表、刊物等材料分别集中排列。

⑤文件材料的装订。
文件材料按件装订，永久和长期保管的要去除金属物。
A. 文件页数多的采取三孔一线的装订方法。
B. 文件页数少的采取塑料曲别针的装订方式，不得使用胶水或浆糊粘贴。

⑥文件材料的编号。
归档的企业文件材料要逐件编号，在文件首页上方的空白处加盖归档章并填写相关内容。
A. 机构（问题）：按分类方案划分该份文件的类别号。形式为各级类目间以"·"隔开，例如：01·01表示为党务综合性工作或党组织其他有关会议文件材料。
B. 年度：文件形成年度。以四位阿拉伯数字标注。
C. 保管期限：永久用"Y"、长期用"C"、短期用"D"。
D. 室编件号：按文件的排列次序从"1"编写流水号。
E. 室编盒号：在一级类目下按年度从"1"编写流水号（由企业档案室编制）。
F. 全宗号、馆编件号、馆编盒号可为空。

⑦企业文件材料编目。
A. 盒内目录。文件材料应逐件编目，并按室编件号编制归档文件目录，内容有室编件号、馆编件号、责任者、文号、题名、日期、页数、盒号等项目。
件号：依归档章件号填写。
责任者：制发文件的组织或个人。
文号：文件的发文字号。

题名：文件标题。没有标题或标题不能客观反映文件内容的，要自拟标题。
日期：文件的成文日期，以 8 位阿拉伯数字标注。
页数：登记每一件归档文件的实际页数。文件中有图文的页面为一页。以文件原有页码为序，无页码的文件要编制页码。
备注：注释文件需要说明的情况。
B. 归档文件目录。按一级类目依年度一保管期限装订成一册。并要编制目录索引，置于目录前面，内容包括：类目名称、年度、保管期限、起止件号等项。
⑧装盒。
按照本盒的文件目录、整理完毕的企业文件材料、备考表顺序装入档案盒，并填写档案盒背脊和封面。
盒内备考表的编制：
盒内文件情况说明：说明盒内文件缺损、修改、补充、移出、销毁等情况。
整理人：负责整理归档文件的人员姓名。
检查人：归档文件整理部门负责检查质量的人员姓名。
日期：归档文件整理完毕的日期。
⑨档案盒格式。
档案盒外形尺寸为 310mm×220mm（长×宽），盒脊厚度可以根据需要设置为 20mm、30mm、40mm、50mm。档案盒封面应标明全宗名称、年度、保管期限、起止件号、盒号。档案盒采用 337 克以上无酸牛皮纸制作。
3）基本建设、设备仪器设施管理文件材料的整理。
①具体项目的管理性文件材料应放入所针对的项目内组卷。
②基建项目、设备仪器设施方面的文件材料按其结构或阶段分别组卷。
③基建项目维修、改建形成的企业文件材料单独组卷并排列在原项目案卷之后。
④设备维修、技术改造形成的企业文件材料单独组卷并排列在原设备案卷之后。
⑤排列。
A. 管理性企业文件材料按问题、时间或重要程度排列。
B. 案卷内文件材料排列，文字材料在前，图样在后；译文在前，原文在后；正件在前，附件在后；印件在前，定（草）稿在后。
C. 基建类文件材料按项目依据性材料、基础性材料、项目设计、项目施工、项目监理、项目竣工验收排列。
D. 设备类文件材料按依据性、开箱验收、随机图样、安装调试和运行维修顺序排列。
⑥案卷的编目。
A. 卷内文件材料页号的编写。
案卷内文件材料均以有书写内容的页面编写页号。单面书写的文件材料在其右下角编写页号；双面书写的文件材料，正面在其右下角，背面在其左下角编写页号。图样页号编写在标题栏外。
成套图样印刷成册的文件材料，自成一卷的，原目录可代替卷内目录，不必重新编写页号；与其他材料组成一卷的，应排在卷内文件材料最后，将其作为一份文件填写卷内目录，不必重新编写页号，可在备注中注明总页数。

卷内目录、卷内备考表不编写页号。

B. 案卷封面的编制。

案卷题名应简明、准确地揭示卷内文件材料的内容，主要包括项目名称或代字、代号及其结构、阶段的名称等，案卷题名一般由立卷人拟写。

立卷单位：应填写负责文件材料组卷的部门或项目负责部门。

起止日期：应填写案卷内文件材料形成的起止日期。

保管期限：应依据有关规定填写组卷时划定的保管期限。

密级：应依据保密规定填写卷内文件材料的最高密级。

档号：应填写全宗号、分类号、案卷号。全宗号可为空；分类号是指按分类方案规则划分该卷档案类别号；案卷号指档案按一定顺序排列后的流水号。

C. 案卷脊背的编制。

案卷脊背的项目有保管期限、档号、案卷题名。

D. 卷内目录的编制。

序号：应用阿拉伯数字从1起依次标注卷内文件材料件数的顺序。

文件编号：应填写文件材料的文号或图样的图号、设备代号、项目代号等。

责任者：应填写文件材料的形成部门或主要责任者。

文件材料题名：应填写文件材料的全称。

日期：应填写文件材料的形成日期。

页号：应填写每件文件材料的首尾页上标注的页号。

卷内目录排列在卷内文件材料首页之前。

E. 卷内备考表的编制。

说明包括：案卷内文件材料的件数、页数以及在组卷和案卷提供使用过程中需要说明的问题。

立卷人：应由责任立卷人签名。

立卷日期：应填写完成立卷的日期。

检查人：应由部门或项目负责人签名。

检查日期：应填写审核的日期。

互见号：应填写反映同一内容而形式不同且另行保管的档案保管单位的档号。档号后应注明档案载体形式。

卷内备考表排列在卷内文件材料之后。

⑦案卷的装订。

A. 案卷可采用装订和不装订两种形式。

B. 案卷内不同幅面的科技文件材料要折叠为统一幅面，破损的要先修复。幅面一般采用国际标准A4型（297mm×210mm）或国家通用16开型（260mm×185mm）。图样折叠时标题栏露在右下角。

C. 案卷内不允许有金属物。

D. 不装订的案卷，应在每份文件材料的右上角加盖档号章。档号章的内容有：档号、序号。

⑧卷盒格式。

外型尺寸为310mm×220mm（长×宽），盒脊厚度可根据需要设置为10mm、20mm、30mm、40mm、50mm、60mm，卷盒采用337克重以上的无酸牛皮纸制作。

4）业主档案的整理。

业主档案要以每户业主为保管单位，组成一卷，卷内以件为单位按文件产生的先后顺序排列，每件盖档号章、档号章、页号、卷内文件目录、备考表的编写同基建、设备档案。整理完结后装入档案袋，档案袋封面填写小区名称、楼栋号、房间号及业主姓名。档案袋按楼栋楼层排列编写卷号，装入档案盒，盒内视档案袋材料多少，可装入若干档案袋，档案盒外填写小区名称、楼栋号、房间及案卷起止号等内容。

5）会计档案和职工个人及特殊载体档案按照国家专门规定整理。

①会计档案管理办法（财会字〔1998〕32号）。

②照片档案管理规范（GB/T 11821—2002）。

③磁性载体档案管理与保护规范（DA/T 15—1995）。

④企业职工档案管理工作规定（劳力字〔1992〕33号）。

15.2 物业管理档案的内容

物业管理档案资料包括许多内容，一般情况下，将物业管理档案资料分成四部分：一是党群管理工作形成的文件材料；二是行政管理工作形成的文件材料；三是企业经营管理工作形成的文件材料；四是物业项目形成的文件材料。档案可以采用原始文字档案和电脑档案双轨制，以文字、图表、电脑磁盘、照片、录像等方式贮存档案，并采取相应的保管措施。

物业企业档案管理工作应当坚持"及时归档、合理分类、规范整理、安全保管、方便利用"的原则。

15.2.1 物业管理档案的归档范围

根据物业服务企业的管理模式和实际情况，档案管理的归档内容划分为11个一级类目、若干个二级类目，主要归档范围包括：

1. 党群管理工作形成的文件材料

包括：党务综合性工作或党组织其他有关会议文件材料；党组织建设、党员管理和纪检监察工作文件材料等。

2. 行政管理工作形成的文件材料

包括：企业筹备期可行性研究、申请、批准文件材料；企业章程、证照，企业领导（包括董事会、股东会、监事会和经理层）和内部机构构成、变更文件材料等。

3. 经营管理工作形成的文件材料

包括：企业改革、经营战略决策文件材料；计划与统计工作文件材料；企业发展规划、各项发展计划文件材料；责任制管理文件材料等。

4. 物业管理工作形成的文件材料

包括：各物业项目招投标文件材料；各物业项目验收文件材料；各专项业务管理有关文件材料等。

5. 基本建设工作形成的文件材料

包括：可行性研究、立项、勘探、测绘、招投标、征迁工作以及建设单位项目管理工作文件材料；基建项目的设计文件材料等。

6. 设备仪器管理形成的文件材料

包括：购置设备、仪器的立项审批，购置合同；设备、仪器的开箱验收或接收文件材料等。

7. 会计档案

包括：会计凭证（原始、记账、汇总）；会计账簿；年度财务报告（决算）（包括文字分析）等。

8. 职工个人档案

包括：个人基本情况、受教育情况、薪金情况等。

9. 特殊载体档案

包括：声像类；实物类等。

10. 物业项目形成的文件材料

包括：小区规划详图、竣工总平面图、单体建筑、结构、设备的竣工图（安装图）、绿化平面图、附属配套设施、地下管网工程竣工图等基础管理文件材料；房屋管理与维修养护等文件材料；共用设施设备管理等文件材料。

11. 其他应归档的文件材料

15.2.2 物业管理档案的内容

为了便于了解物业管理档案的内容，将物业企业文件材料归档范围及保管期限表以表格形式列出，供参考。

归档文件材料目录	保管期限
一、党群管理工作形成的文件材料	
（一）党务综合性工作或党组织其他有关会议文件材料	长期
（二）党组织建设、党员管理、纪检监察工作文件材料	长期
（三）思想政治工作、精神文明建设文件材料	长期
（四）职工代表大会、工会工作、共青团工作、女工工作文件材料	长期
（五）参加有关协会和群众团体活动文件材料	短期
（六）其他应归档的党群工作文件材料	
二、行政管理工作形成的文件材料	
（一）企业筹备期可行性研究、申请、批准文件材料，企业章程、证照	永久
（二）企业物业管理资质等级认证文件	永久
（三）企业领导（包括董事会、股东会、监事会和经理层）和内部机构构成、变更文件材料	永久
（四）董事会、股东会、监事会产生的文件材料	永久
（五）企业发生分立、合并、破产、歇业等变更事宜的文件	永久
（六）各项企业内部管理制度、规定	长期
（七）综合性行政事务，文秘、机要、保密工作文件材料	短期
（八）会务工作文件材料　重要的 　　　　　　　　　　一般的	长期 短期

续表

归档文件材料目录	保管期限
（九）法律事务、公证工作文件材料	长期
（十）审计工作文件材料	长期
（十一）人力资源管理文件材料	
1. 岗位职责	长期
2. 员工录用、招聘文件材料	长期
3. 劳动合同管理	长期
4. 劳动工资和社会保险文件材料	长期
5. 员工教育、培训工作文件材料	短期
6. 员工的考核工作文件材料	长期
7. 职务任免，职称评聘文件材料	长期
8. 工服、工装管理文件材料	短期
9. 其他应归档的人力资源管理文件	
（十二）行政后勤工作文件材料（食堂、车辆管理等）	短期
（十三）其他应归档的行政管理性文件材料	
三、经营管理工作形成的文件材料	
（一）企业改革，经营战略决策文件材料	永久
（二）计划与统计工作文件材料，企业发展规划、各项发展计划文件材料，责任制管理文件材料	长期
（三）统计报表：　　年度 　　　　　　　季度、月份	永久 短期
（四）企业综合性统计分析	永久
（五）资产管理文件材料：房地产管理，资本运作，对外投资，股权管理，多种经营管理，产权变动、清产核资文件材料	永久
（六）属企业所有的知识产权和商业秘密及其管理文件材料	永久
（七）企业信用管理，形象宣传，达标创优文件材料	长期
（八）合同管理文件材料：物业管理委托、物业租赁及其他商务合同正本及与合同有关的补充材料，有关的资信调查，工作协议文件材料： 重要 一般	长期 短期
（九）财务管理文件材料：资金管理，成本价格管理，会计管理文件材料	长期
（十）物资管理文件材料：物资采购、保存和供应文件材料	短期
（十一）营销管理文件材料：营销组织管理、网络建设、市场调查与分析文件材料，客户信息管理，多种经营管理文件材料	长期
（十二）服务质量管理文件材料	长期
（十三）其他应归档的经营管理文件资料	
四、物业管理工作形成的文件材料	

续表

归档文件材料目录	保管期限
（一）各物业项目招投标文件材料	长期
（二）各物业项目验收有关文件材料	短期
（三）各物业项目房屋及设备设施管理有关文件材料	短期
（四）各物业项目公共秩序维护管理有关文件材料	短期
（五）各物业项目环境卫生管理有关文件材料	短期
（六）各物业项目绿化管理有关文件材料	短期
（七）各物业项目社区文化管理有关文件材料	短期
（八）其他应归档的物业项目管理工作形成的文件材料	
五、基本建设工作形成的文件材料（企业有该项工作时设立）	
（一）可行性研究、立项、勘探、测绘、招投标、征迁工作以及建设单位项目管理工作文件材料	永久
（二）基建项目的设计文件材料	永久
（三）基建项目的施工文件材料	永久
（四）基建项目的监理文件材料	永久
（五）基建项目的竣工和验收文件材料	永久
（六）基建项目的使用、维修、改建、扩建文件材料	永久
（七）其他应归档的基本建设工作形成的文件材料	
六、设备仪器管理形成的文件材料	
（一）购置设备、仪器的立项审批，购置合同	长期
（二）设备、仪器的开箱验收或接收文件材料	长期
（三）设备、仪器的安装调试文件材料	长期
（四）设备、仪器的使用、维护和改造、报废文件材料	长期
（五）其他应归档的设备仪器管理形成的文件材料	
七、会计档案	
（一）会计凭证（原始、记账、汇总）	15年
（二）会计账簿	
1. 总账（包括日记账）	15年
2. 明细账	15年
3. 现金和银行存款日记账	25年
4. 其他日记账	15年
5. 固定资产卡片	固定资产报废清理后保管5年
6. 辅助账簿	15年
（三）财务报告类	
1. 月、季度财务报告（包括文字分析）	3年
2. 年度财务报告（决算）（包括文字分析）	永久

续表

归档文件材料目录	保管期限
（四）其他类	
1. 会计移交清册	15 年
2. 会计档案保管清册	永久
3. 会计档案销毁清册	永久
4. 银行余额调节表	5 年
5. 银行对账单	5 年
（五）其他应归档的会计文件材料	
八、职工个人档案	
九、特殊载体档案	
（一）声像类	
（二）实物类	
十、物业项目形成的文件材料	
（一）基础管理文件材料	
1. 小区规划详图、竣工总平面图、单体建筑、结构、设备的竣工图、绿化平面图、附属配套设施、地下管网工程竣工图等文件材料	永久
2. 竣工验收合格报告、新建住宅商品房准许交付使用证等文件材料	永久
3. 物业质量保证文件和使用说明文件等材料	永久
4. 供水、供电、供气、供热、有线电视等专业服务协议，消防设施合格证、电梯准用证、年检资料等材料	长期
5. 承接查验手续等文件材料	永久
6. 各种机电设备出厂合格证，使用说明书，安装、调试报告，保修卡、保修协议等文件材料	永久
7. 业主购房合同文本	永久
8. 维修资金交纳明细	永久
9. 维修资金管理、使用、续筹等文件材料	永久
10. 前期物业管理服务合同、物业管理服务合同及其他协议等文件材料	短期
11. 房屋使用手册等文件材料	永久
12. 装饰装修管理规定及巡查、制止违规行为、向行政主管部门报告记录	短期
13. 业主告知物业管理企业函（装饰装修）	短期
14. 物业管理企业告知房屋所有人、使用人和装饰装修企业函等文件材料	短期
15. 与业主大会往来文件材料	长期
16. 申报达标、市优、国家示范项目的争创规划、实施方案等文件材料	短期
17. 各项管理制度、规定，各岗位工作标准，各级各类人员的岗位职责及考核办法等文件材料	短期
18. 业主公约	短期
19. 业主档案	长期

续表

归档文件材料目录	保管期限
20. 房屋及其配套设施权属材料	长期
21. 投诉记录及处理、回访等文件材料	短期
22. 业主满意度调查及分析、整改措施等文件材料	短期
23. 特约服务等文件材料	短期
24. 项目管理的年度计划、总结	短期
25. 与公司往来的各种请示、报告、批文等	短期
26. 与辖区物业行政主管部门、各专业服务部门往来文件材料	短期
27. 项目管理会议记录、与业主委员会之间沟通协调有关事项会议记录、参加社区联席会议记录等文件材料	长期
28. 员工管理文件材料	
（1）员工花名册	短期
（2）员工工资管理、考勤记录、绩效考核、奖惩记录	短期
（3）员工培训记录（培训计划、教案、签到单、考核试卷等）	短期
29. 钥匙管理文件材料	长期
30. 各种提示、通知资料留存（或照片等）	短期
31. 其他应归档的综合性文件材料	
（二）房屋管理与维修养护	
1. 公共区域巡查记录	短期
2. 报修记录	短期
3. 维修派工单	短期
4. 领料单	短期
5. 客户回访记录	短期
6. 其他应归档的维修文件材料	
（三）共用设施设备管理	
1. 各种设施设备操作规程	长期
2. 各种设施设备管理规定	长期
3. 各种设施设备维修、保养记录	长期
4. 各种设施设备日常运行状态检查记录	长期
5. 二次供水卫生检验报告等文件材料	短期
6. 停电、停水、电梯停运等应急处理预案	长期
7. 各类事故处理方案及处理记录	长期
8. 其他应当归档的文件资料	
（四）公共秩序维护、消防、车辆管理	
1. 门卫、监控室、物业区域巡逻值班记录	短期
2. 使用装具发放、使用情况登记等文件材料	短期
3. 维护公共秩序中遇到各类事件应急处理预案、消防应急预案等材料	短期

续表

归档文件材料目录	保管期限
4. 物业项目内危及人身安全的提示标示及防范措施等材料（照片等）	短期
5. 机动车管理规定、出入证发放登记表、收费标准公示及车位分配方案等材料	短期
6. 机动车出入登记手续等材料	短期
7. 非机动车管理等材料	短期
8. 其他应当归档的文件材料	
（五）环境卫生管理	
1. 环卫设备、工具等明细，卫生区域责任划分，卫生消毒灭杀制度及其落实情况记录等材料	短期
2. 日常卫生检查记录等材料	短期
3. 宠物、家禽、家畜等管理规定等材料	长期
（六）绿化管理	
1. 绿化使用机具明细，绿化日常巡查、养护、病虫害防治等材料	短期
2. 绿化工作日常检查记录等材料	短期
3. 绿化施工等材料	短期
4. 其他应归档的文件材料	
（七）社区文化活动文件材料	
1. 社区文化活动计划及实施情况	短期
2. 社区精神文明建设文件材料	短期
3. 获奖的荣誉证书、奖牌、奖杯	短期
4. 其他应归档的社区文化活动材料	
（八）项目管理效益	
1. 物业管理服务费收缴情况及收支情况公示等文件材料	短期
2. 开展多种经营服务项目及收入情况	短期
十一、其他应归档的文件材料	

注：永久：50年以上，长期：15～50年，短期：15年以下。

15.3 档案管理的要求

物业企业档案管理的对象是物业档案，档案的服务对象则是物业企业本身、物业管理行业以及社会各个有需求的方面。档案管理就其基本性质和主要作用来说，是一项管理性的工作、服务性的工作，同时也是一项政治性的工作。

15.3.1 档案工作标准

（1）企业档案管理部门、专（兼）职档案管理人员职责明确，并能够认真行使档案的管理、指导和监督职责。

（2）文件材料归档及时，归档范围准确，保管期限符合要求。

（3）制定企业档案分类方案，档案实体档号标识与分类方案一致。

(4) 案卷整理规范，质量符合国家及档案行业标准要求，并编制检索工具。

(5) 档案卷（盒）外观符合国家标准要求，尺寸、颜色、式样统一。

(6) 根据企业档案管理需要设置档案室和配备必要的档案柜、架，利于档案的安全保管。涉密档案保管合理、安全。

(7) 档案保管条件达到防火、防盗、防光、防有害气体、防潮湿、防虫、防高温、防尘等要求，并配备必要的档案保护设备设施，纸质档案要采用无酸卷盒存放。档案无霉变、褪色、虫蛀、鼠咬等现象。

(8) 照片、录音（像）带、电子文件等特殊载体档案，要有符合保管要求的档案装具单独存放。

(9) 档案上架排序符合国家和档案行业标准要求，做到排列有序、分类清楚、查阅方便。

(10) 建立档案借阅、利用登记制度，借阅手续齐全；利用涉密档案时审批手续严谨；档案的查准率、查全率达到100%。

(11) 对所保管的档案应定期进行清点，建立统计登记台账，做到账物相符。

(12) 档案文件材料移交手续完备，责任明确。

(13) 企业建立档案鉴定工作小组，按照档案鉴定程序及时对保管期限已满的档案进行鉴定，对应销毁的档案编制销毁清册，履行销毁审批手续。

(14) 适时编制企业全宗介绍、组织沿革和大事记等档案编研材料。

15.3.2 档案管理的要求

档案管理在物业服务企业的日常管理工作中是非常重要的一项工作，主要应做好三方面的工作：一是制定严格的档案管理制度；二是明确档案保管的要求；三是维护档案的信息安全。

1. 严格档案管理制度

为加强物业服务企业的档案管理工作，根据国家有关档案管理规定，需要制定一些档案管理制度，旨在规范档案的管理工作。档案管理制度一般包括以下内容：

(1) 档案的归档

1) 各部门将需要保管的资料经整理后，移交给档案管理人员；

2) 档案管理人员将资料登记在《档案目录》中，归入相应案卷并统一编号；

3) 档案管理人员定期将《档案目录》输入电脑，以便查询；

4) 档案应保管原件。

(2) 档案的借阅

1) 重视保护档案，并按照阅档批准权限办理借阅手续；

2) 文书档案只阅不借。科技档案借出后15日内归还；书籍30日内归还；

3) 所借档案不得随意折叠和拆散，严禁对档案随意更改、涂写；

4) 借阅和归还档案时，应办理清点、签名登记手续，由档案员和借阅者当面核对清楚；

5) 档案如有丢失、损坏或机密材料泄密，须立即写出书面报告，按情节追究当事人的责任；

6) 调离公司的人员必须清理移交、归还借阅档案及归档资料，方可办理调离手续；

7) 外单位人员查阅本单位档案需持所在单位介绍信和本人证件，经档案主管经理批准，办理有关查阅手续后，在档案室内阅读；

8) 档案出室必须经过登记后方可借出，文件借阅者需妥善保管所借文件，不得涂改、撕毁等，否则追究相关责任。档案入室必须经过检查，如有轻微破损应立即修补，损坏严重需追究借阅人员的责任。

(3) 档案的鉴定

1) 档案鉴定工作由档案鉴定小组负责进行，鉴定小组由主管档案工作的经理、档案员和有关管理人员组成。日常的档案鉴定工作由档案员负责；

2) 档案鉴定小组负责制定、修订本公司档案保管期限；对到期档案提出明确的存、毁意见；

3) 档案鉴定工作应定期进行，原则上每年进行一次；

4) 对公司有长远利用价值，并能够反映物业管理业务活动和历史面貌的档案应永久保存；

5) 凡是在一定时期有利用价值的档案，要明确保存的余限。

(4) 档案的销毁

1) 根据档案的保存期限和性质，定期对过期和作废的文档进行剔除和销毁，防止档案的堆积和混淆；

2) 档案鉴定小组列出需销毁档案清单和销毁报告，并报档案主管经理审批。销毁档案清单和销毁报告由档案室保存；

3) 档案销毁时，要由鉴定小组成员两人以上监督销毁，并在销毁册上签名；

4) 销毁档案时要严格执行保密规定，对在销毁档案中出现失密或对单位造成损失的，将根据国家和公司的有关规定进行处理。

2. 明确档案保管要求

档案保管工作是维护档案安全和完整的重要工作。档案保管得好，为档案工作的顺利进行提供了基本前提；反之，整个档案工作就会受到影响。在档案的归档管理中，为了便于档案管理，尽可能将档案储存方式多样化，运用录像带、录音带、磁盘、照片、表格、图片等多种形式保存，有利于档案的网络化管理。在档案的使用过程中，应充分利用计算机网络技术，采用先进的检索软件，充分发挥档案资料的作用。

(1) 档案保管的任务

具体来讲档案保管有三项基本任务：

1) 防止档案的损毁；

2) 延长档案的寿命；

3) 维护档案的安全。

档案保管工作的任务，不仅仅在于防止档案的损毁，而且还要从根本上采取措施，提供优良的存藏条件，最大限度的延长档案的寿命。维护档案的安全，其中一个重要的因素是千方百计地减缓其自然本身的损毁，优化其所处的环境和保管条件。例如：不适宜的温湿度、光线、灰尘、虫、鼠、水、火以及机械磨损等因素对图书、档案都有着一定程度的破坏。

(2) 档案保管的工作内容

档案保管的工作内容主要包括以下三个方面：

1) 档案的库房管理。主要做好库房内档案科学管理的日常工作。例如：配备合适的文件柜、文件盒以及消防器材等，并做好日常检查工作。档案室应避免无关人员任意进出，档案室钥匙由档案管理员专门保管等等。同时，还要从以下几个方面加强库房管理：

①防火。要求在装具及照明灯具的选用、其他电器及线路的安装等方面消除隐患，必须按照消防规定执行。

②防水。管理好水源，在档案库房内外清洁过程中做好防水工作。

③防潮。防潮与库房的温度和湿度控制密切相关，档案库房的温度应在14～20℃之间，相对湿度在50%～60%之间。在库房的温湿度超过标准时，及时做好调整。

④防霉与防虫。防霉与防虫关系密切，管理人员在对档案进行定期检查时，必要时应放置防霉、防虫药品。

⑤防光。要求档案库房尽可能全封闭，使用白炽灯泡，尽量避免户外日光中的紫外线照射。

⑥防尘。采用清洁性能好，装具封闭性好的工具进行公共区域清洁，对档案库房不造成影响。

⑦防盗。完善档案安全保护相关事宜，做好档案防盗工作。

2) 档案流动中的保护。主要指档案在各个流动环节中的一般安全防护。例如：对原始资料的借阅者，要按照档案的不同密级，经相关负责人批准方可借阅等等。

3) 档案保护中的专门措施。是为延长档案寿命而采取的复制、修补等各种专门的技术处理。例如：对于借阅频繁的档案，非常容易发生损坏，要及时修补破损的档案等等。

3. 档案的信息安全

维护档案信息安全，除了保证它的物质安全外，更要确保档案信息安全。

（1）控制纸制档案的使用

很多重要的文件材料都是以纸制档案的形式保存的，因此，首先要保证纸制档案的安全。一方面要提高安全防范意识，建立健全借阅制度，另一方面还要明确档案的使用权限。

（2）控制电子档案的使用

首先要安全保管电子档案，远离病毒的侵害；同时还要采取各种措施控制电子档案的使用，例如哪些文件控制拷贝，哪些管理人员能够打开哪一层文件等等。

15.3.3 物业服务企业档案管理应注意的问题

1. 要有健全完善的档案管理制度

要依据《中华人民共和国档案法》和国务院《物业管理条例》的规定，结合企业实际，建立健全企业的档案管理规定、各类文件材料的归档制度、档案利用制度、档案保密制度、档案保管制度、档案鉴定销毁制度和档案人员岗位责任制。实现档案管理的规范化、制度化，切实保证档案资料收集齐全、真实准确、安全保管和方便利用。

2. 要选择符合企业自身实际的管理模式

物业服务企业的档案管理大致可分为三种模式：一是集中统一管理模式，由企业建立综合档案室，将企业档案（项目档案）集中统一保管；二是相对集中管理模式，企业内部的日常管理文件材料由企业本部集中保管，所辖物业项目档案资料在项目中保管；三是委托代管,在企业不具备档案资料的管理条件和能力情况下,可以委托具备档案管理资质的中介服务机构承担保管责任,并签订委托保管协议。

3. 要健全完善档案管理网络,明确责任分工

企业要建立由企业负责人、责任部门和专(兼)职档案管理人员组成的三级档案管理网络。分管档案工作的部门,要做好企业档案的收集、整理、保管、鉴定、统计和提供利用工作,并指导、监督本企业各部门及物业项目做好文件材料的形成、积累、整理和归档工作;对实行相对集中管理模式的企业,各职能部门(包括临时机构)和物业项目也要指定专人负责文件材料的归档工作。专(兼)职档案管理人员应当具备档案管理专业知识,并按规定参加业务培训;严格遵守职业道德和保密规则。

4. 档案整理要及时、规范,方便检索

结合自身实际,确定企业文件材料的具体归档范围、内容。各种日常管理文件材料办理完毕后按照要求及时归档,依据标准进行规范整理,并编制检索工具,方便利用。有条件的企业要使用计算机管理档案,进一步提高档案管理水平。

物业服务企业在对物业项目档案管理中,要在妥善保管基础资料和承接查验文件的同时,承担起对档案的补充、整理和保管义务。

5. 要妥善处理好安全保管与开发利用的关系

要不断改善档案保管存放条件,最大限度地延长各种载体档案的寿命,确保档案安全。对物业项目的档案资料保管要高度重视,严格借阅、归还手续,保证档案资料完整。要充分开发利用档案资源,为企业管理、项目维修养护和商品住宅基金缴存及其使用等服务,在维护企业和业主权益等方面发挥作用。在利用档案过程中,要对企业核心技术档案、知识产权档案和涉及商业秘密档案的开发利用进行严格审查,妥善处理好利用与保密的关系。

6. 要规范档案资料的交接程序

企业内部文件材料移交要建立移交清册,由所在的部门或项目负责人签字核准后向企业档案管理部门进行移交。

对于新建住宅物业管理项目,物业服务企业与开发建设单位之间的资料交接要按照国务院《物业管理条例》的规定要求落实,做到接管文件材料完整,移交手续齐全,责任明确。物业服务企业退出项目时要按照相关规定要求,将档案资料整理完毕后制作移交目录,在规定时间内认真做好交接工作。

15.4 档案管理制度

为了对档案实行科学化、规范化的管理,应建立健全档案管理工作制度,为档案管理的标准化提供依据。

15.4.1 档案管理制度的内容

一般来讲,档案管理制度包括以下七项内容:

1. 档案管理规定

根据国家有关法律法规的规定,结合企业实际制定的档案管理方面的总制度,它应对本企业档案工作原则、管理体制、各项业务和工作人员职责等内容做出具体规定。

2. 企业各类文件材料的归档制度

是保证企业各种文件材料、准确、及时归档的一项重要制度。主要包括各类文件材料的归档范围、归档时间和归档要求，必要时须明确归档份数和归档手续。

3. 企业档案利用制度

是企业档案利用工作进行规范的制度。一般应包括利用范围、利用手续、利用要求及注意事项等内容。

4. 企业档案保密制度

是为保证企业档案信息安全而制定的专门制度。内容主要包括档案人员的保密职责、利用涉密档案的审批手续、涉密档案管理规定等。

5. 企业档案保管制度

是有关档案保管条件和档案管理人员保管档案职责的规定。具体内容应包括档案的接收、档案的排架、库房的管理以及特殊载体保管等要求。

6. 企业档案鉴定销毁制度

是规定档案保管期限鉴定方法、组织以及对保管期满档案进行鉴定销毁的程序、手续的制度。内容应包括档案鉴定的依据、鉴定工作的组织、档案销毁的程序和手续等。

7. 企业档案人员岗位责任制

这是专门针对企业档案管理人员岗位职责而制定的制度，其内容主要包括主管档案工作领导、档案部门负责人、档案部门档案员、各部门（物业管理项目）负责人和兼职档案人员、形成或承办文件的管理及专业技术人员档案工作责任制。

15.4.2 物业服务企业档案管理制度

为了便于物业服务企业档案管理的制度建设，这里将上述档案管理的七项制度加以具体化。

1. 档案管理规定

为了加强本企业档案业务建设，进一步提高档案管理水平，根据国家有关档案管理的法律、法规，制定本规定。

（1）本规定所指的档案，是指本企业在物业管理活动中形成的对国家、社会和企业有保存价值的各种形式的文件材料。

（2）企业档案工作是企业各项管理的基础工作，是维护本企业经济利益、合法权益和历史面貌的一项工作。

（3）企业档案工作实行统一领导、分级管理的原则。

（4）企业成立综合档案室，指定专责的档案人员，负责统筹、协调、组织和管理本企业档案工作，开展综合档案室的日常管理工作和各项具体的档案工作事务。

（5）档案员必须忠于职守，保守企业和业主的秘密，接受档案专业培训，具备档案专业知识。

（6）综合档案室由企业一位领导分管，并纳入主管领导任期目标管理和岗位职责。

（7）各部门（物业管理项目）应指定兼职档案员，负责本部门（物业管理项目）形成的文件材料积累、整理，并按规定向综合档案室移交档案。

（8）企业文件材料的形成和积累须纳入各部门（物业管理项目）工作计划和有关人员岗位职责。

（9）凡本企业在经营管理活动中形成的对国家、社会和企业有保存价值的各种形式的文件材料都必须归档。归档的具体范围、时间和要求按相关文件材料的归档制度执行。

（10）企业综合档案室对接收的档案要按照一定要求，编制必要的档案检索工具。

（11）开展档案的鉴定。根据本企业档案保管期限的规定，定期对保管期限已满的档案进行审查鉴定，剔除确无保存价值的档案，经企业主管领导批准后进行销毁。

（12）开展档案的统计工作。建立档案管理台账，对档案数量、档案借阅人次，档案的利用效果、编研情况进行统计。

（13）认真做好档案库房管理。按照防火、防盗、防光、防尘、防虫、防高温、防潮湿、防有害气体等防护要求，做好档案库房的管理工作。

（14）将档案管理现代化列入企业现代化管理的整体计划，努力实现企业档案管理信息化。

（15）积极开发档案信息资源，为企业生产和各项管理工作服务。对积极开发和提供利用档案并取得显著效益的人员，企业将给予表扬和奖励。

2. 企业各类文件材料的归档制度

为了完整、系统地保存本企业工作活动中形成的各种门类、各种载体的档案，提高归档文件材料的质量，以满足企业各方面的需要，特制定本制度。

（1）归档范围

根据附件所列内容，结合企业实际工作，制定具体归档内容。

（2）归档时间

1）企业自身形成的管理性文件材料一般应在办理完毕后的第二年上半年归档。

2）基本建设、设备项目文件材料在其项目鉴定、竣工后或财务决算后三个月内整理归档，周期长的可分阶段、单项归档。

3）外购设备仪器或引进项目的文件材料在开箱验收或接收后即时登记，安装调试后归档。

4）企业职工外出参加各种公务活动形成的文件材料应在活动结束后及时归档。

5）会计文件材料在会计年度终了后由会计部门整理归档，保管一年后向档案部门移交。

6）电子文件的逻辑归档实时进行，物理归档要与纸质文件归档时间一致。

7）磁带、照片及底片、胶片、实物等形式的文件材料应在工作结束后及时归档。

8）需要随时归档的文件有：物业管理项目交接，基本建设和设备设施类变更、修改、补充的文件材料；企业内部机构变动和职工调动、离岗时留在部门或个人手中的文件材料；企业产权变动过程中形成的文件材料；其他临时活动中形成的文件材料。

（3）归档要求

1）归档的文件材料应为原件。因故无原件的可归具有凭证作用的文件材料。

2）文件材料归档后不得更改。

3）归档的文件材料要齐全完整，同一份文件、一个问题的内容要完整。

4）归档的文件材料字迹要符合长期保管需要，严禁使用易褪色的书写材料如圆珠笔、铅笔、复写纸、纯蓝（红）墨水等书写。

5）对破损的文件材料要予以修复或托裱，用易于褪变、扩散的材料（热敏纸等）书写的文件，要予以复制并与原件一起归档。

6）对大于 A4 规格的文件，应按 A4 规格加以折叠，对小于 32 开规格的文件，应按 A4 规格托裱。

7）两个以上单位合作完成的项目，主办单位保存全套文件材料，协办单位保存与其承担任务相关的文件材料，有合同、协议规定的，按其要求执行。

8）非纸质文件材料应与其文字说明一并归档。外文（或少数民族文字）材料若有汉译文的应与汉译文一并归档，无译文的要译出标题后归档。

9）具有永久、长期保存价值的电子文件，必须形成一份纸质文件归档。

（4）归档份数

归档文件材料一般一式一份。重要的利用频繁的和有专门需要的可适当增加份数。

（5）归档手续

向档案部门移交档案时，必须填写《归档文件移交清单》一式两份，归档时交接双方按清单交点清楚，确认无误后，双方签字，各留一份，以备查考。

3. 企业档案利用制度

为维护档案的完整与安全，服务企业各项工作，根据企业档案管理的具体情况，制定本制度。

（1）本企业员工因工作需要，可以借阅与其工作有关的档案和资料。

（2）借阅本企业档案须办理登记手续，保密的档案须履行相应的手续经主管领导批准后方可借阅。

（3）本企业档案一般不外借，借阅时应在档案部门指定的地方进行阅览。确须外借的档案，要经主管领导或办公室主任同意，按时归还，借阅期一般不得超过七天，确因工作需要不能如期归还者应办理续借手续。

（4）所借档案不得随意折叠和拆散，严禁对档案进行更改或涂写。对借阅档案时造成的档案丢失、损坏或泄密的，要追究当事者责任。

（5）借出和归还档案时，应办理清点手续，由档案员和借阅者当面核对清楚。

（6）摘抄或复印档案材料的有关内容，须按有关规定，经主管领导批准后方可复制。

（7）借出档案只限在本部门有关人中查阅，不得转借其部门或个人，如需转借时，应到档案室办理转借手续。

（8）调离本单位的工作人员，必须清理移交档案文件后方可办理调离手续。

（9）外单位人员借阅本室档案须持有所在单位介绍信和本人工作证，并办理有关手续。

4. 企业档案保密制度

为确保企业档案信息的安全，制定本制度。

（1）档案管理人员必须严格遵守职业道德、遵纪守法、保守本企业和业主的机密。

（2）档案管理人员应适当区分文件的密级并划分范围，采取保密措施，对不同密级范围的档案采取相应的保管措施和借阅制度。

（3）档案管理人员不得私自将秘密文件、档案资料带出档案室，未经批准，不得将秘密档案、资料给无关人员阅读。在调换工作时，对所管的档案要办理交接手续，离职后对所了解的机密情况，不得泄露。

（4）有关部门需查阅机密以上档案须经企业主管领导批准。
（5）不得与无关人员谈论涉密档案内容。
（6）下班时，应将涉密档案文件收起锁好，并关好门窗。
（7）经批准销毁的档案材料和不需要归档的文件，应指定专人进行销毁，销毁机密文件应登记造册，并有人负责监销。
（8）档案人员一旦发现档案材料有丢失、损毁情况，应及时向有关领导报告，采取必要的挽救措施。

5. 企业档案保管制度

为保护好本企业的档案材料，维护档案的完整与安全，制定本制度。
（1）接收档案必须认真验收，并办理交接手续。
（2）案卷入库要做到卷、目、卡相符，排放整齐，便于查找，以保证提供利用快速准确。
（3）管理人员要掌握各门类档案的特点和规律，熟知案卷摆放地点、上架顺序，做到调档、还档及时准确。
（4）研究和改进档案保护技术，定期对档案进行检查，发现问题及时采取措施进行处理。
（5）档案的接收、移出、鉴定、销毁、利用要有登记，统计准确。
（6）借阅完毕的档案经核对无误后，要及时入库，以防丢失。
（7）存放胶片、照片、录像带、磁带要用专用卷盒。
（8）每年要对库藏档案进行一次全面的检查，认真核对，做到账物相符。对破损或载体变质档案，要及时进行修补和复制，发现档案发霉或虫害，必须及时采取消毒杀虫措施加以处理。

6. 企业档案鉴定销毁制度

（1）企业成立档案鉴定工作小组，由主管领导、办公室主任、档案人员及业务部门负责人组成。
（2）企业各部门在文件材料归档时，应根据本企业制定的《档案保管期限表》，准确区分档案的保管期限。
（3）对保存在企业档案部门的保管期限届满的档案，先由企业档案部门进行初步鉴定，提出鉴定意见，交企业档案鉴定小组审定。
（4）对经过鉴定小组审定应该销毁的档案，由企业档案部门写出鉴定报告，连同档案销毁清册一起送企业主管领导批准后进行销毁。
（5）销毁档案时，应指定两人以上进行监销。档案销毁前，监销人应认真核对要销毁的档案与销毁清册，档案销毁后，监销人应在销毁清册上签字，并注明销毁的方式和日期。
（6）销毁档案时要严格执行保密规定，对在销毁档案过程中出现失密或对单位造成损失的，将根据国家和单位有关规定进行处理。
（7）档案销毁后，应将销毁清册、鉴定形成的材料及领导批示等，一并整理存入全宗卷，永久保存。

7. 企业档案人员岗位责任制

为加强本企业档案管理工作，充分发挥档案应有的作用，不断提高档案管理水平，特制定主管档案工作领导、档案部门负责人、档案部门档案员、各部门（物业管理项目）负责人和兼职档案人员、形成或承办文件的管理及专业技术人员档案工作责任制。

（1）主管档案工作领导

1）统一领导本公司档案工作，认真贯彻国家《档案法》和上级关于档案工作方针、政策、规定在本公司的实施。

2）及时协调解决档案工作中存在的问题。

3）负责本公司的档案的鉴定销毁审批工作。

4）监督执行档案工作岗位责任制的考核及奖惩。

（2）档案部门负责人

1）认真贯彻执行上级关于档案工作的指示、规定及有关标准，发动和组织本公司档案工作人员全面完成档案工作任务。

2）审批或拟定本公司档案工作各项制度和年度档案工作计划、总结，并认真听取档案部门工作汇报、检查档案工作落实情况。

3）适时地召开全公司档案工作会议，总结布置档案工作，交流档案工作经验；研讨工作中存在的问题和解决办法。

4）负责组织企业专（兼）职档案人员的业务培训及学习，负责企业档案工作责任制的考评工作。

5）负责对借阅机密档案和外单位借阅档案的审批及对销毁档案鉴定的组织和鉴定工作。

6）参加本企业有关物业管理项目验收等有关活动。

（3）档案室专职（专责）档案人员

1）认真执行上级有关档案工作的指示要求，维护档案的完整、准确、系统。

2）负责本公司档案的收集、整理、保管、提供利用、鉴定工作，并按有关规定进行档案的销毁工作。

3）负责各有关部门（物业管理项目）档案工作的监督检查和业务指导工作，做好文件材料形成、积累、立卷归档工作，把好质量关。

4）认真执行档案入库的清点、登记、验收、移交目录、保管期限的确定工作，做到账物相符。

5）做好室藏档案的管理，建立健全档案基础性工作，确保档案文件材料的齐全、完整、准确、系统和安全。

6）做好档案的保密和保护工作，维护档案的完整与安全。

7）对档案库房、设备、专用工具等设施的添置和档案管理中的问题，及时向领导提出建议，对保管档案的安全、完整、保密负责。

（4）各部门（物业管理项目）主管档案工作的负责人

1）掌握本公司档案工作有关制度规定，熟知涉及本部门的具体要求。

2）将档案工作列入本部门（物业管理项目）的工作内容之一，做到档案工作与本部门（物业管理项目）其他工作布置、检查、总结三同时，配备能适应本部门（物业管理项目）工作需要的兼职档案人员，并保持相对稳定。

3）督促兼职档案人员按时完成文件材料的积累、整理、归档工作，并对本部门档案的完整、准确进行审查。

4）督促搞好本部门（物业管理项目）文件材料平时立卷和整理、移交工作，部门成员应将开会带回、承办完毕的文件材料及时交给文档人员，以保证文件材料的齐全、完整。

5）负责对本部门（物业管理项目）档案人员和有关专业人员的档案考评工作。

（5）各部门（物业管理项目）兼职档案人员

1）实施本公司档案管理规定和制度，随时将本部门形成的档案文件材料进行收集、整理，按规定立卷后向档案室移交。

2）熟悉本部门各阶段文件材料的形成情况，指导督促、协助本部门内人员做好文件材料的积累，整理并进行平时立卷（预立卷）工作。

3）对保存在本部门的档案，文件材料做好提供利用工作及安全保护工作。

（6）本企业各专业技术人员、行政干部

1）对本部门在业务、行政、管理等各项工作中所形成的文件材料的完整、准确、系统负责。

2）对办理完毕的文件材料，应根据本部门文件材料归档范围交部门档案人员，任何个人不准将材料归为已有或久拖不交。

3）在物业项目接管和退出时，必须将文件收集齐全，及时立卷归档，并保持材料内容准确、字迹工整、图样清晰。协同本部门兼职档案人员做好保管期限和密级划分工作。

复 习 思 考 题

1. 简述物业管理档案的含义以及形成的条件。
2. 如何进行物业管理资料的收集？
3. 怎样进行物业管理档案的归档整理？
4. 物业管理档案的内容包括哪些？
5. 档案管理有哪些要求？
6. 物业服务企业档案管理制度包括哪些内容？

16 财务管理

物业服务企业的运行，离不开各项费用的筹集与使用，只有通过多种方式经济合理、及时足额地筹集到所需资金并实现良性运转，才能保证企业经营活动的顺利开展。而通过科学的财务管理手段，最大限度地实现利润是物业服务企业经济主体的客观要求。为此，要加强物业服务企业的费用控制与经济核算，完善财务制度、改进管理方法，经常分析和检查各项财务指标情况，实现管理精细化，向管理要效益，全面提高物业企业的盈利和发展能力。

16.1 物业服务企业财务管理的内容

物业服务企业财务是指物业企业在管理经营过程中客观存在的资金运动及其所体现的经济利益关系；物业服务企业财务管理是由物业企业在生产过程中客观存在的财务活动和财务关系而产生的，是物业企业组织财务活动和处理物业企业与各方面的财务关系的一项经济管理活动。

16.1.1 物业服务企业财务管理的原则和目标

1. 物业服务企业财务管理的原则

在物业服务企业的经营管理活动中，最主要的业务活动是对物业项目的管理和服务，最主要的费用来源是物业服务费的收入。在物业企业的财务管理过程中，要严格遵守政府关于物业服务收费的规定，坚决抵制乱收费现象；同时要合理调度资金，量入为出。物业服务企业财务管理的原则主要有：

（1）"以业养业"的原则

物业服务企业是一个以管理物业项目为主的服务企业，企业对于各个物业项目在经济上要独立核算，自负盈亏；在管理服务上实现专业化、规范化管理；在资金使用上要坚持取之于民、用之于民。为提高物业企业的盈利创收能力，还要在多种经营、提高管理服务效率、规模经营等方面开阔思路，开源节流，实现"管理、经营、服务"三统一。

（2）专款专用的原则

在物业企业的财务管理活动中，要坚持实行专款专用的原则。一是规范物业服务企业资金使用的程序和用途；二是维护业主的利益不受侵害。尤其是对利用物业项目共用部位进行经营所得的收益，必须征求业主或业主大会的意见后才可以依法使用。

2. 物业服务企业财务管理的目标

财务管理目标是物业企业全部财务活动实现的最终目标，它是企业开展一切财务活动的基础和归宿。根据现代企业财务管理理论和实践，最具有代表性的财务管理目标主要有以下两种提法：

（1）利润最大化

企业以盈利为目的，物业企业作为自负盈亏的法人主体和市场竞争主体，必须具备两大功能，即物业项目的管理服务功能和开展多种经营的功能。企业的经营目标就是追求利润，如何使企业经营利润最大化也是物业企业的最终目标。利润最大化是指物业服务企业占用和消耗尽可能少的成本，为业主提供优质的管理服务，为社会创作更多的价值，获得最大的利润。

在市场经济条件下，利润不仅体现了企业经济效益的高低，也表明了企业竞争能力的大小，一个企业通过组织经营活动，能否创造利润，决定了企业能否在激烈的市场竞争中生存和发展。所以人们常常把利润最大化作为企业财务管理的重要目标之一。

（2）企业价值最大化

企业价值最大化作为企业财务管理的最优目标是一个综合考量的结果。所谓企业价值最大化是指通过企业财务上的合理经营，采用最优的财务政策，充分考虑资金的时间价值和风险与报酬的关系，在保证企业长期稳定发展的基础上，使企业总价值达到最大。物业企业追求企业价值最大化，是将物业企业长期发展摆在首位、强调在企业价值增长过程中，满足投资方、业主、相关业务关系人等各方面的利益关系。

以企业价值最大化作为物业企业的理想目标，有利于物业企业长期、稳定、健康地发展，它具有深刻的现实意义。企业价值最大化客观上要求物业企业的各个利益主体基于维护自身利益的需要，会促使企业形成一个相互制衡的机制，在企业价值最大化时，达到各自利益的均衡。

16.1.2 物业服务企业财务管理活动

物业服务企业的财务活动指企业在经营活动过程中，执行国家财务管理的制度与规定，通过健全的财务制度，落实财务人员岗位责任制，合理安排经营中的财务收入与支出，实现经济、高效、节约与有序的要求。从而既满足企业与各个物业项目的资金需求，又保证物业服务企业获得比较理想的收益。

物业服务企业财务活动具体包括资金的筹集、投入、运转和分配等一系列行为。具体讲，物业服务企业财务管理活动的内容包括以下四个方面：

1. 资金筹集活动

资金筹集活动是指物业服务企业为了满足资金投入和经营费用的需要，筹集和汇集所需资金的过程。资金筹集是物业企业资金运动的起点，从注册成立物业服务企业开始，就需要有一定量的资金作为原始资本金。例如，按照《物业服务企业资质管理办法》规定，一级资质的物业企业注册资本人民币500万元以上；物业企业通过筹集取得的注册资金，主要表现为货币资金，也可以是房屋、汽车等固定资产或其他形式的资金。还有，在企业经营管理过程中，也需要支付人工费、办公费等一定的资金作为周转。由此而产生的企业资金流入活动，即是物业服务企业筹资引起的财务活动。

物业服务企业要从事物业经营管理活动，首先必须根据企业管理运作及今后发展的需要，预测企业经营所需资金的数额，计划可能取得资金数额的来源渠道，并预测资金使用效果。如果物业服务企业不能筹集到足够的资金，没有充足的现金流保证经营的运转，则企业的正常经营管理活动就会受到影响。为此，物业企业应开拓经营渠道，最大限度地组织经营性收入和各项租金收入，才能保证企业的经营运转。

物业企业完成组建，进入运营阶段以后，财务部门应配合业务部门，根据企业业务开展的情况，按照物业租赁合同与物业服务合同的内容和要求，组织相应的租金收入与管理费收入，加强有偿服务费用的收费管理工作；并根据企业开展多种经营的情况，及时组织各种经营性收入及营业外收入的收缴。力争形成物业企业"一业为主，多元发展"的经营格局。

2. 资金投入活动

物业服务企业的资金投入活动是指物业企业在经营过程中，将筹集的资金投入使用的过程，包括物业企业内部经营运转所使用资金的过程，以及物业企业对外投资过程两个方面。物业服务企业将筹集的资金用于购置固定资产、垫付流动资金或其他资金时，即为对内投资；物业企业将筹集的资金用于与其他企业联营投资时，即为对外投资。物业服务企业在对内投入和对外投资时，都将涉及资金的流出，都属于物业企业的资金投入活动。

所谓的投入活动，一般是指把资金投入到将来可能盈利的经营管理服务中去，经济合理的安排物业企业的各项支出，并希望通过投资获取利润。物业服务企业的资金筹集解决了物业服务企业前期启动和运转的资金来源问题。物业服务企业在经营过程中一方面要发生各种费用和消耗；另一方面又要产生相应的收入和效益。做好这两个方面的工作，便可使物业服务企业获得比较满意的经济效益。而所有这些，都离不开物业服务企业经济合理、高效有序的财务活动。

物业服务企业的主要财务支出是日常的管理费用，首先要保证各项业务（维修、保洁、环境绿化、公共秩序维护等）的支出需要，分门别类地建立大修基金、专用维修基金、配套设施工程基金等，使之足额到位，满足各专项维修的需要，为业主及使用人提供优质服务。其次要将所组织的收入根据有关财务制度的规定，用于设备设施的更新及其他物质技术的改进及人员的培训、企业对外的形象宣传等，从各方面致力于企业实力的积蓄和提高。最后，各项业务的支出都应遵守财务管理的有关规定，严格按照业务和财务的申报、审批制度和程序来进行，及时准确地加以记录、汇总和分析，通过认真核算，不断降低消耗，提高投资效益或资金使用效率。

3. 资金运转活动

物业服务企业在日常经营管理过程中，会有一系列资金收支活动产生。在企业与物业项目管理过程中，要支付管理人员和劳务工人的工资，采购办公用品保洁用品、绿化工具、设施设备配件等材料，还要支付在管理过程中发生的其他各种费用，由此将带来资金流出。同时，通过一个财务年度的资金流转期，物业项目进行结算时，就会有资金流入。这种由物业服务企业经营活动而产生的资金收支，即物业服务企业日常经营引起的资金运转活动。

4. 资金分配活动

物业服务企业通过经营管理活动获得的收入，抵扣了相对应的经营成本后，就形成了物业企业的经营成果；在物业企业经营效益优良的情况下，就能够形成物业企业的利润。按照相关规定，企业依法交纳所得税后，即可进行相关的分配。例如，物业企业按规定提取盈余公积金、支付给投资者利润，或暂时留存物业服务企业形成未分配利润。这种由物业服务企业收入分配活动而产生的资金运转，成为物业服务企业财务活动的一部分。

综上所述，物业服务企业财务活动的四个方面是相互联系、相互依存的，它们共同构成了物业服务企业完整的财务管理过程，也贯穿了物业企业经营管理活动的始终。对物业服务企业的资金，必须进行全盘的策划与安排，因为企业经营离不开资金，受资金来源的限制，不可能满足每一方面的需求，因此，要分清轻重缓急，统筹安排资金。而且要注意保持资金的流动性，资金只有在流动中才能不断地升值。资金的流动状况也大致反映着物业服务企业的经营状况。通过对资金流动状况的分析，判定和监督企业的运营过程，并提出相应的解决办法，促使物业服务企业的财务活动处于良性循环状态。

16.1.3 物业服务企业财务关系

物业服务企业财务关系，是指物业服务企业在资金筹集、投入、运转和分配的财务活动中，与有关各方发生的经济利益关系。物业服务企业在生产经营活动中，不仅会与企业的债权人、债务人产生各种联系，也会与企业内部各个分公司、各个物业项目发生各种财务活动。概括来讲，物业服务企业财务关系主要包括以下几个方面：

1. 物业服务企业与投资者之间的财务关系

物业服务企业与投资者之间的关系，主要是投资者向物业企业投入资金，物业企业向其投资者支付投资报酬所形成的经济关系。物业服务企业的资本金来源是多样的，有法人投入的，也有自然人投入的。投资者按照章程履行出资义务，物业企业则运用这些资金进行管理经营活动，实现收益后，按照约定的收益分配原则向投资者分配利润。由此形成了物业服务企业与投资者之间的财务关系。

2. 物业服务企业与债权人之间的财务关系

主要是指物业服务企业向债权人借入资金，并按合同规定支付利息和归还本金所形成的经济关系，在性质上属于债权关系、合同义务关系。物业企业除了利用资本金进行经营活动外，还要借入一定数量的资金，以便降低企业资金成本，扩大企业经营规模。债权人借给企业资金是以获取利息为主要目的的，企业取得了借入资金后，将按照合同约定的利率、期限等支付利息并到期偿还本金。由此形成了物业服务企业与债权人之间的财务关系。

3. 物业服务企业与债务人之间的财务关系

主要是指物业服务企业将自有资金以购买债券、提供商业信用或借款等形式出借给其他单位所形成的经济关系。物业服务企业出借资金是有偿的，它会要求债务人按约定的条件还本付息。由此形成了物业服务企业与债务人之间的财务关系。

4. 物业服务企业内部各单位之间的财务关系

主要是指物业服务企业内部各分公司之间、各个物业项目之间在经营管理各环节中所形成的经济关系，是属于物业企业内部资金结算关系、经济利益关系。在企业实行内部独立核算的经济体制下，物业服务企业内部各分公司都是相对独立的，各物业项目之间提供劳务都将进行资金结算。由此形成了物业服务企业内部各单位之间的财务关系。

5. 物业服务企业与职工之间的财务关系

主要是指物业服务企业向职工支付劳动报酬过程中所形成的经济利益关系，体现物业企业劳动成果上的分配关系。企业员工为企业经营管理提供劳务，企业则应按规定支付给职工劳动报酬，由此形成了物业服务企业与职工之间的财务关系。

6. 物业服务企业与税务机关之间的财务关系

主要是指企业要按税法规定依法纳税而与国家税务机关所形成的经济关系。任何企业都要按照税法规定缴纳为种税款，以保证国家财政收入得以实现，满足社会管理的需要。

及时、足额地纳税是物业企业对国家和社会应尽的义务。

16.2 物业服务企业资金的筹集

资金筹集是物业企业向企业外部有关单位和个人以及企业内部筹措和集中管理服务所需资金的财务活动。从某种意义上讲，一个企业能否聚集和融通资金，并使资金使用具有稳定性，是企业能否生存和发展的关键所在。资金筹集是物业企业资金运动和财务管理的起点和基本环节。

16.2.1 物业服务企业资金筹集的原则

为了提高物业企业筹资效益，在资金筹集过程中，应遵循以下几项原则：

1. 保证资金合理需求量，供应及时

物业企业的管理服务活动以及再生产过程是以资金的正常周转为前提的。如果企业资金量不足，资金不能及时到位，就会影响管理服务工作的正常开展。物业企业在经营管理过程中，在项目接管、业主入住、物业管理正常运转等各个阶段所需的资金量有较大差异，物业企业要从资金的数量和投入时间上做好充分准备。同时，物业企业还要做到有计划地安排调度资金，对全年、季度、月份所需的资金做出测算和安排，并据此确定筹资方式和筹资数量。

2. 认真选择筹资渠道和方式，降低筹资成本

企业筹资渠道有多种，筹资方式也很多，认真选择筹资渠道和方式，是降低筹资成本的关键。因此，物业企业在筹资过程中，应对筹资渠道和方式做出全面分析判断，选择出最佳的资金来源结构，以降低资金使用成本。

3. 合理安排筹资结构，降低筹资风险

企业筹资结构是指企业各种资金来源占全部资金来源的比重，以及各类资金来源之间的比例关系。如物业企业自筹资金与银行贷款的比例，长期资金来源与短期资金来源的比例等。物业企业要充分考虑不同来源的资金，由于使用时间、筹资成本的差异，会给企业带来不同程度的风险。筹资风险往往会因利率变动、偿债能力、政策变化等因素在企业经营管理中显现出来；物业企业在筹资过程中，应充分考虑筹资风险问题。

16.2.2 物业服务企业资金筹集的渠道

1. 自筹资金

自筹资金是物业服务企业由其投资者筹集资金组建物业服务企业或扩大企业规模。投资者从过去的经营收益或其他方面的资金来源中筹集并投入企业，用于企业的组建和启动。自筹资金通常构成物业服务企业资本金（净资产）或所有者权益。出资人对资金的使用和经营承担风险，但没有还贷付息的压力，同时享受资本经营的收益。物业服务企业的自筹资金是组建企业的基本筹资方式，通常自筹资金构成的资本金及其所占的比例表明物业企业抗风险的能力，这一比例过低表明物业服务企业的抗风险能力较弱。

2. 银行贷款筹集

银行贷款是物业服务企业外部借款的主要形式。其特点是这部分资金不占股份，不形成股权，只要按期还本付息即可。但是贷款之前要接受银行对本单位贷款偿还能力的全面调查和审批，程序比较繁琐。使用贷款需要从企业的盈利中拿出一部分用于支付利息，而

由于管理的对象不同,并非所有的物业服务企业的回报率都是高水平的,因此究竟能承担怎样的贷款额度和付息水平,是物业服务企业筹资之前必须慎重考虑的问题,必须做好测算。

3. 组建股份制的物业服务企业筹集

组建股份制的物业服务企业,就是资本金由拟合作的各方按照约定的出资数额以现金、固定资产或无形资产等方式组建的物业服务企业。股份制有限公司资本金筹集的一般渠道,根据《公司法》和《企业财务通则》的规定,包括国家资本金、法人资本金、个人资本金和外商资本金。物业企业可以根据自身情况和国家政策规定,选择筹资渠道。

此外,物业服务企业的筹资渠道还包括通过发行股票、发行企业债券等方式来筹集资金。但是,发行股票债券筹集资金的限定条件比较多,审批也极为严格,特别是对物业服务企业能从这个渠道取得资金的可能性较小。目前我国的物业服务企业的资金筹集渠道还主要是以银行贷款为主,表明企业对银行的高度依赖,对于一个行业来说,狭隘的筹资渠道会严重阻碍行业的发展。因此,物业服务企业应该在拓宽筹资渠道、改善现有的资金构成方面进行更多的改革与创新。

16.2.3 物业服务企业的资金收入来源

物业服务企业的经营管理活动主要是对物业项目的管理,还可以接受业主的委托,对物业经营性用房进行出租经营;为增加企业的盈利能力,还可以开拓其他经营项目等等。因此,物业企业在经营过程中的资金收入来源主要包括以下几个方面:

1. 房屋租赁收入

房屋租赁收入是指物业企业依照物业租赁合同的条款向物业承租人收取的租金。房屋商品租金由折旧费、维修费、管理费、地租、经营利润、税金、银行贷款利息及保险费等八项费用组成。市场条件下的租金以商品租金为基本依据,由出租人和承租人双方共同协商形成市场租金。市场租金租金不仅能维持物业的使用和修缮,而且能维持物业服务企业的运转和合理的利益补偿。

房屋的租金收入通常是按月收取的,也有的每季或半年收缴一次的。市场化的租金是由物业的出租人(或物业服务企业代理)与物业的承租人根据物业的地段、环境质量、设计建造质量及物业管理常规性基础服务所包含的内容,由双方协商确定。房屋租金水平一般会要受到房地产市场供求关系的影响,物业的租金的制定应充分考虑市场因素。物业服务企业要争取较高的租金收益,一是要最大限度地减少房屋空置率;二是加强物业管理服务,提高业主的满意度,提升出租物业的品牌。

2. 物业服务费收入

在物业服务企业的资金收入来源中,物业服务费应是物业企业长期稳定的主要收入来源。制定合理的收费标准,确保稳定的资金来源是物业服务企业必须面对的一个重要问题。对物业项目来讲,不仅要做好入住业主物业服务费的收缴工作,还要做好空置房物业费的收缴工作。

在收益性物业管理中,有些物业项目的物业服务费是单独收取的;有些物业项目的服务费是和物业出租的租金捆绑到一起收取的。不论采取哪一种收费方式,加强物业管理服务,为业主和使用人创造舒适、良好的工作和生活环境,是提高物业费收缴率的前提。

3. 专项服务和特约服务收入

专项服务和特约服务是物业管理中公共服务或基础性服务所无法涵盖的，又是业主或使用权人在入住后会产生的服务需求。由于物业的性质和档次的不同，特别是高级公寓、别墅、写字楼、商业场所等项目，对专项服务及特约服务的要求很高，业主和使用人也愿意为享受这种服务付出额外的费用。因此，这也构成物业服务企业运营中的一项收入来源。具体地说，专项服务包括：住宅小区内的入户保洁、家用电器的维修等等；写字楼内商务中心、会议服务、票务预订服务等等。物业企业开展这些服务都是有偿的，一般直接向消费者收取。

特约服务包括的内容很广，不同类型的物业有不同的特约服务的需求。如针对住宅小区业主的生活需要，可以开展的业务主要有：家务服务，如室内卫生清洁，玻璃窗、百叶窗及抽油烟机（排风扇）的清洗，熨烫衣服，买菜做饭，接送小孩，照顾老人，代请保姆等。针对医院物业项目的管理服务，可以开展的特约服务是护理服务，如照顾病人、照顾孕产妇、家庭医生及家庭病床、医院陪床及特约诊治等。特约服务内容根据服务的对象不同，差异很大，在费用收取上也是不能千篇一律的。例如，护理服务是按照劳动或工作的小时数收费，家庭保洁服务是按照保洁的面积和项目收费。对办公写字楼则有礼仪服务，如代送礼品、代送鲜花、花篮等；还有商务服务，如打印、复印文件、代发传真、代译外文资料等等。上述各项服务是有偿的，由于服务项目及业主（使用权人）要求的不同，收费标准也就无法统一。国家发展和改革委员会、住房和城乡建设部制定的《物业服务收费管理办法》规定，物业服务企业根据业主的委托提供物业服务合同约定以外的服务，服务收费由双方约定。

由于物业企业涉及的管理服务内容庞杂，业主和使用人的要求也是千差万别，物业企业可对其中需求较多的项目、自身有能力提供的服务项目，考虑开展业务活动，使专项服务与特约服务工作为物业服务企业带来更多的收入，增加物业服务企业的收入来源。

4. 经营性收入和营业外收入

为提高物业服务企业的盈利能力，企业可以根据自身的优势，结合所管理物业的特征，积极开办多种经济实体，开展多种经营，创造经济效益。例如，组建建材和装饰公司，为入住的业主提供装饰装修服务；组建专业保洁公司，为企业自身服务并对外承揽业务；还可利用小区的配套设施开办商业服务、餐饮服务、娱乐服务，或与有关部门合作开办职业介绍所等。北京某大型国有物业企业，在为本集团提供物业管理服务的同时，积极拓宽业务渠道，为海外公司提供配餐服务，为政府部门提供高品质的会议服务等等。有实力的物业企业还可涉足物业的开发经营。物业企业组建这些经济实体既为物业业主和使用人服务，也向社会承接业务，用多种经营取得的部分利润，弥补管理经费的不足，实现以业养业的目的。

这些经营性收入或营业外收入是物业服务企业运营资金的重要来源和补充。它可以弥补物业服务费过低甚至入不敷出的情况，使物业服务企业真正实现"一业为主，多元经营，自我发展"的目标。上述几项收入来源中，租金收入及物业服务收费收入来源比较稳定。而物业的专项服务、特约服务收入，以及经营性收入和营业外收入相对来说"弹性"大一些，经营得好可获得较好的经营收益。因此，物业服务企业应组织得力的业务骨干，把这几个环节的服务和经营工作做好，使收入尽早足额的予以实现。

还应当注意的是，利用物业共用部位、共用设施设备进行经营的，应当在征得相关业主、业主大会的同意后，按照规定办理有关手续。业主所得收益应当主要用于补充专项维修资金，也可以按照业主大会的决定使用。

5. 开发建设单位给予一定的资金支持

开发建设单位为了自身的信誉和经济效益，对所建造的物业会给予必要的支持，主要体现在为物业企业提供一定数量的物业管理用房（这是《条例》规定的法定义务）。对于物业的经营性配套商业用房，有些开发建设单位也会以一定的优惠条件提供给物业企业使用，为物业企业经营创收提供便利。

16.3 物业服务企业资金的管理

16.3.1 物业服务企业资金管理的原则

物业企业多渠道筹措的物业管理资金，必须合理地使用到企业经营管理活动中，经科学合理的筹划，最大限度地提高资金使用效益。资金使用应遵循以下原则：

（1）为业主服务原则

为业主服务是物业服务企业的根本宗旨，物业企业的资金使用也应体现这一宗旨。因此，物业服务资金的使用应满足物业项目管理的需要，按照规定，物业企业每年为业主公布物业服务费使用情况，接受业主和业主大会的监督和检查。

（2）相关使用的原则

对于物业企业接管的物业项目而言，一个项目所收取的物业服务费，应当用于本项目管理服务的支出，绝对不可以将本项目的物业费用于项目以外的用途，物业费的使用必须与物业项目相关。

（3）合理支出原则

物业企业资金来源不是很广泛，数量也是有限的。物业企业在资金使用时一定要贯彻最合理使用原则，做到事前预算，事后核算，精打细算，合理使用；将资金用在管理服务最需要的地方，使物业管理资金都能够充分发挥效益。

（4）合理收益原则

物业企业的经营活动以盈利为目的，是一个微利型企业。在资金使用时，应遵循合理使用的原则，还应该尽可能降低管理的成本，节约管理费用，为业主节约物业费，保证企业有一个合理的收益。

16.3.2 物业服务企业资金管理的内容

物业服务企业的资金管理包括营业收入的管理，成本和费用管理、利润管理等等。筹划好企业的资金管理，对于规范企业财务行为、合理使用资金具有十分重要的现实意义，有利于维护物业管理相关主体之间的利益关系。按照《物业服务企业财务管理规定》，物业服务企业资金管理包括以下内容：

1. 物业服务企业营业收入

营业收入是指企业从事物业管理和其他经营活动所取得的各项收入，包括主营业务收入和其他业务收入。

（1）主营业务收入

主营业务收入是指企业在从事物业管理活动中，为物业产权人、使用人提供维修、管理和服务所取得的收入，包括物业管理收入、物业经营收入和物业大修收入。

物业管理收入是指企业向物业产权人、使用人收取的公共性服务费收入。公众代办性服务费收入和特约服务收入。物业经营收入是指企业经营业主委员会或者物业产权人、使用人提供的房屋建筑物和共用设施取得的收入，如房屋出租收入和经营停车场、游泳池、各类球场等共用设施收入。物业大修收入是指企业接受业主委员会或者物业产权人、使用人的委托，对房屋共用部位、共用设施设备进行大修取得的收入。

（2）其他业务收入

其他业务收入是指企业从事主营业务以外的其他业务活动所取得的收入，包括房屋中介收入、材料物资销售收入、废品回收收入、商业用房经营收入及无形资产转让收入等。

商业用房经营收入是指企业利用业主委员会或者物业产权人、使用人提供的商业用房，从事经营活动取得的收入，如开办健身房、歌舞厅、美容美发屋、商店、饮食店等经营收入。

（3）物业服务企业营业收入的实现

企业应当在劳务已经提供，同时收讫价款或取得收取价款的凭证时确认为营业收入的实现。物业大修收入应当经业主委员会或者物业产权人、使用人签证认可后，确认为营业收入的实现。企业与业主委员会或者物业产权人、使用人双方签订付款合同或协议的，应当根据合同或者协议所规定的付款日期确认为营业收入的实现。

2. 物业服务企业成本费用和税费

（1）物业服务企业成本费用

企业在从事物业管理活动中，为物业产权人、使用人提供维修、管理和服务等过程中发生的各项支出，按照国家规定计入成本、费用。

企业在从事物业管理活动中发生的各项直接支出，计入营业成本。营业成本包括直接人工费、直接材料费和间接费用等。

直接人工费包括企业直接从事物业管理活动等人员的工资、奖金及职工福利费等。直接材料费包括企业在物业管理活动中直接消耗的各种材料、辅助材料、燃料和动力、构配件、零件、低值易耗品、包装物等。间接费用包括企业所属物业管理单位管理人员的工资、奖金及职工福利费、固定资产折旧费及修理费、水电费、取暖费、办公费、差旅费、邮电通信费、交通运输费、租赁费、财产保险费、劳动保护费、保安费、绿化维护费、低值易耗品摊销及其他费用等。实行一级成本核算的企业，可不设间接费用，有关支出直接计入管理费用。

（2）物业服务企业成本费用的相关规定

企业经营共用设施设备，支付的有偿使用费，计入营业成本。企业支付的管理用房有偿使用费，计入营业成本或者管理费用。

企业对管理用房进行装饰装修发生的支出，计入递延资产，在有效使用期限内，分期摊入营业成本或者管理费用。

企业可以于年度终了，按照年末应收账款余额的 0.3%～0.5%计提坏账准备金，计入管理费用。企业发生的坏账损失，冲减坏账准备金。收回已核销的坏账，增加坏账准备金。不计提坏账准备金的企业，发生的坏账损失，计入管理费用。收回已核销的坏账，冲减管理费用。

(3) 物业服务企业其他业务支出的管理

其他业务支出是指企业从事其他业务活动所发生的有关成本和费用支出。企业支付的商业用房有偿使用费，计入其他业务支出。企业对商业用房进行装饰装修发生的支出，计入递延资产，在有效使用期限内，分期摊入其他业务支出。

3. 物业服务企业利润

物业服务企业利润总额包括营业利润、投资净收益、营业外收支净额以及补贴收入。

物业服务企业营业利润包括主营业务利润和其他业务利润。

主营业务利润是指主营业务收入减去营业税金及附加，再减去营业成本、管理费用及财务费用后的净额。营业税金及附加包括营业税、城市维护建设税和教育费附加。其他业务利润是指其他业务收入减去其他业务支出和其他业务缴纳的税金及附加后的净额。

补贴收入是指国家拨给企业的政策性亏损补贴和其他补贴。

16.3.3 物业服务企业费用控制

物业服务企业费用控制指物业服务企业在运营过程中根据各项费用计划和预算，控制费用的实际发生，采取科学的管理措施，保证企业费用计划及费用预算的顺利执行。它是物业服务企业财务控制的主要内容，对物业服务企业节约开支和增加效益有决定性的意义。

1. 物业服务企业费用控制的意义

（1）物业服务企业的费用控制是提高经济效益的要求。在市场经济条件下，物业服务企业的经营必须遵循国家的有关规定，例如物业服务费用的收取国家有明文规定，其他专项服务、特约服务等由于物业市场竞争激烈也趋于"微利"。因此，在物业服务企业效益增加的各项措施中，节约支出就尤为重要；特别是大型的、综合的物业服务企业，节约的潜力更大。加强费用的控制有助于物业企业实现这种挖潜和节约。

（2）费用控制作为物业服务企业财务控制的基本内容，可直接堵塞企业管理上的各种漏洞，为企业增加效益。

（3）围绕费用控制所展开的各项工作，有利于提高物业服务企业的内部管理水平。通过有效的费用控制措施，可以杜绝财务上的混乱和资产流失，使物业服务企业的内部管理从粗放走向集约，从整体上提高管理水平。

2. 物业服务企业费用控制的内容

"开源节流"历来是传统的、行之有效的理财办法，费用控制就是依据"节流"的思路对物业服务企业的财务支出予以控制。具体来讲，包括下述几个方面：

（1）对办公经费的控制与节约

对办公经费的控制与节约，要在尽可能节约的前提下制定正常开支的计划与标准，要注意的是：节约是在保证正常使用的前提下，减少不必要的损失和浪费。例如：必要的办公设施一定要有较大的投入；而日常的消耗、设施的维护更要注意节约；对交通费、差旅费等要严格控制支出；对公共及广告费的支出要特别讲究效果；培训费用的节约应表现在培训效果的提高上，而不是绝对费用的节省。

（2）对人工费的控制

对人工费的控制并不是压缩管理人员的薪酬水平，物业企业应采取科学的措施，合理安排岗位和班次，以提高劳动效率为首要目标。提高劳动生产率是相对降低人工费用的有效方法。

(3) 严格执行维修费用的支出范围

房屋大修应考虑使用住宅专项维修资金来支付,而房屋中、小修应列入日常维修费;还要注意做好维修费的预算和决算工作。

(4) 对服务支出成本的控制

物业企业提供的物业管理常规服务、专项服务和特约服务的支出,都要事先明确用户的要求,并进行必要的成本费用测算,明确收费标准,并得到业主或使用人的认可。

(5) 固定资产设备的购置

必要的设施设备的购置要考虑业务的需要及设备本身的使用频率,使用频率不高的可以考虑租赁的方式,这样既满足物业企业管理服务的需要,又降低了费用支出。

(6) 最大限度地减少物业的空置房也是一种节约

在物业管理中,有些人工费、折旧费等费用,可以因空置房的减少、用户的增加而降低单位平均服务成本水平。

在费用控制中,节约是一种相对的概念,对于一些特殊的费用还应在某种程度上适当增加,如对外可树立物业服务企业的形象的费用,追加一些投入将换来物业服务企业声誉和无形资产的极大提高,可以为企业赢得有利的竞争优势和长远发展机会,不仅是值得的,也是一种从发展意义上的节约。

16.3.4 物业服务企业的经济核算

物业服务企业的经济核算主要包括各项收入的核算、成本费用的核算、流动资金的核算、经营成果的核算、管理及服务水平的核算等等。物业服务企业必须按照国家财务会计核算的有关规定和管理办法开展经济核算,通过对物业服务企业的经济核算,可以反映和监督企业生产经营过程的活劳动消耗、物质消耗和资金占用,而且可以准确地记录和反映物业服务企业的经营成果。具体的核算方法是根据审核后的原始凭证,设置符合规定的会计科目,填制记账凭证,登记会计账簿,编制会计报表,以货币为计量单位,连续、系统、全面地记录和计算企业的经济活动的过程和结果。主要核算内容有:

1. 各项收入核算

收入的核算主要针对企业从事物业管理和其他经营活动所取得的各项收入的核算,包括:主营业务收入和其他业务收入的核算。主营业务收入包括物业管理收入、物业经营收入和物业大修收入。其他业务收入包括房屋中介代销手续费收入、材料物资销售收入、废品回收收入、商业用房经营收入及无形资产转让收入等。

2. 各项费用的核算

费用的核算包括人工费用核算、管理费用核算、房屋维修费用核算和设备维修费用节约率核算等等。人工费用核算主要是指人均管理面积和人均费用发生额的核算,体现企业的劳动生产效率。管理费用核算主要针对管理费用降低率及管理费用计划的执行情况,体现企业成本管理情况。房屋维修费用节约率及设备维修费用节约率,这两项维修费用指房屋日常的常规维修,房屋中修、大修由专门的维修基金支付,不在此核算范围内。另外还有园林绿化费用计划执行情况、公共秩序维护费用执行情况以及其他费用支出等方面的核算。

3. 流动资金核算

主要包括流动资金周转速度以及分项流动资金周转速度的核算。

4. 经营成果的核算

主要包括利润的核算、各项收入成果分配的核算等等。

16.4 物业服务费

16.4.1 物业服务费概述

1. 物业服务费含义

根据《条例》和《物业服务收费管理办法》的规定，物业服务费是指物业服务企业按照物业服务合同的约定，对房屋建筑及配套的设施设备和相关场地进行维修、养护、管理，维护相关区域内的环境卫生和秩序，向业主所收取的费用。

2. 物业服务费的收费原则

根据《条例》规定，物业服务费收费是由业主和物业服务企业按照国务院相关主管部门制定的物业服务收费办法，在物业服务合同中约定的。关于物业服务费的收取，应当遵循如下原则：

（1）合理原则

物业服务收费目前实行的是政府指导价和市场调节价，在收费过程中，纠纷和困难很多。要保证收费水平的合理性，物业服务企业往往要根据物业项目的房屋及其配套设施设备情况、规模大小、物业档次、业主的经济承受能力等因素进行综合测算，测定一个合理的收费标准。在物业服务费确定过程中，应当既要考虑物业服务企业的利益，使物业服务企业能有一定的经营利润，也要考虑业主的经济承受能力，合理确定物业服务费用。

（2）公开原则

物业服务费的公开原则体现在两个方面：一是按照《物业服务收费管理办法》第八条规定："物业服务企业应当按照政府价格主管部门的规定实行明码标价，在物业管理区域内的显著位置，将服务内容、服务标准及收费项目、收费标准等有关情况进行公示"。二是物业企业在进行物业服务费成本测算以后，公开成本项目和各项成本构成的标准，经过与业主进行商议，达成一致后，在物业服务合同中约定。

（3）与服务水平相适应的原则

《物业服务收费管理办法》第十四条规定："物业服务企业在物业服务中应当遵守国家的价格法律法规，严格履行物业服务合同，为业主提供质价相符的服务。"在这里强调的是，物业服务的收费标准应与管理服务质量相适应，物业服务企业不能收取超过所提供的服务管理水平的费用，业主也不能要求物业服务企业提供超出付费水平的服务；业主与物业企业的权利义务要对等。物业服务企业在物业服务中应当遵守国家的价格法律法规，严格履行物业服务合同，为业主提供质价相符的服务。

3. 确定物业服务费的协商途径

物业服务收费项目由政府价格主管部门会同同级房地产行政主管部门负责制定；收费标准则根据不同的物业管理服务水平，制定不同的收费标准，实现公平竞争，按质论价。目前收费标准的确定有以下几种途径：

（1）政府部门审定

物业管理中的最基本、最重要的收费项目和标准，是由房地产主管部门会同物价部门审定、通过颁发法规或文字予以公布实施的。物业服务收费根据不同物业的性质和特点分别实行政府指导价和市场调节价。物业服务收费实行政府指导价的，有定价权限的人民政府价格主管部门会同房地产行政主管部门根据物业管理服务等级标准等因素，制定相应的基准价及其浮动幅度，并定期公布。物业服务收费实行市场调节价的，由业主与物业服务企业在物业服务合同中约定。

(2) 会同业主或业主大会商定

物业管理是一种合同约定的管理服务，是由业主委托的一种经济行为，因而有的收费标准不必由政府部门包揽，可由物业服务企业将预算、收费的项目和标准，提交业主或业主大会讨论、审核，经表决通过之后确定。具体收费标准由业主与物业服务企业根据规定的基准价和浮动幅度在物业服务合同中约定。实行市场调节价的物业服务收费，由业主与物业服务企业在物业服务合同中约定。

(3) 委托双方议定

物业服务企业根据业主的委托提供物业服务合同约定以外的服务，服务收费由双方约定。对专项服务和特约服务的收费，如入户有偿维修、室内保洁、会议服务等项目，可由委托方与受托方双方议定。根据服务要求，不同的管理服务水平，确定不同的收费标准，由业主与物业服务企业双方自行商议决定。例如，业主提出由物业服务企业保证其停放车辆的安全，则需另外签订合同，约定服务费用的标准、双方的权利义务以及各自违约的处理办法等等。

16.4.2 物业服务费的构成和计费方式

我国于 2004 年 1 月 1 日开始实施的《物业服务收费管理办法》，对物业服务费用的收取作了较为具体的规定。

1. 物业服务费的构成

物业服务成本或者物业服务支出构成一般包括以下部分：

(1) 管理服务人员的工资、社会保险和按规定提取的福利费等；

(2) 物业共用部位、共用设施设备的日常运行、维护费用；

(3) 物业管理区域清洁卫生费用；

(4) 物业管理区域绿化养护费用；

(5) 物业管理区域秩序维护费用；

(6) 办公费用；

(7) 物业服务企业固定资产折旧；

(8) 物业共用部位、共用设施设备及公众责任保险费用；

(9) 经业主同意的其他费用。

物业共用部位、共用设施设备的大修、中修和更新、改造费用，应当通过专项维修资金予以列支，不得计入物业服务支出或者物业服务成本。

2. 物业服务费的计费方式

按照《物业服务收费管理办法》规定，业主与物业服务企业可以采取包干制或者酬金制等形式约定物业服务费用。

(1) 包干制

包干制是指由业主向物业服务企业支付固定物业服务费用，盈余或者亏损均由物业服务企业享有或者承担的物业服务计费方式。实行物业服务费用包干制的，物业服务费用的构成包括物业服务成本、法定税费和物业服务企业的利润。

（2）酬金制

酬金制是指在预收的物业服务资金中按约定比例或者约定数额提取酬金支付给物业服务企业，其余全部用于物业服务合同约定的支出，结余或者不足均由业主享有或者承担的物业服务计费方式。实行物业服务费用酬金制的，预收的物业服务资金包括物业服务支出和物业服务企业的酬金。

实行物业服务费用酬金制的，预收的物业服务支出属于代管性质，为所交纳的业主所有，物业服务企业不得将其用于物业服务合同约定以外的支出。

物业服务企业应当向业主大会或者全体业主公布物业服务资金年度预决算，并每年不少于一次公布物业服务资金的收支情况。业主或者业主大会对公布的物业服务资金年度预决算和收支情况提出质询时，物业服务企业应当及时答复。

物业服务收费采用酬金制方式的，物业服务企业或者业主大会可以按照物业服务合同约定，聘请专业机构对物业服务资金年度预决算和物业服务资金的收支情况进行审计。

16.4.3 物业服务收费的管理

在物业管理过程中，及时足额的将应收缴的费用收齐，对许多物业企业来说是一项困难较大的工作，做好物业服务收费管理，对于保证物业服务企业资金运转、保证管理服务质量、强化业主的缴费意识有着十分重要的作用。

1. 按照国家相关规定执行

为进一步规范物业服务收费行为，提高物业服务收费透明度，维护业主和物业服务企业的合法权益，促进物业管理行业的健康发展，住房和城乡建设部制定了《物业服务收费明码标价规定》，物业服务企业按照物业服务合同约定向业主提供服务，以及根据业主委托提供物业服务合同约定以外的服务，都应当实行明码标价，标明服务项目、收费标准等有关情况。

物业服务企业实行明码标价应当做到价目齐全，内容真实，标示醒目，字迹清晰。物业服务收费明码标价的内容包括：物业服务企业名称、收费对象、服务内容、服务标准、计费方式、计费起始时间、收费项目、收费标准、价格管理形式、收费依据、价格举报电话等。

实行政府指导价格的物业服务收费应当同时标明基准收费标准、浮动幅度，以及实际收费标准。物业服务企业不得利用虚假的或者使人误解的标价内容、标价方式进行价格欺诈。不得在标价之外，收取任何未予标明的费用。

2. 物业服务收费管理方法

（1）在物业服务合同中约定收费标准和时间

物业企业根据物业服务合同的约定，为业主提供物业管理服务。在合同中，一般都约定物业服务费的标准和缴纳时间，业主应该遵守合同的约定，按时缴纳物业服务费。

（2）对超过缴费日期的业主送达收费通知书

对超过缴费日期未缴纳物业服务费的业主，物业企业可以在规定的时间内将收费通知送达至每位业主及使用人，并由业主及使用人签收。遇有业主或使用权人不在的应设法及时通知到本人，以便业主及使用权人及时缴纳各项费用。

（3）对长期拖欠费用的业主进行追缴

业主应当按照物业服务合同的约定按时足额交纳物业服务费。业主违反物业服务合同约定逾期不交纳物业服务费的,业主委员会应当督促其限期交纳;逾期仍不交纳的,物业服务企业可以依法追缴。如果业主未能在规定时间内缴费,物业服务企业有权收取未付款项的利息,并征收一定的滞纳金,以弥补由于追缴拖欠服务费引起的额外工作成本。为此,在物业服务合同中应将有关追缴拖欠费用的内容予以约定,以便双方参照执行。

拖欠费用属于违约行为,不仅影响物业服务企业的经营,也在一定程度上影响国家有关部门的税收。因此,物业服务企业在组织收入的工作中对确有原因的可以给一个宽限期;对故意拖欠费用的情况应有相应的措施,如在签订物业服务合同前应向对方提出拖欠费用的处理措施;对长期拖欠费用的,物业服务企业要上门追缴;对恶意拖欠的可通过司法途径解决。

(4)通过提高服务水平促进收费率的提高

物业服务企业只有提供了相应的物业管理服务才能收取相应的费用。在日常管理服务过程中,物业服务企业要尽职尽责、管理到位,在提高服务水平上做文章,让业主真正感受到物业服务带来的好处,使业主离不开物业管理,就能够促进业主"花钱买服务"意识的提高,促使业主自觉地缴纳服务费。另一方面,还应该将服务费收缴率与管理人员的业绩挂钩,将提高服务质量、采取有效的收费措施、收费结果与管理人员的业绩考核联系起来,增强每一位管理人员的服务意识,从管理服务上要效益。

【案例】 物业服务费测算

某商场建筑面积3万平方米。设施设备有:

消防设施有消火栓、消防喷淋系统;安防系统有监控设施、楼宇对讲系统等;避雷设施设有避雷针;地下机动车库车位数量为550个,面积为2万平方米;地上停车场车位数量为110个,面积为750平方米。

某公司计划接管该商场,成本支出测算标准如下:

1. 人员工资保险及福利费测算,按项目管理岗位设置,人员数量为56人;

具体费用见表1:

表1

序号	部门	岗位	人数	测算依据	月支出(元)
1	总办公室	物业经理	1	5000.00	5000.00
2		行政财务人事管理	4	1800.00	7200.00
3	客户服务部	客户经理	1	3000.00	3000.00
4		接待兼收费	4	1500.00	6000.00
5	工程部	工程部经理	1	3000.00	3000.00
6		设备运行	10	2500.00	25000.00
7		强、弱电维修电工	6	2000.00	12000.00
8	秩序维护部	秩序维护部经理	1	2500.00	2500.00
9		车场管理	5	1200.00	6000.00
10		监控值班员	6	1200.00	7200.00
11		商场区域和外围巡逻	8	1500.00	12000.00

续表

序号	部门	岗位	人数	测算依据	月支出（元）
12	环境管理部	保洁绿化部门经理	1	1500.00	1500.00
13		保洁（绿化）	8	1200.00	9600.00
14	人员、工资合计		56人		100000.00
15	服装费			按人均600元/套/年，每两年更换一次	(56×600)/24	1400.00
16	保险			按1450元/人	1450×56×33.3%	27039.6
	小计				228439.60

以下各项成本费用测算从略，假设：

2. 设施设备维修养护费按照每月每平方米1.00元测算；
3. 清洁费按照每月每平方米0.7元测算；
4. 绿化租摆费按照每月每平方米0.20元测算；
5. 秩序维护费按照每月每平方米0.65元测算；
6. 办公费按照每月每平方米0.50元测算；
7. 固定资产折旧费按照每月每平方米0.45元测算；
8. 物业管理公众责任险按照投保总金额80万×基本险费率0.003测算；
9. 经业主同意的其他费用按照每月每平方米0.1元测算。

按照上述物业服务费成本费用支出，该商场的物业服务费测算见表2：

表2

序号	项目	月支出（元）	元/（月·平方米）	备注
一	人员工资保险及福利费	228439.60	7.61	按照表1的测算数据
二	共用设施设备维修养护费	30000.00	1.00	按照每月每平方米1.00元测算
三	清洁费	21000.00	0.70	按照每月每平方米0.7元测算
四	绿化租摆费	6000.00	0.20	按照每月每平方米0.20元测算
五	秩序维护费	19500.00	0.65	照每月每平方米0.65元测算
六	办公费	15000.00	0.50	按照每月每平方米0.50元测算
七	固定资产折旧费	13500.00	0.45	按照每月每平方米0.45元测算
八	物业管理公众责任险	2400.00	0.08	基本险费率0.003估算
九	经业主同意的其他费用	3000	0.10	按照每月每平方米0.1元测算
十	税金	19144.44	0.64	按一至九的5.65%计算
十一	利润	64437.13	2.15	按一至十的18%计算
十二	合计	422421.17	14.08	

按照上述测算，该商场每月物业服务费为422421.17元，每月每平方米物业服务费为14.08元。

复 习 思 考 题

1. 物业服务企业财务管理活动包括哪些内容?
2. 简述物业服务企业财务管理的原则和目标。
3. 物业服务企业资金筹措渠道有哪些?
4. 物业服务企业资金收入来源有哪些?
5. 物业服务企业资金管理的原则是什么?
6. 简述物业服务企业资金管理的内容。
7. 物业服务企业如何进行费用控制?
8. 简述物业服务费的含义和原则。
9. 简述物业服务费的构成。
10. 简述物业服务费的计费方式及其内容。

17 人力资源管理

任何一个物业服务企业的经营管理活动,都是人在其中起着最为关键的作用。只有具备了现代化的管理人才,才可能拥有科学的组织系统,才可能运用现代化的管理方法和手段,提高物业管理的效率和水平。随着房屋建设的发展,各种功能齐备、设施设备先进的物业相继出现,业主对物业管理的要求也越来越高,物业企业的服务能否满足业主的需要,能否提供高质量的管理服务,决定于物业企业是否拥有高素质的管理人才和专业人才。本章将重点讨论物业企业人力资源管理、人才的培养与培训等问题。

17.1 物业服务企业人力资源管理

高水平的企业运作必须以优秀的人力资源为基础,能否对人力资源进行有效开发和管理,正成为物业服务企业日益关注的战略问题。一般情况下,企业的人力资源是指企业所有的员工;更确切的说法,人力资源是企业里真正为公司做出贡献的人。因此,做好人力资源管理,对于物业企业的经营管理活动具有重要的战略意义。

17.1.1 人力资源管理的内容

人力资源管理的前提是为实现物业企业的既定目标,从而寻求满足物业企业需求的优秀人才;合理用人是人力资源管理的核心,通过人力资源管理,使员工在本职工作岗位上人尽其用,通过科学、合理的员工绩效考评与素质评估等工作对员工实施合理、公平的动态管理过程是企业人力资源管理的重要内容。

物业服务企业应设置人力资源管理部门,负责企业内部各个部门之间的人力资源管理的组织协调、服务、监督及考核工作。

1. 建立人力资源开发和管理机制

根据物业服务企业发展目标和人力资源情况,制定人力资源发展计划,建立人力资源开发和管理机制。

(1) 根据物业服务企业组织架构编制职位管理计划

通过编制职位管理计划,明确各个职位的岗位条件、专业素质、工作技能、岗位职责等,作为人力资源选聘、培训和工作业绩评估的依据。

(2) 根据公司的职位要求,编制员工培训和考核计划

精心设计培训课程,不断改进培训工作,保证员工专业素质的提高和服务措施的标准化和程序化。

(3) 实行绩效管理,建立有效的激励机制

将员工的工作业绩、工作能力、日常考核结果进行综合评定,评定结果与公司的各项激励政策挂钩。

(4) 建立人才开发和储备制度

物业服务企业在建立人才开发和储备方面，实行双管齐下的策略：一方面企业自行加大人才的培养力度，做好人才使用、选拔和储备工作；另一方面与人才市场、大专院校取得联系，做好人才引进工作。

2. 人力资源管理的工作内容

（1）制定企业内部各部门定岗定编文件。企业定岗定编文件是人力资源管理的重要文件之一，包括各个岗位的职位说明、应具备专业能力和的素质要求等等。

（2）负责企业员工招聘与解聘工作，调配人力余缺。

（3）组织协调员工培训管理工作。

（4）负责企业薪酬体系的制定，建立员工薪酬档案。

（5）负责员工的考核与奖惩工作。

（6）办理员工各项社会保险。

（7）负责人力资源档案管理。

（8）制定企业人力资源管理制度，包括劳动关系管理、考勤管理制度、请休假管理制度、加班管理程序、培训管理程序、薪金方案等管理文件在内的多种程序文件。

17.1.2 人员的招聘与解聘

人力资源管理的起点，是寻找和开辟人力资源渠道，吸引优秀人才进入企业，为企业甄选出合适的人员并配置到对应的岗位上。人员招聘是物业服务企业按照发展战略及人力资源规划的要求，把优秀、合适的人招聘进企业，是人力资源管理的重要环节。

解聘即与员工解除劳动合同，也是物业服务企业人力资源管理中一项重要的日常性工作。

1. 招聘计划的制订

招聘计划作为企业人力资源规划的重要组成部分，为企业人力资源管理提供了一个基本的框架，为人员招聘工作提供了客观的依据，科学的规范的招聘计划，能够避免人员招聘过程中的盲目性和随意性。

（1）制定招聘计划的依据

物业服务企业在制定招聘计划时，主要考虑企业发展战略、物业项目的类型和特点、管理服务要求以及业主的需求等因素。物业服务企业在制定招聘计划时，主要考虑以下因素：

1）企业发展战略。企业发展战略是制定物业服务企业招聘计划的首要依据。企业发展战略明确了企业未来的发展目标，而企业人力资源的数量和质量是实现企业目标的基础，因此，人力资源招聘计划应首先依据公司的发展战略来制定。

2）物业的类型。物业企业接管的物业项目类型也是制订人员招聘计划的重要依据，例如，普通住宅小区的管理和服务内容只是物业管理中的基础服务内容，按照业主所需要的服务标准配置相应的人员就可以了；高档智能化写字楼配备大量设施设备、具有智能化管理系统，需要建筑、工程设备管理、水暖电等各类专业人才，所需人员数量和结构也因项目的不同而有所区别。

3）物业的规模。物业规模的大小是决定招聘人员数量的重要依据之一。所管物业面积越大，所需人员数量就越多，同时，物业管理服务的标准越高，所需人员也就越多。

4）物业业主的需求。满足物业业主的需求，也是人员招聘需要考虑的一个重要因素，例如，写字楼业主需要物业企业提供餐厅配餐服务，物业企业在人员招聘时，就要依据业主的用餐需要，招聘专业的厨师和餐厅管理服务人员；业主需要物业企业提供会议、礼仪和接待服务，物业企业就要招聘相应的人才，以满足业主的服务需求，进而满足业主对物业企业的要求。

（2）招聘计划的内容

人员招聘计划一般包括人员总量和人员结构、各类人员的招聘条件、招聘信息发布的时间、方式与范围，以及招聘的渠道和招聘的方法等等。

1）人员总量和人员结构。招聘计划应首先确定招聘人员的数量和结构，招聘人员的数量，一是要根据企业目前所需要的人数来确定，二是还要考虑企业的发展，做好人员的储备工作。物业企业的发展离不开承接物业项目，当企业承接新的物业项目时，就需要有管理人员跟进，因此物业企业的人才储备工作是非常重要的。招聘计划还要兼顾人员的知识结构和专业技能结构，这样才能满足物业项目管理的需要，从而满足物业企业发展的需要。

2）各类人员的招聘条件。招聘计划中要明确各类人员的招聘条件。招聘人员的条件可以归结为以下几个方面：学历、所学专业、工作技能、执业技术资格以及工作经验等等。

3）招聘信息发布的时间、方式与范围。由于物业企业每次需招聘的岗位和人员数量要求不同，招聘信息发布的时间、方式、渠道与范围也不尽相同。

① 信息发布的时间。在条件允许的情况下，招聘信息应尽早向相关媒体发布，可以使应聘者有充足的时间知晓这些信息，这样有利于缩短招聘周期。

② 信息发布的方式。信息发布可以选择多种媒体，有利于扩大信息的知晓范围。可以选择互联网、报纸、杂志、电视和电台等，发布信息的范围越广，接收到信息的人就会越多，这样可能招聘到合适人才的概率就越大。一般情况下，要根据招聘计划中岗位需求数量和要求选择几种较为恰当的发布方式。

4）招聘渠道的确定。选择合适的招聘渠道有助于提高人员招聘效率，降低招聘费用。根据企业对人员的需要，可以从企业内部招聘，也可以从企业外部招聘。从企业内部招聘，可以培养企业一岗多能的人才，有利于企业的长远发展，尤其对于企业高级管理职位或重要职位的人员，应首先考虑从企业内部招聘。在企业内部人力资源不能满足招聘需要的情况下，可以从企业外部招聘，以补充企业人力资源不足的问题。

5）招聘的方法。选择有效的招聘方法吸引人才前来应聘，是人员招聘工作的重要环节之一，例如，企业与高等院校的就业指导中心、专业人才服务机构建立良好的关系，鼓励内部员工参与推荐等等，通过多种方法寻找优秀的人才；还可以将企业人力资源的福利保持在行业的平均之上，有助于留住员工。物业企业应根据各种招聘方法的难易程度全面权衡，在对上述方面进行全盘分析的基础上来选择适合本企业的招聘方法是比较稳妥的。

2. 招聘的组织实施

（1）公布招聘信息。根据招聘计划，确定企业公布招聘信息的时间、方式和范围。一般情况下，如果是企业长期需要招聘人员，可以在互联网上长期公布招聘信息。

（2）设计应聘申请表。为了保证应聘人员提供完整、规范的个人信息，企业在招聘活动开始之前要组织人员设计应聘申请表。不同企业在招聘过程使用的应聘申请表的内容是不同的,申请表的设计也有一定的区别。因此,应根据招聘岗位的职务说明书来确定应聘申请表的内容和项目,且每一项目均要有一定的目的。

应聘申请表应该能够反映以下一些信息:应聘者个人基本信息、学历状况和专业类别、专业技术资格、应聘者的工作经验以及业绩、能力特长、职业兴趣等。设计申请表要符合当地有关法律和政策的要求,只能要求申请人填写与工作有关的情况。具体内容为:

1) 个人基本情况:年龄、性别、住址、通信地址、电话、婚姻状况、身体状况等。
2) 求职岗位情况:求职岗位、求职要求(岗位意向、薪酬要求等)。
3) 工作经历:以往的工作单位、职务、时间、证明人等。
4) 教育与培训情况:学历和专业、所获学位、所接受过的培训、获得的职业技术资格等。
5) 技术特长和证明:计算机水平、外语水平、文艺和体育特长等等。

上面所列的各种信息,在各类岗位人员招聘表中可能因岗位不同而有所差异,表中的各项信息以满足需要为前提,不应一味要求过于齐全。

(3) 对应聘者进行初审

初审是对应聘者是否符合职位基本要求的一种资格审查,目的是筛选出那些背景和潜质都与岗位所需条件相当的候选人,并从合格的应聘者中选出参加后续选拔的人员。初审是人力资源部门通过审阅应聘者的个人简历或应聘申请表进行的,初审应关注的内容为:

1) 分析专业和工作经验是否符合要求。对于应聘者的筛选,应首先要注意个人信息和受教育的经历,判断应聘者的专业技术资格和工作经验是否符合应聘岗位的要求。如果不符合要求,就没有必要再查看其他内容,可以直接筛选掉。

2) 分析简历内容。简历内容可以大致反映出应聘者的主要经历和教育背景。在筛选简历时应重点查看个人信息、学历和学位、工作经历和获奖成绩等几个方面。此外,还要分析应聘者对个人的介绍和评价,关注应聘者以往经历中所任职务和技能与应聘岗位之间的联系,例如工作中取得的成绩、具备的专业技术资格、有什么专业特长等等,据此分析应聘者是否符合本企业的需要。

3) 关注与职业相关的问题。在审查申请表时,要分析简历材料的可诚信度,避免招聘到提供虚假信息的应聘者。同时,还要注意应聘者是否标明了以往工作单位的名称和职务等信息,关注以往的工作经历与现在的应聘岗位是否相符,尤其对那些频繁离职的人员更要加以注意。

在对应聘者进行初审的过程中,对于应聘者的表格或文字材料都要认真予以审阅。对于表述不清楚、工作不连贯或者出现明显疑点之类的问题,应做出质疑的标志,可以在面试时作为重点提问内容加以询问。

(4) 确定对应聘人员的筛选方法

物业服务企业要根据应聘岗位的特征、参加招聘人员的能力与素质、应聘者的数量和层次确定适合本企业招聘人员的筛选方法,对应聘人员常用的筛选的方法有:面试、心理测验、知识测验和劳动技能测验等。

1) 面试。面试是面试者通过与应聘者面对面的交谈,达到客观了解应聘者业务知识水平、工作经验、求职动机、表达能力、个人修养以及逻辑思维等情况的目的,并对是否招聘做出判断与决策的过程。

2) 心理测验。心理测验是通过一系列科学方法来测量被试者智力和个性差异。通过心理测验可了解一个人个性的某一方面，例如：团队合作精神、能否适应强度较大的工作、能否具备独立工作的能力等等，再结合其他的因素，考虑此人适合哪些岗位的工作。

3) 知识测验。知识测验的目的是了解应聘者是否掌握了应聘岗位所必须具备的基础知识和专业知识。知识测验可采用试卷考试的方法进行。

4) 劳动技能测验。招聘操作层员工的时候，可根据应聘岗位的需要，对应聘者进行劳动技能方面的测验。如有必要，物业服务企业可事先准备一些特定的测试工具来测试应聘者技能，例如，前台接待、室内保洁操作、会议服务、餐厅备餐等等。

5) 特殊能力测验。指招聘人员具有他人所不具备的能力和专长，例如，歌唱、美术、摄影、体育专长等等。

3. 人员的录用

人员录用是人员招聘的最后一个环节，主要涉及人员选择之后一系列有关录用事宜，如通知录用人员、试用合同的签订、员工工作的初始安排、试用、正式录用等。

在录用通知书中，应讲清楚什么时候开始报到，在什么地点报到，报到时应携带哪些资料，例如体检资料、身份证件、专业证书资料等，如何抵达报到地点及其他应说明的信息。

4. 员工的解聘

员工的解聘即物业服务企业与员工解除劳动合同。员工的解聘包括员工辞职、辞退和资遣三种情况。

（1）员工辞职

辞职是指员工要求离开现任职位，与企业解除劳动合同，退出企业工作的人事调整活动。辞职是员工的权利，企业应予以尊重。员工辞职的原因主要有多方面的，例如个人原因、薪酬原因和管理原因等等。员工辞职时，人力资源管理部门和有关用人单位应督促辞职员工办好有关工作移交手续，包括个人财物的清理、公司用品的退还等等。员工辞职应当提前30日以书面形式通知用人单位。

1) 员工辞职的原因。员工辞职的原因主要有以下三个方面：

① 个人原因。因个人的工作能力、健康状况或无法解决的生活困难等辞职，属于正常辞职。企业对此可不作详细分析，应尊重辞职者的选择。如果可能的话，应给予适当的帮助。

② 薪酬原因。其他企业用高薪、优厚待遇吸引人才，从而导致员工辞职，这时企业应尊重员工的个人意愿。

③ 管理原因。由于企业管理工作不善导致员工不能很好的展示才能、发挥作用，员工有不满情绪，从而引起员工辞职。对于这种原因引起的辞职，企业应予以高度重视，针对不同原因采取相应措施，积极协调予以解决。对于因管理原因辞职的现象，企业应尽量加以避免。

2) 辞职的管理。员工辞职时，人力资源管理部门应督促辞职员工办好有关工作移交手续，同时应告知员工，辞职应当提前30日以书面形式通知本单位。有下列情形之一的，员工可以随时辞职：

① 在试用期内的；

② 用人单位以暴力、威胁或者非法限制人身自由的手段强迫劳动的;
③ 用人单位未按照劳动合同约定支付劳动报酬或者提供劳动条件的。

（2）员工的辞退

员工的辞退是物业服务企业给予员工的最严厉的惩罚，员工的辞退就是终止劳动合同。因此，员工辞退必须慎重考虑，恰当使用。在现代企业运行环境中，企业应该像关心招聘那样关心员工的辞退。目前许多企业对员工的招聘非常重视，招聘程序也非常严格。而对员工辞退的管理却随意性较大。这是人力资源管理的一个误区。

一般而言，对无重大过失者，不要使用辞退的手段。但若出现以下列情况，对当事人应予以辞退。

1) 在试用期间被证明不符合录用条件的;
2) 严重违反劳动纪律或者用人单位规章制度的;
3) 严重失职，营私舞弊，对用人单位利益造成重大损害的;
4) 被依法追究刑事责任的。

（3）员工的资遣

资遣是企业因故提出与员工终止劳动合同的一项人事调整活动。资遣不是因为员工的过失原因造成的，而是企业根据自己经营的需要，主动与员工解除劳动契约。对于企业来讲，对员工的资遣也要慎重，因为资遣的费用一般是比较大的。资遣员工应当提前30日以书面形式通知员工本人。

1) 资遣的原因。

① 员工患病或者非因工负伤，医疗期满后，不能从事原工作也不能从事由用人单位另行安排的工作的;
② 劳动者不能胜任工作，经过培训或者调整工作岗位，仍不能胜任工作的;
③ 劳动合同订立时所依据的客观情况发生重大变化，致使原劳动合同无法履行，经当事人协商不能就变更劳动合同达成协议的。

员工有下列情形之一的，用人单位不得资遣员工:
① 患职业病或者因工负伤并被确认丧失或者部分丧失劳动能力的;
② 患病或者负伤，在规定的医疗期内的;
③ 女职工在孕期、产期、哺乳期内的;
④ 法律、行政法规规定的其他情形。

2) 资遣程序与审核权限。资遣程序是企业人事调整中自上而下的过程。人事部门接到资遣通知后，确定资遣人员，并呈报有关部门核实。资遣审核权限与其他人事调整工作相类似。

3) 资遣费的发放。资遣费是给辞退员工的经济补偿。资遣费的发放标准根据各地劳动行政部门的规定及企业的实际情况发放。总的原则是：资遣人员服务年限越长、贡献大，地位高，资遣费的发放标准也就越高。

17.1.3 人员的考核与奖惩

考核与奖惩是建立现代企业制度，完善员工激励机制，明晰企业价值取向，实现企业战略目标的重要保证，是促进物业服务企业正常运转的一个重要环节。

1. 考核的原则

(1) 全面性与完整性的原则

因为一个人的绩效可以从多方面体现出来，因此，凡是与绩效有关的工作都要列入考核指标体系，做到全面和完整，以避免考核的片面性。

(2) 相关性与有效性的原则

即考核的内容必须与工作相关，与工作无关的诸如个人生活习惯、业余爱好之类的琐细内容不要包括在考核内容中。

(3) 明确性与具体性的原则

即考核标准要便于衡量和理解，如果考核项目不明确，表述不清楚，便无法使用。

(4) 操作性与精确性的原则

这是上一原则的自然引申。考核标准必须可以直接操作，同时还应尽可能予以量化，做到可定量测评。

(5) 一致性与可靠性的原则

考核标准应适用于同类岗位的员工，不能因人而异；同时，考核标准一旦确定下来，就要保持相对稳定性。这样，才能保证考核的可信度，也便于运用考核结果做横向或者纵向的对比分析。

(6) 公正性与客观性的原则

即考核标准的制定与执行，必须科学、合理、客观，不能掺入个人好恶等感情成分。

2. 考核的基本内容

物业企业可以将员工的工作表现概括为思想品德、工作能力和表现以及工作业绩三个方面进行考核：

(1) 思想品德

思想品德的考核着眼点在于员工的政治品德、职业道德和心理品德，具体表现为是否具有顾全大局、团结协作的精神，是否具有乐于奉献和吃苦耐劳的品质，例如员工的工作主动性、责任心、创造性、自信心、协助精神、工作态度等。这类考核指标具有直观易懂的特点，缺点是难以量化考核指标，考核的结果完全依赖于被考核者的主观评测。

(2) 工作能力和表现

工作能力和表现的考核内容以考核员工的工作行为为主，其着眼于员工在工作中"如何去干的"，重在工作过程，重点评价员工在工作中的行为表现，如部门负责人如何组织员工工作、物业管理员在提高管理服务水平上有哪些创新等等。

(3) 工作业绩

工作业绩是以考核员工的工作结果为基础的考评。考核着眼于员工"干得结果如何"，其考评的重点在于产出和做出的贡献。这项考评适应于那些最终业绩客观、具体并可量化的工作，例如，物业项目通过全体员工的努力，项目获得了国家优秀住宅小区的称号。

在考核的实际工作中，往往将上述三个方面综合起来，从多个方面对员工进行考核，既要考核员工工作态度和工作行为，又要考核员工工作效果，才能较为全面地对员工的工作表现做出综合的评判。

3. 考核的组织与实施

物业企业的考核可以分为企业经理和高层管理人员的考核、项目经理和中层管理人员的考核、管理员和操作层人员的考核三个层面进行。

（1）企业经理和高层管理人员的考核

对企业经理和高层管理人员的考核，应以考核工作取得的整体效果和业绩为主，将企业的发展和实现的利润设定一些可以量化的经济指标，作为考核的主要内容。考核的程序及方法为：

1）明确考核的目的和要求。对企业经理和高层管理人员的考核，以促进企业的良性运转和健康发展为宗旨。

2）建立考核的组织机构。一般应建立以公司总经理为组长，公司领导班子成员及人力资源部负责人为成员的考核领导小组，负责考核的组织实施。

3）确定考核周期。对企业经理和高层管理人员的考核一般以年度为周期，即每年年末进行一次考核。

4）根据实际情况确定考核内容、考核指标及相应权重。

5）对考核指标进行科学分类，并明晰每类指标的具体要求。

6）确定参加考核者。理想的考核者应是熟悉被考核者的工作业绩和工作表现，了解被考核者的工作内容和工作性质，能将观察结果转化为有用的评价信息并客观公正地提供评价结果。对企业经理和高层管理人员的考核，应以该部分人员的自评为主，最后由考核小组进行考核鉴定。

7）确定评价方法。对该部分人员进行考核，可以分两部分进行，一是通过文字材料，总结一年工作所取得的整体效果和工作业绩，二是将自己完成的经济指标与计划指标进行对比，借以考核为企业创造的经济效益。

8）组织实施考核。

9）收集整理有关资料，确认考核结果并存档。

（2）项目经理和中层管理人员的考核

对项目经理和中层管理人员进行考核，一方面可考核该部分人员的工作业绩，另一方面可考核其发展潜力。考核的程序及方法为：

1）建立考核的组织机构。对项目经理和中层管理人员的考核，由公司的考核领导小组负责，由人力资源管理部具体负责实施。

2）进行职务分析。明确项目经理和各个部门中层管理人员的工作职责及工作能力要求。

3）确定考核周期。对项目经理和中层管理人员的考核一般以一个季度为周期比较合适。

4）根据实际情况，确定衡量项目经理和中层管理人员的考核指标及相应权重。

5）对考核指标进行科学分类，并明晰每类指标的具体要求。

6）确定参加考核者。项目经理和中层管理人员的考核者一般为企业主要党政领导和分管领导，以及各个项目经理和中层管理人员的直管下属。考核主体不宜太多。

7）确定评价方法。对项目经理和中层管理人员的考核宜采用等级评分法，以百分制为基础，对每一考核指标进行分级并加以量化，根据工作性质和管理内容分配指标权重。

8）组织实施考核。各考核者根据对被考核者的工作表现给被考核者打分，考核结果要反馈到被考核者，由被考核者认可考核结果。

9）收集整理有关资料，确认考核结果并存档。

(3) 管理员和操作层人员的考核

对管理员和操作层人员的考核应以考核员工的工作行为为主。重在工作过程和结果的考核，重点评价员工在工作中的行为表现，例如：工作主动性、创造性、责任心、沟通技巧，以及员工个人品质和工作态度等。考核的程序及方法：

1) 建立考核的组织机构。一般应建立以人力资源管理部负责人为组长，各个物业项目和企业各个部门负责人组成的考核小组，对管理员和操作层人员进行考核。

2) 进行岗位分析。明确各管理员和操作层员工的岗位职责及岗位工作要求。

3) 确定考核周期。对管理员和操作层员工的考核一般以一个月为周期比较合适。

4) 根据实际情况，确定衡量管理员和操作层员工的品质和行为要求的指标及相应权重。

5) 对考核指标进行科学分类，并明晰每类指标的具体要求。

6) 组织实施考核。首先由管理员和操作层员工按照考核表的要求自行评定，再由部门负责人提出考核意见；将两部分考核意见进行综合评定后，得出考核结果。考核结果要反馈给被考核者。

7) 收集整理有关资料，确认考核结果并存档。

4. 考核应注意的问题

(1) 影响考核的因素

影响考核的因素包括考核者的特性、考核者与被考核者的关系、考核的标准与方法、组织条件等。同时企业领导对考核工作是否重视与支持，考核制度是否规范，考核结果是否认真分析并用于人事决策等等都会影响考核效果。

1) 考核者的特性。考核者的特性是影响考核的首要因素，考核者的个人特性，如个性、态度、价值观等都会影响考核效果。

2) 考核者与被考核者的关系。考核者与被考核者之间关系一般是上下级关系，考核者对被考核者的工作情况的了解程度也是影响考核结果的重要因素。尤其需要注意的是，不能将个人的恩怨带到考核中去。

3) 考核的标准与方法。考核内容的选择是否恰当、全面，是否与工作内容和岗位密切相关，都会影响考核结果。

4) 组织条件。企业领导对考核工作是否重视与支持，考核制度是否规范，考核结果是否认真分析并用于人事决策，直接影响到被考核者的情绪，也会影响考核的质量。同时，考核是否尊重被考核者意见，是否发扬了民主等等都会直接影响考核效果。

(2) 考核的面谈

面谈是考核工作的重要环节。只作考核而不将考核结果反馈给被考核者，那么这样的考核是没有任何意义的。因为面谈既要指出被考核者的成绩，又要指出被考核者存在的问题，并且要与随后的奖惩挂钩，所以颇为敏感。因此把握好考核面谈技巧是考核反馈的重要方法。一般来说面谈要注意以下几点：

1) 面谈时要充分肯定被考核者的成绩，让对方知晓企业是肯定其工作成绩的。然后，对存在的缺点和问题，要正确地指出并提出要求；不要简单责怪，也不要以追究被考核者的个人责任为目的；要通过考核，达到纠正错误、弥补不足、改进工作的目的。

2) 谈具体，避一般。面谈时不要作泛泛的、抽象的一般性评价，要拿具体结果支持结论，援引数据，列举实例。不仅找出缺陷，更要诊断出原因。找原因本身可以变成解决问题的过程。因此，要引导被考核者自己分析造成问题的原因，鼓励其自己寻求改进的办法和措施。

3) 要保持双向沟通。要共同解决问题，就必须有个双向沟通的过程。考核者和被考核者要保持良好的沟通，就存在的问题交换意见，纠正工作中的偏差，才能达到考核的目的。

4) 协商制定改进措施。面谈的目的是为了改进员工的行为和提高员工的绩效。因此，通过面谈找出影响员工行为和绩效的因素后，就应共同研究针对性的改正措施，并在今后的工作中将改进措施逐一落实。

5. 员工的奖惩

(1) 奖惩的原则

从企业的观点来看，企业员工的行为可分为两类：一类是期望的行为，即企业期望员工出现的行为；另一类是非期望行为，即企业不希望员工出现的行为。物业企业的管理者应该对员工期望的行为予以肯定和表扬，使员工保持这种行为。而对员工的非期望行为则应予否定与批评，使员工消除这种行为。奖惩得当，不仅能进一步调动员工的积极性，消除员工的不良行为，而且能够化消极因素为积极因素。

在物业服务企业的奖惩实际中，应遵循以下原则：

1) 注重行为结果，兼顾行为过程的原则，即对员工的奖惩应以员工行为对企业的影响力或后果为主要标准，兼顾员工行为过程。

2) 奖罚分明的原则，即对员工有功则奖，有过则罚。

3) 统一领导、分级实施的原则，由于物业服务企业所管物业项目分散，因此，对员工的奖惩应在企业奖惩制度的统一要求下，根据员工管理权限，分级组织实施。

(2) 员工的奖励

1) 奖励的形式。一般说来，对员工的奖励有以下形式：金钱、奖品、升迁、休假、培训、肯定、参与、工作、提供机会等。

① 金钱，即给予员工金钱上的奖励，包括给员工加薪、发放奖金等。

② 奖品，即给予员工代表荣誉的奖章或奖杯，或者有实用价值的物品。

③ 升迁，即提拔重用受奖员工，使员工在更高的职位上发挥自己的才干。

④ 休假，即给予受奖员工若干天的带薪假期。

⑤ 培训，即外派受奖员工接受培训深造。

⑥ 肯定，即对员工的成绩做出必要的肯定或表扬。

⑦ 参与，即承认员工的能力，让员工参与企业决策或重要活动。

⑧ 工作，即在可能的范围内，让员工挑选自己喜欢的工作岗位。

⑨ 机会，即给予受奖员工分配具有挑战性的工作，或具有更多发展空间的工作。

2) 奖励的要求。物业企业要把物质奖励与精神奖励有机结合起来，使两者相辅相成。奖励要及时，员工做出了成绩，符合奖励标准以后，管理者应该立即予以奖励。同时奖励程度要与员工的贡献相称，员工的贡献越大，越应获得较高程度的奖励。奖励程度必须与贡献相称，过大过小，都会失去奖励的意义与作用。因此，企业应有科学的考核和贡献评价指标体系、严格的考核制度及正确的考核方法，以确定员工贡献量的真实性、差异性。

① 要把物质奖励与精神奖励有机结合起来，使两者相辅相成。精神奖励往往能调动人的积极性，激发人的自尊心、荣誉感和成就感。物质奖励意味着企业承认其成绩，在一定意义上说也是一种精神奖励。物质奖励在一定条件下是必要的，并且起着重要作用。

② 奖励要及时。员工做出了成绩，符合奖励标准以后，管理者应该立即予以奖励。及时的奖励会使员工意识到管理者很注意他所取得的成绩，延期而来的奖励不但会削弱奖励的激励作用，甚至可能使员工对奖励产生漠然的心理。

③ 奖励的方式要经常变化。为了不断地发挥奖励的作用，奖励的方法就要经常变化，不断创新。奖励的形式可以多种多样，例如：奖励员工带薪休假、旅游等等，企业可以根据自身的条件不断创新奖励形式。

（3）员工的惩罚

1）惩罚的形式。管理者在对员工的期望行为给予奖励的同时，也要对员工的非期望行为予以必要的惩罚。惩罚在某种程度上也是教育，有时是更实际、更深刻的教育。因此，有效而又公平地运用惩罚手段，也是激励员工的一种重要手段。惩罚的形式包括：批评、扣罚奖金、降低薪资、降低职务、岗位调整、给予辞退以及其他惩罚等等。

2）惩罚的要求。为了发挥惩罚的作用，在对员工进行惩罚时要做到：惩罚要合理、适当、一致和灵活。

① 惩罚要合理。惩罚仅是一种管理手段。惩罚制度的制定，可以在管理中起到一种防患于未然的作用，可将员工的非期望行为制止在萌芽状态和发生之前。要争取使惩罚备而不用，仅在不得已时才用。这样才能将企业内的消极因素转化为积极因素，有利于企业管理目标的实现。

② 惩罚要适当。惩罚要适当有两个含义，一是惩罚的时机要适当，当责任事故出现后，认定责任人后就要及时处理。二是惩罚的比例要适当，对员工的一般错误，惩罚宜轻不宜重。从宽惩罚，可以使员工感到内疚，警示其今后避免类似问题的出现。惩罚过重则易造成当事者的反感，并引起周围员工的同情，反而会削弱惩罚的效果。

③ 惩罚要一致。要做到在制度面前人人平等，对于出现错误的当事人，该罚则罚，一视同仁，只有这样才能做到以罚服人。

④ 惩罚要灵活。对员工的惩罚方法，可以是口头的，也可以是书面的；可以是公开的，也可以是私下的。一般来说，应根据当事人错误或者造成危害的大小，选择恰当的惩罚方式。

17.2　物业服务企业人员培养与培训

物业服务企业人力资源管理的重要举措是不断培训员工、开发员工潜质，使员工掌握在本企业现在及将来工作所需的素质、知识和能力，以满足企业不断发展的需要。

17.2.1　物业管理人才素质的培养

现代化的管理人才，要求具有良好的政治觉悟、思想品质和工作作风，要求具有较高的科学文化知识、业务能力和管理水平，要求人员知识结构不断更新，素质不断提高。

要实现物业服务企业的发展，物业企业不可忽视管理人才的选拔和培养。应根据自己的经营发展需要，建立起一套有关人才培养、选拔、考核、提高的科学的管理体系，使管理人才在物业管理实践中发挥出应有的作用。

1. 物业管理需要的专业人才类型

(1) 综合管理的专业人才

物业管理的服务范围包括对房屋及配套的设施设备和相关场地进行维修、养护、管理，维护物业管理区域内的环境卫生和相关秩序的活动。从事物业管理的人才应该是具有房屋建筑、设施设备工程管理、绿化管理以及公共关系学等专业的综合知识。物业管理人员为了适应管理服务工作的需要，在不同的岗位上需要不断学习充实新的知识，逐步成为具有综合管理知识和能力的专业人才。

(2) 经济类专业人才

为保证物业企业经营管理的需要，企业需要一批懂得企业经营管理、合同管理以及投资分析等经济类的管理人才。各类专业人才经过必要的培训，才能适应物业管理综合业务的需要。

(3) 设施设备管理专业人才

随着房屋建设的发展，各种用途房屋的设施设备日益增多，尤其是智能化写字楼更是高度依赖设施设备的正常运转，这就需要物业企业配备掌握房屋设施设备管理知识的专业人才。

(4) 财务管理人才

为确切了解物业企业经营状况，物业企业需要经常对经营指标进行财务分析，为业主提供房屋经营管理报告，为企业决策层提供财务报告，这些工作都需要具有一定财务管理专业知识的人员。

除了上述四种专业人才以外，物业企业还应配备文秘、档案管理以及人力资源管理等方面的管理人员。

2. 物业管理人员应具备的素质与能力

一个合格的物业管理人员应具备多方面的专业知识，具备提供物业管理服务的综合素质和能力。这些素质和能力包括：

(1) 政治素质

物业管理人员要有良好的政治素养、正确的经营思路、强烈的事业心，能全心全意为业主和使用人服务，能为本公司利益着想，有很强的法制观念。物业管理在我国还是一个处于亟待发展的行业，还存在很多发展中的问题，各个企业在经营管理中也会遇到一些发展的瓶颈问题。在新形势下，如何为业主开展服务，怎样实现物业管理的经营创收，都需要在企业科学发展的前提下，寻求企业发展的新思路、新方法。因此，在开展物业管理工作时，一定要本着对国家、对企业、对业主负责的精神，按照国家物业管理相关法律法规实施管理服务；能否依法办事也体现着管理人员的政治修养。

(2) 良好的职业道德

职业道德是社会主义道德的一个重要组成部分。职业道德主要应包括以下几方面的内容：忠于职守，乐于奉献；实事求是，不弄虚作假；依法行事，严守秘密；公正透明，服务社会。物业管理从业人员，首先应具有高度的责任感和事业心，从业主的利益出发，树立服务第一的观念；其次要安心工作、敬业爱岗，把自己远大的理想和追求落到工作实处，在平凡的工作岗位上做出非凡的贡献。从业人员有了良好的职业道德，就能在实际工作中积极进取,把好工作质量关。

(3) 业务素质

业务素质是物业管理人员服务于业主和社会的专业本领,如果物业管理人员具有较高的业务素质,无论在专业管理上还是在为业主服务中,他都能够运用自己的专业知识去分析问题和解决问题,科学、合理地完成各项工作。

作为一名合格的物业管理工作人员,应具备丰富的专业知识,尤其是中、高级管理人员应是复合型管理人才。他们不仅要有一定的房屋建筑知识,了解各类房屋的结构类型,各种材料性能、施工质量以及房屋外观装修、设计标准等,还要懂得有关设施设备知识,保证物业管理服务的顺利开展。此外,还需要掌握一定的行政管理学、心理学、公共关系学、系统工程学以及法律等知识,为顺利开展物业管理工作奠定基础。

(4) 文化素质

知识是素质形成和提高的基础,没有相应的知识的武装,不可能升华为更高的心理品格。物业管理人员应接受良好的教育,知识面要宽,接受信息的能力要强,除了掌握基本的专业知识和技能以外,更应重视"为人"、"做人"所必备的知识,即相关的人文、社会、自然科学的知识。这样在工作中才能与业主和使用人沟通思想、交流感情、相互理解、相互尊重,才能充分了解客户的意愿和需求,更好地为业主服务。

(5) 身心素质

对于身体心理素质来说,具有较高文化素质的人,懂得生命的价值和意义,能够爱惜生命、重视健康,形成科学的思维方法和生活方式,进而使自己能够应付和承受来自外界的各种困难和压力。物业管理人员具有良好的身心素质,是做好物业管理工作的前提。身体好、精力旺盛、仪表端正、热情大方、知难而进、不怕挫折、心理承受力强,这些将是物业管理工作得以开展的基础。

(6) 具有较强的管理能力

能力是素质的一种外在表现,所以培养物业管理人员什么样的能力也是非常重要的,从全面提高员工的整体素质出发,根据物业管理服务的特点,更要注重培养员工的社会交往能力,与他人和谐共处、合作共事,即"做人、做事"的能力。例如,在物业管理工作中,人们经常说要做到"五勤",即脑勤、眼勤、口勤、手勤、脚勤。具体反映在:管理工作动脑筋要勤,观察发现问题要勤,说服管理指导要勤,巡视检查管理要勤,动手参与管理要勤。

在物业管理人员应具备的素质与能力中,思想道德素质是根本、灵魂,文化素质是基础。从这一意义出发,物业企业在人才培养上,应该做到融传授知识、培养能力、提高素质为一体,特别是应更加注重素质的提高,在提高素质中又以提高思想道德素质为根本,提高文化素质为基础,全面提高人才的整体素质。

3. 物业管理人才素质的培养

开展物业管理工作,首先要有一支素质优良、管理和服务水平较高的员工队伍,这是完成所担负使命的重要条件,所以物业服务企业应始终把加强管理队伍建设作为一项基础工程来抓,应着重从以下四个方面来进行培训:

(1) 思想建设

加强思想道德建设对一个企业的管理来说是至关重要的。物业企业加强思想道德建设，必须大力开展理想信念教育。理想信念是人们的政治信仰、世界观在奋斗目标上的具体体现，坚定的理想信念是干好工作的灵魂，是全心全意为业主服务的精神支柱和力量源泉，也是物业企业永葆生机和活力的根本保证。

（2）作风建设

作风反映企业的工作状态和形象，是检验物业企业管理和服务质量的一个重要尺度。注重将作风建设与企业发展的目标相结合，与为业主提供满意的服务相结合，通过作风建设，提高企业的凝聚力和竞争力。在物业管理工作中，把作风建设的落脚点放在引导全体员工牢记发展宗旨、增强服务观念、提高服务能力上，使企业员工在管理服务中强化宗旨意识，争做情系企业、服务业主、争先创优的模范。

（3）业务建设

业务建设是指物业企业为提高工作效率和工作质量，在对日常的、经常性的工作进行梳理、分析、汇总的基础上提出新的、科学合理的工作方法、工作流程、工作标准。业务建设是物业企业管理科学化、规范化的基础性工作，业务水平的高低，直接关系到物业企业的管理和服务质量，关系到企业的效益。因此，物业企业在实际工作中，对于常规性的工作内容要制定一系列的工作流程和标准，例如，项目承接查验流程、业主入住流程、装饰装修管理流程、投诉处理流程，以及保洁工作标准、绿化工作标准、会议服务标准等等，旨在规范工作程序、细化工作标准，使各项管理服务工作的开展都有章可循。

17.2.2 物业服务企业培训计划的制订

随着物业管理行业竞争的不断加剧，物业企业必须要练好内功，在经营管理上下工夫，在人才培养上下工夫，以适应物业企业生存和发展的需要。物业服务企业的竞争，归根到底是人才的竞争。物业服务企业除了从外部招聘到合适的人才外，更为有效的方式是通过培训提高现有员工的素质，使其成为满足企业需要的人才。大量事实说明，员工培训搞得越好，企业的核心竞争力就越强，其社会效益和经济效益就越明显。

所谓培训计划是按照一定的逻辑顺序排列的培训工作安排，它是从物业企业的战略出发，在全面、客观的培训需求分析基础上做出的对培训时间、培训地点、培训者、培训对象、培训方式和培训内容等的预先工作计划。一个合格培训计划，必须满足物业企业及员工两方面的需求；兼顾企业资源条件及员工素质基础，并充分考虑人才培养的超前性及培训结果的不确定性。培训计划是为了实现企业人才培养的目标而制定的，在培训实施过程中将培训计划逐层展开，以便协调各项培训工作的顺利开展。

1. 制订培训计划的程序

（1）确认培训经费预算

制订培训计划的首要环节是对培训经费的确认，在没有培训经费做保障的情况下，制定任何培训计划都是没有意义的。一般情况下，物业企业的培训经费可以按照营业收入的一定比例支出。

（2）分析员工培训需求

企业人力资源管理部门应注意收集企业内部的培训需求，培训需求一是来自于企业总体管理要求，例如，企业进行 ISO 质量管理体系认证，就需要对全员进行培训；二是要听取中层管理人员的建议，指出什么内容的培训是最适合普通员工的。

（3）根据培训需求确定参训人员

根据物业企业的培训需求,应比较详细地列出所对应得各类培训课程。针对不同的培训课程,参训人员也是有区别的,例如,礼仪培训、公共关系培训是企业共性的培训课程,需要管理层都要参加的培训;有些培训课程专业性较强,则需要不同专业岗位的人员参加。

(4) 确定培训的供应方

根据培训课程确定培训的供应方也是很重要的一项工作。培训教师可以是企业内部的,也可以是外聘的。如果企业开展工作流程、操作标准的培训,由企业内部的教师培训授课,会取得较好的培训效果;如果开展专业理论知识的培训,则聘请大专院校的专家授课效果会更好。

(5) 编制培训课程时间表

人力资源管理部应编制一份培训课程时间表,包括培训课程、时间、授课教师、培训地点等等,作为参训人员接受培训的文件。

(6) 筹备培训保障物品

为了保证培训工作的顺利开展,培训场地、电脑、投影仪、写字板等等物品需要提前准备充分;进行实操培训,还要准备相关材料和物品,便于受训人员实习和操练。

(7) 进行培训评估

培训后进行效果评估是培训结果的最终体现。对于简单操作层的培训,培训效果能够很快地显现出来,对于一些操作流程、工作标准的培训,则需要企业运行一段时间以后,才能够显示出效果。因此,培训评估是一项长期的工作,在评判培训效果的同时,改进培训课程,使物业企业的培训适应企业管理和发展的需要。

2. 培训计划制订的依据

(1) 依据企业经营战略和目标制订

物业企业的经营战略和目标是企业进行经营管理的大政方针,在制订企业培训计划时,必须认真分析企业的需求,根据需求制订培训计划。

(2) 依据本企业实际情况制订

根据企业不同的发展阶段,培训计划的制订也是有区别的。物业企业如果以扩大管理规模为主要发展目标,就要结合企业需要,进行开拓市场、承接项目的培训;如果企业以管理精细化为发展目标,则要注重管理程序、工作标准等方面的培训。

(3) 依据企业人力资源计划制订

培训计划是实现企业人力资源计划的重要步骤,是企业培养人员一个重要举措,也是人力资源管理的一个重要组成部分,培训计划必须和人力资源计划步调一致。

(4) 依据员工绩效考核结果制订

对员工绩效考核的过程是一个发现问题的过程。对绩效考核进行认真分析,可以查找企业管理中存在的问题,借以发现员工知识和能力的不足之处,这些都是企业制订培训计划的重要依据之一。

3. 培训计划的内容

为保证培训工作顺利实施,培训计划应包括培训目标、培训对象、课程设置和培训方式等内容。

(1) 培训目标

培训目标是指通过培训工作所期望取得的成果,这些成果包括个人的、部门的以及企业整体所要求达到的培训效果。培训目标是制订培训计划的基础,培训目标决定了培训课程、培训方式等一系列内容,同时,培训目标又是培训考核和培训评估的依据。

(2) 培训对象

物业服务企业员工构成可分为决策层、管理层和操作层。员工所处的层次不同,所从事的岗位不同,培训的要求也就不同。因此,物业管理培训内容可以根据不同的培训对象加以分类。

(3) 课程设置

培训课程包括了培训课程的名称、培训的时间、培训地点、培训师资、培训要求等内容。明确的培训课程有利于员工提前对所培训的内容有所准备和侧重,有利于增强培训效果。

(4) 培训教师和讲义

培训教师素质的高低、能力的强弱是决定培训成败的重要因素,因此,建立一支相对稳定的专兼职培训讲师队伍是物业服务企业搞好培训的重要因素,因此应确定一些有较强专业知识、丰富培训经验和技能的人员担任培训讲师。

培训讲义概括了培训的基本内容和基本标准,高水平、高质量的培训讲义有助于获得较好的培训效果,因此,制订培训计划时,要认真选择培训讲义,以增强培训效果。

(5) 培训方式

根据培训内容以及培训对象的不同,可以采取不同的培训方式。经常用到的培训方式有面授法、观摩法、实训法和角色扮演法等等。

17.2.3 确定物业服务企业培训内容

1. 企业相关知识的培训

企业相关知识的培训是为了让每一个员工对企业的历史、现状、未来发展规划、管理服务理念、经营范围、内部管理制度等有一个全面的了解。

2. 思想品德和职业道德的培训

(1) 思想品德的培训

具有良好的思想品德和行为准则,是物业服务企业做好管理服务工作的先决条件。物业服务企业是以接管物业项目、为业主服务为主体的经营活动,在管理服务过程中,尤其要教育企业员工树立为业主和使用人服务的思想,把"服务"作为一种敬业精神,深深扎根于每个员工的心底。要在员工中提倡爱国、爱企业、爱岗位的精神,将爱岗敬业、乐于奉献、勤奋进取的精神融汇在自己的本职工作中,将个人的发展与企业的发展联系到一起,努力造就不断进取、具有坚韧不拔的创业精神和良好思想风貌的员工队伍。

(2) 职业道德的培训

物业管理人员的职业道德主要体现在其履行职责的过程中,应该怎样做,不应该怎样做。这个"应该"或"不应该"是出自员工内心的道德要求,是一种道德规范、思想意识,突出体现了员工的品质、人格和精神境界。

要使每个员工都清楚地认识到,物业服务企业生产的产品就是服务,物业管理本身就是服务性行业,它的生命力就在于为业主和使用人提供最优质的服务。物业管理的工作对象虽然是房屋及其附属设施,但房屋及其附属设施是为业主和使用人服务的,因此物业管理的对象应该是第一是人,第二是物。要树立以人为本的思想,把业主的需要当做自己的工作目标,要培训员工努力提高职业道德修养,热爱本职工作,遵规守纪,热情服务,诚实守信,使员工能以良好的精神面貌、积极的奉献精神、过硬的业务技能很好地完成自己的本职工作,树立物业管理从业人员的新形象。物业管理人员的职业道德教育的根本任务,就是为适应物业管理发展需要,培养有理想、有道德、守纪律、能工作的员工,努力完成各项工作任务,达到更好地为业主服务、为企业发展贡献力量的目的。

3. 物业管理工作基础知识培训

搞好物业管理工作,不仅要有全心全意为业主服务的思想,而且还要有过硬的业务能力。物业管理工作范围广泛,涉及多方面的专业知识,企业在招聘员工时,除了具备本岗位需要的专业教育背景和学历以外,还要根据企业的需要,开展适应岗位需求的各项培训。作为管理层的物业管理人员,按照不同的岗位要求,应掌握下列相关知识:

(1) 房地产经济理论知识。例如房地产的资金运作知识,房屋出售、出租经营管理,以及房地产市场的运行机制等知识。

(2) 物业企业经营管理知识。例如物业管理市场开发,物业管理的内容和特点,物业管理模式和方法等等。

(3) 法律基础知识。例如,物业管理人员应了解城市房地产管理法、民法、经济法等法律知识;了解土地管理法、城市规划法等对房地产有关的条款内容;对经济合同、租赁合同等的内容和格式有较准确的理解和运用;掌握有关物业管理法规、条例等。

(4) 房屋建筑知识。物业管理人员在物业管理过程中,应了解建筑识图知识,并掌握房屋的结构与装修,建筑材料的种类与选用,房屋维修养护等方面的知识。

(5) 设施设备知识。例如,房屋设施设备的选择与使用,给水排水和电气设备的基础知识,以及常用设施设备的日常维护和检修,安全防范系统的选用与操作等等。

(6) 物业管理知识。具备物业项目内道路维护、绿化日常维护以及保洁相关知识,在管理中保持物业环境的合理布局、景观和风貌,更好地为业主提供服务。

(7) 物业管理公文写作知识。能正确撰写物业管理公文,在企业往来公文、物业承接查验、退出管理项目等管理工作中,能写出具有一定专业水平的公文。

(8) 公共关系知识。懂得良好公众关系对企业生存和发展的重要性,善于维护各类公共关系,诸如具备与业主、政府行政管理部门、专业职能管理部门、街道办事处等部门协调关系的能力,能处理好企业与各方面的关系,创造出一种宽松和谐的经营管理环境。

(9) 财务会计知识。物业企业经营管理的业绩最终需要通过一系列指标反映出来,财务管理人员需要掌握专业的财务知识、有关的税务和统计知识,以及工程预算知识。能进行物业服务费测算,制定管理费和有偿服务费收支计划,注意资金的合理运用。

(10) 行政管理知识。具备企业行政管理方面的知识,建立管理制度、档案管理以及人力资源管理等方面的相关知识。

(11) 其他诸如治安、交通、绿化、环境科学、心理学、社会学以及安全生产知识等等。

4. 物业管理人员专项技能的培训

物业管理是一项综合性、专业性很强的工作,物业企业需要拥有一支不同专业的、不同技能的管理队伍,才能满足物业管理工作的需要。对于从事物业项目具体管理工作的人员，应具备以下一些知识和技能：

(1) 物业项目基本情况的培训

为更好地为业主服务，物业企业应围绕项目实际情况开展培训，具体内容为：

1) 物业服务企业的服务宗旨和管理理念、企业各项管理制度和岗位职责，有关项目管理服务的工作流程和服务标准等等。

2) 物业项目内各类用途的房屋情况，例如，在居住小区内，应了解住宅、商业用房以及物业管理用房的分布情况和面积数量，房屋产权归属情况；了解项目房屋的栋数、建筑面积和户数以及业主数量；了解小区内设施设备、道路、绿地和停车场的情况等等。

3) 物业服务费收费标准和方式、多种经营服务的内容和收费方法，以及房屋出租经营的内容。

4) 本物业项目所在地的居委会、派出所等相关部门的电话号码，以及火警、匪警、急救中心的电话号码等等。

(2) 物业管理基本知识及技能的培训

1) 有关房屋承接查验的知识；

2) 有关入住、装修管理和房屋设施设备维修保养的知识；

3) 掌握物业管理运作流程、服务内容和标准；

4) 有关档案管理和合同管理的知识；

5) 具备业主接待、客户关系管理及投诉处理的能力；

6) 具有一定的组织能力，能够宣传、发动、组织业主参与物业管理活动，搜集业主意见，用于改进工作；

7) 具备公文写作能力。

17.2.4 物业服务企业培训的分类

1. 入职培训

入职培训是在员工上岗之前，为新员工提供基本的知识的培训，培训的目的是使新员工了解公司的基本情况，熟悉公司的各项规章制度，掌握物业管理基础知识、安全常识和基本的服务技能，以及职业礼节等等。

2. 在岗培训

(1) 企业高层管理人员

重点培训社会主义市场经济理论、企业管理学、房地产相关理论、保险、经济管理与决策、财务管理、行为心理学、公共关系、领导艺术，以及经济法、民法、税法、公司法、经济合同法以及城市房地产管理法等相关知识，可以根据企业发展的需要，不同时期开展不同内容的培训。

(2) 企业中层管理人员

企业中层管理人员在企业管理中有着承上启下的作用，是贯彻企业管理方针、实施管理计划的骨干力量，他们要对企业经营管理、物业管理法律知识，行政管理、财务与会计、统计、税法、计算机与应用等知识有较全面地了解，还需要与掌握本部门职责范围相关的专业知识。

(3) 一般管理人员

一般管理人员可以依据各自的工作岗位进行学习，以自学为主，公司培训为辅，掌握本岗位所需要的专业知识和技能,例如,办公室文员应具备文件的拟办和催办,文件的收发和处理,以及档案管理知识和能力,同时还要熟练运用计算机处理办公事务。

(4) 专业技术人员

专业技术人员是按照物业企业不同的管理部门和岗位确定的,例如有关房屋建筑工程类的工民建专业、给水排水专业、暖通专业,以及物业管理相关的绿化专业、餐饮专业、旅游饭店专业、计算机专业等等,专业技术人员依据各自专业知识和技能,为企业和业主提供高水准的专业化管理和服务。

(5) 各维修工种和劳务层人员

针对各维修工种和劳务层人员培训,其内容主要着重在日常的行为规范和服务技能上,应重点培训物业管理法律法规、安全生产知识、职业礼节以及岗位技能等等。

3. 晋升培训

物业企业为了使拟晋升人员具备晋升职位所需要知识和能力,往往提供晋升培训。晋升培训一般是外派培训,也是对企业有贡献的员工开展的奖励性培训,例如,派到大专院校培训、派往国外培训等等。

4. 外派培训

外派培训是提高物业服务企业员工素质的一个重要途径。物业企业根据工作发展需要,派遣员工参加企业外组织的培训,有利于员工掌握更为全面的知识和技能,外派员工培训是对企业内部培训的补充。

17.2.5　培训管理与考核

1. 制定物业企业培训制度

培训工作对物业服务企业来讲是一项长期的工作,物业服务企业应结合自身情况制定培训制度,加强培训工作的管理,使培训工作制度化、规范化。培训制度主要包括培训参加的范围和培训的基本内容、培训的组织实施、培训的监督管理和培训的效果评估等内容。

2. 完善培训记录

物业服务企业各个部门的培训计划、培训记录、培训档案应统一由公司人力资源管理部统一负责管理。人力资源管理部将已经实施的培训详细地记录下来,有计划地安排后续的培训,协调企业各个部门的培训安排,应注重培训的过程管理和服务。

3. 建立培训档案

企业培训档案包括两部分,一是员工个人培训记录表,二是企业员工培训档案。

(1) 员工培训记录表

物业服务企业为每一位员工建立培训记录卡片,记录员工参加培训的出勤情况、学时完成情况、实践环节表现和培训考核的成绩。

(2) 员工培训档案

将物业服务企业的培训计划、培训记录表、教师授课计划、实习单位,以及学习过程中所形成的各种基础资料加以分类、归档,形成完整的培训档案。

4. 培训效果的考核

在实施培训计划的过程中,要对参加培训员工的课业情况、出勤情况、考试成绩进行综合考核,以提高培训的实际效果。

培训考核由三项内容构成，各部分考核相辅相成，将学习、考核贯穿于全部培训管理的全过程。

（1）集中培训后的考核

集中培训后的考核主要采取书面答卷、实际操作的方式。在培训总成绩中一般占60%的比例。

（2）日常工作中的考核

日常工作中的考核主要采取自我规范管理服务行为、部门监督管理的方式，结合公司的岗位职责和服务规范进行分数评定。在培训总成绩中一般占40%的比例。

（3）定期考核

物业服务企业人力资源部每半年对培训工作进行一次考评，一般包括工作能力考核、专业知识考核等内容。为提高员工参加培训的积极性，可以对培训考试成绩突出的部门和个人进行表彰和奖励。

17.2.6　建立完善的培训评估制度

培训效果的评估就是研究和分析员工经过培训后其行为是否得到了规范，素质是否得到了提高，工作效率是否得到了改进，企业目标的实现是否得到了促进。培训效果的评估主要包含以下几个层次的内容：

1. 评估受训者对培训知识的掌握程度

这种评估可以以书面考试的形式或实地操作的形式来测试。并将测试结果与培训前对受训者的摸底情况进行对比分析。

2. 评估受训者工作行为的改进程度

即考察和分析受训者是否将培训中学到的知识和技能有效地运用到工作中去了。如果受训者没有将在培训中学到的知识和技能有效地运用到工作中去，培训也就没有发挥作用。

3. 评估企业的经营绩效是否得到了提高

如果一项培训达到了改进受训者工作行为的目的，那么这种改进是否有助于提高企业的经营业绩。提高企业的经营业绩是企业培训的真正目的。

培训效果的评估包括两个部分，一部分是对员工培训成绩的评估，另一部分是对教师授课质量的评估。对学员的成绩评估是为了达到企业的培训目标，因为物业服务企业的培训往往不需要员工付费，员工重视程度不够，容易流于形式，所以培训结束要对学员进行必要的考试，以保证培训的效果。而对教师的评估有利于提高教学质量，定期对教师培训情况给予反馈，便于教师制定更接近需求的授课内容，保持培训供需双方互动，有利于培训质量的提高。

17.3　物业管理师制度

17.3.1　物业管理师制度概述

为了规范物业管理行为，提高物业管理专业管理人员素质，维护房屋所有权人及使用人的利益，人力资源和社会保障部、住房和城乡建设部根据《物业管理条例》及国家职业资格证书制度有关规定，制定了物业管理师制度。

1. 物业管理师制度的含义

物业管理师,是指经全国统一考试,取得《中华人民共和国物业管理师资格证书》(以下简称《资格证书》),并依法注册取得《中华人民共和国物业管理师注册证》(以下简称《注册证》),从事物业管理工作的专业管理人员。

国家对从事物业管理工作的专业管理人员,实行职业准入制度,纳入全国专业技术人员职业资格证书制度统一规划。住房和城乡建设部、人力资源和社会保障部共同负责全国物业管理师职业准入制度的实施工作,并按职责分工对该制度的实施进行指导、监督和检查。县级以上地方人民政府房地产主管部门和人事行政部门按职责分工实施物业管理师职业准入制度。

2. 建立物业管理师制度的意义

(1) 有利于推进物业管理的专业化进程

为适应现阶段我国物业管理快速发展的需要,物业管理从业人员的整体专业素质应跟上物业管理发展的态势,提高从业人员专业素质,提升物业管理人员在法律知识、职业道德、业务水平和组织协调方面的能力,已经成为物业管理行业的当务之急。物业管理师制度的实施,是通过执业准入控制的方式,保证了物业管理职业经理人必须是有相应能力的专业知识和能力,有利于物业管理专业化管理水平的提升,有利于推进物业管理的专业化进程。

(2) 有利于促进物业管理的规范化发展

随着我国房地产业的快速发展,物业管理范围已经覆盖了住宅、写字楼、工业区、学校、商场、医院、机场、会展中心等等各类物业,业主对于物业管理需求也从物业管理基础服务发展到多需求、多元化的增值服务领域,与此相适应,就要求物业企业不断提供规范化、高水平的服务。要提升客户满意度,必须从提高专业服务水平入手,从提高从业人员的专业素质入手。物业管理行业要加快自身发展,提高管理和服务水平,必须培养造就一支与行业发展相匹配、职业化程度较高的专业人才队伍。实施物业管理师制度,实行职业准入门槛,确保了物业管理师的基本素质和能力,必将对整个物业管理行业的发展产生极其深远的影响。

(3) 有利于促进物业管理的市场化进程

良好的物业管理,能够使物业保值增值,科学的资产管理,能够为客户创造价值。随着物业管理产业化程度的提高,造就一支数量可观的物业管理专业人才队伍,可以极大促进物业服务企业提升核心竞争力。物业企业通过规范的管理服务、科学的运营、良好的信誉可以赢得市场,从而推进物业管理市场化程度的提高,也有利于促进物业管理的市场化进程。

17.3.2 物业管理师制度的相关规定

按照人力资源和社会保障部、住房和城乡建设部《物业管理师制度暂行规定》(以下简称《暂行规定》),有关物业师的考试、考试试题以及参加物业管理师资格考试申请的有关规定加以介绍。

1. 物业管理师考试

物业管理师资格实行全国统一大纲、统一命题的考试制度,原则上每年举行一次。

(1) 考试试题

住房和城乡建设部组织成立物业管理师资格考试专家委员会，负责拟定考试科目、考试大纲，组织命题，建立并管理考试试题库等工作。

人力资源和社会保障部组织专家审定考试科目、考试大纲、考试试题，组织实施考试工作；会同住房和城乡建设部研究确定合格标准，并对考试考务工作进行指导、监督和检查。

(2) 参加物业管理师资格考试的报名申请

凡中华人民共和国公民，遵守国家法律、法规，恪守职业道德，并具备下列条件之一的，可以申请参加物业管理师资格考试：

1) 取得经济学、管理科学与工程或土建类中专学历，工作满10年，其中从事物业管理工作满8年。

2) 取得经济学、管理科学与工程或土建类大专学历，工作满6年，其中从事物业管理工作满4年。

3) 取得经济学、管理科学与工程或土建类大学本科学历，工作满4年，其中从事物业管理工作满3年。

4) 取得经济学、管理科学与工程或土建类双学士学位或研究生班毕业，工作满3年，其中从事物业管理工作满2年。

5) 取得经济学、管理科学与工程或土建类硕士学位，从事物业管理工作满2年。

6) 取得经济学、管理科学与工程或土建类博士学位，从事物业管理工作满1年。

7) 取得其他专业相应学历、学位的，工作年限及从事物业管理工作年限均增加2年。

参加考试由本人提出申请，携带所在单位出具的有关证明及相关材料到当地考试管理机构报名。考试管理机构按规定的程序和报名条件审查合格后，发给准考证。参加考试人员凭准考证在指定的时间、地点参加考试。国务院各部门所属单位和中央管理企业的专业管理人员按属地原则报名参加考试。

符合考试报名条件的香港、澳门居民，可以申请参加物业管理师资格考试。申请人在报名时应提交本人身份证明、国务院教育行政部门认可的相应专业学历或者学位证书、从事工作及物业管理相关实践年限证明。

(3)《资格证书》的颁发

物业管理师资格考试合格，由人力资源和社会保障部、住房和城乡建设部委托省、自治区、直辖市人民政府人力资源和社会保障行政部门，颁发人力资源和社会保障部统一印制，人力资源和社会保障部、住房和城乡建设部用印的《资格证书》。该证书在全国范围内有效。

2. 物业管理师注册

(1) 注册的审查与审批

住房和城乡建设部为物业管理师资格注册审批机构。省、自治区、直辖市人民政府房地产主管部门为物业管理师资格注册审查机构。

(2) 注册申请

取得《资格证书》的人员，经注册后方可以物业管理师的名义执业。

1) 取得《资格证书》并申请注册的人员，应当受聘于一个具有物业管理资质的企业，并通过聘用企业向本企业工商注册所在省的注册审查机构提出注册申请。

2）注册审查机构在收到申请人的注册申请材料后，对申请材料不齐全或者不符合法定形式的，应当当场或者在5个工作日内，一次告知申请人需要补正的全部内容，逾期不告知的，自收到申请材料之日起即为受理。

对受理或者不予受理的注册申请，均应出具加盖注册审查机构专用印章和注明日期的书面凭证。

3）注册审查机构自受理注册申请之日起20个工作日内，按规定条件和程序完成申请材料的审查工作，并将注册申请人员材料和审查意见报注册审批机构审批。

注册审批机构自受理注册申请人员材料之日起20个工作日内作出决定。在规定的期限内不能作出决定的，应当将延长期限的理由告知申请人。

对作出批准决定的，应当自决定批准之日起10个工作日内，将批准决定送达注册申请人，并核发《注册证》。对作出不予批准决定的，应当书面说明理由，并告知申请人享有依法申请行政复议或者提起行政诉讼的权力。

（3）注册有效期

1）物业管理师资格注册有效期为3年。《注册证》在有效期限内是物业管理师的执业凭证，由持证人保管和使用。

2）初始注册者，可以自取得《资格证书》之日起1年内提出注册申请。逾期未申请者，在申请初始注册时，必须符合本规定继续教育的要求。

初始注册时需要提交下列材料：

①《中华人民共和国物业管理师初始注册申请表》；

②《资格证书》；

③ 与聘用单位签订的劳动合同；

④ 逾期申请初始注册人员的继续教育证明材料。

（4）延续注册

注册有效期届满需要继续执业的，应当在有效期届满前30个工作日内，按照该规定第十四条规定的程序申请延续注册。注册审批机构应当根据申请人的申请，在规定的时限内作出延续注册的决定；逾期未作出决定的，视为准予延续注册。

延续注册时需要提交下列材料：

1）《中华人民共和国物业管理师延续注册申请表》；

2）与聘用单位签订的劳动合同；

3）达到注册期内继续教育要求的证明材料。

（5）注册变更

在注册有效期内，物业管理师变更执业单位，应按照该规定第十四条规定的程序办理变更注册手续。变更注册后，其《注册证》在原注册有效期内继续有效。

变更注册时需要提交下列材料：

1）《中华人民共和国物业管理师变更注册申请表》；

2）与新聘用单位签订的劳动合同；

3）工作调动证明或者与原聘用单位解除劳动合同的证明、退休人员的退休证明。

（6）注册失效

1）物业管理师因丧失行为能力、死亡或者被宣告失踪的，其《注册证》失效。

2) 注册审批机构不予注册的情形。注册申请人有下列情形之一的，注册审批机构不予注册：

① 不具有完全民事行为能力的；
② 刑事处罚尚未执行完毕的；
③ 在物业管理活动中受到刑事处罚，自刑事处罚执行完毕之日起至申请注册之日止不满2年的；
④ 法律、法规规定不予注册的其他情形。

(7) 注销注册

物业管理师或者聘用单位有下列情形之一的，应由本人或聘用单位按规定的程序向当地注册审查机构提出申请，由注册审批机构核准后，办理注销手续，收回《注册证》。

1) 不具有完全民事行为能力的；
2) 申请注销注册的；
3) 与聘用单位解除劳动关系的；
4) 注册有效期满且未延续注册的；
5) 被依法撤销注册的；
6) 造成物业管理项目重大责任事故或者受到刑事处罚的；
7) 聘用单位被吊销营业执照的；
8) 聘用单位被吊销物业管理资质证书的；
9) 聘用单位破产的；
10) 应当注销注册的其他情形。

被注销注册或者不予注册的人员，重新具备初始注册条件，并符合本规定继续教育要求的，可按照该规定第十四条规定的程序申请注册。

3. 物业管理师执业

(1) 有关物业师执业的规定

物业管理师依据《物业管理条例》和相关法律、法规及规章开展执业活动。物业管理项目负责人应当由物业管理师担任。物业管理师只能在一个具有物业管理资质的企业负责物业管理项目的管理工作。

物业管理项目管理中的关键性文件，必须由物业管理师签字后实施，并承担相应法律责任。物业管理师应当妥善处理物业管理活动中出现的问题，按照物业服务合同的约定，诚实守信，为业主提供质价相符的物业管理服务。

物业管理师应当接受继续教育，更新知识，不断提高业务水平。每年接受继续教育时间应当不少于40学时。

(2) 物业管理师应当具备的执业能力

1) 掌握物业管理、建筑工程、房地产开发与经营等专业知识；
2) 具有一定的经济学、管理学、社会学、心理学等相关学科的知识；
3) 能够熟练运用物业管理相关法律、法规和有关规定；
4) 具有丰富的物业管理实践经验。

(3) 物业管理师的执业范围

1) 制定并组织实施物业管理方案；

2) 审定并监督执行物业管理财务预算；
3) 查验物业共用部位、共用设施设备和有关资料；
4) 负责房屋及配套设施设备和相关场地的维修、养护与管理；
5) 维护物业管理区域内环境卫生和秩序；
6) 法律、法规规定和《物业管理合同》约定的其他事项。

17.3.3 物业管理师资格考试的实施

1. 有关考试的职责分工

人力资源和社会保障部、住房和城乡建设部共同成立物业管理师资格考试办公室（以下简称考试办公室，设在住房和城乡建设部），负责考试相关政策的研究及管理工作。具体考务工作委托人力资源和社会保障部考试中心负责。

各省、自治区、直辖市的考试工作由当地人力资源和社会保障行政部门会同房地产主管部门组织实施，并协商确定具体职责分工。

2. 有关考试的科目和免试科目的规定

物业管理师资格考试科目为《物业管理基本制度与政策》、《物业管理实务》、《物业管理综合能力》和《物业经营管理》。

符合《暂行规定》有关报名条件，并于2004年12月31日前，评聘工程类或经济类高级专业技术职务，且从事物业管理工作满10年的人员，可免试《物业管理基本制度与政策》、《物业经营管理》2个科目，只参加《物业管理实务》、《物业管理综合能力》2个科目的考试。

3. 有关考试时间和成绩的规定

考试日期为每年第三季度。资格考试分4个半天进行。《物业管理基本制度与政策》、《物业经营管理》、《物业管理综合能力》3个科目的考试均为2.5小时，《物业管理实务》科目考试时间为3个小时。

考试成绩实行2年为一个周期的滚动管理办法，参加全部4个科目考试的人员必须在连续两个考试年度内通过全部科目；免试部分科目的人员必须在一个考试年度内通过应试科目。

4. 有关考试培训的规定

坚持考试与培训分开的原则。凡参与考试工作（包括命、审题与组织管理）的人员，不得参加考试和举办与考试内容有关的培训工作。应考人员参加相关培训坚持自愿的原则。

【案例】

某物业服务企业培训计划

1. 人员培训的目标

为确保公司管理期间的各项服务工作长期高标准、高质量的实施，公司将科学系统地对全体员工进行全面培训。通过培训提高员工对岗位职责、服务内容、服务标准的认知水平和服务技能。确保各类专业人员100%持证上岗，各类服务人员上岗培训率达到100%，合格率达到100%。

2. 人员培训的措施

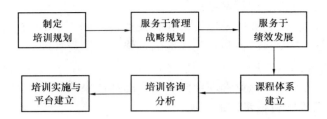

每一员工可按其职位参加有关的基本课程培训,而有关专题培训则需要由部门经理或项目总经理推荐后进行,员工接受培训后,必须经过考核合格后方可上岗。

3. 培训计划和培训管理

(1) 培训计划

公司的培训将主要从内部及外部培训两方面入手。内部培训主要以岗前培训、在岗培训等形式为主,大多由公司高层管理人员授课,而外部培训则将安排有关专业单位或专业公司培训。公司员工必须通过培训,经过考核合格后,方可上岗。

1) 培训内容及安排。

①项目接管前的新员工入职培训内容。

A. 基础培训。

序号	培训内容	时间	培训方式	授课教师	培训对象	培训目标
1	基础培训: 公司基本情况、规章制度、企业文化、组织机构及公司质量手册、程序文件等	二天	集中授课	内部师资	全体新员工	了解公司概况、企业文化、各项规章制度等,以便能迅速适应公司的运作模式,工作要求;提高工作效率
2	各岗位人员岗位职责及物业管理运作流程	半天	按照工种授课	内部师资	全体新员工	熟悉管理运作流程及本岗工作职责
3	职业道德	半天	集中授课	内部师资	全体新员工	加强员工职业道德建设
4	项目的物业服务内容、目标、管理服务标准及要求	一天	集中授课	内部师资	全体新员工	熟悉项目内各项管理工作内容和细化标准
5	项目整体布局、设备设施(工程、消防)的内容介绍	半天	集中授课	内部师资	全体新员工	了解项目的管理、运行情况
6	服务礼仪、礼貌、仪容、仪表及语言规范,沟通技巧	一天	集中授课	内部师资	全体新员工	员工的语言、行为规范
7	消防条例、消防职责、急救常识等等	一天	授课演练	内部师资	全体新员工	掌握消防、急救知识
8	应急预案:消防、治安等	一天	模拟场景授课	内部师资	全体新员工	掌握应急方案

B. 专业培训。

序号	培训内容	时间	培训方式	授课教师	培训对象	培训目标
1	物业管理法规政策培训，结合项目贯彻政策法规的方法	半天	授课讨论	内部师资	管理人员	掌握法规政策
2	项目承接查验程序	半天	授课	内部师资	管理维修人员	掌握房屋承接查验流程
3	设备设施维护标准及操作程序	半天	授课	内部师资	管理维修人员	掌握设施、设备维保标准
4	秩序维护、停车场管理标准及巡视、检查要求	半天	授课	内部师资	管理人员	掌握秩序维护、停车场管理标准及要求
5	队列操练	二天	操练	内部师资	秩序维护人员	提高防卫能力
6	治安条例及安全分析	半天	授课讨论	公安部门	管理秩序维护人员	熟悉公共秩序维护的范围和职责
7	保洁操作规范、流程及模拟培训	一天	授课及实习	内部师资	清洁人员	掌握保洁技能
8	绿化专业技能及模拟培训	一天	授课实际操练	内部师资	绿化人员	掌握绿化维护技能

②项目接管后常规运作期的员工培训内容。

序号	培训内容	培训时间	培训方式	授课教师	培训对象	培训目标
1	物业入住每6个月后，强化项目接管前的专业培训内容	四天	讲解交流	内部师资	全体人员	确保员工的管理服务水平达到标准
2	沟通技巧及客户投诉处理技巧培训	一天	讲座交流	外请专家	管理人员	提高员工与客户的沟通技巧和管理水平
3	组织协调能力及公共关系培训	半天	讲座交流	外请专家	管理人员	增强组织协调能力，提高管理水平
4	管理服务学习考察	半天	讲座讨论	外出参观	管理人员	提高管理人员的管理水平
5	管理服务技能	一天	交流	各项目间交流	管理人员	提高管理人员的服务技能
6	消防知识及实际演练	一天	授课演习	内部师资	全体义务消防员	掌握消防知识、提高实战水平
7	秩序维护队列及消防知识培训	每年十天	讲解操练	内部师资	秩序维护员	提高秩序维护人员专业技能
8	保洁、绿化标准讲解及技能比赛	一天	讲解比试	内部师资	保洁、绿化人员	提高保洁、绿化人员专业技能
9	各类持证上岗的持证培训	根据实际情况安排	外送培训	外部师资	相关人员	按照行业要求执行，提高业务水平

③ 基本素质培训与专业技能培训内容及要求。

岗 位	培训内容	要 求
公司全体员工	1. 公司规章制度； 2.《员工手册》、《员工行为语言规范》； 3. 企业发展史、公司规划、公司理念、组织机构； 4. 职业道德、敬业精神、团队精神、服务意识、质量意识； 5. 消防安全和普法教育； 6. ISO 9001 质量保证体系基础知识； 7. 物业管理基础知识	1. 公司人力资源管理部门和公司所属部门组织对新员工及在职人员进行培训； 2. 公司人力资源管理部门定期组织员工进行专题培训和考核
公司中层以上管理人员	1. 公司规章制度； 2. 物业管理条例、法规、行业标准、ISO 9001 质量保证体系知识； 3. 所属专业的技术知识； 4. 管理技巧和领导艺术； 5. 物业管理发展趋势	1. 管理人员需参加市物业管理主管部门的管理上岗培训，并取得物业管理上岗证； 2. 熟悉质量保证体系文件及运作流程，熟悉各种法规、条例，了解物业管理的发展动态，提高业务知识和管理水平，并定期进行考核
设施设备维护人员	1. 设备手册、维修手册、消防手册及各类工作记录、工作流程、岗位职责、工作标准； 2. 物业设备原理、性能、参数、操作、保养规程、巡视方法要领； 3. 各类器具、消防设施的使用方法； 4. 水、电、暖专业技术知识； 5. 新设备新技术的熟悉和掌握	1. 取得市级人力资源和社会保障局颁发的各专业的上岗证，通过年审，通过公司技工等级审核考试； 2. 熟练掌握各类设备运行情况、操作技巧，熟练所属服务中心的水、电、消防网路，并定期进行考核
公共秩序维护员	1. 服务手册、消防管理手册及质量记录、工作流程、岗位职责、工作标准、法律知识； 2. 项目客户、车辆情况、项目内外环境情况，工作技巧等； 3. 消防设施操作方法、消防应急方案； 4. 秩序维护员队列、体能训练	1. 熟练掌握各类工作流程，熟悉项目内客户、车辆的情况，并定期对秩序维护员进行考核； 2. 定期组织消防演习、队列比赛等
保洁员	1. 清洁服务工作手册及相应的质量记录，工作标准，岗位职责及工作流程； 2. 各类清洁机（工）具、清洁剂的使用方法； 3. 各类墙面、地面、不锈钢、玻璃幕墙等的清洁方法及技巧	熟练掌握所培训内容，定期考核
绿化员	1. 绿化服务工作手册及相应的质量记录，工作标准，岗位职责及工作流程； 2. 各类常见植物的特征及种植、养护方法； 3. 绿化工具的使用方法，各类常用药剂的使用方法及配比	熟练掌握所培训内容，定期考核

续表

岗　　位	培训内容	要　　求
其他管理	1. 工作职责，工作技巧，工作流程； 2. 需对相关人员在收费标准、收费原则以及水、电表的知识方面进行培训； 3. 需对采购、仓管进行材料质量的检验方法、仓库管理知识等方面的培训； 4. 需对文印人员进行电脑操作、各类文印机具的使用，保养技巧方面的培训	均需对所培训内容熟练掌握，并定期进行考核

2）实践培训。

客服人员、维修人员、秩序维护员、清洁人员、绿化人员在培训结束后，在项目接管前一个月，提前进入项目进行实地操作，由公司指派资深专业人员现场指导，以最快的速度熟悉项目，掌握项目的特点。

考核：培训结束后，由人力资源管理部负责对参训人员进行考核，考核成绩将作为公司录用员工的依据之一。

目标：通过上岗的培训，使各岗位人员熟悉公司对各岗位的要求、所从事岗位的基本情况和职责，将自己的技能与公司的要求和标准相结合，以精湛的技术、良好的仪容仪表、规范的言行举止，出现在各自的岗位上，充分展现物业公司的良好形象。

3）在岗培训。

为了确保管理人员是适应各个物业项目的不同要求，公司还需对上岗员工进行继续培训，以达到为业主提供更优质服务的目的。

（2）培训管理

1）全体员工经过培训后，经考核合格方可上岗。对所有管理人员的岗位技能、管理水平、服务质量每季度进行考核，考核成绩与工资挂钩。

2）坚持培训工作的长期化。各部门应保证员工有足够的时间参加培训，在工作中检验培训效果。各部门负责人在管理工作中，应随时发现工作中存在的问题和不足，及时反馈到人力资源管理部，作为修订培训计划的依据，真正达到培训服务于管理的目的。

【案例】

某物业服务企业人员招聘总体计划方案

公司人员招聘总体计划分为定期招聘计划和临时招聘计划。定期招聘计划的编制程序是由人力资源部根据定员计划，提出对学历、性别、专业的要求和招聘程序，并报总经理批准。临时招聘计划的编制由人力资源部根据各部门的缺员情况和增人申请，经检查、核实和平衡后，制定招聘计划并直接报总经理批准。

1. 公司每年人员需求数量来源

2010 年，全年人员需求约 280 人，数据依据是每年新入职员工数加年终岗位空缺数；

2011年随着服务项目逐步增加，如增加了新的中央面点房、24层、展厅讲解员、大厦巡查等新的岗位，因此造成的人员上增加约50人、全年总人员需求将达到近330人。

除此之外，每年的人员需求数都会随着服务项目、服务面积等增加有所变动。

2. 招聘渠道

2011年以部门编制为基础，主要采取以下招聘渠道进行人员补充：

（1）校园招聘

人力资源部以文案的形式将招聘条件提交给有关学校的系主任和学生处，或由人力资源部经理等负责人直接去学校召开招聘发布会。开发新的实习合作院校有大学、高等职校等不同层次的院校，几所学校共招聘实习生24人；维护原有学校的招聘关系，共招聘人员50人，基本能够达到一线服务岗位的人员编制。

（2）刊登网络招聘广告

网上招聘成本较低，信息传播迅速。人力资源部将及时登录招聘网站发布招聘信息，搜寻合适人选。通过小型免费网站发布信息的方式，获取了一定的应聘者的联系方式。

（3）熟人介绍

通过员工介绍招聘，也需向介绍者分发有关资料，特别要向他们强调招聘条件和录用标准。通过多渠道散发招聘信息，发动周围员工、同行业人员等，完成人员招聘及空缺岗位补充。

3. 招聘渠道分析

渠 道	主要招聘岗位	费 用	效 果
校园招聘	礼宾、会议、餐饮、安保等服务人员	交通费、差旅费、交际费等	学生的可选择性逐年增多，招聘难度逐年加大，短期内生源多、外形条件好、人工费用低
刊登各人才中心电子信息	厨师、工程、保洁等人员	免费	推荐人员多年龄偏大，实用性不强
平面报刊广告	厨师、工程、保洁等人员	2600元/次	对于基层人员的招聘效果较好，可持续性较弱，费用高
网络招聘广告	中、基层管理人员，文职人员	10000元/年度	基础岗位人员简历少，效果不佳
熟人推荐	各个岗位人员	无	稳定性好，匹配度较高，无费用

4. 各岗位人员招聘计划表

部 门	性 别		合计	预计实习生
	男	女		
餐饮部	90	60	150	40
会议服务部	10	15	25	20
机要服务部	10	15	25	10
礼宾部		12	12	10
安保部	25		25	

续表

部门	性别		合计	预计实习生
	男	女		
工程部	20		20	10
消防部	20		20	10
管家部	10	30	40	10
其他部门	8	10	18	10
合计			335	120

5. 选拔程序

招聘人员基本上按以下程序进行选拔：

（1）依个人资料初选

根据应聘者提供的资料，人力资源部要对每个人的特长和不足进行充分的评价分析，确定初步选择意向后，通知应聘者参加笔试。

（2）笔试

大学应届和历届毕业生的考试内容包括外语、专业课和综合考试。大专及以下应聘者考试内容包括外语和专业内容。临时招聘的考试内容可随机决定。

（3）面试

对笔试合格者进行面试。面试者应由经理和有关人员及主管部门经理参加。面试结果要集体决定，如经理不能出席，结果要报其批准方能生效。

（4）体检

对面试合格者要进行体检，主要是看其身体状况是否能适应工作需要。体检由指定的医院进行。

6. 聘用

对测评全部合格者发出招聘通知书。通知书一般随应聘保证书一同发出。应聘者需将应聘保证书在两周内寄回公司，两周内未寄回者取消其应聘资格，但因邮递不及时或者有正当理由者不在此列。

应聘者应按人力资源部指定时间报到上班。报到时间由人力资源部与用人部门共同商定。新员工报到后应递交保证书和担保书，并经3个月左右的试用期后，方可决定是否被正式录用。3个月试用期之后，所属部门经理提出录用与否报告，经过人力资源部审核，决定是否正式录用。

7. 存在的招聘难点

（1）招聘渠道的局限性

基层岗位补充主要以校园招聘为主，虽然基本能够保证各部门用人需求，且在人工成本上大大节约，但相对于公司的岗位多样性特点来讲，仅此一种快速和有效渠道并不能解决公司近百个岗位的招聘压力。

（2）对于春节前后出现的用人荒现象不能得到很好解决

每逢春节前，整个劳动力需求都日益火爆，可谓一人难求。而且对于公司这样劳动密集型的产业，流动性就显得尤为突出，因此每到此时用人都会特别紧张，而此现象一般要持续到3月份。

(3) 部分岗位招聘困难

对于我市劳动力市场都相对短缺的岗位，如消防中控、安保、厨师等岗位，受薪酬体制的局限，此类人员薪酬在市场上没有竞争力，而老员工的发展空间又有局限，因此此类岗位出现的问题就是人员招聘相对困难，而在本岗位上的骨干员工也有不同程度的流失。

(4) 招人容易，留人难

对于实习生培养，公司及各个部门都投入了很大精力，从入职培训到岗位技能方面的培训，都是由专人进行帮传带工作，从表面上看我们培养了大批骨干员工，在岗位上也切实能够发挥模范带头作用，但从实际上讲此类人员离职率也是相当高。截至2010年底，2008年开业初期从各大中专院校共招用实习生116人，目前仍在岗位仅为37人，两年内流失的优秀人员占六成。

复 习 思 考 题

1. 人力资源管理的内容有哪些？
2. 如何编制人员招聘计划？
3. 物业服务企业各类人员考核的内容包括哪些？
4. 一个优秀的物业管理人员应具备哪些方面的素质与能力？
5. 怎样制定物业服务企业的人员培训计划？
6. 如何进行物业服务企业培训管理与考核？
7. 物业管理师制度包括哪些内容？

18　各种类型物业的管理服务

18.1　居住物业的管理与服务

居住物业是物业的基本类型之一，也是目前物业管理覆盖面最广的业务类型。运用物业管理的理论和技术手段，围绕居住物业的特点组建物业管理机构，有针对性地实施物业管理，不仅是居住物业自身居住功能的要求，同时还是营造优良的人居环境、实现城市总体规划的重要组成部分。居住物业的管理内容涵盖非常广泛，几乎涵盖了物业管理的所有服务内容。居住物业管理的基本点是通过专业化的服务，营造居住物业良好的生活环境和社会环境，实现和优化住宅的居住功能。

对居住物业的管理和服务，在组织实施上物业服务企业应注意管理模式的选择和定位，并积极协调与业主大会的关系，做好日常管理服务工作；特别是要彻底转变经营机制，拓宽思路，在管理过程中实现企业的经济效益。此外，还要按照原建设部颁布的《全国城市文明住宅小区标准》，创造性地开展工作，制定管理工作计划和实施方案，不断创新服务模式，从整体上加强对居住物业的管理，提高居住物业的管理服务质量。

18.1.1　居住物业管理与服务概述

1. 居住物业的含义与功能

居住物业是指专供居住的房屋，一般泛指住宅小区、公寓、别墅以及职工家属宿舍等。居住物业是居民赖以生存的空间和必要的生活设施，包括住宅以及附属的设备和设施。居住物业内的住宅一般都是成套住宅，成套住宅是指由若干卧室、起居室、厨房、卫生间、室内走道或客厅等组成的供一户使用的房屋。

居住物业可分为普通住宅、高档公寓、别墅等等。住宅的建筑形式不同，业主的构成也就不同；因此，各种住宅对物业管理的要求、管理的内容及特点也会有所不同。

2. 居住物业的功能

居住物业的功能主要表现在以下几个方面：

（1）居住功能

住宅是人类生存和发展的最基本的生活资料之一，居住功能是居住物业最基本的功能。在居住功能中，最重要的是它能够提供人们生活和休息的场所，同时为配套商业、文化教育、服务业、银行、卫生等部门提供用房。

（2）服务功能

随着城市规划建设的发展，居住物业的服务功能越来越完善，居住物业的公用配套设施和管理应满足住户多种类、多层次的生活需要。既要包括教育卫生服务用房，又要包括商业服务业用房。

（3）经济功能

居住物业的经济功能主要体现在交换功能和消费功能两方面。居住物业是使用时间长、价值量大的商品,其交换功能应体现业主在居住过程中的住宅买卖和出租上。居住物业的消费功能是指业主在住宅的消费使用过程中,需要为物业的保值增值支付物业服务费,客观上需要物业服务企业提供相应的管理和服务。

(4) 社会功能

居住物业的社会功能主要体现在居民与社会各个部门之间的关系,包括居住区与居委会、街道办事处、派出所之间的社会关系,也包括居住区内业主之间的关系、业主与物业服务企业之间的关系,以及业主与供水、供电、有线电视等职能部门之间的关系。居住物业的社会功能是否完备,直接影响着居住物业的管理服务和精神文明建设。

3. 居住物业的物业管理目标

(1) 实现居住物业的保值增值

首先,物业管理通过对房屋及其设施设备的保养与维护,使居住物业的使用寿命延长,从而使其使用价值得以保值而不致提前损坏或报废;其次,通过环境保洁、绿化工作,提高小区整体的环境质量,提高物业的综合环境效益指数,这是物业增值的一个重要方面;再次,结合房屋及其设施设备的大修或更新改造,更新和完善物业的功能,使之能跟上社会进步对居住提出的要求,在保值的基础上实现增值;最后,定期组织专业部门对物业的资产保值和增值的状况进行专业评估。通过评估,明确问题的所在和改进措施,进一步从多方面探索物业保值增值的途径。

(2) 营造温馨、舒适、安全的人居环境,最大限度地发挥居住功能

住宅对于现代人类来说,就是为人们提供了一个身体和心灵的休息空间。人们居住的条件和环境的好坏、是否安全等,不仅决定着人们的体力恢复,而且可以决定人们的精神状态及人们对社会、对生活的整体看法,从而决定着人们的行为取向。当物业服务企业通过精心服务,为业主营造出一个环境优美、祥和平安、管理有序的区域,在此居住的业主可以心情舒畅、精力充沛地全身心投入工作和事业,这就是物业管理的目标。因此,在居住物业的诸多功能中,首要的或基本的是居住功能充分实现,也是居住物业管理服务的首要内容。

(3) 完善居住物业的各项使用功能,方便业主生活

物业服务企业为业主提供的服务有常规服务、专项服务和特约服务。结合居住物业的实际情况和业主的需求,完善居住物业的各项使用功能,一是可以方便业主及使用人的生活;二是可以弥补房屋及其设施设备和环境的先天或硬件上的不足,改善居住物业的综合质量指标,形成具有特色和优势的社区环境和人居环境;三是可以使物业服务企业在满足业主及使用权人服务需要的同时,树立企业的信誉和形象,实现物业企业经营和管理的目标。

(4) 培植居住物业文化,提升物业管理区域内业主的道德修养

由于不同的居住物业存在一定的差异,业主的层次和需求也会有所不同。物业服务企业在提供管理服务的同时,通过有意识的管理创意和培养,每一个居住物业都应该有符合自己特色的区域文化。物业企业通过物业管理规约、住户手册和相应的管理制度,将管理、约束与引导相结合,形成小区内良好的社会风气和行为准则,不断提升物业管理区域内业主的道德修养,使物业企业与业主之间形成良好的互动关系,努力提升物业管理水平,从而达到更好地为业主服务的目的,为创建全国城市文明住宅小区奠定良好的基础。

(5) 更好地实现城市总体规划目标

居住物业规划是城市总体规划的构成要素。居住物业规划的合理科学与否、功能是否完善，直接影响着城市总体规划的水平和总体规划的实现。居住物业的建设首先要符合城市规划，在后期的使用上也要与城市规划相衔接。居住物业虽然是封闭或半封闭管理，但是毕竟不能脱离城市而存在，而是城市规划的一部分，对居住物业进行物业管理，努力实现和完善规划目标，使其布局和功能更加科学、合理，努力在整体上符合城市的总体规划要求。

18.1.2 住宅小区物业管理

1. 住宅小区的含义与分类

住宅小区通常指按照统一规划、综合开发、配套建设和统一管理的原则开发建设的，具有比较齐全的公共配套设施，且建筑面积达到一定规模，能满足住户正常物质文化需求，并为交通干道所分割或自然界限所围成的相对集中的生活区域。

住宅小区的类型有以下几种：

从建设时间上分为新建住宅小区、原有住宅小区及旧城区的住宅小区。其中，新建住宅小区在建设时多数都考虑了实施物业管理所需的各种条件，实行封闭或半封闭式的管理；原有的住宅小区也在进行半封闭式的改造及逐步引入物业管理。而旧城区中的住宅小区由于受当时的设计观念和管理体制的影响，在形态上是比较松散的、开放的，在物业管理上是亟须推进的。

从建设的规模上可以分为单元性住宅小区、普通住宅小区、大型住宅小区和巨型住宅小区（超级住宅小区）。单元性的住宅小区，一般建筑面积在 3~5 万平方米，是配套设施相对独立的住宅区；普通住宅小区指建筑面积在 5~30 万平方米的住宅区，这是当前住宅小区的主要规模形态；大型住宅小区主要是大、中城市内建筑面积在 30~100 万平方米的住宅区；巨型住宅小区指建筑面积在 100 万平方米以上的住宅区，主要存在于特大型城市中，其建筑的聚集程度、土地的利用水平、总体规划和功能配套等方面都属于领先水平。比如北京的方庄住宅小区，最初建设时有 54 栋高层和多层住宅，并在小区内设有购物中心、百货商场、幼儿园、中小学校、体育场、餐饮娱乐场所等，总建筑面积超过 130 万平方米，为当时亚洲最大的住宅区。

按照建筑主体楼宇的构成，可分为多层、中层、高层和超高层建筑（住宅）等。多层建筑（住宅）指不设电梯的 3~6 层的建筑，往往由多组建筑群错落有致地排列组成，是我国城市特别是中小城镇的主要建筑形态，其建筑对居民生活较方便；但土地利用集约程度不高，更多地适用于土地资源不十分紧张的中小城镇建设。中层住宅指 7~9 层住宅，它的土地利用程度也不是很高，在我国中小城市中为主导型住宅。高层住宅指 10~30 层建筑，在建筑耐火等级、防火间距及安全疏散通道方面有严格规定。超高层住宅指 30 层以上的住宅，这在我国一些大城市的高档公寓中已经出现，通常要设 4 部以上的电梯，其中要有 2 部为快速电梯，以提高住宅内的竖向交通效率。此类建筑除防火间距、耐火等级方面有严格的要求外，楼层顶部必须为平台，可停降用于紧急救灾、救险的直升机，其设备构造极为复杂，对物业管理的要求也相对较高。

2. 住宅小区的特点

住宅小区的特点由住宅小区物业的特点及业主与使用权人的特点共同组成。

(1) 配套性强，功能齐全

住宅小区的房屋具有较强的系统性和配套性，包括地下地基、各种管线与地上建筑的配套，以及建筑物、构筑物、设施设备等功能方面的配套，以及物与人的使用要求的配套。功能齐全是指小区既满足人们居住的要求，同时又具有满足人们购物、就餐、学习、就医以及休闲娱乐和其他日常工作、生活等方面的需求。这一特点要求物业服务企业接管物业后要实行统一管理，要对业主及使用权人在物业使用方面提出具体要求，保证物业使用功能的发挥。

(2) 建筑规模庞大，整体性要求高

通常住宅小区的单体建筑面积往往要数千平方米或上万平方米，小区的平均建筑面积要在5万平方米以上，且要求的建筑风格统一，高低错落有致，建筑密度适当，建筑与绿化、场地及区内道路相互协调，即小区的住宅建筑及其相关建筑和设施设备是作为整体发生效能的。

(3) 小区建筑物及相关设施的规划尤为重要

无论是新建小区或是旧城改造小区，都在建筑限高、容积率、主体建筑与附属建筑及设施等方面有严格的要求，不能随意突破。在规划上要求各项功能协调。不仅如此，小区的规划还必须具有预见性和前瞻性，对小区未来的发展有超前的部署。例如，对于1户1个车位的设计已经不能满足小区停车的需要，在规划设计停车位时应考虑到汽车需求的增量；随着业主居家办公方式的出现，需要配置先进的通信网络系统；考虑到业主闲暇时间的增多而增加健身娱乐方面的设施，为保障业主的安全增加安全防范监控系统等等。

(4) 住宅产权结构趋于多元化，业主构成呈现多样化

随着我国住房制度改革和住房商品化进程的加快，个人购买新建住房的比例大幅度上升，还有部分单位自管房、托管房、承租房、廉租房等多种形式，小区内住宅产权结构趋于多元化。小区内业主构成呈现多样化，从职业构成上有各级机关干部，也有大专院校、科研院所的教学科研人员；有私营业主、外企白领，也有机关干部；既有本市人员，又有外地人员，还一些外籍人员也长期居住本地。住户的文化参次不齐、民族各异，信仰不同，构成了住户迥然不同的文化背景和差异；从而派生出方方面面的需求，一方面增加了物业管理的难度，另一方面也为物业服务企业的发展提供了机遇。

(5) 住宅小区具有社会化的特点

随着住宅小区集约化、综合化、信息化的实现，加上小区的功能多元化和产权的多样化，使许多小区就像一个小社会。小区内的公用设施既服务于业主，又服务于社会，小区已经跳出了封闭管理的模式，是城市管理不可或缺的重要内容。

3. 住宅小区物业管理的内容

住宅小区物业管理就是在住宅小区范围内，以住宅房屋为主体的各类房屋建筑及设施设备及其他公用设施与整体环境为基本对象，以为业主提供全方位服务为核心任务的一系列管理活动的总称。住宅小区物业管理的范围，既包括小区内各类建筑和基础设施的维修养护，又包括小区内环境卫生、庭院绿化、道路交通的管理和公共秩序维护；既包括对区域内物业的管理，又包括对业主和使用人居住行为的管理。物业企业通过制定相应的管理制度和管理规约，用以协调业主的居住活动和行为的关系，对不良行为进行约束、监督、疏导和教育，使之规范化和秩序化。住宅小区物业管理的目的是营造舒适、祥和、整洁的

人居环境。住宅小区管理的对象是物业，服务的对象是业主和使用人。住宅小区物业管理的内容涵盖了几乎物业管理的所有内容。

(1) 围绕住宅小区的接管，组建物业管理机构

住宅小区的物业管理有多种模式，每种模式有其优点及适用性，将各种模式的优势加以组合和发扬，探索市场经济条件下我国住宅小区物业管理新模式，是摆在我国物业管理工作者面前的一项紧迫任务。具体讲，现行的住宅小区物业管理模式主要有：

1) 专业化物业管理机构为主的管理模式。组建物业服务企业，实行专业化管理是物业管理市场发展的必然趋势。由物业服务企业统一管理小区的物业，对房屋设施设备、道路场地、环境绿化、安全等实行统一管理，根据国家的有关规定结合所管理的物业，开展多种经营项目，同时与街道、居委会及相关专业部门进行沟通与协调。这种方式既保证了管理的专业性和统一性，又体现了市场经济的要求，将管理与经营结合起来，同时又充分发挥了物业企业的专业作用和优势，是一种有广阔发展前景的物业管理模式。

2) 以房管所为主的管理模式。以房管所为主的管理模式，主要针对城市房屋管理部门的直管产或托管产房屋而实施的管理。这种模式可充分发挥房管所在过去长时间内积累的房管经验和技术专长，保证房屋完好或基本完好，对破损的房屋、照明线路等及时组织维修或翻修、改造更新等，保证用户的使用功能。但这种模式也有一定的不足之处，对管理范围内的房屋不容易实行封闭或半封闭式的管理，只能是一种粗放的或接近粗放的管理；只有对房屋及其设备的管理，而没有对居住者居住行为的约束，如无法也无力制止小区内的私搭乱建；只有一般的维修而没有更多的服务；只收取传统意义的房租，在没有收取房屋商品租金的情况下，造成入不敷出，工作受到掣肘；工作中责权划分不清、互相推诿等，在经营管理观念上也亟待作根本性的转变。

(2) 住宅小区常规物业管理与服务

住宅小区常规物业管理与服务是物业管理服务的核心内容，根据住宅小区的特点，常规物业管理与服务内容包括以下内容：

1) 房屋与设施设备的日常管理与维护保养。住宅小区房屋与设施设备的日常管理工作，主要是针对小区内供水、供电、公共照明、电梯、空调等设施设备实行的管理。主要工作内容包括：一是根据住宅小区业主构成复杂、对住宅使用和管理的知识掌握不一致的情况，向业主进行房屋与设施设备正确使用的指导和教育，并通过住户手册以及物业管理规约等，明确业主进行房屋装修、改造的要求和程序，必须明确告知业主装饰装修的禁止行为。二是建立健全住户业主档案，对业主及其房屋与设备情况做到清晰明确，便于进行有关房屋与设备维修养护的上门服务。三是建立房屋与设备状况的巡查制度，定期或不定期走访业主，按时对公共部位进行巡查，对发现的问题及时组织维修。同时，物业企业还要负责住宅小区内的道路、公共排水、排污管道和化粪池等设施的管理。主要管理内容是防止业主占道经营、车辆乱停乱放，做好道路的维护保养，保持道路平整通畅；排水、排污管道和化粪池管理工作的重点是防止人为因素引起的管道堵塞，防漏清疏，做好周期性的检查和维护。

2) 环境管理。住宅小区的环境管理主要包括三方面的工作：一是对入住业主及使用人要经常进行环境及环境保护方面的宣传和教育，旨在使业主及使用人于潜移默化中树立和强化环境和环境保护意识。宣传教育的形式可以多种多样，但要结合住户的特点使其易

于接受。二是组织好小区的环境清洁、清扫和垃圾清运工作，维护小区的环境整洁，对业主行为加以规范或劝告。三是采取必要的手段维护小区的环境，对私搭乱建、有碍观瞻的行为进行劝说教育，限其在规定的时间内自行拆除和恢复原貌，对逾期不拆的，物业企业可以报告政府主管部门对其进行行政执法检查和管理，并做相应的经济处罚。

环境管理包括保洁服务和绿化管理。保洁服务的主要工作是维护保持小区的宁静、舒适、整洁和优美。主要工作内容有：对小区内的道路、绿化带、公共部位及时清扫保洁，设立卫生收集器具，及时收集和清运垃圾；制止小区内乱丢、乱放、乱倒和乱堆废物垃圾，制止乱张贴、乱涂写，制止饲养家畜家禽；及时对垃圾桶等卫生器具清洗消毒归位，加强防疫灭鼠、灭蟑螂和灭蚊蝇，加强对小区内经营商户的卫生管理和检查，保持区内清洁卫生。绿化管理的主要工作包括两个方面，一是保证小区内绿植的正常生长，定期浇水维护，对园林小品及人造景观的维护；二是对业主的行为有所约束，如不占用绿地，不随意践踏草坪和攀折树木，不在公共绿地内停放机动车辆，不在树木间系绳搭晒衣物等等。同时还要注重培养业主的文明意识，使业主与物业服务企业在环境保护方面思想统一、利益一致，有利于提高小区的整体管理水平。

小区的绿化一方面靠选址时的原有景观，另一方面是靠后天的培植，两者都十分重要。前期项目选址时若选在光秃秃的地段建造，待形成高质量的绿化环境往往要10～15年，甚至时间更长，其绿化费用也较高。后天的培植应结合小区的特点，动员各方面的力量，开展"立体绿化"、"垂直绿化"等工作。既包括小区内的植树种草，又包括业主的阳台、露台的绿色植物培植，还包括园林小品及人造景观的维护。住宅小区的绿化管理与环境有密切的联系，是绿化构成环境的一个重要方面，同时又有自己的特殊性。小区的绿化水平是衡量居住文明的直观指标。一个住宅小区，绿荫如盖、满目葱郁、青翠欲滴，其环境综合效益指数就比较高。此外，住宅小区绿化应与外部环境中的绿化相匹配，可提高整体的居住环境质量。

3）安全管理与消防管理。住宅小区安全管理的目的是为小区内的业主提供和创造安全的居住环境，降低小区内的安全事件和刑事案件的发生率。为此，住宅小区在建筑形态上与外界相对"隔离"物业企业在措施上对小区实行封闭或半封闭的管理；同时，还要加强安全防范宣传教育，提高安全防范意识，积极协助主管部门搞好小区内的安全管理。物业服务企业主要通过加强"人防"和"技防"管理，提高安全防范能力，"人防"主要措施是加强门卫值班和巡察制度，既方便业主出入，又管理有序；"技防"主要是通过小区安全防范系统，对主要的点位加强监控管理，做到安全防范无死角。

住宅小区的消防管理是一项非常重要的工作，稍有疏忽就会酿成恶性事故。在消防方面，一是贯彻国家和地方政府消防工作法令，制定严密的住宅小区内的消防制度；二是要加强宣传教育，要经常进行防火防灾的宣传教育，强化区内业主及使用人的火险意识和防范意识；三是定期进行消防措施落实情况的检查和节假日重大活动的全面检查，检查的内容包括：消防通道是否通畅，有无被堵塞的情况；消火栓是否易于取出，消防水压和水量是否充足等；四是抓好平时的管理训练和演习，组织小区业主的消防实战演习，以备不测，减少险情发生时的伤害事故。五是动员业主每户自备简易灭火器，以备火情发生时急用；六是健全专职和兼职的消防队伍，建立严格的消防制度和责任人制度。

4）公共秩序维护管理。小区公共秩序维护管理服务内容主要包括：主出入口值勤安排；对重点区域、重点部位的定时巡查；对进出小区的车辆实施证、卡管理，引导车辆有序通行和停放；对进出小区的装修、家政等劳务人员实行临时出入证管理；对火灾、治安和公共卫生等突发事件有应急预案，事发时及时报告有关部门，并协助采取相应措施。

5) 小区内交通与车辆管理。住宅小区的交通与车辆管理是物业管理的重要内容。住宅小区的交通管理主要包括：交通指示牌的合理设立、减速带的安装、车辆限速和行驶方向的要求等等；大型居住小区在上下班时应由公共秩序维护人员在小区的交通干道指挥、疏导车辆，既避免堵车又确保车辆的安全行驶。住宅小区的人口众多，层次有别，有汽车、摩托车和自行车，再加上外来的车辆进出频繁，因此说车辆管理是不可忽视的。车辆管理的主要工作就是车辆的停放和车辆的保管，车辆管理主要包括：设定合适的停车场和车棚，根据实际情况划定允许进入本区域的车辆品种及型号；定立适当的车辆进出放行制度；订立车辆停放制度；配置相应的监控、防盗设施。

6) 收费管理。包括住宅小区内物业服务费的收费标准和收费办法的制定；其他多种经营服务项目的收费内容和标准；各种收费方法的实施；物业服务费使用管理及账目公开等工作。

7) 多种经营便民服务。为满足业主多层次的服务需求，物业企业在提供上述常规性的服务项目的基础上，还要为业主提供周到细致的综合性服务。住宅小区内的综合性服务包括委托性服务和经营性服务。委托性服务是指根据业主的需要，物业企业接受委托而提供的服务，旨在方便业主和使用人。经营性服务是物业服务企业本着补充小区管理物业服务费不足，扩大企业收入来源，推动企业扩大发展而开展的多种经营服务。经营性服务可以根据住宅小区的实际情况有针对性开展服务项目，同时收费标准也可适当提高。

(3) 培育社区文化，积极推进文明住宅小区的建设

住宅小区的物业管理，既要注重房屋及其设施设备的管理，又要注重"社区文化"营造和培育，物业企业在精心打造优美环境的同时，刻意培育小区的"社区文化"，用文化影响业主的行为；通过组织社区文化活动，增加业主之间的沟通、理解与互助，协调业主与物业企业的关系，从而全面促进小区物业管理整体水平的提高。

1) 制定住宅小区文明公约。物业服务企业在征询业主大会同意后，应组织制定、讨论和颁布住宅小区的文明公约，并结合住宅小区内业主文化层次与职业特点，提出一些更为具体、带有约束性和导向性的内容，在小区内由大家共同遵守、执行或加以限制。住宅小区文明公约可以通过小区的网络或专栏等形式向小区内的住户广为传播、宣传重点，使之成为促进小区文明建设的行为准则。

2) 维护公共利益，抑制不文明的行为。通过物业管理维护业主公共利益，同样是物业企业的一项重要工作内容。物业管理人员应对小区内发生的损坏公物设施、破坏绿地以及制造污染（乱倒污水、乱抛杂物等）、危害公共利益的现象加以制止，使这种不良的行为没有立足之地；同时物业企业还可与居委会携手，大力倡导爱护共用部位和共用设施设备，对业主的行为文明予以宣传和引导，提倡邻里间的互敬互助，抑制不文明的行为。

3) 培育社区文化，提倡精神文明。社区文化的建设也是小区管理的内容之一。业主在满足物质文明的同时，也会更多地关注精神文明和文化建设，物业服务企业在这方面应该成为社区文化的设计者和推行者。物业企业在为业主提供服务的同时，开展社区文化活动，刻意营造出小区的特色文化，使业主享受更高层次的有形服务和无形服务。

4) 通过开展社区文化，引导业主行为。物业服务企业可结合所管小区内业主对文化生活的需要，利用小区的场所因地制宜，开展不同主题的文化活动。例如：播放露天电影或举办文艺演出；以爱护小区为主题的摄影比赛或绘画比赛；物业企业在组织文化活动的同时，提供机会和场合，促使业主们走到一起、坐到一起，在共同欣赏演出、享受生活同时也增进彼此的了解和交流。开展社区文化活动，一方面能够更好地体现"社区文化"的亲和力，另一方面可以引导业主的良好行为，继而形成业主共识的行为规范，旨在促进业主与物业企业为实现小区物业管理的良性循环共同努力。

4. 有关住宅小区管理的规范性要求

(1) 普通住宅小区物业管理服务等级标准

为了促进我国物业管理服务总体水平的提高，规范物业管理行业的发展，促使物业服务企业提供质价相符的服务，引导业主树立等价有偿的消费理念，中国物业管理协会制定了《普通住宅小区物业管理服务等级标准（试行）》（以下简称《标准》），作为物业服务企业与业主或业主大会签订物业服务合同的参考依据。该《标准》确定了三个物业服务等级，分别就物业管理服务的基本要求、房屋管理、共用设施设备维修养护、协助维护公共秩序、保洁服务和绿化养护管理6个方面约定了服务内容与质量标准，以及在各个不同标准下，测算物业服务价格的参考依据。

1)《标准》为普通商品住房、经济适用住房、房改房、集资建房、廉租住房等普通住宅小区物业服务的试行标准，物业服务收费实行市场调节价的高档商品住宅的物业服务不适用此标准。

2)《标准》根据普通住宅小区物业服务需求的不同情况，由高到低设定为一级、二级、三级三个服务等级。

3)《标准》各等级服务分别由基本要求、房屋管理、共用设施设备维修养护、协助维护公共秩序、保洁服务、绿化养护管理六大项主要内容组成。《标准》以外的其他服务项目、内容及标准，由签订物业服务合同的双方协商约定。

4) 选用《标准》时，应充分考虑住宅小区的建设标准、配套设施设备、服务功能及业主（使用人）的居住消费能力等因素，选择相应的服务等级。

(2) 全国城市文明住宅小区标准

为了加强城市住宅小区管理，进一步提高住宅小区的整体管理水平，为居民创造一个优美整洁、生活方便、文明安定的居住环境，原建设部制定了《全国城市文明住宅小区标准》，该办法适用于城市已投入使用的住宅小区。参加达标考评的住宅小区应当是经统一规划、综合开发建设成的。公共配套设施基本满足居民日常物质与文化生活需要，建筑面积在5万平方米以上的住宅小区。

文明住宅小区为三级评选，即国家级、省级（自治区、直辖市）和市级；分两个档次，"文明住宅小区"和"模范文明住宅小区"。凡达标的省级模范文明住宅小区即可申报全国文明住宅小区；从全国文明住宅小区中评选出若干突出优秀的住宅小区为全国先进典型，授予"全国文明住宅小区"的称号。

全国文明住宅小区的达标考评工作，每三年进行一次。每次达标考评的安排和要求，由住房和城乡建设部统一部署。对申报住宅小区的达标考评，应当采取查阅资料、实地考察、征询意见以及综合评分进行评定。全国文明住宅小区每三年进行一次复检，复检与每次重新申报住宅小区的达标考评工作同步进行。复检结果，凡符合《标准》的住宅小区，保留原授予称号。不符合的，予以取消。

全国文明住宅小区达标考评工作由住建部统一领导，组织有关部门或单位负责考评的具体工作。各（自治区、直辖市）建设行政主管部门负责本行政区域内全国文明住宅小区的申报工作。"全国模范文明住宅小区"和"全国文明住宅小区"由住房和城乡建设部授予称号，发给标记牌和奖状，并予以通报表扬。由各地政府对小区管理人员进行奖励。

全国文明住宅小区综合检查项目为：管理运作、精神文明建设、房屋管理、房屋修缮、环境卫生、园林绿化、市政设施及道路、社会安全与交通和住户评议几个方面。

18.1.3 高档公寓物业管理

高档公寓一般指建筑质量高，智能化程度高、附属设备高档齐全，有专门出入口的居住物业。高档公寓多为中、高层住宅，设有公寓大堂，外部环境良好，内部装修精致；每套单位住宅内一般配有全套家具、电器和卫生洁具，为业主入住带来了极大的便利；同时，高档公寓对物业管理服务的要求也比较高。

1. 高档公寓的特点

（1）建筑智能化程度高，设施设备齐全

高档公寓在设计上讲究品质，在适用性上要求安全、舒适和便捷，而且硬件配备也比较齐全。例如，高档公寓一般配有安全防范系统、消防系统、中央空调系统、电梯系统等，有些公寓还有热水系统、直饮水系统等等。这些系统的正常运转，是保证公寓正常使用的前提条件。

（2）高层建筑对消防设施和管理要求高

高档公寓内各种管道交错、竖井林立、内部的燃气、电器使用不当容易造成火灾事故，客观上要求楼宇的消防系统质量好，性能有保障；尤其是对于超高层建筑，更是依赖于自身的消防系统的安全运行。在消防管理上，注重宣传提高火灾防范意识；建立消防设施检查制度，保证消防系统完好；发现问题及时整改，消除火灾隐患。

（3）公寓具有相对封闭性，安全管理应到位

高档公寓的建筑形式有多种，有些是独立的公寓建筑，有的公寓是与写字楼、商场连接在一起的；例如，某商业大厦中，1~6层是商场，7~24层是高档公寓；某国际大厦，1~2层是餐饮服务，3~10层是写字楼，11~32层是公寓。对综合性大厦中的高档公寓，公寓的设计和管理是相对封闭的，出入口也是相对独立的，可以保证公寓业主的私密性和安全性。

（4）业主对服务的需求内容多、标准高

高档公寓的业主对居住条件和环境要求较高，对物业管理服务的水平也有较高的要求。物业企业在提供物业管理常规服务的基础上，还要根据业主的需要，开展内容多样的特约服务项目，业主对服务标准的要求也是比较高的。

2. 高档公寓物业管理的要求

（1）物业管理服务专业化程度高、品质高

高档公寓设施设备齐全，居住便利，周边环境和内部环境较好，因此业主对物业服务企业的服务水平的期望值就高，特别是对设施设备维修养护、公共秩序维护、消防和保洁服务等方面的要求更是如此。与此相对应，要求物业企业要提供专业化的管理服务，从管

理服务操作流程、服务标准等方面达到科学化、规范化要求，从人员素质方面具有一定的专业水准，为高档公寓提供较高品质物业服务，努力为业主创造出一个安全、舒适的居住环境。

(2) 特约服务和专项服务内容多、标准高

高档公寓业主的经济条件比较好，在满足物业服务基本内容的基础上，对特约服务和专项服务内容要求较多，标准也比较高。物业企业可以根据业主需求开设服务项目，例如、入户保洁、洗衣服务、餐饮服务、便利商店、美容美发和票务服务等等。这些服务项目的开展，不仅方便了业主的日常生活，也在一定程度上为物业企业带来了收益。

(3) 业主构成较为复杂，具有一定涉外性

高档公寓业主的置业目的不同，来源广泛；业主的物业有的是用来居住、有的用来投资；业主既有本地居民，又有外埠人员，有些物业还有一些外籍人士居住，业主构成较为复杂。在物业服务中，物业企业要配备高素质的人员，针对高档公寓的特点开展服务，力求满足业主的合理要求。由于业主来源广泛，业主的信仰不同、生活方式不同，他们对物业的需求和感知也会有一定的差异。因此，物业管理人员要充分了解公寓内有哪些不同的民族和国籍的业主，在服务中充分尊重不同国籍的业主的习俗和信仰，赢得业主的信任，提升物业服务的满意度。

(4) 包含一些公寓的出售、出租业务

高档公寓中有些业主置业的目的是用于投资，这些业主往往需要物业企业为其提供物业出售或出租的代理业务。为此，物业企业要配备房屋经营代理的专业人员，为业主寻求合适的客户，根据房地产市场需求状况提供房屋出售或出租的参考价格，代理客户办理相关的手续，为业主提供优质的服务。

3. 高档公寓物业管理的内容

高档公寓物业管理服务在基础服务内容上，与普通住宅项目的物业管理内容大致相同，区别之处在于高档公寓对物业服务要求的水平比较高，内容比较多；有些酒店式公寓，还要求物业服务达到酒店星级服务标准。高档公寓物业管理的内容突出表现在以下几个方面：

(1) 围绕物业服务项目，做好综合管理

高档公寓物业管理服务既包含物业服务的基础内容，也包含专项服务和特约服务内容，这就要求物业企业统筹安排，在提高综合管理服务质量上做文章，要求各项服务内容的质量标准要一致，不能有所偏颇或应接不暇。

(2) 注重高标准、高质量的服务

高档公寓的物业价值较普通住宅物业的价值要大得多，提供优质物业服务，为业主的物业保值增值是物业管理的主要目的之一，客观上业主会要求物业企业提供高标准、高质量的服务。例如房屋及其设施设备的正常运行与维修养护要及时到位；对业主的装修管理服务要措施得力、及时跟进，不能影响公寓内其他业主的正常生活；业主报修后服务人员及时到位，服务流程科学、维修标准符合规范等等。

(3) 特约服务需求大、项目多

高档公寓的业主对个性化服务需求比较多，要求的服务项目多、涉及的服务内容较广泛，物业企业应根据业主需求、因地制宜地开展服务项目，力求满足业主不同层次的服务

需求。

(4) 公共秩序维护要求高

高档公寓的业主对私密性和安全性要求较高，对公共秩序维护的要求也相应地提高。公共秩序维护的关键，既要满足公寓安全性的要求，又要理解业主不被过多打扰的心理。做好公共秩序维护要注意以下几点：一是要有严格的管理制度，尤其是对非业主进入公寓要做好出入口管理；二是充分利用公寓门禁系统和智能电梯系统，实行业主刷卡出入管理。三是注重消防安全，加强公寓消防管理，杜绝火灾隐患。

(5) 加强与业主的沟通，了解业主需求

物业服务企业在日常服务过程中，通过接待业主、入户服务等环节注意收集业主的意见和要求，也可以通过组织业主活动了解业主的需求、倾听业主的建议，在与业主的沟通过程中，不断改进管理服务的方式方法，赢得业主的支持，不断提升业主的满意度。

18.1.4 别墅物业管理

别墅是指普通住宅之外用来享受生活的居所，是人们的第二居所。别墅多选址在城市近郊及风景区，与自然景观相融合；因别墅建造的地点不同，室外环境也有所不同，主要有山地别墅、临水别墅、庄园别墅等等。别墅设计一般是因景、因地制宜，布局灵活，结构简洁、样式多变。别墅配套设施齐全，从生活到休闲，都围绕业主生活的舒适与方便进行统筹规划。

1. 别墅的分类

按照别墅建筑的结构不同，可以分为以下几种类型：

(1) 独栋别墅

独栋别墅在结构上独立，不与其他建筑相连接，四面临空，拥有独立院落，房屋周围有面积不等的绿地、院落。这一类型的别墅私密性较强，市场价格较高，也是别墅建筑的最高形式。

(2) 双拼别墅

双拼别墅是由两个单元别墅的主体结构相连接组成的别墅，三面采光，拥有前后院落。双拼别墅比较独栋别墅而言，提高了房屋建造密度，业主居住的舒适性也比较高。

(3) 联排别墅

联排别墅由四个或四个以上的居住单元组成，几个单元共用外墙，每个单元有自己的院落和车库，房屋外观设计大体一致。联排别墅相对于独栋别墅和双拼别墅而言，提高了土地利用的集约程度，是较为经济的一种别墅类型。

(4) 叠拼别墅

叠拼别墅是介于别墅与公寓之间的一种房屋建筑形式，是将别墅的设计元素添加到公寓设计中，在一个居住单元中将别墅户型叠加在一起组合而成住宅。叠拼别墅一般有四至六层，由2~3个居住单元组成；叠拼别墅每户有自己独立的车库，一般只有首层的单元拥有院落。叠拼别墅是目前集居家度日和休闲度假于一体的城市别墅的主要形式。

2. 别墅物业管理的要求

一般情况下，别墅区远离城市中心，周边市政配套设施薄弱，对于业主来讲生活的便利程度差，居住成本较高。因此，对别墅物业管理的要求也是有别于其他类型的居住房屋的。

(1) 提供价格与质量相符的服务

国家发展和改革委员会、住房和城乡建设部印发的有关物业服务收费的一系列办法，只是针对普通住宅小区而言的，对于其他类型居住物业的服务费收费标准，并没用做出相应的规定。特别是对于别墅的物业服务费，一般根据市场供求关系，由物业企业根据投入的成本做综合测算，物业服务费由物业企业与业主协商确定。别墅的物业费价格较高，客观上要求物业企业提供价格与质量相符的服务。例如，别墅区占地大，居住人口相对稀少，业主的居住安全成为首要问题；为此，物业企业需要投入足够的公共秩序维护人员，从高标准、严要求出发，加强定岗值班和巡查，最大程度的降低安全事故的发生率。

(2) 高品质的管家式物业服务

为提供高品质的物业服务，针对别墅物业管理，物业企业一般采取管家模式的服务，为每一位业主配备物业管家，提供周到细致的服务。物业企业应精心挑选高素质的员工，并对员工开展物业管理技能培训，强调服务中的专业素养、仪态、举止，确保服务质量的一次性到位。例如，物业企业建立畅通的业主信息沟通渠道，建立24小时客服热线，业主们碰到问题，通过热线电话足不出户便可通知物业管家，管家则随时上门提供服务。

(3) 特约服务项目多，品质优

别墅业主一般都为经济上富裕的人士，他们的工作和事务比较繁忙，因此多数业主需要家政事务方面的服务。物业企业可以根据别墅区的特点和业主的需求，提供多种多样的特约服务，一方面可以最大程度的满足业主个性化需求，另一方面，还可以增加企业的经营收入。例如，物业企业与当地实力、声誉都较好的公司联合，为业主提供送餐、洗衣、户内保洁、家装咨询、便利超市和旅游代办等服务。

3. 别墅物业管理的内容

根据别墅的特殊性，物业管理的内容主要包括：

(1) 维护别墅区整体规划和景观的完好

别墅区的物业都有一定的独立性，是按照规划设计的要求进行建造的。物业企业在管理过程中，应严把装修关，禁止业主擅自在露台或院落搭建违章建筑，以保持别墅区规划不被破坏。同时，还要注重维护公共绿地、水域等景观，保持别墅区自然景观和人造景观的完好。

(2) 保持别墅设施设备的完好与运转

对于别墅来讲，主要的设备是安防监控系统，包括安防机房系统、红外报警系统、电子围栏、防盗报警系统、可视对讲系统、巡更系统、门禁系统、小区一卡通系统等在内的智能安保系统，这些设备是保障别墅安全的重要设施设备，物业企业应将此作为管理重点，保持安防监控系统的完好与正常运转，为业主营造一处安心的生活居所。除此之外，由于别墅是高标准的建筑和设施设备，在别墅内往往配置小型集中空调系统、冷热水系统，以及采暖、供水、供电、网络等设施，做好这些设施设备的维修养护，也是做好别墅物业管理的关键所在。

(3) 别墅的安全管理是重点

别墅的安全管理主要包括公共秩序维护和消防安全。在公共秩序维护方面，实行封闭式管理，在依靠安防监控系统管理的基础上，加强人员的值班和巡查；既要尊重业主的私密性生活，又要对来访人员进行严格的管理。另外，消防安全也是别墅管理的重点和难点，因为别墅区的业主不是经常在别墅居住，家中的电线短路、燃气泄漏等问题不容易及时发现，容易造成火灾事故。要求物业企业加强宣传，提高业主的安全防火意识，最大限度的消除火灾隐患。同时，还要加强别墅区消防设施的检查，保障消防设施的完好。

（4）别墅的环境管理是物业管理品质的直接体现

别墅区环境管理包括园林绿化和保洁。在环境管理方面，要充分按照绿化的规划设计要求实施管理，根据不同的花草树木的品种做好养护管理，提高生态环境质量。别墅区的保洁是一项重点工作，别墅区占地面积较大，在保证日常路面、草地和建筑小品清洁的基础上，尤其要注意雨雪天气后的保洁工作。例如，下雪天气过后，路面很快结冰，如果不及时清楚，容易导致业主摔伤的事故发生。还有，别墅区的交通管理也是环境管理的一个不可忽视的方面，别墅区内要设置明显的交通标志，设置合理的减速带，要求车辆按照规定的路线行驶，别墅区内禁止鸣笛等等，以保障别墅区有一个安全、静谧、和谐的居住环境。

18.2 写字楼物业的管理与服务

写字楼是指用于办公的大楼。该类物业多为高层或超高层建筑，大多坐落在城市的中心或交通干道附近的高级金融区、商贸区或办公区。由于其建筑物档次高、设备设施复杂、智能化程度高，且集中办公的单位多、人员密度大，因而管理的要求高、难度大。写字楼物业的智能化程度越来越高，对多数物业服务企业仍是一个较新的课题，需要在管理中不断地完善和提高。围绕着写字楼物业管理的要求，物业企业应重点抓好消防安全和公共秩序维护工作以及设施设备的完好运行，并能应付各种突发事件的发生，从而为业主创造安全、舒适、便捷、文明的办公环境。为此，物业服务企业要抓好日常的基础管理工作，全面做好写字楼物业的各项服务，提高服务质量，并积极探索写字楼物业经营的有效形式。物业服务企业通过建立计算机管理系统，提高数据处理和运用的能力，保证智能写字楼的正常运行，实现管理的精细化和科学化，使高新技术在写字楼物业管理中得到充分应用，全面提高我国写字楼物业的管理水平。

18.2.1 写字楼物业的特点

写字楼物业主要是指那些建筑规模大、档次高以及内部设施设备先进，功能比较齐全的，由政府机关、企事业单位用于办公的物业。写字楼物业的特点包括以下几点：

1. 写字楼物业的建设装修考究，风格独特，智能化程度高

现代写字楼物业的建筑结构、外观造型、布局、色调等无不体现着设计师对建筑美学、对建筑与城市、对建筑与环境、对建筑与人的独到的理解与刻意的追求，其形态壮观，装修考究，风格独特。而建筑物内更是配置了多种智能化设施设备，为业主创造便捷舒适的办公环境。

2. 写字楼物业设施设备复杂，专业化程度高，管理难度大

写字楼物业的设施设备主要有供配电系统、安全监控系统、给水排水系统、中央空调系统、供暖系统、智能电梯系统等；有些智能化程度高的写字楼还配备直饮水系统、中央吸尘系统、垃圾厨余处理系统、卫星通信系统等；有的写字楼还有同声传译设备，以便接待和召开国际性会议。由于这些系统都是在一个建筑物内布置，各种管线、网络密布，错

综复杂,任何一处出现疏漏,不仅影响设备功能的发挥,而且可能给整栋写字楼的安全运行带来隐患。因此,如此高度专业化的设施设备必须由专业化的人员进行安装、调试、检测和维修,管理难度相对加大,对物业服务企业的专业能力、管理水平、人员素质以及应对复杂问题的能力都提出了挑战。

3. 写字楼物业功能齐全,管理服务内容相对增多

写字楼物业内的办公室、会议室、活动场馆、前台接待、商务中心、文体中心、餐厅等一应俱全,客观上要求物业企业提供的管理服务内容增多,物业企业既要满足业主办公要求,又要满足其召集会议、商务谈判、生活服务等方面的要求,物业管理服务内容应围绕业主的需求展开。

4. 写字楼物业办公单位集中,人员密度大,信息流量大

写字楼物业通常地理位置较好,出售或出租率较高的写字楼一般要集中十几家甚至几十家的公司和单位。写字楼人员密度大、进出频繁,对办公环境的要求高,对公共秩序维护要求高,对物业企业的服务效率也提出了很高的要求。物业服务企业应尽最大努力提供安全、便捷、周到的服务。

5. 写字楼物业是促进经济发展的良好载体

写字楼物业一般坐落在城市中心或城市交通干道两侧的高级办公区,交通便利,地理位置优越,对需求者有很好的吸引力,如天津国际金融中心、北京的国贸中心、上海的金茂大厦等,无不体现着现代建筑与现代科技的结合。管理好写字楼物业,不仅实现物业的保值增值,也有利写字楼吸引更多的商家,促进楼宇经济的发展。

18.2.2 写字楼物业管理的要求

根据写字楼物业的特点,对写字楼物业管理的要求有以下几个方面:

1. 安全管理是物业管理的首要工作

现代化的写字楼物业设备复杂、管线密布、设施先进、科技含量高,各种管线中电线、电缆线、煤气(或天然气)管道等的任何泄漏或设备维修中产生的火花以及设备老化、过载等隐患,都有可能酿成严重的火灾事故。通常写字楼物业中的消防系统由烟感(温感)报警装置、自动喷淋系统等组成,远比一般性建筑及高层住宅楼宇要复杂得多,所有这些对写字楼物业的消防安全提出的要求也高于其他类型的物业。且写字楼物业一旦发生火灾,由于楼内工作人员数量密集,楼内人员安全撤离火场难度大,因此,必须确保办公楼宇的消防安全万无一失,确保楼内各种消防设备的正常完好,这是对办公楼宇物业管理的首要的要求。

在公共秩序维护方面,由于办公楼内集中的办公单位多,人员进出往来频繁,给办公楼宇的秩序维护工作增加了难度。因此,要增加楼宇内的保安巡查,划定责任区,有条件的对在大楼进出口、楼道、电梯间、楼层通道等设置摄像探头,直接由大楼的中央控制室对治安状况进行动态监控,以提高楼内办公单位的安全系数。

物业企业要提高应对突发事件的能力。突发事件指由于写字楼物业的结构、设备及人员的复杂性所引发的诸如火灾、电梯运行中的故障、供电与照明中断及重大刑事案件等。对这些可能出现的种种不测,物业服务企业一是应事先有所防范,制定出各种事故的应急措施,并保持足够的警惕;二是要有足够的快速反应能力,能有效地把突发事件控制和消灭在萌芽状态;三是要有一些物质方面的准备,如备用发电机、备用消防通道等;四是要

有足够的训练有素的专业人员，一旦出现险情能到现场迅速控制局面，防止事态的扩大和蔓延，必要时组织人员及时疏散，把损失降至最低程度。所有这些工作，防范是第一位的，安全防范要常抓不懈。

2. 设施设备的正常运行是保障写字楼功能实现的基础

电梯是楼宇内的垂直交通通道，电梯的安全运行，不仅保证进驻写字楼单位的工作效率，而且也反映了写字楼物业管理部门的基本管理水平。如果乘梯人被卡在电梯内，这种情况不仅对乘梯人的安全构成威胁，对其精神造成伤害，而且极大地影响了写字楼及物业服务企业的声誉。甚至个别写字楼还出现过电梯坠落的严重事故，究其原因，无非是电梯保养不当、失修而"带病"运转、控制系统发生故障、违章操作造成。这些恶性事故一旦发生，要彻底挽回恶劣影响则非一朝一夕。所以充分保证电梯的安全运行是对写字楼物业物业管理的一项基本要求。

写字楼物业的水电暖供应同样重要，特别是电的正常供应。由于楼内的办公单位大都借助现代通信工具与楼内外、境内外进行联系和沟通，并且大量采用电脑处理日常各项业务；一旦写字楼供电突然中断，不仅影响楼内办公单位的正常工作及与外界的联系，影响工作效率和许多稍纵即逝的宝贵商机，还会给办公单位造成数据丢失甚至永远无法恢复的严重损失。此外，意外停电造成的中央空调停机使楼内空气不能进行调节，冬季供暖发生故障不能供热，二次供水不能正常进行。所有这些对写字楼造成的恶劣影响都将直接地阻碍着潜在的租用和进驻。因此，充分保证楼内的水电暖的供应特别是电能的供应，保证通信的畅通无阻，是写字楼物业对物业管理的又一项基本要求。

3. 环境管理事关写字楼的形象和优良办公环境的形成

写字楼的日常保洁工作主要是对楼内办公场所、活动场所及会议室的保洁维护。其中人员出入频繁的公共场所的清扫保洁应每日进行数次，卫生间的清扫保洁也要随时跟进。此外，还有楼外场地（广场和停车场）的清扫保洁及草坪杂物的拣拾，绿化带的剪修及隔离栏杆的擦拭等。专业清洗主要是由专业的清洁公司借助专用的清洁设备和工具，对写字楼物业的外墙、玻璃幕墙定期进行重新喷涂或清洁，使整幢大楼保持常新、整洁的外观。上述工作事关写字楼的形象及优良办公环境的形成，对物业企业同样是一项不能丝毫怠慢的工作。租房单位对写字楼的选择及对大楼物业管理水平的考察，除了地理位置、价位等因素外，还有物业管理所有细节上的考虑。

4. 开展专项服务满足业主需求

为便于写字楼业主开展工作，物业企业应提供多种专项服务满足业主需求。例如，会议服务、商务中心、文体中心和餐饮服务等等，围绕满足办公需要开展多项服务，将业主从繁琐的后勤事务中解脱出来，有利于物业企业对写字楼实施整体管理工作。

18.2.3 写字楼物业管理的目标

写字楼物业管理要为业主提供高标准、高质量的服务工作，围绕写字楼物业的特点，以满足业主的办公需求为主要目标，通过管理为业主提供安全、舒适、方便的工作环境。写字楼物业的管理目标通常包括以下几点：

1. 写字楼的安全管理是首要目标

写字楼的安全管理事关重大，主要管理目标是协助公安部门维护写字楼公共秩序，防止和制止任何危及或影响物业、业主安全的行为。写字楼的安全管理侧重两个方面；一是公共秩序维护，二是消防管理。在公共秩序维护方面，应充分利用写字楼安全监控系统，实施24小时监控；同时，加强门岗和巡查的管理，严格执行保安巡更到点制度，确保巡查质量；有条件的写字楼还可以安装入口安检设备，以确保写字楼的安全。

消防管理是物业安全管理的重点，因此要根据消防法规的要求，结合实际，切切实实地做好消防安全工作，确保业主的生命财产安全。做好消防监控中心的管理，确保24小时值班；做好消防设施、器材的管理，保持消防通道的畅通，不被业主及办公人员随意侵占；积极开展防火安全宣传教育，定期向业主宣传消防知识，最大限度地消除火灾隐患，确保写字楼消防安全。

2. 保障写字楼设施设备安全运行

设施设备安全运行的重要环节是保证写字楼内各类设施设备的完好、设备运行正常平稳，严防意外事故的发生。物业企业需要配置专业技术人员，详细了解设备的结构、性能和参数，正确操作设备，是保证设备安全运行的基础。同时，还要注意设备用房的工作环境符合设备工作要求，这也是保障设备安全运行必要条件。在保障写字楼设施设备安全运行的基础上，还要合理使用设备，减少损耗，延长寿命，节省成本，最大限度地提高经济效益。

3. 为业主提供方便、舒适的办公环境

为业主提供方便、舒适的办公环境是写字楼物业管理的主要目标之一。为保障写字楼各项功能的正常发挥，物业企业应做好物业管理的各项工作，保障写字楼内的电梯、空调、供水、供电和通信网络等各个系统处于良好的运行状态，为业主开展工作提供便利。为保证写字楼的工作、生活条件的舒适，还要在保洁、绿化租摆、餐饮服务以及文体服务等方面做好服务工作，力争为业主提供更加综合完善的物业管理服务。

18.2.4 写字楼物业管理的组织实施

写字楼物业管理的组织实施，主要包括以下几个步骤：

1. 成立物业管理机构，确定管理模式

物业管理机构的规模大小、人员编制、层级设置、岗位及人员的配置等均要以所接管写字楼的特点来确定，要考虑建筑面积及场地、设施设备与档次、地理位置与功能定位、管理内容和服务标准等因素。

2. 制定写字楼物业管理方案

制定写字楼物业管理方案包括：写字楼物业管理模式、机构设置、人员培训、前期介入、承接查验、日常管理以及专项服务等多项内容在内的管理方案，同时，物业企业还要对管理写字楼的物质技术投入、服务工作的开展、物业服务费的收取等方面进行统一的筹划。

3. 进行各类人员的招聘与培训

物业企业要根据写字楼的规模、档次和特点，按照不同的岗位要求，分专业、分层次地招聘人员。并根据人员的到位情况和岗位要求，组织相应的培训工作，以保证物业管理人员能符合物业管理服务的要求。

4. 制定相应的管理制度和操作规范

物业企业通过制定管理制度和操作规范，能够保障各项管理服务的科学化和规范化，促进物业管理服务总体水平的提高；严谨、合理的管理制度，对内可以规范员工的行为，对外有助于树立良好的公司形象,保持物业企业有足够的竞争力。

5. 进行物质上的充分准备

在物业企业进驻写字楼物业之前,要对开展物业管理活动进行前期筹备,包括固定资产购置、办公用品采购、人员工服定制等工作,也包括开展服务工作所需要的工具和器具。

6. 对写字楼进行承接查验

在写字楼竣工验收合格后,物业企业要着手进行承接查验工作。包括写字楼建设施工过程中的相关文件和资料的接管,以及写字楼现场查验。物业企业应派出专业人员,进行逐项验收,验收全部合格后才能签署写字楼接管文件,办理交接手续。

7. 业主入住

安排业主进驻办公楼,办理相应的进驻手续,颁发《写字楼管理制度》;保证各项管理服务工作全盘跟进。

8. 写字楼租售代理

有些写字楼的业主将空置的办公房用于出租或出售,物业企业可以接受业主委托,开展该项服务。一方面满足业主的需求,另一方面可以增加企业的经济效益。物业企业对购买者和承租人也要有一定的选择,这种选择既包括购房者或承租人的经济实力,也包括其信用情况。选择良好的客户可以在一定程度上降低物业服务企业的经营风险。

18.2.5 写字楼物业管理的内容

写字楼物业管理的主要内容包括以下几方面:

1. 前台服务

写字楼的前台服务主要是为前来办事的人员提供的服务,包括:主要是接待访客,对进入写字楼的外来人员实行登记制度;经过允许方可入内。有些写字楼的业主还将接收报纸、信函的工作交给物业企业办理,由前台进行分发后交给相关部门或人员。

2. 物业及设施设备管理

写字楼物业及设施设备管理的主要任务是保证写字楼的安全使用及设施设备的完好,保证写字楼的电梯、通信网络、供水、供电、供气以及空调等设施设备的正常运行。随着写字楼智能化程度的提高,各种先进的设施设备得到普遍的采用,管理服务工作的难度也在逐渐加大。

3. 安全管理服务

写字楼的安全工作十分重要,它不仅涉及国家、企事业单位和个人的生命财产安全,还涉及大量的国家机密和商业机密。安全管理的任务是采取多项措施来维护写字楼的安全和治安秩序。其主要工作包括:中央监控系统的管理、出入口安全值班、出入口安检和写字楼各部位的巡查。除此之外,写字楼安全管理还包括写字楼消防管理和车辆管理工作。

4. 保洁服务

物业企业通过日常保洁工作,使写字楼公共环境和公共部位整洁,公共设施洁净、无异味。在写字楼保洁中,尤其是写字楼出入口、大堂、卫生间和公共通道等部位的保洁要求非常高。尤其是对于写字楼的办公室进行入室保洁服务的,要注意对保洁时间和人员进行周密地安排,既要不干扰业主的正常工作,又要保洁工作到位。

5. 绿化租摆服务

绿化直接关系到写字楼形象及业主的工作环境，也是测定写字楼环境质量的一个重要指标。物业企业根据业主的需求，聘请专业人员对写字楼内部公共场所、会议室、办公室进行绿化布置和养护，保障写字楼绿化环境符合业主的要求。

6. 会议服务

写字楼的会议服务比较多，物业企业主要是根据业主预订会议室的情况开展服务。会议室服务包括：根据业主需求布置会场、放置指示牌、开启会议室设备等等，会议所需要的会标、麦克风、投影仪等会议准备工作，有些业主还需要物业企业提供会议期间的供水服务、茶歇服务等等。

7. 餐饮服务

有些写字楼业主为员工提供工作餐，要求物业企业提供餐饮服务。物业企业要根据餐饮卫生管理规定，做好餐厅、厨房的管理工作，配备专业的厨师和服务人员，为业主提供健康、安全、营养的餐食。在餐饮服务方面，保证食品安全是第一位的。对于没有餐厅的写字楼，业主有用餐需求的，物业企业可考虑提供配餐服务。

8. 物业租赁管理

一些业主将空置房屋用于出租，则委托物业服务企业为其进行办公房的租赁工作。物业企业就要根据业主的租赁意愿、租赁方式和期限，做好租赁营销和管理工作。在物业管理过程中，物业企业要注意处理好与业主和租户三者之间的关系，维护好各方面的合法权益。

9. 商务中心和文体中心

物业企业可以根据写字楼业主的需求情况，开设商务中心，满足业主多方面的需求。也可以根据业主的委托，开设文体中心，满意业主健身娱乐的需要。

10. 综合事务管理

物业企业在提供全方位服务的基础上，还要开设服务热线，用于投诉接待和报修服务。物业服务企业应对业主提出的投诉要做认真的记录，能当即解决的当即予以解决；不能当即解决的要向业主说明情况，并迅速将情况反馈给有关部门，使问题能够及时圆满的解决。

18.3 零售商业物业的管理与服务

随着城市化进程的加快和人们生活水平的提高，零售商业物业数量也在呈现快速发展的态势。零售商业物业又称收益型物业，它的服务对象的主体是业主和商户，客体是零售商业物业；零售商业物业的经营管理水平对业主或租户的盈利会产生较大的影响，因而对该类物业的管理服务也有着一系列的特殊要求。本节将对零售商业物业的特点、管理目标和管理内容做重点讨论。

18.3.1 零售商业物业的特点及对物业管理的要求

1. 零售商业物业具有商品特性

零售商业物业是以商品形式存在的，具有商品特性。随着人们生活水平的提高，对这类物业的需求也越来越多样化和高档化，为满足这些需求，其功能的开发也越来越多样化和高档化，于是其商品特性更加突出了。零售商业物业的使用功能是以商业贸易和房屋出租为主、其他营业性经营为辅。尽管零售商业物业是耗资巨大、功能多样化的特殊商品，但它作为商品形式存在，就要在交换过程中遵循价值规律。投资者或租户付出货币而获得物业永久或一定期限的使用价值，这就决定了投资性物业经营的主要方式是出租或出售。

2. 以出租出售为主的零售商业物业具有价值不能库存的特点

以出租出售为主的零售商业物业中的房屋建筑物及其设备设施的价值是不能库存的，若当天出售不出去或当天出租不出去，就失去了当天价值与费用回收和补偿的机会。例如，酒店中客房的数量是固定的，即使第二天的出租率为100%，也无法挽回前一天的空置而造成的损失。另外，不论物业的出售出租情况如何，与物业出租出售有关的所有管理服务支出是相对固定的，一般不会因为物业的空置而减少，也不会随物业的出租率、出售率的变化而变化。仍以酒店为例，即使某天客房出租率仅为5%，也不可能马上裁减员工，停开中央空调或其他服务设施，减少清洁服务等等。酒店如此，出租的写字楼与零售商业物业也是类似的。

3. 零售商业物业具有不断保持设施设备先进的特点

零售商业物业必须保证其设施设备的先进性，因为只有高品质的、舒适的、智能化的先进设施设备，才能保证物业的高品质，才能促进零售商业物业的出租率和出售率的提高，才会带来商业贸易的繁荣。所以，与一般物业的不同之处，就是零售商业物业要不断地更新设备设施，保持先进性，才能吸引商户、投资者和顾客。

4. 零售商业物业具有综合性的特点

随着社会的进步和市场经济的发展，人们的物质文化需求日益增长，零售商业物业也随之发展成为功能多样化的综合性物业。一幢现代化综合性大厦，既有商业购物中心，又有配套的餐饮店和文化娱乐休闲设施，因此与一般的物业不同，零售商业物业功能具有综合性的特点。

5. 坐落地点影响着零售商业物业的价值

零售商业物业的用途决定着该类物业从客流、物流、车流各方面有着较其他物业特殊的要求。商业物业的经营者为实现经营业绩，必须考虑客流量、购买力水平及成交率。因此，在商业物业的选址上有很多讲究，要求极为苛刻；大多数的商业物业选择在城市的繁华地段或传统的商业网点。

6. 零售商业物业对所在地的交通状况有苛刻的要求

零售商业物业坐落的位置一般在市区的主要交通干线或干线的放射线两侧；或者是火车站、公交汽车站和地铁站周围；从理论上讲，大型商业设施应选在距离大型交通枢纽1.1~1.5公里处是比较理想的。这些地方的交通、客流量和购买力可满足商家的基本要求，物业的招商也会相对容易一些。此外，展览中心、娱乐场所等商业性设施对交通条件亦有严格的要求，主要目的是能使各类消费者能够方便地抵达。

7. 对物业的建筑结构等有严格的要求

由于零售商业物业的客流量较大，作为商业店堂，店内必须有足够的挑空大厅和电动扶梯等设施；还需考虑为残疾人购物方便而设置无障碍坡道等等。另外，商业经营场所还要考虑客流和货流的流量和流向，在功能设计上做出整体安排；同时，还要格外注意建筑结构的安全和经营中的安全隐患。

8. 零售商业物业的物业管理难度大为增加

零售商业物业是完全开放型经营的，与住宅小区或写字楼的封闭或半封闭的管理模式完全不同。在营业时间内，商场货流和客流量较大，人员成分复杂；因此，商场的秩序的维护、反扒窃和保安等管理工作极为重要，而这些工作又只能在开放和动态中完成，客观上给秩序维护管理、保洁维护、消防安全等方面带来的管理难度大为增加。

因此，零售商业物业的管理工作难度大，不确定因素多，所面对的管理对象是不断变换的。零售商业物业管理覆盖了人、房、货等多个方面，时刻处于动态变化中，对物业管理的要求也相应提高了许多。

18.3.2 零售商业物业的管理目标

根据零售商业物业的特点，其管理目标主要包括以下三个方面：

1. 利润目标

零售商业的利润目标包括零售商业物业业主要求达到的盈利目标和物业服务企业自身的盈利目标。物业服务企业接受业主委托，运用业主授予的物业经营管理权，通过有效的经营管理，提高物业的出租率和出售率，提高租金经营收入；通过优质的物业管理服务，最大限度地发挥商业物业的功能，降低管理服务成本；既可以满足业主的要求，又可以达到企业自身的盈利目标。

2. 信誉目标

通过良好的物业管理，在物业保值增值的过程中，实现商业物业的品牌效应，实现企业自身的效益，从而使物业服务企业得到社会的认可和接受，为企业的后续发展积累资本。

3. 服务目标

零售商业物业的管理目标是为租户的经营活动提供安全、有序的经营场所，为实现租户的经营目标和整个物业的收益目标而服务。物业服务企业通过了解和研究市场，设定企业自身的服务标准和管理目标，不断适应物业管理市场的需求。

18.3.3 零售商业的组织实施

不同类型的零售商业物业有着自身的经营和管理的特殊性，在此我们只探讨一般的零售商业物业中，通常情况下的基本经营形态的物业管理。

（1）成立物业管理机构，对零售商业物业进行招商，并明确物业企业与业主的责任划分。

成立物业管理机构是实施零售商业物业管理的组织前提。管理机构应根据业主的需求及物业管理的要求设立，在物业服务企业全面接管物业之后，就应根据零售商业物业的规模和结构，设计一整套物业管理方案，开展物业的招商和管理活动。

在招商活动中，首先要运用市场营销的思维对商场的招商活动进行策划和运作，在策划中要注意物业的地理位置、周边环境和商圈的调查，尽量在专业化经营或填补空白上做文章；二是围绕招商活动进行宣传；三是明确物业服务企业与业主的责任划分。物业服务企业的责任主要是提供比较完善的物业管理服务，提供物业设施设备管理、经营场地及室内外环境、公共秩序和停车场的管理服务，但不得干预经营者的经营活动。经营者在经营过程中不得破坏或损坏物业的原有结构、功能和设施设备，不得对物业进行恶意的破坏和违章滥用。物业企业和经营者都须遵守物业服务合同和商场租赁的约定，出现违约或毁损的，要依合同进行处理。

（2）根据物业的结构功能等特征，向业主提供改造、装修及陈列布局的专业性意见。

物业服务企业的物业管理前期介入较早，对零售商业物业的结构和功能有着较为全面的了解，可根据商业物业的结构和功能等特点及物业的限制性条件（如承重墙、承重梁等），向业主及经营者提供其在二次装修或改造方面的专业性意见，提供在经营面积内商品与设施的陈列布局方面的意见，使有限的经营面积得以充分合理地利用，使经营者能突出经营的特色，从而有助于实现经营者的预期经营目标。物业服务企业还要对经营者的装修和布局中的消防安全进行监控，提高物业经营的安全性。

（3）指导经营者在进行二次装修时按规范施工，避免物业内各种设施及管线的损坏。

物业服务企业在装修管理过程中，要对经营者的二次装修严格把关，对照物业的施工图特别是各种线路、管道的布置和走向，审查和批准装修方案。并在装修过程中派员到现场巡查、指导，监督装饰公司按规范要求施工，努力避免装修施工中对商场的设备及管线造成破坏，减少安全隐患。

（4）努力实现零售商业物业经营区域内的智能化管理，为经营者提供高效、便捷、安全的经营环境。

较高程度的智能化设备能够满足物业经营区域内的智能化管理要求，可以为经营者和消费者提供安全、便捷、有序的经营环境，同时也有利于提高经营者和消费者交易的便利性。物业企业通过建立相应的计算机管理系统，提高物业企业的管理效率和服务质量。

（5）对零售商业物业的业主和经营者提供完善的物业管理服务。

物业管理服务的内容很多，主要取决于管理服务覆盖的深度和广度。物业企业在对商业物业本体和设施设备进行管理维护的基础上，还要提供保洁、秩序维护、停车场管理等多项服务。同时，还要针对零售商业物业的特点，开展专项服务，例如：设置磁卡电话、大屏幕电子信息屏、顾客休息区间及座位等，提供信息查询服务、代叫出租车服务等等。零售商业物业的专项服务内容很多，主要是根据经营者及顾客的需求来提供的。

（6）积极探索零售商业物业安全管理、防盗反扒的有效措施，提高经营者及顾客的安全感。

由于零售商业物业的高度开放性，使得安全管理成为物业管理的一大难题。零售商业物业的安全管理工作范围较广，其中包括对经营场所和停车场的秩序管理、对商场内电梯等设施的安全使用管理、商场内防盗反扒的管理以及商场的消防管理等等。尤其是对于发生在经营场所的治安案件，则由物业服务企业协助公安部门进行防范。在商业物业管理的各项安全管理工作中，提高经营者和顾客的安全感，促进商场营业收入的提高是物业管理者的主要职责。

18.3.4 零售商业物业管理的内容

1. 零售商业物业管理的内容

零售商业物业管理的基本内容包括：商场建筑本体的维修养护、设施设备的运行养护、日常保洁绿化服务、停车场管理、安全管理等常规服务内容，还包括围绕商业物业特点的各项服务内容，主要包括以下几个方面：

（1）对承租经营者的装修管理

为保证商业物业的整体安全，物业企业应对装修做统一的管理与规范。商业物业的装修管理是一项十分重要且繁重的工作,因为商场的承租商户会经常发生变化,新入驻的商户要对店面进行装修,原有的商户也会因为经营的需要对店面进行再次装修;因此,商业物业的装修是贯穿于商业经营的始终的。为保证商场经营的正常有序,保证各个商户的正常营业,物业企业要对各商户的装修进行严格管理,以确保商业物业设备设施的正常运行,保持商场内整体环境良好,把对其他商户和顾客的影响降到最低限度。

(2) 商业物业的安全管理

商业物业的安全管理包括两个方面,一是商场内的安全管理,二是消防管理。商场内的安全管理较其他类型物业的安全管理有着一定的特殊性,商业物业的客流量比较大,顾客浏览商品时容易忽视对财物的看管,客观上为犯罪分子提供了可乘之机;因此商业物业应加强安全管理工作,对监控室实行 24 小时值班制度,在主要防控部位安装电子监视器,设置专岗专人巡查值班,同时还要制定商场内发生盗抢事件的应急预案,尽可能营造一个使商户和顾客都感到安全的经营场所。消防管理同样是商业物业管理的重要内容,由于商业物业客流集中、物流量较大,一旦商场发生火灾,会给商户和顾客带来严重的损害。因此,物业企业要十分重视消防管理工作,保证商业物业的所有设施设备达到安全运行的标准,消除火灾隐患;制定严格的消防制度与措施,加强对商户的消防宣传和管理,保持消防通道通畅;特别是要加强对商场内入驻餐饮商户的管理,对于餐饮商户的消防安全管理要常抓不懈。

(3) 商业物业的内外环境管理

商业物业的内外环境管理既包括商场内外的保洁工作,又包括商场内外的绿化租摆和建筑小品的管理。商业物业的客流量大、顾客和商户废弃物多,商场内的保洁工作非常重要,尤其是商场内的流动保洁工作要及时到位;商场外的保洁主要是商场外檐清洁、橱窗保洁、商户牌匾和广告的保洁等项工作。商场内外的绿化租摆和建筑小品的管理,是美化商场经营环境的重要内容之一,商场的整洁靓丽和优雅舒适是创造良好购物环境的前提。

(4) 商业物业的车辆管理

商业物业一般都选址在交通发达、位置良好、客流量大地的区域,对前来商场的车辆应努力营造良好的交通条件。一是在明显的地方设置指示牌,标明行车方向和停放的位置;二是设置商场方向导引牌,标明顾客前往的楼层和地点;三是合理设计交通路线,停车场尽量与电梯和自动扶梯服务交汇。对商业物业的车辆实行有效的管理,是创造良好购物环境的重要内容,也是商业物业品牌的直接展现。

(5) 与业主、商户的沟通与协调

物业服务企业应加强与业主的沟通,了解业主的经营目标和需求,随时根据业主的需求增添专项服务内容。同时,物业企业还要加强与商户的沟通,及时了解商户的布局和店面使用情况,根据商户的变化完善物业管理服务,保证物业服务费的足额收缴。

2. 零售商业物业管理的管理范围

(1) 现场管理的基本范围

1) 商场建筑主体及其设施设备,包括大楼屋顶、外檐、各楼层楼梯、公共通道、紧急疏散通道管理,消防监控室、工程设备机房、维修间、管道间、开水间、公共区域消火栓、灭火器、应急照明等设施设备的管理;

2) 商场警卫室、主要出入口、员工出入口、卸货平台、员工通道以及商品周转库的管理；

  3）商场内公共部位保洁，以及商场外相关区域的保洁；
  4）商场内公共区域绿色租摆，商场外绿地、树木、园林小品的维护管理；
  5）停车场管理和非机动车管理；
  6）员工餐厅的管理服务；
  7）公共区域广告的统一管理。
  （2）物业企业与业主、商户需要特别界定的内容
  1）商户的内部装修和改造的审批程序，以及二次装修的管理及责任区分；
  2）公共设施设备的能源耗费与商户能源费用的区分与计量；
  3）公共区域中特定商户使用的库房、客人更衣室的消防安全责任的区分；
  4）公共区域中特定商户使用的照明用具的更换责任及费用；
  5）商户产生的垃圾、包装物的清理责任等等。

18.3.5 零售商业物业管理应注意的问题

  1. 加强商业物业前期营销策略的设计

  物业企业要根据商业物业的实际情况制定租金方案和出租策略，通过出租方案及策略的科学设计，寻求比较理想的商户，提高商场的品牌效应，减少物业空置的时间。出租方案和策略的设计主要从两方面入手：一要根据投资成本和管理费保证确定租金水平；二要分析影响租金水平的因素。在此基础上，通过对商户心理期望值的研究和对市场需求的研究，制定出租策略。成功的出租策略来自于对商业物业功能和潜在价值的了解和对市场需求的准确判断。

  2. 通过强化管理，实现企业经营目标

  物业服务企业的经营目标主要是利润的实现，市场经济条件下利润是企业生存的最重要基础。物业企业正是要通过理顺各方面的关系和强化内部管理，保证各项收入及时足额地进入公司的账户，将管理费用及一些不可预测的损失降至最低限度。物业管理服务的特殊之处就在于通过人为的管理，可以提升物业的价值，发挥物业的潜在价值。物业服务企业通过强化管理，为业主和商户提供优质的物业管理服务，在业主和商户实现经营利润的同时，实现物业企业的经营目标。

  3. 处理好与进驻商户的关系，共存共荣，实现共同发展

  物业服务企业与进驻商户客观地存在着极为复杂的利益关系。这种利益关系既有一致性，又有相斥性，要认真、谨慎地处理好这种关系。物业企业既要保证管理服务费和有偿服务费用的收取，又不能仅盯着收费而忽视管理和服务。对于进驻的商家不守信用或破坏、损毁物业的要依合同行事；同时要有高超的处理问题的技巧。只有在商家业务不断发展、业绩不断扩大的过程中，物业服务企业才能赢得更大的利润空间和持续发展的条件。

18.4 工业园区物业的管理与服务

  在我国传统生产经营方式中，工业厂房大多数由企业自行组织力量建造、维修和管理，由房管部门、企业后勤部门等多单位协同完成。随着经济的发展，企业的工作重点由

生产转为经营,继续在厂区管理方面投入大量的人力物力和财力已经不经济了。同时,随着社会治安状况的复杂化,工厂内的产品安全、设备安全、原料安全、厂区卫生以及环境绿化等一系列问题急需得到解决。不论是一般工业企业还是高科技企业越来越需要后勤管理服务的专业化、集约化,从而降低管理成本,实现经济高速增长。

从发展的眼光看,企业的管理模式存在如下变化:企业的生产与经营相分离,生产可以不固定在某一地区,而是追逐市场在当地生产产品;厂房可以自建,也可以租赁;企业重点关注生产经营,而减少对非生产经营设施的投入;一片物业可以由多家企业承租等等。于是,现代化的企业呈现出对工业物业管理的需求,也为物业管理行业拓展业务领域提供了机遇。

18.4.1 工业园区物业概述

工业物业既包括传统意义上的工业厂房和仓库,又包括工业园区的物业。工业厂房主要是由生产车间组成,是用来生产产品的建筑物,它关系到产品的生产。仓库是储存和保管生产原料和成品、半成品的建筑物,它关系到原料和产品的安全完整。工业厂房和仓库是较难管理的一种物业,管理矛盾突出、困难较大。随着我国经济发展,高科技企业迅速发展,各地出现一些工业科技园区,从而促进工业物业管理向专业化、规范化发展,此类物业将会成为物业管理的又一个业务热点。

1. 工业园区的含义

工业园区指按照规划设计要求,将生产用房和仓库及其配套设施统一建设,能够满足一般工业生产和科研需要的建筑物或建筑区域。为满足工业园区的各项功能,园区内还建有配套的写字楼、服务设施以及公共设施和相关场地,如变电站、停车场、道路和绿化带等。

2. 工业园区物业的特点

(1) 园区规模大,功能齐全

工业园区一般由当地政府统一规划建设,整体规模较大,由若干厂房、仓库及配套用房组成。为满足入驻企业需要,园区内划分各个不同的区域,便于整体的使用和管理。例如,工业园区内部一般划分为:生产区、仓储区、共用设施区、停车区以及职工宿舍区等区域。

(2) 建筑设计要求独特

为了满足各类企业生产的需要,在工业厂房的设计上,会根据不同的生产需要建造不同结构和特点的房屋。一般情况下,工业生产用房通常采用框架结构,房屋抗震性能好,耐腐蚀能力较强,楼地面的承载能力也较强。

(3) 基础设施配套齐备

为满足企业正常的生产和科研需要,园区在规划设计上,应满足企业用电、用水及光缆通信等方面的需要。例如,工业园区应建有高负荷的大型变电站,满足电力使用需求;在供水管网设计上,保证生产用水的需要;对于高科技的现代化企业,还要配有光缆传输数字系统等等;以满足工业园区内企业的生产要求。

(4) 控制环境污染

工业园区的生产企业在生产时一般都会不同程度地对环境产生污染,主要表现为空气污染、噪声污染或者水体污染等等。因此,工业园区在规划设计建设过程中,要考虑建设消除污染的相关设施，将环境污染降低到最低限度。例如，在园区建造污水处理设施、安装隔声板等等。

（5）交通设施要求高

为了保证园区的产品迅速进入流通渠道，工业园区的选址一般都在距离机场、铁路、水陆交通主干道附近的交通便捷区域。在规划设计上，园区内的道路宽阔，一般与城市之间的主干道相连，方便货物运输。

18.4.2　工业园区物业管理服务的要求

工业园区的物业管理包括工业厂房与仓库等房屋建筑本体的管理，以及房屋设施设备及场地的管理。工业园区的物业管理是难度较大、且较为复杂的一项工作，尤其在火灾防范、控制污染、保证设施设备正常运行等方面，有着工业园区物业管理自身的特点，相应的物业管理要求也会随之提高。工业园区物业管理要求主要体现在以下几个方面：

（1）制定严格的物业管理制度和管理规约，保证实施到位

制定严格的物业管理制度和管理规约，要求园区入驻企业按照物业管理制度规范自身的行为，从对厂房和设施设备的使用、能源的消耗和安全等方面符合管理要求，保证工业园区物业管理工作的顺利实施。

（2）加强重点部位及设施设备管理，保证园区企业的正常生产活动

工业厂房建筑结构独特，设施设备要求高。园区以生产用房为主，辅以办公用房、生活用房及服务设施，基础设施配套要求高。生产用房管理是工业物业服务的重点，物业企业要根据入驻企业不同的特点，有针对性地加强管理，保证生产用房的完好和安全。此外，物业企业还要加强对设施设备的维护和保养，避免因断电、断水等故障给生产带来损失。

（3）安全防范是管理重点

工业园区设备多，耗能大，物业企业要加强设备和各种管线的维护、检查和保养，防止因设备故障或电线短路造成火灾。同时，还要加强对园区仓库的管理，做好危险品的管理工作。为了工业园区和各类人员的安全，物业企业应定期进行检查，以消除安全隐患。

（4）园区内道路管理不容忽视

园区内道路的管理和维护是物业企业一项十分重要的工作，加强园区道路养护，保持路面平坦畅通，是保证园区企业原材和产品顺利运输的关键。同时，物业企业还要对园区的道路和相关区域做好统一管理，对于各个企业货物存放和装卸区域做出整体的安排，以保证园区道路交通管理的正常有序。

（5）杜绝环境污染，营造良好环境

针对工业园区生产企业的特点，物业企业要重视环境污染的控制和管理工作，通过排污设施设备的管理，将园区的污染排放控制在国家规定范围之内。同时，还要加强对园区绿化工作的管理，种植适合园区的花草树木，为工作、生活在工业园区内的人们提供一个优美的环境，使人们心情舒畅，在一定程度上可以减少工伤事故的发生。

18.4.3　工业园区物业管理服务的内容

1. 制定工业区物业管理规约

为了保证园区物业管理工作的顺利进行，物业企业应协助工业园区的业主制定工业区

物业管理规约,用以规范园区内工业厂房、仓库、科研用房等房屋使用以及业主与入驻企业的权利、义务和责任的管理性文件。管理规约对业主和入驻企业均具有约束力。管理规约应当对下列主要事项做出规定:园区物业的使用、维护和管理;维修资金的筹集、管理和使用;业主利益的维护及其义务;入驻企业应遵守的规定;物业企业管理权的行使;以及违反管理规约应当承担的责任等等。

2. 工业厂房及其设施设备的管理

一般情况下,工业厂房需要安装笨重的机器,厂房楼面结构的负荷加重,再加上这些机器设备一旦开动起来,振荡严重,容易造成房屋建筑物的严重损坏。因此,房屋保养和维修工作是频繁的、重要的,而且保养费和维修费都较其他类型的物业要昂贵得多。园区内设施设备的管理也是十分重要的。由于工业生产离不开水电,因此,工业园区管理中最重要的是确保水电供应,保证生产顺利进行。为了做到这一点,平时就要注意对房屋建筑物内附属供水供电设备系统进行精心养护和及时维修,定期检查其性能是否完好。另外,设置备用发电机组并保持其正常运行也是至关重要的,这样可保证在突发事故引起停电时,生产能继续进行。

3. 仓库共用部位的管理

工业园区的仓库是用来存放生产企业各种成品、半成品和材料的,仓库的管理一般由生产企业自行管理。物业企业应加强仓库共用部位的管理,防止可疑人员在仓库周围滞留,对进出厂房和园区的物品建立严格的检查制度,防患于未然。

此外,对工业厂房及仓库来说,防盗防窃的保卫工作也很重要。这是因为工业厂房和仓库内储存着大量原料、成品、半成品和机器设备,一旦发生丢失和损坏都会影响工业生产的顺利进行,造成国家财产的损失。因此,加强防盗的安全保卫工作是工业厂房和仓库管理的重要内容。其主要内容包括:

(1) 制定严格的值班守卫制度,对人员、产品、货物和原料的进出进行认真检查登记;

(2) 做好出入登记管理工作,对人员进出进行严格管理,无关人员不得进入厂房和仓库重地;

(3) 严格执行两人以上进出仓库制度;下班后厂房仓库要严格执行值班巡查制度以及其他安全措施。

4. 安全管理

为保证工业园区的安全,物业企业应加强园区的安全管理工作,围绕园区的安全管理和消防安全工作制定的一系列管理措施,达到为企业提供安全、可靠的生产场所,保障业主和入驻企业生命财产安全的目的。

物业服务企业应根据工业园区的规模和安全管理的内容,配备相应的管理人员,对重点区域和点位实行24小时值班巡查制度,对集中监控中心、厂房、仓库等重点部位做好安全服务工作。为了工业厂房和工人生产安全,做好消防管理是至关重要的。由于生产产品的特殊性,有些工业厂房储存的原料和成品是易燃易爆货物和材料,极易造成火灾危险。要求消防工作在思想上要把预防火灾放在首位,还要定期对防火工作进行检查,发现问题及时处理,消除火灾隐患,增强业主和入驻企业的安全性。此外,对工业厂房及仓库来说,防盗管理也是物业管理安全工作的重要内容之一。

5. 工业园区车辆、道路管理

物业服务企业要在园区内按照安全、有序、便于管理的原则，建立健全车辆、道路管理制度，对园区内行车路线、停车区域、货物装卸区域等进行统一管理，按计划维护路面，保证园区道路通行安全有序。园区内货物运输是否畅通，关系到原料、物资、工具设备能否及时供应，成品能否及时运送出去，它直接关系到生产能否顺利进行。因此，保持厂区内货物运输畅通的管理是工业厂房和仓库管理的非常重要的一个环节。保持厂区内货物运输畅通的关键是要正确设立和管理厂区内的货物装卸区和货物堆放区，使材料和货物的装卸、堆放不影响厂区道路的畅通，也便于货物的存取。物业管理人员要经常检查厂区内的货物装卸堆放点是否符合规定，是否损坏厂区的道路地面，发现问题及时整改以保证厂区道路完好畅通，发挥其应有的作用。

6. 园区环境服务

园区环境服务包括园区的绿化和保洁服务工作。搞好工业园区的绿化管理，能够为人们的工作和生活提供一个优美的环境，从而能够让工作在园区的人们精神饱满、心情舒畅，从而减少工伤事故的发生。在绿化植物选择方面，应根据工业厂房生产特点种植一些能适应工厂排出的异味和废气的植物，保证园区花草植物的成活率。在保洁方面，由于工业厂房使用功能上的特殊性，有的厂房难于保持清洁，如重工业生产厂房；有的工业厂房要求清洁度相当高，甚至要求车间内一尘不染，如生产精密仪器仪表的工厂和食品加工厂的厂房。因此，对不同的工业厂房应有不同的卫生保洁制度和方法，对难以保持清洁的工业厂房，应随时清洁和清理。清洁程度要求高的厂房要采取一些清洁保护措施，如进入车间要严格管理，要更换衣帽鞋子，戴好手套和帽子等。总之，尽管工业厂房的清洁难度大，但仍要设法做好，以保证企业生产的顺利进行。

7. 对工业园区入驻企业提供服务

为了更好地为入驻企业提供全方位的服务，完善物业管理的服务特性，可以为园区内企业提供多样化的服务，例如票务订购、资料快递、商务中心、开办企业产品推介会等等；或者为各企业提供员工招聘与培训的服务，以降低入驻企业的人力资源管理成本；或者提供进出口产品的报关服务等，从而使物业管理与服务更好地融为一体，同时也为物业企业带来经营收益。

18.5 其他用途物业的管理与服务

18.5.1 其他用途物业概述

其他用途物业是指除居住物业、写字楼物业、零售商业物业和工业园区物业以外，有必要、有可能运用物业管理的方法实施管理的物业。

随着市场经济的发展，各类企事业单位的行政职能、管理职能和经营职能的划分逐渐清晰，企事业单位在对所拥有的资产实行管理时，常常会遇到许多难题，有的单位经过几次机构精简、人员精简，除核心工作外，没有能力去对所拥有的物业实施专业化管理。例如：许多国有企业，由于市场的竞争而处于停产状态，使厂房、设备、土地出现大量闲置，为了减少损失，或者为了激活存量资产，需要选用合适的方法对这一部分物业进行管理；再例如，有些单位在计划经济体制下，承担了相当一部分不属于本单位职责范围的管理事务或非主营业务,像国有企业的幼儿园、食堂、康乐中心等物业的管理。随着经济体制改革的逐步深入,如不将这一部分物业的管理事务剥离开,势必会影响到企事业单位的主体业务。

通常情况下,人们接触到的其他物业包括:文化体育类物业,包括学校、体育场馆等;卫生服务类物业,包括医院、妇女儿童保健中心等;娱乐类物业,包括游乐场、电影院、剧场等;还有机场、码头、车站等等。由于其他用途物业包括的范围比较广泛,在物业管理服务上也存在着一定的差异。

由于经济发展的需要,社会需要一个行业来满足这些物业的管理服务需求,这也为物业管理范围进一步扩大提供了前提条件。由此可见,物业管理可以覆盖许多部门和领域,在这里,仅对学校和医院物这类有较大物业管理服务需求的物业类型进行介绍。

18.5.2 学校物业的管理与服务

学校的基本任务是对学生进行教育和培训,在我国的高等院校中,除教学、科研任务以外,还需要对学生的住宿、用餐、生活服务加以管理,对学生的课余活动加以安排,同时许多教学设施设备需要进行维修和养护,这些不属于学校教学、科研工作的后勤服务工作越来越多。随着学校的后勤服务趋于社会化,学校对于物业管理需求在逐步加大。在学校中引入物业管理服务,可以保障学校教学和科研主体工作的顺利进行,将其他的管理服务工作由物业企业进行统一的管理和服务,有利于创造环境优雅、舒适方便、文明安全的校园环境。

1. 学校物业的管理服务特点

学校物业管理的范围包括校区范围内的教学科研用房及其附属设施设备的管理,并对校区的安全、保洁、绿化养护以及教学活动所必需的各项设施进行管理服务等。因此,学校物业管理具有如下特点:

(1)物业管理时段性强

学校在一年的教学活动中,除了正常的教学活动时间以外,一年有两次寒暑假的休息时间。因此,物业服务企业应根据学校的这一特点安排好各项管理服务计划。依据学校教学的作息时间,划分不同的时间段,合理地安排教学用房及其设备设施的维修养护、日常保洁、安全管理工作以及各项服务工作。

(2)对安全管理要求高

学校的消防安全、校内车辆行驶、体育设施和活动场所的安全等等,都是学校安全管理的重要内容。物业企业在对校区进行管理过程中,要充分考虑到学生的人身安全问题,避免发生伤及学生的安全事件。

(3)开展多种服务满足学生的学习和生活需要

学生在学校内多是寄宿制的,为方便学生的学习生活,物业企业应根据学生的需求开展多项服务,例如,浴室、洗衣、美发、餐饮、打字复印、日用品商店等等。

2. 学校物业的管理服务内容

(1)教学楼、科研楼、图书馆等教学设施设备的管理

物业企业对学校教学楼、科研楼、图书馆、学生公寓、教师公寓、活动场馆、食堂等教学用房及其设施设备的管理,还包括校园内的给水排水、供配电、供暖、电梯、空调系统等配套设施设备的维修养护,并保证其正常运行,是学校物业管理的主要内容。

(2) 会议中心、体育馆、训练场等附属设施的管理

物业企业对学校内的操场、运动场地、训练场馆、游泳池、会议中心和餐厅等场所的日常管理，包括对上述场所开启和关闭的服务、在使用过程中的保洁服务，以及相关的专业服务等等。

(3) 学生公寓的管理

学生公寓的管理内容是学校物业管理中相当重要的内容，物业企业应首先制定学生公寓管理规定，约束和规范学生的住宿行为；还要对学生公寓的保洁服务、冷热水供应服务以及公寓的安全进行管理。学生公寓的安全管理既包括公寓的火灾防范，也包括公寓出入人员的管理以及公寓的维护措施等等。

(4) 各类餐厅的管理

学校餐厅包括学生餐厅、教师餐厅、回民餐厅等各类餐厅，物业企业应根据各类餐厅的特点，制定不同的服务内容，包括餐饮商户的引进、安全管理、保洁服务等内容。

(5) 安全管理

学校的安全管理是一项非常重要的管理工作，物业企业应给予足够的重视。安全管理包括：学校出入口的管理、校园定岗值班和巡查、消防管理以及对闲杂人员的管理等等。

(6) 保洁服务

学校的保洁服务范围比较广，包括校园的日常保洁、各类教学场所及各类场馆的保洁、卫生间和浴室的保洁、学生公寓公共部位的保洁，以及各类餐厅的保洁服务。物业企业要根据不同保洁场所的特点，制定不同的保洁内容和标准，为学校的教学活动提供一个整洁、舒适的教学环境。

(7) 绿化管理

绿化管理主要是对校园内的绿化美化进行管理服务。包括校园内绿地、植物、雕塑、园林小品及喷泉等各类植物和建筑小品的管理；物业企业应根据校园绿化的总体规划进行系统的管理，特别是根据季节的变化，选取适合的绿化品种，做到绿化美观，养护合理，以美化校园环境。

(8) 道路和车辆管理

校园的道路和车辆管理是一项不容忽视的工作，包括道路的合理使用、路灯维护、行车路线走向、限速规定、交通标识和停车场地等部位的管理，物业企业应根据学校场地的特点，做出统一、科学的设计和安排，以便保证行车和行人的安全。

(9) 开展专项服务

根据学校的特点，物业企业可以开展一些专项服务，满足学生的学习和生活需要，也可以为物业企业增加一定的收入。例如，为方便学生的生活，可以开展洗衣、洗浴、开水供应、拆洗被褥、健身娱乐以及日常用品销售等项服务内容。有些学校还将新生入学接待、毕业生离校办理、校园重大活动的筹办等工作委托给物业企业；有些学校还将学校的通勤车租赁委托给物业企业。学校的专项服务内容很多，物业企业可以根据学校和学生的需要，随时增添服务内容。

学校的物业管理有其自身的特点，但是最根本的要求，就是要做到服务的规范化和标准化。物业企业提供专业化服务的根本，就是要具备较高素质的专业人才，按照标准化的

操作规范和程序，提供优质的管理和服务。

18.5.3 医院物业的管理与服务

医院是为病患者提供医疗服务、医疗实践和科研的场所。医院的主要服务对象是病患者和一些对医疗服务有需求的人群，医院的主要职责是以医疗工作为中心的，在提高医疗质量的基础上，完成相应的教学和科研任务。因此，医院为了将主要精力放在医疗上，客观上就需要将医院的后勤服务保障工作委托给专业公司去管理，医院的物业管理也就应运而生。从物业管理的角度看，医院包括门诊楼、住院楼以及科研办公楼等以医疗服务为主的房屋，还包括仓库、设备机房、餐厅、停车场在内的服务设施和设备。物业企业在对医院的房屋及其设施设备进行管理的基础上，还要对保洁、绿化和秩序维护等方面进行服务，还要针对医院的特点，提供多种专项服务。目前医院物业的管理与服务主要内容有：

1. 房屋及附属设备设施的维修养护与运行管理

医院的房屋及附属设施设备的维修养护与运行管理，包括医院的门诊楼、住院楼以及科研办公楼等房屋的日常管理和定期检查维护；对高低压配电系统、给水排水系统、中央监控系统、消防安全系统、集中空调系统、污水处理系统、照明系统以及电梯等设备的维修与养护。物业企业应根据医院的总体工作计划，做好设施设备的维修保养，保证设施设备的完好运行，避免出现设备故障。一旦造成停水、停电事故，有可能影响手术的正常进行，给病患者带来危害。同时，在日常管理过程中，也要注意按照国家的相关要求去执行。例如，为保证病患者的安全，医院的电梯一定要由专人负责开启和运行。

2. 安全管理

医院的安全管理主要包括消防管理和秩序维护。消防管理是医院安全工作的重点，物业企业要加强对医护人员和住院病人的防火安全教育，加强对消防工作的安全检查和防火通道的管理，消除安全隐患。医院的秩序维护工作内容比较广泛，主要包括：对主要监控点和中央监控室的管理、医院出入口管理、住院楼门岗值班，对于手术室、药剂室、太平间、财务室重点部位要加强安全防范工作。物业企业应加强巡查，防范治安案件的发生；尤其是对于医疗纠纷所引发的上访事件，物业企业应制定紧急处理预案，防止事态扩大，避免影响到医院的正常医疗服务工作。

3. 保洁服务

医院的保洁服务包括清洁、消毒、垃圾收集等项工作。物业企业应配备专业保洁人员，对医院的公共部位进行日常保洁和消毒，注意不同区域的保洁用具应严格区分；对于医疗垃圾应分类收集，放到统一的收集地点，注意对医疗垃圾实行严格管理，避免流失，杜绝造成污染；对医院的污水处理系统进行维护，保证排放污水达到国家规定的排放标准。

4. 绿化服务

医院的绿化服务主要包括医院场地的绿化和美化、楼内绿化植物的租摆等工作，物业企业应根据医院的特点选择适合医院摆放的绿化植物，既达到美化环境的目的，又可以净化空气，有利于医护人员和病患者的健康。

5. 医院布草服务

医院布草服务包括对医务人员工作服的收集、清洗、消毒和发放，也包括对住院病床用品的更换、清洗和消毒，对病人服装的发放、清洗、消毒和回收等服务工作。物业企业应选择责任心强的人员，对布草服务进行严格管理，避免造成交叉感染。

6. 医疗辅助服务

医疗辅助服务是根据医院的需求开展的服务内容，主要包括导诊服务、为医院各部门、各治疗环节所提供的候诊、预约检查等辅助性服务工作。还包括接送各个病区病人进行检查和治疗、传递病人检查报告、提供康复用具等等。

7. 护工服务

护工服务是医院为方便病人的护理而开展服务工作，是对护士工作的延伸和补充。一般为病人提供的生活服务有：喂饭、擦洗、取药、煎药、送饭等；也包括病人手术后的陪伴、护理，重症病人的长期护理等服务工作。

8. 餐饮服务

医院的餐饮服务既要满足医护人员的用餐需要，也要满足住院病人的用餐需要。物业企业应配备合格的厨师和服务人员，为医院提供周到、精细的服务。例如，为医护人员提供用餐，要满足手术人员加班加点的工作要求，在保证一日三餐的基础上，根据需要增加夜宵；为不同的病人制定营养餐单，有利于病人恢复健康；为住院病人开展订餐和送餐服务，方便病人生活。

9. 其他服务项目

物业企业可以根据医院的特点，开办小型商店，出售日常生活用品、鲜花、水果、食品、图书和报纸等；还可以开办复印服务、车票代理、氧气瓶出租、轮椅出租等业务，方便住院病人的就医需要。

18.5.4 公共物业的管理与服务

城市公共物业的管理目前还未采用经营手段，尚由政府各个部门按照职能分工进行管理。根据城市绿化管理的有关部门规定，城市的公共绿地，绿化带等由城市园林部门管理，城市街道和城市的雕塑等公共地区的环境卫生由环卫部门管理。但是我们经常可以看到，在管理中存在着真空地带。因为，园林部门管理的重点是植物的生长、树种的选择等技术性问题，环卫部门管理的重点是卫生。但是，对绿化区域的环境管理与美化，却缺少全面周到的规划和管理，常常因管理不到位而使景观遭到破坏。在这里，如果吸纳物业管理的方法对城市公共物业进行管理，则效果要好得多。该类物业管理的内容包括：

1. 对城市家具的管理

城市家具是指设于城市道路及空间中的公交候车站、电话亭、报刊亭、果皮箱、路灯、休息座椅以及雕塑等城市公共配套设施。管理好这些城市家具，既可以提升城市形象，也是一个地区城市管理水平的综合体现。

2. 对城市道路、桥梁的维护管理

随着我国公路建设的迅速发展，公路通车里程迅速增多，桥梁数量也随之增加。公路运输车辆大型化、重型化的趋势越来越突出，给道路和桥梁带来极大的交通压力。加强对道路、桥梁的维护管理，使其能够适应通行需求，是当前城市道桥管理的重要内容。

3. 对城市园林绿化的管理

城市园林绿化管理，是对城市的各类绿地、林地、公园、风景游览区和苗圃等的建设、养护和管理。园林绿化管理是城市环境管理十分重要的内容，按照城市园林绿化的规划管理的要求，对城市园林绿化、城市公园和城市古树名木进行统一管理。

4. 对城市公共水面的管理

包括对城市中的河流、湖面、水塘等的管理，如水面的清洁、废弃物打捞、制止向水中倾倒垃圾、禁止捕捞水生物、保护禽鸟、河道两边的卫生与保洁等工作。

5. 对城市中出现的文化街、商业金街、电子产品街、纺织品街等特色产品街实行综合物业管理，是维护特色一条街整体风貌，发挥其使用功能，方便群众生活的重要举措。

6. 旅游景点的管理

为旅游景点提供保安、保洁及相关的配套服务。尤其是有一些寺庙、特色景观由于管理不到位，被盗、被破坏、环境状况下降等问题十分突出，通过物业管理，可以对这些物业和景点进行有效的管理。

7. 码头、机场、大型体育场馆、会展中心的管理

对城市的码头、机场、大型体育场馆、会展中心等大型设施进行有效的管理，可以充分发挥物业使用功能，提高城市的整体管理水平。

8. 群众文体场所的管理

对城市群众文体场所进行统一的管理，有利于发挥这些场所的功能，丰富群众的业余生活。例如对城市广场、非盈利性健身场所、体育场等物业进行统一的管理。

对上述这些区域的管理，传统的行政管理的方法存在着一定的弊端，难免有管理不到位的情况。如果通过物业服务企业以委托合同的方式进行管理，分清委托方和被委托方的责、权、利，物业管理费从城市的公共事业费中开支，相信会有比较好的管理效果和经营效益。

从上述物业管理的介绍可见，物业管理行业在经济社会中有着广阔的发展前景。尤其在我国的经济体制改革过程中，解决不同管理体制、不同管理范围、不同类型物业的管理问题，要靠行业内外人士的共同探索和努力，把更多类型的物业纳入到物业管理服务的范围之内，充分体现物业管理的专业化和社会化优势。

复 习 思 考 题

1. 简述居住物业的含义与分类。
2. 简述居住物业的物业管理目标。
3. 简述高档公寓物业管理的要求。
4. 简述别墅物业管理的要求。
5. 简述写字楼物业的特点和管理要求。
6. 简述写字楼物业管理的内容。
7. 简述零售商业物业的特点及管理要求。
8. 简述零售商业物业的管理内容。

9. 简述工业园区物业管理的要求。
10. 简述工业园区物业管理的内容。
11. 简述学校物业的管理服务内容。
12. 简述医院物业的管理服务内容。

附录　物业管理行政法规及规章

中华人民共和国国务院令

第 504 号

现公布《国务院关于修改〈物业管理条例〉的决定》，自 2007 年 10 月 1 日起施行。

总理　温家宝

二〇〇七年八月二十六日

国务院关于修改《物业管理条例》的决定

根据《中华人民共和国物权法》的有关规定，国务院决定对《物业管理条例》作如下修改：

一、将第十条第一款修改为："同一个物业管理区域内的业主，应当在物业所在地的区、县人民政府房地产行政主管部门或者街道办事处、乡镇人民政府的指导下成立业主大会，并选举产生业主委员会。但是，只有一个业主的，或者业主人数较少且经全体业主一致同意，决定不成立业主大会的，由业主共同履行业主大会、业主委员会职责。"

删除第十条第二款。

二、将第十一条修改为："下列事项由业主共同决定：

（一）制定和修改业主大会议事规则；

（二）制定和修改管理规约；

（三）选举业主委员会或者更换业主委员会成员；

（四）选聘和解聘物业服务企业；

（五）筹集和使用专项维修资金；

（六）改建、重建建筑物及其附属设施；

（七）有关共有和共同管理权利的其他重大事项。"

三、将第十二条修改为："业主大会会议可以采用集体讨论的形式，也可以采用书面征求意见的形式；但是，应当有物业管理区域内专有部分占建筑物总面积过半数的业主且占总人数过半数的业主参加。"

"业主可以委托代理人参加业主大会会议。"

"业主大会决定本条例第十一条第（五）项和第（六）项规定的事项，应当经专有部分占建筑物总面积 2/3 以上的业主且占总人数 2/3 以上的业主同意；决定本条例第十一条规定的其他事项，应当经专有部分占建筑物总面积过半数的业主且占总人数过半数的业主同意。"

"业主大会或者业主委员会的决定，对业主具有约束力。"

"业主大会或者业主委员会作出的决定侵害业主合法权益的，受侵害的业主可以请求人民法院予以撤销。"

四、将第十九条第二款修改为："业主大会、业主委员会作出的决定违反法律、法规的，物业所在地的区、县人民政府房地产行政主管部门或者街道办事处、乡镇人民政府，应当责令限期改正或者撤销其决定，并通告全体业主。"

此外，根据《中华人民共和国物权法》的有关规定，将"物业管理企业"修改为"物业服务企业"，将"业主公约"修改为"管理规约"，将"业主临时公约"修改为"临时管理规约"，并对个别条文的文字作了修改。

本决定自2007年10月1日起施行。

《物业管理条例》根据本决定作相应的修订，重新公布。

物业管理条例

（2003年6月8日中华人民共和国国务院令第379号公布 根据2007年8月26日《国务院关于修改〈物业管理条例〉的决定》修订）

第一章 总 则

第一条 为了规范物业管理活动，维护业主和物业服务企业的合法权益，改善人民群众的生活和工作环境，制定本条例。

第二条 本条例所称物业管理，是指业主通过选聘物业服务企业，由业主和物业服务企业按照物业服务合同约定，对房屋及配套的设施设备和相关场地进行维修、养护、管理，维护物业管理区域内的环境卫生和相关秩序的活动。

第三条 国家提倡业主通过公开、公平、公正的市场竞争机制选择物业服务企业。

第四条 国家鼓励采用新技术、新方法，依靠科技进步提高物业管理和服务水平。

第五条 国务院建设行政主管部门负责全国物业管理活动的监督管理工作。

县级以上地方人民政府房地产行政主管部门负责本行政区域内物业管理活动的监督管理工作。

第二章 业主及业主大会

第六条 房屋的所有权人为业主。

业主在物业管理活动中，享有下列权利：

（一）按照物业服务合同的约定，接受物业服务企业提供的服务；

（二）提议召开业主大会会议，并就物业管理的有关事项提出建议；

（三）提出制定和修改管理规约、业主大会议事规则的建议；

（四）参加业主大会会议，行使投票权；

（五）选举业主委员会成员，并享有被选举权；

（六）监督业主委员会的工作；

（七）监督物业服务企业履行物业服务合同；

（八）对物业共用部位、共用设施设备和相关场地使用情况享有知情权和监督权；

（九）监督物业共用部位、共用设施设备专项维修资金（以下简称专项维修资金）的管理和使用；

（十）法律、法规规定的其他权利。

第七条 业主在物业管理活动中，履行下列义务：

（一）遵守管理规约、业主大会议事规则；

（二）遵守物业管理区域内物业共用部位和共用设施设备的使用、公共秩序和环境卫生的维护等方面的规章制度；

（三）执行业主大会的决定和业主大会授权业主委员会作出的决定；

（四）按照国家有关规定交纳专项维修资金；

（五）按时交纳物业服务费用；

（六）法律、法规规定的其他义务。

第八条 物业管理区域内全体业主组成业主大会。

业主大会应当代表和维护物业管理区域内全体业主在物业管理活动中的合法权益。

第九条 一个物业管理区域成立一个业主大会。

物业管理区域的划分应当考虑物业的共用设施设备、建筑物规模、社区建设等因素。具体办法由省、自治区、直辖市制定。

第十条 同一个物业管理区域内的业主，应当在物业所在地的区、县人民政府房地产行政主管部门或者街道办事处、乡镇人民政府的指导下成立业主大会，并选举产生业主委员会。但是，只有一个业主的，或者业主人数较少且经全体业主一致同意，决定不成立业主大会的，由业主共同履行业主大会、业主委员会职责。

第十一条 下列事项由业主共同决定：

（一）制定和修改业主大会议事规则；

（二）制定和修改管理规约；

（三）选举业主委员会或者更换业主委员会成员；

（四）选聘和解聘物业服务企业；

（五）筹集和使用专项维修资金；

（六）改建、重建建筑物及其附属设施；

（七）有关共有和共同管理权利的其他重大事项。

第十二条 业主大会会议可以采用集体讨论的形式，也可以采用书面征求意见的形式；但是，应当有物业管理区域内专有部分占建筑物总面积过半数的业主且占总人数过半数的业主参加。

业主可以委托代理人参加业主大会会议。

业主大会决定本条例第十一条第（五）项和第（六）项规定的事项，应当经专有部分占建筑物总面积 2/3 以上的业主且占总人数 2/3 以上的业主同意；决定本条例第十一条规定的其他事项，应当经专有部分占建筑物总面积过半数的业主且占总人数过半数的业主同意。

业主大会或者业主委员会的决定，对业主具有约束力。

业主大会或者业主委员会作出的决定侵害业主合法权益的，受侵害的业主可以请求人民法院予以撤销。

第十三条 业主大会会议分为定期会议和临时会议。

业主大会定期会议应当按照业主大会议事规则的规定召开。经20%以上的业主提议，业主委员会应当组织召开业主大会临时会议。

第十四条 召开业主大会会议，应当于会议召开15日以前通知全体业主。

住宅小区的业主大会会议，应当同时告知相关的居民委员会。

业主委员会应当做好业主大会会议记录。

第十五条 业主委员会执行业主大会的决定事项，履行下列职责：

（一）召集业主大会会议，报告物业管理的实施情况；

（二）代表业主与业主大会选聘的物业服务企业签订物业服务合同；

（三）及时了解业主、物业使用人的意见和建议，监督和协助物业服务企业履行物业服务合同；

（四）监督管理规约的实施；

（五）业主大会赋予的其他职责。

第十六条 业主委员会应当自选举产生之日起30日内，向物业所在地的区、县人民政府房地产行政主管部门和街道办事处、乡镇人民政府备案。

业主委员会委员应当由热心公益事业、责任心强、具有一定组织能力的业主担任。

业主委员会主任、副主任在业主委员会成员中推选产生。

第十七条 管理规约应当对有关物业的使用、维护、管理，业主的共同利益，业主应当履行的义务，违反管理规约应当承担的责任等事项依法作出约定。

管理规约应当尊重社会公德，不得违反法律、法规或者损害社会公共利益。

管理规约对全体业主具有约束力。

第十八条 业主大会议事规则应当就业主大会的议事方式、表决程序、业主委员会的组成和成员任期等事项作出约定。

第十九条 业主大会、业主委员会应当依法履行职责，不得作出与物业管理无关的决定，不得从事与物业管理无关的活动。

业主大会、业主委员会作出的决定违反法律、法规的，物业所在地的区、县人民政府房地产行政主管部门或者街道办事处、乡镇人民政府，应当责令限期改正或者撤销其决定，并通告全体业主。

第二十条 业主大会、业主委员会应当配合公安机关，与居民委员会相互协作，共同做好维护物业管理区域内的社会治安等相关工作。

在物业管理区域内，业主大会、业主委员会应当积极配合相关居民委员会依法履行自治管理职责，支持居民委员会开展工作，并接受其指导和监督。

住宅小区的业主大会、业主委员会作出的决定，应当告知相关的居民委员会，并认真听取居民委员会的建议。

第三章 前期物业管理

第二十一条 在业主、业主大会选聘物业服务企业之前，建设单位选聘物业服务企业的，应当签订书面的前期物业服务合同。

　　第二十二条　建设单位应当在销售物业之前，制定临时管理规约，对有关物业的使用、维护、管理，业主的共同利益，业主应当履行的义务，违反临时管理规约应当承担的责任等事项依法作出约定。

　　建设单位制定的临时管理规约，不得侵害物业买受人的合法权益。

　　第二十三条　建设单位应当在物业销售前将临时管理规约向物业买受人明示，并予以说明。

　　物业买受人在与建设单位签订物业买卖合同时，应当对遵守临时管理规约予以书面承诺。

　　第二十四条　国家提倡建设单位按照房地产开发与物业管理相分离的原则，通过招投标的方式选聘具有相应资质的物业服务企业。

　　住宅物业的建设单位，应当通过招投标的方式选聘具有相应资质的物业服务企业；投标人少于3个或者住宅规模较小的，经物业所在地的区、县人民政府房地产行政主管部门批准，可以采用协议方式选聘具有相应资质的物业服务企业。

　　第二十五条　建设单位与物业买受人签订的买卖合同应当包含前期物业服务合同约定的内容。

　　第二十六条　前期物业服务合同可以约定期限；但是，期限未满、业主委员会与物业服务企业签订的物业服务合同生效的，前期物业服务合同终止。

　　第二十七条　业主依法享有的物业共用部位、共用设施设备的所有权或者使用权，建设单位不得擅自处分。

　　第二十八条　物业服务企业承接物业时，应当对物业共用部位、共用设施设备进行查验。

　　第二十九条　在办理物业承接验收手续时，建设单位应当向物业服务企业移交下列资料：

　　（一）竣工总平面图，单体建筑、结构、设备竣工图，配套设施、地下管网工程竣工图等竣工验收资料；

　　（二）设施设备的安装、使用和维护保养等技术资料；

　　（三）物业质量保修文件和物业使用说明文件；

　　（四）物业管理所必需的其他资料。

　　物业服务企业应当在前期物业服务合同终止时将上述资料移交给业主委员会。

　　第三十条　建设单位应当按照规定在物业管理区域内配置必要的物业管理用房。

　　第三十一条　建设单位应当按照国家规定的保修期限和保修范围，承担物业的保修责任。

第四章　物业管理服务

　　第三十二条　从事物业管理活动的企业应当具有独立的法人资格。

　　国家对从事物业管理活动的企业实行资质管理制度。具体办法由国务院建设行政主管部门制定。

　　第三十三条　从事物业管理的人员应当按照国家有关规定，取得职业资格证书。

第三十四条　一个物业管理区域由一个物业服务企业实施物业管理。

第三十五条　业主委员会应当与业主大会选聘的物业服务企业订立书面的物业服务合同。

物业服务合同应当对物业管理事项、服务质量、服务费用、双方的权利义务、专项维修资金的管理与使用、物业管理用房、合同期限、违约责任等内容进行约定。

第三十六条　物业服务企业应当按照物业服务合同的约定，提供相应的服务。

物业服务企业未能履行物业服务合同的约定，导致业主人身、财产安全受到损害的，应当依法承担相应的法律责任。

第三十七条　物业服务企业承接物业时，应当与业主委员会办理物业验收手续。

业主委员会应当向物业服务企业移交本条例第二十九条第一款规定的资料。

第三十八条　物业管理用房的所有权依法属于业主。未经业主大会同意，物业服务企业不得改变物业管理用房的用途。

第三十九条　物业服务合同终止时，物业服务企业应当将物业管理用房和本条例第二十九条第一款规定的资料交还给业主委员会。

物业服务合同终止时，业主大会选聘了新的物业服务企业的，物业服务企业之间应当做好交接工作。

第四十条　物业服务企业可以将物业管理区域内的专项服务业务委托给专业性服务企业，但不得将该区域内的全部物业管理一并委托给他人。

第四十一条　物业服务收费应当遵循合理、公开以及费用与服务水平相适应的原则，区别不同物业的性质和特点，由业主和物业服务企业按照国务院价格主管部门会同国务院建设行政主管部门制定的物业服务收费办法，在物业服务合同中约定。

第四十二条　业主应当根据物业服务合同的约定交纳物业服务费用。业主与物业使用人约定由物业使用人交纳物业服务费用的，从其约定，业主负连带交纳责任。

已竣工但尚未出售或者尚未交给物业买受人的物业，物业服务费用由建设单位交纳。

第四十三条　县级以上人民政府价格主管部门会同同级房地产行政主管部门，应当加强对物业服务收费的监督。

第四十四条　物业服务企业可以根据业主的委托提供物业服务合同约定以外的服务项目，服务报酬由双方约定。

第四十五条　物业管理区域内，供水、供电、供气、供热、通信、有线电视等单位应当向最终用户收取有关费用。

物业服务企业接受委托代收前款费用的，不得向业主收取手续费等额外费用。

第四十六条　对物业管理区域内违反有关治安、环保、物业装饰装修和使用等方面法律、法规规定的行为，物业服务企业应当制止，并及时向有关行政管理部门报告。

有关行政管理部门在接到物业服务企业的报告后，应当依法对违法行为予以制止或者依法处理。

第四十七条　物业服务企业应当协助做好物业管理区域内的安全防范工作。发生安全事故时，物业服务企业在采取应急措施的同时，应当及时向有关行政管理部门报告，协助做好救助工作。

物业服务企业雇请保安人员的，应当遵守国家有关规定。保安人员在维护物业管理区域内的公共秩序时，应当履行职责，不得侵害公民的合法权益。

第四十八条 物业使用人在物业管理活动中的权利义务由业主和物业使用人约定，但不得违反法律、法规和管理规约的有关规定。

物业使用人违反本条例和管理规约的规定，有关业主应当承担连带责任。

第四十九条 县级以上地方人民政府房地产行政主管部门应当及时处理业主、业主委员会、物业使用人和物业服务企业在物业管理活动中的投诉。

第五章　物业的使用与维护

第五十条 物业管理区域内按照规划建设的公共建筑和共用设施，不得改变用途。

业主依法确需改变公共建筑和共用设施用途的，应当在依法办理有关手续后告知物业服务企业；物业服务企业确需改变公共建筑和共用设施用途的，应当提请业主大会讨论决定同意后，由业主依法办理有关手续。

第五十一条 业主、物业服务企业不得擅自占用、挖掘物业管理区域内的道路、场地，损害业主的共同利益。

因维修物业或者公共利益，业主确需临时占用、挖掘道路、场地的，应当征得业主委员会和物业服务企业的同意；物业服务企业确需临时占用、挖掘道路、场地的，应当征得业主委员会的同意。

业主、物业服务企业应当将临时占用、挖掘的道路、场地，在约定期限内恢复原状。

第五十二条 供水、供电、供气、供热、通信、有线电视等单位，应当依法承担物业管理区域内相关管线和设施设备维修、养护的责任。

前款规定的单位因维修、养护等需要，临时占用、挖掘道路、场地的，应当及时恢复原状。

第五十三条 业主需要装饰装修房屋的，应当事先告知物业服务企业。

物业服务企业应当将房屋装饰装修中的禁止行为和注意事项告知业主。

第五十四条 住宅物业、住宅小区内的非住宅物业或者与单幢住宅楼结构相连的非住宅物业的业主，应当按照国家有关规定交纳专项维修资金。

专项维修资金属于业主所有，专项用于物业保修期满后物业共用部位、共用设施设备的维修和更新、改造，不得挪作他用。

专项维修资金收取、使用、管理的办法由国务院建设行政主管部门会同国务院财政部门制定。

第五十五条 利用物业共用部位、共用设施设备进行经营的，应当在征得相关业主、业主大会、物业服务企业的同意后，按照规定办理有关手续。业主所得收益应当主要用于补充专项维修资金，也可以按照业主大会的决定使用。

第五十六条 物业存在安全隐患，危及公共利益及他人合法权益时，责任人应当及时维修养护，有关业主应当给予配合。

责任人不履行维修养护义务的，经业主大会同意，可以由物业服务企业维修养护，费用由责任人承担。

第六章 法 律 责 任

第五十七条 违反本条例的规定,住宅物业的建设单位未通过招投标的方式选聘物业服务企业或者未经批准,擅自采用协议方式选聘物业服务企业的,由县级以上地方人民政府房地产行政主管部门责令限期改正,给予警告,可以并处10万元以下的罚款。

第五十八条 违反本条例的规定,建设单位擅自处分属于业主的物业共用部位、共用设施设备的所有权或者使用权的,由县级以上地方人民政府房地产行政主管部门处5万元以上20万元以下的罚款;给业主造成损失的,依法承担赔偿责任。

第五十九条 违反本条例的规定,不移交有关资料的,由县级以上地方人民政府房地产行政主管部门责令限期改正;逾期仍不移交有关资料的,对建设单位、物业服务企业予以通报,处1万元以上10万元以下的罚款。

第六十条 违反本条例的规定,未取得资质证书从事物业管理的,由县级以上地方人民政府房地产行政主管部门没收违法所得,并处5万元以上20万元以下的罚款;给业主造成损失的,依法承担赔偿责任。

以欺骗手段取得资质证书的,依照本条第一款规定处罚,并由颁发资质证书的部门吊销资质证书。

第六十一条 违反本条例的规定,物业服务企业聘用未取得物业管理职业资格证书的人员从事物业管理活动的,由县级以上地方人民政府房地产行政主管部门责令停止违法行为,处5万元以上20万元以下的罚款;给业主造成损失的,依法承担赔偿责任。

第六十二条 违反本条例的规定,物业服务企业将一个物业管理区域内的全部物业管理一并委托给他人的,由县级以上地方人民政府房地产行政主管部门责令限期改正,处委托合同价款30%以上50%以下的罚款;情节严重的,由颁发资质证书的部门吊销资质证书。委托所得收益,用于物业管理区域内物业共用部位、共用设施设备的维修、养护,剩余部分按照业主大会的决定使用;给业主造成损失的,依法承担赔偿责任。

第六十三条 违反本条例的规定,挪用专项维修资金的,由县级以上地方人民政府房地产行政主管部门追回挪用的专项维修资金,给予警告,没收违法所得,可以并处挪用数额2倍以下的罚款;物业服务企业挪用专项维修资金,情节严重的,并由颁发资质证书的部门吊销资质证书;构成犯罪的,依法追究直接负责的主管人员和其他直接责任人员的刑事责任。

第六十四条 违反本条例的规定,建设单位在物业管理区域内不按照规定配置必要的物业管理用房的,由县级以上地方人民政府房地产行政主管部门责令限期改正,给予警告,没收违法所得,并处10万元以上50万元以下的罚款。

第六十五条 违反本条例的规定,未经业主大会同意,物业服务企业擅自改变物业管理用房的用途的,由县级以上地方人民政府房地产行政主管部门责令限期改正,给予警告,并处1万元以上10万元以下的罚款;有收益的,所得收益用于物业管理区域内物业共用部位、共用设施设备的维修、养护,剩余部分按照业主大会的决定使用。

第六十六条 违反本条例的规定,有下列行为之一的,由县级以上地方人民政府房地产行政主管部门责令限期改正,给予警告,并按照本条第二款的规定处以罚款;所得收益,用于物业管理区域内物业共用部位、共用设施设备的维修、养护,剩余部分按照业主大会的决定使用：

（一）擅自改变物业管理区域内按照规划建设的公共建筑和共用设施用途的；

（二）擅自占用、挖掘物业管理区域内道路、场地，损害业主共同利益的；

（三）擅自利用物业共用部位、共用设施设备进行经营的。

个人有前款规定行为之一的，处 1000 元以上 1 万元以下的罚款；单位有前款规定行为之一的，处 5 万元以上 20 万元以下的罚款。

第六十七条 违反物业服务合同约定，业主逾期不交纳物业服务费用的，业主委员会应当督促其限期交纳；逾期仍不交纳的，物业服务企业可以向人民法院起诉。

第六十八条 业主以业主大会或者业主委员会的名义，从事违反法律、法规的活动，构成犯罪的，依法追究刑事责任；尚不构成犯罪的，依法给予治安管理处罚。

第六十九条 违反本条例的规定，国务院建设行政主管部门、县级以上地方人民政府房地产行政主管部门或者其他有关行政管理部门的工作人员利用职务上的便利，收受他人财物或者其他好处，不依法履行监督管理职责，或者发现违法行为不予查处，构成犯罪的，依法追究刑事责任；尚不构成犯罪的，依法给予行政处分。

第七章 附 则

第七十条 本条例自 2003 年 9 月 1 日起施行。

业主大会和业主委员会指导规则

第一章 总 则

第一条 为了规范业主大会和业主委员会的活动,维护业主的合法权益,根据《中华人民共和国物权法》、《物业管理条例》等法律法规的规定,制定本规则。

第二条 业主大会由物业管理区域内的全体业主组成,代表和维护物业管理区域内全体业主在物业管理活动中的合法权利,履行相应的义务。

第三条 业主委员会由业主大会依法选举产生,履行业主大会赋予的职责,执行业主大会决定的事项,接受业主的监督。

第四条 业主大会或者业主委员会的决定,对业主具有约束力。

业主大会和业主委员会应当依法履行职责,不得作出与物业管理无关的决定,不得从事与物业管理无关的活动。

第五条 业主大会和业主委员会,对业主损害他人合法权益和业主共同利益的行为,有权依照法律、法规以及管理规约,要求停止侵害、消除危险、排除妨害、赔偿损失。

第六条 物业所在地的区、县房地产行政主管部门和街道办事处、乡镇人民政府负责对设立业主大会和选举业主委员会给予指导和协助,负责对业主大会和业主委员会的日常活动进行指导和监督。

第二章 业 主 大 会

第七条 业主大会根据物业管理区域的划分成立,一个物业管理区域成立一个业主大会。

只有一个业主的,或者业主人数较少且经全体业主同意,不成立业主大会的,由业主共同履行业主大会、业主委员会职责。

第八条 物业管理区域内,已交付的专有部分面积超过建筑物总面积50%时,建设单位应当按照物业所在地的区、县房地产行政主管部门或者街道办事处、乡镇人民政府的要求,及时报送下列筹备首次业主大会会议所需的文件资料:

(一)物业管理区域证明;
(二)房屋及建筑物面积清册;
(三)业主名册;
(四)建筑规划总平面图;
(五)交付使用共用设施设备的证明;
(六)物业服务用房配置证明;
(七)其他有关的文件资料。

第九条 符合成立业主大会条件的,区、县房地产行政主管部门或者街道办事处、乡镇人民政府应当在收到业主提出筹备业主大会书面申请后60日内,负责组织、指导成立首次业主大会会议筹备组。

第十条 首次业主大会会议筹备组由业主代表、建设单位代表、街道办事处、乡镇人民政府代表和居民委员会代表组成。筹备组成员人数应为单数，其中业主代表人数不低于筹备组总人数的一半，筹备组组长由街道办事处、乡镇人民政府代表担任。

第十一条 筹备组中业主代表的产生，由街道办事处、乡镇人民政府或者居民委员会组织业主推荐。

筹备组应当将成员名单以书面形式在物业管理区域内公告。业主对筹备组成员有异议的，由街道办事处、乡镇人民政府协调解决。

建设单位和物业服务企业应当配合协助筹备组开展工作。

第十二条 筹备组应当做好以下筹备工作：

（一）确认并公示业主身份、业主人数以及所拥有的专有部分面积；

（二）确定首次业主大会会议召开的时间、地点、形式和内容；

（三）草拟管理规约、业主大会议事规则；

（四）依法确定首次业主大会会议表决规则；

（五）制定业主委员会委员候选人产生办法，确定业主委员会委员候选人名单；

（六）制定业主委员会选举办法；

（七）完成召开首次业主大会会议的其他准备工作。

前款内容应当在首次业主大会会议召开15日前以书面形式在物业管理区域内公告。业主对公告内容有异议的，筹备组应当记录并作出答复。

第十三条 依法登记取得或者根据物权法第二章第三节规定取得建筑物专有部分所有权的人，应当认定为业主。

基于房屋买卖等民事法律行为，已经合法占有建筑物专有部分，但尚未依法办理所有权登记的人，可以认定为业主。

业主的投票权数由专有部分面积和业主人数确定。

第十四条 业主委员会委员候选人由业主推荐或者自荐。筹备组应当核查参选人的资格，根据物业规模、物权份额、委员的代表性和广泛性等因素，确定业主委员会委员候选人名单。

第十五条 筹备组应当自组成之日起90日内完成筹备工作，组织召开首次业主大会会议。

业主大会自首次业主大会会议表决通过管理规约、业主大会议事规则，并选举产生业主委员会之日起成立。

第十六条 划分为一个物业管理区域的分期开发的建设项目，先期开发部分符合条件的，可以成立业主大会，选举产生业主委员会。首次业主大会会议应当根据分期开发的物业面积和进度等因素，在业主大会议事规则中明确增补业主委员会委员的办法。

第十七条 业主大会决定以下事项：

（一）制定和修改业主大会议事规则；

（二）制定和修改管理规约；

（三）选举业主委员会或者更换业主委员会委员；

（四）制定物业服务内容、标准以及物业服务收费方案；

（五）选聘和解聘物业服务企业；

（六）筹集和使用专项维修资金；

（七）改建、重建建筑物及其附属设施；
（八）改变共有部分的用途；
（九）利用共有部分进行经营以及所得收益的分配与使用；
（十）法律法规或者管理规约确定应由业主共同决定的事项。

第十八条　管理规约应当对下列主要事项作出规定：
（一）物业的使用、维护、管理；
（二）专项维修资金的筹集、管理和使用；
（三）物业共用部分的经营与收益分配；
（四）业主共同利益的维护；
（五）业主共同管理权的行使；
（六）业主应尽的义务；
（七）违反管理规约应当承担的责任。

第十九条　业主大会议事规则应当对下列主要事项作出规定：
（一）业主大会名称及相应的物业管理区域；
（二）业主委员会的职责；
（三）业主委员会议事规则；
（四）业主大会会议召开的形式、时间和议事方式；
（五）业主投票权数的确定方法；
（六）业主代表的产生方式；
（七）业主大会会议的表决程序；
（八）业主委员会委员的资格、人数和任期等；
（九）业主委员会换届程序、补选办法等；
（十）业主大会、业主委员会工作经费的筹集、使用和管理；
（十一）业主大会、业主委员会印章的使用和管理。

第二十条　业主拒付物业服务费，不缴存专项维修资金以及实施其他损害业主共同权益行为的，业主大会可以在管理规约和业主大会议事规则中对其共同管理权的行使予以限制。

第二十一条　业主大会会议分为定期会议和临时会议。
业主大会定期会议应当按照业主大会议事规则的规定由业主委员会组织召开。
有下列情况之一的，业主委员会应当及时组织召开业主大会临时会议：
（一）经专有部分占建筑物总面积 20% 以上且占总人数 20% 以上业主提议的；
（二）发生重大事故或者紧急事件需要及时处理的；
（三）业主大会议事规则或者管理规约规定的其他情况。

第二十二条　业主大会会议可以采用集体讨论的形式，也可以采用书面征求意见的形式；但应当有物业管理区域内专有部分占建筑物总面积过半数的业主且占总人数过半数的业主参加。
采用书面征求意见形式的，应当将征求意见书送交每一位业主；无法送达的，应当在物业管理区域内公告。凡需投票表决的，表决意见应由业主本人签名。

第二十三条　业主大会确定业主投票权数，可以按照下列方法认定专有部分面积和建筑物总面积：

（一）专有部分面积按照不动产登记簿记载的面积计算；尚未进行登记的，暂按测绘机构的实测面积计算；尚未进行实测的，暂按房屋买卖合同记载的面积计算；

（二）建筑物总面积，按照前项的统计总和计算。

第二十四条 业主大会确定业主投票权数，可以按照下列方法认定业主人数和总人数：

（一）业主人数，按照专有部分的数量计算，一个专有部分按一人计算。但建设单位尚未出售和虽已出售但尚未交付的部分，以及同一买受人拥有一个以上专有部分的，按一人计算；

（二）总人数，按照前项的统计总和计算。

第二十五条 业主大会应当在业主大会议事规则中约定车位、摊位等特定空间是否计入用于确定业主投票权数的专有部分面积。

一个专有部分有两个以上所有权人的，应当推选一人行使表决权，但共有人所代表的业主人数为一人。

业主为无民事行为能力人或者限制民事行为能力人的，由其法定监护人行使投票权。

第二十六条 业主因故不能参加业主大会会议的，可以书面委托代理人参加业主大会会议。

未参与表决的业主，其投票权数是否可以计入已表决的多数票，由管理规约或者业主大会议事规则规定。

第二十七条 物业管理区域内业主人数较多的，可以幢、单元、楼层为单位，推选一名业主代表参加业主大会会议，推选及表决办法应当在业主大会议事规则中规定。

第二十八条 业主可以书面委托的形式，约定由其推选的业主代表在一定期限内代其行使共同管理权，具体委托内容、期限、权限和程序由业主大会议事规则规定。

第二十九条 业主大会会议决定筹集和使用专项维修资金以及改造、重建建筑物及其附属设施的，应当经专有部分占建筑物总面积三分之二以上的业主且占总人数三分之二以上的业主同意；决定本规则第十七条规定的其他共有和共同管理权利事项的，应当经专有部分占建筑物总面积过半数且占总人数过半数的业主同意。

第三十条 业主大会会议应当由业主委员会作出书面记录并存档。

业主大会的决定应当以书面形式在物业管理区域内及时公告。

第三章 业 主 委 员 会

第三十一条 业主委员会由业主大会会议选举产生，由5至11人单数组成。业主委员会委员应当是物业管理区域内的业主，并符合下列条件：

（一）具有完全民事行为能力；

（二）遵守国家有关法律、法规；

（三）遵守业主大会议事规则、管理规约，模范履行业主义务；

（四）热心公益事业，责任心强，公正廉洁；

（五）具有一定的组织能力；

（六）具备必要的工作时间。

第三十二条 业主委员会委员实行任期制，每届任期不超过5年，可连选连任，业主委员会委员具有同等表决权。

业主委员会应当自选举之日起7日内召开首次会议，推选业主委员会主任和副主任。

第三十三条 业主委员会应当自选举产生之日起30日内，持下列文件向物业所在地的区、县房地产行政主管部门和街道办事处、乡镇人民政府办理备案手续：

（一）业主大会成立和业主委员会选举的情况；

（二）管理规约；

（三）业主大会议事规则；

（四）业主大会决定的其他重大事项。

第三十四条 业主委员会办理备案手续后，可持备案证明向公安机关申请刻制业主大会印章和业主委员会印章。

业主委员会任期内，备案内容发生变更的，业主委员会应当自变更之日起30日内将变更内容书面报告备案部门。

第三十五条 业主委员会履行以下职责：

（一）执行业主大会的决定和决议；

（二）召集业主大会会议，报告物业管理实施情况；

（三）与业主大会选聘的物业服务企业签订物业服务合同；

（四）及时了解业主、物业使用人的意见和建议，监督和协助物业服务企业履行物业服务合同；

（五）监督管理规约的实施；

（六）督促业主交纳物业服务费及其他相关费用；

（七）组织和监督专项维修资金的筹集和使用；

（八）调解业主之间因物业使用、维护和管理产生的纠纷；

（九）业主大会赋予的其他职责。

第三十六条 业主委员会应当向业主公布下列情况和资料：

（一）管理规约、业主大会议事规则；

（二）业主大会和业主委员会的决定；

（三）物业服务合同；

（四）专项维修资金的筹集、使用情况；

（五）物业共有部分的使用和收益情况；

（六）占用业主共有的道路或者其他场地用于停放汽车车位的处分情况；

（七）业主大会和业主委员会工作经费的收支情况；

（八）其他应当向业主公开的情况和资料。

第三十七条 业主委员会应当按照业主大会议事规则的规定及业主大会的决定召开会议。经三分之一以上业主委员会委员的提议，应当在7日内召开业主委员会会议。

第三十八条 业主委员会会议由主任召集和主持，主任因故不能履行职责，可以委托副主任召集。

业主委员会会议应有过半数的委员出席，作出的决定必须经全体委员半数以上同意。

业主委员会委员不能委托代理人参加会议。

第三十九条　业主委员会应当于会议召开 7 日前,在物业管理区域内公告业主委员会会议的内容和议程,听取业主的意见和建议。

业主委员会会议应当制作书面记录并存档,业主委员会会议作出的决定,应当有参会委员的签字确认,并自作出决定之日起 3 日内在物业管理区域内公告。

第四十条　业主委员会应当建立工作档案,工作档案包括以下主要内容:
(一)业主大会、业主委员会的会议记录;
(二)业主大会、业主委员会的决定;
(三)业主大会议事规则、管理规约和物业服务合同;
(四)业主委员会选举及备案资料;
(五)专项维修资金筹集及使用账目;
(六)业主及业主代表的名册;
(七)业主的意见和建议。

第四十一条　业主委员会应当建立印章管理规定,并指定专人保管印章。

使用业主大会印章,应当根据业主大会议事规则的规定或者业主大会会议的决定;使用业主委员会印章,应当根据业主委员会会议的决定。

第四十二条　业主大会、业主委员会工作经费由全体业主承担。工作经费可以由业主分摊,也可以从物业共有部分经营所得收益中列支。工作经费的收支情况,应当定期在物业管理区域内公告,接受业主监督。

工作经费筹集、管理和使用的具体办法由业主大会决定。

第四十三条　有下列情况之一的,业主委员会委员资格自行终止:
(一)因物业转让、灭失等原因不再是业主的;
(二)丧失民事行为能力的;
(三)依法被限制人身自由的;
(四)法律、法规以及管理规约规定的其他情形。

第四十四条　业主委员会委员有下列情况之一的,由业主委员会三分之一以上委员或者持有 20% 以上投票权数的业主提议,业主大会或者业主委员会根据业主大会的授权,可以决定是否终止其委员资格:
(一)以书面方式提出辞职请求的;
(二)不履行委员职责的;
(三)利用委员资格谋取私利的;
(四)拒不履行业主义务的;
(五)侵害他人合法权益的;
(六)因其他原因不宜担任业主委员会委员的。

第四十五条　业主委员会委员资格终止的,应当自终止之日起 3 日内将其保管的档案资料、印章及其他属于全体业主所有的财物移交业主委员会。

第四十六条　业主委员会任期内,委员出现空缺时,应当及时补足。业主委员会委员候补办法由业主大会决定或者在业主大会议事规则中规定。业主委员会委员人数不足总数的二分之一时,应当召开业主大会临时会议,重新选举业主委员会。

第四十七条　业主委员会任期届满前 3 个月,应当组织召开业主大会会议,进行换届选举，并报告物业所在地的区、县房地产行政主管部门和街道办事处、乡镇人民政府。

第四十八条 业主委员会应当自任期届满之日起10日内，将其保管的档案资料、印章及其他属于业主大会所有的财物移交新一届业主委员会。

第四章 指 导 和 监 督

第四十九条 物业所在地的区、县房地产行政主管部门和街道办事处、乡镇人民政府应当积极开展物业管理政策法规的宣传和教育活动，及时处理业主、业主委员会在物业管理活动中的投诉。

第五十条 已交付使用的专有部分面积超过建筑物总面积50%，建设单位未按要求报送筹备首次业主大会会议相关文件资料的，物业所在地的区、县房地产行政主管部门或者街道办事处、乡镇人民政府有权责令建设单位限期改正。

第五十一条 业主委员会未按业主大会议事规则的规定组织召开业主大会定期会议，或者发生应当召开业主大会临时会议的情况，业主委员会不履行组织召开会议职责的，物业所在地的区、县房地产行政主管部门或者街道办事处、乡镇人民政府可以责令业主委员会限期召开；逾期仍不召开的，可以由物业所在地的居民委员会在街道办事处、乡镇人民政府的指导和监督下组织召开。

第五十二条 按照业主大会议事规则的规定或者三分之一以上委员提议，应当召开业主委员会会议的，业主委员会主任、副主任无正当理由不召集业主委员会会议的，物业所在地的区、县房地产行政主管部门或者街道办事处、乡镇人民政府可以指定业主委员会其他委员召集业主委员会会议。

第五十三条 召开业主大会会议，物业所在地的区、县房地产行政主管部门和街道办事处、乡镇人民政府应当给予指导和协助。

第五十四条 召开业主委员会会议，应当告知相关的居民委员会，并听取居民委员会的建议。

在物业管理区域内，业主大会、业主委员会应当积极配合相关居民委员会依法履行自治管理职责，支持居民委员会开展工作，并接受其指导和监督。

第五十五条 违反业主大会议事规则或者未经业主大会会议和业主委员会会议的决定，擅自使用业主大会印章、业主委员会印章的，物业所在地的街道办事处、乡镇人民政府应当责令限期改正，并通告全体业主；造成经济损失或者不良影响的，应当依法追究责任人的法律责任。

第五十六条 业主委员会委员资格终止，拒不移交所保管的档案资料、印章及其他属于全体业主所有的财物的，其他业主委员会委员可以请求物业所在地的公安机关协助移交。

业主委员会任期届满后，拒不移交所保管的档案资料、印章及其他属于全体业主所有的财物的，新一届业主委员会可以请求物业所在地的公安机关协助移交。

第五十七条 业主委员会在规定时间内不组织换届选举的，物业所在地的区、县房地产行政主管部门或者街道办事处、乡镇人民政府应当责令其限期组织换届选举；逾期仍不组织的，可以由物业所在地的居民委员会在街道办事处、乡镇人民政府的指导和监督下，组织换届选举工作。

第五十八条 因客观原因未能选举产生业主委员会或者业主委员会委员人数不足总数的二分之一的,新一届业主委员会产生之前,可以由物业所在地的居民委员会在街道办事处、乡镇人民政府的指导和监督下,代行业主委员会的职责。

第五十九条 业主大会、业主委员会作出的决定违反法律法规的,物业所在地的区、县房地产行政主管部门和街道办事处、乡镇人民政府应当责令限期改正或者撤销其决定,并通告全体业主。

第六十条 业主不得擅自以业主大会或者业主委员会的名义从事活动。业主以业主大会或者业主委员会的名义,从事违反法律、法规的活动,构成犯罪的,依法追究刑事责任;尚不构成犯罪的,依法给予治安管理处罚。

第六十一条 物业管理区域内,可以召开物业管理联席会议。物业管理联席会议由街道办事处、乡镇人民政府负责召集,由区、县房地产行政主管部门、公安派出所、居民委员会、业主委员会和物业服务企业等方面的代表参加,共同协调解决物业管理中遇到的问题。

第五章 附 则

第六十二条 业主自行管理或者委托其他管理人管理物业,成立业主大会,选举业主委员会的,可参照执行本规则。

第六十三条 物业所在地的区、县房地产行政主管部门与街道办事处、乡镇人民政府在指导、监督业主大会和业主委员会工作中的具体职责分工,按各省、自治区、直辖市人民政府有关规定执行。

第六十四条 本规则自2010年1月1日起施行。《业主大会规程》(建住房〔2003〕131号)同时废止。

建设部关于修改《物业管理企业资质管理办法》的决定

《建设部关于修改〈物业管理企业资质管理办法〉的决定》已于2007年10月30日经建设部第142次常务会议讨论通过，现予发布，自发布之日起施行。

建设部部长　汪光焘
二〇〇七年十一月二十六日

建设部关于修改《物业管理企业资质管理办法》的决定

建设部决定对《物业管理企业资质管理办法》（建设部令第125号）作如下修改：
一、删去第十七条、第十八条、第二十二条。
二、将"物业管理企业"修改为"物业服务企业"。
此外，对条文顺序作相应的调整。
本决定自发布之日起施行。《物业管理企业资质管理办法》根据本决定作相应的修改，重新发布。

物业服务企业资质管理办法

（2004年3月17日建设部令第125号，2007年11月26日根据《建设部关于修改〈物业管理企业资质管理办法〉的决定》修正）

第一条　为了加强对物业管理活动的监督管理，规范物业管理市场秩序，提高物业管理服务水平，根据《物业管理条例》，制定本办法。

第二条　在中华人民共和国境内申请物业服务企业资质，实施对物业服务企业资质管理，适用本办法。

本办法所称物业服务企业，是指依法设立、具有独立法人资格，从事物业管理服务活动的企业。

第三条　物业服务企业资质等级分为一、二、三级。

第四条　国务院建设主管部门负责一级物业服务企业资质证书的颁发和管理。

省、自治区人民政府建设主管部门负责二级物业服务企业资质证书的颁发和管理，直辖市人民政府房地产主管部门负责二级和三级物业服务企业资质证书的颁发和管理，并接受国务院建设主管部门的指导和监督。

设区的市的人民政府房地产主管部门负责三级物业服务企业资质证书的颁发和管理，并接受省、自治区人民政府建设主管部门的指导和监督。

第五条　各资质等级物业服务企业的条件如下：
（一）一级资质：
1. 注册资本人民币500万元以上；

2. 物业管理专业人员以及工程、管理、经济等相关专业类的专职管理和技术人员不少于 30 人。其中，具有中级以上职称的人员不少于 20 人，工程、财务等业务负责人具有相应专业中级以上职称；

3. 物业管理专业人员按照国家有关规定取得职业资格证书；

4. 管理两种类型以上物业，并且管理各类物业的房屋建筑面积分别占下列相应计算基数的百分比之和不低于 100%：

(1) 多层住宅 200 万平方米；

(2) 高层住宅 100 万平方米；

(3) 独立式住宅（别墅）15 万平方米；

(4) 办公楼、工业厂房及其他物业 50 万平方米。

5. 建立并严格执行服务质量、服务收费等企业管理制度和标准，建立企业信用档案系统，有优良的经营管理业绩。

（二）二级资质：

1. 注册资本人民币 300 万元以上；

2. 物业管理专业人员以及工程、管理、经济等相关专业类的专职管理和技术人员不少于 20 人。其中，具有中级以上职称的人员不少于 10 人，工程、财务等业务负责人具有相应专业中级以上职称；

3. 物业管理专业人员按照国家有关规定取得职业资格证书；

4. 管理两种类型以上物业，并且管理各类物业的房屋建筑面积分别占下列相应计算基数的百分比之和不低于 100%：

(1) 多层住宅 100 万平方米；

(2) 高层住宅 50 万平方米；

(3) 独立式住宅（别墅）8 万平方米；

(4) 办公楼、工业厂房及其他物业 20 万平方米。

5. 建立并严格执行服务质量、服务收费等企业管理制度和标准，建立企业信用档案系统，有良好的经营管理业绩。

（三）三级资质：

1. 注册资本人民币 50 万元以上；

2. 物业管理专业人员以及工程、管理、经济等相关专业类的专职管理和技术人员不少于 10 人。其中，具有中级以上职称的人员不少于 5 人，工程、财务等业务负责人具有相应专业中级以上职称；

3. 物业管理专业人员按照国家有关规定取得职业资格证书；

4. 有委托的物业管理项目；

5. 建立并严格执行服务质量、服务收费等企业管理制度和标准，建立企业信用档案系统。

第六条 新设立的物业服务企业应当自领取营业执照之日起 30 日内，持下列文件向工商注册所在地直辖市、设区的市的人民政府房地产主管部门申请资质：

（一）营业执照；

（二）企业章程；

（三）验资证明；

（四）企业法定代表人的身份证明；

（五）物业管理专业人员的职业资格证书和劳动合同，管理和技术人员的职称证书和劳动合同。

第七条 新设立的物业服务企业，其资质等级按照最低等级核定，并设一年的暂定期。

第八条 一级资质物业服务企业可以承接各种物业管理项目。

二级资质物业服务企业可以承接30万平方米以下的住宅项目和8万平方米以下的非住宅项目的物业管理业务。

三级资质物业服务企业可以承接20万平方米以下住宅项目和5万平方米以下的非住宅项目的物业管理业务。

第九条 申请核定资质等级的物业服务企业，应当提交下列材料：

（一）企业资质等级申报表；

（二）营业执照；

（三）企业资质证书正、副本；

（四）物业管理专业人员的职业资格证书和劳动合同，管理和技术人员的职称证书和劳动合同，工程、财务负责人的职称证书和劳动合同；

（五）物业服务合同复印件；

（六）物业管理业绩材料。

第十条 资质审批部门应当自受理企业申请之日起20个工作日内，对符合相应资质等级条件的企业核发资质证书；一级资质审批前，应当由省、自治区人民政府建设主管部门或者直辖市人民政府房地产主管部门审查，审查期限为20个工作日。

第十一条 物业服务企业申请核定资质等级，在申请之日前一年内有下列行为之一的，资质审批部门不予批准：

（一）聘用未取得物业管理职业资格证书的人员从事物业管理活动的；

（二）将一个物业管理区域内的全部物业管理业务一并委托给他人的；

（三）挪用专项维修资金的；

（四）擅自改变物业管理用房用途的；

（五）擅自改变物业管理区域内按照规划建设的公共建筑和共用设施用途的；

（六）擅自占用、挖掘物业管理区域内道路、场地，损害业主共同利益的；

（七）擅自利用物业共用部位、共用设施设备进行经营的；

（八）物业服务合同终止时，不按照规定移交物业管理用房和有关资料的；

（九）与物业管理招标人或者其他物业管理投标人相互串通，以不正当手段谋取中标的；

（十）不履行物业服务合同，业主投诉较多，经查证属实的；

（十一）超越资质等级承接物业管理业务的；

（十二）出租、出借、转让资质证书的；

（十三）发生重大责任事故的。

第十二条 资质证书分为正本和副本，由国务院建设主管部门统一印制，正、副本具有同等法律效力。

第十三条 任何单位和个人不得伪造、涂改、出租、出借、转让资质证书。

企业遗失资质证书，应当在新闻媒体上声明后，方可申请补领。

第十四条 企业发生分立、合并的，应当在向工商行政管理部门办理变更手续后30日内，到原资质审批部门申请办理资质证书注销手续，并重新核定资质等级。

第十五条 企业的名称、法定代表人等事项发生变更的，应当在办理变更手续后30日内，到原资质审批部门办理资质证书变更手续。

第十六条 企业破产、歇业或者因其他原因终止业务活动的，应当在办理营业执照注销手续后15日内，到原资质审批部门办理资质证书注销手续。

第十七条 物业服务企业取得资质证书后，不得降低企业的资质条件，并应当接受资质审批部门的监督检查。

资质审批部门应当加强对物业服务企业的监督检查。

第十八条 有下列情形之一的，资质审批部门或者其上级主管部门，根据利害关系人的请求或者根据职权可以撤销资质证书：

（一）审批部门工作人员滥用职权、玩忽职守作出物业服务企业资质审批决定的；

（二）超越法定职权作出物业服务企业资质审批决定的；

（三）违反法定程序作出物业服务企业资质审批决定的；

（四）对不具备申请资格或者不符合法定条件的物业服务企业颁发资质证书的；

（五）依法可以撤销审批的其他情形。

第十九条 物业服务企业超越资质等级承接物业管理业务的，由县级以上地方人民政府房地产主管部门予以警告，责令限期改正，并处1万元以上3万元以下的罚款。

第二十条 物业服务企业出租、出借、转让资质证书的，由县级以上地方人民政府房地产主管部门予以警告，责令限期改正，并处1万元以上3万元以下的罚款。

第二十一条 物业服务企业不按照本办法规定及时办理资质变更手续的，由县级以上地方人民政府房地产主管部门责令限期改正，可处2万元以下的罚款。

第二十二条 资质审批部门有下列情形之一的，由其上级主管部门或者监察机关责令改正，对直接负责的主管人员和其他直接责任人员依法给予行政处分；构成犯罪的，依法追究刑事责任：

（一）对不符合法定条件的企业颁发资质证书的；

（二）对符合法定条件的企业不予颁发资质证书的；

（三）对符合法定条件的企业未在法定期限内予以审批的；

（四）利用职务上的便利，收受他人财物或者其他好处的；

（五）不履行监督管理职责，或者发现违法行为不予查处的。

第二十三条 本办法自2004年5月1日起施行。

建设部关于印发《前期物业管理招标投标管理暂行办法》的通知

建住房 [2003] 130 号

各省、自治区建设厅，直辖市房地产管理局，新疆生产建设兵团建设局：

为了规范物业管理招标投标活动，保护招标投标当事人的合法权益，促进物业管理市场的公平竞争，我部制定了《前期物业管理招标投标管理暂行办法》，现印发给你们，请贯彻执行。执行中的情况，请及时告我部住宅与房地产业司。

中华人民共和国建设部
二〇〇三年六月二十六日

前期物业管理招标投标管理暂行办法

第一章 总 则

第一条 为了规范前期物业管理招标投标活动，保护招标投标当事人的合法权益，促进物业管理市场的公平竞争，制定本办法。

第二条 前期物业管理，是指在业主、业主大会选聘物业管理企业之前，由建设单位选聘物业管理企业实施的物业管理。

建设单位通过招投标的方式选聘具有相应资质的物业管理企业和行政主管部门对物业管理招标投标活动实施监督管理，适用本办法。

第三条 住宅及同一物业管理区域内非住宅的建设单位，应当通过招投标的方式选聘具有相应资质的物业管理企业；投标人少于3个或者住宅规模较小的，经物业所在地的区、县人民政府房地产行政主管部门批准，可以采用协议方式选聘具有相应资质的物业管理企业。

国家提倡其他物业的建设单位通过招投标的方式，选聘具有相应资质的物业管理企业。

第四条 前期物业管理招标投标应当遵循公开、公平、公正和诚实信用的原则。

第五条 国务院建设行政主管部门负责全国物业管理招标投标活动的监督管理。

省、自治区人民政府建设行政主管部门负责本行政区域内物业管理招标投标活动的监督管理。

直辖市、市、县人民政府房地产行政主管部门负责本行政区域内物业管理招标投标活动的监督管理。

第六条 任何单位和个人不得违反法律、行政法规规定，限制或者排斥具备投标资格的物业管理企业参加投标，不得以任何方式非法干涉物业管理招标投标活动。

第二章 招 标

第七条 本办法所称招标人是指依法进行前期物业管理招标的物业建设单位。

前期物业管理招标由招标人依法组织实施。招标人不得以不合理条件限制或者排斥潜在投标人，不得对潜在投标人实行歧视待遇，不得对潜在投标人提出与招标物业管理项目实际要求不符的过高的资格等要求。

第八条 前期物业管理招标分为公开招标和邀请招标。

招标人采取公开招标方式的，应当在公共媒介上发布招标公告，并同时在中国住宅与房地产信息网和中国物业管理协会网上发布免费招标公告。

招标公告应当载明招标人的名称和地址，招标项目的基本情况以及获取招标文件的办法等事项。

招标人采取邀请招标方式的，应当向3个以上物业管理企业发出投标邀请书，投标邀请书应当包含前款规定的事项。

第九条 招标人可以委托招标代理机构办理招标事宜；有能力组织和实施招标活动的，也可以自行组织实施招标活动。

物业管理招标代理机构应当在招标人委托的范围内办理招标事宜，并遵守本办法对招标人的有关规定。

第十条 招标人应当根据物业管理项目的特点和需要，在招标前完成招标文件的编制。

招标文件应包括以下内容：

（一）招标人及招标项目简介，包括招标人名称、地址、联系方式、项目基本情况、物业管理用房的配备情况等；

（二）物业管理服务内容及要求，包括服务内容、服务标准等；

（三）对投标人及投标书的要求，包括投标人的资格、投标书的格式、主要内容等；

（四）评标标准和评标方法；

（五）招标活动方案，包括招标组织机构、开标时间及地点等；

（六）物业服务合同的签订说明；

（七）其他事项的说明及法律法规规定的其他内容。

第十一条 招标人应当在发布招标公告或者发出投标邀请书的10日前，提交以下材料报物业项目所在地的县级以上地方人民政府房地产行政主管部门备案：

（一）与物业管理有关的物业项目开发建设的政府批件；

（二）招标公告或者招标邀请书；

（三）招标文件；

（四）法律、法规规定的其他材料。

房地产行政主管部门发现招标有违反法律、法规规定的，应当及时责令招标人改正。

第十二条 公开招标的招标人可以根据招标文件的规定，对投标申请人进行资格预审。

实行投标资格预审的物业管理项目，招标人应当在招标公告或者投标邀请书中载明资格预审的条件和获取资格预审文件的办法。

资格预审文件一般应当包括资格预审申请书格式、申请人须知，以及需要投标申请人提供的企业资格文件、业绩、技术装备、财务状况和拟派出的项目负责人与主要管理人员的简历、业绩等证明材料。

第十三条 经资格预审后，公开招标的招标人应当向资格预审合格的投标申请人发出资格预审合格通知书，告知获取招标文件的时间、地点和方法，并同时向不合格的投标申请人告知资格预审结果。

在资格预审合格的投标申请人过多时，可以由招标人从中选择不少于5家资格预审合格的投标申请人。

第十四条 招标人应当确定投标人编制投标文件所需要的合理时间。公开招标的物业管理项目，自招标文件发出之日起至投标人提交投标文件截止之日止，最短不得少于20日。

第十五条 招标人对已发出的招标文件进行必要的澄清或者修改的，应当在招标文件要求提交投标文件截止时间至少15日前，以书面形式通知所有的招标文件收受人。该澄清或者修改的内容为招标文件的组成部分。

第十六条 招标人根据物业管理项目的具体情况，可以组织潜在的投标申请人踏勘物业项目现场，并提供隐蔽工程图纸等详细资料。对投标申请人提出的疑问应当予以澄清并以书面形式发送给所有的招标文件收受人。

第十七条 招标人不得向他人透露已获取招标文件的潜在投标人的名称、数量以及可能影响公平竞争的有关招标投标的其他情况。

招标人设有标底的，标底必须保密。

第十八条 在确定中标人前，招标人不得与投标人就投标价格、投标方案等实质内容进行谈判。

第十九条 通过招标投标方式选择物业管理企业的，招标人应当按照以下规定时限完成物业管理招标投标工作：

（一）新建现售商品房项目应当在现售前30日完成；

（二）预售商品房项目应当在取得《商品房预售许可证》之前完成；

（三）非出售的新建物业项目应当在交付使用前90日完成。

第三章 投 标

第二十条 本办法所称投标人是指响应前期物业管理招标、参与投标竞争的物业管理企业。

投标人应当具有相应的物业管理企业资质和招标文件要求的其他条件。

第二十一条 投标人对招标文件有疑问需要澄清的，应当以书面形式向招标人提出。

第二十二条 投标人应当按照招标文件的内容和要求编制投标文件，投标文件应当对招标文件提出的实质性要求和条件作出响应。

投标文件应当包括以下内容：

（一）投标函；

（二）投标报价；

（三）物业管理方案；

（四）招标文件要求提供的其他材料。

第二十三条 投标人应当在招标文件要求提交投标文件的截止时间前，将投标文件密封送达投标地点。招标人收到投标文件后，应当向投标人出具标明签收人和签收时间的凭证，并妥善保存投标文件。在开标前，任何单位和个人均不得开启投标文件。在招标文件要求提交投标文件的截止时间后送达的投标文件，为无效的投标文件，招标人应当拒收。

第二十四条 投标人在招标文件要求提交投标文件的截止时间前，可以补充、修改或者撤回已提交的投标文件，并书面通知招标人。补充、修改的内容为投标文件的组成部分，并应当按照本办法第二十三条的规定送达、签收和保管。在招标文件要求提交投标文件的截止时间后送达的补充或者修改的内容无效。

第二十五条 投标人不得以他人名义投标或者以其他方式弄虚作假，骗取中标。

投标人不得相互串通投标，不得排挤其他投标人的公平竞争，不得损害招标人或者其他投标人的合法权益。

投标人不得与招标人串通投标，损害国家利益、社会公共利益或者他人的合法权益。

禁止投标人以向招标人或者评标委员会成员行贿等不正当手段谋取中标。

第四章 开标、评标和中标

第二十六条 开标应当在招标文件确定的提交投标文件截止时间的同一时间公开进行；开标地点应当为招标文件中预先确定的地点。

第二十七条 开标由招标人主持，邀请所有投标人参加。开标应当按照下列规定进行：

由投标人或者其推选的代表检查投标文件的密封情况，也可以由招标人委托的公证机构进行检查并公证。经确认无误后，由工作人员当众拆封，宣读投标人名称、投标价格和投标文件的其他主要内容。

招标人在招标文件要求提交投标文件的截止时间前收到的所有投标文件，开标时都应当众予以拆封。

开标过程应当记录，并由招标人存档备查。

第二十八条 评标由招标人依法组建的评标委员会负责。

评标委员会由招标人代表和物业管理方面的专家组成，成员为5人以上单数，其中招标人代表以外的物业管理方面的专家不得少于成员总数的三分之二。

评标委员会的专家成员，应当由招标人从房地产行政主管部门建立的专家名册中采取随机抽取的方式确定。

与投标人有利害关系的人不得进入相关项目的评标委员会。

第二十九条 房地产行政主管部门应当建立评标的专家名册。省、自治区、直辖市人民政府房地产行政主管部门可以将专家数量少的城市的专家名册予以合并或者实行专家名册计算机联网。

房地产行政主管部门应当对进入专家名册的专家进行有关法律和业务培训，对其评标能力、廉洁公正等进行综合考评，及时取消不称职或者违法违规人员的评标专家资格。被取消评标专家资格的人员，不得再参加任何评标活动。

第三十条 评标委员会成员应当认真、公正、诚实、廉洁地履行职责。

评标委员会成员不得与任何投标人或者与招标结果有利害关系的人进行私下接触，不得收受投标人、中介人、其他利害关系人的财物或者其他好处。

评标委员会成员和与评标活动有关的工作人员不得透露对投标文件的评审和比较、中标候选人的推荐情况以及与评标有关的其他情况。

前款所称与评标活动有关的工作人员，是指评标委员会成员以外的因参与评标监督工作或者事务性工作而知悉有关评标情况的所有人员。

第三十一条 评标委员会可以用书面形式要求投标人对投标文件中含义不明确的内容作必要的澄清或者说明。投标人应当采用书面形式进行澄清或者说明，其澄清或者说明不得超出投标文件的范围或者改变投标文件的实质性内容。

第三十二条 在评标过程中召开现场答辩会的，应当事先在招标文件中说明，并注明所占的评分比重。

评标委员会应当按照招标文件的评标要求，根据标书评分、现场答辩等情况进行综合评标。

除了现场答辩部分外，评标应当在保密的情况下进行。

第三十三条 评标委员会应当按照招标文件确定的评标标准和方法，对投标文件进行评审和比较，并对评标结果签字确认。

第三十四条 评标委员会经评审，认为所有投标文件都不符合招标文件要求的，可以否决所有投标。

依法必须进行招标的物业管理项目的所有投标被否决的，招标人应当重新招标。

第三十五条 评标委员会完成评标后，应当向招标人提出书面评标报告，阐明评标委员会对各投标文件的评审和比较意见，并按照招标文件规定的评标标准和评标方法，推荐不超过 3 名有排序的合格的中标候选人。

招标人应当按照中标候选人的排序确定中标人。当确定中标的中标候选人放弃中标或者因不可抗力提出不能履行合同的，招标人可以依序确定其他中标候选人为中标人。

第三十六条 招标人应当在投标有效期截止时限 30 日前确定中标人。投标有效期应当在招标文件中载明。

第三十七条 招标人应当向中标人发出中标通知书，同时将中标结果通知所有未中标的投标人，并应当返还其投标书。

招标人应当自确定中标人之日起 15 日内，向物业项目所在地的县级以上地方人民政府房地产行政主管部门备案。备案资料应当包括开标评标过程、确定中标人的方式及理由、评标委员会的评标报告、中标人的投标文件等资料。委托代理招标的，还应当附招标代理委托合同。

第三十八条 招标人和中标人应当自中标通知书发出之日起 30 日内，按照招标文件和中标人的投标文件订立书面合同；招标人和中标人不得再行订立背离合同实质性内容的其他协议。

第三十九条 招标人无正当理由不与中标人签订合同，给中标人造成损失的，招标人应当给予赔偿。

第五章 附 则

第四十条 投标人和其他利害关系人认为招标投标活动不符合本办法有关规定的,有权向招标人提出异议,或者依法向有关部门投诉。

第四十一条 招标文件或者投标文件使用两种以上语言文字的,必须有一种是中文;如对不同文本的解释发生异议的,以中文文本为准。用文字表示的数额与数字表示的金额不一致的,以文字表示的金额为准。

第四十二条 本办法第三条规定住宅规模较小的,经物业所在地的区、县人民政府房地产行政主管部门批准,可以采用协议方式选聘物业管理企业的,其规模标准由省、自治区、直辖市人民政府房地产行政主管部门确定。

第四十三条 业主和业主大会通过招投标的方式选聘具有相应资质的物业管理企业的,参照本办法执行。

第四十四条 本办法自 2003 年 9 月 1 日起施行。

关于印发《物业承接查验办法》的通知

建房〔2010〕165号

各省、自治区住房和城乡建设厅,直辖市房地局(建委),新疆生产建设兵团建设局:

为了规范物业承接查验行为,加强前期物业管理活动的指导和监督,维护业主的合法权益,根据《中华人民共和国物权法》、《中华人民共和国合同法》和《物业管理条例》等法律法规的规定,我部制定了《物业承接查验办法》,现印发给你们,请贯彻执行。执行中的情况,请及时告知我部房地产市场监管司。

中华人民共和国住房和城乡建设部
二〇一〇年十月十四日

物业承接查验办法

第一条 为了规范物业承接查验行为,加强前期物业管理活动的指导和监督,维护业主的合法权益,根据《中华人民共和国物权法》、《中华人民共和国合同法》和《物业管理条例》等法律法规的规定,制定本办法。

第二条 本办法所称物业承接查验,是指承接新建物业前,物业服务企业和建设单位按照国家有关规定和前期物业服务合同的约定,共同对物业共用部位、共用设施设备进行检查和验收的活动。

第三条 物业承接查验应当遵循诚实信用、客观公正、权责分明以及保护业主共有财产的原则。

第四条 鼓励物业服务企业通过参与建设工程的设计、施工、分户验收和竣工验收等活动,向建设单位提供有关物业管理的建议,为实施物业承接查验创造有利条件。

第五条 国务院住房和城乡建设主管部门负责全国物业承接查验活动的指导和监督工作。

县级以上地方人民政府房地产行政主管部门负责本行政区域内物业承接查验活动的指导和监督工作。

第六条 建设单位与物业买受人签订的物业买卖合同,应当约定其所交付物业的共用部位、共用设施设备的配置和建设标准。

第七条 建设单位制定的临时管理规约,应当对全体业主同意授权物业服务企业代为查验物业共用部位、共用设施设备的事项作出约定。

第八条 建设单位与物业服务企业签订的前期物业服务合同,应当包含物业承接查验的内容。

前期物业服务合同就物业承接查验的内容没有约定或者约定不明确的,建设单位与物业服务企业可以协议补充。

不能达成补充协议的，按照国家标准、行业标准履行；没有国家标准、行业标准的，按照通常标准或者符合合同目标的特定标准履行。

第九条 建设单位应当按照国家有关规定和物业买卖合同的约定，移交权属明确、资料完整、质量合格、功能完备、配套齐全的物业。

第十条 建设单位应当在物业交付使用 15 日前，与选聘的物业服务企业完成物业共用部位、共用设施设备的承接查验工作。

第十一条 实施承接查验的物业，应当具备以下条件：

（一）建设工程竣工验收合格，取得规划、消防、环保等主管部门出具的认可或者准许使用文件，并经建设行政主管部门备案；

（二）供水、排水、供电、供气、供热、通信、公共照明、有线电视等市政公用设施设备按规划设计要求建成，供水、供电、供气、供热已安装独立计量表具；

（三）教育、邮政、医疗卫生、文化体育、环卫、社区服务等公共服务设施已按规划设计要求建成；

（四）道路、绿地和物业服务用房等公共配套设施按规划设计要求建成，并满足使用功能要求；

（五）电梯、二次供水、高压供电、消防设施、压力容器、电子监控系统等共用设施设备取得使用合格证书；

（六）物业使用、维护和管理的相关技术资料完整齐全；

（七）法律、法规规定的其他条件。

第十二条 实施物业承接查验，主要依据下列文件：

（一）物业买卖合同；

（二）临时管理规约；

（三）前期物业服务合同；

（四）物业规划设计方案；

（五）建设单位移交的图纸资料；

（六）建设工程质量法规、政策、标准和规范。

第十三条 物业承接查验按照下列程序进行：

（一）确定物业承接查验方案；

（二）移交有关图纸资料；

（三）查验共用部位、共用设施设备；

（四）解决查验发现的问题；

（五）确认现场查验结果；

（六）签订物业承接查验协议；

（七）办理物业交接手续。

第十四条 现场查验 20 日前，建设单位应当向物业服务企业移交下列资料：

（一）竣工总平面图，单体建筑、结构、设备竣工图，配套设施、地下管网工程竣工图等竣工验收资料；

（二）共用设施设备清单及其安装、使用和维护保养等技术资料；

（三）供水、供电、供气、供热、通信、有线电视等准许使用文件；

（四）物业质量保修文件和物业使用说明文件；
（五）承接查验所必需的其他资料。

未能全部移交前款所列资料的，建设单位应当列出未移交资料的详细清单并书面承诺补交的具体时限。

第十五条　物业服务企业应当对建设单位移交的资料进行清点和核查，重点核查共用设施设备出厂、安装、试验和运行的合格证明文件。

第十六条　物业服务企业应当对下列物业共用部位、共用设施设备进行现场检查和验收：

（一）共用部位：一般包括建筑物的基础、承重墙体、柱、梁、楼板、屋顶以及外墙、门厅、楼梯间、走廊、楼道、扶手、护栏、电梯井道、架空层及设备间等；

（二）共用设备：一般包括电梯、水泵、水箱、避雷设施、消防设备、楼道灯、电视天线、发电机、变配电设备、给水排水管线、电线、供暖及空调设备等；

（三）共用设施：一般包括道路、绿地、人造景观、围墙、大门、信报箱、宣传栏、路灯、排水沟、渠、池、污水井、化粪池、垃圾容器、污水处理设施、机动车（非机动车）停车设施、休闲娱乐设施、消防设施、安防监控设施、人防设施、垃圾转运设施以及物业服务用房等。

第十七条　建设单位应当依法移交有关单位的供水、供电、供气、供热、通信和有线电视等共用设施设备，不作为物业服务企业现场检查和验收的内容。

第十八条　现场查验应当综合运用核对、观察、使用、检测和试验等方法，重点查验物业共用部位、共用设施设备的配置标准、外观质量和使用功能。

第十九条　现场查验应当形成书面记录。查验记录应当包括查验时间、项目名称、查验范围、查验方法、存在问题、修复情况以及查验结论等内容，查验记录应当由建设单位和物业服务企业参加查验的人员签字确认。

第二十条　现场查验中，物业服务企业应当将物业共用部位、共用设施设备的数量和质量不符合约定或者规定的情形，书面通知建设单位，建设单位应当及时解决并组织物业服务企业复验。

第二十一条　建设单位应当委派专业人员参与现场查验，与物业服务企业共同确认现场查验的结果，签订物业承接查验协议。

第二十二条　物业承接查验协议应当对物业承接查验基本情况、存在问题、解决方法及其时限、双方权利义务、违约责任等事项作出明确约定。

第二十三条　物业承接查验协议作为前期物业服务合同的补充协议，与前期物业服务合同具有同等法律效力。

第二十四条　建设单位应当在物业承接查验协议签订后10日内办理物业交接手续，向物业服务企业移交物业服务用房以及其他物业共用部位、共用设施设备。

第二十五条　物业承接查验协议生效后，当事人一方不履行协议约定的交接义务，导致前期物业服务合同无法履行的，应当承担违约责任。

第二十六条　交接工作应当形成书面记录。交接记录应当包括移交资料明细、物业共用部位、共用设施设备明细、交接时间、交接方式等内容。交接记录应当由建设单位和物业服务企业共同签章确认。

第二十七条 分期开发建设的物业项目,可以根据开发进度,对符合交付使用条件的物业分期承接查验。建设单位与物业服务企业应当在承接最后一期物业时,办理物业项目整体交接手续。

第二十八条 物业承接查验费用的承担,由建设单位和物业服务企业在前期物业服务合同中约定。没有约定或者约定不明确的,由建设单位承担。

第二十九条 物业服务企业应当自物业交接后30日内,持下列文件向物业所在地的区、县(市)房地产行政主管部门办理备案手续:

(一)前期物业服务合同;

(二)临时管理规约;

(三)物业承接查验协议;

(四)建设单位移交资料清单;

(五)查验记录;

(六)交接记录;

(七)其他承接查验有关的文件。

第三十条 建设单位和物业服务企业应当将物业承接查验备案情况书面告知业主。

第三十一条 物业承接查验可以邀请业主代表以及物业所在地房地产行政主管部门参加,可以聘请相关专业机构协助进行,物业承接查验的过程和结果可以公证。

第三十二条 物业交接后,建设单位未能按照物业承接查验协议的约定,及时解决物业共用部位、共用设施设备存在的问题,导致业主人身、财产安全受到损害的,应当依法承担相应的法律责任。

第三十三条 物业交接后,发现隐蔽工程质量问题,影响房屋结构安全和正常使用的,建设单位应当负责修复;给业主造成经济损失的,建设单位应当依法承担赔偿责任。

第三十四条 自物业交接之日起,物业服务企业应当全面履行前期物业服务合同约定的、法律法规规定的以及行业规范确定的维修、养护和管理义务,承担因管理服务不当致使物业共用部位、共用设施设备毁损或者灭失的责任。

第三十五条 物业服务企业应当将承接查验有关的文件、资料和记录建立档案并妥善保管。

物业承接查验档案属于全体业主所有。前期物业服务合同终止,业主大会选聘新的物业服务企业的,原物业服务企业应当在前期物业服务合同终止之日起10日内,向业主委员会移交物业承接查验档案。

第三十六条 建设单位应当按照国家规定的保修期限和保修范围,承担物业共用部位、共用设施设备的保修责任。

建设单位可以委托物业服务企业提供物业共用部位、共用设施设备的保修服务,服务内容和费用由双方约定。

第三十七条 建设单位不得凭借关联关系滥用股东权利,在物业承接查验中免除自身责任,加重物业服务企业的责任,损害物业买受人的权益。

第三十八条 建设单位不得以物业交付期限届满为由,要求物业服务企业承接不符合交用条件或者未经查验的物业。

第三十九条 物业服务企业擅自承接未经查验的物业,因物业共用部位、共用设施设备缺陷给业主造成损害的,物业服务企业应当承担相应的赔偿责任。

第四十条 建设单位与物业服务企业恶意串通、弄虚作假,在物业承接查验活动中共同侵害业主利益的,双方应当共同承担赔偿责任。

第四十一条 物业承接查验活动,业主享有知情权和监督权。物业所在地房地产行政主管部门应当及时处理业主对建设单位和物业服务企业承接查验行为的投诉。

第四十二条 建设单位、物业服务企业未按本办法履行承接查验义务的,由物业所在地房地产行政主管部门责令限期改正;逾期仍不改正的,作为不良经营行为记入企业信用档案,并予以通报。

第四十三条 建设单位不移交有关承接查验资料的,由物业所在地房地产行政主管部门责令限期改正;逾期仍不移交的,对建设单位予以通报,并按照《物业管理条例》第五十九条的规定处罚。

第四十四条 物业承接查验中发生的争议,可以申请物业所在地房地产行政主管部门调解,也可以委托有关行业协会调解。

第四十五条 前期物业服务合同终止后,业主委员会与业主大会选聘的物业服务企业之间的承接查验活动,可以参照执行本办法。

第四十六条 省、自治区、直辖市人民政府住房和城乡建设主管部门可以依据本办法,制定实施细则。

第四十七条 本办法由国务院住房和城乡建设主管部门负责解释。

第四十八条 本办法自2011年1月1日起施行。

住宅室内装饰装修管理办法

第一章 总 则

第一条 为加强住宅室内装饰装修管理，保证装饰装修工程质量和安全，维护公共安全和公众利益，根据有关法律、法规，制定本办法。

第二条 在城市从事住宅室内装饰装修活动，实施对住宅室内装饰装修活动的监督管理，应当遵守本办法。

本办法所称住宅室内装饰装修，是指住宅竣工验收合格后，业主或者住宅使用人（以下简称装修人）对住宅室内进行装饰装修的建筑活动。

第三条 住宅室内装饰装修应当保证工程质量和安全，符合工程建设强制性标准。

第四条 国务院建设行政主管部门负责全国住宅室内装饰装修活动的管理工作。

省、自治区人民政府建设行政主管部门负责本行政区域内的住宅室内装饰装修活动的管理工作。

直辖市、市、县人民政府房地产行政主管部门负责本行政区域内的住宅室内装饰装修活动的管理工作。

第二章 一 般 规 定

第五条 住宅室内装饰装修活动，禁止下列行为：

（一）未经原设计单位或者具有相应资质等级的设计单位提出设计方案，变动建筑主体和承重结构；

（二）将没有防水要求的房间或者阳台改为卫生间、厨房间；

（三）扩大承重墙上原有的门窗尺寸，拆除连接阳台的砖、混凝土墙体；

（四）损坏房屋原有节能设施，降低节能效果；

（五）其他影响建筑结构和使用安全的行为。

本办法所称建筑主体，是指建筑实体的结构构造，包括屋盖、楼盖、梁、柱、支撑、墙体、连接接点和基础等。

本办法所称承重结构，是指直接将本身自重与各种外加作用力系统地传递给基础地基的主要结构构件和其连接接点，包括承重墙体、立杆、柱、框架柱、支墩、楼板、梁、屋架、悬索等。

第六条 装修人从事住宅室内装饰装修活动，未经批准，不得有下列行为：

（一）搭建建筑物、构筑物；

（二）改变住宅外立面，在非承重外墙上开门、窗；

（三）拆改供暖管道和设施；

（四）拆改燃气管道和设施。

本条所列第（一）项、第（二）项行为，应当经城市规划行政主管部门批准；第（三）项行为，应当经供暖管理单位批准；第（四）项行为应当经燃气管理单位批准。

第七条 住宅室内装饰装修超过设计标准或者规范增加楼面荷载的，应当经原设计单位或者具有相应资质等级的设计单位提出设计方案。

第八条 改动卫生间、厨房间防水层的，应当按照防水标准制定施工方案，并做闭水试验。

第九条 装修人经原设计单位或者具有相应资质等级的设计单位提出设计方案变动建筑主体和承重结构的，或者装修活动涉及本办法第六条、第七条、第八条内容的，必须委托具有相应资质的装饰装修企业承担。

第十条 装饰装修企业必须按照工程建设强制性标准和其他技术标准施工，不得偷工减料，确保装饰装修工程质量。

第十一条 装饰装修企业从事住宅室内装饰装修活动，应当遵守施工安全操作规程，按照规定采取必要的安全防护和消防措施，不得擅自动用明火和进行焊接作业，保证作业人员和周围住房及财产的安全。

第十二条 装修人和装饰装修企业从事住宅室内装饰装修活动，不得侵占公共空间，不得损害公共部位和设施。

第三章 开工申报与监督

第十三条 装修人在住宅室内装饰装修工程开工前，应当向物业管理企业或者房屋管理机构（以下简称物业管理单位）申报登记。

非业主的住宅使用人对住宅室内进行装饰装修，应当取得业主的书面同意。

第十四条 申报登记应当提交下列材料：

（一）房屋所有权证（或者证明其合法权益的有效凭证）；

（二）申请人身份证件；

（三）装饰装修方案；

（四）变动建筑主体或者承重结构的，需提交原设计单位或者具有相应资质等级的设计单位提出的设计方案；

（五）涉及本办法第六条行为的，需提交有关部门的批准文件，涉及本办法第七条、第八条行为的，需提交设计方案或者施工方案；

（六）委托装饰装修企业施工的，需提供该企业相关资质证书的复印件。

非业主的住宅使用人，还需提供业主同意装饰装修的书面证明。

第十五条 物业管理单位应当将住宅室内装饰装修工程的禁止行为和注意事项告知装修人和装修人委托的装饰装修企业。

装修人对住宅进行装饰装修前，应当告知邻里。

第十六条 装修人，或者装修人和装饰装修企业，应当与物业管理单位签订住宅室内装饰装修管理服务协议。

住宅室内装饰装修管理服务协议应当包括下列内容：

（一）装饰装修工程的实施内容；

（二）装饰装修工程的实施期限；

（三）允许施工的时间；

（四）废弃物的清运与处置；

（五）住宅外立面设施及防盗窗的安装要求；

（六）禁止行为和注意事项；
（七）管理服务费用；
（八）违约责任；
（九）其他需要约定的事项。

第十七条 物业管理单位应当按照住宅室内装饰装修管理服务协议实施管理，发现装修人或者装饰装修企业有本办法第五条行为的，或者未经有关部门批准实施本办法第六条所列行为的，或者有违反本办法第七条、第八条、第九条规定行为的，应当立即制止；已造成事实后果或者拒不改正的，应当及时报告有关部门依法处理。对装修人或者装饰装修企业违反住宅室内装饰装修管理服务协议的，追究违约责任。

第十八条 有关部门接到物业管理单位关于装修人或者装饰装修企业有违反本办法行为的报告后，应当及时到现场检查核实，依法处理。

第十九条 禁止物业管理单位向装修人指派装饰装修企业或者强行推销装饰装修材料。

第二十条 装修人不得拒绝和阻碍物业管理单位依据住宅室内装饰装修管理服务协议的约定，对住宅室内装饰装修活动的监督检查。

第二十一条 任何单位和个人对住宅室内装饰装修中出现的影响公众利益的质量事故、质量缺陷以及其他影响周围住户正常生活的行为，都有权检举、控告、投诉。

第四章 委 托 与 承 接

第二十二条 承接住宅室内装饰装修工程的装饰装修企业，必须经建设行政主管部门资质审查，取得相应的建筑业企业资质证书，并在其资质等级许可的范围内承揽工程。

第二十三条 装修人委托企业承接其装饰装修工程的，应当选择具有相应资质等级的装饰装修企业。

第二十四条 装修人与装饰装修企业应当签订住宅室内装饰装修书面合同，明确双方的权利和义务。

住宅室内装饰装修合同应当包括下列主要内容：
（一）委托人和被委托人的姓名或者单位名称、住所地址、联系电话；
（二）住宅室内装饰装修的房屋间数、建筑面积，装饰装修的项目、方式、规格、质量要求以及质量验收方式；
（三）装饰装修工程的开工、竣工时间；
（四）装饰装修工程保修的内容、期限；
（五）装饰装修工程价格，计价和支付方式、时间；
（六）合同变更和解除的条件；
（七）违约责任及解决纠纷的途径；
（八）合同的生效时间；
（九）双方认为需要明确的其他条款。

第二十五条 住宅室内装饰装修工程发生纠纷的，可以协商或者调解解决。不愿协商、调解或者协商、调解不成的，可以依法申请仲裁或者向人民法院起诉。

第五章 室内环境质量

第二十六条 装饰装修企业从事住宅室内装饰装修活动，应当严格遵守规定的装饰装修施工时间，降低施工噪声，减少环境污染。

第二十七条 住宅室内装饰装修过程中所形成的各种固体、可燃液体等废物，应当按照规定的位置、方式和时间堆放和清运。严禁违反规定将各种固体、可燃液体等废物堆放于住宅垃圾道、楼道或者其他地方。

第二十八条 住宅室内装饰装修工程使用的材料和设备必须符合国家标准，有质量检验合格证明和有中文标识的产品名称、规格、型号、生产厂厂名、厂址等。禁止使用国家明令淘汰的建筑装饰装修材料和设备。

第二十九条 装修人委托企业对住宅室内进行装饰装修的，装饰装修工程竣工后，空气质量应当符合国家有关标准。装修人可以委托有资格的检测单位对空气质量进行检测。检测不合格的，装饰装修企业应当返工，并由责任人承担相应损失。

第六章 竣工验收与保修

第三十条 住宅室内装饰装修工程竣工后，装修人应当按照工程设计合同约定和相应的质量标准进行验收。验收合格后，装饰装修企业应当出具住宅室内装饰装修质量保修书。

物业管理单位应当按照装饰装修管理服务协议进行现场检查，对违反法律、法规和装饰装修管理服务协议的，应当要求装修人和装饰装修企业纠正，并将检查记录存档。

第三十一条 住宅室内装饰装修工程竣工后，装饰装修企业负责采购装饰装修材料及设备的，应当向业主提交说明书、保修单和环保说明书。

第三十二条 在正常使用条件下，住宅室内装饰装修工程的最低保修期限为两年，有防水要求的厨房、卫生间和外墙面的防渗漏为五年。保修期自住宅室内装饰装修工程竣工验收合格之日起计算。

第七章 法律责任

第三十三条 因住宅室内装饰装修活动造成相邻住宅的管道堵塞、渗漏水、停水停电、物品毁坏等，装修人应当负责修复和赔偿；属于装饰装修企业责任的，装修人可以向装饰装修企业追偿。

装修人擅自拆改供暖、燃气管道和设施造成损失的，由装修人负责赔偿。

第三十四条 装修人因住宅室内装饰装修活动侵占公共空间，对公共部位和设施造成损害的，由城市房地产行政主管部门责令改正，造成损失的，依法承担赔偿责任。

第三十五条 装修人未申报登记进行住宅室内装饰装修活动的，由城市房地产行政主管部门责令改正，处5百元以上1千元以下的罚款。

第三十六条 装修人违反本办法规定，将住宅室内装饰装修工程委托给不具有相应资质等级企业的，由城市房地产行政主管部门责令改正，处5百元以上1千元以下的罚款。

第三十七条 装饰装修企业自行采购或者向装修人推荐使用不符合国家标准的装饰装修材料，造成空气污染超标的，由城市房地产行政主管部门责令改正；造成损失的，依法承担赔偿责任。

第三十八条　住宅室内装饰装修活动有下列行为之一的，由城市房地产行政主管部门责令改正，并处罚款：

（一）将没有防水要求的房间或者阳台改为卫生间、厨房间的，或者拆除连接阳台的砖、混凝土墙体的，对装修人处5百元以上1千元以下的罚款，对装饰装修企业处1千元以上1万元以下的罚款；

（二）损坏房屋原有节能设施或者降低节能效果的，对装饰装修企业处1千元以上5千元以下的罚款；

（三）擅自拆改供暖、燃气管道和设施的，对装修人处5百元以上1千元以下的罚款；

（四）未经原设计单位或者具有相应资质等级的设计单位提出设计方案，擅自超过设计标准或者规范增加楼面荷载的，对装修人处5百元以上1千元以下的罚款，对装饰装修企业处1千元以上1万元以下的罚款。

第三十九条　未经城市规划行政主管部门批准，在住宅室内装饰装修活动中搭建建筑物、构筑物的，或者擅自改变住宅外立面、在非承重外墙上开门、窗的，由城市规划行政主管部门按照《城市规划法》及相关法规的规定处罚。

第四十条　装修人或者装饰装修企业违反《建设工程质量管理条例》的，由建设行政主管部门按照有关规定处罚。

第四十一条　装饰装修企业违反国家有关安全生产规定和安全生产技术规程，不按照规定采取必要的安全防护和消防措施，擅自动用明火作业和进行焊接作业的，或者对建筑安全事故隐患不采取措施予以消除的，由建设行政主管部门责令改正，并处1千元以上1万元以下的罚款；情节严重的，责令停业整顿，并处1万元以上3万元以下的罚款；造成重大安全事故的，降低资质等级或者吊销资质证书。

第四十二条　物业管理单位发现装修人或者装饰装修企业有违反本办法规定的行为不及时向有关部门报告的，由房地产行政主管部门给予警告，可处装饰装修管理服务协议约定的装饰装修管理服务费2～3倍的罚款。

第四十三条　有关部门的工作人员接到物业管理单位对装修人或者装饰装修企业违法行为的报告后，未及时处理，玩忽职守的，依法给予行政处分。

第八章　附　则

第四十四条　工程投资额在30万元以下或者建筑面积在300平方米以下，可以不申请办理施工许可证的非住宅装饰装修活动参照本办法执行。

第四十五条　住宅竣工验收合格前的装饰装修工程管理，按照《建设工程质量管理条例》执行。

第四十六条　省、自治区、直辖市人民政府建设行政主管部门可以依据本办法，制定实施细则。

第四十七条　本办法由国务院建设行政主管部门负责解释。

第四十八条　本办法自2002年5月1日起施行。

中国物业管理协会关于印发《普通住宅小区物业管理服务等级标准》(试行)的通知

中物协 [2004] 1号

各物业管理企业：

为了提高物业管理服务水平，督促物业管理企业提供质价相符的服务，引导业主正确评判物业管理企业服务质量，树立等价有偿的消费观念，促进物业管理规范发展，根据国家发展与改革委员会会同建设部印发的《物业服务收费管理办法》，我会制定了《普通住宅小区物业管理服务等级标准》(试行)，现印发给你们，作为与开发建设单位或业主大会签订物业服务合同、确定物业服务等级、约定物业服务项目、内容与标准以及测算物业服务价格的参考依据。试行中的情况，请及时告我会秘书处。

附：1. 普通住宅小区物业管理服务等级标准（试行）。
    2. 普通住宅小区物业管理服务等级标准（试行）的使用说明。

二〇〇四年一月六日

附件1：

普通住宅小区物业管理服务等级标准（试行）

一 级

项 目	内 容 与 标 准
（一）基本要求	1. 服务与被服务双方签订规范的物业服务合同，双方权利义务关系明确。 2. 承接项目时，对住宅小区共用部位、共用设施设备进行认真查验，验收手续齐全。 3. 管理人员、专业操作人员按照国家有关规定取得物业管理职业资格证书或者岗位证书。 4. 有完善的物业管理方案，质量管理、财务管理、档案管理等制度健全。 5. 管理服务人员统一着装、佩戴标志，行为规范，服务主动、热情。 6. 设有服务接待中心，公示24小时服务电话。急修半小时内，其他报修按双方约定时间到达现场，有完整的报修、维修和回访记录。 7. 根据业主需求，提供物业服务合同之外的特约服务和代办服务的，公示服务项目与收费价目。 8. 按有关规定和合同约定公布物业服务费用或者物业服务资金的收支情况。 9. 按合同约定规范使用住房专项维修资金。 10. 每年至少1次征询业主对物业服务的意见，满意率80%以上

续表

项　　目	内　容　与　标　准
（二）房屋管理	1. 对房屋共用部位进行日常管理和维修养护，检修记录和保养记录齐全。 2. 根据房屋实际使用年限，定期检查房屋共用部位的使用状况，需要维修，属于小修范围的，及时组织修复；属于大、中修范围的，及时编制维修计划和住房专项维修资金使用计划，向业主大会或者业委员会提出报告与建议，根据业主大会的决定，组织维修。 3. 每日巡查1次小区房屋单元门、楼梯通道以及其他共用部位的门窗、玻璃等，做好巡查记录，并及时维修养护。 4. 按照住宅装饰装修管理有关规定和业主公约（业主临时公约）要求，建立完善的住宅装饰装修管理制度。装修前，依规定审核业主（使用人）的装修方案，告知装修人有关装饰装修的禁止行为和注意事项。每日巡查1次装修施工现场，发现影响房屋外观、危及房屋结构安全及拆改共用管线等损害公共利益现象，及时劝阻并报告业主委员会和有关主管部门。 5. 对违反规划私搭乱建和擅自改变房屋用途的行为及时劝阻，并报告业主委员会和有关主管部门。 6. 小区主出入口设有小区平面示意图，主要路口设有路标。各组团、栋及单元（门）、户和公共配套设施、场地有明显标志
（三）共用设施设备维修养护	1. 对共用设施设备进行日常管理和维修养护（依法应由专业部门负责的除外）。 2. 建立共用设施设备档案（设备台账），设施设备的运行、检查、维修、保养等记录齐全。 3. 设施设备标志齐全、规范，责任人明确；操作维护人员严格执行设施设备操作规程及保养规范；设施设备运行正常。 4. 对共用设施设备定期组织巡查，做好巡查记录，需要维修，属于小修范围的，及时组织修复；属于大、中修范围或者需要更新改造的，及时编制维修、更新改造计划和住房专项维修资金使用计划，向业主大会或业主委员会提出报告与建议，根据业主大会的决定，组织维修或者更新改造。 5. 载人电梯24小时正常运行。 6. 消防设施设备完好，可随时启用；消防通道畅通。 7. 设备房保持整洁、通风，无跑、冒、滴、漏和鼠害现象。 8. 小区道路平整，主要道路及停车场交通标志齐全、规范。 9. 路灯、楼道灯完好率不低于95％。 10. 容易危及人身安全的设施设备有明显警示标志和防范措施；对可能发生的各种突发设备故障有应急方案
（四）协助维护公共秩序	1. 小区主出入口24小时站岗值勤。 2. 对重点区域、重点部位每1小时至少巡查1次；配有安全监控设施的，实施24小时监控。 3. 对进出小区的车辆实施证、卡管理，引导车辆有序通行、停放。 4. 对进出小区的装修、家政等劳务人员实行临时出入证管理。 5. 对火灾、治安、公共卫生等突发事件有应急预案，事发时及时报告业主委员会和有关部门，并协助采取相应措施
（五）保洁服务	1. 高层按层、多层按幢设置垃圾桶，每日清运2次。垃圾袋装化，保持垃圾桶清洁、无异味。 2. 合理设置果壳箱或者垃圾桶，每日清运2次。 3. 小区道路、广场、停车场、绿地等每日清扫2次；电梯厅、楼道每日清扫2次，每周拖洗1次；一层共用大厅每日拖洗1次；楼梯扶手每日擦洗1次；共用部位玻璃每周清洁1次；路灯、楼道灯每月清洁1次。及时清除道路积水、积雪。 4. 共用雨、污水管道每年疏通1次；雨、污水井每月检查1次，视检查情况及时清掏；化粪池每月检查1次，每半年清掏1次，发现异常及时清掏。 5. 二次供水水箱按规定清洗，定时巡查，水质符合卫生要求。 6. 根据当地实际情况定期进行消毒和灭虫除害

续表

项　　目	内　容　与　标　准
（六）绿化养护管理	1. 有专业人员实施绿化养护管理。 2. 草坪生长良好，及时修剪和补栽补种，无杂草、杂物。 3. 花卉、绿篱、树木应根据其品种和生长情况，及时修剪整形，保持观赏效果。 4. 定期组织浇灌、施肥和松土，做好防涝、防冻。 5. 定期喷洒药物，预防病虫害

二　级

项　　目	内　容　与　标　准
（一）基本要求	1. 服务与被服务双方签订规范的物业服务合同，双方权利义务关系明确。 2. 承接项目时，对住宅小区共用部位、共用设施设备进行认真查验，验收手续齐全。 3. 管理人员、专业操作人员按照国家有关规定取得物业管理职业资格证书或者岗位证书。 4. 有完善的物业管理方案，质量管理、财务管理、档案管理等制度健全。 5. 管理服务人员统一着装、佩戴标志，行为规范，服务主动、热情。 6. 公示 16 小时服务电话。急修 1 小时内，其他报修按双方约定时间到达现场，有报修、维修和回访记录。 7. 根据业主需求，提供物业服务合同之外的特约服务和代办服务的，公示服务项目与收费价目。 8. 按有关规定和合同约定公布物业服务费用或者物业服务资金的收支情况。 9. 按合同约定规范使用住房专项维修资金。 10. 每年至少 1 次征询业主对物业服务的意见，满意率 75% 以上
（二）房屋管理	1. 对房屋共用部位进行日常管理和维修养护，检修记录和保养记录齐全。 2. 根据房屋实际使用年限，适时检查房屋共用部位的使用状况，需要维修，属于小修范围的，及时组织修复；属于大、中修范围的，及时编制维修计划和住房专项维修资金使用计划，向业主大会或者业主委员会提出报告与建议，根据业主大会的决定，组织维修。 3. 每 3 日巡查 1 次小区房屋单元门、楼梯通道以及其他共用部位的门窗、玻璃等，做好巡查记录，并及时维修养护。 4. 按照住宅装饰装修管理有关规定和业主公约（业主临时公约）要求，建立完善的住宅装饰装修管理制度。装修前，依规定审核业主（使用人）的装修方案，告知装修人有关装饰装修的禁止行为和注意事项。每 3 日巡查 1 次装修施工现场，发现影响房屋外观、危及房屋结构安全及拆改共用管线等损害公共利益现象的，及时劝阻并报告业主委员会和有关主管部门。 5. 对违反规划私搭乱建和擅自改变房屋用途的行为及时劝阻，并报告业主委员会和有关主管部门。 6. 小区主出入口设有小区平面示意图，各组团、栋及单元（门）、户有明显标志

续表

项　　目	内　容　与　标　准
（三）共用设施设备维修养护	1. 对共用设施设备进行日常管理和维修养护（依法应由专业部门负责的除外）。 2. 建立共用设施设备档案（设备台账），设施设备的运行、检查、维修、保养等记录齐全。 3. 设施设备标志齐全、规范，责任人明确；操作维护人员严格执行设施设备操作规程及保养规范；设施设备运行正常。 4. 对共用设施设备定期组织巡查，做好巡查记录，需要维修，属于小修范围的，及时组织修复；属于大、中修范围或者需要更新改造的，及时编制维修、更新改造计划和住房专项维修资金使用计划，向业主大会或业主委员会提出报告与建议，根据业主大会的决定，组织维修或者更新改造。 5. 载人电梯早 6 点至晚 12 点正常运行。 6. 消防设施设备完好，可随时启用；消防通道畅通。 7. 设备房保持整洁、通风，无跑、冒、滴、漏和鼠害现象。 8. 小区主要道路及停车场交通标志齐全。 9. 路灯、楼道灯完好率不低于 90%。 10. 容易危及人身安全的设施设备有明显警示标志和防范措施；对可能发生的各种突发设备故障有应急方案
（四）协助维护公共秩序	1. 小区主出入口 24 小时值勤。 2. 对重点区域、重点部位每 2 小时至少巡查 1 次。 3. 对进出小区的车辆进行管理，引导车辆有序通行、停放。 4. 对进出小区的装修等劳务人员实行登记管理。 5. 对火灾、治安、公共卫生等突发事件有应急预案，事发时及时报告业主委员会和有关部门，并协助采取相应措施
（五）保洁服务	1. 按幢设置垃圾桶，生活垃圾每天清运 1 次。 2. 小区道路、广场、停车场、绿地等每日清扫 1 次；电梯厅、楼道每日清扫 1 次，半月拖洗 1 次；楼梯扶手每周擦洗 2 次；共用部位玻璃每月清洁 1 次；路灯、楼道灯每季度清洁 1 次。及时清除区内主要道路积水、积雪。 3. 区内公共雨、污水管道每年疏通 1 次；雨、污水井每季度检查 1 次，并视检查情况及时清掏；化粪池每 2 个月检查 1 次，每年清掏 1 次，发现异常及时清掏。 4. 二次供水水箱按规定期清洗，定时巡查，水质符合卫生要求。 5. 根据当地实际情况定期进行消毒和灭虫除害
（六）绿化养护管理	1. 有专业人员实施绿化养护管理。 2. 对草坪、花卉、绿篱、树木定期进行修剪、养护。 3. 定期清除绿地杂草、杂物。 4. 适时组织浇灌、施肥和松土，做好防涝、防冻。 5. 适时喷洒药物，预防病虫害

三　级

项　目	内容与标准
（一）基本要求	1. 服务与被服务双方签订规范的物业服务合同，双方权利义务关系明确。 2. 承接项目时，对住宅小区共用部位、共用设施设备进行认真查验，验收手续齐全。 3. 管理人员、专业操作人员按照国家有关规定取得物业管理职业资格证书或者岗位证书。 4. 有完善的物业管理方案，质量管理、财务管理、档案管理等制度健全。 5. 管理服务人员佩戴标志，行为规范，服务主动、热情。 6. 公示 8 小时服务电话。报修按双方约定时间到达现场，有报修、维修记录。 7. 按有关规定和合同约定公布物业服务费用或者物业服务资金的收支情况。 8. 按合同约定规范使用住房专项维修资金。 9. 每年至少 1 次征询业主对物业服务的意见，满意率 70% 以上。
（二）房屋管理	1. 对房屋共用部位进行日常管理和维修养护，检修记录和保养记录齐全。 2. 根据房屋实际使用年限，检查房屋共用部位的使用状况，需要维修，属于小修范围的，及时组织修复；属于大、中修范围的，及时编制维修计划和住房专项维修资金使用计划，向业主大会或者业主委员会提出报告与建议，根据业主大会的决定，组织维修。 3. 每周巡查 1 次小区房屋单元门、楼梯通道以及其他共用部位的门窗、玻璃等，定期维修养护。 4. 按照住宅装饰装修管理有关规定和业主公约（业主临时公约）要求，建立完善的住宅装饰装修管理制度。装修前，依规定审核业主（使用人）的装修方案，告知装修人有关装饰装修的禁止行为和注意事项。至少两次巡查装修施工现场，发现影响房屋外观、危及房屋结构安全及拆改共用管线等损害公共利益现象的，及时劝阻并报告业主委员会和有关主管部门。 5. 对违反规划私搭乱建和擅自改变房屋用途的行为及时劝阻，并报告业主委员会和有关主管部门。 6. 各组团、栋、单元（门）、户有明显标志。
（三）共用设施设备维修养护	1. 对共用设施设备进行日常管理和维修养护（依法应由专业部门负责的除外）。 2. 建立共用设施设备档案（设备台账），设施设备的运行、检修等记录齐全。 3. 操作维护人员严格执行设施设备操作规程及保养规范；设施设备运行正常。 4. 对共用设施设备定期组织巡查，做好巡查记录，需要维修，属于小修范围的，及时组织修复；属于大、中修范围或者需要更新改造的，及时编制维修、更新改造计划和住房专项维修资金使用计划，向业主大会或业主委员会提出报告与建议，根据业主大会的决定，组织维修或者更新改造。 5. 载人电梯早 6 点至晚 12 点正常运行。 6. 消防设施设备完好，可随时启用；消防通道畅通。 7. 路灯、楼道灯完好率不低于 80%。 8. 容易危及人身安全的设施设备有明显警示标志和防范措施；对可能发生的各种突发设备故障有应急方案。

续表

项 目	内 容 与 标 准
(四) 协助维护公共秩序	1. 小区 24 小时值勤。 2. 对重点区域、重点部位每 3 小时至少巡查 1 次。 3. 车辆停放有序。 4. 对火灾、治安、公共卫生等突发事件有应急预案，事发时及时报告业主委员会和有关部门，并协助采取相应措施
(五) 保洁服务	1. 小区内设有垃圾收集点，生活垃圾每天清运 1 次。 2. 小区公共场所每日清扫 1 次；电梯厅、楼道每日清扫 1 次；共用部位玻璃每季度清洁 1 次；路灯、楼道灯每半年清洁 1 次。 3. 区内公共雨、污水管道每年疏通 1 次；雨、污水井每半年检查 1 次，并视检查情况及时清掏；化粪池每季度检查 1 次，每年清掏 1 次，发现异常及时清掏。 4. 二次供水水箱按规定清洗，水质符合卫生要求
(六) 绿化养护管理	1. 对草坪、花卉、绿篱、树木定期进行修剪、养护。 2. 定期清除绿地杂草、杂物。 3. 预防花草、树木病虫害

附件 2：

《普通住宅小区物业管理服务等级标准》（试行）的使用说明

1. 本《标准》为普通商品住房、经济适用住房、房改房、集资建房、廉租住房等普通住宅小区物业服务的试行标准。物业服务收费实行市场调节价的高档商品住宅的物业服务不适用本标准。

2. 本《标准》根据普通住宅小区物业服务需求的不同情况，由高到低设定为一级、二级、三级三个服务等级，级别越高，表示物业服务标准越高。

3. 本《标准》各等级服务分别由基本要求、房屋管理、共用设施设备维修养护、协助维护公共秩序、保洁服务、绿化养护管理等六大项主要内容组成。本《标准》以外的其他服务项目、内容及标准，由签订物业服务合同的双方协商约定。

4. 选用本《标准》时，应充分考虑住宅小区的建设标准、配套设施设备、服务功能及业主（使用人）的居住消费能力等因素，选择相应的服务等级。

中华人民共和国建设部
中华人民共和国财政部 令

第 165 号

《住宅专项维修资金管理办法》已经 2007 年 10 月 30 日建设部第 142 次常务会议讨论通过，经财政部联合签署，现予发布，自 2008 年 2 月 1 日起施行。

建设部部长　汪光焘
财政部部长　谢旭人
二〇〇七年十二月四日

住宅专项维修资金管理办法

第一章　总　则

第一条　为了加强对住宅专项维修资金的管理，保障住宅共用部位、共用设施设备的维修和正常使用，维护住宅专项维修资金所有者的合法权益，根据《物权法》、《物业管理条例》等法律、行政法规，制定本办法。

第二条　商品住宅、售后公有住房住宅专项维修资金的交存、使用、管理和监督，适用本办法。

本办法所称住宅专项维修资金，是指专项用于住宅共用部位、共用设施设备保修期满后的维修和更新、改造的资金。

第三条　本办法所称住宅共用部位，是指根据法律、法规和房屋买卖合同，由单幢住宅内业主或者单幢住宅内业主及与之结构相连的非住宅业主共有的部位，一般包括：住宅的基础、承重墙体、柱、梁、楼板、屋顶以及户外的墙面、门厅、楼梯间、走廊通道等。

本办法所称共用设施设备，是指根据法律、法规和房屋买卖合同，由住宅业主或者住宅业主及有关非住宅业主共有的附属设施设备，一般包括电梯、天线、照明、消防设施、绿地、道路、路灯、沟渠、池、井、非经营性车场车库、公益性文体设施和共用设施设备使用的房屋等。

第四条　住宅专项维修资金管理实行专户存储、专款专用、所有权人决策、政府监督的原则。

第五条　国务院建设主管部门会同国务院财政部门负责全国住宅专项维修资金的指导和监督工作。

县级以上地方人民政府建设（房地产）主管部门会同同级财政部门负责本行政区域内住宅专项维修资金的指导和监督工作。

第二章 交 存

第六条 下列物业的业主应当按照本办法的规定交存住宅专项维修资金：

（一）住宅，但一个业主所有且与其他物业不具有共用部位、共用设施设备的除外；

（二）住宅小区内的非住宅或者住宅小区外与单幢住宅结构相连的非住宅。

前款所列物业属于出售公有住房的，售房单位应当按照本办法的规定交存住宅专项维修资金。

第七条 商品住宅的业主、非住宅的业主按照所拥有物业的建筑面积交存住宅专项维修资金，每平方米建筑面积交存首期住宅专项维修资金的数额为当地住宅建筑安装工程每平方米造价的 5%～8%。

直辖市、市、县人民政府建设（房地产）主管部门应当根据本地区情况，合理确定、公布每平方米建筑面积交存首期住宅专项维修资金的数额，并适时调整。

第八条 出售公有住房的，按照下列规定交存住宅专项维修资金：

（一）业主按照所拥有物业的建筑面积交存住宅专项维修资金，每平方米建筑面积交存首期住宅专项维修资金的数额为当地房改成本价的 2%。

（二）售房单位按照多层住宅不低于售房款的 20%、高层住宅不低于售房款的 30%，从售房款中一次性提取住宅专项维修资金。

第九条 业主交存的住宅专项维修资金属于业主所有。

从公有住房售房款中提取的住宅专项维修资金属于公有住房售房单位所有。

第十条 业主大会成立前，商品住宅业主、非住宅业主交存的住宅专项维修资金，由物业所在地直辖市、市、县人民政府建设（房地产）主管部门代管。

直辖市、市、县人民政府建设（房地产）主管部门应当委托所在地一家商业银行，作为本行政区域内住宅专项维修资金的专户管理银行，并在专户管理银行开立住宅专项维修资金专户。

开立住宅专项维修资金专户，应当以物业管理区域为单位设账，按房屋户门号设分户账；未划定物业管理区域的，以幢为单位设账，按房屋户门号设分户账。

第十一条 业主大会成立前，已售公有住房住宅专项维修资金，由物业所在地直辖市、市、县人民政府财政部门或者建设（房地产）主管部门负责管理。

负责管理公有住房住宅专项维修资金的部门应当委托所在地一家商业银行，作为本行政区域内公有住房住宅专项维修资金的专户管理银行，并在专户管理银行开立公有住房住宅专项维修资金专户。

开立公有住房住宅专项维修资金专户，应当按照售房单位设账，按幢设分账；其中，业主交存的住宅专项维修资金，按房屋户门号设分户账。

第十二条 商品住宅的业主应当在办理房屋入住手续前，将首期住宅专项维修资金存入住宅专项维修资金专户。

已售公有住房的业主应当在办理房屋入住手续前，将首期住宅专项维修资金存入公有住房住宅专项维修资金专户或者交由售房单位存入公有住房住宅专项维修资金专户。

公有住房售房单位应当在收到售房款之日起 30 日内，将提取的住宅专项维修资金存入公有住房住宅专项维修资金专户。

第十三条 未按本办法规定交存首期住宅专项维修资金的,开发建设单位或者公有住房售房单位不得将房屋交付购买人。

第十四条 专户管理银行、代收住宅专项维修资金的售房单位应当出具由财政部或者省、自治区、直辖市人民政府财政部门统一监制的住宅专项维修资金专用票据。

第十五条 业主大会成立后,应当按照下列规定划转业主交存的住宅专项维修资金:

(一)业主大会应当委托所在地一家商业银行作为本物业管理区域内住宅专项维修资金的专户管理银行,并在专户管理银行开立住宅专项维修资金专户。

开立住宅专项维修资金专户,应当以物业管理区域为单位设账,按房屋户门号设分户账。

(二)业主委员会应当通知所在地直辖市、市、县人民政府建设(房地产)主管部门;涉及已售公有住房的,应当通知负责管理公有住房住宅专项维修资金的部门。

(三)直辖市、市、县人民政府建设(房地产)主管部门或者负责管理公有住房住宅专项维修资金的部门应当在收到通知之日起 30 日内,通知专户管理银行将该物业管理区域内业主交存的住宅专项维修资金账面余额划转至业主大会开立的住宅专项维修资金账户,并将有关账目等移交业主委员会。

第十六条 住宅专项维修资金划转后的账目管理单位,由业主大会决定。业主大会应当建立住宅专项维修资金管理制度。

业主大会开立的住宅专项维修资金账户,应当接受所在地直辖市、市、县人民政府建设(房地产)主管部门的监督。

第十七条 业主分户账面住宅专项维修资金余额不足首期交存额 30% 的,应当及时续交。

成立业主大会的,续交方案由业主大会决定。

未成立业主大会的,续交的具体管理办法由直辖市、市、县人民政府建设(房地产)主管部门会同同级财政部门制定。

第三章 使 用

第十八条 住宅专项维修资金应当专项用于住宅共用部位、共用设施设备保修期满后的维修和更新、改造,不得挪作他用。

第十九条 住宅专项维修资金的使用,应当遵循方便快捷、公开透明、受益人和负担人相一致的原则。

第二十条 住宅共用部位、共用设施设备的维修和更新、改造费用,按照下列规定分摊:

(一)商品住宅之间或者商品住宅与非住宅之间共用部位、共用设施设备的维修和更新、改造费用,由相关业主按照各自拥有物业建筑面积的比例分摊。

(二)售后公有住房之间共用部位、共用设施设备的维修和更新、改造费用,由相关业主和公有住房售房单位按照所交存住宅专项维修资金的比例分摊;其中,应由业主承担的,再由相关业主按照各自拥有物业建筑面积的比例分摊。

(三)售后公有住房与商品住宅或者非住宅之间共用部位、共用设施设备的维修和更新、改造费用,先按照建筑面积比例分摊到各相关物业。其中,售后公有住房应分摊的费用，再由相关业主和公有住房售房单位按照所交存住宅专项维修资金的比例分摊。

第二十一条 住宅共用部位、共用设施设备维修和更新、改造，涉及尚未售出的商品住宅、非住宅或者公有住房的，开发建设单位或者公有住房单位应当按照尚未售出商品住宅或者公有住房的建筑面积，分摊维修和更新、改造费用。

第二十二条 住宅专项维修资金划转业主大会管理前，需要使用住宅专项维修资金的，按照以下程序办理：

（一）物业服务企业根据维修和更新、改造项目提出使用建议；没有物业服务企业的，由相关业主提出使用建议；

（二）住宅专项维修资金列支范围内专有部分占建筑物总面积三分之二以上的业主且占总人数三分之二以上的业主讨论通过使用建议；

（三）物业服务企业或者相关业主组织实施使用方案；

（四）物业服务企业或者相关业主持有关材料，向所在地直辖市、市、县人民政府建设（房地产）主管部门申请列支；其中，动用公有住房住宅专项维修资金的，向负责管理公有住房住宅专项维修资金的部门申请列支；

（五）直辖市、市、县人民政府建设（房地产）主管部门或者负责管理公有住房住宅专项维修资金的部门审核同意后，向专户管理银行发出划转住宅专项维修资金的通知；

（六）专户管理银行将所需住宅专项维修资金划转至维修单位。

第二十三条 住宅专项维修资金划转业主大会管理后，需要使用住宅专项维修资金的，按照以下程序办理：

（一）物业服务企业提出使用方案，使用方案应当包括拟维修和更新、改造的项目、费用预算、列支范围、发生危及房屋安全等紧急情况以及其他需临时使用住宅专项维修资金的情况的处置办法等；

（二）业主大会依法通过使用方案；

（三）物业服务企业组织实施使用方案；

（四）物业服务企业持有关材料向业主委员会提出列支住宅专项维修资金；其中，动用公有住房住宅专项维修资金的，向负责管理公有住房住宅专项维修资金的部门申请列支；

（五）业主委员会依据使用方案审核同意，并报直辖市、市、县人民政府建设（房地产）主管部门备案；动用公有住房住宅专项维修资金的，经负责管理公有住房住宅专项维修资金的部门审核同意；直辖市、市、县人民政府建设（房地产）主管部门或者负责管理公有住房住宅专项维修资金的部门发现不符合有关法律、法规、规章和使用方案的，应当责令改正；

（六）业主委员会、负责管理公有住房住宅专项维修资金的部门向专户管理银行发出划转住宅专项维修资金的通知；

（七）专户管理银行将所需住宅专项维修资金划转至维修单位。

第二十四条 发生危及房屋安全等紧急情况，需要立即对住宅共用部位、共用设施设备进行维修和更新、改造的，按照以下规定列支住宅专项维修资金：

（一）住宅专项维修资金划转业主大会管理前，按照本办法第二十二条第四项、第五项、第六项的规定办理；

（二）住宅专项维修资金划转业主大会管理后，按照本办法第二十三条第四项、第五项、第六项和第七项的规定办理。

发生前款情况后，未按规定实施维修和更新、改造的，直辖市、市、县人民政府建设（房地产）主管部门可以组织代修，维修费用从相关业主住宅专项维修资金分户账中列支；其中，涉及已售公有住房的，还应当从公有住房住宅专项维修资金中列支。

第二十五条　下列费用不得从住宅专项维修资金中列支：

（一）依法应当由建设单位或者施工单位承担的住宅共用部位、共用设施设备维修、更新和改造费用；

（二）依法应当由相关单位承担的供水、供电、供气、供热、通信、有线电视等管线和设施设备的维修、养护费用；

（三）应当由当事人承担的因人为损坏住宅共用部位、共用设施设备所需的修复费用；

（四）根据物业服务合同约定，应当由物业服务企业承担的住宅共用部位、共用设施设备的维修和养护费用。

第二十六条　在保证住宅专项维修资金正常使用的前提下，可以按照国家有关规定将住宅专项维修资金用于购买国债。

利用住宅专项维修资金购买国债，应当在银行间债券市场或者商业银行柜台市场购买一级市场新发行的国债，并持有到期。

利用业主交存的住宅专项维修资金购买国债的，应当经业主大会同意；未成立业主大会的，应当经专有部分占建筑物总面积三分之二以上的业主且占总人数三分之二以上业主同意。

利用从公有住房售房款中提取的住宅专项维修资金购买国债的，应当根据售房单位的财政隶属关系，报经同级财政部门同意。

禁止利用住宅专项维修资金从事国债回购、委托理财业务或者将购买的国债用于质押、抵押等担保行为。

第二十七条　下列资金应当转入住宅专项维修资金滚存使用：

（一）住宅专项维修资金的存储利息；

（二）利用住宅专项维修资金购买国债的增值收益；

（三）利用住宅共用部位、共用设施设备进行经营的，业主所得收益，但业主大会另有决定的除外；

（四）住宅共用设施设备报废后回收的残值。

第四章　监　督　管　理

第二十八条　房屋所有权转让时，业主应当向受让人说明住宅专项维修资金交存和结余情况并出具有效证明，该房屋分户账中结余的住宅专项维修资金随房屋所有权同时过户。

受让人应当持住宅专项维修资金过户的协议、房屋权属证书、身份证等到专户管理银行办理分户账更名手续。

第二十九条　房屋灭失的，按照以下规定返还住宅专项维修资金：

（一）房屋分户账中结余的住宅专项维修资金返还业主；

(二)售房单位交存的住宅专项维修资金账面余额返还售房单位;售房单位不存在的,按照售房单位财务隶属关系,收缴同级国库。

第三十条 直辖市、市、县人民政府建设(房地产)主管部门,负责管理公有住房住宅专项维修资金的部门及业主委员会,应当每年至少一次与专户管理银行核对住宅专项维修资金账目,并向业主、公有住房售房单位公布下列情况:

(一)住宅专项维修资金交存、使用、增值收益和结存的总额;

(二)发生列支的项目、费用和分摊情况;

(三)业主、公有住房售房单位分户账中住宅专项维修资金交存、使用、增值收益和结存的金额;

(四)其他有关住宅专项维修资金使用和管理的情况。

业主、公有住房售房单位对公布的情况有异议的,可以要求复核。

第三十一条 专户管理银行应当每年至少一次向直辖市、市、县人民政府建设(房地产)主管部门,负责管理公有住房住宅专项维修资金的部门及业主委员会发送住宅专项维修资金对账单。

直辖市、市、县建设(房地产)主管部门,负责管理公有住房住宅专项维修资金的部门及业主委员会对资金账户变化情况有异议的,可以要求专户管理银行进行复核。

专户管理银行应当建立住宅专项维修资金查询制度,接受业主、公有住房售房单位对其分户账中住宅专项维修资金使用、增值收益和账面余额的查询。

第三十二条 住宅专项维修资金的管理和使用,应当依法接受审计部门的审计监督。

第三十三条 住宅专项维修资金的财务管理和会计核算应当执行财政部有关规定。

财政部门应当加强对住宅专项维修资金收支财务管理和会计核算制度执行情况的监督。

第三十四条 住宅专项维修资金专用票据的购领、使用、保存、核销管理,应当按照财政部以及省、自治区、直辖市人民政府财政部门的有关规定执行,并接受财政部门的监督检查。

第五章 法 律 责 任

第三十五条 公有住房售房单位有下列行为之一的,由县级以上地方人民政府财政部门会同同级建设(房地产)主管部门责令限期改正:

(一)未按本办法第八条、第十二条第三款规定交存住宅专项维修资金的;

(二)违反本办法第十三条规定将房屋交付买受人的;

(三)未按本办法第二十一条规定分摊维修、更新和改造费用的。

第三十六条 开发建设单位违反本办法第十三条规定将房屋交付买受人的,由县级以上地方人民政府建设(房地产)主管部门责令限期改正;逾期不改正的,处以3万元以下的罚款。

开发建设单位未按本办法第二十一条规定分摊维修、更新和改造费用的,由县级以上地方人民政府建设(房地产)主管部门责令限期改正;逾期不改正的,处以1万元以下的罚款。

第三十七条 违反本办法规定,挪用住宅专项维修资金的,由县级以上地方人民政府建设（房地产）主管部门追回挪用的住宅专项维修资金，没收违法所得，可以并处挪用金额2倍以下的罚款；构成犯罪的，依法追究直接负责的主管人员和其他直接责任人员的刑事责任。

物业服务企业挪用住宅专项维修资金，情节严重的，除按前款规定予以处罚外，还应由颁发资质证书的部门吊销资质证书。

直辖市、市、县人民政府建设（房地产）主管部门挪用住宅专项维修资金的，由上一级人民政府建设（房地产）主管部门追回挪用的住宅专项维修资金，对直接负责的主管人员和其他直接责任人员依法给予处分；构成犯罪的，依法追究刑事责任。

直辖市、市、县人民政府财政部门挪用住宅专项维修资金的，由上一级人民政府财政部门追回挪用的住宅专项维修资金，对直接负责的主管人员和其他直接责任人员依法给予处分；构成犯罪的，依法追究刑事责任。

第三十八条 直辖市、市、县人民政府建设（房地产）主管部门违反本办法第二十六条规定的，由上一级人民政府建设（房地产）主管部门责令限期改正，对直接负责的主管人员和其他直接责任人员依法给予处分；造成损失的，依法赔偿；构成犯罪的，依法追究刑事责任。

直辖市、市、县人民政府财政部门违反本办法第二十六条规定的，由上一级人民政府财政部门责令限期改正，对直接负责的主管人员和其他直接责任人员依法给予处分；造成损失的，依法赔偿；构成犯罪的，依法追究刑事责任。

业主大会违反本办法第二十六条规定的，由直辖市、市、县人民政府建设（房地产）主管部门责令改正。

第三十九条 对违反住宅专项维修资金专用票据管理规定的行为，按照《财政违法行为处罚处分条例》的有关规定追究法律责任。

第四十条 县级以上人民政府建设（房地产）主管部门、财政部门及其工作人员利用职务上的便利，收受他人财物或者其他好处，不依法履行监督管理职责，或者发现违法行为不予查处的，依法给予处分；构成犯罪的，依法追究刑事责任。

第六章 附 则

第四十一条 省、自治区、直辖市人民政府建设（房地产）主管部门会同同级财政部门可以依据本办法，制定实施细则。

第四十二条 本办法实施前，商品住宅、公有住房已经出售但未建立住宅专项维修资金的，应当补建。具体办法由省、自治区、直辖市人民政府建设（房地产）主管部门会同同级财政部门依据本办法制定。

第四十三条 本办法由国务院建设主管部门、财政部门共同解释。

第四十四条 本办法自2008年2月1日起施行，1998年12月16日建设部、财政部发布的《住宅共用部位共用设施设备维修基金管理办法》（建住房〔1998〕213号）同时废止。

物业管理企业财务管理规定

政部财基字第 7 号

第一章 总 则

第一条 为了规范物业管理企业财务行为,有利于企业公平竞争,加强财务管理和经济核算,结合物业管理企业的特点及其管理要求,制定本规定。

除本规定另有规定外,物业管理企业执行《施工、房地产开发企业财务制度》。

第二条 本规定适用于中华人民共和国境内的各类物业管理企业(以下简称企业),包括国有企业、集体企业、私营企业、外商投资企业等各类经济性质的企业;有限责任公司、股份有限公司等各类组织形式的企业。

其他行业独立核算的物业管理企业也适用本规定。

第二章 代 管 基 金

第三条 代管基金是指企业接受业主管理委员会或者物业产权人、使用人委托代管的房屋共用部位维修基金和共用设施设备维修基金。

房屋共用部位维修基金是指专项用于房屋共用部位大修理的资金。房屋的共用部位,是指承重结构部位(包括楼盖、屋顶、梁、柱、内外墙体和基础等)、外墙面、楼梯间、走廊通道、门厅、楼内存车库等。

共用设施设备维修基金是指专项用于共用设施和共用设备大修理的资金。共用设施设备是指共用的给水排水管道、公用水箱、加压水泵、电梯、公用天线、供电干线、共用照明、暖气干线、消防设施、住宅区的道路、路灯、沟渠、池、井、室外停车场、游泳池、各类球场等。

第四条 代管基金作为企业长期负债管理。

代管基金应当专户存储,专款专用,并定期接受业主管理委员会或者物业产权人、使用人的检查与监督。

代管基金利息净收入应当经业主管理委员会或者物业产权人、使用人认可后转作代管基金滚存使用和管理。

第五条 企业有偿使用业主管理委员会或者物业产权人、使用人提供的管理用房、商业用房和共用设施设备,应当设立备查账簿单独进行实物业管理,并按照国家法律、法规的规定或者双方签订的合同、协议支付有关费用(如租赁费、承包费等)。

管理用房是指业主管理委员会或者物业产权人、使用人向企业提供的办公用房。

商业用房是指业主管理委员会或者物业产权人、使用人向企业提供的经营用房。

第六条 企业支付的管理用房和商业用房有偿使用费,经业主管理委员会或者物业产权人、使用人认可后转作企业代管的房屋共用部位维修基金;企业支付的共用设施设备有偿使用费,经业主管理委员会或者物业产权人、使用人认可后转作企业代管的共用设施设备维修基金。

第三章 成 本 和 费 用

第七条 企业在从事物业管理活动中，为物业产权人，使用人提供维修、管理和服务等过程中发生的各项支出，按照国家规定计入成本、费用。

第八条 企业在从事物业管理活动中发生的各项直接支出，计入营业成本。营业成本包括直接人工费、直接材料费和间接费用等。实行一级成本核算的企业，可不设间接费用，有关支出直接计入管理费用。

直接人工费包括企业直接从事物业管理活动等人员的工资、奖金及职工福利费等。

直接材料费包括企业在物业管理活动中直接消耗的各种材料、辅助材料、燃料和动力、构配件、零件、低值易耗品、包装物等。

间接费用包括企业所属物业管理单位管理人员的工资、奖金及职工福利费、固定资产折旧费及修理费、水电费、取暖费、办公费、差旅费、邮电通信费、交通运输费、租赁费、财产保险费、劳动保护费、保安费、绿化维护费、低值易耗品摊销及其他费用等。

第九条 企业经营共用设施设备，支付的有偿使用费，计入营业成本。

第十条 企业支付的管理用房有偿使用费，计入营业成本或者管理费用。

第十一条 企业对管理用房进行装饰装修发生的支出，计入递延资产，在有效使用期限内，分期摊入营业成本或者管理费用。

第十二条 企业可以于年度终了，按照年末应收账款余额的0.3%～0.5%计提坏账准备金，计入管理费用。

企业发生的坏账损失，冲减坏账准备金。收回已核销的坏账，增加坏账准备金。

不计提取坏账准备金的企业，发生的坏账损失，计入管理费用。收回已核销的坏账，冲减管理费用。

第四章 营业收入及利润

第十三条 营业收入是指企业从事物业管理和其他经营活动所取得的各项收入，包括主营业务收入和其他业务收入。

第十四条 主营业务收入是指企业在从事物业管理活动中，为物业产权人、使用人提供维修、管理和服务所取得的收入，包括物业管理收入、物业经营收入和物业大修收入。

物业管理收入是指企业向物业产权人、使用人收取的公共性服务费收入。公众代办性服务费收入和特约服务收入。

物业经营收入是指企业经营业主管理委员会或者物业产权人、使用人提供的房屋建筑物和共用设施取得的收入，如房屋出租收入和经营停车场、游泳池、各类球场等共用设施收入。

物业大修收入是指企业接受业主管理委员会或者物业产权人、使用人的委托，对房屋共用部位、共用设施设备进行大修取得的收入。

第十五条 企业应当在劳务已经提供，同时收讫价款或取得收取价款的凭证时确认为营业收入的实现。

物业大修收入应当经业主管理委员会或者物业产权人、使用人签证认可后，确认为营业收入的实现。

企业与业主管理委员会或者物业产权人、使用人双方签订付款合同或协议的，应当根据合同或者协议所规定的付款日期确认为营业收入的实现。

第十六条 企业利润总额包括营业利润、投资净收益、营业外收支净额以及补贴收入。

第十七条 补贴收入是指国家拨给企业的政策性亏损补贴和其他补贴。

第十八条 营业利润包括主营业务利润和其他业务利润。

主营业务利润是指主营业务收入减去营业税金及附加，再减去营业成本、管理费用及财务费用后的净额。

营业税金及附加包括营业税、城市维护建设税和教育费附加。

其他业务利润是指其他业务收入减去其他业务支出和其他业务缴纳的税金及附加后的净额。

第十九条 其他业务收入是指企业从事主营业务以外的其他业务活动所取得的收入，包括房屋中介代销手续费收入、材料物资销售收入、废品回收收入、商业用房经营收入及无形资产转让收入等。

商业用房经营收入是指企业利用业主管理委员会或者物业产权人、使用人提供的商业用房，从事经营活动取得的收入。如开办健身房、歌舞厅、美容美发屋、商店、饮食店等经营收入。

第二十条 其他业务支出是指企业从事其他业务活动所发生的有关成本和费用支出。

企业支付的商业用房有偿使用费，计入其他业务支出。

企业对商业用房进行装饰装修发生的支出，计入递延资产，在有效使用期限内，分期摊入其他业务支出。

第五章 附 则

第二十一条 本规定自1998年1月1日起施行。

国家发展改革委、建设部关于印发物业服务收费管理办法的通知

各省、自治区、直辖市计委（发展改革委）、物价局、建设厅、房地局：

为规范物业管理服务收费行为，保障业主和物业管理企业的合法权益，根据《中华人民共和国价格法》和《物业管理条例》，我们制定了《物业服务收费管理办法》，现印发给你们，请执照执行。

附：《物业服务收费管理办法》

中华人民共和国国家发展和改革委员会
中华人民共和国建设部
二〇〇三年十一月十三日

附：

物业服务收费管理办法

第一条 为规范物业服务收费行为，保障业主和物业管理企业的合法权益，根据《中华人民共和国价格法》和《物业管理条例》，制定本办法。

第二条 本办法所称物业服务收费，是指物业管理企业按照物业服务合同的约定，对房屋及配套的设施设备和相关场地进行维修、养护、管理，维护相关区域内的环境卫生和秩序，向业主所收取的费用。

第三条 国家提倡业主通过公开、公平、公正的市场竞争机制选择物业管理企业；鼓励物业管理企业开展正当的价格竞争，禁止价格欺诈，促进物业服务收费通过市场竞争形成。

第四条 国务院价格主管部门会同国务院建设行政主管部门负责全国物业服务收费的监督管理工作。

县级以上地方人民政府价格主管部门会同同级房地产行政主管部门负责本行政区域内物业服务收费的监督管理工作。

第五条 物业服务收费应当遵循合理、公开以及费用与服务水平相适应的原则。

第六条 物业服务收费应当区分不同物业的性质和特点分别实行政府指导价和市场调节价。具体定价形式由省、自治区、直辖市人民政府价格主管部门会同房地产行政主管部门确定。

第七条 物业服务收费实行政府指导价的，有定价权限的人民政府价格主管部门应当会同房地产行政主管部门根据物业管理服务等级标准等因素，制定相应的基准价及其浮动幅度，并定期公布。具体收费标准由业主与物业管理企业根据规定的基准价和浮动幅度在

物业服务合同中约定。

实行市场调节价的物业服务收费，由业主与物业管理企业在物业服务合同中约定。

第八条 物业管理企业应当按照政府价格主管部门的规定实行明码标价，在物业管理区域内的显著位置，将服务内容、服务标准以及收费项目、收费标准等有关情况进行公示。

第九条 业主与物业管理企业可以采取包干制或者酬金制等形式约定物业服务费用。

包干制是指由业主向物业管理企业支付固定物业服务费用，盈余或者亏损均由物业管理企业享有或者承担的物业服务计费方式。

酬金制是指在预收的物业服务资金中按约定比例或者约定数额提取酬金支付给物业管理企业，其余全部用于物业服务合同约定的支出，结余或者不足均由业主享有或者承担的物业服务计费方式。

第十条 建设单位与物业买受人签订的买卖合同，应当约定物业管理服务内容、服务标准、收费标准、计费方式及计费起始时间等内容，涉及物业买受人共同利益的约定应当一致。

第十一条 实行物业服务费用包干制的，物业服务费用的构成包括物业服务成本、法定税费和物业管理企业的利润。

实行物业服务费用酬金制的，预收的物业服务资金包括物业服务支出和物业管理企业的酬金。

物业服务成本或者物业服务支出构成一般包括以下部分：

1. 管理服务人员的工资、社会保险和按规定提取的福利费等；
2. 物业共用部位、共用设施设备的日常运行、维护费用；
3. 物业管理区域清洁卫生费用；
4. 物业管理区域绿化养护费用；
5. 物业管理区域秩序维护费用；
6. 办公费用；
7. 物业管理企业固定资产折旧；
8. 物业共用部位、共用设施设备及公众责任保险费用；
9. 经业主同意的其他费用。

物业共用部位、共用设施设备的大修、中修和更新、改造费用，应当通过专项维修资金予以列支，不得计入物业服务支出或者物业服务成本。

第十二条 实行物业服务费用酬金制的，预收的物业服务支出属于代管性质，为所交纳的业主所有，物业管理企业不得将其用于物业服务合同约定以外的支出。

物业管理企业应当向业主大会或者全体业主公布物业服务资金年度预决算并每年不少于一次公布物业服务资金的收支情况。

业主或者业主大会对公布的物业服务资金年度预决算和物业服务资金的收支情况提出质询时，物业管理企业应当及时答复。

第十三条 物业服务收费采取酬金制方式，物业管理企业或者业主大会可以按照物业服务合同约定聘请专业机构对物业服务资金年度预决算和物业服务资金的收支情况进行审计。

第十四条 物业管理企业在物业服务中应当遵守国家的价格法律法规，严格履行物业服务合同，为业主提供质价相符的服务。

第十五条 业主应当按照物业服务合同的约定按时足额交纳物业服务费用或者物业服务资金。业主违反物业服务合同约定逾期不交纳服务费用或者物业服务资金的，业主委员会应当督促其限期交纳；逾期仍不交纳的，物业管理企业可以依法追缴。

业主与物业使用人约定由物业使用人交纳物业服务费用或者物业服务资金的，从其约定，业主负连带交纳责任。

物业发生产权转移时，业主或者物业使用人应当结清物业服务费用或者物业服务资金。

第十六条 纳入物业管理范围的已竣工但尚未出售，或者因开发建设单位原因未按时交给物业买受人的物业，物业服务费用或者物业服务资金由开发建设单位全额交纳。

第十七条 物业管理区域内，供水、供电、供气、供热、通信、有线电视等单位应当向最终用户收取有关费用。物业管理企业接受委托代收上述费用的，可向委托单位收取手续费，不得向业主收取手续费等额外费用。

第十八条 利用物业共用部位、共用设施设备进行经营的，应当在征得相关业主、业主大会、物业管理企业的同意后，按照规定办理有关手续。业主所得收益应当主要用于补充专项维修资金，也可以按照业主大会的决定使用。

第十九条 物业管理企业已接受委托实施物业服务并相应收取服务费用的，其他部门和单位不得重复收取性质和内容相同的费用。

第二十条 物业管理企业根据业主的委托提供物业服务合同约定以外的服务，服务收费由双方约定。

第二十一条 政府价格主管部门会同房地产行政主管部门，应当加强对物业管理企业的服务内容、标准和收费项目、标准的监督。物业管理企业违反价格法律、法规和规定，由政府价格主管部门依据《中华人民共和国价格法》和《价格违法行为行政处罚规定》予以处罚。

第二十二条 各省、自治区、直辖市人民政府价格主管部门、房地产行政主管部门可以依据本办法制定具体实施办法，并报国家发展和改革委员会、建设部备案。

第二十三条 本办法由国家发展和改革委员会会同建设部负责解释。

第二十四条 本办法自 2004 年 1 月 1 日起执行，原国家计委、建设部印发的《城市住宅小区物业管理服务收费暂行办法》（计价费〔1996〕266 号）同时废止。

发改委、建设部关于印发《物业服务收费明码标价规定》的通知

各省、自治区、直辖市及计划单列市发展改革委（计委）、物价局、建设厅、房地局：

为进一步规范物业服务收费行为，提高物业服务收费透明度，维护业主和物业管理企业的合法权益，促进物业管理行业的健康发展，根据《中华人民共和国价格法》、《物业管理条例》和《关于商品和服务实行明码标价的规定》，我们规定了《物业服务收费明码标价规定》。现印发给你们，请认真贯彻执行。

中华人民共和国国家发展和改革委员会
中华人民共和国建设部
二〇〇四年七月十九日

物业服务收费明码标价规定

第一条 为进一步规范物业服务收费行为，提高物业服务收费透明度，维护业主和物业管理企业的合法权益，促进物业管理行业的健康发展，根据《中华人民共和国价格法》、《物业管理条例》和《关于商品和服务实行明码标价的规定》，制定本规定。

第二条 物业管理企业向业主提供服务（包括按照物业服务合同约定提供物业服务以及根据业主委托提供物业服务合同约定以外的服务），应当按照本规定实行明码标价，标明服务项目、收费标准等有关情况。

第三条 物业管理企业实行明码标价，应当遵循公开、公平和诚实信用的原则，遵守国家价格法律、法规、规章和政策。

第四条 政府价格主管部门应当会同同级房地产主管部门对物业服务收费明码标价进行管理。政府价格主管部门对物业管理企业执行明码标价规定的情况实施监督检查。

第五条 物业管理企业实行明码标价应当做到价目齐全，内容真实，标示醒目，字迹清晰。

第六条 物业服务收费明码标价的内容包括：物业管理企业名称、收费对象、服务内容、服务标准、计费方式、计费起始时间、收费项目、收费标准、价格管理形式、收费依据、价格举报电话12358等。

实行政府指导价格的物业服务收费应当同时标明基准收费标准、浮动幅度，以及实际收费标准。

第七条 物业管理企业在其服务区域内的显著位置或收费地点，可采取公示栏、公示牌、收费表、收费清单、收费手册、多媒体终端查询等方式实行明码标价。

第八条 物业管理企业接受选手代收供水、供电、供气、供热、通信、有线前关费用的，也应当依照本规定第六条、第七条的有关内容和方式实行明码标价。

第九条 物业管理企业根据业主委托提供的物业服务合同约定以外的服务项目，其收费标准在双方约定应当以适当的方式向业主进行明示。

第十条 实行明码标价的物业服务收费的标准等发生变化时，物业管理企业应当在执行新标准前一个月，将所标示的相关内容进行调整，并应标示新标准开始实行的日期。

第十一条 物业管理企业不得利用虚假的或者使人误解的标价内容、标价方式进行价格欺诈。不得在标价之外，收取任何未予标明的费用。

第十二条 对物业管理企业不按规定明码标价或者利用标价进行价格欺诈的行为，由政府价格主管部门依照《中华人民共和国价格法》、《价格违法行为行政处罚规定》、《关于商品和服务实行明码标价的规定》、《禁止价格欺诈行为的规定》进行处罚。

第十三条 本规定自 2004 年 10 月 1 日起施行。

国家发展改革委、建设部关于印发《物业服务定价成本监审办法（试行）》的通知

各省、自治区、直辖市、计划单列市发展改革委、物价局、建设厅（房地局）：

为提高政府制定物业服务收费的科学性，合理核定物业服务定价成本，根据《政府制定价格成本监审办法》、《物业服务收费管理办法》等有关规定，特制定《物业服务定价成本监审办法（试行）》，现印发你们，请按照执行。

附件：物业服务定价成本监审办法（试行）

中华人民共和国国家发展和改革委员会
中华人民共和国建设部
二〇〇七年九月十日

附件：

物业服务定价成本监审办法（试行）

第一条 为提高政府制定物业服务收费的科学性、合理性，根据《政府制定价格成本监审办法》、《物业服务收费管理办法》等有关规定，制定本办法。

第二条 本办法适用于政府价格主管部门制定或者调整实行政府指导价的物业服务收费标准，对相关物业服务企业实施定价成本监审的行为。

本办法所称物业服务，是指物业服务企业按照物业服务合同的约定，对房屋及配套的设施设备和相关场地进行维修、养护、管理，维护物业管理区域内的环境卫生和秩序的活动。

本办法所称物业服务定价成本，是指价格主管部门核定的物业服务社会平均成本。

第三条 物业服务定价成本监审工作由政府价格主管部门负责组织实施，房地产主管部门应当配合价格主管部门开展工作。

第四条 在本行政区域内物业服务企业数量众多的，可以选取一定数量、有代表性的物业服务企业进行成本监审。

第五条 物业服务定价成本监审应当遵循以下原则：

（一）合法性原则。计入定价成本的费用应当符合有关法律、行政法规和国家统一的会计制度的规定。

（二）相关性原则。计入定价成本的费用应当为与物业服务直接相关或者间接相关的费用。

（三）对应性原则。计入定价成本的费用应当与物业服务内容及服务标准相对应。

（四）合理性原则。影响物业服务定价成本各项费用的主要技术、经济指标应当符合

行业标准或者社会公允水平。

第六条 核定物业服务定价成本，应当以经会计师事务所审计的年度财务会计报告、原始凭证与账册或者物业服务企业提供的真实、完整、有效的成本资料为基础。

第七条 物业服务定价成本由人员费用、物业共用部位共用设施设备日常运行和维护费用、绿化养护费用、清洁卫生费用、秩序维护费用、物业共用部位共用设施设备及公众责任保险费用、办公费用、管理费分摊、固定资产折旧以及经业主同意的其他费用组成。

第八条 人员费用是指管理服务人员工资、按规定提取的工会经费、职工教育经费，以及根据政府有关规定应当由物业服务企业缴纳的住房公积金和养老、医疗、失业、工伤、生育保险等社会保险费用。

第九条 物业共用部位共用设施设备日常运行和维护费用是指为保障物业管理区域内共用部位共用设施设备的正常使用和运行、维护保养所需的费用。不包括保修期内应由建设单位履行保修责任而支出的维修费、应由住宅专项维修资金支出的维修和更新、改造费用。

第十条 绿化养护费是指管理、养护绿化所需的绿化工具购置费、绿化用水费、补苗费、农药化肥费等。不包括应由建设单位支付的种苗种植费和前期维护费。

第十一条 清洁卫生费是指保持物业管理区域内环境卫生所需的购置工具费、消杀防疫费、化粪池清理费、管道疏通费、清洁用料费、环卫所需费用等。

第十二条 秩序维护费是指维护物业管理区域秩序所需的器材装备费、安全防范人员的人身保险费及由物业服务企业支付的服装费等。其中器材装备不包括共用设备中已包括的监控设备。

第十三条 物业共用部位共用设施设备及公众责任保险费用是指物业管理企业购买物业共用部位共用设施设备及公众责任保险所支付的保险费用，以物业服务企业与保险公司签订的保险单和所交纳的保险费为准。

第十四条 办公费是指物业服务企业为维护管理区域正常的物业管理活动所需的办公用品费、交通费、房租、水电费、取暖费、通信费、书报费及其他费用。

第十五条 管理费分摊是指物业服务企业在管理多个物业项目情况下，为保证相关的物业服务正常运转而由各物业服务小区承担的管理费用。

第十六条 固定资产折旧是指按规定折旧方法计提的物业服务固定资产的折旧金额。物业服务固定资产指在物业服务小区内由物业服务企业拥有的、与物业服务直接相关的、使用年限在一年以上的资产。

第十七条 经业主同意的其他费用是指业主或者业主大会按规定同意由物业服务费开支的费用。

第十八条 物业服务定价成本相关项目按本办法第十九条至第二十二条规定的方法和标准审核。

第十九条 工会经费、职工教育经费、住房公积金以及医疗保险费、养老保险费、失业保险费、工伤保险费、生育保险费等社会保险费的计提基数按照核定的相应工资水平确定；工会经费、职工教育经费的计提比例按国家统一规定的比例确定，住房公积金和社会保险费的计提比例按当地政府规定比例确定，超过规定计提比例的不得计入定价成本。医疗保险费用应在社会保险费中列支，不得在其他项目中重复列支；其他应在工会经费和职工教育经费中列支的费用，也不得在相关费用项目中重复列支。

  第二十条 固定资产折旧采用年限平均法，折旧年限根据固定资产的性质和使用情况合理确定。企业确定的固定资产折旧年限明显低于实际可使用年限的，成本监审时应当按照实际可使用年限调整折旧年限。固定资产残值率按 3%～5% 计算；个别固定资产残值较低或者较高的，按照实际情况合理确定残值率。

  第二十一条 物业服务企业将专业性较强的服务内容外包给有关专业公司的，该项服务的成本按照外包合同所确定的金额核定。

  第二十二条 物业服务企业只从事物业服务的，其所发生费用按其所管辖的物业项目的物业服务计费面积或者应收物业服务费加权分摊；物业服务企业兼营其他业务的，应先按实现收入的比重在其他业务和物业服务之间分摊，然后按上述方法在所管辖的各物业项目之间分摊。

  第二十三条 本办法未具体规定审核标准的其他费用项目按照有关财务制度和政策规定审核，原则上据实核定，但应符合一定范围内社会公允的平均水平。

  第二十四条 各省、自治区、直辖市价格主管部门可根据本办法，结合本地实际制定具体实施细则。

  第二十五条 本办法由国家发展和改革委员会解释。

  第二十六条 本办法自 2007 年 10 月 1 日起施行。

关于印发《物业管理师制度暂行规定》、《物业管理师资格考试实施办法》和《物业管理师资格认定考试办法》的通知

各省、自治区、直辖市人事厅（局）、建设厅（建委、房地产管理局），国务院各部委、各直属机构人事部门，中央管理的企业：

根据《物业管理条例》有关规定，为规范物业管理行为，现将《物业管理师制度暂行规定》、《物业管理师资格考试实施办法》和《物业管理师资格认定考试办法》印发给你们，请遵照执行。

附件：1. 物业管理师资格认定考试申报表
      2. 物业管理资格认定考试合格人员情况汇总表

中华人民共和国人事部
中华人民共和国建设部
二〇〇五年十一月十六日

物业管理师制度暂行规定

第一章 总 则

第一条 为了规范物业管理行为，提高物业管理专业管理人员素质，维护房屋所有权人及使用人的利益，根据《物业管理条例》及国家职业资格证书制度有关规定，制定本规定。

第二条 本规定适用于在物业管理企业中，从事物业管理工作的专业管理人员。

第三条 本规定所称物业管理师，是指经全国统一考试，取得《中华人民共和国物业管理师资格证书》（以下简称《资格证书》），并依法注册取得《中华人民共和国物业管理师注册证》（以下简称《注册证》），从事物业管理工作的专业管理人员。

物业管理师英文译为：Certified Property Manager

第四条 国家对从事物业管理工作的专业管理人员，实行职业准入制度，纳入全国专业技术人员职业资格证书制度统一规划。

第五条 建设部、人事部共同负责全国物业管理师职业准入制度的实施工作，并按职责分工对该制度的实施进行指导、监督和检查。

县级以上地方人民政府房地产主管部门和人事行政部门按职责分工实施物业管理师职业准入制度。

第二章 考 试

第六条 物业管理师资格实行全国统一大纲、统一命题的考试制度，原则上每年举行一次。

第七条 建设部组织成立物业管理师资格考试专家委员会，负责拟定考试科目、考试大纲，组织命题，建立并管理考试试题库等工作。

第八条 人事部组织专家审定考试科目、考试大纲、考试试题，组织实施考试工作；会同建设部研究确定合格标准，并对考试考务工作进行指导、监督和检查。

第九条 凡中华人民共和国公民，遵守国家法律、法规，恪守职业道德，并具备下列条件之一的，可以申请参加物业管理师资格考试：

（一）取得经济学、管理科学与工程或土建类中专学历，工作满10年，其中从事物业管理工作满8年。

（二）取得经济学、管理科学与工程或土建类大专学历，工作满6年，其中从事物业管理工作满4年。

（三）取得经济学、管理科学与工程或土建类大学本科学历，工作满4年，其中从事物业管理工作满3年。

（四）取得经济学、管理科学与工程或土建类双学士学位或研究生班毕业，工作满3年，其中从事物业管理工作满2年。

（五）取得经济学、管理科学与工程或土建类硕士学位，从事物业管理工作满2年。

（六）取得经济学、管理科学与工程或土建类博士学位，从事物业管理工作满1年。

（七）取得其他专业相应学历、学位的，工作年限及从事物业管理工作年限均增加2年。

第十条 物业管理师资格考试合格，由人事部、建设部委托省、自治区、直辖市人民政府人事行政部门，颁发人事部统一印制，人事部、建设部用印的《资格证书》。该证书在全国范围内有效。

第十一条 以不正当手段取得《资格证书》的，由省、自治区、直辖市人民政府人事行政部门收回《资格证书》。自收回《资格证书》之日起，3年内不得再次参加物业管理师资格考试。

第三章 注 册

第十二条 取得《资格证书》的人员，经注册后方可以物业管理师的名义执业。

第十三条 建设部为物业管理师资格注册审批机构。省、自治区、直辖市人民政府房地产主管部门为物业管理师资格注册审查机构。

第十四条 取得《资格证书》并申请注册的人员，应当受聘于一个具有物业管理资质的企业，并通过聘用企业向本企业工商注册所在省的注册审查机构提出注册申请。

第十五条 注册审查机构在收到申请人的注册申请材料后，对申请材料不齐全或者不符合法定形式的，应当当场或者在5个工作日内，一次告知申请人需要补正的全部内容，逾期不告知的，自收到申请材料之日起即为受理。

对受理或者不予受理的注册申请，均应出具加盖注册审查机构专用印章和注明日期的书面凭证。

第十六条 注册审查机构自受理注册申请之日起20个工作日内，按规定条件和程序完成申请材料的审查工作，并将注册申请人员材料和审查意见报注册审批机构审批。

注册审批机构自受理注册申请人员材料之日起20个工作日内作出决定。在规定的期限内不能作出决定的，应当将延长期限的理由告知申请人。

对作出批准决定的，应当自决定批准之日起10个工作日内，将批准决定送达注册申请人，并核发《注册证》。对作出不予批准决定的，应当书面说明理由，并告知申请人享有依法申请行政复议或者提起行政诉讼的权力。

第十七条 物业管理师资格注册有效期为3年。《注册证》在有效期限内是物业管理师的执业凭证，由持证人保管和使用。

第十八条 初始注册者，可以自取得《资格证书》之日起1年内提出注册申请。逾期未申请者，在申请初始注册时，必须符合本规定继续教育的要求。

初始注册时需要提交下列材料：

（一）《中华人民共和国物业管理师初始注册申请表》；

（二）《资格证书》；

（三）与聘用单位签订的劳动合同；

（四）逾期申请初始注册人员的继续教育证明材料。

第十九条 注册有效期届满需要继续执业的，应当在有效期届满前30个工作日内，按照本规定第十四条规定的程序申请延续注册。注册审批机构应当根据申请人的申请，在规定的时限内作出延续注册的决定；逾期未作出决定的，视为准予延续注册。

延续注册时需要提交下列材料：

（一）《中华人民共和国物业管理师延续注册申请表》；

（二）与聘用单位签订的劳动合同；

（三）达到注册期内继续教育要求的证明材料。

第二十条 在注册有效期内，物业管理师变更执业单位，应按照本规定第十四条规定的程序办理变更注册手续。变更注册后，其《注册证》在原注册有效期内继续有效。

变更注册时需要提交下列材料：

（一）《中华人民共和国物业管理师变更注册申请表》；

（二）与新聘用单位签订的劳动合同；

（三）工作调动证明或者与原聘用单位解除劳动合同的证明，退休人员的退休证明。

第二十一条 物业管理师因丧失行为能力、死亡或者被宣告失踪的，其《注册证》失效。

第二十二条 注册申请人有下列情形之一的，注册审批机构不予注册：

（一）不具有完全民事行为能力的；

（二）刑事处罚尚未执行完毕的；

（三）在物业管理活动中受到刑事处罚，自刑事处罚执行完毕之日起至申请注册之日止不满2年的；

（四）法律、法规规定不予注册的其他情形。

第二十三条 物业管理师或者聘用单位有下列情形之一的，应由本人或聘用单位按规定的程序向当地注册审查机构提出申请，由注册审批机构核准后，办理注销手续，收回《注册证》。

（一）不具有完全民事行为能力的；

（二）申请注销注册的；

（三）与聘用单位解除劳动关系的；

（四）注册有效期满且未延续注册的；

（五）被依法撤销注册的；

（六）造成物业管理项目重大责任事故或者受到刑事处罚的；

（七）聘用单位被吊销营业执照的；

（八）聘用单位被吊销物业管理资质证书的；

（九）聘用单位破产的；

（十）应当注销注册的其他情形。

第二十四条 注册申请人以不正当手段取得注册的，注册审批机构应当撤销注册，并依法给予行政处罚；当事人在3年内不得再次申请注册；构成犯罪的，依法追究刑事责任。

第二十五条 被注销注册或者不予注册的人员，重新具备初始注册条件，并符合本规定继续教育要求的，可按照本规定第十四条规定的程序申请注册。

第二十六条 注册审批机构应当定期公布注册有关情况。当事人对注销注册、不予注册或者撤销注册有异议的，可依法申请行政复议或者提起行政诉讼。

第四章 执　　业

第二十七条 物业管理师依据《物业管理条例》和相关法律、法规及规章开展执业活动。

第二十八条 物业管理项目负责人应当由物业管理师担任。物业管理师只能在一个具有物业管理资质的企业负责物业管理项目的管理工作。

第二十九条 物业管理师应当具备的执业能力：

（一）掌握物业管理、建筑工程、房地产开发与经营等专业知识；

（二）具有一定的经济学、管理学、社会学、心理学等相关学科的知识；

（三）能够熟练运用物业管理相关法律、法规和有关规定；

（四）具有丰富的物业管理实践经验。

第三十条 物业管理师的执业范围：

（一）制定并组织实施物业管理方案；

（二）审定并监督执行物业管理财务预算；

（三）查验物业共用部位、共用设施设备和有关资料；

（四）负责房屋及配套设施设备和相关场地的维修、养护与管理；

（五）维护物业管理区域内环境卫生和秩序；

（六）法律、法规规定和《物业管理合同》约定的其他事项。

第三十一条 物业管理项目管理中的关键性文件，必须由物业管理师签字后实施，并承担相应法律责任。

第三十二条 物业管理师应当妥善处理物业管理活动中出现的问题,按照物业服务合同的约定,诚实守信,为业主提供质价相符的物业管理服务。

第三十三条 物业管理师应当接受继续教育,更新知识,不断提高业务水平。每年接受继续教育时间应当不少于40学时。

第五章 附 则

第三十四条 对在本规定发布之日前,长期从事物业管理工作,具有丰富物业管理实践经验,并符合考试认定条件的专业管理人员,可通过考试认定办法取得物业管理师资格。

第三十五条 取得《资格证书》的人员,用人单位可以根据工作需要聘任经济师职务。

第三十六条 符合考试报名条件的香港、澳门居民,可以申请参加物业管理师资格考试。申请人在报名时应提交本人身份证明、国务院教育行政部门认可的相应专业学历或者学位证书、从事工作及物业管理相关实践年限证明。台湾地区专业技术人员参加考试的办法另行规定。

外籍专业人员申请参加物业管理师资格考试、注册和执业等管理办法另行制定。

第三十七条 物业管理师继续教育内容、物业管理企业配备物业管理师数量和注册管理等具体办法,由建设部另行规定。

第三十八条 各级人事行政部门和房地产主管部门及物业管理师资格考试等机构,在实施物业管理师制度过程中,因工作失误,使专业管理人员合法权益受到损害的,应当依据国家有关规定给予相应赔偿,并可向有关责任人追偿。

第三十九条 各级人事行政部门和房地产主管部门及物业管理师资格考试等机构的工作人员,有不履行工作职责,监督不力,为本人或他人谋取私利等违法违纪行为的,视情节轻重,给予行政处分。构成犯罪的,依法追究刑事责任。

第四十条 本规定自2005年12月1日起施行。

物业管理师资格考试实施办法

第一条 人事部、建设部共同成立物业管理师资格考试办公室（以下简称考试办公室，设在建设部），负责考试相关政策的研究及管理工作。具体考务工作委托人事部考试中心负责。

各省、自治区、直辖市的考试工作由当地人事行政部门会同房地产主管部门组织实施，并协商确定具体职责分工。

第二条 物业管理师资格考试科目为《物业管理基本制度与政策》、《物业管理实务》、《物业管理综合能力》和《物业经营管理》。

第三条 资格考试分4个半天进行。《物业管理基本制度与政策》、《物业经营管理》、《物业管理综合能力》3个科目的考试均为2.5小时，《物业管理实务》科目考试时间为3个小时。

第四条 符合《物业管理师制度暂行规定》（以下简称《暂行规定》）有关报名条件的人员，均可报名参加物业管理师资格考试。

第五条 符合《暂行规定》有关报名条件，并于2004年12月31日前，评聘工程类或经济类高级专业技术职务，且从事物业管理工作满10年的人员，可免试《物业管理基本制度与政策》、《物业经营管理》2个科目，只参加《物业管理实务》、《物业管理综合能力》2个科目的考试。

第六条 考试成绩实行2年为一个周期的滚动管理办法，参加全部4个科目考试的人员必须在连续两个考试年度内通过全部科目；免试部分科目的人员必须在一个考试年度内通过应试科目。

第七条 参加考试由本人提出申请，携带所在单位出具的有关证明及相关材料到当地考试管理机构报名。考试管理机构按规定的程序和报名条件审查合格后，发给准考证。参加考试人员凭准考证在指定的时间、地点参加考试。

国务院各部门所属单位和中央管理企业的专业管理人员按属地原则报名参加考试。

第八条 考试日期为每年第三季度。考点原则上设在省会城市和直辖市的大、中专院校或高考定点学校，如确需在其他城市设置，须经建设部和人事部批准。

第九条 物业管理师资格考试及有关项目的收费标准，须经当地价格行政部门批准，并公布于众，接受群众监督。

第十条 坚持考试与培训分开的原则。凡参与考试工作（包括命、审题与组织管理）的人员，不得参加考试和举办与考试内容有关的培训工作。应考人员参加相关培训坚持自愿的原则。

第十一条 考试考务工作应严格执行考试工作的有关规章制度，切实做好试卷命制、印刷、发送过程中的保密工作，严格遵守保密制度，严防泄密。

第十二条 考试工作人员应严格遵守考试工作纪律，认真执行考试回避制度。对违反考试纪律和有关规定行为的，按照《专业技术人员资格考试违纪违规行为处理规定》（人事部令第3号）处理。

物业管理师资格认定考试办法

一、认定考试申报条件

遵守中华人民共和国宪法和各项法律、法规,恪守职业道德,身体健康,评聘为中级及以上专业技术职务,担任物业管理项目经理或物业管理项目管理处主任及以上职务满5年,管理过2个以上物业管理项目,管理面积达到20万平方米,管理业绩良好,取得建设部颁发的物业管理经理岗位培训合格证书,并同时具备下列条件(一)和(二)中各一项的在职在编人员,可报名参加物业管理师资格认定考试。

(一)学历与工作经历

1. 具有大学本科以上学历或学位,从事物业管理工作满5年。
2. 具有大学专科学历,从事物业管理工作满10年。
3. 具有中专学历,从事物业管理工作满15年。

(二)专业水平与业绩

1. 在有国内统一刊号(CN)或国际刊号(ISSN)的期刊上,作为第一作者发表过物业管理专业论文2篇及以上(每篇不少于2000字)。
2. 出版有统一书号(ISBN)的物业管理相关专业著作(本人独立撰写章节在30000字以上)。
3. 获得物业管理相关专业省部级以上科技成果奖项目的主要技术负责人(前5名)。

二、认定考试组织

物业管理师资格认定考试由人事部、建设部共同负责,并成立"全国物业管理师认定考试办公室"(以下简称"全国认定考试办公室"),负责认定考试的管理工作。

各省、自治区人事厅、建设厅和直辖市人事局、房地产管理局按职责分工负责本地区认定考试管理工作。

三、认定考试方式

(一)认定考试采取全国统一组织、闭卷笔答方式进行。

(二)认定考试科目为《物业管理实务》。考试主要考察物业管理专业工作的实际能力。

(三)认定考试合格标准由人事部、建设部共同研究确定。

四、认定考试申报材料

(一)《物业管理师资格认定考试申报表》(附件1)一式两份。

(二)学历或学位证书、评聘专业技术职务证书、物业管理企业资质证书、物业管理企业经理岗位培训合格证书、获奖证书、担任项目负责人任命文件和论文、专著封面及内容说明的复印件。

(三)所在单位出具的职业道德和管理业绩证明,获奖单位出具的获奖项目主要技术负责人证明。

(四)本人近期1寸免冠相片3张。

五、认定考试程序

（一）符合认定考试条件的人员，通过聘用单位向单位工商登记注册所在地省、自治区、直辖市房地产主管部门报送申请材料。

（二）各省、自治区、直辖市房地产主管部门对申报人员材料进行审查，提出审查意见，并经当地人事行政部门复审合格后，由物业管理师资格认定考试考务机构向申请人核发准考证。

（三）参加认定考试人员按照有关规定，携带相关证件，在准考证指定的时间和地点参加考试。

（四）认定考试结束后，各省、自治区、直辖市物业管理师资格认定考试管理部门将认定考试人员申报材料、考试信息软盘和《物业管理师资格认定考试合格人员情况汇总表》（附件2）一并报全国认定考试办公室。

（五）全国认定考试办公室组织有关专家对各地报送的申报人员材料和考试人员成绩进行审核，将审核合格人员名单进行公示。经公示无异议后，由建设部、人事部审批后向社会公告获得《中华人民共和国物业管理师资格证书》人员的名单。

对未通过认定考试的申请人，委托各省、自治区、直辖市物业管理师资格认定考试管理部门向其说明不通过的理由。

六、认定考试有关要求

（一）各地应及时将本通知精神向社会公告。认定考试申请材料上报和考试时间及各环节工作另行通知。

（二）各地区应严格按照规定的条件和程序，认真做好申报、审查和复审工作。凡不认真把关和弄虚作假的，按照《行政许可法》有关规定处理。

（三）各地区在审查、复审时，应核查各类证书及相关证明文件的原件。报送的各类证书等相关证明文件的复印件应由所在单位人事部门负责人签署意见、加盖单位印章，并承担相关责任。

（四）物业管理师资格认定考试考务各环节工作，应按照《物业管理师资格考试实施办法》有关要求进行。对违反考试纪律和有关规定行为的，按照《专业技术人员资格考试违纪违规行为处理规定》处理。

（五）全国认定考试办公室公示网站为：中国住宅与房地产信息网站（http：//www.realestate.gov.cn）、中国物业管理协会网站（http：//www.ecpmi.org.cn）。

参 考 文 献

[1] 徐振源. 实用物业管理教程. 天津：天津人民出版社，1996.
[2] 孙兰. 物业管理实务与典型案例分析. 北京：中国物资出版社，2002.
[3] 陈欣. 保险法. 北京：北京大学出版社，2000.
[4] 文杰. 物业标准管理大全. 北京：光明日报出版社，2003.
[5] 众行管理资讯研发中心. 文书档案管理技巧. 广东：广东经济出版社，2003.
[6] 黄安永. 现代房地产物业管理. 南京：东南大学出版社，2001.
[7] 贝思德教育机构. 物业管理培训教程. 兰州：西北大学出版社，2003.
[8] 王家福. 物业管理条例释解. 北京：中国物价出版社，2003.
[9] 余凯成. 人力资源开发与管理. 北京：企业管理出版社，1997.
[10] 徐源. 人事主管实务. 广州：广东经济出版社，2002.
[11] 章达友. 人力资源管理概论. 厦门：厦门大学出版社，2003.
[12] 王垒. 人力资源管理. 北京：北京大学出版社，2001.
[13] 劳动和社会保障部，中国就业培训技术指导中心. 企业人力资源管理人员. 北京：中国劳动社会保障出版社，2002.
[14] 刘秋雁. 物业管理理论与实务. 大连：东北财经大学出版社，2010.
[15] 周宇，董蕃. 物业管理概论. 北京：清华大学出版社，2010.
[16] 刘新华，周哲. 物业管理. 北京：清华大学出版社，2011.